NOMOSREFERENDARIAT

Dr. Markus Kenntner,
Richter am Bundesverwaltungsgericht

Öffentliches Recht
Baden-Württemberg

2. Auflage

 Nomos

Die Deutsche Nationalbibliothek verzeichnet diese Publikation in
der Deutschen Nationalbibliografie; detaillierte bibliografische
Daten sind im Internet über http://dnb.d-nb.de abrufbar.

ISBN 978-3-8487-2633-2 (Print)
ISBN 978-3-8452-6750-0 (ePDF)

2. Auflage 2017
© Nomos Verlagsgesellschaft, Baden-Baden 2017. Gedruckt in Deutschland. Alle Rechte,
auch die des Nachdrucks von Auszügen, der fotomechanischen Wiedergabe und der
Übersetzung, vorbehalten. Gedruckt auf alterungsbeständigem Papier.

Vorwort

Mit der Neuauflage ist der Stand in Rechtsprechung und Literatur bis August 2016 berücksichtigt. Dabei bin ich Frau Richterin am Verwaltungsgericht Alexandra Ott für wertvolle Hinweise und tatkräftige Hilfestellungen dankbar! Gleichzeitig ist den zahlreichen Eingaben Rechnung getragen; um Hinweise zu Fehlern oder Unklarheiten sowie um sonstige Anregungen bitte ich auch weiterhin: markus.kenntner@bverwg.bund.de.

Das Buch hat an der Konzeption einer auf die wesentlichen und klausurrelevanten Fragen gedrängten Darstellung zur Examensvorbereitung festgehalten. Für einen auf Studenten orientierten Einstieg kann auf das zwischenzeitlich im Jahr 2014 erschienene Werk von Ennuschat/Ibler/Remmert, Das Öffentliche Recht in Baden-Württemberg, verwiesen werden. Im Übrigen behalten die bereits im Vorwort zur 1. Auflage geäußerten Erwägungen ihre Gültigkeit.

Leipzig, im Herbst 2016

Vorwort zur 1. Auflage

Verwaltungsrechtliche Hauptprüfungsgebiete der juristischen Examina in Baden-Württemberg sind Polizeirecht, Kommunalrecht, Baurecht und im zweiten Staatsexamen auch Straßenrecht.[1] Auf diese Materien konzentriert sich die Darstellung; soweit Prüfungsaufgaben in anderen Rechtsgebieten angesiedelt sind, kommt es meist nicht auf Detailkenntnisse an.[2] Auch das Verwaltungsprozessrecht ist in nahezu allen Klausurvarianten von erheblicher Bedeutung und wird daher in einem eigenen Kapitel behandelt.

Grundkonzeption des Buches ist, zunächst die prüfungsrelevanten Kernbestandteile der Rechtsgebiete in konzentrierter, auf die Examensvorbereitung zugeschnittener Form zu wiederholen. Anschließend werden die klassischen Konstellationen in – meist an Originalexamensklausuren angelehnten – Fällen vertieft, die mit einer ausführlichen Musterlösung die Möglichkeit geben, das Verständnis zu schulen und die Argumentationsstrukturen zu üben.

Ausgangspunkt der Darstellungen ist die Rechtsprechung des für Baden-Württemberg maßgeblichen „Verwaltungsgerichtshofs"[3] und des Bundesverwaltungsgerichts. Diese Orientierung an der Praxis beruht zunächst auf klausurtaktischen Erwägungen: Was die Gerichte entscheiden, ist auch in einer Klausur vertretbar. Insbesondere aber entspricht sie den von außen an Juristen herangetragenen Vorstellungen und Bedürfnissen. Rechtsrat bezieht sich primär auf die Frage, wie die zuständigen Gerichte (voraussichtlich) entscheiden werden. Auch eine kritische Auseinandersetzung – die in einer Klausur durchaus sinnvoll und geboten sein kann – tut daher gut daran, von der bestehenden Rechtsprechung auszugehen und diese nicht zu ignorieren. Schließlich gibt es für die von der Praxis gewählten Lösungswege regelmäßig gute Gründe.

Im Übrigen liegt die Orientierung an der Rechtsprechung bei einem aus der Praxis stammenden Verfasser nahe. An dieser Stelle möchte ich nicht versäumen, mich bei

---

1 Vgl. § 8 Abs. 2 Nr. 9 und § 51 Abs. 1 Nr. 9 JAPrO.
2 Vgl. etwa VGH Bad.-Württ., Beschluss vom 29.6.2009 – 9 S 738/09: Der zulässige Prüfungsgegenstand wird grundsätzlich nicht überschritten, soweit lediglich Verständnis und Arbeitsmethode festgestellt werden sollen und Einzelwissen nicht vorausgesetzt wird.
3 Die Bezeichnung folgt aus § 184 VwGO i.V.m. § 1 Abs. 1 Satz 1 AGVwGO.

den ehemaligen Kollegen am Verwaltungsgerichtshof zu bedanken, die Teile des Manuskripts durchgesehen und mich so vor Fehlern oder Auslassungen bewahrt haben. Gedankt sei namentlich Dr. Rüdiger Albrecht, Raphael Epe, Karsten Harms, Dr. Robert Keller und Dr. Rolf Vondung. Dr. Friedrich Klein hat sich darüber hinaus um eine Glättung meiner sprachlichen Eigenheiten bemüht und damit erheblich zur Verständlichkeit des Werks beigetragen. Dem Landesjustizprüfungsamt schließlich bin ich für die Erlaubnis, auf die Originalklausuren des zweiten juristischen Staatsexamens zurückgreifen zu dürfen, zu Dank verpflichtet.

Die Verantwortung für etwaige Unzulänglichkeiten verbleibt aber natürlich bei mir. Für entsprechende Hinweise bin ich dankbar: markus.kenntner@bverwg.bund.de.

Stuttgart/Leipzig, im Herbst 2012

Inhalt

KOMMUNALRECHT

BAURECHT

STRASSENRECHT

VERWALTUNGSPROZESSRECHT

Klausurschreiben

Eine gute Klausur setzt hinreichendes Sachwissen voraus; insoweit wird auf die nachfolgenden Überblicksteile verwiesen. Abstraktes Wissen alleine reicht jedoch nicht aus, auch das Klausurschreiben selbst muss gelernt und geübt werden. Das Durcharbeiten der Fallteile wird hierzu dringend empfohlen. Darüber hinaus sollen einführend einige grundsätzliche Hinweise gegeben werden.

Generell gilt für juristische Klausuren, dass für die Bewertung nur selten das Ergebnis von ausschlaggebender Bedeutung ist. Dies ergibt sich bereits daraus, dass nach der Rechtsprechung des Bundesverfassungsgerichts eine „vertretbare und mit gewichtigen Argumenten folgerichtig begründete Lösung" nicht als falsch bewertet werden darf.[1] Schon aus prüfungsrechtlichen Gründen ist daher nicht das Ergebnis entscheidend, sondern die hierfür gegebene **Begründung**. Gleiches folgt aus dem Zweck der Prüfung, denn nur aus der Darlegung der Erwägungen lässt sich entnehmen, ob die juristischen Kenntnisse und Fähigkeiten vorhanden sind, zu deren Nachweis die Prüfung dient. Entscheidend ist daher die juristische Argumentation und Methodik. Auch bei Annahme einer im Ergebnis vertretbaren Lösung steht dem Prüfer der Verweis auf das Fehlen einer ausreichenden Begründung immer offen![2]

In juristischen Klausuren ist jedenfalls hinsichtlich der eigentlich problematischen Fragen – für die allein Punkte vergeben werden – ganz selten ein Lösungsansatz falsch oder richtig, mit ja oder nein beantwortbar. Klausurfälle sind regelmäßig bewusst „auf die Kante" gesetzt, um die Kandidaten zu Abschichtungen und Abgrenzungen zu zwingen und das **Argumentationsvermögen** herauszufordern. Damit ist aber zugleich gesagt, dass für die Lösung selbst keine Punkte vergeben werden dürfen! Denn soweit beide Lösungsansätze vertretbar sind, darf keiner als falsch bewerten werden. Auch die (vermeintlich) richtige Lösung bringt daher für sich genommen noch keine Punkte. Dieser Umstand ist durch das Prüfungsrecht zwingend vorgegeben und wird – allen Vorurteilen von Studierenden und Referendaren zum Trotz – tatsächlich praktiziert.[3]

Maßgeblich ist deshalb die für das Ergebnis gegebene Begründung, die Überzeugungskraft der vorgetragenen Argumente. Kein tragfähiger Ansatz ist dabei der Verweis auf Autoritäten. Selbst wenn das von Ihnen vertretene Ergebnis der Rechtsprechung eines Obergerichts oder der Auffassung eines angesehenen Rechtslehrers entsprechen sollte, ist allein dieser Umstand nicht maßgeblich. Er darf Ihnen die Sicherheit geben, ein vertretbares Lösungsergebnis anzuvisieren, entbindet aber nicht von der Begründungspflicht. Hilfreich ist daher, wenn Sie die Argumente kennen, die die in Anspruch genommene Autorität zu ihrem Ergebnis leitet. Diese sind von Bedeutung und müssen von Ihnen ins Feld geführt werden. Allein die Bezugnahme auf eine (angebliche) Rechtsprechung ist aber unbehelflich. Vielmehr wirkt es eher dünn, wenn zwar das Ergebnis einer bestimmten Rechtsprechung bekannt ist, gleichwohl aber nicht ein einziger Argumentationsstrang der Entscheidung wiedergegeben werden kann. Im Übrigen ist gerade bei derartigen Klausuren häufig festzustellen, dass die zitierte Rechtsprechung auf den zu bearbeitenden Fall nicht passt.

---

1 BVerfGE 84, 34 (55).
2 Vgl. etwa VGH Bad.-Württ., 24.9.2008 – 9 S 1791/08.
3 Zwar mag es Prüfer geben, die sich auch hinsichtlich der Punktevergabe nicht ganz von „ihrer" Lösung trennen können; nach meinen Erfahrungen bewegt sich aber auch dies allenfalls im Bereich von ein oder zwei Punkten und ist keinesfalls „kriegsentscheidend".

Die erste juristische Klausurleistung besteht bereits darin, **Wesentliches** von Unproblematischem zu trennen. Sofern zu offenkundig erfüllten Tatbestandsvoraussetzungen der Vollständigkeit halber Stellung genommen wird, sollte dies mit juristischer **Präzision** erfolgen. Wenn etwa Ausführungen zum Verwaltungsrechtsweg gemacht werden, ist es sinnlos, den Gesetzeswortlaut des § 40 VwGO nachzuerzählen oder Ausführungen zum Fehlen verfassungsrechtlicher Organe zu machen, wenn derartiges offenkundig nicht in Betracht kommt. Unnütz sind auch Behauptungen, die nicht belegt werden – wie etwa „der Rechtsstreit wird von Normen des Polizeigesetzes dirigiert und ist damit öffentlich-rechtlich". Hier ist weder nachvollziehbar, warum es auf eine Norm des Polizeigesetzes ankommen sollte – welche im Übrigen? – noch warum der Rechtsstreit damit dem öffentlichen Recht zugehört. Selbst im Polizeigesetz führen keineswegs alle Streitigkeiten zur Zuständigkeit der Verwaltungsgerichte, Entschädigungsansprüche nach § 55 PolG etwa sind ausdrücklich der ordentlichen Gerichtsbarkeit zugewiesen. Ein knapper aber gehaltvoller Satz muss daher etwa lauten: „Der Verwaltungsrechtsweg ist gemäß § 40 Abs. 1 S. 1 VwGO eröffnet, weil die streitentscheidende Norm des § 8 Abs. 2 PolG die Gemeinde als Träger hoheitlicher Gewalt einseitig berechtigt, ihre Kostenforderung durch Leistungsbescheid geltend zu machen." Damit ist der Kern des Problems, die öffentlich-rechtliche Sonderbefugnis, markiert und belegt. Privatpersonen kommt dieses Recht gerade nicht zu, so dass es sich um hoheitliche Sonderrechte i.S.d. § 40 Abs. 1 VwGO handelt. Ein Satz genügt hier zur präzisen Darstellung; viele schwammige und unpräzise Formulierungen, die den Kern doch nicht überzeugend erfassen, hinterlassen dagegen einen unglücklichen Eindruck gleich zu Beginn der Klausur.

Hinsichtlich der echten Probleme kommt es dann zunächst darauf an, die **richtigen Fragen** zu stellen. Bereits dies ist eine juristische Leistung und wird mit Punkten belohnt. Manchmal kann es durchaus weiter führen, die aufgeworfene Problemlage klar zu benennen. Bei der Niederlegung eines Kommunalmandats aus (angeblichen) Gewissensgründen etwa kann das Problem deutlich umrissen und wie folgt eingeleitet werden: „Fraglich ist deshalb, ob die Berufung auf eigene Gewissensnöte einen ausreichend gewichtigen und von der Rechtsordnung anerkannten Grund darstellt, um ein Mandat niederlegen zu dürfen." Auch wenn Sie keine Lösung für das aufgeworfene Problem parat haben, dürfen Sie die Frage keinesfalls beiseite schieben. Sie wird erwartet und ein Auslassen führt lediglich dazu, dass die hierfür angesetzten Punkte nicht zum Einsatz kommen. Regelmäßig führen unzutreffende Ansätze oder Ausführungen auch nicht zu Punktabzügen, sofern sie nicht grundlegende Fehlvorstellungen offen legen. Sie verlieren daher allenfalls Zeit. Mit der Herausarbeitung der maßgeblichen Frage setzen Sie aber immerhin einen Schritt in die richtige Richtung.

Anschließend muss herausgearbeitet werden, wo etwas zur Beantwortung der Frage gefunden werden kann. Diese Anbindung und Rückführung des Lösungsansatzes auf **gesetzliche Wertentscheidungen** ist das Rückgrat jeder juristischen Arbeit. Hier wird es vielfach auf vorhandenes Wissen ankommen, es bedarf aber auch sorgfältiger Gesetzeslektüre (Normen zu Ende lesen, Umfeld ansehen) und ggf. der Kreativität (etwa bei der Heranziehung systematischer Argumente aus Querverweisen, die nicht unmittelbar einschlägig sind oder wenn sich nichts wirklich Einschlägiges finden lässt). Fehler in den herangezogenen Rechtsgrundlagen führen meist zu einem abweichenden Prüfprogramm, so dass es hier besonderer Vorsicht bedarf. Notfalls ist es ratsam, mehrere Ansätze parallel oder hilfsweise zu bearbeiten, wenn nur so sichergestellt werden kann, dass alle aufgeworfenen Fragen abgearbeitet sind.

Wenn Sie sich für eine Rechtsgrundlage entschieden haben, muss hieraus der für den Fall einschlägige **Obersatz** formuliert werden, der das weitere Prüfschema bestimmt. Auf diese Obersatzbildung sollte nie (!) verzichtet werden. Sie trägt zur klaren Gedankenführung bei und erleichtert dem Korrektor den Nachvollzug Ihrer Erwägungen. Regelmäßig ist deshalb auch eine Gliederung ratsam, die den weiteren Prüfungsablauf leitet. Die Begründetheitsprüfung für den Teilwiderruf einer Subvention etwa hat der Verwaltungsgerichtshof wie folgt eingeleitet: „Rechtsgrundlage für den Teilwiderruf der gewährten Zuwendungen ist § 49 Abs. 3 S. 1 Nr. 2 VwVfG. Danach kann ein Verwaltungsakt, der eine Geldleistung gewährt, auch teilweise und mit Wirkung für die Vergangenheit widerrufen werden, wenn er mit einer Auflage verbunden war und der Begünstigte diese nicht erfüllt hat. Diese Voraussetzungen liegen vor. Der Zuwendungsbescheid war mit Auflagen zur Auftragsvergabe verbunden (1.), die von der Klägerin nicht erfüllt worden sind (2.). Das hierdurch eröffnete Ermessen ist von der Beklagten dem Zweck der Ermächtigung entsprechend und ohne zu beanstandenden Rechtsfehler (3.) sowie innerhalb der maßgeblichen Jahresfrist (4.) ausgeübt worden. Die aufgrund des widerrufenen Bescheids gewährten Leistungen muss die Klägerin erstatten und verzinsen (5.)".[4] Die einzelnen Prüfpunkte können – falls dies zur übersichtlichen Darstellung erforderlich ist – dann weiter aufgefächert werden.

Die nachfolgende **Subsumtion** ist das eigentliche Kerngeschäft der juristischen Prüfung, bei der die Anwendung des juristischen Handwerkszeugs gezeigt bzw. überprüft werden kann. Dazu gehört die Methodik (Wortlautbetrachtung, systematische Interpretation, teleologische Auslegung und Erkenntnisse aus der Entstehungsgeschichte), aber auch die korrekte Verwendung der juristischen Fachsprache: bemühen sie sich deshalb um zutreffende und präzise Begriffe. Die zur Prüfung gestellten Fragen liegen meist auf der Grenze (Jura ist eine „Scheidewissenschaft"), so dass sich die Gelegenheit bietet, die „Materie zu kneten". Keinesfalls sollten Sie dem Problem ausweichen, sei es durch Sachverhaltsverdrehungen oder allzu simple Lösungswege. Meist handelt es sich um echte, schwer zu beantwortende und umstrittene Fragen, die wohl erwogen sein wollen. Deshalb sollte man dies auch in der Klausur tun und (Faustregel) jedenfalls drei Argumente pro und drei Argumente contra finden und anführen. Der häufigste Klausurfehler, der Spreu von Weizen trennt, ist daher die mangelnde Begründung, durch die die Ausführungen zur bloßen Behauptung werden. Regelmäßig finden sich dann Korrekturanmerkungen wie „warum?" oder „woraus ergibt sich das?"; dementsprechend wird von mangelnder Differenzierung oder nicht ausreichender Begründungstiefe gesprochen. Wofür Sie sich letztlich entscheiden, ist dagegen meist nicht entscheidend.

Für die Argumentationsarbeit kann es helfen, sich gedanklich vorzustellen, einem guten Juristen gegenüber zu stehen. Insoweit ist es Ihre Aufgabe, die von Ihnen vertretene Position so zu begründen, dass dem Gegenüber kein überzeugender Einwand mehr verbleibt. Genau so finden Diskurse vor Gericht oder in entsprechenden juristischen Konfliktlagen statt. Wenn Ihnen dies gelingt, ist der Punkt „wasserdicht" und Sie können zum nächsten übergehen. Jedenfalls aber sollten Sie sich um eine hohe Überzeugungskraft bemühen und **Gegeneinwände** nicht schlicht übergehen. Musterlösung und Korrektor werden sie ohnehin kennen, so dass es nichts nützt, die Augen zu verschließen und die Probleme wegzudrücken. Vielmehr wirkt es souveräner, Einwände offen anzugehen und zu benennen; dies gibt Ihnen immerhin die Chance, Entkräftungsansätze anzubieten. Im Übrigen kann es durchaus sein, dass der Korrektor gerade die Gegen-

---

4 VGH Bad.-Württ., VBlBW 2012, 221.

position für überzeugend hält, die Sie dann immerhin gesehen und angeführt haben. Nicht selten „retten" derartige Contra-Erwägungen noch eine Klausur. „Problem-Orientierung" ist für Klausuren daher dringend geboten.

Nicht gefragt sind dagegen Theorienstreitigkeiten, die nicht zu unterschiedlichen Rechtsfolgen führen. Derartiges spielt in der Praxis – und damit für die Falllösung! – keine Rolle und kann ggf. sogar offen bleiben. Laden Sie nicht Wissen ab, das Sie nicht konkret an einen Obersatz angebunden haben und damit fallrelevant einbeziehen können. Wichtig ist dagegen eine präzise und erschöpfende Erfassung des Sachverhalts. Meist ist es ratsam, nach Fertigstellung der Lösungsskizze (die immer erstellt werden sollte) den Sachverhalt noch einmal kurz (aber ganz!) durchzusehen, um sicherzustellen, dass alle Hinweise und Fragestellungen auch in der Arbeit auftauchen.

Mit dieser Einführung zur Gestaltung juristischer Klausuren sollen die allgemeinen Erwägungen beendet werden. Sie bedürfen des Trainings am konkreten Fall und werden daher in den jeweiligen Fallteilen wieder aufgegriffen und vertieft. Die ernstliche Durcharbeitung dieser Fälle kann nicht eindringlich genug empfohlen werden.[5] Fallorientierte Darstellungen werden von Studierenden und Referendaren zwar allenfalls mäßig geschätzt und regelmäßig nur überblättert, weil die Bearbeitung eigenständige Arbeit erfordert und Mühe macht. Erst der eigene Bewältigungsversuch am Fall offenbart aber die eigentlichen Schwierigkeiten und Aufbaufragen und fördert so die fürs Examen unabdingbare Problembewältigungskompetenz.

---

5 Eine wahre Fundgrube weiterer Fälle findet sich in der als VBlBW-Beilage herausgegebenen und im Anhang des jeweiligen Jahresbands abgedruckten Veranstaltungsreihe des Verwaltungsgerichts Freiburg.

POLIZEIRECHT

A. ÜBERBLICK

Echte Polizeigesetz-Klausuren sind relativ selten. Das Polizeirecht ist aber das klassi- 1
sche Referenzgebiet der **Eingriffsverwaltung** und enthält die allgemeinen Grundstruk-
turen – etwa zum Störer oder zum Gefahrbegriff –, die in allen Bereichen des Ordnungsrechts subsidiär zur Anwendung kommen. Die mittelbare Bedeutung der Polizei-
rechtsstrukturen für das Prüfungsgeschehen ist daher groß.

I. Organisation

1. Polizeibegriff

Das baden-württembergische Polizeigesetz ermächtigt regelmäßig „die Polizei" und 2
folgt damit dem Einheitsprinzip, das uniformierte Polizei und die für Gefahrenabwehr
zuständigen Behörden zusammenfasst. Organisatorisch ist die Polizei aber in die Polizeibehörden und den Polizeivollzugsdienst getrennt (§ 59 PolG), deren jeweilige Zuständigkeiten und Befugnisse voneinander abgegrenzt werden müssen. Schaltnorm
hierfür ist § 60 PolG. In Anknüpfung an die organisatorische Zuordnung spricht man
bei der Bezugnahme auf Handlungen der Polizeibehörden oder des Polizeivollzugsdiensts vom **formellen Polizeibegriff.**

Ermächtigt das Polizeigesetz "die Polizei" ist folglich nur eine **Zuständigkeit** von Poli- 3
zeibehörden oder Polizeivollzugsdienst eröffnet. Andere Behörden sind nicht zur Inanspruchnahme polizeirechtlicher Befugnisse befugt. Dies gilt auch dann, wenn das einschlägige Fachrecht keine Eingriffsnormen enthält und deshalb auf die polizeiliche Generalklausel zurückgegriffen werden muss. §§ 1, 3 PolG ermächtigen ausdrücklich nur
die Polizei. Anderes kann allenfalls dann gelten, wenn sich aus dem Fachrecht eine
ausschließliche und umfassende Zuständigkeit der Fachbehörden ergibt, die sich auch
auf Maßnahmen erstreckt, die auf die polizeiliche Generalklausel gestützt werden müssen, weil das entsprechende Fachrecht eine Eingriffsnorm nicht enthält. Dies ist in der
Rechtsprechung für Verstöße gegen § 32 Abs. 1 S. 1 StVO wegen der umfassenden Zuständigkeit der Straßenverkehrsbehörden zur Ausführung der StVO angenommen worden.[1]

Darüber hinaus nehmen auch andere Behörden polizeiliche Aufgaben wahr (**materiel-** 4
ler Polizeibegriff). Insoweit stellt sich die Frage, ob für Handlungen der allgemeinen
Verwaltungsbehörden als Abfall-, Wasser- oder Tierseuchenbehörden auf das Polizeigesetz zurückgegriffen werden kann.[2] Diese Frage ist durchaus von praktischer Bedeutung, weil die spezialgesetzlichen Regelungen vielfach keine Bestimmungen über den
Störer, die Rechtmäßigkeit einer unmittelbaren Ausführung oder den Kostenersatz enthalten. Einigkeit besteht insoweit darin, dass die Abgrenzung materiell – also von der
in § 1 Abs. 1 PolG vorgegebenen Aufgabe der Gefahrenabwehr her – zu bestimmen ist.

---

1 Vgl BVerwGE 153, 140 sowie VGH Bad.-Württ., VBlBW 2015, 296; systematisch stimmiger wäre wohl eine
  ausdehnende Auslegung der Eingriffsbefugnisse der StVO.
2 Teilweise wird die Frage auch ausdrücklich durch Gesetz geregelt, etwa in § 7 AGLMBG.

Nicht ganz eindeutig ist allerdings, nach welchen Kriterien festgestellt werden soll, ob etwa die Tätigkeit einer Wasserbehörde materiell als Gefahrenabwehrhandlung zu qualifizieren ist. Die wohl herrschende Literaturmeinung stellt auf den Schwerpunkt des Spezialgesetzes insgesamt ab, teilweise wird aber auch der Charakter der einzelnen Maßnahme für maßgeblich gehalten.[3] In der Rechtsprechung wird ein Rückgriff auf die Normen des Polizeigesetzes im Bereich des besonderen Polizeirechts regelmäßig ohne weitere Begründung gebilligt.[4]

5   Unstreitig nicht als Polizei werden dagegen die Feuerwehr[5] (wegen der ausdrücklichen Anordnung in § 1 Abs. 1 S. 2 FwG) sowie diejenigen Behörden betrachtet, die nicht über eigenständige Eingriffsbefugnisse verfügen (vgl. etwa den Landesverfassungsschutz[6] oder die Jugendämter). Diese sind als „andere Stellen" i.S.d. § 2 Abs. 1 S. 1 PolG zwar mit Gefahrenabwehraufgaben betraut, organisatorisch aber nicht der Polizei zugeordnet. Ebenfalls als „andere Stelle" müssen auch Gefahrenabwehrbehörden des Bundes sowie die Polizeistellen anderer Länder bewertet werden; insoweit enthält § 78 PolG aber eine spezielle Regelung.[7]

2. Polizeibehörden

6   Die allgemeinen Polizeibehörden sind **keine selbstständigen Organisationen**, vielmehr weist § 62 PolG diese Aufgabe den allgemeinen Verwaltungsbehörden als Pflichtaufgabe nach Weisung zu. Es ist daher unschädlich, wenn intern ein unzuständiges Amt handelt. Anders als die Regelungen über die sachliche (oder örtliche) Zuständigkeit, ist die Zuteilung der Aufgaben innerhalb der jeweiligen Behörde grundsätzlich nur interner Natur.[8] Unerheblich ist auch die Bezeichnung der Polizeibehörde, etwa als „Amt für Bürgerservice und Sicherheit".

7   Polizeibehörden sind gemäß § 61 Abs. 2 PolG auch die „besonderen Polizeibehörden", die für bestimmte Fachbereiche organisatorisch verselbstständigt sind. Durch das Verwaltungsstrukturreformgesetz sind diese allerdings weitgehend entfallen,[9] so dass die Vorschrift heute praktisch bedeutungslos ist.[10] Früher waren etwa das Gewerbeauf-

---

3   Vgl. hierzu etwa Ruder/Schmitt, Polizeirecht Baden-Württemberg, 7. Aufl. 2011, Rn. 33 oder Würtenberger/Heckmann, Polizeirecht in Baden-Württemberg, 6. Aufl. 2006, Rn. 130 ff.; für eine Einordnung als andere Stelle aber offenbar Stephan/Deger, Polizeigesetz für Baden-Württemberg, 7. Aufl. 2014, § 2 Rn. 4.

4   Vgl. etwa BVerwGE 141, 311 für den Rückgriff auf § 8 PolG im Anwendungsbereich des Tierschutzgesetzes.

5   Vgl. zur Stellung der Feuerwehr im Behördenaufbau und etwaigen Kostenersatzansprüchen für Feuerwehreinsätze auch die Aufsichtsarbeit Nr. 7 der zweiten juristischen Staatsprüfung Frühjahr 2008, VBlBW 2012, 36 und 73.

6   Auch die Erwähnung im Verfassungsschutzbericht kann aber einen Eingriff bedeuten, die Beweislast für die Richtigkeit der Tatschenbehauptungen liegt daher bei der Behörde; vgl. VGH Bad.-Württ., VBlBW 2007, 340. Zur Löschung von personenbezogenen Daten aus der Datei „Gewalttäter Sport" auch BVerwGE 137, 113.

7   Vgl. zum Tätigwerden von Beamten der Bundespolizei auf einem Bahnhof auch die Aufsichtsarbeit Nr. 6 der zweiten juristischen Staatsprüfung Herbst 2005, VBlBW 2010, 49 und 88.

8   Vgl. VGH Bad.-Württ., NJW 2007, 1375.

9   Mit dem Gesetz zur Reform der Verwaltungsstruktur u.a. vom 1.7.2004 (GBl. S. 469) sind die öffentlichen Aufgaben in Baden-Württemberg wieder bei den allgemeinen Verwaltungsbehörden gebündelt und die Sonderbehörden weitgehend aufgelöst worden; einzig relevante Ausnahme sind die staatlichen Schulämter auf dem Gebiet der Stadtkreise. Vgl. zum Verwaltungsstruktur-Reformgesetz auch Schenk, VBlBW 2006, 228.

10 Hinsichtlich der weiterhin verselbständigten Organisationseinheiten ist die Zuordnung als besondere Polizeibehörde meist schon deshalb fraglich, weil ihnen nur interne oder beratende Aufgaben zukommen, wie beispielsweise nach §§ 20 Abs. 1 und 21 AGLMBG den Chemischen Veterinär- und Untersuchungsämtern; für eine weitergehende Eigenständigkeit aber offenbar VGH Bad.-Württ., VBlBW 2011, 72.

sichtsamt, die Eichbehörden oder Gesundheitsämter als besondere Polizeibehörden ausgestaltet.

Nach § 60 Abs. 1 PolG sind grundsätzlich die Polizeibehörden zuständig, soweit sich aus dem Polizeigesetz nichts anderes ergibt. Innerhalb der Polizeibehörden begründet § 66 Abs. 2 PolG eine **Regelzuständigkeit der Ortspolizeibehörden**. Ortspolizeibehörde ist gemäß § 62 Abs. 4 PolG die Gemeinde, wobei die Zuständigkeitszuweisung an den Bürgermeister in § 44 Abs. 3 S. 1 GemO zu berücksichtigen ist. Klagegegner gegen eine Maßnahme der Ortspolizeibehörde ist – obwohl es sich um eine Aufgabe des übertragenen Wirkungskreises handelt – nicht das Land, sondern die Gemeinde selbst; nach § 2 Abs. 1 GemO nehmen die Gemeinden alle öffentlichen Aufgaben in eigener Verantwortung wahr.

8

Für übergeordnete Fachaufsichtsbehörden sind durch § 65 Abs. 2 und § 67 Abs. 1 PolG im Polizeirecht aber ausdrücklich Selbsteintrittsrechts-Befugnisse normiert, § 77 PolG enthält überdies Sonderrechte des Innenministeriums.

9

3. Polizeivollzugsdienst

Der Polizeivollzugsdienst ist untergliedert in das Innenministerium (§ 77 Abs. 1 PolG) und die nachgeordneten **Polizeidienststellen** (§ 70 Abs. 1 PolG): die regionalen Polizeipräsidien (§ 76 Abs. 1 PolG, §§ 23. ff. DVOPolG), das Polizeipräsidium Einsatz (das unterstützende Funktion hat: § 15 DVOPolG) und das Landeskriminalamt (§§ 10 ff. DVOPolG). Die in der Praxis teilweise anzutreffenden Inspektionen, Kommissariate, Reviere oder Posten sind unselbstständige Untergliederungen.[11]

10

Der Polizeivollzugsdienst besitzt unterschiedliche **Zuständigkeitsquellen**. Teilweise finden sich eigenständige Ermächtigungsgrundlagen, die ausdrücklich auf den Polizeivollzugsdienst verweisen, etwa §§ 20 Abs. 3, 21, 22a Abs. 1, 23 Abs. 1, 23a Abs. 1, 25 Abs. 1, 36 Abs. 1, 38, 51 PolG, § 13 VersG sowie § 44 Abs. 2 StVO (der allerdings nicht zur Anordnung einer Abschleppmaßnahme ermächtigt!).[12] Darüber hinaus sind dem Polizeivollzugsdienst „parallele Zuständigkeiten" für die in § 60 Abs. 3 PolG genannten vollzugstypischen Maßnahmen zugesprochen.

11

Wenn die besondere Kompetenz oder Ausrüstung des Polizeivollzugsdienstes erforderlich ist, leistet er gemäß § 60 Abs. 4 PolG **Vollzugshilfe**. Hierbei handelt es sich um einen polizeirechtlichen Spezialfall der Amtshilfe (Art. 35 Abs. 1 GG, § 4 LVwVfG),[13] die außerhalb bestehender Weisungsverhältnisse – wie etwa zur Überwindung örtlicher Unzuständigkeit – weiterhin Anwendung finden kann. Das aus § 74 PolG folgende Weisungsrecht (auch der Ortspolizeibehörde!) bezieht sich dabei nur auf die Frage des Tätigwerdens, nicht auf die Art und Weise des Handelns; insoweit bestehen aber die Weisungsbefugnisse der Fachaufsicht nach § 73 PolG.

12

Insbesondere aber wird der Polizeivollzugsdienst nach § 60 Abs. 2 PolG im **Eilfall** tätig. Die insoweit maßgebliche Frage, ob das polizeiliche Handeln unaufschiebbar erscheint, ist aus der ex ante Perspektive im Zeitpunkt des Erlasses der Maßnahme zu beurteilen[14] und darf im Interesse einer unverzüglichen Gefahrenabwehr nicht zu eng geführt werden. Im Falle des Tätigwerdens für „andere Stellen" nach § 2 Abs. 1 PolG

13

---

11 Vgl. VGH Bad.-Württ., 23.2.2016 – 4 S 2527/15.
12 Vgl. VGH Bad.-Württ., VBlBW 2004, 213.
13 Vgl. hierzu auch BVerfG, NVwZ 2011, 1254.
14 Vgl. VGH Bad.-Württ., VBlBW 1990, 300.

ist aber zu beachten, dass vorrangig die Polizeibehörden zuständig sind (vgl. § 60 Abs. 1 PolG). Die Zuständigkeit des Polizeivollzugsdienstes setzt daher überdies eine erfolglose Benachrichtigung der Polizeibehörde bzw. deren Zwecklosigkeit voraus, etwa wenn früh morgens ohnehin nicht mit einer Erreichbarkeit gerechnet werden könnte.[15] Ermächtigungsgrundlage ist aber auch insoweit nur das Polizeigesetz, weil die in Spezialgesetzen vorgesehenen Maßnahmen nur den dort benannten Behörden zugewiesen sind.[16]

14   Bei der Bestimmung der richtigen **Widerspruchsbehörde** ist § 73 Abs. 1 S. 2 Nr. 1 VwGO i.V.m. § 16 AGVwGO zu beachten: Danach ist bei Verwaltungsakten einer Polizeidienststelle (also des Polizeivollzugsdienstes: § 70 Abs. 1 PolG) nach § 60 Abs. 2 PolG die untere Verwaltungsbehörde als Kreispolizeibehörde zuständig (§§ 73 Abs. 1 S. 2, 62 Abs. 3 PolG). Hintergrund ist die Überlegung, dass hier der Vollzugsdienst nur aus Eilgründen für die allgemeine Polizeibehörde tätig geworden ist, die wenigstens im Widerspruchsverfahren wieder selbst zuständig sein soll.

4. Gemeindliche Vollzugsbedienstete

15   Nach § 80 Abs. 1 PolG können die Ortspolizeibehörden auch gemeindliche Vollzugsbedienstete einsetzen. Diesen können (höchstens) die in § 31 DVO PolG genannten Aufgaben übertragen werden; tatsächlich reichen die Befugnisse jedoch nur so weit, wie von dem möglichen Kompetenzkatalog Gebrauch gemacht wurde. Hauptanwendungsfall ist der Vollzug der straßenverkehrsrechtlichen Vorschriften über das Parken und Halten durch **„Politessen"**, nicht übertragen werden kann dagegen die in § 31 DVO PolG nicht genannte Geschwindigkeitsüberwachung. Gemeindliche Vollzugsbedienstete sind keine Beamten des Polizeivollzugsdienstes und auch nicht zum Führen von Schusswaffen berechtigt. Über Dienstkleidung und Vorbildung ihrer Bediensteten entscheidet die Gemeinde in eigener Verantwortung.

5. Einschaltung Dritter

a) „Stellvertretung": öffentlich-rechtliches Mandat

16   Die – gemäß Art. 70 Abs. 1 S. 1 der Landesverfassung[17] „durch Gesetz" (im materiellen Sinne) begründete – Zuständigkeitsordnung ist zwingend, so dass eine Übertragung sachlicher Kompetenzen auf einen anderen Hoheitsträger[18] ausgeschlossen ist. Die gesetzliche Kompetenzordnung darf auch nicht umgangen werden. Die sog. „Delegation", bei der die übertragene Aufgabe von einem anderen Hoheitsträger in dessen eigenem Namen durchgeführt wird, bedarf daher einer normativen Ermächtigung.[19]

17   Schwieriger ist dagegen die Frage zu beantworten, ob der Kompetenzträger auch stets selbst (höchstpersönlich) handeln muss oder ob gegebenenfalls auch ein „Stellvertre-

---

15 Vgl. etwa VGH Bad.-Württ., VBlBW 2011, 153.

16 Ebenso Ruder/Schmitt, Polizeirecht Baden-Württemberg, 7. Aufl. 2011, Rn. 114a; a.A. aber Zeitler/Trurnit, Polizeirecht für Baden-Württemberg, 2. Aufl. 2011, Rn. 126.

17 Die streitige Frage, ob der Gesetzvorbehalt auch für die Bestimmung der Behördenzuständigkeit gilt (ablehnend etwa BVerwG, DÖV 1972, 129), ist für die Landesverwaltung von Baden-Württemberg angesichts der ausdrücklichen Anordnung daher nicht von Belang.

18 Etwas anderes ist dagegen die – zulässige – innerbehördliche Organisation; vgl. hierzu etwa BVerwG, DVBl 1965, 163.

19 Beispiele hierfür sind etwa Aufgabenübertragungen an einen Zweckverband nach § 4 GKZ (bzw. ganzer Aufgabengruppen im Falle der Verwaltungsgemeinschaft nach § 59 GemO), Selbsteintrittsrechte oder Eilzuständigkeiten (wie etwa § 43 Abs. 4 GemO oder § 2 Abs. 1 PolG); vgl. hierzu auch BVerwG, DÖV 1962, 340.

ter" eingesetzt werden kann.[20] Denn bei einem derartigen Handeln für und namens des Vertretenen – dem sog. öffentlich-rechtlichen „**Mandat**" – bleiben das Zurechnungssubjekt der Maßnahme und damit jedenfalls formal auch die Zuständigkeitsordnung unberührt.[21] In der Rechtsprechung[22] ist eine entsprechende Ermächtigung daher gelegentlich gebilligt worden, wenn sie auf Einzelfälle begrenzt bleibt und nicht zu einer Preisgabe der Zuständigkeit führt. In der Literatur wird teilweise sogar bereits ein Weisungsrecht für ausreichend gehalten.[23] Die Frage ist nicht abschließend geklärt, m.E. spricht aber viel dafür, die gesetzlich angeordnete Kompetenzordnung für zwingend zu erachten und Abweichungen allenfalls in extremen Ausnahmefällen zu erwägen.[24]

Zur Vertiefung: Fall 3.   18

b) Verwaltungshelfer

Unabhängig hiervon darf die Polizei zur Erfüllung ihrer Aufgaben aber Gehilfen einschalten, auch Personen des privaten Rechts wie etwa ein Abschleppunternehmen. Diese sind als **Verwaltungshelfer** zu qualifizieren, sofern sie keine selbstständigen Entscheidungskompetenzen besitzen. Für die insoweit anfallenden Kosten kann von der Polizeibehörde Ersatz verlangt werden, im Fall der Ersatzvornahme nach § 49 Abs. 1 PolG i.V.m. §§ 25, 31 Abs. 6 LVwVG und § 8 LVwVGKO. Die früher streitige Frage, ob der Verwaltungshelfer ein Zurückbehaltungsrecht geltend machen kann, ist durch § 83a S. 2 PolG zwischenzeitlich positiv entschieden und einer ausdrücklichen Regelung zugeführt worden.   19

Problematisch ist in diesen Konstellationen insb., ob dem Bürger ein Amtshaftungsanspruch nach § 839 BGB i.V.m. Art. 34 GG für von dem eingeschalteten Privaten verursachte Schäden zusteht. Hierfür müsste dieser als Beamter im haftungsrechtlichen Sinn verstanden werden. Nach der älteren „Werkzeugtheorie" ist dies nur der Fall, wenn der Private durch dauernde Kontrolle und Weisungen so eng geführt wurde, dass er nur als Werkzeug der Behörde bei Durchführung ihrer Aufgabe erscheint. In der jüngeren Rechtsprechung[25] zeichnet sich aber eine weitere Linie ab, um den Behörden die Flucht ins Privatrecht nicht zu erleichtern. Denn eine Maßnahme der Eingriffsverwaltung kann auch durch Hinzuziehung eines privaten Erfüllungsgehilfen nicht zu einer privatrechtlichen Handlung werden. Auch der eingeschaltete Private leitet seine Befugnis dem Betroffenen gegenüber vielmehr aus der hoheitlichen Gewalt der Polizei ab. Je stärker der hoheitliche Charakter der Aufgabe und je begrenzter der Entscheidungsspielraum des eingeschalteten Privaten, desto eher muss deshalb von einer Amtshaf-   20

---

20 Vgl. hierzu den Fall des VG Sigmaringen, VBlBW 1995, 289, in dem der Polizeivollzugsdienst als „Stellvertreter" der Polizeibehörde vor Ort in deren Namen handelte und entschied, gegen wen ein von der Polizeibehörde vorgefertigter Platzverweis erlassen wurde und den entsprechenden Namen erst in die Anordnung einfügte.

21 Vgl. BVerwGE 63, 258 (260); hierzu grundlegend Triepel, Delegation und Mandat, 1942; sowie im Überblick Schwabe, DVBl 1974, 69 m.w.N.

22 Vgl. etwa Hess. VGH, DÖV 1974, 604; VGH Bad.-Württ., VBlBW 1984, 20.

23 Vgl. insb. Wolff/Bachof, Verwaltungsrecht II, 4. Aufl. 1976, § 72 IV b; strenger aber zwischenzeitlich die 7. Aufl. 2010 unter § 83 Rn. 75 ff.

24 Auch in VGH Bad.-Württ., VBlBW 1996, 418 wird – wenngleich eher beiläufig – auf das Erfordernis einer gesetzlichen Ermächtigung hingewiesen; in VGH Bad.-Württ., NJW 2003, 1066 wird ebenfalls – wenngleich in anderem Zusammenhang – darauf hingewiesen, dass die gesetzlichen Zuständigkeitsregelungen nicht umgangen werden dürfen.

25 Vgl. etwa BGHZ 121, 161 oder BGH, NJW 1996, 2431; dazu auch Stelkens, JZ 2004, 656.

tung ausgegangen werden. Jedenfalls im Bereich der Eingriffsverwaltung kann sich die öffentliche Hand der Amtshaftung daher nicht durch die Einschaltung Privater entziehen.[26]

c) Beliehene

21 Davon abzugrenzen ist der **Beliehene**, dem eine öffentliche Aufgabe zur selbstständigen Erledigung übertragen ist. Bekanntestes Beispiel ist die Erteilung der Prüfplakette nach § 29 Abs. 2 S. 2 StVZO durch den TÜV. Zu nennen sind aber etwa auch der Bezirksschornsteinfeger, Mauteintreiber, Bau-, Umwelt- oder Sicherheitssachverständige oder Verbände, die mit der Beseitigung von Abfällen oder der Endlagerung radioaktiver Stoffe betraut sind.[27] Ausschlaggebendes Kriterium ist insoweit die Berechtigung zum Einsatz des von Rechts wegen ausschließlich dem Staat vorbehaltenen öffentlich-rechtlichen Instrumentariums, die dem Beliehenen durch ein Gesetz verliehen sein muss.[28] Der Luftfahrzeugführer etwa ist zur Aufrechterhaltung der Sicherheit und Ordnung an Bord des im Flug befindlichen Flugzeugs zur Anwendung von Zwangsmitteln ermächtigt (§ 12 Abs. 3 S. 1 LuftSiG). Auch bei der Einschaltung von Beliehenen handelt es sich aber noch um die Erfüllung öffentlicher Aufgaben, so dass die staatliche Erfüllungsverantwortung (und regelmäßig auch die fachaufsichtliche Weisungsbefugnis) fortbesteht. Der Beliehene ist allerdings selbst Behörde i.S.d. § 1 Abs. 2 LVwVfG, Rechtsträger nach § 78 Abs. 1 Nr. 1 VwGO und Beamter im haftungsrechtlichen Sinn.[29]

II. Befugnisse

22 Nach dem in Art. 58 Landesverfassung positivierten **Vorbehalt des Gesetzes** bedarf auch die Polizei für Eingriffe[30] in die Sphäre des Bürgers einer gesetzlichen Ermächtigungsgrundlage.[31] Insofern genügt eine bloße Verbotsnorm nicht; falls eine ausdrückliche Eingriffsermächtigung nicht vorhanden ist, kann daher nur auf die polizeiliche Generalklausel zurückgegriffen werden. Für Handlungen, die bereits keinen Eingriff enthalten, genügt dagegen die Aufgabenzuweisung.

1. Aufgabenzuweisung

23 Problematisch sind hier insb. staatliche **Warnungen**. Während für allgemein gehaltene Hinweise – wie etwa der Warnung vor unsachgemäßem Umgang mit Feuerwerksprodukten – die Aufgabenzuweisung ausreicht, wird dies bei Bezugnahme auf ein konkretes Produkt – etwa bei gesundheitsschädlichen Lebensmitteln – oder individualisierbare Personen – wie etwa Jugendsekten – schwierig. Die Rechtsprechung ist bei der An-

---

26 Vgl. BGH, JZ 2005, 568.
27 Vgl. dazu Burgi, in: Geis/Lorenz, Staat-Kirche-Verwaltung, Festschrift für Hartmut Maurer, 2001, S. 581 ff.
28 Vgl. zu den Modalitäten einer Beleihung ausführlich BVerwGE 137, 377.
29 Wobei die Passivlegitimation für den Amtshaftungsanspruch bei derjenigen Körperschaft liegt, die dem Beliehenen die jeweilige Aufgabe anvertraut hat.
30 Terminologisch ist der „Eingriff" in den Gewährleistungsbereich eines Grundrechts, der gerechtfertigt sein kann, von einer „Verletzung" zu unterscheiden.
31 Dies gilt auch für die gesetzeswiederholende Verfügung in Gestalt eines Verwaltungsakts: VGH Bad.-Württ., VBlBW 2012, 473.

nahme des Eingriffscharakters für „informatives Verwaltungshandeln" sehr zurückhaltend.[32]

Im Ansatz ist dabei festzuhalten, dass auch die Grundrechte grundsätzlich nicht vor einer bloßen Informationstätigkeit schützen. In der Verbreitung zutreffender und sachlich gehaltener Informationen liegt keine Grundrechtsbeeinträchtigung, auch wenn diese nachteilige Auswirkungen entfalten können – wie etwa im Anwendungsbereich von Art. 12 Abs. 1 GG hinsichtlich der Wettbewerbschancen.[33] Auch der Gewährleistungsgehalt der Religionsfreiheit schützt daher nicht davor, dass sich staatliche Organe – ggf. auch kritisch – mit den Zielen und Aktivitäten eines Grundrechtsträgers auseinandersetzen. Der Schutzbereich ist insoweit erst bei verfälschenden oder diskriminierenden Darstellungen betroffen, durch die der Staat die ihm obliegende Neutralitätspflicht verletzt.[34]

Problematisch ist indes, ob dies auch für staatliche „Warnungen" angenommen werden kann: zwar bewirken auch diese allenfalls eine mittelbare Grundrechtsbeeinträchtigung (über das zu steuernde Verhalten der Gewarnten), sie erweisen sich aber insoweit als „final", als der Verhaltenseffekt gezielt bezweckt wird: im Falle von Jugendsekten etwa der Nichteintritt potenzieller Neumitglieder. Die Schutzrichtung der Grundrechte spricht daher dafür, derartige Warnungen an den jeweiligen Vorgaben, hier des Art. 4 GG, zu messen, denn das Grundgesetz hat den gewährleisteten Schutz nicht an den klassischen Eingriffsbegriff gebunden. Für entsprechende „Funktionsäquivalente", die nach Zielsetzung und Wirkung einem klassischen Grundrechtseingriff sehr nahe kommen, verlangt auch das Bundesverfassungsgericht die Beachtung des Gesetzesvorbehalts;[35] auch der Europäische Gerichtshof für Menschenrechte geht von einem „Eingriff" aus.[36] Angesichts des finalen Charakters gezielter Warnhinweise erscheint dies naheliegend;[37] dementsprechend sind die Hauptanwendungsfälle staatlicher Warntätigkeit zwischenzeitlich auch normiert (vgl. für das Lebensmittelrecht etwa §§ 13 ff. AGLMBG).[38] Als Abgrenzungskriterium bietet sich ein Abstellen darauf an, ob die Öffentlichkeit nur allgemein vor Gefahren gewarnt werden soll, oder ob die Mitteilung mit Blick auf Einzelfälle ausgesprochen worden und die Belastung damit individualisierbar ist.[39]

Nicht abschließend geklärt ist auch die sog. **Gefährderansprache**, bei der die Polizei eine Person gezielt und vorbeugend auf erwartete Straftaten hinweist, etwa um auf die Strafbarkeit bestimmter Kontaktaufnahmen mit Minderjährigen im Internet aufmerksam zu machen (sog. "Cybergrooming")[40] oder in anderer Hinsicht eine vorbeugende

---

32 Vgl. etwa BVerfGE 105, 252; 105, 279 sowie BVerwGE 82, 76; 87, 37; kritisch hierzu etwa Huber, JZ 2003, 290. Vgl. zum Unterrichtungsanspruch des Betroffenen einer verdeckten Observation VGH Bad.-Württ., VBlBW 2003, 349; zur Zulässigkeit der Speicherung personenbezogener Daten trotz Freispruchs BVerfG, DVBl 2002, 1110.
33 Vgl. BVerfGE 105, 252 (265).
34 Vgl. BVerfGE 105, 279 (294).
35 Vgl. BVerfGE 105, 279 (303); hierzu auch BVerfG, NJW 2006, 1303 für den Fall einer „Schutzerklärung" gegen Scientology.
36 Vgl. hierzu EGMR, NVwZ 2010, 177.
37 Vgl. dazu BVerwGE 90, 112 (120).
38 Vgl. zur unionsrechtlichen Zulässigkeit der Warnung vor nicht gesundheitsschädlichen, für den Verzehr aber ungeeigneten Lebensmitteln: EuGH, NVwZ 2013, 1002.
39 Vgl. dazu BVerwG, NJW 2006, 1303.
40 Anlass hierzu ist regelmäßig ein vorgespiegelter Kontakt durch Mitarbeiter des Landeskriminalamts, der – mangels Versuchsstrafbarkeit – für sich genommen (da die Mitarbeiter nicht minderjährig und damit ein untaugliches Objekt sind) noch keinen Straftatbestand erfüllt.

Abschreckung zu erzielen.[41] Angesichts des finalen Charakters der polizeilichen Maßnahmen spricht einiges dafür, auch hier die Aufgabenzuweisung für sich genommen als nicht ausreichend zu erachten. Rechtsgrundlage derartig präventiver Maßnahmen zur Verhütung von Straftaten ist aber die polizeiliche Generalklausel.

2. Spezialgesetzliche Handlungsermächtigung

27 Bei der Suche nach der richtigen Ermächtigungsgrundlage ist zunächst auf bereichsspezifische Ermächtigungen zu achten.[42] Die Gefahrenabwehr in eigenständig normierten Regelungsbereichen ist regelmäßig in den jeweiligen Fachgesetzen des „besonderen Polizeirechts" geregelt. Ein Rückgriff auf das Polizeigesetz aus den im Spezialgesetz geregelten Zwecken ist dann gesperrt.[43] Dabei ist sorgfältig die **Reichweite der jeweiligen Spezialnorm** zu untersuchen.

28 Für das **Versammlungsgesetz**[44] zum Beispiel ist zu beachten, dass dieses nur für öffentliche Versammlungen gilt[45] und auch nur versammlungsspezifische Gefahren regelt. Das Versammlungsgesetz schließt daher etwa feuerpolizeiliche Maßnahmen wegen einer konkreten Brandgefahr nicht aus, auch wenn diese mittelbar eine Einschränkung des Versammlungsrechts als zwangsläufige Nebenfolge mit sich bringen.[46] Angesichts des hohen Rangs der durch Art. 8 GG geschützten Versammlungsfreiheit sind insoweit aber strenge Anforderungen an den Rückgriff auf das Polizeigesetz zu stellen, die grundsätzlich nur bei einer erheblichen Gefahr für elementare Rechtsgüter wie Leben und Gesundheit von Menschen in Betracht kommen dürften. Eine Bezugnahme auf Verstöße gegen bauordnungs-, gaststätten- oder jugendschutzrechtliche Vorschriften dagegen ist hierfür nicht tragfähig. Nicht durch das Versammlungsrecht verdrängt werden dagegen straßenrechtliche Vorschriften über Reinigung und Kostenersatz. Auch im Vorfeld der Versammlung – bis zur Übernahme der Ordnungsgewalt durch den Versammlungsleiter[47] – ist das Versammlungsgesetz nicht anwendbar; allerdings ist insoweit Art. 8 GG zu berücksichtigen.[48]

29 *Zur Vertiefung: Fall 1.*

30 Auch das **Landespressegesetz** ist eine Spezialregelung, soweit es um den Inhalt von Presseerzeugnissen und die von ihm ausgehenden Gefahren für die öffentliche Sicherheit oder Ordnung geht. Hinsichtlich der Art und Weise der Herstellung dagegen ist das Polizeigesetz nicht durch speziellere Regelungen des Landespressegesetzes verdrängt. Das Verbot der Herstellung von Bildaufnahmen kann daher auf §§ 1, 3 PolG, die Beschlagnahme des Speichermediums auf § 33 PolG gestützt werden. Voraussetzung hierfür ist indes ein Verstoß gegen § 22 KunstUrhG, der nicht bereits in der Fertigung von Bildaufnahmen selbst liegt. Grundsätzlich darf aber auch einem Pressefotograf keine rechtswidrige Praxis unterstellt werden, so dass es für ein polizeiliches Einschreiten konkreter Anhaltspunkte für die Absicht einer nicht durch die Rechtferti-

---

41 Vgl. zum Zweck einen Geschäftsführer bösgläubig zu machen etwa Hess. VGH, NVwZ-RR 2012, 344.
42 Vgl. hierzu Kunze, VBlBW 1995, 81.
43 Vgl. VGH Bad.-Württ., VBlBW 2013, 301.
44 Rechtsprechungsüberblick in Trurnit, NVwZ 2016, 873.
45 Also nicht für das gezielte Ansprechen von Einzelpersonen: VGH Bad.-Württ., 11.10.2012 – 1 S 36/12 – ("Gehsteigberatung").
46 Vgl. VGH Bad.-Württ., VBlBW 2010, 468.
47 Vgl. VGH Bad.-Württ., NVwZ 1998, 761.
48 Vgl. BVerwGE 129, 142 zur Zulässigkeit einer polizeilichen Meldeauflage, um die (gewalttätige) Teilnahme an einer Demonstration zu verhindern; zum Fragenkreis auch Hoffmann-Riem, NVwZ 2002, 257.

gungsgründe aus § 23 KunstUrhG gedeckten Veröffentlichung oder Verbreitung bedarf.[49] Anders liegen die Dinge dagegen, wenn – etwa durch rücksichtsloses oder unkooperatives Verhalten – Anlass für die Annahme einer rechtswidrigen Veröffentlichungsabsicht bestehen. Angesichts der nicht reparablen Folgen einer öffentlichen Berichterstattung – etwa im Falle eines spektakulären Kriminalfalls – dürfen die Anforderungen hierbei nicht überspannt werden.[50]

Sofern eine spezielle Ermächtigungsnorm vorliegt, hat der Gesetzgeber damit die für diesen Bereich geltenden Voraussetzungen präzisiert. Liegen diese nicht vor, kann daher regelmäßig auch nicht auf die polizeiliche Generalklausel zurückgegriffen werden. Allerdings kann es im besonderen Polizeirecht ausnahmsweise auch Eingriffsnormen geben, die nicht als **abschließende Entscheidung des Gesetzgebers** gedacht sind und einen Rückgriff auf subsidiäre Eingriffsermächtigungen daher nicht sperren. Eine Inanspruchnahme der polizeirechtlichen Eingriffsbefugnisse trotz vorhandener Spezialnormen setzt aber jedenfalls eine ausdrückliche Prüfung des nicht abschließenden Charakters der Spezialtatbestände voraus.[51]   31

Enthält das Fachgesetz dagegen nur **Verbotsnormen** – wie etwa § 6 FTG hinsichtlich ruhestörender Arbeiten an Sonn- und Feiertagen –, kann hinsichtlich der Eingriffsbefugnisse die polizeiliche Generalklausel herangezogen werden. Auch insoweit ist aber der Spezialitätsgrundsatz zu beachten, wenn es "gestufte Reglungsebenen" gibt: Das Landesnichtraucherschutzgesetz etwa enthält keine Ermächtigungsgrundlage für eine gegen Gaststättenbetreiber gerichtete Maßnahme. Diese ergibt sich aber aus § 5 Abs. 1 Nr. 1 GastG, so dass ein Rückgriff auf §§ 1, 3 PolG (mit der damit verbundenen Zuständigkeit der Ortspolizeibehörde) nicht möglich ist.[52]   32

3. Polizeiliche Standardmaßnahmen

Auch im Geltungsbereich des Polizeigesetzes ist zunächst nach Spezialregelungen zu suchen. In den sog. **Standardmaßnahmen** (vgl. §§ 26 ff. PolG) hat der Gesetzgeber bestimmte, für die Gefahrenabwehr typische Maßnahmen mit hoher Grundrechtsrelevanz „standardisiert" und einer vorweggenommenen Güterabwägung unterzogen. Dies kann bei intensiven Eingriffen auch bereits durch den Parlamentsvorbehalt geboten sein.   33

Insbesondere bei neuen Instrumenten – wie etwa der Verweisung aus der Wohnung bei ehelichen Gewalttätern, der längerfristigen Observation rückfallgefährdeter, aber nicht mehr sicherungsverwahrter Sexualstraftäter oder Kontaktverboten[53] – stellt sich regelmäßig die Frage, ob angesichts der Intensität der Grundrechtsbeeinträchtigungen im Hinblick auf die Wesentlichkeitstheorie eine eigenständige Sonderregelung erforderlich ist.[54] Rechtspolitisch sind derartige Überlegungen zweifellos richtig, weil die Regelung der Voraussetzungen und Dauer entsprechender Eingriffe in einer vorweggenommenen   34

---

49 Vgl. hierzu VGH Bad.-Württ., VBlBW 2011, 23 sowie BVerwG, NJW 2012, 2676 selbst für einen SEK-Einsatz gegen Angehörige der „russischen Mafia"!
50 Vgl. VGH Bad.-Württ., VBlBW 2001, 102 für die Beschlagnahme des Films eines BILD-Reporters mit Aufnahmen von mehreren Personen, gegen die lediglich ein Anfangsverdacht in einem Vergewaltigungsfall bestand.
51 Vgl. etwa BVerwGE 55, 118 zur Frage, inwieweit immissionsschutzrechtliche Genehmigungen einen Rückgriff auf die polizeiliche Generalklausel sperren.
52 Vgl. VGH Bad.-Württ., VBlBW 2013, 301.
53 Vgl. Bay. VGH, NJW 2016, 2968.
54 Vgl. BVerfGK 20, 128.

Güterabwägung durch den Gesetzgeber erfolgen sollte. Dies korrespondiert auch mit den Anforderungen des Bestimmtheitsgrundsatzes, da Bestimmtheit und Klarheit einer Norm auch dazu dienen, der gesetzesvollziehenden Verwaltung für ihr Verhalten steuernde und begrenzende Handlungsmaßstäbe vorzugeben.[55] Wann und wie schnell eine Untätigkeit des Gesetzgebers insoweit zur Rechtswidrigkeit entsprechender Maßnahmen führt, erscheint dagegen unsicher. Die Rechtsprechung hat dem Gesetzgeber insoweit eine Übergangs- und Erprobungsphase zugebilligt.[56] Die Schwierigkeit liegt in der Praxis darin, dass die Verantwortung für die zu treffende Grundrechtsabwägung bei Fehlen entsprechender Vorgaben bei der handelnden Polizeibehörde liegt, die in jedem Einzelfall sorgfältig abzuwägen hat.[57] Durch das Fehlen vorweggenommener Standardisierung wird die Fehleranfälligkeit entsprechender Anordnungen daher erhöht.

35 Art. 104 Abs. 1 S. 2 GG ordnet für **Freiheitsentziehungen** eine Ermächtigung durch formelles Gesetz ausdrücklich an; dem ist mit § 28 PolG Rechnung getragen, der auch eine präventive Ingewahrsamnahme (zur Verhinderung von Straftaten[58] oder für die Dauer eine Fußballspiels[59]) zulässt. Schwierigkeiten kann insoweit aber die Abgrenzung von Freiheitsentziehung zu Freiheitsbeschränkung bereiten, etwa im Falle der Einkesselung nach einer aufgelösten Demonstration.[60] Die Rechtsprechung interpretiert die Freiheitsentziehung eher eng und hat sie etwa auch für die Abschiebung eines Ausländers im Hinblick auf die andere Zweckbestimmung der Maßnahme verneint.[61] Überdies wird § 28 Abs. 3 S. 1 PolG entnommen, dass eine richterliche Entscheidung nicht eingeholt werden muss, wenn sich hierdurch die Dauer des Gewahrsams verlängern würde. Dies ist in der Praxis insb. dann relevant, wenn eine größere Personenzahl in Gewahrsam genommen wird, die nur durch einen oder wenige Bereitschaftsrichter angehört werden könnte (z.B. im Falle gewalttätiger Fußballfanausschreitung an einem Wochenende).[62] Die mangelnde Vernehmungsfähigkeit des Ingewahrsamgenommenen dagegen rechtfertigt ein Absehen von der Einschaltung des Haftrichters nicht, weil hier eine richterliche Entscheidung herbeigeführt werden kann.[63]

36 Angesichts des aus Art. 2 Abs. 1 i.V.m. Art. 1 Abs. 1 GG abgeleiteten Rechts auf informationelle Selbstbestimmung ist auch für **Datenerhebungen** eine spezielle Ermächtigungsgrundlage erforderlich. Entsprechende Maßnahmen bedürfen – auch wenn sie verdeckt angeordnet werden – einer schriftlich dokumentierten Begründung.[64] § 26 PolG regelt hierfür die Zulässigkeit der Personenfeststellung und stellt mit der Bezugnahme auf einen „milieuspezifischen" Ort die Grundlage für die Durchführung der sog. „Razzia" dar. Die Personenfeststellung wird von der Rechtsprechung bereits deshalb als geeignetes Gefahrabwehrmittel akzeptiert, weil potenzielle Störer durch die

---

55 Vgl. BVerfGE 113, 348 (374).
56 Vgl. VGH Bad.-Württ., NJW 2005, 88 für die Verweisung aus der eigenen Wohnung im Rahmen eines als Modellversuch angelegten Projekts zur Bekämpfung häuslicher Gewalt sowie 31.1.2013 – 1 S 1817/12 – für die Observation eines aus der Sicherungsverwahrung Entlassenen; ähnlich auch BVerfGK 20, 128.
57 Vgl. hierzu auch Gusy, JZ 2005, 355.
58 Vgl. BVerfG, NVwZ 2016, 1079.
59 Vgl. EGMR, NVwZ 2014, 43; hierzu auch Renzikowski/Schmidt-De Caluwe, JZ 2013, 289.
60 Vgl. etwa VGH Bad.-Württ., 5.2.2009 – 1 S 979/08 – der eine Bezugnahme auf § 26 PolG nicht beanstandet hat; auch in BVerfG, NJW 2010, 433 wird bei einer zehnstündigen Festsetzung von Demonstranten alleine auf Art. 2 Abs. 2 GG rekurriert.
61 Vgl. hierzu BVerwGE 62, 325 (327 f.); zum bloßen „Verbringungsgewahrsam" auch die Aufsichtsarbeit Nr. 6 der zweiten juristischen Staatsprüfung Herbst 2005; VBlBW 2010, 49 und 88.
62 Vgl. VGH Bad.-Württ., VBlBW 2011, 350.
63 Vgl. VGH Bad.-Württ., VBlBW 2012, 268 für den Trunkenheitsgewahrsam.
64 Vgl. VGH Bad.-Württ., VBlBW 2015, 167.

Feststellung ihrer Personalien aus der Anonymität gerissen und durch das damit verbundene Risiko einer Strafverfolgung von der Begehung (weiterer) Störungen abgehalten werden.[65] Die „Sistierung" dagegen setzt voraus, dass ein Datenabgleich nicht auch über Funk möglich wäre – etwa weil Störungen durch Dritte zu befürchten sind.

Die Modalitäten einer **erkennungsdienstlichen Behandlung** sind in § 36 PolG und § 81b Alt. 2 StPO ausgeformt, wobei auch auf die letztgenannte StPO-Norm gestützte Maßnahmen materiell als Polizeirecht angesehen werden und damit der Verwaltungsgerichtsbarkeit unterliegen.[66] Voraussetzung einer auf § 81b Alt. 2 StPO gestützten Maßnahme ist dabei, dass ein Straf- oder Ermittlungsverfahren gegen den Betroffenen schwebt. Ist dies nicht mehr der Fall – etwa weil das Ermittlungsverfahren eingestellt worden ist – kann die Anordnung ggf. gleichwohl unter Heranziehung von § 36 Abs. 1 Nr. 2 PolG aufrechterhalten werden, weil die Ermessensausübung beider Ermächtigungsnormen an denselben Maßstäben orientiert ist. Grundlage der für eine Anordnung nach § 36 Abs. 1 Nr. 2 PolG erforderlichen Prognose der künftigen Begehung von Straftaten können dabei auch Erkenntnisse aus eingestellten Ermittlungsverfahren sein. Die Berücksichtigung von fortbestehenden Verdachtsgründen im Rahmen der vorbeugenden Straftatenbekämpfung verstößt weder gegen die Unschuldsvermutung noch gegen Art. 6 Abs. 2 EMRK.[67] **37**

Personendurchsuchungen sind in § 29 PolG normiert und beschränken sich auf das Abtasten des bekleideten Körpers sowie die Nachschau an der Körperoberfläche und den ohne Weiteres zugänglichen Körperhöhlen wie Mund, Nase und Ohren. Überprüfungen von After oder Scheide sowie des Körperinnern dagegen sind „Untersuchungen", für die das Polizeigesetz präventive Ermächtigungsgrundlagen nicht enthält. Besteht also der Verdacht des Transports von Drogen o.ä. kommt nur die (repressive) Untersuchung nach § 81a StPO in Frage.[68] **38**

Die **Datenerhebung** schließlich ist in §§ 19 ff. PolG,[69] die Datenverarbeitung in §§ 37 ff. PolG ausführlich geregelt. Der für eine Datenspeicherung erforderliche Verdacht, eine Straftat begangen zu haben (vgl. § 38 Abs. 2 S. 1 PolG), wird durch eine Einstellung oder einen Freispruch nicht ausgeschlossen. Für die Annahme einer fortbestehenden Wiederholungsgefahr kommt der Polizei ein Prognosespielraum zu, in den auch polizeiliches Erfahrungswissen einfließt. Die Prognose bedarf aber einer auf jeden Speicherungsfall bezogenen (verwertbaren) Tatsachengrundlage, die schlüssig und nachvollziehbar dokumentiert werden muss.[70] **39**

Klausurrelevant ist auch die Abgrenzung der **Sicherstellung** nach § 32 PolG – die im Interesse des Sachinhabers erfolgt und damit als Sondervorschrift zu § 2 Abs. 2 PolG betrachtet werden kann – von der Beschlagnahme des § 33 PolG.[71] Für Abschleppfälle kommt eine Sicherstellung nur in Betracht, wenn die Verwahrung des Fahrzeugs dem Schutz des Eigentümers dient; etwa wenn sich dieser nach einem Autounfall nicht mehr um das Fahrzeug kümmern kann oder wenn bereits erfolgte Aufbrüche weitere Beschädigungen besorgen lassen. Der Bayerische Verwaltungsgerichtshof hat auch die **40**

---

65 Vgl. etwa VGH Bad.-Württ., VBlBW 2011, 155.
66 Vgl. etwa VGH Bad.-Württ., NJW 2008, 3082.
67 Vgl. VGH Bad.-Württ., 5.4.2016 – 1 S 275/16.
68 Vgl. hierzu etwa Zeitler/Trurnit, Polizeirecht für Baden-Württemberg, 2. Aufl. 2011, Rn. 426.
69 Vgl. zum verdeckten Einsatz technischer Mittel nach § 22 PolG VGH Bad.-Württ., VBlBW 2015, 167.
70 Vgl. VGH Bad.-Württ., VBlBW 2015, 303.
71 Insoweit ist auch an bereichsspezifische Spezialregelungen zu denken, etwa in § 16a S. 2 TierSchG, § 46 WaffG oder § 13 PassG.

Sicherstellung eines in der Flughafentiefgarage abgestellten Fahrzeugs mit leicht geöffnetem Seitenfenster gebilligt.[72] Eine vorherige Benachrichtigung des Halters soll dabei nur erforderlich sein, wenn dieser "in greifbarer Nähe" erscheint.[73] In Normalkonstellationen dagegen will die Polizei das Fahrzeug nicht in Verwahrung nehmen, sondern lediglich von einer störenden Stelle entfernen. Auch eine **Beschlagnahme** kommt nicht in Betracht, wenn die vom Fahrzeug ausgehende Störung nur aus der Lage im Raum resultiert. Denkbar ist die Beschlagnahme daher nur dann, wenn die Gefahr vom Fahrzeug selbst ausgeht, etwa bei funktionsuntüchtigen Bremsen. Andernfalls ist eine Verwahrung zur Störungsbeseitigung nicht erforderlich.

41   Die Beschlagnahme setzt darüber hinaus eine unmittelbar bevorstehende Störung der öffentlichen Sicherheit oder Ordnung voraus. Ein Film mit gefertigten Fotografien der bei einem Polizeieinsatz tätigen Beamten kann daher nur beschlagnahmt werden, wenn Anhaltspunkte für eine rechtswidrige Veröffentlichung bestehen; das bloße Fotografieren der Beamten dagegen ist grundsätzlich nicht verboten.[74] Allerdings kann im Einzelfall auch das Fotografieren durch einen Unbekannten gegen das allgemeine Persönlichkeitsrecht verstoßen und einen polizeilichen Zugriff rechtfertigen.[75]

42   Die Polizei ist auch verpflichtet, ihre Verfügung „unter Kontrolle zu halten" und hat die Beschlagnahme daher aufzuheben, sobald der damit verfolgte Zweck erreicht worden ist (vgl. § 33 Abs. 4 S. 1 PolG). Ist die in § 33 Abs. 4 S. 2 PolG gesetzlich vorgeschriebene Beschlagnahmedauer (die mit dem Vollzug durch Begründung amtlicher Verwahrung beginnt) überschritten, tritt die Beschlagnahme automatisch außer Kraft, ohne dass es einer ausdrücklichen Aufhebung bedarf.[76] Geht die Störung primär von einer missbräuchlichen Verwendung der Sache aus, müssen daher Maßnahmen ergriffen werden, die unmittelbar auf die Verhaltensweise des polizeilichen Störers einwirken. Die Beschlagnahme kann hier allenfalls zur unmittelbaren Gefahrenbekämpfung eingesetzt werden, sie darf aber **nicht als Beugemittel** verwendet werden.[77]

43   *Zur Vertiefung: Fall 2.*

44   Der Beschlagnahme unterliegen auch **Räume**, was insb. bei der Bekämpfung der Obdachlosigkeit und aktuell bei der Unterbringung von Flüchtlingen[78] praktische Relevanz entfaltet.

45   *Zur Vertiefung: Fall 7.*

46   Schließlich kommt auch die Beschlagnahme von **Tieren** in Betracht (vgl. § 16a S. 2 Nr. 2 TierSchG).[79] Hier ergeben sich insb. Fragen im Hinblick auf die durch das begründete öffentlich-rechtliche Verwahrungsverhältnis entstehenden Kosten, etwa der Fütterung. Ein entsprechender **Kostenersatzanspruch** ist in § 3 Abs. 1 DVO PolG gere-

---

72 Vgl. Bay. VGH, NJW 2001, 1960; ähnlich auch 11.12.2013 – 10 B 12.2569 sowie Sächs. OVG, SächsVBl 2012, 71 unter Hinweis darauf, dass eine elektronische Wegfahrsperre jedenfalls keinen Schutz für die im Innern des Fahrzeugs befindlichen Teile bewirkt und es bei einem Diebstahlsversuch zu Beschädigungen kommt.

73 Sächs. OVG, NJW 2016, 181.

74 Vgl. dazu bereits unter I.2a).

75 Vgl. VGH Bad.-Württ., VBlBW 2008, 375 für Nachstellungen mit einem psycho-pathologischen Hintergrund.

76 Vgl. VGH Bad.-Württ., VBlBW 2014, 377.

77 Vgl. VGH Bad.-Württ., VBlBW 2001, 100.

78 Vgl. VG Lüneburg, ZMR 2015, 907: Beschlagnahme eines ehemaligen Jugendheims; hierzu auch Guckelberger/Kollmann/Schmidt; DVBl 2016, 1088.

79 Vgl. hierzu BVerwGE 141, 311.

gelt.[80] Danach kann die Polizei die zum Zweck der Verwahrung getätigten Aufwendungen verlangen. Insoweit können auch Fütterungskosten für Tiere oder Auslagenersatz für Stellplatzkosten geltend gemacht werden; nicht verlangt werden kann dagegen eine Tagespauschale nach Art einer Vergütung.[81] Ob die Kostenforderung im Wege des Verwaltungsakts durch Leistungsbescheid geltend gemacht werden kann, ist nicht ganz eindeutig. Der Wortlaut enthält eine entsprechende Verwaltungsakts-Befugnis nicht. Die Handlungsform-Ermächtigung kann aber möglicherweise aus einer „Gesamtanalogie" der Polizeikostenvorschriften entnommen werden.[82] Bis zur Erstattung der Kosten steht der Polizei durch die in § 83a PolG und § 3 Abs. 1 S. 4 DVO PolG neu aufgenommenen Bestimmungen ein Zurückbehaltungsrecht zu. Die Vorschrift gilt insb. auch für Abschleppkosten.[83] Nach § 83a S. 2 PolG kann die Polizei auch den Abschleppunternehmer ermächtigen, die Zahlung in Empfang zu nehmen.

Die öffentliche Verwahrung endet mit dem Wirksamwerden der **Einziehung**, die als 　47
privatrechtsgestaltende Anordnung das vorher bestehende Privateigentum beendet.
Wirksam wird die Einziehungsverfügung mit der Bekanntgabe, so dass die Bestandskraft der Verfügung nicht erforderlich ist. Hieran ändert auch eine ggf. angeordnete aufschiebende Wirkung von Widerspruch oder Klage nichts, weil der Suspensiveffekt nur die Vollziehbarkeit hemmt, die Wirksamkeit des Verwaltungsakts – und damit hier seine Gestaltungswirkung – aber unberührt lässt.[84] Wie im Falle des privatrechtlichen Eigentumserwerbs sind aber auch im Falle des hoheitlichen Eingriffs Einigung – die hier durch die Einziehungsanordnung ersetzt wird – und Übergabe erforderlich. Der Eigentumsübergang setzt daher auch die Begründung des öffentlichen Gewahrsams voraus, der entweder durch Herausgabe der Sache oder durch den Vollzug der Beschlagnahmeverfügung im Wege des unmittelbaren Zwangs erfolgt.[85] Liegt eine wirksame Beschlagnahme nicht mehr vor – etwa durch Ablauf der gesetzlich angeordneten Höchstfrist von 6 Monaten – kann eine (rechtmäßige) Einziehung nicht mehr erfolgen![86]

Eine neue – und bußgeldbewehrte (vgl. § 84a PolG) – Standardmaßnahme ist mit 　48
§ 27a PolG eingeführt worden, was angesichts der Grundrechtsintensität von **Platzverweis** (Art. 2 Abs. 1 GG), **Aufenthaltsverbot** (Art. 11 Abs. 1 GG)[87] und **Wohnungsverweis** (Art. 13 Abs. 1 und Art. 14 Abs. 1 GG) auch geboten erscheint.[88] Nach der in § 27a Abs. 1 PolG enthaltenen Legaldefinition ist der Platzverweis als „vorübergehendes" Verbot konzipiert, wobei die Vorschrift keine Vorgaben zur zulässigen Höchstdauer enthält. In der Literatur werden 24 Stunden als Grenze benannt.[89] Angesichts

---

80　Vgl. VGH Bad.-Württ., VBlBW 2007, 62.
81　Vgl. VGH Bad.-Württ., NJW 2007, 1375.
82　So VGH Bad.-Württ., VBlBW 2007, 351; ähnlich auch VGH Bad.-Württ., VBlBW 2008, 137 (analoge Anwendung des § 8 Abs. 2 S. 1 PolG). Kritisch im Hinblick auf den Wortlaut dagegen VGH Bad.-Württ. (5. Senat), NJW 2007, 1375.
83　Vgl. LT-Drs. 14/3165, S. 82.
84　Vgl. VGH Bad.-Württ., VBlBW 2007, 351.
85　Vgl. VGH Bad.-Württ., VBlBW 2010, 240.
86　Vgl. VGH Bad.-Württ., VBlBW 2014, 377.
87　Ob ein Aufenthaltsverbot in das Grundrecht auf Freizügigkeit eingreift, muss einzelfallbezogen beantwortet werden. Im Falle eines räumlich eng umgrenzten Bereichs, der bestimmungsgemäß nicht zum Aufenthalt dient, dürfte dies eher zu verneinen sein; vgl. auch VGH Bad.-Württ., 15.2.2012 – 1 S 191/12 – (Stuttgarter Schlossgarten).
88　Vgl. hierzu auch bereits VGH Bad.-Württ., NJW 2005, 88.
89　Vgl. etwa Zeitler/Trunit, Polizeirecht für Baden-Württemberg, 2. Aufl. 2011, Rn. 447 m.w.N.; großzügiger aber Stephan/Deger, Polizeigesetz für Baden-Württemberg, 7. Aufl. 2014, § 27a Rn. 7.

der deutlich einschneidenderen Wirkung verlangt § 27a Abs. 2 S. 1 PolG für die Verhängung eines Aufenthaltsverbots eine gesicherte Tatsachenbasis für die befürchteten Straftaten. Entsprechende Aussagekraft kommt überdies nur aktuellen Umständen zu.[90]

49 *Zur Vertiefung: Fall 3.*

50 Das **Aufenthalts- und Betretungsverbot** ist in § 27a PolG aber nicht abschließend geregelt. Sofern die Maßnahme der Abwehr von anderen, in der Norm nicht erfassten Gefahrenlagen dient (etwa bei Baumfällarbeiten), kann daher auf die polizeiliche Generalklausel zurückgegriffen werden.[91]

51 Auch für die **Meldeauflage** ist eine spezialgesetzliche Grundlage nicht geschaffen worden, sie wird von der Rechtsprechung angesichts der geringen Eingriffsintensität auch nicht für erforderlich erachtet.[92] Die Meldeauflage kann daher weiterhin auf die polizeiliche Generalklausel gestützt werden. Daneben verbleiben spezialgesetzlich angeordnete Reaktionsmöglichkeiten, wie etwa das Ausreiseverbot nach § 10 Passgesetz für gewaltbereite Demonstranten.[93]

52 *Zur Vertiefung: Fall 4.*

4. Polizeiliche Generalklausel

53 Nach §§ 1, 3 PolG hat die Polizei die ihr nach pflichtgemäßem Ermessen erforderlich erscheinenden Maßnahmen zu treffen, um Gefahren für die öffentliche Sicherheit oder Ordnung abzuwehren.

a) Öffentliche Sicherheit

54 Das Tatbestandsmerkmal der **öffentlichen Sicherheit** umfasst nach gesicherter Rechtsprechung die Unverletzlichkeit der Rechtsordnung, der subjektiven Rechte und Rechtsgüter des Einzelnen sowie des Bestandes der Einrichtungen und Veranstaltungen des Staates.

55 Standardfall ist dabei die **Gewährleistung der objektiven Rechtsordnung**. Verstöße gegen **Verbotsnormen** eröffnen daher grundsätzlich eine Eingriffsbefugnis der Polizei nach der Generalklausel, auch wenn konkrete Eingriffsbefugnisse in der Norm selbst nicht statuiert worden sind. Zum polizeilichen Aufgabengebiet der präventiven Gefahrenabwehr gehören dabei auch die **Gefahrenvorsorge** und die vorbeugende Bekämpfung oder Verhütung von Straftaten.[94] Dementsprechend kann etwa die vorbeugende Abnahme von Waffen im Vorfeld einer Demonstration,[95] eine Filmbeschlagnahme[96] oder eine Meldeauflage erlassen werden.[97] Die bloße Möglichkeit einer nachfolgenden

---

90 Vgl. hierzu auch VGH Bad.-Württ., VBlBW 2005, 231 für Passbeschränkungen.
91 So VGH Bad.-Württ., 15.2.2012 – 1 S 191/12 – (Stuttgarter Schlossgarten).
92 Vgl. BVerwGE 129, 142.
93 Vgl. VGH Bad.-Württ., NJW 2000, 3658 sowie VBlBW 2005, 231.
94 Vgl. etwa die in § 26 Abs. 1 Nr. 2 PolG vorgesehene Ermächtigung zur Personenfeststellung an Orten, an denen „erfahrungsgemäß" Straftaten verübt werden sowie BVerwGE 141, 329 zur offenen Videoüberwachung der Reeperbahn.
95 Vgl. § 27 VersG. Auch das Einüben von polizeiwidrigen Handlungen kann eine unmittelbare Gefahrenlage darstellen; vgl. hierzu etwa VGH Bad.-Württ., NVwZ 2000, 1201 für Probeblockaden gegen einen Castor-Transport.
96 Vgl. §§ 22, 23 KunstUrhG.
97 Vgl. BVerwGE 129, 142.

Straftat genügt für präventivpolizeiliche Maßnahmen aber nicht, erforderlich ist auch hier vielmehr die Annahme einer konkreten Gefahrenlage.[98]

Die **Strafverfolgung** sowie die Vorsorge für die spätere Verfolgung von Straftaten[99] stellen dagegen übertragene Aufgaben nach § 1 Abs. 2 PolG i.V.m. § 163 StPO/§ 53 OWiG dar. Maßnahmen mit derartig repressiver Zielrichtung unterfallen der Bundeskompetenz aus Art. 74 Abs. 1 Nr. 1 GG, unterliegen dem Weisungsrecht der Staatsanwaltschaft (aus § 161 StPO) und unterstehen im Streitfall der ordentlichen Gerichtsbarkeit (vgl. § 23 Abs. 1 EGGVG). Die Abgrenzung bei sog. „**doppelfunktionellen Maßnahmen**" ist grundsätzlich nach dem Willen der Polizei – wie er sich aus der Begründung ergibt – und dem materiellem Schwerpunkt der Maßnahme vorzunehmen.

Schwierigkeiten bereiten Maßnahmen, die der Vorsorge für die Verfolgung künftiger Straftaten dienen, insbesondere also auf das Sammeln von Beweismitteln für ein mögliches, künftiges Strafverfahren gerichtet sind. Die Aufzeichnung des nicht-öffentlich gesprochenen Worts einer Jugendfreizeit beim Verdacht des sexuellen Missbrauchs etwa dient nicht unmittelbar der Verhütung einer konkreten, noch nicht begangenen Straftat.[100] Derartige Maßnahmen der **Strafverfolgungsvorsorge** sind ursprünglich ebenfalls als Maßnahmen der vorbeugenden Bekämpfung von Straftaten angesehen worden. Dieser Einordnung ist durch die Rechtsprechung des Bundesverfassungsgerichts problematisch geworden, wonach auch präventive Regelungen im Bereich der Strafverfolgung der Bundesgesetzgebungsbefugnis nach Art. 74 Abs. 1 Nr. 1 GG (gerichtliches Verfahren) unterfallen.[101] Dass der Bundesgesetzgeber von seiner Regelungsbefugnis abschließend Gebrauch gemacht hat, ist vom Bundesverfassungsgericht indes nur für den Bereich der **Telekommunikationsüberwachung** entschieden worden. In diesem Bereich – insbesondere also auch hinsichtlich der Aufzeichnung des nicht-öffentlich gesprochenen Worts -[102] erfasst die polizeirechtliche Gefahrenvorsorge aufgrund verfassungskonformer Einengung daher nur Maßnahmen zur Verhütung von Straftaten (Verhinderungsvorsorge), nicht aber solche, mit denen die Strafverfolgungsvorsorge bezweckt wird. Eine allgemein abschließende (und landesrechtliche Regelungen verdrängende) Normierung hinsichtlich der Strafverfolgungsvorsorge hat der Bundesgesetzgeber dagegen nicht vorgenommen.[103] Die offene **Videoüberwachung** der Reeperbahn aufgrund einer landesrechtlichen Polizeinorm hat das Bundesverwaltungsgericht daher gebilligt. Die dort gegebene Begründung, dass die polizeirechtliche Regelung bereits zu einem früheren Zeitpunkt einsetzt und durch die bezweckte Abschreckung auch funktional mit der Verhütung von Straftaten verknüpft ist, wird auch auf andere Bereiche als den entschiedenen der Bildaufzeichnung anwendbar sein.

Die öffentliche Sicherheit umfasst auch den **Schutz der Einrichtungen und Veranstaltungen des Staates**. Gewährleistet ist damit etwa die Funktionsfähigkeit kommunaler Einrichtungen (wie einer Unterkunft für Asylbewerber) oder Gerichte. „Veranstaltungen" sind etwa Soldatenvereidigungen oder Maßnahmen der Verkehrserziehung (Radarfalle). Ein Schild, mit dem auf eine Geschwindigkeitsmessanlage hingewiesen wird,

56

57

58

---

98 Vgl. BVerfG, NVwZ 2016, 53: sogar für eine Identitätsfeststellung!
99 Vgl. BVerfGE 113, 348 (präventive Telefonüberwachung); kritisch hierzu Stephan, VBlBW 2005, 410.
100 Vgl. zur Möglichkeit eines (auf die polizeiliche Generalklausel gestützten) präventiven Kontaktverbots in diesen Fällen: Bay. VGH, NJW 2016, 2968.
101 Vgl. BVerfGE 113, 348 (367 ff.).
102 Vgl. VGH Bad.-Württ., VBlBW 2015, 167 – gleichzeitig mit sehr hohen Anforderungen für die Bestimmtheit gesetzlicher Eingriffsgrundlagen im Vorfeld möglicher Straftaten.
103 Vgl. BVerwGE 141, 329 (Rn. 36).

kann daher unter Bezugnahme auf die Generalklausel entfernt werden.[104] Für Radarwarngeräte dagegen besteht mit § 23 Abs. 1b StVO bereits eine Rechtsvorschrift.[105]

59 Für Störungen innerhalb des Dienstbetriebes geht allerdings das Hausrecht – mit dem hierzu gehörenden **Hausverbot** – vor. Streitig ist insofern der Verwaltungsrechtsweg: Während in der Zivilrechtsprechung[106] überwiegend danach differenziert wird, ob eine öffentlich-rechtliche oder eine privatrechtliche Rechtsbeziehung durch das Hausverbot unterbrochen wird, stellt die h.L. zu Recht darauf ab, dass das Hausrecht der Funktion dient, den widmungsgemäßen Gebrauch und damit den öffentlich-rechtlichen Aufgabenbereich der Behörde sicherzustellen.[107]

60 Schließlich schützt die öffentliche Sicherheit auch die **subjektiven Rechte und Rechtsgüter des Einzelnen**. Hierzu gehört auch das aus dem allgemeinen Persönlichkeitsrecht abgeleitete Recht, in Ruhe gelassen zu werden (gezielte Ansprache von schwangeren Frauen durch sog. "Lebensschützer" vor einer Konfliktberatungsstelle).[108] Allerdings ist die Streitschlichtung zwischen Privatpersonen grundsätzlich den ordentlichen Gerichten übertragen. Polizeiliches Handeln ist hier durch § 2 Abs. 2 PolG deshalb an den **Subsidiaritätsgrundsatz** gebunden. Grundsätzlich kommen folglich nur vorläufige Maßnahmen zur Rechtssicherung in Betracht, wenn einstweiliger Zivilrechtsschutz nicht rechtzeitig erreichbar ist oder nicht wirkungsvoll wäre. Bei Hausbesetzungen kann sich die Nichterreichbarkeit effektiven Rechtsschutzes bereits aus der Schwierigkeit ergeben, dass die Namen der Besetzer nicht bekannt sind (und daher gerichtliche Anträge gar nicht rechtshängig gemacht werden können) oder diese ständig wechseln.[109]

61 Im Hinblick auf die mit den Grundrechten zum Ausdruck kommende objektive Werteordnung spricht auch viel dafür, ein öffentliches Interesse an polizeilichem Einschreiten zum Schutz von grundrechtlich gesicherten Individualgütern zu bejahen. Jedenfalls bei Sachlagen, die eine Bedrohung für eine unbestimmte Vielzahl von Grundrechtsträgern darstellen können, erscheint der Verweis auf den Subsidiaritätsgrundsatz des Polizeirechts daher nicht gerechtfertigt (ungewollte Schwangerenberatung vor Konfliktberatungsstelle).[110] Entsprechendes gilt für den Schutz von „kollektiven" Rechtsgütern, wie etwa dem Grundwasser oder dem Naturschutz.[111]

62 Kein Fall ausschließlich privater Interessen liegt überdies vor, wenn die Verletzung der subjektiven Rechtspositionen durch Strafgesetze oder Normen des Ordnungswidrigkeitenrechts sanktioniert ist (wie etwa § 123 StGB oder § 12 LOWiG!). Denn dann werden zugleich öffentlich-rechtliche Normen verletzt.

63 In Fällen ausschließlicher und bewusster **Selbstgefährdung** fehlt grundsätzlich der Öffentlichkeitsbezug, solange und soweit die Aktivitäten nicht durch Gesetze verboten

---

104 So etwa OVG NRW, NJW 1997, 1596.
105 Vgl. VGH Bad.-Württ., VBlBW 2003, 192 zur Beschlagnahme, Einziehung und Vernichtung eines Radarwarngeräts.
106 Vgl. grundlegend BGH, NJW 1967, 1911; BVerwGE 35, 103.
107 Vgl. zum fehlenden Zusammenhang zwischen der Sachmaterie und der Ausübung des Hausrechts auch die überzeugende Entscheidung OVG NRW, NJW 2011, 2379.
108 Vgl. VGH Bad.-Württ., NJW 2011, 2532 sowie 11.10.2012 – 1 S 36/12.
109 Vgl. zur Erschwerung des zivilrechtlichen Vorgehens durch einen ständig wechselnden Personenkreis auch VGH Bad.-Württ., 15.2.2012 – 1 S 191/12 – (Räumung des Stuttgarter Schlossgartens).
110 Vgl. VGH Bad.-Württ., NJW 2011, 2532 sowie 11.10.2012 – 1 S 36/12 – mit dem zutreffenden Hinweis, dass die Inanspruchnahme ordentlicher Gerichte wegen der durch § 6 Abs. 2 SchKG gewährleisteten Anonymität auch nicht zumutbar wäre.
111 Vgl. VGH Bad.-Württ., VBlBW 1987, 109.

sind. Die Rechtsprechung stellt in Fällen erlaubter Selbstgefährdung – etwa durch Ausübung riskanter Sportarten – jedoch vielfach auf die Gefährdung Dritter bei Rettungsaktionen u.ä. ab.[112] Darüber hinaus bereitet die Abgrenzung zu dem Bereich Schwierigkeiten, in dem eine freie Willensbildung (etwa durch krankhafte Störungen) und damit die „Eigenverantwortlichkeit" nicht mehr sicher erscheinen. Für den klassischen Problemfall des Selbstmordversuchs liegt in § 28 Abs. 1 Nr. 2c PolG eine Spezialregelung vor.

b) Öffentliche Ordnung

Das Tatbestandsmerkmal der **öffentlichen Ordnung** ist seit geraumer Zeit umstritten und in manchen Bundesländern auch gestrichen worden. Verstanden wird darunter die Gesamtheit der ungeschriebenen Regeln für das Verhalten des Einzelnen in der Öffentlichkeit, deren Beachtung nach den jeweils herrschenden Anschauungen als unerlässliche Voraussetzung eines geordneten staatsbürgerlichen Zusammenlebens betrachtet wird. Problematisch ist einerseits die Bestimmtheit, andererseits aber auch, dass freiheitsbeschränkende Regelungen in der Demokratie vom Parlament beschlossen werden. Die Bezugnahme auf „jeweils herrschende Auffassungen", die aber gerade nicht vom Parlament aufgegriffen worden sind, ist daher in systematischer Hinsicht zweifellos fragwürdig. Einigkeit besteht deshalb darin, dass die Norm restriktiv ausgelegt werden muss. In der Rechtsprechung wird sie im Hinblick auf ihre langjährige Ausformung durch die Rechtslehre und Gerichtspraxis aber grundsätzlich gebilligt. Tatsächliche Anwendungsfälle betreffen meist Verhaltensweisen, deren besondere Problematik sich aus dem **konkreten Ort oder Zusammenhang** ergibt: etwa das Zurschaustellen nackter Körper in Fußgängerzonen,[113] Bordelleinrichtungen neben Schulen[114] oder rechtsradikale Veranstaltungen am Holocaust-Gedenktag.[115] Auf die Tätigkeit an sich bezogene Fallgestaltungen dagegen sind schwieriger zu beurteilen und vielfach überdies durch die Bezugnahme auf einen Menschenwürdeverstoß überlagert – wie etwa im Falle des Verbots von Tötungsspielen.[116] Als Reservefunktion für polizeiliches Einschreiten in ungewöhnlichen Fallgestaltungen besteht für die Eingriffsbefugnis aber durchaus ein praktisches Bedürfnis.

5. Schranken

Polizeiliche Maßnahmen unterliegen grundsätzlich dem **Opportunitätsprinzip**, um den Besonderheiten des jeweiligen Einzelfalles Rechnung tragen zu können. Damit ist umgekehrt aber auch gesagt, dass die konkreten Umstände berücksichtigt werden müssen.

Insoweit ergeben sich vielfach Schwierigkeiten mit der in **Allgemeinverfügungen** notwendigen Verallgemeinerung – etwa bei Platzverweisen zur Bekämpfung der Drogen-

64

65

66

---

112 Vgl. etwa VGH Bad.-Württ., VBlBW 1998, 25 zum Tauchen am „Teufelstisch". Noch weitergehend VGH Bad.-Württ., VBlBW 1984, 20 („Mordloch-Höhlen-Fall"), wo bereits aus der lebensgefährlichen Situation selbst auf eine Verhaltensstörereigenschaft geschlossen wird.

113 Insoweit kann allerdings auch ein Verstoß gegen § 118 OWiG und damit die objektive Rechtsordnung vorliegen; vgl. VGH Bad.-Württ., NJW 2003, 234.

114 Vgl. VGH Bad.-Württ., VBlBW 1984, 178.

115 Vgl. BVerfG, NJW 2001, 1409. Vgl. zum Symbol- und Provokationscharakter der Wahl von Versammlungsort und Termin auch BVerfGE 111, 147 (157) oder Hoffmann-Riem, NVwZ 2002, 257 (262.).

116 Vgl. zu den sog. „Paintball" oder „Laserdrome"-Spielen BVerwG, GewArch 2007, 247 sowie Bay. VGH, DVBl 2013, 525. Ähnliche Schwierigkeiten ergeben sich etwa hinsichtlich der Zulässigkeit von sog. „Peep-Shows" (hierzu BVerwGE 84, 314) oder „Zwergenweitwurf"-Darbietungen (vgl. hierzu VG Neustadt, NVwZ 1993, 98).

szene. Der Verwaltungsgerichtshof hat deutlich gemacht, dass er das Instrumentarium der Allgemeinverfügung für grundsätzlich ungeeignet hält, der Vielgestaltigkeit der hier betroffenen Lebenssachverhalte Rechnung zu tragen und daher Zweifel an einer ausreichenden Berücksichtigung des Verhältnismäßigkeitsgrundsatzes und der sachgerechten Ermessensausübung bestehen.[117] Diese Linie ist auch in einem jüngeren Beschluss zu einem Aufenthaltsverbot für „Personen, die der Punk-Szene zuzuordnen sind", fortgeführt worden.[118] Der mit der Allgemeinverfügung verbundene Verzicht auf eine Einzelfallprüfung führe zwangsläufig zu einer mit dem Verhältnismäßigkeitsgrundsatz nur schwer vereinbaren Verallgemeinerung. Hierdurch werde auch nicht sichergestellt, dass tatsächlich nur Störer in Anspruch genommen würden. Im konkreten Fall galt dies schon deshalb, weil von der Anordnung auch Personen betroffen waren, die zwar die äußeren Merkmale einer der Punk-Szene zuzuordnenden Person erfüllten, bislang aber nicht als Verhaltensstörer aufgefallen waren. Auch den jüngsten Versuch, dem Fehlen des **typischen Gefahrzusammenhangs** durch eine entsprechende weite Formulierung zu begegnen, hat der Verwaltungsgerichtshof missbilligt und die Formulierung des Verweilens „zum Zwecke des Alkoholgenusses, wenn dessen Auswirkungen geeignet sind, Dritte erheblich zu belästigen" für zu unbestimmt erklärt. Eine hinreichend eindeutige Abgrenzung zwischen verbotenem und noch zulässigem Verhalten sei damit nicht mehr möglich.[119] Tatbestände, die eine Entscheidung im Einzelfall erfordern, sind damit einer abstrakt-generellen Regelungsform nicht zugänglich.

67 Auch den Rückgriff auf das Instrumentarium der **Rechtsverordnung** hat der Verwaltungsgerichtshof insoweit nicht gebilligt und ein „Nachtalkoholtrinkverbot" wegen Fehlens einer abstrakten Gefahrenlage beanstandet. Zwar seien Ursachenzusammenhänge zwischen Alkoholkonsum und Gewaltdelikten nicht auszuschließen, eine regelmäßige und typische Folge sei jedoch auch für lokale Brennpunkte nicht belegt.[120] Beanstandet wurde auch ein Verbot des Mitführens von Glasflaschen in Seeufernähe, weil es für die angenommene Gefahrenlage an einer in tatsächlicher Hinsicht genügend abgesicherten Prognose gefehlt habe.[121]

68 Maßstab für die sachgerechte (§ 40 LVwVfG) Ermessensausübung ist dabei grundsätzlich die **schnelle und effektive Gefahrenabwehr**. Ermessen besteht hinsichtlich der Frage „ob", „wie" und gegen wen[122] eingeschritten wird.

69 Zu berücksichtigen ist im Polizeirecht neben den hier häufig einschlägigen – und damit zu diskutierenden![123] – Grundrechten insb. auch der **Verhältnismäßigkeitsgrundsatz**, der in § 5 PolG ausdrücklich verankert ist. Die Eignung eines Platzverweises zur Bekämpfung einer „offenen Drogenszene" zum Beispiel ist umstritten, da Folge derartiger Platzverweise vielfach nur eine örtliche Verlagerung ist. Immerhin wird der Zugang zu Drogen zumindest für Ortsfremde vorläufig erschwert, so dass die Rechtsprechung großzügig verfährt. Insoweit wird eine Diskussion der jeweiligen Gegebenheiten hilfreich sein: zum Schutz sensibler Bereiche – wie etwa öffentlicher Parkanlagen oder für

---

117 Vgl. etwa VGH Bad.-Württ., VBlBW 1997, 66; hierzu auch Haseloff-Grupp, VBlBW 1997, 161.
118 VGH Bad.-Württ., VBlBW 2003, 31.
119 Vgl. VGH Bad.-Württ., VBlBW 2010, 33.
120 Vgl. VGH Bad.-Württ., VBlBW 2010, 29.
121 Vgl. VGH Bad.-Württ., BWGZ 2013, 77.
122 Vgl. zur Störerauswahl unter I.4.
123 Platzverweisfälle etwa machen eine Abgrenzung der Schutzbereiche aus Art. 11 und Art. 2 Abs. 2 GG erforderlich und bieten sich damit für eine Klausur an.

Gebiete in Schulnähe – wird eine grundsätzliche Eignung wohl nicht bestritten werden können.

Zur Vertiefung: Fall 3.   70

Grundsätzlich anerkannt ist umgekehrt, dass polizeiliche Verfügungen nicht lediglich   71
der Erleichterung der eigenen Aufgabenerfüllung dienen dürfen.[124] Zu berücksichtigen hat die Polizei ggf. auch die Möglichkeit einer weniger kostenintensiven Alternative.[125]

Problematisch kann auch die **Bestimmtheit** einer Verfügung sein. Insoweit genügt aber,   72
dass aus dem gesamten Inhalt des Verwaltungsakts und aus dem Zusammenhang – und vor allem auch aus der von der Behörde gegebenen Begründung – hinreichende Klarheit gewonnen werden kann.[126] Schließlich kann ein etwaiger Verstoß auch noch im Widerspruchsverfahren und dem sich anschließenden Verwaltungsprozess durch nachträgliche Klarstellung geheilt werden (vgl. § 45 Abs. 1 LVwVfG).

III. Gefahrbegriff

Zentraler Prüfungspunkt jeder polizeirechtlichen Maßnahme ist das Vorliegen einer   73
Gefahr – also einer Sachlage, die in absehbarer Zeit mit hinreichender Wahrscheinlichkeit zu einem Schaden (abzugrenzen von bloßer Belästigung!) für ein polizeiliches Schutzgut führen wird.[127] Der Erlass von Einzelmaßnahmen setzt dabei regelmäßig eine „konkrete" Gefahrenlage und damit einen hinreichenden Wahrscheinlichkeitseintritt im konkreten Einzelfall voraus. „Abstrakte" Gefahren, die regelmäßig und typischerweise zu einem Schadenseintritt führen, berechtigen dagegen zum Erlass einer Polizeiverordnung. Der Nachweis der Gefahr eines Schadenseintritts im Einzelfall ist bei diesem abstrakt-generellen Instrumentarium der Gefahrenabwehr nicht erforderlich.[128]

Die Annahme einer Gefahrenlage basiert damit stets auf einer **Prognose**. Diese hat sich   74
maßgeblich an den Kriterien Wahrscheinlichkeit, Ausmaß des zu erwartenden Schadens, Wertigkeit der Rechtsgüter und Intensität des erforderlichen Eingriffs zu orientieren. Als Anhaltspunkt gilt die „Je-desto-Formel": Je höherrangiger das gefährdete Rechtsgut und der drohende Schaden, desto geringer sind die Anforderungen an die Wahrscheinlichkeit des Schadenseintritts.[129] Maßgeblich ist dabei die **ex ante Perspektive**, also der Zeitpunkt, in dem die Polizei zu entscheiden hat. Hinsichtlich der Prognose selbst ist der Polizei ein Einschätzungsspielraum zuzugestehen; voller Kontrolle unterliegt aber, ob die Prognose in tatsächlicher Hinsicht abgesichert ist – ob also hinreichende Anhaltspunkte vorhanden sind, die den Schluss auf einen drohenden Schadenseintritt rechtfertigen.

Angesichts des prognostischen Charakters berechtigt auch die sog. „**Anscheinsgefahr**"   75
zum Eingreifen. Mit diesem Terminus wird eine Situation beschrieben, bei der eine Gefahrenlage objektiv zwar nicht besteht, diese jedoch im Entscheidungszeitpunkt unter verständiger Würdigung der dem konkret handelnden Beamten zur Verfügung stehenden Erkenntnismöglichkeiten angenommen werden durfte.[130] Abzugrenzen ist diese Konstellation von der sog. „**Schein- oder Putativgefahr**", bei der die Annahme einer

---

124 Vgl. etwa VGH Bad.-Württ., VBlBW 2003, 31.
125 Vgl. VGH Bad.-Württ., VBlBW 2011, 153.
126 Vgl. VGH Bad.-Württ., NJW 2011, 2532.
127 Vgl. BVerwGE 116, 347 (350).
128 Vgl. VGH Bad.-Württ., VBlBW 2010, 29.
129 Vgl. BVerwGE 88, 348 (351).
130 Vgl. etwa VGH Bad.-Württ., VBlBW 2005, 231.

Gefahrenlage auf einen vorwerfbaren Irrtum zurückgeht. Hier ist bereits das Eingreifen auf der Primärebene als rechtswidrig zu qualifizieren. Eine Inanspruchnahme als Anscheinsstörer kommt auch im Hinblick auf die Urheberschaft in Betracht, wenn die Gefahr selbst zwar real besteht, der Betroffene aber hierfür nicht verantwortlich war. Wer durch sein Verhalten gleichwohl einen „Verursacherschein" setzt, kann als Anscheinsstörer in Anspruch genommen werden.[131]

76　Im Falle eines „**Gefahrenverdachts**" dagegen ist auch die Polizei selbst nicht vom Vorliegen einer Gefahr überzeugt, vielmehr geht es hier um die Durchführung weiterer Aufklärungsmaßnahmen. Diese Sachverhaltsermittlung ist für sich genommen unproblematisch (vgl. § 24 Abs. 1 LVwVfG); die Schwierigkeiten beginnen aber, wenn hierzu Eingriffe erforderlich werden. Teilweise bestehen hierfür Sonderregelungen – wie etwa in § 9 BBodSchG oder § 16 TierSchG[132] –, die Eingriffsgrundlagen schon im Gefahrenvorfeld statuieren. Ansonsten wird der Eigentümer jedenfalls im Falle eines konkreten Gefahrenverdachts die Durchführung von Aufklärungsmaßnahmen dulden müssen.[133] Der Verwaltungsgerichtshof hält auch die polizeiliche Generalklausel für eine ausreichende Ermächtigungsgrundlage, um dem „potenziellen Störer" Gefahrerforschungsmaßnahmen aufzuerlegen.[134] Maßnahmen der Gefahrenvorsorge können auf §§ 1, 3 PolG aber nicht gestützt werden.[135]

77　Klarer zu beurteilen dürfte dabei die Konstellation sein, in der die Störung selbst sicher ist (also etwa eine Grundwasserverunreinigung vorliegt), nicht aber die hierfür verantwortliche **Ursache** (Herkunft der Schadstoffe). Denn für die damit – zur effektiven Störungsbeseitigung zwingend notwendigen – weiteren Erforschungsmaßnahmen und Eingriffe kann auf die Grundsätze der Anscheinsgefahr zurückgegriffen werden. Sofern also ex ante ausreichende Anhaltspunkte für die Annahme einer Störereigenschaft vorliegen (etwa im Hinblick auf stillgelegte Mineralöltanks), kann der hierfür Verantwortliche auch in Anspruch genommen werden.[136] Soweit ein sofortiges Handeln zum Schutz vor einer „gemeinen Gefahr" für Leib oder Leben erforderlich erscheint, können die notwendigen Maßnahmen auch über bloß vorläufige Aufklärungsmaßnahmen hinausgehen. So konnte im „Endiviensalat-Fall" angesichts der sich ausbreitenden Typhus-Epidemie mit ersten Todesfällen auch ein Verkaufsverbot hinsichtlich des verdächtigen Endiviensalats verhängt werden, obwohl dieser als Infektionsquelle nicht sicher feststand und eine bakteriologische Untersuchung aus Zeitgründen noch nicht stattgefunden hatte.[137]

78　Die „**latente**" **Gefahrenlage**, bei der ein künftiger Schadenseintritt zwar angelegt ist und durchaus möglich erscheint, aber nicht unmittelbar droht, wird mangels ausreichend konkreter Wahrscheinlichkeit heute allgemein nicht mehr als Gefahr im polizeirechtlichen Sinne anerkannt. Die klassische Fallgestaltung der heranrückenden Wohnbebauung an einen Schweinemastbetrieb ist ohnehin bauplanungsrechtlich zu lösen.

131　Vgl. etwa VGH Bad.-Württ., VBlBW 2011, 155 mit einer allerdings sehr weitgehenden Distanzierungsverpflichtung; ähnlich auch VGH Bad.-Württ., VBlBW 2011, 350.
132　Vgl. hierzu auch VGH Bad.-Württ., VBlBW 2013, 31.
133　Vgl. hierzu auch VGH Bad.-Württ., BauR 2012, 473 m.w.N.; zur Befugnis der Gefahrerforschung im Wege der unmittelbaren Ausführung auch VGH Bad.-Württ., ZUR 2002, 227.
134　Vgl. VGH Bad.-Württ., NJW 2003, 1066 m.w.N. Hiervon zu unterscheiden sind indes Vorsorgemaßnahmen zur Abwehr möglicher Beeinträchtigungen, vgl. hierzu VGH Bad.-Württ., BWGZ 2013, 77.
135　Vgl. VGH Bad.-Württ., VBlBW 2013, 178 Rn. 5; hierzu auch Ibler, in: Ennuschat/Ibler/Remmert, Öffentliches Recht in Baden-Württemberg, 2014, § 2 Rn. 109 ff.
136　Vgl. VGH Bad.-Württ., VBlBW 1990, 469.
137　Vgl. BVerwGE 12, 87 (93); hierzu auch Lisken/Denninger, Handbuch des Polizeirechts, 4. Aufl. 2007, E 48.

Gefahr im Verzug liegt vor, wenn der Zweck der Maßnahme ohne sofortiges Handeln nicht mehr erreicht werden kann. Mit dieser Kategorie wird regelmäßig die Schwelle für ein Eingreifen eigentlich unzuständiger Behörden markiert (vgl. insb. § 2 Abs. 1 S. 1 PolG).[138]

79

Besonders einschneidende Maßnahmen sind teilweise auch an qualifizierte Maßstäbe geknüpft, wie etwa das Erfordernis einer „unmittelbar bevorstehenden" Gefahr oder Störung in §§ 23 Abs. 1 S. 1, 28 Abs. 1 Nr. 1, 33 Abs. 1 Nr. 1 PolG.

80

IV. Polizeipflicht: Störereigenschaft

Der Gesetzesvorbehalt umfasst – als Kernstück eines rechtstaatlichen Polizeirechts – auch die Frage, gegen wen ein polizeilicher Eingriff gerichtet werden darf. Grundsätzlich wird nur derjenige polizeilichen Anordnungen unterworfen, dem die Gefahr zuzurechnen ist, der also sein Verhalten oder den Zustand seiner Sachen nicht so gestaltet, dass daraus keine Gefahren für polizeiliche Schutzgüter entstehen. Die **Zurechnung** ist dabei unabhängig vom Verschulden[139] und in wertender Betrachtung zu bestimmen. Nach der heute allgemein anerkannten **Theorie der unmittelbaren Verursachung** ist maßgeblich auf die Überschreitung der polizeirechtlichen Gefahrenschwelle abzustellen; zu berücksichtigen ist dabei insb. der Wirkungs- und Verantwortungszusammenhang. Die Rechtsprechung neigt hier zu einer großzügigen Betrachtung und lässt auch eher mittelbare Verursachungsbeiträge (z.B. die Erschwerung der Löschbarkeit eines Brandes) als wesentlichen Verursachungsbeitrag zu.[140]

81

Der Störer wird in die Schranken seines Rechts verwiesen und ein ordnungsgemäßer Zustand wiederhergestellt, daher begründet ein rechtmäßiges Verhalten regelmäßig keine Störung. Schwierigkeiten bereitet dabei die von öffentlich-rechtlichen Genehmigungen ausgehende **Legalisierungswirkung**. Denn soweit ein (gewerbliches) Verhalten durch Genehmigung erlaubt worden ist, kann es nicht als polizeiwidrig qualifiziert werden. Problematisch ist deshalb die Bestimmung von Gegenstand und Reichweite der Genehmigung.[141] Nicht abschließend geklärt ist dabei insb. die Einordnung von Gefahren, die im Zeitpunkt der Genehmigung (noch) nicht erkennbar waren.[142] Die bloß faktische Duldung dagegen entfaltet keine legalisierende Wirkung.[143]

82

Der **Nichtstörer** – und damit auch der Inhaber eines Gegenmittels – kann dagegen nur unter den Voraussetzungen des § 9 PolG zu einem Sonderopfer herangezogen werden. Auch bei drohender Obdachlosigkeit ist der bisherige Vermieter kein Störer. Zwar verursacht er durch die Kündigung die Obdachlosigkeit; die Wohnungskündigung begründet aber gleichwohl keine polizeiliche Verantwortlichkeit, da diese Maßnahme rechtmäßig ist und die polizeiliche Gefahrenschwelle nicht überschreitet. Daher ist eine Inanspruchnahme nur unter den Voraussetzungen des § 9 PolG möglich. Dabei sind strenge Anforderungen an die „eigenen Mittel" (Anmietung von Wohnraum, Behelfs-

83

---

138 Vgl. hierzu VGH Bad.-Württ., NJW 1990, 1618; zur Eröffnung der Zuständigkeit der Fachaufsichtsbehörde nach § 67 Abs. 1 PolG auch VGH Bad.-Württ., VBlBW 2005, 431.

139 Auch ein Schuldunfähiger oder Betrunkener kann Gefahren begründen, die ein polizeiliches Eingreifen – etwa zum Schutz von Dritten – erforderlich machen. Dies ist von strafrechtlichen Kategorien völlig unabhängig.

140 Vgl. VGH Bad.-Württ., VBlBW 2015, 207; strenger dagegen etwa VBlBW 2013, 178.

141 Vgl. hierzu etwa VGH Bad.-Württ., VBlBW 2000, 362 und VBlBW 2015, 207.

142 Vgl. zur Möglichkeit der nachträglichen Beschränkung des Bestandsschutzes für bauliche Anlagen auch VGH Bad.-Württ., BauR 2012, 473 (Brandschutz).

143 Vgl. VGH Bad.-Württ., VBlBW 2008, 339: keine Verwirkung polizeilicher Eingriffsbefugnisse.

bauten oder Bereitstellung öffentlicher Gebäude – hier allerdings Problem der Zweckbestimmung) zu stellen. Der Nichtstörer darf nur im Rahmen des sachlich Unumgänglichen und in zeitlich begrenztem Umfang in Anspruch genommen werden;[144] für die Beschlagnahme zur Bereitstellung von Wohnraum für Flüchtlinge ist in der Rechtsprechung von einem maximalen Zeitraum bis zu sechs Monaten ausgegangen worden.[145]

84 *Zur Vertiefung: Fall 7.*

85 Anknüpfungspunkt für die **Verhaltensstörereigenschaft** ist primär die tatsächliche Sachherrschaft und die hieraus folgende Einwirkungsmöglichkeit auf die Gefahrenquelle. Für die Konstellation des Verrichtungsgehilfen enthält § 6 Abs. 3 PolG eine eigenständige Regelung. Bei Vorliegen einer Garantenstellung kann sich eine Polizeipflichtigkeit aus § 6 Abs. 1 PolG auch durch Unterlassen ergeben.[146]

86 Als Störer in Anspruch genommen werden kann auch der **„Zweckveranlasser"**, der durch sein – für sich genommen rechtmäßiges – Verhalten Dritte dazu veranlasst, die öffentliche Sicherheit oder Ordnung zu gefährden. Atypisch ist die Inanspruchnahme des „Hintermanns" hier wegen der nur mittelbaren Gefahrverursachung eines nachfolgend eindeutig kausalen Verhaltens. Paradebeispiel ist der schon vom preußischen Oberverwaltungsgericht entschiedene „Schaufensterpuppenfall";[147] in jüngerer Zeit findet sich etwa die Vermietung von Räumen an Prostituierte im Geltungsbereich einer Sperrgebietsverordnung.[148] Zurechnungskriterium ist dabei, dass die Störung als Folge des Verhaltens des Zweckveranlassers zwangsläufig eintritt, von ihm beabsichtigt oder jedenfalls in Kauf genommen wird.[149] Problematisch ist die Annahme einer derartigen Mitverursachung insb. bei Großveranstaltungen.

87 Neben dem Handlungsstörer kann auch der **Zustandsstörer** herangezogen werden, wenn sich aus der Beschaffenheit einer Sache oder deren Lage im Raum Gefahren ergeben.[150] Die Eigentümerstellung ist hierfür nicht zwingend erforderlich,[151] Anknüpfungspunkt ist vielmehr die tatsächliche Sachherrschaft. Deshalb stellt die Inanspruchnahme des Zustandsstörers kein taugliches Mittel zur Gefahrenabwehr mehr dar, wenn der Eigentümer die Verfügungsgewalt – und damit auch die zur Störungsbeseitigung erforderliche Einflussmöglichkeit – (etwa durch einen Diebstahl) verloren hat. Da die Zustandshaftung am Eigentum hängt, wird sie durch Dereliktion beendet,[152] sofern die Eigentumsaufgabe nicht sittenwidrig und damit unwirksam ist.[153] Allerdings kann durch die Dereliktion selbst eine Haftung als Handlungsstörer begründet wer-

---

144 Vgl. VGH Bad.-Württ., VBlBW 2013, 178.
145 Vgl. VG Lüneburg, ZMR 2015, 907; hierzu auch Guckelberger/Kollmann/Schmidt; DVBl 2016, 1088.
146 Vgl. hierzu etwa VGH Bad.-Württ., ZUR 2002, 227.
147 PrOVGE 40, 216; hierzu auch Schmelz, BayVBl 2001, 550.
148 Vgl. Hess. VGH, NVwZ 1992, 1111.
149 Nicht ganz eindeutig ist dabei das Verhältnis von objektiver und subjektiver Komponente. In VGH Bad.-Württ., ZUR 2002, 227 wird bereits das alternative Vorliegen für ausreichend erachtet; m.E. ist im Hinblick auf die Zweckbestimmung des Polizeirechts ein Abstellen auf die objektive Veranlassung naheliegender.
150 Nicht ausreichend ist dagegen, wenn die Gefahr nicht von der Sache ausgeht, sondern nur von ihr vermittelt wird: VGH Bad.-Württ., VBlBW 2013, 178 für ein Grundstück, das die Instabilität des darunter liegenden ehemaligen Bergwerkstollens nur weiterleitet. Der Grundstückseigentümer ist insoweit selbst nur "Gestörter" ohne Einwirkungsmöglichkeit.
151 Vgl. etwa VGH Bad.-Württ., VBlBW 2011, 425: Hundehalter sind regelmäßig beide Ehepartner, unabhängig von den konkreten Eigentumsfragen.
152 Anders aber die Sonderbestimmung in § 4 Abs. 3 S. 4 BBodSchG!
153 Vgl. zu Altlastenfällen VGH Bad.-Württ., VBlBW 1998, 312 oder Bay. VGH, NVwZ 2002, 364.

den.[154] Zudem bleibt die Haftung für eine bereits durchgeführte Ersatzvornahme unberührt.[155]

Nach der Rechtsprechung kann auch ein einzelner **Miteigentümer** zur Störungsbeseitigung herangezogen werden.[156] Zwar kann die Umsetzung der Ordnungsverfügung dann in Widerspruch zur Verfügungsbefugnis des Dritten stehen (und damit auf eine rechtlich unmögliche Handlung gerichtet sein); dieses Hindernis kann aber durch eine gegen die anderen Miteigentümer gerichtete (vollziehbare) Duldungsverfügung beseitigt werden. Sofern mehrere Personen – insb. Eheleute – in einem einzigen Bescheid zusammengefasst werden, ist für die wirksame Zustellung gemäß § 2 Abs. 1 LVwZG erforderlich, dass jedem Adressaten eine gesonderte Ausfertigung zum Alleinbesitz übergeben wird;[157] allerdings besteht nach § 9 LVwZG eine Heilungsmöglichkeit.

88

Der **Rechtsnachfolger** tritt jedenfalls nicht in höchstpersönliche Polizeipflichten (wie etwa Beugemittel) ein. Für sachbezogene Verpflichtungen dagegen wird in der Praxis überwiegend eine Haftungsübernahme des Rechtsnachfolgers angenommen, weil andernfalls die Zwangsvollstreckung durch (gezielte) Eigentumsübertragungen verhindert werden könnte.[158] Für den besonders problematischen Bereich der Grundstückssanierung findet sich hierzu in § 4 Abs. 3 BBodSchG eine ausdrückliche Sonderregelung. Ob ein Übergang auch in abstrakte, also nicht bereits durch Ordnungsverfügung konkretisierte Polizeipflichten stattfindet, ist nicht abschließend geklärt.[159]

89

Für **störende Hoheitsträger** gilt die materielle Polizeipflicht gemäß Art. 20 Abs. 3 GG in gleicher Weise. Allerdings besteht im hoheitlichen Aufgabenbereich grundsätzlich eine ausschließliche Zuständigkeit des jeweiligen Hoheitsträgers selbst. Eine Zuständigkeit der Polizei kommt daher nur im Rahmen von Eilfällen in Betracht. Anderes gilt indes, soweit im Bereich des besonderen Polizeirechts der zuständigen Behörde eine überlegene Sachkunde zugesprochen werden muss. Im Bereich des Immissionsschutzes etwa ist es Aufgabe der zuständigen Fachbehörde, Anordnungen zur Einhaltung der zulässigen Immissionswerte zu treffen. Dies gilt auch, wenn die Anlage von einem Hoheitsträger betrieben wird.[160] Soweit die betroffene juristische Person des öffentlichen Rechts nicht in einem hoheitlichen Kompetenzbereich betroffen ist, sondern wie jedermann (z.B. Räumpflicht als Straßenanlieger), besteht auch eine Polizeikompetenz. Diese ist gemäß § 22 LVwVG aber nicht vollstreckbar (Achtung: bereits die Androhung ist eine Maßnahme der Zwangsvollstreckung).

90

Für eine Störung des Hoheitsträgers ist ebenfalls zu unterscheiden: Während die Abwehr einer Störung von außen eine polizeiliche Aufgabe darstellt, unterfallen Störungen innerhalb des Dienstbetriebs dem Hausrecht.

91

Liegen mehrere Störer vor, steht es im Ermessen der Behörde, wer in Anspruch genommen wird. Die **Auswahl** ist gemäß § 40 LVwVfG am Zweck der Ermessenseinräumung auszurichten, so dass primärer Anknüpfungspunkt die schnelle und effektive Gefahrenabwehr sein muss. Eine – v.a. im Hinblick auf die Kostentragung gerechter erschei-

92

---

154 Vgl. etwa § 27 Abs. 1 S. 1 KrW-/AbfG.
155 Vgl. VGH Bad.-Württ., VBlBW 1998, 19.
156 Vgl. etwa BVerwGE 40, 101 oder BVerwG, NVwZ-RR 1999, 147.
157 Vgl. VGH Bad.-Württ., NVwZ-RR 1992, 396.
158 Vgl. etwa Hess.VGH, NVwZ 1998, 1315.
159 In VGH Bad.-Württ., VBlBW 2000, 154 wird hierzu festgestellt, dass sich in der Rechtsprechung „bisher keine klare Linie herausgebildet" habe; vgl. zur Rechtsnachfolge auch die Fallsammlung von Nolte/Niestedt, JuS 2000, 1071 und 1172.
160 Vgl. BVerwGE 117, 1 für ein kommunales Schwimmbad.

nende – Orientierung an Verschuldenskriterien lehnt die Rechtsprechung ebenso ab wie einen generellen Vorrang der Inanspruchnahme des Handlungs- vor dem Zustandsstörer.[161]

93   Dies ist im Hinblick auf die Primärebene durchaus nachvollziehbar, bereitet auf der Sekundärebene aber Schwierigkeiten, weil der Bundesgerichtshof einen Ausgleichsanspruch zwischen Störern nach § 426 BGB nur in den Fällen anerkennt, in denen bereits das Polizeirecht Vorschriften über den Ausgleich unter mehreren Störern enthält.[162] Eine ausdrückliche Anordnung der Gesamtschuldnerschaft mehrerer Verantwortlicher fehlt im Polizeigesetz des Landes Baden-Württemberg aber, weil § 5 Abs. 2 LGebG nur Gebühren erfasst. Auch die in § 31 Abs. 6 LVwVG enthaltene Verweisung wird vom Verwaltungsgerichtshof eng interpretiert und nur auf die bei der Vollstreckung des Kostenbescheids entstehenden Gebühren und Auslagen bezogen.[163] Ein nachträglicher Störerregress schlägt damit regelmäßig fehl.

94   Die Rechtsprechung des Bundesgerichtshofs erscheint zwar problematisch und entspricht auch nicht den polizeirechtlichen Grundsätzen der gerechten Kostenverteilung,[164] die hieraus folgenden Schwierigkeiten der Kostenverteilung auf Sekundärebene führen aber wohl nicht dazu, dass die Ermessensausübung bereits auf Primärebene am Gesichtspunkt der gerechten Kostenverteilung orientiert werden muss.[165]

V. Zwangsvollstreckung und unmittelbare Ausführung

1. Zwangsvollstreckung

95   Die besondere Situation der Verwaltungsvollstreckung liegt darin begründet, dass sich die Polizei durch Erlass eines vollziehbaren Grund-Verwaltungsakts selbst einen Vollstreckungstitel verschaffen (**„Selbsttitulierung"**) und diesen anschließend auch selbst vollstrecken kann. Angesichts der hohen Grundrechtsrelevanz der Eingriffe kommt der Ausgestaltung des Verfahrensrechts daher große Bedeutung zu.

96   Die Rechtmäßigkeit der Ausgangsverfügung – gemäß § 1 Abs. 1 LVwVG werden nur Verwaltungsakte vollstreckt! – ist dabei grundsätzlich nicht mehr Gegenstand des Vollstreckungsverfahrens. Insoweit knüpft das Vollzugsverfahren an die **Tatbestandswirkung** des bestandskräftigen Grund-Verwaltungsakts an. § 2 Nr. 1 LVwVG setzt nur die Unanfechtbarkeit der Grundverfügung, nicht aber ihre Rechtmäßigkeit voraus.[166] Einwendungen gegen die Richtigkeit des Grund-Verwaltungsakts selbst können im Vollstreckungsverfahren daher nicht mehr geltend gemacht werden.[167]

97   Vollstreckt werden kann aber nicht nur ein unanfechtbarer, sondern auch ein **vollziehbarer Verwaltungsakt**, bei dem die aufschiebende Wirkung eines Rechtsbehelfs entfällt (§ 2 Nr. 2 LVwVG). In dieser Konstellation ist daher nicht ausgeschlossen, dass die Grundverfügung einer gerichtlichen Kontrolle nicht standhalten wird. Diese Prüfung

---

161 Vgl. etwa VGH Bad.-Württ., VBlBW 2002, 73.
162 Vgl. BGH, NJW 2014, 2730.
163 Vgl. VGH Bad.-Württ., VBlBW 2008, 137.
164 Vgl. hierzu unter I.6.
165 Vgl. hierzu auch Lisken/Denninger, Handbuch des Polizeirechts, 4. Aufl. 2007, E 134 ff.
166 Vgl. BVerwG, NVwZ 2009, 122; VGH Bad.-Württ., VBlBW 2013, 341..
167 Insoweit bleibt nur die Möglichkeit eines Antrags auf Wiederaufgreifen des Verfahrens: vgl. VGH Bad.-Württ., 25.6.2009 – 9 S 863/09. In der Literatur wird darüber hinaus die Rechtsmissbräuchlichkeit einer Zwangsvollstreckung bei Kenntnis der Rechtswidrigkeit diskutiert; vgl. Würtenberger/Heckmann, Polizeirecht in Baden-Württemberg, 6. Aufl. 2006, Rn. 757 m.w.N.

findet indes nicht im einstweiligen Rechtsschutzverfahren gegen die Vollstreckungs-maßnahme statt, weil das Vollstreckungsrecht nicht die Rechtmäßigkeit, sondern nur die Vollziehbarkeit des Grund-Verwaltungsakts voraussetzt. **Einwendungen** gegen die Rechtmäßigkeit der Grundverfügung sind daher im Rahmen des Verfahrens auf An-ordnung oder Wiederherstellung der aufschiebenden Wirkung nach § 80 Abs. 5 VwGO vorzubringen.[168] Ob im Hinblick auf die Gewährung effektiven Rechtsschutzes ausnahmsweise möglicherweise anderes gelten muss, wenn über den Antrag auf Wie-derherstellung der aufschiebenden Wirkung eines Rechtsbehelfs gegen die Grundverfü-gung zum Zeitpunkt der drohenden Zwangsvollstreckung noch nicht entschieden wur-de, ist nicht abschließend geklärt.[169]

Allgemeine Vollstreckungsvoraussetzung ist damit ein vollziehbarer Grund-Verwal-tungsakt (§ 2 LVwVG), der einen vollstreckbaren Inhalt i.S.d. § 18 LVwVG aufweist und sich nicht bereits erledigt hat (vgl. § 11 LVwVG). Auch das Zwangsgeld soll Beu-ge- und nicht Sanktionscharakter haben, so dass nach Erledigung auch ein bereits fest-gesetztes Zwangsgeld nicht mehr beigetrieben werden darf.[170] Rechtliche Hindernisse etwa im Falle einer Miteigentümerschaft müssen ggf. durch eine Duldungsverfügung beseitigt werden.[171]

98

Die besonderen Vollstreckungsvoraussetzungen richten sich nach den Rechtsgrundla-gen des jeweiligen **Zwangsmittels**. In Betracht kommen dabei die in § 49 PolG (und § 19 Abs. 1 LVwVG) abschließend benannten Zwangsmittel: Zwangsgeld, Zwangs-haft, Ersatzvornahme und unmittelbarer Zwang. Für nicht vertretbare Verpflichtun-gen, wie etwa Auskünfte oder Erklärungen, kommt nur die mittelbare Zwangsaus-übung durch die Verhängung von Zwangsgeld oder Zwangshaft in Betracht. In An-wendung des in § 19 Abs. 3 LVwVG auch positivierten Übermaßverbots muss dabei grundsätzlich das Zwangsmittel ausgewählt werden, das den Betroffenen am wenigs-ten belastet. Dabei kann allerdings kein generelles Stufenverhältnis zwischen den ver-schiedenen Zwangsmitteln angenommen werden, vielmehr ist eine einzelfallbezogene Betrachtung erforderlich. Auch ein Vorrang der Ersatzvornahme gegenüber der Fest-setzung eines Zwangsgelds kann nicht grundsätzlich angenommen werden.[172]

99

Die Vollstreckung selbst findet in dem **dreistufigen Verfahren**: Androhung – Festset-zung – Anwendung statt. Mit der Androhung, die gemäß § 20 Abs. 2 LVwVG bereits in der Grundverfügung selbst enthalten sein kann, wird dem Adressaten die konkrete Folge der Nichtbeachtung vor Augen geführt und gleichzeitig das Zwangsmittel kon-kretisiert. Auch die Androhung stellt damit einen Verwaltungsakt dar, wobei Rechts-mittel nach § 80 Abs. 2 S. 1 Nr. 3 VwGO i.V.m. § 12 S. 1 LVwVG keine aufschiebende Wirkung entfalten. Allerdings kann bei Gefahr im Verzug – also wenn die Maßnahme unaufschiebbar ist – von der Androhung abgesehen werden (vgl. § 21 LVwVG).[173] Die Festsetzung ist in § 23 LVwVG zwingend nur für das Zwangsgeld festgeschrieben. Die als Soll-Vorschrift ausgestaltete Kostenmitteilung in § 20 Abs. 5 LVwVG hat nur eine Warn-, nicht aber Garantiefunktion. Sofern der angegebene Betrag daher nicht in vor-werfbarer Weise zu niedrig angesetzt worden ist, sind die tatsächlich entstandenen

100

---

168 Vgl. VGH Bad.-Württ., 19.7.2011 – 6 S 444/11.
169 Vgl. Mosbacher, in: Engelhardt/App/Schlatmann, VwVG/VwZG, 10. Aufl. 2014, § 6 VwVG Rn. 1c; eher strikt dagegen BVerfG, NVwZ 1999, 290.
170 So VGH Bad.-Württ., VBlBW 1996, 418.
171 Vgl. etwa VGH Bad.-Württ., NVwZ-RR 1998, 553.
172 Vgl. VGH Bad.-Württ., VBlBW 2004, 226.
173 Vgl. hierzu VGH Bad.-Württ., VBlBW 2005, 386.

Kosten zu bezahlen. Hinsichtlich des Zwangsgelds ist zu beachten, dass eine Andro-hung „für jeden Fall der Zuwiderhandlung" nur zulässig ist, wenn hierfür eine aus-drückliche Ermächtigung besteht.[174] Wenn die bezweckte Verhaltensänderung nicht zu erwarten ist, können Zwangsmittel auch ungeeignet werden.[175]

101 Die **Zuständigkeit** zur Vollstreckung liegt gemäß § 4 Abs. 1 LVwVG bei der Ausgangs-behörde. Probleme ergeben sich insoweit bei der Begründung der Zuständigkeit des Polizeivollzugsdienstes in Abschleppfällen, weil Verkehrsschilder von der Straßenver-kehrsbehörde angebracht werden und auch § 44 Abs. 2 StVO den Vollzugsdienst nicht zur Vollstreckung eines Verkehrszeichens im Wege der Ersatzvornahme ermächtigt.[176] Eine Zuständigkeitsbegründung des Vollzugsdienstes ist daher allenfalls in Eilfällen (außerhalb der üblichen Behördenzeiten) denkbar.

2. Unmittelbare Ausführung

102 In den Fällen, in denen ein vollstreckbarer Grund-Verwaltungsakt nicht mehr erlassen werden kann, besteht bei Eilbedürftigkeit die Möglichkeit der **unmittelbaren Ausfüh-rung**. § 8 Abs. 1 PolG regelt dabei nur die Voraussetzungen für die Eilvornahme, mate-riell setzt er eine Ermächtigungsgrundlage (etwa die polizeiliche Generalklausel) vor-aus. Die Rechtsnatur ist nicht abschließend geklärt, zutreffender Weise handelt es sich aber um einen (regelungsersetzenden) Realakt. Statthafte Klageart ist damit die allge-meine Feststellungsklage (bzw. die Anfechtungsklage gegen den Kostenbescheid, in der inzident auch die Rechtmäßigkeit der unmittelbaren Ausführung geprüft werden muss).

103 In Baden-Württemberg ist die unmittelbare Ausführung als eigenständiges Institut aus-geformt, so dass strikt getrennt werden muss. Entscheidende Weichenstellung ist dabei die Frage, ob ein **Grund-Verwaltungsakt vorliegt**, der im Wege der Zwangsvollstre-ckung vollzogen werden kann. Ist dagegen eine Konstellation gegeben, in der die Mög-lichkeit, einen vollziehbaren Verwaltungsakt zu erlassen nicht besteht, ist der Anwen-dungsbereich der unmittelbaren Ausführung nach § 8 Abs. 1 PolG eröffnet. Angesichts der Tatsache, dass hierdurch die Selbstvornahme vereitelt und der Rechtsschutz ver-kürzt und de facto auf die Sekundärebene (Kostenerstattung) begrenzt wird, sind die Tatbestandsvoraussetzungen aber sorgfältig zu prüfen. „Vor die Tat setzt der Rechts-staat das Wort", um dem Betroffenen die Möglichkeit zu geben, den Vollstreckungs-zwang abzuwenden. Wäre die Inanspruchnahme eines Störers durch Erlass eines voll-ziehbaren Verwaltungsakts und nachfolgender Vollstreckung möglich gewesen, schei-det ein Vorgehen im Wege der unmittelbaren Ausführung daher aus. Greift die Polizei gleichwohl auf § 8 PolG zurück, ist das Vorgehen rechtswidrig, mit der Folge, dass auch eine Kostenerstattung nicht begehrt werden kann![177]

104 Regelmäßig setzen Klausuren dabei auf der sekundären Kostenebene an, so dass die Entscheidung bereits bei der Wahl der richtigen Rechtsgrundlage für den Kostenbe-scheid getroffen werden muss. In Betracht kommt einerseits § 8 Abs. 2 PolG für die Kostenerstattung einer unmittelbaren Ausführung, andererseits § 49 Abs. 1 PolG i.V.m. §§ 31, 25 LVwVG im Falle einer Ersatzvornahme.

---

174 Vgl. BVerwG, NVwZ 1998, 393.
175 Vgl. hierzu etwa VG Stuttgart, VBlBW 1999, 191 für eine wiederholte Zwangshaft; hierzu auch VGH Bad.-
     Württ., NJW 2003, 234.
176 Vgl. VGH Bad.-Württ., VBlBW 2004, 213.
177 Vgl. etwa BVerwGE 141, 311 oder VGH Bad.-Württ., ZUR 2002, 227.

3. Abschleppfälle

Klassiker sind insoweit die **Abschleppfälle**, die schwierig sind, eine Fülle von Problemen bieten können und präzise bearbeitet werden müssen.   105

Zur Vertiefung: Fall 5 und Fall 6.   106

Die grundsätzliche Trennlinie verläuft hier danach, ob ein Verstoß gegen ein Verkehrsschild in Rede steht. Denn **Verkehrsschildern** wird in der Rechtsprechung eine Doppelfunktion zuerkannt: sie enthalten nicht nur ein Verbot – etwa des Parkens -, sondern zugleich auch ein Gebot – etwa das unerlaubt parkende Fahrzeug wegzufahren.[178] Damit liegt ein Grund-Verwaltungsakt (in Gestalt einer Allgemeinverfügung)[179] vor, so dass ein Vorgehen nach § 8 Abs. 1 PolG ausscheidet. Anders liegen die Dinge dagegen, wenn das geparkte Fahrzeug gegen allgemeine Regeln verstößt – wie z.B. Gehwegparken gegen § 12 Abs. 4 StVO -, die nicht durch ein Verkehrszeichen konkretisiert sind.   107

Das Wegfahren eines Autos ist eine vertretbare Handlung, die im Wege der Ersatzvornahme nach § 25 LVwVG vollstreckt wird. Die Grundverfügung ist auch vollziehbar (vgl. § 2 Nr. 2 LVwVG), da für Verkehrszeichen die Regelung des § 80 Abs. 2 S. 1 Nr. 2 VwGO analog herangezogen werden kann. Die gemäß § 20 LVwVG grundsätzlich erforderliche Androhung ist nach § 21 LVwVG entbehrlich, wenn ein unverzügliches Einschreiten zur Beseitigung der Störung erforderlich ist – was indes sorgsam zu prüfen ist.[180] Problematisch wird daher regelmäßig nur die Frage, ob der Verwaltungsakt – etwa dem Halter gegenüber, der nicht unbedingt gefahren sein muss oder dies jedenfalls behaupten kann – wirksam geworden ist. Insoweit ist früher teilweise zwischen der äußeren und der inneren Wirksamkeit unterschieden worden. Diesen Streit hat das Bundesverwaltungsgericht inzwischen beendet.[181] Verkehrszeichen werden als Allgemeinverfügung gemäß § 41 Abs. 3 S. 2 LVwVfG mit der öffentlichen Bekanntgabe (also der Aufstellung des Verkehrsschilds nach §§ 39 Abs. 1 und 45 Abs. 4 StVO) wirksam. Sind Verkehrszeichen danach so aufgestellt, dass sie ein durchschnittlicher Kraftfahrer bei Einhaltung der nach § 1 StVO erforderlichen Sorgfalt schon „mit einem raschen und beiläufigen Blick" erfassen kann,[182] äußern sie ihre Rechtswirkung gegenüber jedem von der Regelung betroffenen Verkehrsteilnehmer, gleichgültig, ob er das Verkehrszeichen tatsächlich wahrnimmt oder nicht.[183] Ausdrücklich hat das Bundesverwaltungsgericht dabei klargestellt, dass dies auch für den Fahrzeughalter gilt. Er kann daher (jedenfalls) als Zustandsstörer in Anspruch genommen werden. Von einem Innehaben der tatsächlichen Gewalt kann indes nicht mehr ausgegangen werden, wenn der Halter die Sachherrschaft über das Fahrzeug ohne seinen Willen verloren hat.   108

Gleichwohl hat das Bundesverwaltungsgericht – um eine Unanfechtbarkeit für erst nach Ablauf der Jahresfrist (nach § 70 Abs. 2 i.V.m. § 58 Abs. 2 VwGO) Betroffene zu vermeiden – entschieden, dass die Anfechtungsfrist erst dann in Lauf gesetzt wird, wenn sich der jeweilige Verkehrsteilnehmer der Regelung erstmals gegenübersieht.[184]   109

---

178 Entsprechende Gebote enthalten nicht nur Verkehrszeichen, sondern etwa auch eine Parkuhr. Die zeitliche Bedingung ist insoweit unschädlich.

179 Ständige Rechtsprechung seit BVerwGE 27, 181 (182).

180 Vgl. zu den durchaus strengen Maßstäben etwa VGH Bad.-Württ., VBlBW 2005, 386.

181 Vgl. BVerwGE 102, 316.

182 Vgl. BGH, NJW 1970, 1126 f.; diesem sog. „Sichtbarkeitsgrundsatz" genügt jedenfalls eine Schilderkombination nicht mehr, die aus einem Verbotszeichen und vier Zusatzzeichen besteht; vgl. BVerwGE 130, 383.

183 Vgl. BVerwGE 102, 316 (318).

184 Vgl. BVerwGE 138, 21 (24).

Diese Auffassung überzeugt nicht.[185] Sie trägt dem Charakter der öffentlichen Bekanntgabe nicht hinreichend Rechnung und schafft einen Verwaltungsakt, der niemals bestandskräftig werden kann. Art. 19 Abs. 4 S. 1 GG gebietet dies nicht: Einerseits gilt die zeitliche Begrenzung des Rechtsschutzes auch für Normen, andererseits steht mit dem Anspruch auf fehlerfreie Ermessensbetätigung über eine Wiederaufnahme nach § 51 Abs. 5 i.V.m. § 49 LVwVfG auch ein hinreichendes Korrekturinstrumentarium zur Verfügung. Gleichwohl dürften „die Würfel gefallen" sein,[186] jedenfalls muss die Einordnung des Bundesverwaltungsgerichts bekannt sein und thematisiert werden.

110 Besondere Schwierigkeiten ergeben sich im Hinblick auf **kurzfristige Änderungen**, etwa wenn Verkehrsflächen wegen eines Rohrbruchs oder für Straßenarbeiten geräumt werden müssen. Derartige Maßnahmen mögen im Einzelfall zwar unaufschiebbar (und damit rechtmäßig auf der Primärebene) sein, es stellt sich dann jedoch die Frage, ob der Betroffene auch zu den entstandenen Kosten herangezogen werden kann (was die Ermessensbetätigung auf der Sekundärebene betrifft). Ausgangspunkt der Rechtsprechung ist die Annahme, dass das Dauerparken zwar zulässig ist, ein Verkehrsteilnehmer aber nicht auf den unveränderten Fortbestand der Verkehrssituation vertrauen darf und sich daher regelmäßig vergewissern muss. Zwischenzeitlich hat sich eine – sehr strenge – Linie herauskristallisiert, nach der eine Kostenverpflichtung nach einem Vorlauf von drei vollen Tagen und damit ab dem vierten Tag gebilligt wird.[187] Eine kürzere Spanne kann in Betracht kommen, wenn sich die bevorstehende Verkehrslageänderung bereits deutlich erkennbar abgezeichnet hat – etwa bei einer heranrückenden „Wanderbaustelle" oder im Hinblick auf eine allgemein bekannte Veranstaltung.[188]

111 Für den Fall der unmittelbaren Ausführung sind neben den Eingriffsgrundlagen – etwa aus §§ 1, 3 PolG – zusätzlich die **besonderen Eilvoraussetzungen** des § 8 Abs. 1 PolG zu prüfen.[189] § 8 Abs. 1 PolG ist deshalb keine eigenständige Ermächtigungsgrundlage, die Norm eröffnet vielmehr nur das Instrumentarium der unmittelbaren Ausführung. Dabei wird regelmäßig auch die Frage aufgeworfen, wie groß die von der Polizei anzustellenden Bemühungen sein müssen, den Störer zu erreichen. Im Grundsatz ist dabei festzuhalten, dass es nicht Aufgabe der Polizei sein kann, umfangreiche Ermittlungen über den Verbleib des Störers vorzunehmen, um die Abschleppkosten zu vermeiden. Andernfalls bestünde die Gefahr, dass Parkverstöße in Erwartung des durch die hinterlassene Telefonnummer bewirkten „Abschleppschutzes" bewusst in Kauf genommen werden. Anderes gilt daher nur, wenn sich bereits aus den äußeren Umständen ergibt, dass sich der Fahrer in unmittelbarer Nähe befindet und kein unzumutbarer Aufwand durch die Benachrichtigung entsteht. Die Rechtsprechung ist insoweit – auch aus generalpräventiven Erwägungen – streng und verlangt neben der hinterlassenen Handynummer konkrete Anhaltspunkte zu Zeit und Aufenthaltsort,[190] damit abgeschätzt werden kann, ob das Fahrzeug tatsächlich innerhalb kurzer Zeit – die Rechtsprechung

---

185 Vgl. zur Kritik etwa Ehlers, JZ 2011, 155.
186 Vgl. zur Übernahme dieser Rechtsprechung etwa VGH Bad.-Württ., VBlBW 2011, 275.
187 Vgl. BVerwGE 102, 316 sowie dem folgend VGH Bad.-Württ. NJW 2007, 2058 mit der Klarstellung, dass auch keine Differenzierung nach Sonn- oder Feiertagen zu erfolgen hat.
188 Vgl. VGH Bad.-Württ., NJW 2007, 2058.
189 Prüfungstechnisch ist deshalb zunächst die Eingriffsgrundlage zu prüfen, die vielfach – aber unglücklich, weil ein vorangegangener Verwaltungsakt gerade nicht erforderlich ist – als „fiktiver Grundverwaltungsakt" bezeichnet wird. Anschließend folgt die Frage, ob – darüber hinaus – auch die Voraussetzungen einer unmittelbaren Ausführung eröffnet waren.
190 Vgl. etwa VGH Bad.-Württ., VBlBW 2003, 284.

tendiert wohl zu 5 Minuten![191] – entfernt werden kann. Mehr als einen erfolglosen Anrufversuch muss die Polizei dabei nicht unternehmen.[192] Ob innerhalb einer Anwohnerzone trotz fehlender Auslage des Berechtigungsausweises zunächst eine entsprechende Abfrage erfolgen muss,[193] erscheint eher fraglich.

Angesichts des Verhältnismäßigkeitsgrundsatzes muss auch eine Abschleppmaßnahme bei einem bloßen Verstoß gegen das Verbot des Gehweg-Parkens grundsätzlich als unangemessen erachtet werden. Anderes gilt erst bei einer (möglichen) Behinderung anderer Verkehrsteilnehmer: etwa beim Verstellen des gesamten Bürgersteigs, dem Hineinragen des Fahrzeugs in die Fahrbahn, beim rechtswidrigen Parken auf einem Behindertenparkplatz, in Brandschutzzonen oder an Taxenständen.[194] Wegen der Behinderung von Kinderwägen und Rollstühlen reicht möglicherweise auch bereits das Parken vor einer Bordsteinabsenkung.[195] Nach Auffassung der Rechtsprechung ist eine Abschleppmaßnahme aber auch ohne konkrete Behinderung verhältnismäßig, wenn durch den Parkverstoß zugleich eine Ordnungswidrigkeit begangen wird:[196] Da selbst die Bußgeldbewehrung nicht zur Entfernung des Fahrzeugs geführt habe, liege ein milderes Mittel nicht vor.

112

VI. Kostentragung

Grundsätzlich wird polizeiliches Handeln "kostenfrei" erbracht, also aus Steuermitteln finanziert. Die Inanspruchnahme Einzelner setzt deshalb eine entsprechende Rechtsgrundlage voraus. Neben den **Kostenvorschriften** des Polizeigesetzes (vgl. § 8 Abs. 2 PolG für die unmittelbare Ausführung, § 34 Abs. 4 PolG für die Einziehung, § 49 PolG i.V.m. §§ 25, 31 LVwVG für die Ersatzvornahme, § 84 S. 1 Nr. 4 PolG i.V.m. § 3 Abs. 1 S. 3 und Abs. 3 DVOPolG für die Verwahrung) kommen hierfür auch gebührenrechtliche Normen in Betracht; insbesondere etwa im Falle der missbräuchlichen Veranlassung eines Polizeieinsatzes (vgl. § 4 Abs. 1 und 2 LGebG i.V.m. Nr. 15.8 GebVerz IM).[197] Ein Rückgriff auf die Vorschriften der GoA[198] oder den allgemeinen öffentlich-rechtlichen Erstattungsanspruch[199] ist im Polizeirecht dagegen ausgeschlossen, weil die Erstattungstatbestände eine abschließende Regelung darstellen.[200] Die Zuständigkeit zur Geltendmachung liegt bei der Behörde, die die Handlung vorgenommen hat (vgl. § 4 Abs. 1 LGebG).

113

Die Kostentragungspflicht ergibt sich dabei als Fortführung der materiellen Polizeipflicht auf **sekundärer Ebene**. Daher setzt der Kostenerstattungsanspruch ein rechtmäßiges Polizeihandeln voraus.[201] Sofern die der Kostenerstattung zugrunde liegende Maßnahme nicht bestandskräftig geworden ist, muss daher bei Anfechtung des Kos-

114

---

191 So etwa OVG Hamburg, NJW 2005, 2247.
192 Vgl. BVerwGE 149, 254.
193 So offenbar VG Freiburg, NJW 2000, 2602; kritisch hierzu auch OVG NRW, 27.8.2009 – 5 A 1430/09.
194 Vgl. BVerwGE 149, 254.
195 Vgl. etwa BVerwG, DVBl. 2002, 1560; hierzu auch VGH Bad.-Württ., VBlBW 2003, 74 – zugleich zur Erstattung einer Leerfahrt, wenn eine rechtzeitige Stornierung nicht mehr möglich ist.
196 Vgl. BVerwG, NJW 1978, 656 für einen Parkverstoß von mindestens 3 Stunden sowie VGH Bad.-Württ., BWVPr 1995, 233 für eine Dauer von über 4 Stunden; ähnlich auch VGH Bad.-Württ., VBlBW 1996, 32 sogar ohne Bezugnahme auf die Dauer des Verkehrsverstoßes.
197 Vgl. VGH Bad.-Württ., VBlBW 2014, 56: nur bei Vorsatz des Verursachers.
198 Vgl. BGH, DÖV 2004, 300 sowie grundsätzlicher Schoch, Die Verwaltung 2005, 91.
199 Vgl. VGH Bad.-Württ., NJW 2003, 1066.
200 Vgl. auch BGH, DÖV 2004, 300.
201 Vgl. etwa VGH Bad.-Württ., VBlBW 2004, 213. Streitig ist allerdings, ob jeder Verfahrensfehler auch zu einer Kostenentlastung führen muss: In Heranziehung der Wertung des § 46 LVwVfG spricht viel dafür, derartig in der Sache „unbeachtliche" Fehler auch nicht auf die Kostentragung durchschlagen zu lassen.

tenbescheids inzident auch die Rechtmäßigkeit der Amtshandlung geprüft werden.[202] Dies gilt insb., wenn sich die Maßnahme – wie im Polizeirecht typischerweise – schon vor Ablauf der Rechtsbehelfsfrist erledigt hat.[203]

115 Im Fall der unmittelbar ausgeführten Maßnahme folgt aus diesem sekundären Annexcharakter des Kostenerstattungsanspruchs auch das Erfordernis, dass der Schuldner bereits zur (primären) Störungsbeseitigung hätte in Anspruch genommen werden können. Wer also im Zeitpunkt der Handlung noch nicht Eigentümer war, kann grundsätzlich auch nicht als Zustandsstörer zur Kostentragung herangezogen werden.[204]

116 Die Entscheidung darüber, ob ein Störer zum Kostenersatz herangezogen wird, steht im pflichtgemäßen **Ermessen** der Behörde. Trotz des nicht eindeutigen Wortlauts gilt dies auch im Falle des § 8 Abs. 2 PolG. Dies folgt schon daraus, dass nur so dem Verhältnismäßigkeitsprinzip Rechnung getragen werden kann: Insbesondere in Fällen einer nachträglichen Verkehrslageänderung – etwa für Lösch- oder Rettungseinsätze – kann zwar das Abschleppen eines Fahrzeugs erforderlich werden, gleichwohl aber die Kostentragungspflicht unverhältnismäßig sein. Als dogmatischer Lösungsweg käme auch eine analoge Anwendung des § 22 Abs. 2 S. 1 LGebG in Betracht. Allerdings sind in der Regel die entstandenen Kosten vom Störer zu erheben.[205] Es entspricht dem Grundsatz der gerechten Lastenteilung, Kosten nicht der Allgemeinheit aufzubürden, wenn die Gefahrverursachung einem Störer zugerechnet werden kann.[206]

117 Anders als im Falle der primären Handlungsebene, bei der die schnelle und effektive Gefahrenabwehr im Vordergrund steht und daher nur die ex ante Perspektive maßgeblich sein kann, ist für die nachträgliche Kostenentscheidung die Ermittlung des tatsächlichen Sachverhalts möglich. Maßnahmen der Sekundärebene sind daher am **ex post Erkenntnisstand** zu messen.[207] Entscheidender Gesichtspunkt für die Kostenentscheidung ist der Grundsatz der gerechten Lastenverteilung.[208] Im Falle des Gefahrenverdachts besteht eine Kostenpflicht daher nur, wenn sich die Gefahr ex post bestätigt oder der Eigentümer den Verdacht zu verantworten hat.[209] Auch beim Anscheinsstörer kann ex post entschieden werden, ob tatsächlich eine Störung vorlag. Allerdings wird eine Kostenverpflichtung des Anscheinsstörers immer anzunehmen sein, wenn er den Störungsanschein zu verantworten und die Maßnahme daher zurechenbar veranlasst hat – der Verwaltungsgerichtshof spricht insoweit von einem „Irreführungsrisiko".[210] Ist dies nicht der Fall, erweist sich der als Anscheinsstörer in Anspruch genommene im Rückblick aber als Nichtstörer und kann daher auch eine entsprechende Entschädigung verlangen.[211]

118 Sehr streitig ist, inwieweit die Haftung eines Zustandsstörers begrenzt werden kann, wenn er sich selbst in einer „Opferrolle" befindet, die Gefahr also aus der Risikosphäre der Allgemeinheit stammt – etwa wenn ein Tanklastzug durch Unachtsamkeit auf das Grundstück fährt und dort umkippt. Da die Zustandshaftung Ausfluss der Sozial-

---

202 Vgl. etwa VGH Bad.-Württ., VBlBW 2011, 350.
203 Vgl. etwa VGH Bad.-Württ., VBlBW 2011, 350.
204 Vgl. VGH Bad.-Württ., VBlBW 2002, 161.
205 Vgl. etwa VGH Bad.-Württ., VBlBW 2011, 153.
206 In neueren Gesetzen ist deshalb auch vielfach eine Soll-Vorschrift vorgesehen: vgl. etwa § 34 Abs. 2 FwG.
207 Vgl. VGH Bad.-Württ., VBlBW 2011, 350; BGHZ 117, 303 (307).
208 Vgl. VGH Bad.-Württ., NVwZ-RR 2012, 387.
209 Vgl. BGHZ 117, 303; eine Sonderregelung existiert in § 24 BBodSchG!
210 VGH Bad.-Württ., VBlBW 2011, 350.
211 Vgl. BGHZ 117, 303.

pflichtigkeit des Eigentums (und nicht des Gesamtvermögens) ist, wird jedenfalls grundsätzlich – wenn nicht das Risiko bewusst in Kauf genommen wurde – eine Haftungsbegrenzung auf den Wert des Eigentums anzunehmen sein.[212]

Hinsichtlich weiterer Einschränkungen ist die Rechtsprechung dagegen sehr zurückhaltend. So wird etwa ein Vorrang der Inanspruchnahme des Handlungsstörers – der regelmäßig einen unmittelbareren Verursachungsbeitrag geleistet hat und nach Gerechtigkeitsgesichtspunkten daher eher zur Kostentragung heranzuziehen wäre – vor dem Zustandsstörer jedenfalls dann abgelehnt, wenn die Verantwortlichkeit des Handlungsstörers nicht einwandfrei festgestellt werden kann. Es sei nicht Aufgabe der Polizei, gegebenenfalls komplizierte zivilrechtliche Ansprüche bei der Heranziehung zum Kostenersatz zu berücksichtigen. Diese Aussage ist zwar grundsätzlich richtig, blendet aber aus, dass ein nachfolgender Ausgleichsanspruch gegen andere polizeiliche Störer angesichts der restriktiven Rechtsprechung des Bundesgerichtshofs[213] regelmäßig nicht realisiert werden kann. Auch die in der Literatur diskutierte Heranziehung „pro rata" nach dem jeweiligen Verursachungsbeitrag[214] findet sich in der Praxis nicht. Umgekehrt wird die Finanzkraft als zulässiges Kriterium der Inanspruchnahme bewertet, um eine Kostentragung der Allgemeinheit zu vermeiden. **119**

Erstattungsfähig sind auch **Auslagen**, die durch die Beauftragung Dritter – auch im Wege der Amtshilfe – entstanden sind. Kein Ersatz kann indes für Kosten verlangt werden, die durch Tätigkeiten entstanden sind, mit denen eine eigene Aufgabe erfüllt worden ist (vgl. § 8 Abs. 2 S. 3 PolG). Diese Fallkonstellation ist insb. relevant, wenn die Polizei die Feuerwehr eingeschaltet hat, etwa um in eine verschlossene Wohnung zu gelangen. Denn sobald zur Gefahrenbeseitigung der Einsatz technischen Geräts erforderlich wird, das zur herkömmlichen Ausstattung der Feuerwehr gehört, erbringt diese eine eigene Aufgabe.[215] Die Erstattung richtet sich dann nach den Vorschriften des Feuerwehrgesetzes. **120**

Kostenersatzansprüche, mit denen die Behörde Ersatz von finanziellen Aufwendungen fordert, mit denen sie der Sache nach für den Schuldner – etwa im Wege der unmittelbaren Ausführung – in Vorlage getreten ist, sind keine Kosten i.S.d. § 80 Abs. 2 S. 1 Nr. 1 VwGO, so dass Widerspruch und Anfechtungsklage aufschiebende Wirkung entfalten.[216] Die Vorschrift dient der Deckung und Planbarkeit des Finanzbedarfs der öffentlichen Verwaltung und soll ein Hinausschieben der Zahlungspflicht für die wie Steuern, Gebühren und Beiträge in einem förmlichen Verfahren festgesetzten Einnahmequellen durch Rechtsmittel verhindern.[217] Kostenersatzvorschriften sind hiermit nicht vergleichbar. In § 83a PolG und § 3 Abs. 1 S. 4 DVO PolG sind zwischenzeitlich aber Zurückbehaltungsrechte statuiert worden. Auch insoweit dürfte indes Voraussetzung sein, dass die die Verwahrung begründende Maßnahme rechtmäßig war.[218] **121**

Während Kosten konkret zu berechnen sind, werden **Gebühren** pauschal erhoben. Die Gefahrenabwehr als staatliche Kernaufgabe wird grundsätzlich zwar durch das allgemeine Steueraufkommen finanziert, soweit aber aus individuell zurechenbarem Anlass **122**

---

212 Vgl. BVerfGE 102, 1.
213 Vgl. hierzu bereits unter 4 (Störermehrheit).
214 Vgl. hierzu Würtenberger/Heckmann, Polizeirecht in Baden-Württemberg, 6. Aufl. 2006, Rn. 509 ff.
215 Vgl. VGH Bad.-Württ., VBlBW 2011, 153.
216 Vgl. VGH Bad.-Württ., VBlBW 2007, 228 sowie OVG Brandenburg, LKV 2000, 313; a.A. aber Bay. VGH, NVwZ-RR 2006, 305.
217 Vgl. bereits VGH Bad.-Württ., DÖV 1986, 844.
218 Ebenso Ruder/Schmitt, Polizeirecht Baden-Württemberg, 7. Aufl. 2011; Rn. 356g.

öffentliche Leistungen erbracht werden (vgl. § 2 Abs. 4 LGebG), sind hierfür teilweise Gebührentatbestände vorgesehen. Für die missbräuchliche Veranlassung eines Polizeieinsatzes – etwa durch eine Bombendrohung – können nach § 4 Abs. 1 und 2 LGebG i.V.m. Nr. 15.8 GebVerz IM Gebühren je angefangene Stunde und eingesetzten Beamten (in Höhe von derzeit 52 €) geltend gemacht werden.[219] Auch für andere, von Privaten veranlasste Maßnahmen des Polizeivollzugsdienstes (etwa im Falle der unmittelbaren Ausführung einer Maßnahme oder einer Ingewahrsamnahme)[220] können Gebühren nach Nr. 15 GebVerz IM in Ansatz gebracht werden.

123 **Ersatzansprüche des Bürgers** kommen bei rechtswidrigen Maßnahmen[221] (Amtshaftung, enteignungs- oder aufopferungsgleicher Eingriff) und bei der Inanspruchnahme eines Nichtstörers (Folgenbeseitigungs- oder Aufopferungsansprüche: Sonderopfersituation) in Betracht. Der Störer dagegen wird nur in die Schranken seines Rechts verwiesen.[222]

124 Eine polizeirechtliche Spezialregelung findet sich in § 55 PolG. Der zur Beseitigung einer Obdachlosigkeit als **Nichtstörer** in Anspruch genommene Wohnungseigentümer etwa hat danach für die Dauer der Beschlagnahme Anspruch auf Zahlung einer Entschädigung in Höhe der ortsüblichen Vergleichsmiete. Für die Zeit nach Ablauf der Beschlagnahmedauer bis zur tatsächlichen Räumung kommt entweder eine analoge Anwendung der Vorschriften in Betracht (erst-recht-Schluss) oder aber ein Anspruch aus § 839 BGB wegen Verstoßes gegen die Pflicht zur Herausgabe,[223] wobei hier aber § 839 Abs. 3 BGB (mit der Erforderlichkeit eines Eilantrags nach § 123 VwGO!) zu beachten wäre. Falls die Einweisungsverfügung rechtswidrig gewesen sein sollte, besteht ein Entschädigungsanspruch nach den Grundsätzen des enteignungsgleichen Eingriffs. Der Rechtsweg ist durch Art. 14 Abs. 3 S. 2 GG, § 40 Abs. 2 S. 1 VwGO, § 58 PolG zu den ordentlichen Gerichten (und gemäß § 3 Nr. 1 AGGVG zum Landgericht) eröffnet.

125 Für entstandene Schäden kommt ein Anspruch aus § 839 BGB/Art. 34 GG nicht in Betracht, da keine Amtspflicht zur Sicherung der Wohnung besteht. Ein Folgenbeseitigungsanspruch scheidet aus, da kein rechtswidriges Verhalten der Behörde vorliegt. Ob ein Anspruch unmittelbar auf § 55 PolG gestützt werden kann, ist umstritten. Problematisch ist hier insb., ob derartige Schäden als „unmittelbare Folge" betrachtet werden können, da ein pflichtwidriges Verhalten des Obdachlosen dazwischen tritt. Der Bundesgerichtshof hat einen Anspruch mit der überzeugenden Erwägung bejaht, dass „unmittelbare Folgen" auch bei der Verwirklichung einer typischerweise verbundenen Gefahr anzunehmen sind.[224] Dies wird jedenfalls bei Mietern, die sich zuvor als zahlungsunfähig oder -willig erwiesen haben, problemlos anzunehmen sein.

126 *Zur Vertiefung: Fall 7.*

---

219 Vgl. VGH Bad.-Württ., NVwZ 1988, 271 und VBlBW 2014, 56.
220 Vgl. hierzu VGH Bad.-Württ., VBlBW 2011, 350.
221 Vgl. BVerfG, NJW 2010, 433 zum Entschädigungsanspruch wegen einer rechtswidrigen Ingewahrsamnahme.
222 Ausnahmen gelten, wenn spezialgesetzlich Billigkeitsregelungen vorgesehen sind – wie etwa im Tierseuchenrecht – oder im Falle eines Exzesses.
223 Vgl. dazu BGH, DÖV 1996, 78.
224 Vgl. BGH, NJW 1996, 315; DVBl 2000, 1608; NVwZ 2006, 963.

VII. Polizeiverordnungen

Die Polizeiverordnung bietet die Möglichkeit, flexibles und ortsbezogenes Recht zur Abwehr typischer Gefahrenlagen zu schaffen. Das Instrumentarium der **Rechtsnorm** steht aber nur zur Verfügung, wenn eine abstrakt-generelle Regelung für eine unbestimmte Vielzahl von Gefahrenlagen und Personen getroffen werden soll.[225] Für die Abwehr einer im Einzelfall bestehenden Gefahrenlage dagegen muss auf eine Allgemeinverfügung zurückgegriffen werden.[226] Diese Abgrenzung bereitet insb. Schwierigkeiten, wenn die Benutzung einer Sache mit öffentlich-rechtlichen Eigenschaften geregelt werden soll. Bei dem Verbot des Badens, Tauchens oder Segelns in einem See etwa kann sowohl der Einzelfallbezug (Bekämpfung der von einer konkreten Situation ausgehenden Gefahr) als auch die unbegrenzte Vielzahl künftiger Regelungsfälle in den Vordergrund gestellt werden. Daran hängt aber die Wahl der richtigen Rechtsform. In der Praxis wird zumeist darauf abgestellt, ob es sich um kleinräumige Gegebenheiten – dann Allgemeinverfügung – oder einen größeren Bereich mit unterschiedlichen örtlichen Verhältnissen[227] handelt.   127

Eine Polizeiverordnung kann auch nur zur Abwehr von Gefahren für ein **polizeiliches Schutzgut** erlassen werden. Sie stellt daher kein taugliches (und zulässiges) Instrumentarium dar, um die Benutzungszeiten von Kinderspielplätzen, Bolzplätzen oder anderen kommunalen Einrichtungen festzusetzen. Derartige Regelungen können daher allenfalls punktuell und als Verbot bestimmter Nutzungen zu bestimmten Zeiten auf eine Polizeiverordnung gestützt werden.[228]   128

Vor dem Rückgriff auf § 10 PolG sind **sondergesetzliche Spezialregelungen** zu beachten (vgl. etwa § 21 Abs. 2 WG, § 19 Abs. 1 KurorteG, 32 InfektionsschutzG oder §§ 40, 49 BImSchG). Insoweit ist aber zu berücksichtigen, dass die auf Sonderregelungen gestützten Rechtsverordnungen auch dann nicht am Polizeigesetz zu messen sind, wenn sie von Ortspolizeibehörden erlassen werden können. Im Falle des § 21 Abs. 2 WG ist deshalb nicht der Bürgermeister nach § 13 S. 2 PolG zum Erlass befugt, sondern gemäß § 44 Abs. 3 S. 1 GemO der Gemeinderat.[229] Hinsichtlich der **Zuständigkeit** ist zu berücksichtigen, dass im Falle der Ortspolizeibehörde gemäß § 13 S. 2 PolG der Bürgermeister zuständig ist und der Gemeinderat nach § 15 Abs. 2 PolG nur bei einer Geltungsdauer von mehr als einem Monat zuzustimmen hat.   129

Gemäß Art. 61 Abs. 1 S. 3 der Landesverfassung und § 12 Abs. 1 Nr. 1 PolG muss die gesetzliche **Ermächtigung** in der Verordnung angegeben werden. Nur diese Normen werden zur Prüfung herangezogen, so dass die auf eine unzutreffende Rechtsgrundlage gestützte Verordnung ohne Rücksicht auf mögliche andere Ermächtigungen für unwirksam erklärt wird.[230] Unschädlich ist nach Auffassung des Verwaltungsgerichtshofs dagegen, wenn neben der zutreffenden auch falsche Ermächtigungsgrundlagen angegeben sind.[231] Nach Rechtsprechung des Bundesverfassungsgerichts schadet der nachträgliche Wegfall der Ermächtigungsnorm der Gültigkeit einer bereits erlassenen   130

---

225 Vgl. VGH Bad.-Württ., VBlBW 2003, 31.
226 Vgl. etwa BVerwGE 12, 87 zur Untersagung des Verkaufs verseuchten Endiviensalats, dessen Verbreitung sich auf mehrere Landkreise bezog.
227 Vgl. VGH Bad.-Württ., VBlBW 1987, 377; VBlBW 1988, 168; VBlBW 1998, 25.
228 Vgl. VGH Bad.-Württ., VBlBW 2014, 292.
229 Vgl. VGH Bad.-Württ., VBlBW 1998, 174.
230 Vgl. etwa VGH Bad.-Württ., VBlBW 1999, 101 m.w.N.
231 Vgl. VGH Bad.-Württ., ESVGH 22, 25 (27).

Rechtsverordnung nicht, vielmehr muss diese im Interesse der Rechtssicherheit ggf. durch einen actus contrarius aufgehoben werden.[232]

131 Die in Art. 63 Abs. 2 der Landesverfassung angeordnete **Ausfertigung** bedeutet, dass ein Originalstück mit vollem Text, Unterschrift des Behördenleiters, Amtsbezeichnung und Datum bei den Akten zu verwahren ist.[233] Für die Bekanntmachung ist § 5 des Landesverkündungsgesetzes und § 1 DVOGemO zu beachten.

132 Materiell kann mit Polizeiverordnungen Gefahrenlagen begegnet werden, die nach den Erfahrungen des täglichen Lebens mit hinreichender Wahrscheinlichkeit zu einer Störung der öffentlichen Sicherheit oder Ordnung führen (sog. „abstrakte Gefahr"). Der Schaden muss also regelmäßig und typischerweise zu erwarten sein, ein Nachweis im Einzelfall ist aber nicht erforderlich.

133 Keine Abstriche sind indes hinsichtlich des **Kausalzusammenhangs** zu machen. Kann also auf Grundlage der vorhandenen Erkenntnismittel ein Ursachenzusammenhang nicht eindeutig festgestellt werden, liegt eine Gefahrenlage auch nicht vor. Die Möglichkeit entsprechender Kausalzusammenhänge begründet zwar einen Gefahrenverdacht, dieser rechtfertigt indes nicht den Erlass einer auf § 10 Abs. 1 i.V.m. § 1 Abs. 1 PolG gestützten Verordnung.[234] Handlungsbefugnisse im Vorfeld von Gefahrenlagen zur Vorsorge oder Risikominderung bedürfen vielmehr einer – auf einer entsprechenden Entscheidung des Parlaments beruhenden – Ermächtigungsgrundlage (wie etwa in § 7 BBodSchG). Ein bloßer Gefahrenverdacht rechtfertigt aber nicht ein Einschreiten auf Grundlage der polizeilichen Generalermächtigung in § 10 Abs. 1 i.V.m. § 1 Abs. 1 PolG. Das Bundesverwaltungsgericht hat daher die niedersächsische Gefahrtierverordnung beanstandet, weil es an ausreichenden Belegen für einen kausalen Zusammenhang zwischen Rassezugehörigkeit des Hundes und Schadenseintritt – und damit an der erforderlichen abstrakten Gefahr – fehle.[235] Entsprechend ist auch eine Polizeiverordnung zur Begrenzung des Alkoholkonsums im öffentlichen Straßenraum für unwirksam erklärt worden. Hinreichende Anhaltspunkte für einen regelmäßigen Ursachenzusammenhang zwischen Alkoholkonsum und Gewalttätigkeit seien angesichts der in der kriminologischen Forschung herausgearbeiteten Situationsbedingtheit nicht vorhanden.[236]

134 Ein Taubenfütterungsverbot kann demnach die zu erwartende Häuserverschmutzung und daraus resultierende Gesundheitsgefahren abwehren,[237] ein Leinenzwang Gefährdungen für Kinder, Jogger und andere Menschen beseitigen[238] und eine „Kampfhundeverordnung" den von – nicht allein wegen der Rasse – als gefährlich einzustufenden Hunden ausgehenden Risiken begegnen.[239] Auch ein Verbot, im Sperrgebiet Kontakt zu Prostituierten aufzunehmen, kann rechtmäßig sein, wenn das untersagte Verhalten unter Berücksichtigung der im Geltungsbereich der Verordnung bestehenden Verhält-

---

232 Vgl. BVerfGE 44, 216 (226).
233 Vgl. VGH Bad-Württ., VBlBW 2014, 292.
234 Vgl. VGH Bad.-Württ., BWGZ 2013, 77 zum Verbot, Glasflaschen in Seeufernähe mit sich zu führen.
235 Vgl. BVerwGE 116, 347.
236 Vgl. VGH Bad.-Württ., VBlBW 2010, 29.
237 Vgl. VGH Bad.-Württ., VBlBW 2006, 103.
238 Vgl. VGH Bad.-Württ., VBlBW 2008, 134.
239 Vgl. VGH Bad.-Württ., VBlBW 2002, 292; VBlBW 2003, 354; zur mittelbaren Verhaltenssteuerung durch Lenkungsabgaben VGH Bad.-Württ., 17.7.2012 – 2 S 3284/11 m.w.N.

nisse regelmäßig und typischerweise zu unzumutbaren Beeinträchtigungen (zudringliche Kontaktaufnahmen) für unbeteiligte Frauen und Mädchen führt.[240]

Auf § 10 Abs. 1 i.V.m. § 1 Abs. 1 PolG können jedoch nur Verordnungen zum Schutz vor **polizeirechtlich relevanten Störungen und Gefahren** gestützt werden. Für straßenrechtliche Zielsetzungen ist deshalb der Vorrang der Satzungskompetenz in § 16 Abs. 7 S. 2 StrG zu berücksichtigen, die Benutzung kommunaler Einrichtungen richtet sich nach der entsprechenden Widmung.[241] Schließlich darf auch eine Polizeiverordnung grundsätzlich nur an Störer gerichtet sein, so dass ein ausreichend enger Wirkungs- und Verantwortungszusammenhang zwischen den verbotenen Handlungsweisen und der befürchteten Gefahrenlage vorliegen muss, was etwa beim „stillen" Bettler oder Zecher nicht mehr angenommen werden kann.[242] Auch Personen, die nach ihrem äußeren Erscheinungsbild der „Punk-Szene" zugeordnet werden können, sind nicht mit hinreichend beachtlicher Wahrscheinlichkeit zugleich auch Verhaltensstörer i.S.d. Polizeirechts.[243]   135

Zu beachten ist auch die Vereinbarkeit mit höherrangigem Recht und dabei insb. dem **Bestimmtheitsgebot**, weil die Grenze des verbotenen Handelns klar erkennbar sein muss. Der Normgeber darf zwar grundsätzlich auch auf unbestimmte Rechtsbegriffe zurückgreifen, so dass die Auslegungsbedürftigkeit einer Norm ihrer Bestimmtheit nicht entgegensteht. Aus Wortlaut, Zweck und Zusammenhang der Regelung müssen sich aber objektive Kriterien gewinnen lassen, die einen verlässlichen Vollzug gewährleisten. Je intensiver dabei in die Rechtspositionen der betroffenen Normadressaten eingewirkt wird, desto höher sind die im Einzelnen zu stellenden Bestimmtheitsanforderungen.[244]   136

Ein Verbot, sich in öffentlichen Anlagen „nach Art eines Land- oder Stadtstreichers herumzutreiben" ist demnach unzulässig.[245] Der Begriff des „ruhestörenden Lärms" dagegen kann durch Rückgriff auf die Wertungen des § 117 OWiG noch als hinreichend bestimmt bewertet werden,[246] auch das Sich-Niederlassen ausschließlich oder überwiegend zum Zwecke des Alkoholkonsums[247] sowie das Mitführen von alkoholischen Getränken, „wenn aufgrund der konkreten Umstände die Absicht erkennbar ist, diese im Geltungsbereich der Verordnung konsumieren zu wollen",[248] hat der Verwaltungsgerichtshof als ausreichend bestimmt erachtet. Grenzwertig ist die Bezugnahme auf die baurechtlichen Kategorien von Innen- und Außenbereich[249] oder die Beschränkung des räumlichen Geltungsbereichs eines Leinenzwangs auf die Gebiete „innerhalb der geschlossenen Ortschaft".[250]   137

Zur Vertiefung: Fall 8.   138

---

240 Vgl. VGH Bad.-Württ., VBlBW 2001, 142.
241 Vgl. dazu VGH Bad.-Württ., NVwZ 2000, 457.
242 Vgl. VGH Bad.-Württ., VBlBW 1999, 101.
243 Vgl. VGH Bad.-Württ., VBlBW 2003, 31; VBlBW 2010, 29.
244 Vgl. BVerwGE 116, 347 (350).
245 VGH Bad.-Württ., NJW 1984, 507; vgl. auch VGH Bad.-Württ, NVwZ-RR 2013, 451: Unbestimmtheit einer Auflage, die Außenwände eines Gebäudes in einem landschaftlich unauffälligen Farbton zu gestalten.
246 VGH Bad.-Württ., VBlBW 1997, 346.
247 Vgl. VGH Bad.-Württ., VBlBW 1999, 101.
248 Vgl. VGH Bad.-Württ., VBlBW 2010, 29 mit ausdrücklicher Klarstellung, dass auch die – aus strafrechtlichen Normen bekannte – Bezugnahme auf eine Absicht des Handelnden zulässig ist.
249 Vgl. etwa VGH Bad.-Württ., VBlBW 2008, 134 mit der fragwürdigen Aussage, dass Unschärfen im Randbereich durch eine gerichtliche Kontrolle der Bußgeldbescheide Rechnung getragen werden könne.
250 Vgl.OVG Münster, NVwZ 1988, 659: nicht zweifelsfrei abgrenzbar.

139   Prozessual ist die erstinstanzliche **Zuständigkeit des Verwaltungsgerichtshofs** nach § 47 Abs. 1 Nr. 2 VwGO i.V.m. § 4 AGVwGO zu beachten. Auch insoweit ist die Prüfbefugnis aber auf öffentlich-rechtliche Streitigkeiten beschränkt. Satzungen unterliegen deshalb der verwaltungsgerichtlichen Kontrolle nur, soweit sie zu Einzelverfügungen ermächtigen, für die der Verwaltungsrechtsweg eröffnet wäre. Da zur Entscheidung über **Bußgeldtatbestände** (vgl. § 18 PolG) gemäß § 68 OWiG ausschließlich die ordentliche Gerichtsbarkeit berufen ist, sind auch gegen die Bußgeldbewehrung gerichtete Normenkontrollanträge (teil-)unzulässig.[251] Polizeiverordnungen können aber auch von den Verwaltungsgerichten erster Instanz einer inzidenten Kontrolle unterworfen werden, soweit es um auf die Verordnung gestützte Einzelmaßnahmen geht. Allerdings steht den Verwaltungsgerichten keine Verwerfungskompetenz zu, sie können die Verordnung daher nicht mit einer über die inter-partes-Bindung ihres Rechtsstreits hinausgehenden Wirkung für unwirksam erklären.

---

251   Vgl. VGH Bad.-Württ., NJW 1984, 507; NVwZ 1992, 1105; hierzu auch BVerfGK 11, 337.

B. VERTIEFUNGSFÄLLE

1. Fall: Kollidierende Demonstrationen[252]

V ist Vorsitzender des Antifaschistischen Komitees in S und hat – wie seit Jahren –   140
auch für den 8. Mai diesen Jahres, der auf einen Sonntag fällt, eine Demonstration auf
dem Platz der 1938 niedergebrannten Synagoge angemeldet, um für die Errichtung eines Mahnmals der durch den Naziterror Getöteten zu demonstrieren. Die Veranstaltung soll um 14:00 Uhr mit einigen Reden, für die Lautsprecher verwendet werden sollen, beginnen. Anschließend sollen Handzettel an Passanten ausgeteilt und von drei zu
Büchertischen ausgebauten Tapetentischen aus bis etwa 18:00 Uhr für das Anliegen geworben werden.

Auf das Anschreiben teilte das Landratsamt jedoch mit, für den 8. Mai sei bereits seit   141
6 Wochen auch eine Veranstaltung des „Bundes der Heimatvertriebenen" angemeldet,
der um 14:00 Uhr in einem stillen Gedenken für etwa 30 Minuten auf dem direkt gegenüber liegenden Friedhof an die nach Ende des Zweiten Weltkriegs im Rahmen der
Vertreibung aus den ehemaligen Ostgebieten zu Tode gekommenen Flüchtlinge erin-
nern wolle.

Tatsächlich hatten sich am 8. Mai etwa 25 Personen zur Veranstaltung des Antifa-   142
schistischen Komitees eingefunden, als die Busse des „Bundes der Heimatvertriebenen"
eintrafen. Aus den Reihen der rund 60 überwiegend älteren Teilnehmer kam es unmittelbar zu lautstarken Beschwerden, dass bei dem „Lautsprechergetue des linken Ge-
sockses" ein würdiges Andenken an die Toten nicht möglich sei. Auch über die auf den
Büchertischen ausliegenden Publikationen kam es zu deutlichen Unmutsbekundungen.
An der Nordostecke des Platzes, an dem die Veranstaltungsteilnehmer unmittelbar an-
einander standen, kam es daraufhin zu einem kleineren Handgemenge, das durch das
Eingreifen besonnener Teilnehmer beider Seiten aber geschlichtet werden konnte.

Der Einsatzleiter der vor Ort befindlichen Polizeikräfte stellte daraufhin gegenüber   143
Herrn V fest, dass für das Aufstellen der Tische und die Verwendung eines Lautsprechers die erforderliche Erlaubnis der Straßenverkehrsbehörde nicht erteilt worden sei.
Er meinte, V solle die Veranstaltung des Antifaschistischen Komitees um eine halbe
Stunde verschieben, um eine Kollision mit der Parallelveranstaltung vermeiden zu können. Herr V verwies jedoch darauf, dass er die Demonstration angemeldet habe und
irgendwie geartete Auflagen nicht erteilt worden seien. Im Übrigen solle sich die Polizei um die Ewiggestrigen kümmern und die ordnungsgemäß angemeldete Demonstration des Komitees vor Übergriffen schützen. Der Einsatzleiter ordnete daraufhin die Entfernung der Tische und ein Abstellen der Lautsprecher an. Anschließend kam es zu
einem Wortwechsel, dessen genauer Verlauf streitig ist; Herr V soll sich aber sinnge-
mäß dahin eingelassen haben, dass die Polizei schon immer der Büttel der Reaktion
und auf dem rechten Auge blind gewesen sei. Jedenfalls weigerte er sich, den Anordnungen Folge zu leisten. Der Polizei-Einsatzleiter zog daraufhin selbst den Stecker des
Lautsprecherkabels. Nach einem weiteren lautstarken Wortwechsel zwischen Herrn V
und dem Einsatzleiter wurde Herr V von seinen Bekannten zur Seite gezogen und verließ anschließend mit der Bemerkung den Platz, so könne man das Ganze auch gleich
sein lassen. Die Tapetentische wurden daraufhin abgebaut und die Veranstaltung des

---

252 Angelehnt an Aufsichtsarbeit Nr. 7 der zweiten juristischen Staatsprüfung Herbst 1998.

Antifaschistischen Komitees beendet. Auch die restlichen Mitglieder des Antifaschistischen Komitees verließen daraufhin den Ort, wobei einer von ihnen die mitgeführten Handzettel von einer nahe gelegenen Brücke auf die Straße warf.

144 In der Lokalpresse ist nachfolgend über den Vorfall berichtet worden, dabei wurde das Antifaschistische Komitee als Störer der Parallelveranstaltung kritisiert. Darüber hinaus ist gegen Herrn V ein Leistungsbescheid der Stadt ergangen, durch den er in seiner Funktion als Versammlungsleiter zum Ersatz der Straßenreinigungskosten in Höhe von 120 EUR herangezogen wurde.

145 V will die Sache angesichts der öffentlichen Kritik nicht auf sich beruhen lassen, auch um jedenfalls nächstes Jahr wieder unbehelligt am 8. Mai eine Veranstaltung abhalten zu können. Die Klärung könne auch für mögliche Amtshaftungsansprüche oder als Vorfrage für ein Strafverfahren gegen den Einsatzleiter sinnvoll sein. Er möchte deshalb Widerspruch gegen die Anordnungen des Einsatzleiters und das Abschalten des Lautsprechers einlegen, notfalls auch Klage. Auch die Straßenreinigungskosten will er nicht tragen; zum einen erweise sich eine derartige Gebühr als Eingriff in die Versammlungsfreiheit, zum anderen könne er auch nichts dafür, dass ein über das Polizeiverhalten verärgerter Teilnehmer die Blätter weggeworfen habe. Schuld hieran sei der Einsatzleiter.

Abwandlung

146 Das Antifaschistische Komitee hat auch für den 9. November, dem Jahrestag der als „Reichskristallnacht" bekannten Nazi-Pogrome gegen Juden, eine entsprechende Veranstaltung angemeldet. Nunmehr geht beim Landratsamt aber ein Schreiben der „Deutschen Kameraden" ein, die zum gleichen Zeitpunkt auf dem Friedhofsvorplatz eine Veranstaltung mit dem Motto „Deutsche Steuergelder für das Weltjudentum? Stoppt die Staatfinanzierung von Synagogen und Gedenkstätten" anmelden wollen. Angesichts der von anderen Veranstaltungen der „Deutschen Kameraden" bekannten schwarzen Einheitskleidung und regelmäßig mitgeführter Transparente mit provozierendem Inhalt, erwägt der Landrat ein Verbot. Er ist sich aber unsicher, ob dies einer gerichtlichen Kontrolle standhalten würde.

Lösungshinweise

I. Widerspruch gegen das Verhalten des Einsatzleiters?

147 Die Anordnungen, die Tische zu beseitigen und den Lautsprecher abzustellen, sind als **Verwaltungsakte** zu qualifizieren, da sie regelnd in das Recht des Veranstalters eingreifen, Inhalt und Ausdrucksmittel der Demonstration selbst zu bestimmen. Da die Handlungspflichten jedoch zwischenzeitlich erfüllt sind, kommt den Verfügungen kein Regelungsgehalt mehr zu; die betroffenen Verwaltungsakte haben sich somit bereits vor Erhebung des Widerspruchs **erledigt**.

148 Ein „**Fortsetzungsfeststellungswiderspruch**" ist nach Rechtsprechung des Bundesverwaltungsgerichts jedoch unzulässig, weil die Feststellung der Rechtswidrigkeit erledigter Verwaltungsakte nicht Aufgabe der Verwaltungsbehörde ist und einer derartigen Entscheidung auch keine Rechtskraftwirkung zukommen würde.[253] Ein nach Erledi-

---

253 Vgl. BVerwGE 81, 226.

gung des Verwaltungsakts eingeleitetes Widerspruchsverfahren wäre demnach einzustellen, eine Widerspruchsentscheidung in der Sache darf nicht mehr ergehen.

Die Trennung des Lautsprecherkabels – die rechtlich als Zwangsvollstreckung im Wege der **Ersatzvornahme** der gemäß § 80 Abs. 2 S. 1 Nr. 2 VwGO sofort vollziehbaren Anordnung, den Lautsprecher abzustellen, zu qualifizieren ist – wird nach (älterer) Rechtsprechung über die Konstruktion einer Duldungspflicht ebenfalls als Verwaltungsakt betrachtet. Wer insoweit – den tatsächlichen Verhältnissen wohl angemessener – einen Realakt annimmt, kommt über die direkte Feststellungsklage letztlich zu denselben Ergebnissen; insoweit kann die Frage auch offen bleiben. **149**

II. Fortsetzungsfeststellungsklage

Als Rechtsbehelf kommt deshalb die **Fortsetzungsfeststellungsklage** analog § 113 Abs. 1 S. 4 VwGO in Betracht. **150**

1. Verwaltungsrechtsweg

Es handelt sich um öffentlich-rechtliches „Sonderrecht", weil die streitentscheidende Norm des § 15 Abs. 3 VersG – die gemäß Art. 125a Abs. 1 S. 1 GG mangels anderer landesrechtlicher Bestimmungen fortgilt – die Behörde einseitig zur Auflösung einer Versammlung bzw. zur Anordnung milderer Maßnahmen berechtigt. **151**

2. Zulässigkeit
a) Klagebefugnis

Die Klagebefugnis folgt für den Adressaten aus Art. 2 Abs. 1 GG sowie materiell aus Art. 8 Abs. 1 GG. **152**

b) Feststellungsinteresse

Das erforderliche **Feststellungsinteresse** ergibt sich hier aus der Wiederholungsgefahr, da Herr V und das Komitee auch im kommenden Jahr zum gleichen Zeitpunkt eine ähnliche Veranstaltung abhalten möchten und die Wiederholung der Problemlage damit konkret zu erwarten ist. **153**

Ein berechtigtes Interesse an der Feststellung der Rechtswidrigkeit kann überdies aus dem Rehabilitationsgedanken abgeleitet werden. Dies gilt insb. dann, wenn mit der beanstandeten Maßnahme ein Eingriff in grundrechtlich geschützte Rechtspositionen verbunden war und dieser geeignet ist, das Ansehen des Betroffenen in der Öffentlichkeit herabzusetzen. Auch diese Voraussetzungen sind vorliegend erfüllt, da das Antifaschistische Komitee in der örtlichen Presse als Störer der Veranstaltung des „Bundes der Heimatvertriebenen" bezeichnet worden war. **154**

Kein Feststellungsinteresse ergibt sich dagegen aus der Möglichkeit oder Absicht einer Amtshaftungsklage. Denn für die Geltendmachung eines derartigen Schadensersatzes sind die Zivilgerichte zuständig, die in den Amtshaftungsprozessen auch die öffentlich-rechtlichen Vorfragen zu klären haben. Insoweit besteht kein Anspruch auf den „sach-näheren" Verwaltungs-Richter. Abweichend hiervon wird eine Fortsetzungsfeststellungsklage vor den Verwaltungsgerichten gemäß § 113 Abs. 1 S. 4 VwGO nur zugelassen, wenn die Erledigung erst nach Rechtshängigkeit eingetreten ist. Denn in diesen Fallkonstellationen soll eine Partei nicht ohne Not um die Früchte des bisherigen Pro- **155** zesses gebracht werden.[254] Entsprechendes gilt für die „Vorwirkung" auf einen möglichen Strafprozess gegen den Beamten: Auch insoweit muss sich Herr V an die zuständigen Stellen wenden.

c) Klagefrist

156 Die **Klagefrist** aus § 74 Abs. 1 VwGO ist im Falle der Fortsetzungsfeststellungsklage nicht anzuwenden, wenn sich der Verwaltungsakt vor Eintritt der Bestandskraft erledigt hat.[255] Der Sache nach handelt es sich bei dieser Klage um eine Feststellungsklage, die den Voraussetzungen des § 43 VwGO zu unterwerfen ist. Dies wird auch vom Bundesverwaltungsgericht so gehandhabt, einzige „Reminiszenz" an die ursprüngliche Anfechtungssituation ist die Einordnung unter § 113 Abs. 1 S. 4 VwGO analog. Angesichts der grundsätzlich anderen Fallgestaltung als bei den Anfechtungsklagen besteht kein Anlass für eine analoge Erstreckung der Klagefrist auf diese Fallkonstellationen. Selbst wenn man im vorliegenden Fall von der Anwendbarkeit des § 74 VwGO ausgehen würde, bestünde im Übrigen kein Anlass zur Eile, da Herrn V keine Rechtsmittelbelehrung erteilt worden ist. Die Klageerhebung wäre somit gem. § 58 Abs. 2 VwGO innerhalb eines Jahres seit Bekanntgabe zulässig.

d) Vorverfahren

157 Eines Vorverfahrens bedarf es – wie bereits ausgeführt – nicht.

e) Zuständiges Gericht

158 Die Gerichtszuständigkeit folgt aus §§ 45, 52 Nr. 5 VwGO, § 1 Abs. 2 AGVwGO, § 12 Abs. 1 LVG, weil § 52 Nr. 3 VwGO eine abschließende Aufzählung enthält und die Nähe zur Feststellungsklage größer ist.

3. Begründetheit

159 Die Klage ist begründet, soweit die Maßnahmen der Polizeibeamten rechtswidrig waren und der Kläger dadurch in seinen Rechten verletzt worden ist.

a) Ermächtigungsgrundlage

160 § 15 Abs. 1 VersG scheidet als Ermächtigungsgrundlage aus, weil diese Bestimmung – wie sich aus der systematischen Stellung zu § 15 Abs. 3 VersG ergibt – lediglich Verbote und Auflagen **vor** der Versammlung regelt.

161 § 15 Abs. 3 VersG betrifft zwar Maßnahmen **während** der Versammlung, allerdings ermächtigt die Vorschrift nach ihrem Wortlaut nur zur **Auflösung** einer Versammlung, wozu es im vorliegenden Fall nicht gekommen ist. Von Sinn und Zweck der Vorschrift her liegt jedoch nahe, dass die Eingriffsermächtigung (erst recht) auch den Einsatz milderer Mittel zulässt. Ansonsten wäre die Behörde vor die Alternative gestellt, auf eine Versammlung entweder gar keinen Einfluss nehmen zu können oder eine ggf. unverhältnismäßige Auflösung verfügen zu müssen. Denn ein Rückgriff auf anderweitige Ermächtigungsgrundlagen des Polizeirechts ist im Anwendungsbereich des „polizeifesten" Versammlungsgesetzes unzulässig. Dementsprechend hat das Bundesverwaltungs-

---

254 Vgl. auch BVerwGE 140, 83 (85) zum „Fortsetzungsbonus".
255 Vgl. BVerwGE 109, 203.

gericht anerkannt, dass auf § 15 Abs. 3 VersG auch andere Maßnahmen als die Auflösung selbst gestützt werden können.[256]

b) Formelle Rechtmäßigkeit

Zuständig für auf § 15 VersG gestützte Anordnungen ist gemäß § 1 Abs. 1 VersGZuVO, §§ 61 Abs. 1 Nr. 3, 62 Abs. 3 PolG, § 15 Abs. 1 Nr. 1 LVG grundsätzlich das Landratsamt als Kreispolizeibehörde. Gehandelt hat hier jedoch der Polizeivollzugsdienst; dessen Zuständigkeit ergibt sich hier – an einem Sonntag – aber aus § 1 Abs. 1 HS 2 VersGZuVO i.V.m. § 60 Abs. 2 PolG.

162

Die Anhörung ist erfolgt und eine Schriftform gemäß § 37 Abs. 2 S. 1 LVwVfG nicht erforderlich.

163

c) Materielle Rechtmäßigkeit

aa) Genehmigungserfordernis für Lautsprecher und Ausstellungstisch?

Zu klären ist zunächst, wie weit der Konzentrationsgrundsatz aus §§ 14, 15 VersG reicht. Ausgangspunkt hierfür muss Art. 8 Abs. 1 GG sein, der die gesetzliche Einführung eines Verbots mit Erlaubnisvorbehalt nicht zulässt. Soweit der Schutzbereich der Versammlungsfreiheit reicht, sind deshalb auch anderweitige Genehmigungsverfahren suspendiert. Insoweit hat die zuständige Versammlungsbehörde bei ihrer Entscheidung über den Erlass einer Verbotsverfügung bzw. entsprechender Auflagen auch die rechtlichen Vorgaben zu berücksichtigen, die die sonst zuständige Erlaubnisbehörde zu vollziehen hätte. Aus diesem Bezug zu Art. 8 Abs. 1 GG ergibt sich, dass sich die **Spezialität des Versammlungsgesetzes** nur auf unmittelbar versammlungsbezogene Betätigungen erstreckt. Entscheidende Frage ist mithin, ob die jeweils zu bekämpfende Gefahrenquelle im Schutzbereich des Versammlungsrechts liegt.[257]

164

Regelmäßig werden Versammlungen eine Beeinträchtigung für den Straßenverkehr zur Folge haben, so dass grundsätzlich eine Erlaubnis nach § 29 Abs. 2 StVO erforderlich wäre. Da die Versammlung auf öffentlichen Straßen und Plätzen jedoch gerade zum Kernbereich der Versammlungsfreiheit des Art. 8 Abs. 1 GG gehört, sind die **straßenverkehrsrechtlichen Erlaubnisvorschriften** nicht gesondert anwendbar; diese Erwägungen sind vielmehr in die Entscheidung der Versammlungsbehörde einzubeziehen. Entsprechendes gilt grundsätzlich auch für die Verwendung von Megafonen oder Lautsprechern (vgl. § 33 Abs. 1 Nr. 1, 46 Abs. 1 Nr. 9 StVO). Deren Verwendung ist gerade bei größeren Demonstrationen ein unentbehrliches Hilfsmittel und eine typische Kommunikationsform, um das gemeinsame Anliegen nach außen kundzutun. Auch die Benutzung des Lautsprechers lag deshalb innerhalb des Schutzbereichs der Versammlungsfreiheit und bedurfte daher keiner eigenständigen behördlichen Genehmigung.

165

Etwas schwieriger gestaltet sich die Lage für das Aufstellen von Tapetentischen oder ähnlichen Gegenständen, die den uneingeschränkten Gebrauch des Verkehrsraums beeinträchtigen und daher grundsätzlich eine **straßenrechtliche Sondernutzungserlaubnis** voraussetzen (§ 16 Abs. 1 StrG). Nach Auffassung des Bundesverwaltungsgerichts kann diese Frage jedenfalls nicht unter dem Gesichtspunkt des „kommunikativen Verkehrs" gelöst werden, da dazu nur die Inanspruchnahme der Straße – ggf. auch zur

166

---

256 Vgl. BVerwGE 64, 55.
257 Vgl. dazu ausführlich Kanther, NVwZ 2001, 1239.

Kommunikation – verstanden werden kann, nicht jedoch das Aufstellen von Gegenständen, die in den Verkehrsraum hineinragen.[258] Dementsprechend hat das Bundesverwaltungsgericht differenziert, ob der Informationsstand auf eine Kommunikation mit Versammlungsteilnehmern abzielt oder nur „zufällig des Weges kommende Einzelpersonen" ansprechen soll. Denn im letzteren Falle könne die Personenmehrheit mangels innerer Zweckbindung nur als „Ansammlung" verstanden werden, so dass die Aktivität auch nicht dem Schutzbereich des Art. 8 Abs. 1 GG unterfalle. Jedenfalls für das Betreiben von Verkaufsständen – bei dem nicht ein kommunikatives, sondern ein wirtschaftliches Interesse im Vordergrund steht – ist daher eine Sondernutzungserlaubnis zu verlangen.[259] Allerdings will Art. 8 Abs. 1 GG auch das ungehinderte Zusammenkommen mit anderen Personen zum Zwecke der gemeinsamen Meinungsbildung und Meinungsäußerung schützen und umfasst damit auch das Recht, einen Außenkontakt herzustellen. Die Anforderungen an die „innere Verbindung der Teilnehmer" dürfen deshalb nicht überspannt werden. Jedenfalls dann, wenn durch das Informationsangebot vorrübergehende Passanten in die Versammlung einbezogen werden sollen, muss der Schutzbereich des Art. 8 Abs. 1 GG daher als eröffnet betrachtet werden.[260] Demgemäß wird im vorliegenden Fall das Aufstellen der Tische als **versammlungsbezogene Tätigkeit** betrachtet werden müssen, da mit den Exponaten für das Anliegen des Antifaschistischen Komitees geworben werden sollte. Die Einholung einer straßenrechtlichen Sondernutzungserlaubnis war also auch insoweit nicht erforderlich.

bb) Störung der öffentlichen Sicherheit

167 Für die Versammlung des Antifaschistischen Komitees war damit keine über die Anmeldung hinausgehende besondere Genehmigung erforderlich, der konkrete Ablauf wich nicht von der Anmeldung ab und Auflagen waren nicht erteilt worden. Die tatbestandlichen Voraussetzungen des § 15 Abs. 3 VersG wären deshalb nur dann erfüllt, wenn bei der Durchführung der Versammlung die öffentliche Sicherheit oder Ordnung unmittelbar gefährdet worden wäre. Dies kommt deshalb in Betracht, weil durch die Veranstaltung die **zum gleichen Zeitpunkt stattfindende Veranstaltung** des Bundes der Heimatvertriebenen gestört wurde: Die Verwendung von Lautsprechern und ein stilles Totengedenken am selben Ort und zur selben Zeit schließen sich aus. Da auch diese Veranstaltung den Schutz des Art. 8 Abs. 1 GG genießt, liegt eine gegenseitige Beeinträchtigung zweier Versammlungen und damit eine Störung der öffentlichen Sicherheit vor.

168 Zu prüfen ist daher, ob von den Polizeibeamten das ihnen eingeräumte **Ermessen** ohne zu beanstandenden Rechtsfehler ausgeübt wurde. Eine vorrangige Inanspruchnahme der Teilnehmer des Antifaschistischen Komitees ergibt sich dabei nicht bereits aus der Verwendung des Lautsprechers. Denn wie bereits dargestellt wurde, unterfällt auch die Verwendung derartiger Hilfsmittel dem Schutzbereich des Art. 8 Abs. 1 GG. Diese Betätigungsformen können auch nicht als rechtsmissbräuchlich betrachtet werden, da sie nicht allein den Zweck hatten, die Veranstaltung des Bundes der Heimatvertriebenen zu stören. Umgekehrt sind auch zwingende Gründe für eine vorrangige Inanspruchnahme der Teilnehmer der Parallelveranstaltung nicht feststellbar. Denn die Ausschrei-

---

258 Vgl. BVerwGE 56, 63.
259 Vgl. zu Imbiss- und Verkaufsständen auch OVG Berlin, LKV 1999, 372.
260 Ebenso BVerwGE 82, 34; vgl. zur Abgrenzung bloßer Tanzveranstaltungen aber BVerfG, NJW 2001, 2459 „Love Parade"; Rechtsprechungsüberblick in Trurnit, NVwZ 2016, 873.

tungen erreichten kein Ausmaß, das eine kollektive Unfriedlichkeit der Veranstaltung hätte befürchten lassen können. Beide Veranstaltungen hielten sich somit innerhalb der Versammlungsfreiheit; Zurechnungsgesichtspunkte, die eine Zuweisung der Störung in den Verantwortungsbereich eines der beiden Veranstalter ermöglichen würde, bestehen nicht.

Wie in derartigen Konstellationen zu verfahren ist, hängt maßgeblich von den Einzelfallumständen ab.[261] Sicher ist hier zunächst, dass ein **polizeilicher Notstand** i.S.v. § 9 PolG nicht gegeben war, weil die Polizeibeamten ohne Weiteres in der Lage waren, ein weiteres Eskalieren zu verhindern.[262] Gesichert erscheint auch, dass eine Differenzierung nach der **Zahl der Veranstaltungsteilnehmer** nicht erfolgen darf; denn die Grundrechtsausübung einer Minderheit ist vom Grundgesetz in gleicher Weise geschützt, wie die einer größeren Gruppe. Auch ein bloßes Abstellen auf die zeitliche **Reihenfolge der Anmeldung** nach § 14 Abs. 1 VersG i.S. eines „Erstanmelderprivilegs" wird den grundrechtlichen Positionen nicht hinreichend gerecht.[263] Vielmehr muss ein schonender Ausgleich der widerstreitenden Interessen gesucht werden, der die jeweilige Ausübung des Grundrechts weit möglichst gewährt. 169

Dafür hätte es sich etwa angeboten, eine Veranstaltung um 30 Minuten zu verschieben. Das grundsätzlich aus Art. 8 Abs. 1 GG abzuleitende Selbstbestimmungsrecht des Veranstalters über Ort, Zeitpunkt, Art und Inhalt der Veranstaltung kann im Falle der Kollision mit Grundrechten anderer von der Versammlungsbehörde eingeschränkt werden.[264] Die Untätigkeit des Landratsamts angesichts der bereits nach der Anmeldung ersichtlichen Kollisionslage hat den grundrechtlichen Schutzwirkungen daher nicht hinreichend Rechnung getragen. Dessen ungeachtet kann die Entscheidung im konkret vorliegenden Kollisionsfall wohl nicht beanstandet werden. Dabei ist zu berücksichtigen, dass die Versammlung des Komitees bis 18:00 geplant war und die Beschränkung des Lautsprechereinsatzes um 30 Minuten daher nicht geeignet ist, den **Versammlungszweck** zu vereiteln. Darüber hinaus standen mit den Handzetteln und den Büchertischen auch andere Kundgabeformen zur Verfügung. 170

Als rechtswidrig erweist sich dagegen die Anordnung, die Tische zu entfernen. Denn insoweit lag **keine Störung** der Veranstaltung des Bundes der Heimatvertriebenen vor: Das stille Gedenken wurde durch die Tische nicht beeinträchtigt. Soweit die Exponate von den Teilnehmern der Veranstaltung des Bundes der Heimatvertriebenen als provozierend empfunden wurden, ist diese Auswirkung von ihnen im Hinblick auf das Grundrecht der Meinungsfreiheit aus Art. 5 Abs. 1 GG hinzunehmen. 171

III. Widerspruch gegen den Kostenbescheid

1. Statthaftigkeit

Die Kostenforderung ist im Wege des **Leistungsbescheids** ergangen, so dass richtiges Rechtsmittel der Widerspruch ist. Dieser gewährt auch ausreichenden Rechtsschutz, weil ein Ausschluss der aufschiebenden Wirkung nach § 80 Abs. 2 S. 1 Nr. 1 VwGO hier nicht zu besorgen ist: Kostenforderungen für unmittelbar ausgeführte Maßnah- 172

---

261 Vgl. für rechtsextremistische Demonstration: Roth, VBlBW 2003, 41.
262 Vgl. hierzu BVerfG, NVwZ 2013, 570.
263 Ebenso VGH Bad.-Württ., VBlBW 2002, 383; a.A. aber etwa Maunz/Dürig, GG, Art. 3 Abs. 1 Rn. 228 f.
264 Vgl. BVerfG, NJW 2001, 1409.

men u.ä. erfüllen nach Rechtsprechung des Verwaltungsgerichtshofs diesen Tatbestand nicht.[265]

2. Begründetheit

173 Rechtsgrundlage für eine Kostenerstattung könnte § 42 S. 2 StrG sein. Eine derartige Kostenerstattungspflicht scheitert nicht bereits am Grundrecht auf Versammlungsfreiheit, da die Straßenreinigungs- und Kostenerstattungspflicht das Recht zur Durchführung einer Versammlung als solches nicht in Frage stellt und daher die Versammlungsfreiheit nicht tangiert.[266] Auch im Hinblick auf die **Spezialität des Versammlungsgesetzes** ergibt sich kein Ausschluss der Kostenerstattungsvorschrift des § 42 S. 2 StrG. Denn die Ausschlusswirkung des Versammlungsgesetzes bezieht sich **nur auf versammlungsspezifische Gefahren** und gezielte Eingriffe in das Versammlungsrecht.[267] Straßen- und wegerechtliche Vorschriften über die Reinigungs- und Kostenerstattungspflicht bei verschmutzten Straßen betreffen jedoch nicht die Durchführung einer Versammlung, sondern die Beseitigung ihrer Folgen und werden daher nicht durch das Versammlungsgesetz verdrängt.

174 Herr V hat die Straßen jedoch nicht selbst verunreinigt, so dass ein Kostenanspruch nur in Betracht käme, wenn ihm das Handeln des betreffenden Teilnehmers **zugerechnet** werden könnte, weil Herr V die Demonstration veranstaltet hat und deren Leiter war.

175 Eine Zurechnung, die alleine auf die Eigenschaft als **Versammlungsleiter** gegründet wird, scheidet aber gleichwohl aus. Der Versammlungsleiter ist eine spezifische Einrichtung des Versammlungsrechts, dessen Funktion insb. darin liegt, während der Versammlung für Ordnung zu sorgen (vgl. §§ 8 S. 2, 18 Abs. 1 VersG).[268] Zur Erfüllung dieser Aufgaben sind dem Versammlungsleiter verschiedene Befugnisse übertragen worden, damit aber sind auch seine Pflichten begrenzt. Die Straßenreinigung ist dort jedoch nicht geregelt.

176 Eine Haftung von Herrn V käme deswegen nur als **Zweckveranlasser** in Betracht. Diese Zurechnung läge dann nahe, wenn er als Veranstalter Flugblätter hätte verteilen lassen.[269] Eine entsprechend unmittelbare Verursachung liegt hier jedoch nicht vor, da die Verunreinigung nicht auf eine bestimmungsgemäße Verwendung der Handzettel zurückging, sondern auf dem Exzess eines Demonstrationsteilnehmers beruhte. Insoweit kann die Verunreinigung der Straße Herrn V nicht zugerechnet werden.

IV. Verbot der Versammlung der „Deutschen Kameraden"

177 Als Rechtsgrundlage einer Verbotsverfügung kommt nur § 15 Abs. 1 VersG in Betracht, dazu bedürfte es **konkreter Tatsachen** für die Annahme einer unmittelbaren Gefährdung der öffentlichen Sicherheit oder Ordnung.

178 Auf den **Inhalt** der zu erwartenden Äußerungen kann dabei – außerhalb des Sonderbereichs aus § 130 Abs. 4 StGB – nicht abgestellt werden.[270] Das rechtsextreme Motto

---

265 Vgl. etwa VGH Bad.-Württ., VBlBW 2007, 228.
266 So BVerwGE 80, 164 (168).
267 Vgl. BVerwGE 80, 158 (159).
268 Vgl. hierzu auch VGH Bad.-Württ., VBlBW 2012, 473.
269 Vgl. BVerwGE 80, 158 (162).
270 Vgl. BVerfGE 124, 130; hierzu auch bereits BVerfGE 111, 147.

der Veranstaltung reicht für sich genommen daher nicht für eine Verbotsverfügung aus.

In Betracht kommt allerdings ein Verstoß gegen das **Uniformierungsverbot** aus § 3 Abs. 1 VersG. Bedenken gegen die Verfassungsmäßigkeit der Norm selbst bestehen nicht, da nicht der Inhalt, sondern nur die Form der Meinungskundgabe betroffen wird. Überdies dient die Anordnung gerade dem Schutzgut der freien Meinungsäußerung, da die Vorschrift einen Schutz vor Einschüchterung durch militärisches Auftreten bezweckt. Auch Art. 8 Abs. 1 GG schützt nur Versammlungen, nicht aber paramilitärische Aufmärsche. Fraglich ist allerdings, ob für ein Eingreifen des Tatbestands bereits die „gleichgeschaltete Einheitlichkeit" für sich ausreicht – was etwa auch für einheitlich orangefarbene Gewänder der Osho-Anhänger gelten würde – oder darüber hinaus ein Bezug zum Militärischen erforderlich ist. Vorliegend kann die Frage offen bleiben, da sie allenfalls eine Auflage,[271] nicht aber ein Verbot rechtfertigen würde.

179

Denkbar ist daher nur ein aus der **Art und Weise der Versammlung** folgender Verstoß gegen die öffentliche Ordnung. Dieser kommt einerseits bei einem Klima der Gewaltdemonstration und Einschüchterung in Betracht, andererseits aber auch durch die konkrete Wahl von Versammlungsort und Termin.[272] Angesichts der Symbolkraft und der Provokationswirkung von rechtsextremen Veranstaltungen am Holocaust-Gedenktag etwa hat das Bundesverfassungsgericht die Annahme einer Gefährdung der **öffentlichen Ordnung** gebilligt;[273] entsprechendes gilt für eine Veranstaltung unter dem Motto „Ruhm und Ehre der Waffen-SS" in unmittelbarer Nähe zu einem ehemaligen Konzentrationslager.[274]

180

Bei Berücksichtigung dieser Maßstäbe erscheint hier ein Verbot durchaus denkbar, weil sowohl der gewählte Termin des 9. November als auch Ort, Motto und Gesamtkonzeption der Veranstaltung an Provokationswirkung kaum überbietbar sind.

181

2. Fall: Der Liegeradfahrer

R ist stolzer Besitzer eines voll verkleideten Liegerads und lehnt die Benutzung von Radwegen – angesichts der Behinderungen durch Bordsteinkanten u. ä. – aus grundsätzlichen Erwägungen ab. Er wurde von der Polizei bereits mehrfach darauf hingewiesen, dass er nach den Regelungen der Straßenverkehrsordnung verpflichtet sei, rechte Radwege zu benutzen. Am 1. Oktober wurde R erneut auf einer Autostraße – zu der parallel ein (mit Zeichen 237) ausgeschilderter Radweg verläuft – angetroffen. Nach dem sich R in dem Gespräch mit dem Polizeibeamten weigerte, den Radweg zu benutzen, wurde sein Rad von diesem beschlagnahmt. Nach erfolglosen Widerspruchsverfahren erhob R dagegen Anfechtungsklage.

182

Mit Bescheid vom 1. Februar verpflichtete die Stadt den R, rechtsseitige Radwege zu benutzen. Für den Fall der Zuwiderhandlung würde ihm ein Zwangsgeld in Höhe von 1.500 EUR angedroht. Gleichzeitig wurde ihm sein Rad zurückgegeben.

183

Da R erneute Beschlagnahmen seines Liegerades befürchtet, möchte er die Klage vor dem Verwaltungsgericht fortführen.

184

---

271 Vgl. zu Inhalt und Grenzen entsprechender Auflagen etwa BVerfG, NVwZ 2008, 671.
272 Vgl. BVerfGE 111, 147 (157); hierzu auch Hoffmann-Riem, NVwZ 2002, 257 (262).
273 Vgl. BVerfG, NJW 2001, 1409.
274 Vgl. BVerfG, NVwZ 2002, 714 allerdings unter Bezugnahme auf die öffentliche Sicherheit.

Lösungshinweise

I. Zulässigkeit

185 Da sich der Regelungsgehalt der ursprünglichen Verfügung nach Aufhebung der Beschlagnahme und Rückgabe des Fahrrades erledigt hat, muss R die erhobene Anfechtungsklage auf eine **Fortsetzungsfeststellungsklage** umstellen. Das dafür erforderliche berechtigte Interesse an der Feststellung der Rechtswidrigkeit der Beschlagnahme steht ihm unter dem Gesichtspunkt der Wiederholungsgefahr zu: R will auch in Zukunft die Fahrbahn benutzen und muss daher mit einer erneuten Beschlagnahme seines Fahrrades rechnen. Insoweit geht der Streitgegenstand auch über die im Februar ausgesprochene Verpflichtung hinaus.

II. Begründetheit

186 Rechtsgrundlage für die Beschlagnahme ist § 33 Abs. 1 Nr. 1 PolG.

1. Ursprüngliche Lage

187 Die tatbestandlichen Voraussetzungen dieser Norm lagen im Zeitpunkt der **Beschlagnahme** vor: R war mit seinem Fahrrad auf der Straße und nicht auf dem parallel dazu laufenden und ausgeschilderten Radweg gefahren. Der darin liegende Verstoß gegen § 2 Abs. 4 S. 2 StVO begründet eine Störung der öffentlichen Sicherheit. Da R sich weigerte, den ausgeschilderten Radweg zu benutzen, bestand eine unmittelbar bevorstehende Störung der öffentlichen Sicherheit, die von dem Polizeibeamten nur durch die Beschlagnahme des Rades abgewendet werden konnte.

188 Bei dem Liegerad handelte es sich auch um ein Fahrrad i.S.d. StVO. Trotz des atypischen Erscheinungsbildes verfügt es über zwei Räder und wird mithilfe von Pedalen durch Muskelkraft bewegt.

2. Nachträgliche Entwicklung

189 Die Beschlagnahme könnte jedoch im weiteren Verlauf **rechtswidrig geworden** sein. Gemäß § 33 Abs. 4 S. 1 PolG ist die Beschlagnahme aufzuheben, sobald ihr Zweck erreicht ist. Die Behörde ist demnach verpflichtet, den Verwaltungsakt „unter Kontrolle zu halten". Da die Störung der öffentlichen Sicherheit nicht von dem beschlagnahmten Fahrrad selbst ausgeht, sondern von dessen Benutzung durch R, muss die zutreffende Gefahrenbekämpfung in einer **Einwirkung auf das Verhalten** des R liegen. Steht zu erwarten – etwa weil der Betroffene dies wie hier R ausdrücklich ankündigt –, dass auch in Zukunft mit Störungen der öffentlichen Sicherheit gerechnet werden muss, so hat die Polizeibehörde grundsätzlich diejenigen Maßnahmen zu ergreifen, die unmittelbar auf die Verhaltensweise des polizeilichen Störers einwirken.[275] Denn die Beschlagnahme als Gefahrenabwehrmaßnahme stellt kein zulässiges **Beugemittel** dar. Zutreffender Weise hat die Stadt deshalb auch eine zwangsgeldbewehrte Verfügung gegen den R erlassen. Dies erfolgte jedoch erst vier Monate nach Beschlagnahme des Fahrrades.

---

275 Vgl. auch VGH Bad.-Württ. VBlBW 2005, 63 zur Rechtfertigung einer Ingewahrsamnahme wegen der Befürchtung, der Demonstrant werde sich nach Freilassung erneut einer rechtswidrigen Blockadeaktion anschließen.

Diesen Zeitlauf hat der Verwaltungsgerichtshof beanstandet.[276] Da die Beschlagnahme allenfalls mittelbar eine Verhaltensänderung bewirken kann und damit grundsätzlich nicht geeignet ist, die auf einer menschlichen Verhaltensweise beruhende Störung der öffentlichen Sicherheit auf Dauer zu beseitigen, darf die Polizeibehörde nur zur Abwehr einer bestehenden oder unmittelbar bevorstehenden Störung der öffentlichen Sicherheit auf die Beschlagnahme zurückgreifen. Anschließend ist sie nach Auffassung des Verwaltungsgerichtshofs jedoch verpflichtet, unverzüglich eine verhaltenssteuernde Verfügung zu erlassen.

190

Da dem R jederzeit die Möglichkeit offen stand, der Behörde gegenüber zu versichern, dass er zukünftig die Straßenverkehrsordnung einhalten werde und diese somit zur Herausgabe des Fahrrades hätte bewegen können, hat der Verwaltungsgerichtshof eine **Entscheidungsfrist** von zwei Wochen für angemessen gehalten. Für den darüber hinausgehenden Zeitraum dagegen ist die Rechtswidrigkeit der Beschlagnahme festgestellt worden.

191

3. Fall: Platzverweis im Botanischen Garten

Am 5. Juni wurde A von Beamten des Polizeivollzugsdienstes im alten Botanischen Garten der Stadt Tübingen angetroffen und einer Personenkontrolle unterzogen. Da die Polizisten zu der Einschätzung gelangten, dass A der Drogenszene zuzurechnen sei, wurde ihm ein schriftlicher Platzverweis der Stadt Tübingen ausgehändigt. Hierbei handelte es sich um ein vorgefertigtes, vom Amtsleiter des Ordnungsamts unterschriebenes und in persönlicher Anrede gehaltenes Schreiben der Stadt Tübingen, das von den Beamten des Polizeivollzugsdienstes im Adressfeld sowie in der Anrede mit dem Namen des A versehen wurde. In dieser Verfügung wurde dem A aufgegeben, das in einem beigefügten Lageplan gekennzeichnete Gelände des alten Botanischen Gartens unverzüglich zu verlassen und bis zum 30. August nicht mehr zu betreten. Zugleich wurde der Sofortvollzug angeordnet und für den Fall des Zuwiderhandelns unmittelbarer Zwang angedroht. Am 8. Juni erhob A Widerspruch und beantragte zugleich beim VG Sigmaringen die Wiederherstellung der aufschiebenden Wirkung. Am 15. September hat A den Rechtsstreit für erledigt erklärt; die Stadt ist dem unter Hinweis auf die grundsätzliche Bedeutung der Rechtsfragen und im Hinblick auf die Wiederholungsgefahr in Bezug auf A aber entgegengetreten.

192

Abwandlung

Um die Drogenprobleme im alten Botanischen Garten in den Griff zu bekommen, hat die Stadt Tübingen zu Verstärkung der polizeilichen und kommunalen Kräfte einen gewerblichen Sicherheitsdienst beauftragt. Von Angehörigen dieses Sicherheitsdienstes wird A am 6. November im alten Botanischen Garten angetroffen. Nach per Handy erfolgter Rücksprache mit dem Sachbearbeiter des Städtischen Ordnungsamts übergaben die Sicherheitsbediensteten dem A gegen Empfangsbekenntnis ein mit „Allgemeinverfügung" überschriebenes Schreiben der Stadt Tübingen, das vom Amtsleiter des Städtischen Ordnungsamts unterzeichnet ist, und folgende Regelung enthält:

193

„Alle Personen, die der Drogenszene zuzurechnen sind, haben den Antreffort zu verlassen. Dieser sowie die übrigen in der Anlage aufgeführten Verkehrsflächen dürfen für die Dauer von drei Monaten nicht mehr betreten werden, sofern kein berechtigtes In-

194

---

276 VGH Bad.-Württ., VBlBW 2001, 100.

teresse an einem der Bereiche nachgewiesen ist. Bei erneutem Antreffen während der Laufzeit dieses Platzverweises in der Drogenszene beginnt die Frist von drei Monaten sowie die Rechtsbehelfsfrist neu zu laufen. Die sofortige Vollziehung dieser Verfügung wird angeordnet."

195 Nach erfolgloser Durchführung eines Widerspruchsverfahrens erhob A Klage gegen die Stadt. Er hält den Platzverweis für unverhältnismäßig, da er seine Spritzen nach Gebrauch wieder mit nach Hause nehme und daher ausschließlich sich selbst gefährde.

Lösungshinweise

I. Entscheidung des VG

1. Klageänderung

196 Bei der **einseitigen Erledigungserklärung** handelt es sich um eine Klageänderung eigener Art, die nicht an die Voraussetzungen des § 91 VwGO gebunden ist. Streitgegenstand ist danach die Feststellung, dass sich der Rechtsstreit in der Hauptsache erledigt hat. Nach ständiger Rechtsprechung des Bundesverwaltungsgerichts kann die Erledigung die Unzulässigkeit der ursprünglich erhobenen Klage nicht heilen, so dass diese zu prüfen ist; auf die Begründetheit der ursprünglich erhobenen Klage kommt es dagegen – anders als nach Rechtsprechung des Bundesgerichtshofs für den Zivilprozess – nicht an.[277]

197 Das von der Antragsgegnerin vorgetragene Interesse an einer Sachentscheidung – das der Sache nach einer Feststellungswiderklage entspricht – kommt im Verfahren des vorläufigen Rechtsschutzes angesichts des summarischen Prüfungscharakters nicht in Betracht. Gegenstand des vorläufigen Rechtsschutzverfahrens ist nicht die Rechtmäßigkeit des Verwaltungsakts, sondern allein dessen sofortige Vollziehung.[278]

2. Zulässigkeit des ursprünglich gestellten Antrags

198 Der ursprüngliche Antrag war zulässig. Der **Verwaltungsrechtsweg** ist eröffnet, weil die streitentscheidende Norm des § 27a PolG die Ortspolizeibehörde einseitig berechtigt, Platzverweis und/oder Aufenthaltsverbot auszusprechen. Statthafte Antragsart war der Antrag auf Wiederherstellung der aufschiebenden Wirkung, weil sich der A gegen einen ihn belastenden Verwaltungsakt wandte, der nach Anordnung durch die Behörde gemäß § 80 Abs. 2 S. 1 Nr. 4 VwGO sofort vollziehbar war.

3. Erledigung

199 Der (durch die Erledigungserklärung geänderte) Antrag ist auch begründet, weil sich der Rechtsstreit erledigt hat. Hinsichtlich des Aufenthaltsverbots ergibt sich dies bereits daraus, dass die mit der Verfügung verbundene Beschwer nach Ablauf der zeitlichen **Geltungsdauer** entfallen ist. Dasselbe gilt aber auch für die Zwangsmittelandrohung, da die Vollstreckungsvoraussetzungen durch Wegfall der Grundverfügung entfallen sind (vgl. § 11 LVwVG). Dies gilt nach Auffassung des Verwaltungsgerichtshofs

---

277 Vgl. BVerwGE 82, 41; 87, 63.
278 Vgl. VGH Bad.-Württ., VBlBW 1996, 418.

sogar für ein bereits festgesetztes Zwangsgeld, da der Beitreibung nach Ablauf der Frist keine Beugefunktion mehr, sondern Strafcharakter zukommen würde.[279]

II. Hilfsgutachten

Ermächtigungsgrundlage für **Platzverweis** und Aufenthaltsverbot ist auch in Baden-Württemberg zwischenzeitlich die hierfür geschaffene Standardmaßnahme des § 27a PolG.

200

1. Verfassungsmäßigkeit der Ermächtigungsgrundlage

Verfassungsrechtliche Bedenken gegen die Norm selbst bestehen nicht. Allerdings nimmt auch die vorgängige Bundeskompetenz aus Art. 73 Abs. 1 Nr. 3 GG auf die „Freizügigkeit" Bezug. Ob Art. 11 Abs. 1 GG auch kurzfristige Besuche gewährleistet und damit den Platzverweis betrifft, ist nicht eindeutig geklärt. Historisch betrachtet hat die Freizügigkeit ihre Wurzeln im Augsburger Religionsfrieden von 1555 – in dem die Abzugsfreiheit für diejenigen Untertanen statuiert wurde, die nicht bereit waren, das religiöse Bekenntnis des Landesherrn anzunehmen – und betrifft daher das Recht, Aufenthalt und Wohnsitz zu nehmen.[280] Während der Platzverweis daher eher nicht im Schutzbereich der Freizügigkeit liegen dürfte, kann dies für das Aufenthaltsverbot durchaus der Fall sein. Unabhängig hiervon steht die Bundeskompetenz aber jedenfalls Regelungen auf dem Bereich der Gefahrenabwehr auch dann nicht entgegen, wenn diese freizügigkeitsbeschränkende Wirkungen entfalten. Denn eine dahin gehende Sperrwirkung ist in Art. 73 Abs. 1 Nr. 3 GG nicht angelegt.[281]

201

Auch dem qualifizierten „**Kriminalvorbehalt**" aus Art. 11 Abs. 2 GG ist Genüge getan. Problematisch erscheint insoweit ohnehin nur § 27a Abs. 2 S. 1 Alt. 2 PolG, wenn man das „beitragen" weit – also ohne eigenen Strafverstoß – versteht, wofür indes spricht, dass andernfalls bereits die 1. Alternative der Norm erfüllt ist. Auch insoweit sind die Voraussetzungen des Art. 11 Abs. 2 GG indes gewahrt, weil darin nur die Vorbeugung vor strafbaren Handlungen verlangt wird. Durch die Anordnung der Erforderlichkeit ist auch dem Verhältnismäßigkeitsgrundsatz Rechnung getragen.

202

2. Formelle Rechtmäßigkeit

Zuständig ist gemäß §§ 60 Abs. 1, 66 Abs. 2, 62 Abs. 4 PolG die Stadt Tübingen als Ortspolizeibehörde; unmittelbar gehandelt jedoch hat der Polizeivollzugsdienst. Bereits nach dem äußeren Erscheinungsbild und Wortlaut der Verfügung ist aber eindeutig, dass erlassende Behörde die Stadt Tübingen ist. Soweit der Polizeivollzugsdienst tätig wurde, handelte er offensichtlich für die Stadt. Ob der Polizeivollzugsdienst die Verfügung in eigener Zuständigkeit nach § 60 Abs. 2 PolG erlassen dürfte, kann daher offen bleiben; angesichts der Tatsache, dass die Verfügung den Vollzugsdienst nicht als Erlassbehörde erkennen lässt, läge hier dann im Übrigen ein Verstoß gegen § 37 Abs. 3 LVwVfG vor.

203

Die gewählte Aufgabenverteilung wäre rechtlich nicht zu beanstanden, wenn das Handeln des Polizeivollzugsdienstes lediglich als **Bekanntgabe** einer von der Stadt Tübingen getroffenen Regelung zu betrachten wäre (vgl. § 60 Abs. 4 PolG). Fraglich ist des-

204

---

279 VGH Bad.-Württ., VBlBW 1996, 418.
280 Vgl. BVerfGE 80, 137 (150).
281 Vg. BVerwGE 129, 142.

halb, ob bereits das Blankoformular der Stadt Tübingen eine Allgemeinverfügung dar-stellt, die vom Vollzugsdienst lediglich bekannt gegeben wurde. Gegen diese Einord-nung spricht jedoch bereits die äußere Form des Schreibens, das an einen konkreten Adressaten gerichtet ist und diesen in namentlicher Anrede anspricht. Aus objektivem Empfängerhorizont betrachtet ist das Blankoformular daher nicht bereits eine fertige Regelung in Form der Allgemeinverfügung, sondern eine in der Entstehung begriffene Einzelverfügung. Die eigentliche Entscheidung, dass A der Drogenszene zuzurechnen und damit als Störer in Anspruch zu nehmen ist, wird daher vom Polizeivollzugsdienst getroffen, der mit der Einfügung des Namens den Adressaten der Verfügung be-stimmt.[282] Eine Maßnahme der Stadt könnte darin nur dann erblickt werden, wenn der Polizeivollzugsdienst diese Handlung zulässigerweise im Namen der Stadt ausfüh-ren durfte.

205 Die Zulässigkeit einer derartigen **Aufgabenübertragung** ist im öffentlichen Recht je-doch eingeschränkt, denn die gesetzliche Zuständigkeitsordnung ist gemäß Art. 70 Abs. 1 S. 1 Landesverfassung zwingend und ausschließlich. Unstreitig gilt dies für die „Delegation", bei der die übertragene Aufgabe in eigenem Namen durchgeführt wird und damit eine Verschiebung der Zuständigkeiten eintritt. Wenig geklärt ist dagegen die Zulässigkeit des sog. „**Mandats**", denn hier wird nicht in eigenem Namen, sondern für und namens des Mandanten gehandelt. Das Zurechnungssubjekt der Maßnahme und damit jedenfalls formal auch die Zuständigkeitsordnung bleiben also unberührt. Das öffentlich-rechtliche Mandat – als Gegenstück zur zivilrechtlichen Vertretung – scheidet daher jedenfalls dort aus, wo eine „höchstpersönliche" Vornahme der Hand-lung gefordert ist. Die weiteren Zulässigkeitsvoraussetzungen für eine Mandatierung aber sind unklar. Während in der Literatur zum Teil bereits ein Weisungsrecht für aus-reichend gehalten wird,[283] hat der Verwaltungsgerichtshof zusätzlich gefordert, dass das Mandat nicht zu einer Preisgabe der Zuständigkeiten führt.[284] Demnach müsste im vorliegenden Fall von einer Unzulässigkeit des Mandats ausgegangen werden, da das von der Polizeibehörde gewählte Verfahren nicht auf konkrete Einzelfälle beschränkt ist, sondern zur Abwicklung einer unbekannten Vielzahl von Fällen gedacht ist und da-mit zu einer partiellen Preisgabe der Zuständigkeit führt.[285]

3. Materielle Rechtmäßigkeit

206 Die **vorbeugende Bekämpfung von Straftaten** (BtMG, fahrlässige Körperverletzung durch zurückgelassene Spritzen, Individualgüterschutz) ist vom Tatbestand des § 27a PolG umfasst. A kann als Verhaltensstörer auch in Anspruch genommen werden. Das betroffene Gebiet ist durch den Lageplan in hinreichend bestimmter Weise gekenn-zeichnet. Die Maßnahmen sind jedenfalls zur Verhütung von Straftaten und zum Indi-vidualgüterschutz geeignet. Hinsichtlich der Bekämpfung der „offenen Drogenszene" ist dies umstritten, da Folge derartiger Platzverweise vielfach nur eine örtliche Verlage-rung der Szene ist. Immerhin wird der Zugang zu Drogen zumindest vorläufig er-schwert. Die Rechtsprechung verfährt daher großzügig; nach Auffassung des OVG

---

282 Vgl. VG Sigmaringen, VBlBW 1995, 289.
283 Vgl. etwa Wolff/Bachof, Verwaltungsrecht II, 4. Aufl. 1976, § 72 IV b – strenger aber zwischenzeitlich die 7. Aufl. 2010 unter § 83 Rn. 75 ff.
284 VGH Bad.-Württ., VBlBW 1984, 20: „Mordlochhöhlen-Fall".
285 Ebenso Haseloff-Grupp, VBlBW 1997, 161; a.A. Deger, VBlBW 1996, 90. Etwas unklar ist der beiläufige Hin-weis auf das Erfordernis einer gesetzlichen Ermächtigung in VGH Bad.-Württ., VBlBW 1996, 418.

Nordrhein-Westfalen etwa[286] stellt auch die Etablierung einer offenen Drogenszene eine Störung der öffentlichen Sicherheit dar, so dass bereits die personelle Verstärkung der Szene – ohne eigenen BtM-Bezug – die Tatbestandsmerkmale erfüllt. Jedenfalls zum Schutz sensibler Bereiche, wie etwa öffentlicher Parkanlagen oder Gebiete in Schulnähe, wird eine Eignung nicht zu bestreiten sein.

Höherrangiges Recht steht den Maßnahmen nicht entgegen. Ob der Schutzbereich von Art. 11 Abs. 1 GG auch kurzfristige Besuchszwecke umfasst, ist umstritten, richtigerweise aber zu verneinen. Gewährleistet wird das Recht, Aufenthalt und Wohnsitz zu nehmen.[287] Auch Art. 2 Abs. 2 S. 2 GG garantiert nicht das Recht, jeden beliebigen Ort aufsuchen zu dürfen.[288] Im Ergebnis sind hier beide Fragen indes nicht von Belang, weil selbst der qualifizierte „Kriminalvorbehalt" des Art. 11 Abs. 2 GG erfüllt wäre.

4. Zwangsmittelandrohung

Grundsätzlich ist in Anwendung des Übermaßverbots das **Zwangsmittel** auszuwählen, das den Betroffenen am wenigsten belastet. Allerdings dürfte für die sofortige Durchsetzung des Platzverweises nur der unmittelbare Zwang in Frage kommen. Die Androhung eines Zwangsgeldes ist bei offensichtlicher Mittellosigkeit auch wenig geeignet; Zwangshaft wohl nicht das mildere Mittel.[289] Zu beachten ist überdies, dass nach Auffassung des Bundesverwaltungsgerichts die Androhung eines Zwangsgelds „für jeden Fall der Zuwiderhandlung" nur zulässig ist, wenn dafür eine ausdrückliche Ermächtigung besteht.[290]

207

Abwandlung

I. Zulässigkeit

Die Einschaltung Privater beseitigt den öffentlich-rechtlichen Charakter der Verfügungen nicht. Da die Sicherheitsbediensteten nach behördlichen Vorgaben und Weisungen (Rücksprache per Handy) tätig wurden, sind sie als **Verwaltungshelfer** zu qualifizieren, so dass die Stadt richtiger Klagegegner ist.[291]

208

II. Begründetheit

1. Formelle Rechtmäßigkeit

Die Verfügung ist von der gemäß §§ 60 Abs. 1, 66 Abs. 2, 62 Abs. 4 PolG zuständigen Ortspolizeibehörde erlassen worden, die die Sicherheitsbediensteten lediglich als **Boten** eingesetzt hat – was allgemein auch ohne ausdrückliche Rechtsgrundlage für zulässig gehalten wird.

209

---

286 NVwZ 2001, 459. Großzügig hinsichtlich des Verdachts drohender Verstöße gegen das BtMG auch Bay. VGH, NVwZ 2001, 1291.
287 Vgl. BVerfGE 80, 137 (150).
288 Vgl. BVerfGE 96, 10 (21).
289 Vgl. dazu auch VG Stuttgart, VBlBW 1999, 191: (erneute) Zwangshaft ungeeignet, wenn keine Verhaltensänderung zu erwarten ist. Zur Verhängung eines Zwangsgeldes beim Verstoß gegen das Verbot, sich nackt im Stadtgebiet aufzuhalten auch VGH Bad.-Württ., NJW 2003, 234.
290 NVwZ 1998, 393.
291 Beliehene dagegen sind selbst Behörde i.S.d. § 1 Abs. 2 LVwVfG; ob sie auch eigenständige Klagegegner sein können, ist umstritten; vgl. dazu Burgi, JuS 1997, 1106.

2. Materielle Rechtmäßigkeit

210 Zur **Bestimmbarkeit** des Personenkreises nach § 35 S. 2 LVwVfG reicht nach Auffassung des Verwaltungsgerichtshofs die Bezugnahme auf die „Drogenszene" – die durch Verstöße gegen das BtMG charakterisiert werde – aus.[292]

211 Da das Aufenthaltsverbot aber nicht nach dem Zweck des Aufenthalts differenziert, also nicht nur den Aufenthalt mit Drogenbezug, sondern auch den Einkauf oder Konzertbesuch eines Zugehörigen der Drogenszene umfasst, liegt nach Ansicht des Verwaltungsgerichtshofs ein Verstoß gegen die Grundsätze der Verhältnismäßigkeit und der **sachgerechten Ermessensausübung** vor. Dies gelte insb. für die Personen, die in den geregelten Gebieten wohnen oder arbeiten. Auch durch die Festsetzung von Prostitutions-Sperrgebieten werde ein Aufenthalt Prostituierter zu anderen Zwecken nicht untersagt. Schließlich seien durch die vorgesehenen Ausnahmemöglichkeiten Geschäfte des täglichen Lebens, wie etwa Einkäufe, soziale Kontakte oder die Teilnahme am kulturellen Leben nicht erfasst. Insgesamt hält der Verwaltungsgerichtshof die Allgemeinverfügung für generell ungeeignet, der Vielgestaltigkeit Rechnung zu tragen und verweist auf die Möglichkeit individueller Einzelverfügungen.[293] Nur so könne im Ergebnis sichergestellt werden, dass tatsächlich nur Störer in Anspruch genommen werden.

212 Diese Rechtsprechung hat der Verwaltungsgerichtshof in einem jüngeren Beschluss zu einem Aufenthaltsverbot für „Personen, die der ‚Punk-Szene' zuzuordnen sind", fortgeführt.[294] Der mit der Allgemeinverfügung verbundene Verzicht auf eine **Einzelfallprüfung** führe zwangsläufig zu einer mit dem Verhältnismäßigkeits-Grundsatz nur schwer vereinbaren Verallgemeinerung. Im zu entscheidenden Fall schon deshalb, weil auch Personen betroffen würden, die zwar die äußeren Merkmale einer der Punk-Szene zuzuordnenden Person erfüllten, bislang aber nicht als Verhaltensstörer aufgefallen sind.

4. Fall: Keine Hooligans zur WM

213 H ist leidenschaftlicher Fußballanhänger und gehörte seit dem Aufstieg des SC Freiburg in die Fußball-Bundesliga der Freiburger Hooligan-Szene an. Er wurde bereits im Mai des Jahres 1992 anlässlich eines Fußballspiels zwischen dem FC Bayern München und dem SC Freiburg vorläufig festgenommen. Im Februar des Jahres 1994 war er nach einem Bundesligaspiel im Bereich des Volksparkstadions in Hamburg an einer heftigen Schlägerei rivalisierender Fangruppen beteiligt. Auch im April 1995 wurde er nach einer Auseinandersetzung mit zwei jugendliche Fans des 1. FC Köln von den Vollzugsbeamten auf dem Hauptbahnhof vorläufig festgenommen, wobei er erheblichen Widerstand leistete. Nach den Beobachtungen „szenekundiger Beamter" gehörte er auch nachfolgend der Freiburger Hooligan-Szene an: In den Jahren 1996 bis 2002 wurde er wiederholt in einer Gruppe identifiziert, von der später tätliche Auseinandersetzungen ausgingen. Im Jahr 1998 war er sogar – obwohl zu diesem Zeitpunkt erst 19 Jahre alt – wegen Landfriedensbruchs zur Fahndung ausgeschrieben worden; das Ermittlungsverfahren ist nachfolgend von der Staatsanwaltschaft jedoch gemäß § 170 Abs. 2 StPO eingestellt worden. Auch im Januar des Jahres 2005 wurde er im Stadion

---

292 Vgl. VGH Bad.-Württ., VBlBW 1997, 66; zur Bestimmbarkeit auch VGH Bad.-Württ., NJW 1984, 507 und VBlBW 2003, 31.
293 Vgl. dazu auch Haseloff-Grupp, VBlBW 1997, 161.
294 Vgl. VGH Bad.-Württ., VBlBW 2003, 31.

des FC Basel in Block drei gesichtet, von dem in der Halbzeit gewalttätige Angriffe auf die Baseler Fans ausgingen.

Im Rahmen der bevorstehenden Weltmeisterschaft in P. werden – aufgrund fachkundiger Szenebeobachtungen – gewalttätige Ausschreitungen deutscher Hooligans befürchtet, die nach Auffassung der Behörden das internationale Ansehen Deutschlands beschädigen könnten. Insbesondere in Freiburg ist man angesichts der schweren Verfehlungen, die anlässlich der Weltmeisterschaft 1998 von deutschen Staatsangehörigen ausgingen und in der Verletzung eines französischen Polizisten gipfelten, entschlossen, Straftaten der „eigenen" Hooligans zu unterbinden. Um Ausschreitungen während der Weltmeisterschaft in P. zu vermeiden, werden daher Verfügungen an die persönlich bekannten „Hooligans" der Stadt erlassen. Auch H erhält daher einen von der Stadt Freiburg am 30. Mai erlassenen Bescheid mit folgendem Inhalt: 214

Der Geltungsbereich Ihres Reisepasses und Personalausweises wird dergestalt eingeschränkt, dass eine Ausreise aus der Bundesrepublik Deutschland nach P. von Donnerstag, 8. Juni bis Sonntag, 2. Juli nicht gestattet ist. 215

Sie haben Ihren Reisepass bis spätestens 5. Juni der zuständigen Polizeibehörde vorzulegen, damit die Passbeschränkung eingetragen werden kann; nach dem 2. Juli können Sie den Pass erneut vorlegen, um den einschränkenden Vermerk wieder löschen zu lassen. 216

Sie haben sich wie folgt beim Polizeirevier Freiburg zu melden: An Spieltagen der deutschen Fußballnationalmannschaft jeweils zwischen 04:00–08:00 Uhr morgens und zusätzlich nachmittags: am Montag, 12. Juni zwischen 16:00–18:00 Uhr, am Samstag, 17. Juni zwischen 18:30–20:30 Uhr und, soweit die deutsche Nationalmannschaft die Folgerunden erreicht, an ihren Spieltagen jeweils zwischen 16:00–20:00 Uhr. Sollten Sie sich an den einzelnen Tagen nicht in Freiburg aufhalten, haben Sie sich zu den genannten Zeiten beim Polizeirevier Ihres Aufenthaltsortes zu melden. 217

Soweit Sie Ihrer Verpflichtung zur Vorlage des Passes nicht nachkommen, wird Ihnen hiermit angedroht, dass Ihnen der Reisepass durch den Polizeivollzugsdienst zur Eintragung der Passbeschränkung mittels unmittelbaren Zwangs abgenommen werden kann. 218

H hält den Bescheid für rechtswidrig, er hat sofort Widerspruch eingelegt und Eilrechtsschutz beim Verwaltungsgericht beantragt. 219

Lösungshinweise

I. Zulässigkeit des beantragten Eilrechtsschutzes

Da sich H gegen einen ihn belastenden Verwaltungsakt wehren möchte, kommt ein Antrag nach § 80 Abs. 5 VwGO in Betracht. Voraussetzung dafür wäre jedoch, dass nicht bereits der Widerspruch **aufschiebende Wirkung** entfaltet. Denn anderenfalls besteht – abgesehen von den Fällen der „faktischen Vollziehung" – kein Rechtsschutzinteresse an einer gerichtlichen Entscheidung, so dass sich der Antrag als unstatthaft erweist. Gemäß § 80 Abs. 1 VwGO entfalten Widersprüche aber grundsätzlich aufschiebende Wirkung. Da ein Fall des § 80 Abs. 2 VwGO nicht ersichtlich ist, gilt dies auch für die vorliegende Fallgestaltung. Der Antrag wäre mithin unzulässig. Im Ausgangsbescheid war daher eine weitere Ziffer enthalten, mit der die Verfügungen für sofort voll- 220 ziehbar erklärt worden sind. Dies wird für die folgende (hilfsweise) Betrachtung zu Grunde gelegt.

II. Begründetheit: Passbeschränkung

221 Rechtsgrundlage für die **Passbeschränkung** ist § 8 i.V.m. § 7 Abs. 2 und Abs. 1 Nr. 1 Passgesetz (bzw. § 2 Abs. 2 Personalausweisgesetz), der auch die Beschränkung als milderes Mittel zur Passentziehung umfasst (in anders gelagerten Fallkonstellationen ist auch an das Ausreiseverbot nach § 10 Abs. 1 S. 2 Passgesetz zu denken).

222 „Erhebliche Belange der Bundesrepublik Deutschland" i.S.v. § 7 Abs. 1 Nr. 1 Passgesetz werden durch Handlungen beeinträchtigt, die geeignet sind, dem internationalen Ansehen Deutschlands zu schaden. Ein gewalttätiges Auftreten deutscher Hooligans während Fußballgroßereignissen erfüllt diesen Tatbestand. Denn bei derartigen Meisterschaften sind die Augen der Welt auf das Geschehen gerichtet, so dass ein entsprechendes Auftreten Einzelner das internationale Ansehen der Bundesrepublik Deutschland schädigen kann.[295] Die Verletzung des französischen Polizisten Nivel bei der Weltmeisterschaft 1998 hat dies nachdrücklich belegt.

223 § 7 Abs. 1 Passgesetz verlangt jedoch auch, dass diese Annahme durch „**bestimmte Tatsachen**" begründet wird. Erforderlich sind demnach auf Tatsachen gestützte Erkenntnisse. Die Polizeibehörde ging hier von der Annahme aus, dass H zu einem Personenkreis gehört, von dem Gewalttaten gegen andere Fans oder Polizeibeamte ernsthaft zu besorgen sind. Diese Einschätzung wird durch die in der Vergangenheit liegenden Festnahmen sowie die Szeneberichte[296] gestützt, so dass sie auf Tatsachen beruht. Angesichts des Fehlens entsprechender Vorfälle in jüngerer Zeit liegen jedoch keine Anhaltspunkte dafür vor, dass die Gefahrenprognose auch weiterhin gerechtfertigt ist. Regelmäßig bedarf es jedoch aktueller Hinweise, um den Eingriff im Hinblick auf den Verhältnismäßigkeitsgrundsatz rechtfertigen zu können.[297] Ausreichende Anhaltspunkte, um trotz des erheblichen Zeitraums fehlender Gewalttätigkeiten von einer **aktuellen Gefährdungslage** ausgehen zu können, sind nicht ersichtlich. Zum einen ist bereits hinsichtlich des letzten Eintrags aus dem Jahr 2005 eine Beteiligung des H an Gewalttätigkeiten nicht dokumentiert. Zum anderen ist eine strafrechtliche Verurteilung des H nicht erfolgt. Insoweit ist ihm auch zugute zu halten, dass er im Höhepunkt seiner Aktivitäten noch Heranwachsender war und es daher nicht auszuschließen ist, dass es sich bei seinem Verhalten um „jugendtypische Verfehlungen" gehandelt hat, von denen er zwischenzeitlich Abstand genommen hat.

III. Begründetheit: Meldeauflage

224 Rechtsgrundlage der verfügten **Meldeauflage** sind §§ 1, 3 PolG. Die Anwendung der polizeilichen Generalklausel ist nicht durch das Passgesetz verdrängt, da diese Spezialvorschrift nur die Gefahren des § 7 Abs. 1 Passgesetz erfasst. Zur Abwehr polizeilicher Gefahren kann daher auf das Polizeigesetz zurückgegriffen werden. Mit der Meldeauf-

---

295 Vgl. VGH Bad.-Württ., NJW 2000, 3658.

296 Wenn die Erkenntnisse auf dem Einsatz verdeckter Ermittler beruhen, deren Identität nicht ohne Gefahr für Leib und Leben offenbart werden kann, kommt eine Sperrerklärung und ggf. ein Verfahren nach § 99 VwGO in Betracht. Die hieraus folgenden Beweisfragen sind noch nicht abschließend geklärt und werfen – insb. soweit Grundrechte betroffen sind – schwierige Fragen auf; vgl. hierzu Kenntner, in: Quaas/Zuck, Prozesse in Verwaltungssachen, 2. Aufl. 2011, S. 378 f.

297 Vgl. VGH Bad.-Württ., VBlBW 2005, 231.

lage soll auch nicht primär die Ausreise aus dem Bundesgebiet, sondern die bevorstehende Begehung einer Straftat an einem anderen – aber nicht notwendig ausländischen- Ort verhindert werden. Da die Vorschriften damit an unterschiedliche Voraussetzungen anknüpfen und unterschiedlichen Zielen dienen, können sie auch nebeneinander angewendet werden.[298] Weil die Meldeauflage hier das Ziel hat, Körperverletzungen und Sachbeschädigungen durch H zu verhindern, dient sie auch der Abwehr einer polizeilichen Gefahr, die als solche nicht von der Regelung in § 7 Abs. 1 Passgesetz erfasst wird.

Zweifelhaft könnte jedoch sein, ob die zusätzliche Meldeauflage erforderlich ist. Denn durch die verfügte Pass- und Personalausweisbeschränkung ist H bereits rechtlich daran gehindert, nach P. zu reisen. Da jedoch nicht sichergestellt ist, dass sich H an diese Beschränkungen halten wird, erscheint die zusätzliche Flankierung der Maßnahmen mit den Meldeauflagen nicht unangemessen. Dies gilt insb. in Anbetracht der Tatsache, dass deutsche Behörden nur eine vorbeugende Bekämpfung von Straftaten in Deutschland vornehmen können. Die Verfügung erweist sich auch nicht als unverhältnismäßig, da sie nur die Tage betrifft, an denen die deutsche Fußballnationalmannschaft ihre Spiele austrägt. Überdies ist dem H die Möglichkeit eingeräumt worden, sich bei jedem deutschen Polizeirevier zu melden.[299]   225

Wenn ausreichende Anhaltspunkte dafür vorliegen würden, dass gerade von H Straftaten zu erwarten sind, wäre daher auch die Meldeauflage nicht zu beanstanden. Diese Voraussetzung ist im vorliegenden Fall indes nicht erfüllt.   226

5. Fall: Markierungsarbeiten

A ist Halter eines in Esslingen zugelassenen Kraftfahrzeugs. Am 5. Mai stellte er dieses auf einer öffentlichen Straße in Göppingen ab und begab sich für eine stationäre Behandlung in ein nahegelegenes Krankenhaus. Am 18. Mai stellte die Große Kreisstadt Göppingen in dem betreffenden Straßenabschnitt wegen der geplanten Durchführung von Markierungsarbeiten mobile Halteverbotsschilder (Zeichen 283 nach § 41 Abs. 2 Nr. 8 StVO) mit dem Zusatzschild: „Ab 20. Mai, 7.00 Uhr – Markierungsarbeiten" auf. Als die Mitarbeiter der mit den Markierungen beauftragten Firma am 20. Mai um 9:30 Uhr die Stelle erreichten, verständigten sie den Polizeivollzugsdienst, der das Fahrzeug von einem Abschleppunternehmen in eine 100 Meter entfernte Parklücke versetzen ließ. Nach Beendigung seines Krankenhausaufenthalts holte A das Fahrzeug dort ab.   227

Am 28. Mai erhielt er einen Kostenbescheid der Polizeidienststelle Göppingen, mit welchem er zur Zahlung von 120 Euro für die Abschleppmaßnahme aufgefordert wurde: 75 Euro als Ersatz für den von der Stadt an den Unternehmer gezahlten Werklohn sowie 45 Euro für den zur Anordnung der Ersatzvornahme eingesetzten Beamten. A zahlt zunächst, später bereut er dies jedoch und legt am 4. Juli Widerspruch ein. Er meint, die Stadt selbst trage die Verantwortung für die Kosten, weil sie das Verbotsschild erst zwei Tage vor den Arbeiten aufgestellt habe. Am 5. Mai sei er berechtigt gewesen, das Fahrzeug auch für längere Dauer an der betreffenden Stelle abzustellen. Die spätere Aufstellung der Halteverbotsschilder ändere daran nichts. Diese seien ihm gegenüber ohnehin nicht wirksam geworden; auch treffe den Halter eines Fahrzeugs kei-   228

---

298   Vgl. BVerwGE 129, 142 auch zu den kompetenziellen Fragen.
299   Vgl. VGH Bad.-Württ., NJW 2000, 3658.

ne Pflicht, regelmäßig zu kontrollieren, ob das Parken an der jeweiligen Stelle noch erlaubt sei. Jedenfalls handle es sich bei der unangekündigten Veränderung der Verkehrszeichen um eine unbillige Härte.

229 Das Regierungspräsidium hielt den Kostenbescheid dagegen für rechtmäßig und wies den Widerspruch mit einem ausführlich begründeten Bescheid als unbegründet zurück. Mit fristgerecht erhobener Klage wendet sich A hiergegen und verlangt zugleich die bereits gezahlten 120 Euro zurück.

Abwandlung

230 Dem A ist das Kraftfahrzeug lediglich zur Benutzung von seinem Vater V überlassen worden, an den auch der Kostenbescheid der Stadt Stuttgart adressiert ist. V ist der Auffassung, ihn gehe die ganze Sache nichts an, weil er im fraglichen Zeitraum nicht einmal gewusst habe, wo sich das Fahrzeug befinde. Da ihm nicht möglich gewesen sei, für rechtmäßige Zustände zu sorgen, müsse er auch nichts bezahlen.

Zusatzfrage

231 Durch eine Unachtsamkeit des Abschleppunternehmers sind Lackschäden am Auto entstanden. Kann A die Reparaturkosten von 300 Euro im Wege der Amtshaftung von der Stadt verlangen?

Lösungshinweise

I. Zulässigkeit

232 Der **Verwaltungsrechtsweg** ist eröffnet, weil die streitentscheidenden Normen des Verwaltungsvollstreckungsrechts als Sonderrecht die Polizeibehörden einseitig als Träger hoheitlicher Gewalt berechtigen, Kostenforderungen durch Verwaltungsakt geltend zu machen. Statthafte Klageart ist hinsichtlich der angegriffenen Zahlungsverpflichtung die Anfechtungsklage, bezüglich der Rückzahlung ein Antrag nach § 113 Abs. 1 S. 2 VwGO. Vertretbar ist insoweit auch die Leistungsklage, deren Erfolg aber vor rechtskräftiger Aufhebung der Kostenbescheid im Wege steht. Da A Adressat des angegriffenen Bescheids ist, besteht jedenfalls die Möglichkeit einer Verletzung der Rechte aus Art. 2 Abs. 1 GG.

233 Da A die **Widerspruchsfrist** nicht eingehalten hat, könnte es aber an der ordnungsgemäßen Durchführung des Vorverfahrens (vgl. § 68 Abs. 1 VwGO) fehlen. Weil sich die Widerspruchsbehörde als „Herrin des Verfahrens" aber sachlich auf den Widerspruch eingelassen hat und ein Drittbegünstigter (dessen Rechtsposition zwischenzeitlich bestandskräftig geworden sein könnte) nicht vorhanden ist, verhindert dies nach Auffassung des Bundesverwaltungsgerichts nicht die Zulässigkeit einer Anfechtungsklage.[300]

234 Die Zuständigkeit des VG Stuttgart folgt aus §§ 45, 52, Nr. 3 S. 1 VwGO i.V.m. § 1 Abs. 2 AGVwGO und § 12 Abs. 1 LVG.

---

300 Vgl. etwa BVerwGE 64, 325, insoweit offen gelassen in BVerwGE 138, 1; diese Auffassung wird allerdings in der Literatur einhellig und auch von Teilen der Rechtsprechung kritisiert, vgl. etwa VGH Bad.-Württ., Urteil vom 4.3.2009 – 9 S 371/08 –.

II. Begründetheit

1. Ermächtigungsgrundlage

Die Rechtsgrundlage für den **Kostenbescheid** hängt von der rechtlichen Einordnung der Abschleppmaßnahme ab. In Betracht kommt einerseits § 8 Abs. 2 PolG als Kostenerstattung für die unmittelbare Ausführung einer Maßnahme, andererseits § 49 Abs. 1 PolG i.V.m. §§ 31, 25 LVwVG im Falle einer Ersatzvornahme.

235

Die unmittelbare Ausführung nach § 8 Abs. 1 PolG setzt voraus, dass kein Verwaltungsakt erlassen werden konnte. Entscheidend ist also, ob ein **Grund-Verwaltungsakt** vorliegt. In der Rechtsprechung wird **Verkehrsschildern** eine Doppelfunktion zuerkannt:[301] Sie enthalten nicht nur ein Parkverbot, sondern zugleich auch das Gebot, das unerlaubt parkende Fahrzeug wegzufahren. Da somit ein Grund-Verwaltungsakt vorliegt, scheidet § 8 Abs. 1 PolG aus, vielmehr liegt eine Ersatzvornahme vor.

236

2. Formelle Rechtmäßigkeit

Zuständig für den Erlass des Kostenbescheides für durchgeführte Vollstreckungshandlungen ist gemäß § 31 Abs. 1 und Abs. 6 S. 1 LVwVG i.V.m. § 4 Abs. 1 LGebG nach allgemeinen Grundsätzen die Behörde, die die Leistung erbracht hat. Die Polizeidienststelle Göppingen – als nachgeordnete Einheit des Polizeivollzugsdienstes nach § 70 Abs. 1 Nr. 1 PolG – war damit zum Erlass des Leistungsbescheids zuständig.

237

Die fehlende **Anhörung** kann nach § 45 Abs. 1 Nr. 3 LVwVfG geheilt werden: Zum einen hat bereits die Ausgangsbehörde den neuen Vortrag im Rahmen der Abhilfeentscheidung berücksichtigt; zum anderen wäre im Widerspruchsverfahren – in dem auch eine Zweckmäßigkeitskontrolle stattfindet – auch die Berücksichtigung durch die Widerspruchbehörde ausreichend.

238

3. Materielle Rechtmäßigkeit

Prüfungsmaßstab hierfür ist aber nicht nur der Kostenbescheid (**Sekundärebene**), sondern auch, dass die Maßnahme selbst (auf der **Primärebene**) rechtmäßig war. Denn für rechtswidrige Polizeihandlungen können keine Kosten geltend gemacht werden.

239

a) Ersatzvornahme (Primärebene)

An der Rechtmäßigkeit der **Grundverfügung** (Aufstellen des Halteverbotsschilds) bestehen keine Bedenken. Die Voraussetzungen des § 45 Abs. 1 S. 2 Nr. 1 StVO lagen vor. Die Grundverfügung ist auch sofort vollziehbar (vgl. § 2 Nr. 2 LVwVG), da für Verkehrszeichen die Regelung des § 80 Abs. 2 S. 1 Nr. 2 VwGO analog herangezogen werden kann. Das Wegfahren des PKW ist eine vertretbare Handlung, die im Wege der Ersatzvornahme nach § 25 LVwVG vollstreckt werden kann. Die Androhung (§ 20 LVwVG) war gemäß § 21 LVwVG entbehrlich, weil ein unverzügliches Einschreiten zur Beseitigung der Störung erforderlich ist.[302]

240

Problematisch ist aber, ob dem A gegenüber dieses Gebot **wirksam** geworden ist, da er das Verkehrszeichen ja nicht sehen konnte. Insoweit ist früher zwischen der äußeren

241

---

301 Ständige Rechtsprechung seit BVerwG, NJW 1978, 656; vgl. zum Regelungscharakter von Verkehrszeichen auch BVerwG, NVwZ 2007, 340.

302 Achtung: hier ist die Rechtsprechung grundsätzlich aber sehr streng; vgl. etwa VGH Bad.-Württ., VBlBW 2005, 386.

und der inneren Wirksamkeit unterschieden worden. Das Verkehrszeichen wird als Allgemeinverfügung gemäß § 41 Abs. 3 S. 2 LVwVfG mit der öffentlichen Bekanntgabe wirksam (Aufstellung des Verkehrsschilds nach §§ 39 Abs. 1 und 1a, 45 Abs. 4 StVO). Verbindlichkeit für den konkreten Verkehrsteilnehmer wurde aber zum Teil erst durch das Herannahen und die Möglichkeit der Kenntnisnahme angenommen. Für den bloßen Halter oder bei nachträglichen Änderungen wäre demnach das Wegfahrgebot nicht wirksam geworden.[303]

242 Zu diesem Problem hat das Bundesverwaltungsgericht zwischenzeitlich Stellung bezogen und ausgeführt, dass durch die öffentliche Bekanntgabe die Rechtswirkungen auf jeden von der Regelung betroffenen Verkehrsteilnehmer erstreckt werden, gleichgültig ob er das Verkehrszeichen tatsächlich wahrnimmt oder nicht. Ausdrücklich ist dabei auch klargestellt worden, dass dies auch für den Fahrzeughalter gilt, da auch er als Verkehrsteilnehmer gilt, solange er Inhaber der tatsächlichen Gewalt über das Fahrzeug ist.[304]

243 Auch die Verhältnismäßigkeit des Versetzens steht außer Zweifel, Nachforschungen über den Halter mussten angesichts des auswärtigen Kennzeichens und des Fehlens konkreter Hinweise zum Verbleib des Fahrers nicht angestellt werden.

244 Rechtmäßigkeitsvoraussetzung ist aber auch, dass die **Zwangsvollstreckung** von der zuständigen Behörde ausgeführt worden ist. **Zuständig** für die Vollstreckung eines Verwaltungsakts ist gemäß § 4 Abs. 1 LVwVG die Behörde, die den Verwaltungsakt erlassen hat. Demnach hätte die Kompetenz hier bei der Großen Kreisstadt Göppingen gelegen, die als untere Straßenverkehrsbehörde für die Anordnung und Anbringung des Verkehrszeichens zuständig war (§§ 44 Abs. 1 S. 1, 45 Abs. 3 StVO, § 1 StVO-Zuständigkeitsgesetz, §§ 15 Abs. 1 Nr. 1, 19 LVG).

245 Eine Zuständigkeit des Polizeivollzugsdienstes besteht dagegen nicht. Sie kann nach Auffassung des Verwaltungsgerichtshofs insb. nicht auf § 44 Abs. 2 StVO gestützt werden, weil diese Vorschrift nicht zur Vollstreckung eines Verkehrszeichens im Wege der Ersatzvornahme durch Anordnung einer Abschleppmaßnahme ermächtigt.[305] Auch die Voraussetzungen für eine Eilzuständigkeit nach § 60 Abs. 2 PolG liegen hier nicht vor, weil keinerlei Anhaltspunkte dafür ersichtlich sind, dass ein sofortiges Einschreiten erforderlich gewesen wäre – vielmehr lag die Anordnung innerhalb der üblichen Behördendienstzeiten, so dass eine Benachrichtigung der Polizeibehörde nicht von vornherein aussichtslos erscheinen konnte. Da eine Heilung des Mangels der sachlichen Unzuständigkeit nicht möglich ist, wurde die Maßnahme von der unzuständigen Stelle angeordnet und war damit rechtswidrig.

b) Hilfsweise: Kostenforderung (Sekundärebene)

246 Der **Aufwendungsersatz** für den Abschleppunternehmer (75 Euro) ist gemäß § 8 Abs. 1 Nr. 8 LVwVGKO erstattungsfähig. Da kein Fall der Selbstvornahme vorlag, fällt jedoch nicht die in § 6 Abs. 2 i.V.m. Abs. 1 LVwVGKO vorgesehene Gebühr an, sondern

---

303 Vgl. etwa VGH Bad.-Württ., VBlBW 1996, 32 mit einer Aufspaltung der Rechtsnatur: Ersatzvornahme hinsichtlich des Fahrers, unmittelbare Ausführung bezüglich des Halters – problematisch aber schon deshalb, da durch die Möglichkeit einer Grundverfügung gegen den Fahrer die Voraussetzungen des § 8 Abs. 1 PolG nicht mehr vorliegen, so grds. auch VGH Bad.-Württ., VBlBW 1993, 298.

304 BVerwG, NJW 1997, 1021; zur Störereigenschaft des Fahrzeughalters auch schon VGH Bad.-Württ., VBlBW 1991, 110.

305 Vgl. VGH Bad.-Württ., VBlBW 2004, 213.

nur der in Absatz 3 der Vorschrift festgeschriebene Betrag: hier also 7,50 Euro. In Höhe von 37,50 Euro ist der Bescheid daher auch materiell rechtswidrig.

Zweifelhaft ist aber weiter, ob die Kostenforderung im Hinblick auf die kurze **Vorlaufzeit** unbillig erscheint. Zwar hat das Bundesverwaltungsgericht darauf hingewiesen, dass ein Verkehrsteilnehmer nicht auf den unveränderten Fortbestand der Verkehrssituation vertrauen kann. Es hat eine Kostenverpflichtung aber erst nach einem Vorlauf von drei vollen Tagen und damit ab dem 4. Tag gebilligt.[306] Eine Kostenbelastung bei kürzerem Vorlauf kommt demgemäß nur in Betracht, wenn sich die bevorstehende Verkehrslageänderung bereits deutlich erkennbar abgezeichnet hat – wie etwa bei einer heranrückenden „Wanderbaustelle" oder im Hinblick auf eine allgemein bekannte Veranstaltung.[307] Diese Voraussetzungen sind hier nicht gegeben.

247

4. Rückforderung

Der **Rückzahlungsanspruch** ergibt sich aus § 49 Abs. 1 PolG i.V.m. §§ 25, 31 Abs. 6 S. 1 LVwVG und § 22 Abs. 2 S. 2 LGebG, die für den hier einschlägigen Fall leges speciales zum öffentlich-rechtlichen Erstattungsanspruch sind.

248

Abwandlung

Die Zustandsstörerhaftung des **Fahrzeughalters** bleibt bestehen, solange er Inhaber der tatsächlichen Gewalt über das Fahrzeug ist. Dies wird von der h.M. auch dann noch angenommen, wenn der Halter das Fahrzeug Dritten überlassen hat, die abredewidrig damit verfahren. Von einem Innehaben der tatsächlichen Gewalt kann indes nicht mehr ausgegangen werden, wenn der Halter die Sachherrschaft über das Fahrzeug ohne seinen Willen verloren hat.

249

Zusatzfrage

Voraussetzung für einen **Amtshaftungsanspruch** nach § 839 BGB i.V.m. Art. 34 GG ist, dass der Abschleppunternehmer, obwohl nicht Beliehener, als Beamter im haftungsrechtlichen Sinn qualifiziert werden kann. Nach der „**Werkzeugtheorie**" wäre dies nur der Fall, wenn der Private durch dauernde Kontrolle und Weisungen so eng geführt würde, dass er nur als Werkzeug der Behörde bei Durchführung ihrer Aufgabe erscheint. Da hier kein Einfluss auf die Durchführung genommen wurde, käme danach eine Amtshaftung nicht in Betracht. In der jüngeren Rechtsprechung zeichnet sich aber eine weitere Linie ab, um den Behörden die Flucht ins Privatrecht nicht zu erleichtern.[308] Je stärker der hoheitliche Charakter der Aufgabe – insb. also im Bereich der Eingriffsverwaltung – und je begrenzter der Entscheidungsspielraum des eingeschalteten Privaten, desto eher muss von einer Amtshaftung ausgegangen werden. Jedenfalls im Bereich der Eingriffsverwaltung kann sich die öffentliche Hand der Amtshaftung daher nicht durch die Einschaltung Privater entziehen.[309]

250

---

306 Vgl. BVerwG, NJW 1997, 1021.
307 Vgl. VGH Bad.-Württ., NJW 2007, 2058.
308 Vgl. etwa BGHZ 121, 161 oder BGH, NJW 1996, 2431.
309 Vgl. BGHZ 161, 6.

6. Fall: Die blockierte Garagenzufahrt[310]

251   B wohnt in einem Mietshaus mit 15 anderen Parteien in Ravensburg. Jede der Wohnungen verfügt über einen Garagenplatz im Vorhof des Privatgeländes. Vor der Grundstückszufahrt ist ein privates Hinweisschild mit der Aufschrift: „Nur für Mieter – Fremdparker werden abgeschleppt" angebracht. Am 31. Dezember gegen 20:30 Uhr stand der PKW des K in dem Vorhof unmittelbar vor der Garage des B. Hinter der Windschutzscheibe war eine Visitenkarte hinterlegt, der neben der Frankfurter Wohnadresse des K auch eine Mobilfunknummer zu entnehmen war. Die von B herbeigerufenen Polizeibeamten beauftragten ein privates Abschleppunternehmen. Kurz vor Eintreffen des Abschleppfahrzeugs erschien jedoch K und entfernte sein Fahrzeug.

252   Mit Bescheid vom 23. Januar des neuen Jahres zog die Polizeidirektion Ravensburg K zur Zahlung der Kosten für die Leerfahrt des Abschleppfahrzeugs heran. Dagegen wandte sich K mit einem am 1. Februar bei der Polizeidirektion eingegangen Widerspruchsbescheid. Zum einen erweise sich der Bescheid schon deshalb als rechtswidrig, weil er nicht mit einer Begründung versehen sei. Zum anderen habe eine Behinderung tatsächlich nicht stattgefunden, denn das Fahrzeug des B habe sich gar nicht in der Garage befunden. Vielmehr habe B kurz nachdem die Polizeibeamten den Ort verlassen hatten, sein Fahrzeug in der nunmehr nicht mehr blockierten Garage abgestellt. Darüber hinaus sei offensichtlich gewesen, dass sich K in dem Mietshaus befand. Anstelle ein Abschleppunternehmen zu rufen, hätte die Polizei ihn daher jedenfalls über die hinterlassene Handynummer benachrichtigen müssen.

253   Mit Widerspruchsbescheid vom 2. Juli wies das Regierungspräsidium Tübingen den Widerspruch als unbegründet zurück. Zur Begründung wurde darauf verwiesen, dass K gegen § 12 Abs. 3 Nr. 3 StVO verstoßen habe, weil er andere Verkehrsteilnehmer am Verlassen ihres Grundstücks gehindert habe. Ob auch B als Störer in Betracht komme, habe nicht aufgeklärt werden können, denn B habe entsprechende Anfragen nicht beantwortet. Da K aber unzweifelhaft die Störung verursacht habe, werde er zur Kostenerstattung herangezogen. Gegebenenfalls könne er ja B in Rückgriff nehmen.

254   K erhebt Klage zum Verwaltungsgericht und rügt insb., dass nicht das Regierungspräsidium, sondern die Große Kreisstadt Ravensburg über den Widerspruch habe entscheiden müssen.

Abwandlung

255   K ist von der Polizeidirektion bereits mehrfach zur Zahlung gemahnt worden. Im Rahmen des Klageverfahrens hat die Polizeidirektion darauf hingewiesen, dass mit der Vollstreckung nicht bis zum Abschluss des Rechtsstreits abgewartet werden wird. Wie kann K gegen die drohende Vollstreckung vorgehen?

Lösungshinweise

I. Zulässigkeit

256   Der **Verwaltungsrechtsweg** ist gegeben, weil die streitentscheidende Norm des § 8 Abs. 2 PolG mit der Befugnis zum Erlass eines Leistungsbescheids (Selbsttitulierung) eine öffentlich-rechtliche Sonderbefugnis enthält. Zulässigkeitsprobleme könnten sich alleine daraus ergeben, dass möglicherweise eine unzuständige Behörde den Wider-

---

310   Fall nach Aufsichtsarbeit Nr. 7 der zweiten juristischen Staatsprüfung Herbst 1992.

spruchsbescheid erlassen hat. Selbst wenn dadurch das Widerspruchsverfahren nicht ordnungsgemäß durchgeführt worden sein sollte, hätte dies jedoch keinen Einfluss auf die Zulässigkeit der Klage. Denn K hat seinerseits das Widerspruchsverfahren ordnungsgemäß durchgeführt – insb. form- und fristgerecht Widerspruch bei der gemäß § 70 Abs. 1 S. 1 VwGO zuständigen Erlassbehörde eingelegt.

II. Begründetheit

1. Ermächtigungsgrundlage

Zutreffende Rechtsgrundlage für den **Leistungsbescheid** ist § 8 Abs. 2 PolG, weil ein Grund-Verwaltungsakt, der im Wege der Zwangsvollstreckung hätte ausgeführt werden können, nicht vorliegt.

257

2. Formelle Rechtmäßigkeit

Zuständig für den Erlass des Leistungsbescheids ist nach allgemeiner Auffassung diejenige Behörde, die die unmittelbare Ausführung vorgenommen hat (vgl. auch § 4 Abs. 1 LGebG); hier also die Polizeidirektion.

258

Auch die Zuständigkeit der **Widerspruchbehörde** ist nicht zu beanstanden. Widerspruchsbehörde ist gemäß § 73 Abs. 1 S. 2 Nr. 1 VwGO die nächsthöhere Behörde, soweit nicht durch Gesetz eine andere Behörde bestimmt ist. Für Verwaltungsakte einer Polizeidienststelle nach § 60 Abs. 2 PolG bestimmt allerdings § 16 AGVwGO „die unterste nach § 73 des PolG zur Fachaufsicht zuständige allgemeine Polizeibehörde" zur Widerspruchsbehörde. Dies ist gemäß § 73 Abs. 1 S. 2 PolG die Kreispolizeibehörde, so dass demgemäß hier nicht das Regierungspräsidium, sondern die Große Kreisstadt Ravensburg zum Erlass des Widerspruchsbescheides zuständig gewesen wäre (vgl. §§ 15 Abs. 1 Nr. 1, 19 LVG).

259

Die Voraussetzungen des § 16 AGVwGO liegen indes nicht vor. Dies folgt zunächst schon aus dem Wortlaut, denn die Zuständigkeit der Polizeidirektion zum Erlass des angegriffenen Kostenbescheids ergibt sich nicht aus § 60 Abs. 2 PolG, sondern aus § 8 Abs. 2 PolG.[311] Allerdings wird im Rahmen des Kostenbescheids inzident auch die Rechtmäßigkeit der Maßnahme geprüft, weil ein Erstattungsanspruch nur für rechtmäßige Amtshandlungen besteht. Die Ratio des § 16 AGVwGO spricht daher für eine Erstreckung auf diese Fälle. Hintergrund der Regelung ist, dass wenn die Polizeibehörde schon nicht selbst über die Recht- und Zweckmäßigkeit der Maßnahme selbst entschieden hat – weil wegen der Eilbedürftigkeit der Polizeivollzugsdienst gehandelt hat – wenigstens im Widerspruchsverfahren die eigentliche Zuständigkeit wiederhergestellt werden soll. Dennoch ist § 16 AGVwGO hier abzulehnen, weil auch die inzident zu prüfende unmittelbare Ausführung einer Maßnahme nach § 8 Abs. 1 PolG richtigerweise nicht als Verwaltungsakt zu qualifizieren ist, sondern als (regelungsersetzender) Realakt.[312] Damit sind gemäß § 73 Abs. 1 S. 2 Nr. 2 VwGO die Polizeidienststellen selbst zum Erlass des Widerspruchsbescheids zuständig, weil sie dem Innenministerium und damit einer obersten Landesbehörde unmittelbar nachgeordnet sind (vgl. § 73 Abs. 1 S. 1 PolG).

260

---

311 Vgl. dazu VG Stuttgart, Urteil vom 10.2.1999 – 3 K 2978/97 –.
312 Vgl. Würtenberger/Heckmann, Polizeirecht in Baden-Württemberg, 6. Aufl. 2005, Rn. 793 ff.

261 Dem Sachverhalt ist nicht zu entnehmen, ob der Kläger bereits vor Erlass des Leistungsbescheides entsprechend § 28 Abs. 1 LVwVfG **angehört** worden ist. Durch den bei der Ausgangsbehörde eingelegten Widerspruch hat die Polizeidirektion jedoch in ihrer Eigenschaft als Abhilfebehörde den vorgetragenen Sachverhalt zur Kenntnis genommen, so dass ein etwaiger Verfahrensfehler gemäß § 45 Abs. 1 Nr. 3 LVwVfG geheilt werden konnte.

262 Der Ausgangsbescheid enthält hinsichtlich der Ermessensbetätigung auch keine **Begründung**, die allerdings im Widerspruchsbescheid nachgeholt wurde (§ 45 Abs. 1 Nr. 2 LVwVfG). Die materielle Richtigkeit der Begründung dagegen ist kein Problem des § 39 LVwVfG als Verfahrensnorm.[313]

3. Materielle Rechtmäßigkeit

a) Rechtmäßigkeit der unmittelbar ausgeführten Maßnahme

263 Da die Kostenlast nur eine Fortführung der nicht erfüllten Polizeipflicht darstellt, setzt sie ein rechtmäßiges Handeln der Polizei voraus.[314]

264 Der Polizeivollzugsdienst konnte sich auf eine **Eilzuständigkeit** nach § 60 Abs. 2 PolG stützen, weil am 31. Dezember um 20:30 die vorrangig zuständige Polizeibehörde nicht erreichbar ist und ein sofortiges Tätigwerden erforderlich erschien.

265 Die tatbestandlichen Voraussetzungen der polizeilichen Generalklausel sind erfüllt, weil durch das Falschparken nicht nur die privaten Rechte des Garagenmieters beeinträchtigt sind,[315] sondern gleichzeitig auch § 12 LOWiG und damit eine **Norm des öffentlichen Rechts** verletzt wurde (ob auch ein Verstoß gegen § 123 StGB vorliegt, lässt sich an Hand der Sachverhaltsschilderung nicht abschließend beurteilen). § 2 Abs. 2 PolG ist daher nicht einschlägig; allerdings wären angesichts der Nichterreichbarkeit rechtzeitigen zivilgerichtlichen Schutzes am 31. Dezember gegen 20:30 Uhr wohl auch die Voraussetzungen dieser Norm erfüllt.

266 Ob das Vorbringen des Klägers, in der Garage habe sich tatsächlich kein Fahrzeug befunden, tatsächlich zutrifft, kann im Ergebnis offen bleiben. Zum einen läge auch bei Zugrundelegung dieses Sachverhaltes wegen der verhinderten Einfahrtsmöglichkeit ein Verstoß gegen § 12 Abs. 1 LOWiG vor (fraglich wäre dann allenfalls die Erforderlichkeit eines polizeilichen Eingreifens). Zum anderen bestand im **ex ante Beurteilungszeitpunkt** keinerlei Veranlassung, an der Richtigkeit der vom Garagenmieter gemachten Angaben zu zweifeln, so dass jedenfalls eine Anscheinsgefahr vorlag.

267 Schließlich sind auch die besonderen **Eilvoraussetzungen** des § 8 Abs. 1 PolG erfüllt, denn der polizeiliche Zweck konnte nicht rechtzeitig durch Maßnahmen gegen einen Störer erreicht werden. Die hinterlassene Handynummer war zu unbestimmt, weil weder erkennbar war, dass die Störung zeitnah beseitigt werden konnte, noch dass hierzu die ernstliche Bereitschaft bestand. Nach Auffassung der Rechtsprechung ist ein Benachrichtigungsversuch nur erforderlich, wenn der Fahrer auch seinen Aufenthaltsort angegeben hat und sich daraus ersehen lässt, dass das Fahrzeug innerhalb von 5 Minu-

---

313 Vgl. BVerwG, NVwZ 1993, 572, sie kann aber ein Indiz für eine fehlerhafte Ermessensabwägung sein.
314 Streitig ist allerdings, ob jeder Verfahrensfehler auch zu einer Kostenentlastung führen muss: In Heranziehung der Wertung des § 46 LVwVfG spricht viel dafür, derartige Fehler nicht auf die Kostentragung durchschlagen zu lassen.
315 Vgl. zur Möglichkeit der privatrechtlichen Selbsthilfe BGH, NJW 2012, 528.

ten entfernt werden kann.[316] Angesichts der Tatsache, dass allein im betroffenen Mietshaus 15 weitere Parteien wohnen, war den Polizeibeamten ein weiteres Nachforschen nach dem Aufenthalt des Klägers ebenfalls nicht zumutbar. Grundsätzlich ist die Polizei nicht verpflichtet, Ermittlungen über den Verbleib des Störers vorzunehmen, um die Abschleppkosten zu vermeiden. Andernfalls bestünde die Gefahr, dass Parkverstöße in Erwartung des durch die hinterlassene Telefonnummer oder anderer Hinweise bewirkten „Abschleppschutzes" bewusst in Kauf genommen werden. Anderes gilt nur, wenn sich bereits aus den äußeren Umständen ergibt, dass sich der Fahrer in unmittelbarer Nähe befindet und ein unzumutbarer Aufwand durch die Benachrichtigung nicht entsteht.

b) Rechtmäßigkeit des Leistungsbescheids

Trotz des nicht eindeutigen Wortlauts des § 8 Abs. 2 PolG räumt die Vorschrift ein **Ermessen** ein, ob und von wem Kostenerstattung verlangt wird. Dies ergibt sich schon daraus, dass nur so dem Verhältnismäßigkeitsprinzip Rechnung getragen werden kann: Insbesondere in Fällen einer nachträglichen Verkehrslageänderung – etwa für Lösch-, Rettungseinsätze oder Straßenarbeiten – kann zwar das Abschleppen eines Fahrzeugs erforderlich werden, gleichwohl aber die Kostentragungspflicht unverhältnismäßig sein.[317]   268

Die Heranziehung des Klägers – der sowohl Handlungs- als auch Zustandsstörer ist – begegnet dabei keinen rechtlichen Bedenken. Das gilt schon, weil die Störereigenschaft des B bislang nicht festgestellt werden konnte (in Betracht kommt wohl nur eine Störung der Einrichtungen des Staates: Polizei). Doch selbst wenn die Garage tatsächlich leer gewesen sein sollte, wäre die alleinige Heranziehung des Klägers zur Kostentragung nicht zu beanstanden (§ 114 VwGO). Denn der Kläger hat die Störung der öffentlichen Sicherheit, die durch die unmittelbare Ausführung beseitigt werden sollte, herbeigeführt.   269

Allerdings ist der Leistungsbescheid mit der Bezugnahme auf § 12 StVO von unzutreffenden Erwägungen ausgegangen. Denn die Vorschriften der StVO gelten nur im öffentlichen Verkehr, nicht aber auf Privatgrund. Insoweit sind mit dem Widerspruchsbescheid zwar **Gründe „nachgeschoben"** worden (zulässig bis zur Grenze der Wesensänderung), jedoch nicht die sachlich richtigen. Während bei gebundenen Entscheidungen allein die Übereinstimmung der getroffenen Regelung mit den gesetzlichen Voraussetzungen maßgeblich ist, erweist sich eine Ermessensentscheidung auf falscher Tatsachenbasis grundsätzlich als rechtswidrig. Die Rechtsprechung hebt entsprechende Entscheidungen jedoch dann nicht auf, wenn sich der **Ermessensrahmen** auch bei Berücksichtigung der tatsächlichen Umstände nicht verändert.[318]   270

III. Tenor

1. Die Klage wird abgewiesen.
2. Der Kläger trägt die Kosten des Verfahrens.

---

316 Vgl. etwa OVG Hamburg, NJW 2005, 2247; VGH Bad.-Württ., VBlBW 2003, 284.
317 Vgl. VGH Bad.-Württ., VBlBW 1991, 110. Als dogmatischer Lösungsweg käme auch eine analoge Anwendung des § 22 Abs. 2 S. 1 LGebG in Betracht.
318 Vgl. etwa BVerwGE 98, 298, BVerwG, NVwZ-RR 1992, 68 oder VGH Bad.-Württ., 5.4.2016 – 1 S 275/16.

Zusatzfrage

271　Da die sofortige Vollziehung des angefochtenen Kostenbescheids nicht angeordnet worden ist, wäre die aufschiebende Wirkung des Widerspruchs nur entfallen, wenn einer der in § 80 Abs. 2 VwGO geregelten gesetzlichen Ausnahmefälle vorliegen würde. In Betracht kommt hier allein § 80 Abs. 2 S. 1 Nr. 1 VwGO, der die Stabilität der staatlichen Haushaltseinnahmen gewährleisten soll. Diese Vorschrift erfasst jedoch nur **öffentlichen Abgaben**, die in einem förmlichen Verfahren entstanden sind, nicht jedoch die für die Durchführung einer unmittelbaren Ausführung oder einer Zwangsvollstreckung entstehenden Kosten.[319] Damit entfaltet bereits der vom Kläger eingelegte Widerspruch gemäß § 80 Abs. 1 S. 1 VwGO aufschiebende Wirkung.

272　Da das Land gleichwohl Vollstreckungsmaßnahmen angedroht hat, besteht ein Rechtsschutzbedürfnis des Klägers für einen Eilantrag gegen die drohende **faktische Vollziehung**. In diesen Konstellationen lässt die Rechtsprechung in entsprechender Anwendung des § 80 Abs. 5 VwGO ein Feststellungsbegehren zu,[320] mit dem sachdienlichen Antrag: „es wird festgestellt, dass Widerspruch und Anfechtungsklage gegen den Leistungsbescheid der Polizeidirektion Ravensburg vom 23. Januar aufschiebende Wirkung haben".

273　Ein gesonderter Aussetzungsantrag bei der Behörde selbst nach § 80 Abs. 6 VwGO (der nicht bereits in der Widerspruchseinlegung gesehen werden könnte) ist nicht erforderlich, da kein Fall des § 80 Abs. 2 S. 1 Nr. 1 VwGO vorliegt.

7. Fall: Obdachloseneinweisung[321]

274　O ist Einwohner der Gemeinde G und Sozialhilfeempfänger. Der Vermieter V der von ihm angemieteten Wohnung kündigt ihm diese zum 31. Dezember, in einem daraufhin folgenden Rechtsstreit wird O durch rechtskräftiges Urteil des Amtsgerichts zur Räumung verpflichtet. Dem O gelingt es jedoch nicht, rechtzeitig eine neue Wohnung zu finden. Als O obdachlos zu werden droht, weist ihn die Gemeinde G mit Bescheid vom 29. Dezember in seine bisherige Wohnung ein und erlässt gleichzeitig gegenüber V eine bis zum 29. Juni befristete Beschlagnahmeverfügung. Zur Begründung wird auf die dem O drohende Obdachlosigkeit verwiesen sowie darauf, dass in der Gemeinde G keine anderweitige Unterbringungsmöglichkeit bestehe. Angesichts ihrer finanziellen Leistungsfähigkeit sei die Gemeinde auch nicht in der Lage, eine Obdachlosenunterkunft einzurichten. V nimmt dies hin. Als sich O im Juli noch immer in der Wohnung befindet, verlangt V von der Gemeinde G, dass sie ihn aus der Wohnung entferne. G weist darauf hin, dass es V ohne Weiteres möglich sei, den bereits vorliegenden zivilrechtlichen Räumungstitel zu vollstrecken und die Wohnung auf dieser Grundlage freizumachen. Eines behördlichen Handelns bedürfe es daher nicht, zumal es einem Grundsatz des Polizeirechts entspreche, private Rechte Dritter nur ausnahmsweise durch die Polizei zu schützen. Darüber hinaus habe V selbst die Obdachlosigkeit des O erst herbeigeführt, so dass er einen Anlass für die Beschlagnahme gesetzt habe. Damit müsse er es auch hinnehmen, dass er seinen Mietzinsanspruch von Beginn der Beschlagnahme an verliere.

319　Vgl. VGH Bad.-Württ., VBlBW 2007, 228.
320　Vgl. etwa VGH Bad.-Württ., NJW 1974, 917.
321　Parallele Probleme ergeben sich auch bei der Beschlagnahme von Wohnraum für Flüchtlinge; vgl. hierzu VG Lüneburg, ZMR 2015, 907.

V möchte wissen, ob die Einweisung rechtmäßig war. Insbesondere will er erreichen, dass die Gemeinde G die Wohnung für ihn räumt und ihm für die Dauer der Beschlagnahme sowie die nachfolgende Zeit einen Ausgleich für die entgangene Miete bezahlt. Schließlich fragt er, ob er die Gemeinde auch für Schäden in Anspruch nehmen kann, die O während der Zeit der Beschlagnahme und danach verursacht hat.

275

Abwandlung

In dem oben geschilderten Fall wird O mit Bescheid der Gemeinde G vom 20. Dezember zum 1. Januar in die gemeindliche Obdachlosenunterkunft eingewiesen. Bei seinem Einzug wird ihm die „Hausordnung" ausgehändigt, die Verhaltensregeln für die Bewohner enthält. Weitere Regelungen hinsichtlich der Einrichtung hat die Gemeinde G nicht erlassen. O verbleibt bis zum 30. Juni in der Unterkunft und zieht sodann in eine Mietwohnung ein. Die Gemeinde G möchte nunmehr von O ein Nutzungsentgelt für die Zeit seiner Einweisung in Höhe von 250 Euro monatlich – insgesamt also 1.500 Euro – erheben. O ist der Auffassung, dass er nicht zur Zahlung verpflichtet ist.

276

Die Gemeinde möchte wissen, ob sie einen Anspruch auf die Zahlung des Nutzungsentgeltes hat und wie sie diesen gegebenenfalls geltend machen kann. Sollte sie gegen O keinen Anspruch haben, möchte sie weiter wissen, welche Möglichkeiten bestünden, um künftig in derartigen Fällen ein Nutzungsgeld erheben und auf möglichst einfache Weise durchsetzen zu können.

277

Lösungshinweise

1. Einweisung

Ermächtigungsgrundlage für die Wohnungseinweisung des O sind die §§ 1, 3 PolG. Die **unfreiwillige Obdachlosigkeit** stellt eine Störung der öffentlichen Sicherheit dar, weil Gefahr für die individuellen Rechtsgüter des Betroffenen (Gesundheit und Eigentum) besteht. Die Zuständigkeit der Sozialhilfeträger[322] kommt für die Abwendung einer unmittelbar drohenden Obdachlosigkeit regelmäßig nicht in Betracht, weil diese zur konkreten Gefahrenabwehr meist nicht in der Lage sind, insb. keine Befugnis zur Beschlagnahme von Wohnungen besitzen. Adressat der Verfügung ist O als Verhaltensstörer – auf ein Verschulden kommt es dabei nicht an! –, wobei er jedoch nur Anspruch auf Zuweisung einer menschenwürdigen Notunterkunft, nicht jedoch auf eine normale Wohnung gehabt hätte.[323]

278

Die **freiwillige Obdachlosigkeit** ist nach heute h.M. dagegen keine Störung der öffentlichen Sicherheit (insb. folgt auch aus dem Meldegesetz keine Verpflichtung zur Wohnsitznahme) oder Ordnung (wobei hier im Hinblick auf regionale Besonderheiten – etwa im Falle eines Kurorts – Diskussionen bestehen). Verschiedentlich versuchen Gemeinden, insb. dem Problem des öffentlichen Alkoholkonsums Obdachloser durch straßenrechtliche Satzungen zu begegnen (vgl. § 16 Abs. 7 StrG). Diese Ansätze gehen aber regelmäßig fehl, weil auch das Verweilen zum Alkoholkonsum keine straßenrechtliche Sondernutzung darstellt.

279

---

322 Auch die Bereitstellung einer Unterkunft gehört zu dem nach sozialhilferechtlichen Grundsätzen zu gewährenden Lebensunterhalt.

323 Vgl. VGH Bad.-Württ., VBlBW 1997, 187. Auch der Obdachlose selbst kann eine Verpflichtungsklage auf Einweisung erheben. Insoweit kann auch die Anfechtungsklage (bzw. ein Antrag nach § 80 Abs. 5 VwGO) gegen eine bestimmte Einweisung statthaft sein, da sonst die Obdachlosigkeit beseitigt ist und damit schon dem Grunde nach kein Anspruch mehr besteht.

280   Der Wohnungseigentümer V dagegen ist kein Störer. Zwar verursacht er durch die Kündigung die Obdachlosigkeit; die Wohnungskündigung begründet aber gleichwohl keine polizeiliche Verantwortlichkeit, da diese Maßnahme **rechtmäßig** ist und die polizeiliche Gefahrenschwelle nicht überschreitet. Daher ist eine Inanspruchnahme nur unter den Voraussetzungen des § 9 PolG möglich. Dabei sind strenge Anforderungen an die „eigenen Mittel" (Anmietung von Wohnraum, Behelfsbauten oder Bereitstellung öffentlicher Gebäude – hier allerdings Problem der Zweckbestimmung) zu stellen; wobei hier nach Sachverhalt aber davon auszugehen ist, dass andere Maßnahmen ausscheiden.

281   Rechtsgrundlage für die gegen V gerichtete Verfügung ist § 33 PolG. Dabei ist auch die **Einweisung** auf sechs Monate nicht zu beanstanden. Dies gilt selbst dann, wenn zum Zeitpunkt des Erlasses der Verfügung noch nicht absehbar gewesen sein sollte, ob die Wohnung tatsächlich für sechs Monate beschlagnahmt werden muss. Denn wenn die Voraussetzungen früher entfallen sollten, ergibt sich aus § 33 Abs. 3 S. 1 PolG die Pflicht zur Freimachung der Wohnung.[324] Schließlich macht auch die Tatsache, dass das Amtsgericht Räumungsschutz versagt hat, die Einweisung nicht unverhältnismäßig. Zum einen besteht keine Rechtskrafterstreckung auf G, zum anderen hat die Gemeinde auch öffentliche Belange zu berücksichtigen.[325]

2. Räumung

282   Nach Ablauf von sechs Monaten ist der Aufenthalt des O in der Wohnung rechtswidrig. Allerdings geht dieser Zustand primär auf die Tatsache zurück, dass O auch nach Ablauf der Geltungsdauer seiner Einweisung in der Wohnung verbleibt. Der rechtswidrige Besitz ist daher **nicht unmittelbare Folge** der Einweisung, vielmehr wird mit der Beseitigung der Beschlagnahme der ursprüngliche – ungeräumte – Zustand wiederhergestellt. Der bestehende (rechtswidrige) Zustand kann der Polizeibehörde aber gleichwohl im Rechtssinne **zugerechnet** werden. Mit der Beschlagnahme hat sie die Verfügungsgewalt über die Wohnung in Anspruch genommen und ein öffentlich-rechtliches Verwahrungsverhältnis begründet. Als Gegenstand der Beschlagnahme kann daher eine „freiwerdende" Wohnung betrachtet werden, so dass aus normativen Zurechnungserwägungen auch eine öffentliche Räumungsobliegenheit folgt. Dass wieder eingewiesene Obdachlose, die sich bereits der zivilrechtlichen Räumung widersetzt hatten, auch nach Ablauf der Einweisung die Wohnung nicht freiwillig räumen, ist auch keine atypische Folge und kann der Polizeibehörde daher zugerechnet werden. Daher trifft die Polizeibehörde eine Folgenbeseitigungslast auf Herausgabe der geräumten Wohnung.[326]

283   Streitig ist allerdings die richtige Anspruchsgrundlage für den Wohnungseigentümer. Der Verwaltungsgerichtshof stellt maßgeblich auf die gegenüber dem Obdachlosen erforderlich werdende **Räumungsanordnung** ab. Da für diese eine eigenständige Rechtsgrundlage erforderlich ist – der Folgenbeseitigungsanspruch regelt nur das Verhältnis zwischen Wohnungsinhaber und Einweisungsbehörde und stellt keine Eingriffsgrundlage gegenüber O dar – interpretiert der Verwaltungsgerichtshof das Begehren des Wohnungseigentümers als Anspruch auf polizeiliches Einschreiten gegen einen Dritten (den O). Anspruchsgrundlage ist dann die polizeiliche Generalklausel nach §§ 1, 3

---

324 Vgl. dazu VGH Bad.-Württ., NVwZ-RR 1990, 476.
325 Vgl. zur Unbeachtlichkeit eines zivilgerichtlichen Räumungstitels auch Nds. OVG, NdsVBl 2010, 79.
326 Vgl. BGHZ 130, 332.

PolG, wobei das Ermessen durch die Folgenbeseitigungslast regelmäßig auf Null reduziert sein wird.[327]

In anderen Bundesländern wird dagegen zumeist unmittelbar auf den **Folgenbeseitigungsanspruch** abgestellt. Auf welcher Rechtsgrundlage die Behörde ihrer Verpflichtung im Verhältnis zu O nachkommt (auf Grundlage der §§ 1, 3 PolG oder im Wege gütlicher Einigung) und ob hierfür ein Verwaltungsakt (Räumungsverfügung) oder letztlich ein Realakt (Zwangsvollstreckung) erforderlich ist, kann dem V egal sein und ist auch nicht Teil seines gegen die Behörde gerichteten Klagebegehrens. Ein Abstellen auf die Generalklausel als prozessuale Anspruchsgrundlage des V erscheint daher nicht erforderlich.[328] Maßgeblich ist nur, dass die als Folgenbeseitigung begehrte Leistung nicht unmöglich ist. Die Polizeibehörde kann gegen O aber eine auf §§ 1, 3 PolG gestützte Räumungsanordnung erlassen: Dieser ist Störer (Verletzung von § 123 StGB denkbar, jedenfalls aber Verstoß gegen zivilrechtliche Eigentums- und Besitzrechte) und das Ermessen wird regelmäßig durch die Folgenbeseitigungslast auf Null reduziert sein. § 2 Abs. 2 PolG steht diesem Ergebnis nicht entgegen, weil es vorliegend um den Verstoß des O gegen die nicht mehr bestehende, öffentlich-rechtlich begründete Befugnis der Wohnungsnahme geht.

Einigkeit besteht wieder, dass ein bereits existierender **zivilgerichtlicher Räumungstitel** dem Anspruch nicht entgegensteht, da Gegenstand hier nur das durch Beschlagnahme entstandene öffentlich-rechtliche Verhältnis zwischen V und G ist. Der Räumungstitel ist daher kein Weg, um eine eigenständige Räumung der Polizei zu erreichen; im Übrigen wohl auch keine einfachere und schnellere Lösung. Eine Geltendmachung des Anspruchs erfolgt im Wege der Verpflichtungsklage, gegebenenfalls durch einstweilige Anordnung nach § 123 VwGO.

Wenn die Polizei ihrer Folgenbeseitigungslast nicht nachkommt und der Wohnungsinhaber **auf eigene Kosten räumen** lässt, steht ihm ein Schadensersatzanspruch aus Amtspflichtverletzung nach § 839 BGB/Art. 34 GG auf Erstattung der Räumungs- und Säuberungskosten zu.[329] Zu berücksichtigen ist aber, dass nach § 839 Abs. 3 BGB Rechtsmittel zur Abwendung des Schadens einzulegen sind – hier also insb. die „Freimachungsklage" und der entsprechende Eilantrag nach § 123 VwGO.

3. Ersatzansprüche

Der Anspruch auf die Entrichtung einer „**Miete**" ergibt sich für die Dauer der Beschlagnahme aus §§ 55, 56 PolG in Höhe der ortsüblichen Vergleichsmiete. Für die nachfolgende Zeit kommt entweder eine analoge Anwendung der Vorschriften in Betracht (erst recht-Schluss) oder aber ein Anspruch aus § 839 BGB/Art. 34 GG wegen Verstoßes gegen die Pflicht zur Herausgabe. Falls die Einweisungsverfügung rechtswidrig gewesen sein sollte, besteht ein Entschädigungsanspruch nach den Grundsätzen des enteignungsgleichen Eingriffs.

284

285

286

287

---

327 Vgl. grundlegend VGH Bad.-Württ., VBlBW 1987, 423 (mit Anmerkung Götz) sowie nachfolgend VBlBW 1990, 351 und VBlBW 1997, 187.

328 Die Einordnung wirkt sich aber auf die Frage aus, ob O beigeladen werden muss. Denn wenn nur auf das Rechtsverhältnis zwischen V und der Gemeinde abgestellt wird, liegt eine notwendige Beiladung nicht vor. Der Streit trifft O zwar faktisch, aber nicht unmittelbar rechtlich: der Folgenbeseitigungsanspruch regelt nur das Verhältnis zwischen Wohnungsinhaber und Einweisungsbehörde.

329 Vgl. BGHZ 130, 332.

288   Für entstandene **Schäden** kommt ein Anspruch aus § 839 BGB/Art. 34 GG nicht in Betracht, da keine Amtspflicht zur Sicherung der Wohnung besteht. Ein Folgenbeseitigungsanspruch scheidet aus, da kein rechtswidriges Verhalten der Behörde vorliegt. Ob ein Anspruch unmittelbar auf § 55 PolG gestützt werden kann, ist umstritten. Problematisch ist hier insb., ob derartige Schäden als **„unmittelbare Folge"** betrachtet werden können, da ein pflichtwidriges Verhalten des Obdachlosen dazwischen tritt. Der Bundesgerichtshof hat einen Anspruch mit der überzeugenden Erwägung bejaht, dass „unmittelbare Folgen" auch bei der Verwirklichung von typischerweise verbundenen Gefahren anzunehmen sind. Dies wird jedenfalls bei Mietern, die sich zuvor als zahlungsunfähig/-willig erwiesen haben, problemlos anzunehmen sein.[330]

Abwandlung

289   Durch die Einweisung in die **Obdachlosenunterkunft** entsteht ein öffentlich-rechtliches Gebrauchsüberlassungsverhältnis. Die Unterkunft stellt eine öffentliche Einrichtung i.S.d. § 10 Abs. 2 GemO dar, weil sie der Erfüllung einer öffentlich-rechtlichen Verpflichtung im übertragenen Wirkungskreis dient.[331] Einer förmlichen Widmung bedarf es nicht, vielmehr kann diese auch konkludent im Erlass einer entsprechenden Hausordnung geschehen. Ein Nutzungsentgelt ist daher (sofern das Benutzungsverhältnis nicht auf Basis eines privat-rechtlichen Vertrages begründet wurde) nur im Rahmen der rechtlichen Vorschriften für öffentliche Einrichtungen möglich. Rechtsgrundlage für die Erhebung einer **Nutzungsgebühr** ist gemäß §§ 9 Abs. 1 S. 1, 2 KAG eine Satzung, die hier nicht vorliegt. Anderweitige Anspruchsgrundlagen werden durch die Vorschriften des KAG verdrängt, da der dort statuierte Satzungsvorbehalt abschließend ist.[332] Ein Rückgriff auf § 812 BGB analog dürfte im Übrigen schon daran scheitern, dass die Nutzung nicht rechtsgrundlos, sondern aufgrund der Einweisung erfolgte.[333] Da kein Gebührenbescheid nach § 9 KAG ergehen kann, darf das Nutzungsentgelt auch nicht durch Verwaltungsakt geltend gemacht werden. Für eine Durchsetzung steht daher allenfalls die Leistungsklage offen. Für die Zukunft ist daher eine Satzung zu erlassen, die sowohl die Nutzung als auch die Festsetzung eines Entgelts regelt.[334]

8. Fall: Die Bürgerschutzverordnung

290   Der Rathausplatz der baden-württembergischen Stadt S hat sich zunehmend zu einem abendlichen Treffpunkt entwickelt, auf dem sich häufig die Bewohner der nahegelegenen Asylunterkunft, einige Studenten der internationalen Sprachschule, Punker und Wohnsitzlose zum gemeinsamen Bierkonsum versammeln. Während die Fraktion der Grünen dies als gelungenen Beitrag auf dem Weg zu einer multikulturellen Gesellschaft betrachtet, ist dem Bürgermeister das „Herumgelungere" im Herzen der Stadt ein Dorn im Auge. Er nimmt neuerliche Beschwerden über lautstarke Belästigungen durch betrunkene Bettler zum Anlass, die bestehende Polizeiverordnung zur Aufrechterhaltung der öffentlichen Sicherheit und Ordnung zu ändern. Nach Zustimmung des Gemeinderats erlässt er am 4. Juli die auf § 10 PolG gestützte „Bürgerschutznovelle", mit

---

330   Vgl. BGHZ 130, 332.
331   Vgl. VGH Bad.-Württ., VBlBW 1995, 15 sowie Nds. OVG, NVwZ-RR 2004, 777 für von der Gemeinde angemietete Wohnungen.
332   Vgl. VGH Bad.-Württ., VBlBW 1996, 220.
333   A.A. Bay. VGH, BayVBl. 1991, 114.
334   Vgl. etwa die Mustersatzung in BWGZ 1990, 194.

der dem bestehenden § 7 Abs. 1 die Nummern 3 und 4 sowie ein neuer § 7a hinzuge-fügt wird. Die Vorschriften lauten nun:

§ 7 Belästigung der Allgemeinheit

(1) Auf öffentlichen Straßen, Plätzen und Anlagen ist untersagt

1. das Nächtigen
2. das Verrichten der Notdurft
3. das Betteln
4. das Niederlassen ausschließlich oder überwiegend zum Zwecke des Alkoholkonsums

§ 7a Zuwiderhandlungen

(1) Ordnungswidrig i.S.d. Polizeigesetzes handelt, wer vorsätzlich oder fahrlässig

1. entgegen § 7 Abs. 1 Nr. 3 auf öffentlichen Straßen, Plätzen oder Anlagen bettelt
2. sich entgegen § 7 Abs. 1 Nr. 4 auf öffentlichen Straßen, Plätzen oder Anlagen ausschließlich oder überwiegend zum Zwecke des Alkoholkonsums niederlässt.

(2) Nach § 18 PolG kann eine Ordnungswidrigkeit mit einem Bußgeld bis zu 1.000 Euro geahndet werden.

Die Neufassung der Polizeiverordnung wird am 14. Juli bekannt gemacht. Am 2. August wird P von Polizeibeamten auf dem Rathausplatz beim Betteln mit einer Bierfla-sche in der Hand angetroffen, worauf die halbvolle Bierflasche beschlagnahmt und P mit einem Bußgeld belegt wird. Nach Rücksprache mit seinem Anwalt lässt P Ein-spruch gegen den Bußgeldbescheid und Widerspruch gegen die Beschlagnahme einle-gen. Am 11. September erhebt er Klage zum VG Stuttgart gegen die „Bürgerschutzno-velle". Er trägt insb. vor, dass die Änderungen nicht auf § 10 PolG hätten gestützt wer-den dürfen, denn insoweit werde das Polizeirecht durch die straßenrechtlichen Sonder-bestimmungen des § 16 Abs. 7 StrG verdrängt. Die Stadt ist dem Antrag entgegenge-treten. Der polizeirechtliche Hintergrund ergebe sich schon aus dem Verstoß gegen § 118 OWiG sowie der Verletzung der öffentlichen Ordnung. **291**

Die Entscheidung des VG (mit einem Hilfsgutachten zu allen aufgeworfenen Rechts-fragen) ist zu entwerfen. **292**

Lösungshinweise

I. Zulässigkeit

1. Statthaftigkeit

Hinsichtlich der Neufassung des § 7 der PolVO ist gemäß § 47 Abs. 1 Nr. 2 VwGO i.V.m. § 4 AGVwGO ein **Normenkontrollantrag** statthaft. Diese Regelungen unterlie-gen auch der Verwaltungsgerichtsbarkeit, da sie zu Einzelverfügungen ermächtigen, für die der Verwaltungsrechtsweg eröffnet wäre. Das angerufene Verwaltungsgericht Stutt-gart hat den Antrag daher (nach Anhörung der Beteiligten) an das gemäß § 47 Abs. 1 VwGO zuständige Oberverwaltungsgericht zu verweisen, das in Baden-Württemberg die Bezeichnung Verwaltungsgerichtshof führt (vgl. § 184 VwGO i.V.m. § 1 Abs. 1 S. 1 AGVwGO). **293**

Bezüglich des neu eingeführten § 7a der PolVO dagegen ist der Antrag unstatthaft, weil die Verwaltungsgerichtsbarkeit nicht eröffnet ist. Diese Vorschriften sind **ord-nungswidrigkeitsrechtlicher Natur**, so dass Vollzugsverfügungen nicht zu öffentlich-rechtlichen Streitigkeiten führen können; vielmehr obliegt die Kontrolle nach § 68 **294**

OWiG ausschließlich den ordentlichen Gerichten.[335] Eine Verweisung an ein ordentliches Gericht kommt dennoch nicht in Betracht, da kein statthafter Rechtsweg gegeben ist.[336]

2. Antragsbefugnis

295　P kann geltend machen, durch die neu gefasste Polizeiverordnung oder deren Anwendung in seinen Rechten (Art. 2 Abs. 1 GG) verletzt zu sein oder in absehbarer Zeit verletzt zu werden (vgl. § 47 Abs. 2 S. 1 VwGO); aufgrund der Regelungen wurden bereits Alkoholika von ihm beschlagnahmt und er mit einem Bußgeld belegt.

3. Antragsfrist

296　Die Antragsfrist des § 47 Abs. 2 VwGO ist gewahrt.

II. Begründetheit

1. Ermächtigungsgrundlage

297　Als Rechtsgrundlage der angegriffenen Normen ist ausschließlich die in der Rechtsverordnung selbst als Grundlage **benannte** Bestimmung des § 10 Abs. 1 i.V.m. § 1 Abs. 1 PolG maßgebend. Denn gemäß § 61 Abs. 1 S. 3 Landesverfassung muss eine Rechtsverordnung das ermächtigende Gesetz angeben. Darauf, ob die Regelung auf eine andere Ermächtigungsgrundlage gestützt werden könnte, kommt es demnach nicht an.

2. Formelle Rechtmäßigkeit

298　Die **Zuständigkeit** des Bürgermeisters ergibt sich aus § 13 S. 2 PolG, auch die gemäß § 15 Abs. 2 PolG erforderliche Zustimmung des Gemeinderats liegt vor. Anhaltspunkte für eine fehlerhafte Ausfertigung und Verkündung (vgl. Art. 63 Abs. 2 Landesverfassung) sind nicht ersichtlich.

3. Materielle Rechtmäßigkeit

a) Keine Verdrängung durch straßenrechtliche Vorschriften

299　Da primärer **Zweck** der neugefassten Bestimmungen der Schutz der Allgemeinheit vor polizeilich relevanten Störungen und Gefahren ist und nicht die mögliche Beeinträchtigung des Verkehrs, wird die polizeigesetzliche Ermächtigungsgrundlage **nicht durch straßenrechtliche Vorschriften verdrängt**. Ein Vorrang der gemeindlichen Satzungskompetenz nach § 16 Abs. 7 S. 2 StrG kommt im Übrigen schon deshalb nicht in Betracht, weil das untersagte „Betteln" und „Niederlassen zum Zwecke des Alkoholkonsums" keine straßenrechtlichen Sondernutzungen darstellen. Das untersagte Verhalten hält sich vielmehr in den Grenzen des kommunikativen Gemeingebrauchs i.S.d. § 13 Abs. 1 StrG. Bettler nutzen – wie andere Verkehrsteilnehmer auch – die öffentlichen Flächen zur Fortbewegung oder zum Verweilen; soweit in der Polizeiverordnung öffentliche Anlagen betroffen sind, dienen diese gerade dem Niederlassen und Verweilen. Dabei kann es unter straßenrechtlichen Aspekten, die für die Abgrenzung von Gemeingebrauch und Sondernutzung allein maßgeblich sind, keinen Unterschied machen, ob

---

335　Vgl. etwa VGH Bad.-Württ., NJW 1984, 507.
336　Die ordentliche Gerichtsbarkeit kennt keine Normenkontrolle.

in diesen Anlagen alkoholische oder sonstige Getränke konsumiert werden. Das gleiche gilt jedoch auch für öffentliche Verkehrsflächen im Rahmen des dort stattfindenden kommunikativen Verkehrs.[337]

b) Abstrakte Gefahr für die öffentliche Sicherheit oder Ordnung

Der Alkoholgenuss auf öffentlichen Verkehrsflächen als solcher ist weder strafbewehrt   300
noch führt er **regelmäßig oder typischer Weise** zu einer Verletzung strafrechtlicher Vorschriften. Zwar mag im Einzelfall der Alkoholgenuss die Grenzen des zulässigen Gemeingebrauchs überschreiten und daher zum Anlass polizeirechtlicher Einzelmaßnahmen gemacht werden können. In ihrer abstrakten Reichweite aber erfasst die Verbotsvorschrift auch „stille Zecher", die friedlich und im Übrigen unauffällig dem Alkohol zusprechen.[338] Ein ausreichend enger Wirkungs- und Verantwortungszusammenhang zwischen den verbotenen Handlungsweisen und befürchteten Straftaten oder Ordnungswidrigkeiten ist daher nicht erkennbar. Dies ergibt sich insb. daraus, dass bei entsprechenden Verstößen auch der Alkoholkonsum nur eine mittelbare Ursache darstellt, also weitere, die Gefahrgrenze überschreitende Handlungen voraussetzt. Hinzu kommt, dass nicht festgestellt werden kann, dass die Mehrheit derer, die sich zum Alkoholgenuss niederlassen und somit von der Verordnung betroffen wären, solche die Gefahrgrenze überschreitenden Verstöße begehen. Die Verbotsregelung erweist sich daher auch als unverhältnismäßig.

Auch das Betteln für sich genommen verstößt nicht gegen strafrechtliche Bestimmungen. Zwar mag im Einzelfall die tatsächliche Bedürftigkeit nur vorgespielt sein und damit ein sogenannter „Bettelbetrug" i.S.d. § 263 StGB vorliegen. Von einer derartigen Vorspiegelung falscher Tatsachen kann jedoch nicht regelmäßig und typischer Weise ausgegangen werden. Ebenso mag ein aggressives Betteln im Einzelfall den Nötigungstatbestand des § 240 StGB erfüllen, der generelle Verbotstatbestand erfasst jedoch auch das Betteln in seinen „stillen" Erscheinungsformen.[339]   301

Gleiches gilt auch für den Tatbestand des § 118 OwiG. Denn jedenfalls in ihren „stillen" Ausübungsformen stehen die Handlungen nicht im Widerspruch zu den allgemein anerkannten Regeln von Sitte, Anstand und Ordnung und können nicht als eine Missachtung der durch die Gemeinschaftsordnung geschützten Interessen erscheinen. Ebenso wenig können sie grundsätzlich als sozial abträgliches Verhalten bewertet werden, so dass auch eine Störung der öffentlichen Ordnung ausscheidet.   302

c) Bestimmtheit

Nach dem verfassungsrechtlich verankerten **Bestimmtheitsgebot** hat der Normgeber   303
Verbote so klar und bestimmt zu fassen, dass der Betroffene die Rechtslage – also Inhalt und Grenzen des Verbots – erkennen und sein Verhalten danach ausrichten kann. Dies schließt die Verwendung unbestimmter Begriffe nicht aus, so lange der Regelungsgehalt mit den anerkannten Auslegungsregeln konkretisiert werden kann. Nicht ausreichend ist danach etwa das Verbot des „Herumtreibens nach Art eines Land- oder

---

337 Vgl. dazu auch den Übungsfall in JuS 1999, 176; von einer Sondernutzung ist jedoch bei gewerblichen Betätigungen auszugehen: vgl. zur Werbung durch Scientology-Anhänger etwa VGH Bad.-Württ., VBlBW 1997, 64.
338 Vgl. dazu ausführlich VGH Bad.-Württ., VBlBW 1999, 101.
339 Vgl. VGH Bad.-Württ., VBlBW 1998, 428.

Stadtstreichers".[340] Diesen Anforderungen wird die Neufassung der Polizeiverordnung hier aber noch gerecht. Das „Betteln" ist bereits im allgemeinen Sprachgebrauch hinreichend bestimmt: Es bedeutet die an einen beliebigen Fremden gerichtete Bitte um eine Zuwendung. Auch das Sich-Niederlassen ausschließlich oder überwiegend zum Zwecke des Alkoholgenusses hat der Verwaltungsgerichtshof als ausreichend bestimmt erachtet.[341]

III. Tenor

1. § 7 Abs. 1 Nr. 3 und Nr. 4 der PolVO zur Aufrechterhaltung der öffentlichen Sicherheit und Ordnung der Stadt S in der Änderungsfassung vom 4. Juli werden für unwirksam erklärt. Im Übrigen wird der Antrag abgelehnt.

2. Die durch die Anrufung des Verwaltungsgerichts Stuttgarts entstandenen Kosten trägt der Kläger, von den übrigen Kosten des Verfahrens trägt der Antragsteller 1/3 und die Antragsgegnerin 2/3.

---

340 Vgl. VGH Bad.-Württ., NJW 1984, 507.
341 Vgl. VGH Bad.-Württ., VBlBW 1999, 101.

KOMMUNALRECHT

A. ÜBERBLICK

I. Gegenstand

Das Kommunalrecht nimmt innerhalb der Prüfungsgebiete eine Sonderstellung ein, weil es nicht an ein bestimmtes materielles Aufgabengebiet anknüpft (wie das Polizei-, Bau- oder Straßenrecht), sondern an einen Verwaltungsträger: die Gemeinden und Gemeindeverbände. Kommunalrecht ist damit Teil des **Verwaltungsorganisationsrechts.**

304

Die Gemeinden bilden dabei staatsorganisationsrechtlich keine eigenständige dritte Ebene, sondern sind Teil der Landesverwaltung; auch die Gesetzgebungszuständigkeit liegt daher bei den Ländern. Die Abschottung zum Bund ist durch das in Art. 84 Abs. 1 S. 7 GG statuierte „Durchgriffsverbot" mittlerweile verfassungsrechtlich verankert worden.[1]

305

Gemeinden sind aber eine eigenständige dritte Ebene der Verwaltung. Im Gegensatz zum unmittelbar durch den Staat selbst durch eigene Behörden vorgenommenen Verwaltungshandeln wird insoweit auch von **„mittelbarer Staatsverwaltung"** gesprochen, weil es sich um eigenständige Verwaltungsträger handelt – als juristische Personen des öffentlichen Rechts sind Gemeinden deshalb auch selbst Klagegegner nach § 78 VwGO! Der Begriff ist zur Verdeutlichung des Umstandes hilfreich, dass auch die Tätigkeit der Kommunen staatsrechtlich als Verwaltungstätigkeit der Länder konstituiert worden ist. Diese ist mittelbar, weil sie durch andere juristische Personen des öffentlichen Rechts erfolgt. Die Formulierung macht auch deutlich, dass Gemeinden ausschließlich Verwaltungsaufgaben erfüllen. Auch die Gemeindevertretungen üben daher keine legislativen Funktionen aus, sondern sind – selbstbestimmter – Teil der Landesverwaltung.

306

Der Begriff ist aber insoweit unglücklich, als er die Tatsache verschleiert, dass den Gemeinden ein Selbstverwaltungsrecht in örtlichen Angelegenheiten zukommt. Die Verwaltungstätigkeit ist zwar mittelbar aus der Perspektive der Landesorganisation, sie findet gerade auf gemeindlicher Ebene aber unmittelbar durch die Bürger und „in eigener Verantwortung" statt. Die Zuständigkeiten sind hier deshalb Ausdruck der Dezentralisation (als Komplementärbegriff zur Dekonzentration, mit der nur eine räumliche Aufgliederung der weiterhin einem zentralen Verwaltungsträger zustehenden Befugnisse beschrieben wird).

307

Gemeinden sind nach § 1 Abs. 4 GemO Gebietskörperschaften und damit eigenständige **juristische Personen des öffentlichen Rechts.**

308

Exkurs: Juristische Personen des öffentlichen Rechts werden herkömmlich eingeteilt in Körperschaften, Anstalten und Stiftungen; maßgeblich für die konkrete Ausgestaltung ist indes stets das jeweilige Errichtungsgesetz. Körperschaften sind dabei mitgliedschaftlich organisiert (sie ähneln daher dem privatrechtlichen Verein); unterschieden

309

---

1 Dies ist nicht zuletzt im Hinblick auf Finanzierungsfragen relevant, weil die Übertragung einer neuen Aufgabe durch das Land auch eine Kostentragungsverpflichtung nach sich zieht (Art. 71 Abs. 3 S. 2 LV: sog. Konnexitätsprinzip).

wird nach dem Mitgliedsgrund: neben der für Gebietskörperschaften typischen An-knüpfung am Wohnsitz gibt es noch weitere Personalkörperschaften (etwa Hochschu-len oder Berufskammern), Verbandskörperschaften (in denen juristische Personen zu einem Verband zusammengeschlossen sind, wie etwa die kommunalen Zweckverbän-de) und Realkörperschaften (die an Grundstücke anknüpfen, wie etwa die Wasser- und Bodenverbände oder Jagd- und Fischereigenossenschaften). Die Landkreise weisen eine Zwitterstellung auf, weil sie sowohl Gemeindeverbände als auch Gebietskörperschaf-ten sind: Der Kreistag wird dementsprechend von allen im Kreisgebiet wohnenden Bürgern gewählt. Anstalten beschreiben die organisatorisch verselbstständigte Zusam-menfassung von Personen und/oder Sachmitteln zu einem bestimmten Nutzungszweck (z.B. Freibad), sie haben keine Mitglieder sondern Benutzer. Unter Stiftungen versteht man selbstständige Vermögensmassen (Sachgüter wie im Fall der Stiftung Preußischer Kulturbesitz oder Kapital wie im Fall der Stiftung Hilfswerk für behinderte Kinder), die einem bestimmten Zweck gewidmet sind.

310 Gemeinden üben damit die **Gebietshoheit** aus, die – etwa hinsichtlich des Geltungsbe-reichs von Satzungen – auch „Nichtmitglieder" erfasst. Die Verbandskompetenz ist aber auf das Gemeindegebiet beschränkt. Das körperschaftliche Element bedeutet, dass die Gemeinden **Mitglieder** haben: die mit Wahl- und Stimmrecht (aber auch ge-wissen Verpflichtungen) ausgestatteten Bürger – also die Staatsangehörigen eines Mit-gliedstaats der Europäischen Union, die das 16. Lebensjahr vollendet und in der Ge-meinde seit mindestens drei Monaten ihren Hauptwohnsitz haben (vgl. § 12 GemO). Der – zur Nutzung kommunaler Einrichtungen berechtigende[2] – Einwohnerbegriff da-gegen ist weiter gefasst und bezieht jeden Menschen ein, der einen (auch Zweit-)Wohn-sitz in der Gemeinde hat.

311 Die Einwohnerzahl ist dabei grundsätzlich irrelevant, insb. verleiht die Bezeichnung „Stadt" keine zusätzlichen Befugnisse (vgl. § 5 Abs. 2 GemO).[3] Die – gemäß § 3 Abs. 2 GemO im Gesetzblatt bekannt zu machende – Erklärung zur Großen Kreisstadt dage-gen hat Auswirkungen auf den Umfang der übertragenen staatlichen Aufgaben (vgl. § 19 LVG) und die Binnenorganisation („Oberbürgermeister" nach § 42 Abs. 4 GemO mit entsprechend höherer Besoldung, Aufsicht unmittelbar durch Regierungspräsidium nach § 119 GemO u.a.). Im Falle des Stadtkreises (Auflistung in § 12 LVG) gibt es kein zusätzliches Landratsamt. Stadtkreise nehmen daher neben ihren Selbstverwaltungsan-gelegenheiten auch alle (!) Aufgaben der unteren Verwaltungsbehörde sowie diejenigen Aufgaben wahr, die sonst dem Landkreis als Selbstverwaltungskörperschaft zugewie-sen sind (gleichwohl findet aber die GemO Anwendung!).

312 Nach Art. 28 Abs. 2 S. 3 GG umfasst die Gewährleistung der Selbstverwaltung auch die Grundlagen der finanziellen Eigenverantwortung. Die Gemeinden erhalten in einem (komplizierten) Umlageverfahren Teile des Einkommensteueraufkommens, erhe-ben Grund- und Gewerbesteuern, örtliche Aufwandsteuern sowie kommunale Gebüh-ren und Beiträge.[4] Tatsächlich liegen in der kaum ausreichenden Finanzausstattung

---

2 Vgl. § 10 Abs. 2 GemO; nach Maßgabe des § 10 Abs. 5 GemO können Einwohner auch zu den sog. „Hand- und Spanndiensten" herangezogen werden.

3 Selbst die nach § 46 Abs. 2 Nr. 1 i.V.m. Abs. 4 LBO mögliche Übertragung der Baurechtszuständigkeit an Ge-meinden ist an eigene Voraussetzungen geknüpft (Fachpersonal) und nicht mit der „Stadt"-Bezeichnung parallelisiert. Allerdings führen die Gemeinderäte in Städten gemäß § 25 Abs. 1 S. 2 GemO die Bezeichnung Stadtrat.

4 Nach § 8 Abs. 2 Nr. 9 und § 51 Abs. 1 Nr. 9 JAPrO ist das Kommunalabgabenrecht von den Prüfungsgebieten ausdrücklich ausgenommen.

vieler Kommunen erhebliche Probleme. Materielle Lenkungswirkungen darf die Gemeinde auch bei Abgabenregelungen verfolgen; ein faktisches Verbot („erdrosselnde Wirkung") kann auf derartige Kompetenzen aber nicht gestützt werden.[5]

II. Aufgaben

Die kommunale **Selbstverwaltung** ist eine in Deutschland historisch verwurzelte Form der eigenverantwortlichen Mitwirkung der Bürger an staatlichen Aufgaben. Schon in monarchischen Zeiten bildete die bürgerschaftliche Selbstverwaltung ein Stück demokratisch legitimierter Teilhabe mit eigener politischer Willensbildung. Ebenso wie bei den Einrichtungen der funktionalen Selbstverwaltung im Bereich der wirtschaftlichen Betätigung (Handwerkskammern u.ä.) wird damit an die Sach- und Ortsnähe sowie die Motivation der unmittelbar Betroffenen angeknüpft. Die Gemeinden mit ihren unmittelbar gewählten Vertretungsorganen regeln ihre örtlichen Angelegenheiten selbst und in eigener Verantwortung – was bedeutet, dass sie selbst für Zweckmäßigkeitserwägungen zuständig sind. Fachliche Aufsichtsrechte mit Weisungsbefugnissen sind in diesem Bereich daher ausgeschlossen.

313

Daneben kommen den Gemeinden weitere Aufgaben zu, die ihnen zwar nicht bereits aus der Garantie kommunaler Selbstverwaltung zustehen, aber durch staatlichen Übertragungsakt zugewiesen sind, weil in Baden-Württemberg (wie in den anderen Bundesländern auch) darauf verzichtet wurde, staatliche Behörden auf Ortsebene zu errichten.[6] Die Gemeinden nehmen insoweit eine Doppelstellung ein. **Aufgaben im übertragenen Wirkungskreis** bedürfen dabei gemäß Art. 71 Abs. 3 S. 1 LV einer gesetzlichen Regelung.[7] Entsprechende „Pflichtaufgaben nach Weisung" sind insb. die Aufgaben der unteren Verwaltungsbehörde, die Stadtkreisen und Großen Kreisstädten durch § 15 Abs. 1 LVG übertragen sind, aber auch andere spezialgesetzlich zugewiesene Aufgaben, wie etwa diejenigen als Ortspolizeibehörde nach § 62 Abs. 4 S. 1 PolG oder als untere Baurechtsbehörde im Falle des § 46 Abs. 2 S. 1 Nr. 1 LBO. Zu beachten ist allerdings, dass die Gebührenerhebung stets – also auch soweit die Gemeinde als untere Verwaltungsbehörde handelt – eine Selbstverwaltungsangelegenheit darstellt.[8] Mit der Gebühr wird der Verwaltungsaufwand abgedeckt, so dass die Personal- und Finanzhoheit der Gemeinde betroffen ist.

314

Im Außenverhältnis spielt die Unterscheidung keine sichtbare Rolle: In beiden Fällen übt die Gemeinde selbst (§ 2 Abs. 1 GemO) öffentliche Verwaltung i.S.d. § 1 Abs. 2 LVwVfG – das damit anwendbar ist – aus.

315

Binnenrechtlich dagegen ergeben sich erhebliche Unterschiede. Dies gilt zunächst hinsichtlich der **Zuständigkeit**, denn im übertragenen Aufgabenkreis ist regelmäßig nur und direkt der Bürgermeister berufen (vgl. § 15 Abs. 2 LVG, § 44 Abs. 3 S. 1 GemO).

316

---

5 Vgl. BVerwGE 150, 225: Kampfhundesteuer.
6 Besondere Verwaltungsbehörden für bestimmte Aufgaben (vgl. § 24 LVG) gibt es allerdings auch auf örtlicher Ebene, etwa die Schulämter.
7 Nach dem Konnexitätsprinzip des Art. 71 Abs. 3 S. 2 LV muss dabei auch eine Regelung über die Kostendeckung getroffen werden. Die Rechtsprechung verfährt aber großzügig und lässt regelmäßig den Verweis auf den allgemeinen Finanzausgleich zu: vgl. für den Fall der Übertragung der Aufgaben eines Grundbuchamts VGH Bad.-Württ., DÖV 2005, 433.
8 Vgl. VGH Bad.-Württ., VBlBW 2005, 391.

Der Gemeinderat hat daher weder ein Informations- noch ein Entscheidungsrecht.[9] Auch für die Bestimmung der Widerspruchsbehörde gelten Unterschiede: Während nach § 73 Abs. 1 S. 2 Nr. 1 VwGO grundsätzlich die nächsthöhere Behörde den Widerspruchsbescheid erlässt (sog. „Devolutiveffekt"), sind gemäß § 73 Abs. 1 S. 2 Nr. 3 VwGO in Selbstverwaltungsangelegenheiten die Gemeinden selbst berufen. Eine hiervon abweichende Regelung trifft allerdings § 17 Abs. 1 AGVwGO für Gemeinden, die der Rechtsaufsicht des Landratsamts unterstehen (also nicht die Stadtkreise und Großen Kreisstädte, § 119 S. 1 GemO): Hier wird der Widerspruchsbescheid vom Landratsamt erlassen. Da diesem aber nur eine Rechtmäßigkeitskontrolle zusteht, bleibt die Überprüfung der Zweckmäßigkeit der Gemeinde selbst – im Rahmen der Nichtabhilfevorlage – vorbehalten (§ 17 Abs. 1 S. 2 AGVwGO).[10] Unterschiedlich ausgestaltet ist v.a. auch die **Aufsicht**. Während die Gemeinden im Bereich der Selbstverwaltung nur der Rechtsaufsicht unterliegen, steht der Fachaufsicht im übertragenen Aufgabenbereich ein grundsätzlich unbeschränktes Weisungsrecht zu; der konkrete Umfang ergibt sich aus dem jeweiligen Fachgesetz (vgl. § 2 Abs. 3, 118 Abs. 2 GemO).

317   Diese dualistische Aufgabenstruktur ist in Baden-Württemberg allerdings durch das der Gemeindeordnung zugrunde liegende „monistische" Modell des sog. Weinheimer Entwurfs überlagert. Nach Art. 71 Abs. 2 S. 1 LV sind die Gemeinden grundsätzlich Träger aller öffentlicher Aufgaben in ihrem Gebiet und verwalten diese „allein und unter eigener Verantwortung" (§ 2 Abs. 1 GemO). Dies gilt auch für die übertragenen staatlichen Aufgaben (Klagegegner bei kommunalem Handeln ist daher immer die Gemeinde, auch im übertragenen Aufgabenbereich!). Maßgebliches Unterscheidungskriterium der unterschiedlichen Aufgabentypen ist danach nur das **Weisungsrecht** (vgl. § 2 Abs. 3 GemO), das im Bereich der Selbstverwaltung (den „freien Aufgaben") nicht gilt. Ein insoweit unklar gefasster Bereich sind allein die „Pflichtaufgaben" des § 2 Abs. 2 GemO, bei denen es sich zwar um Angelegenheiten des Selbstverwaltungsbereichs handelt – so dass ein fachliches Weisungsrecht nicht besteht –, deren Einrichtung (und damit die Entscheidung über das „ob") aber gesetzlich vorgegeben ist: etwa die Unterhaltung der Feuerwehr (§ 3 Abs. 1 FwG), von Abwasserbeseitigungsanlagen (§ 46 Abs. 1 S. 1 WG) oder ggf. von Friedhöfen (§ 1 Abs. 1 BestattG),[11] aber auch die Aufstellung von Bebauungsplänen (§ 2 Abs. 1 BauGB) oder die Erfüllung der Straßenbaulasten (§ 43 Abs. 4 StrG). Entsprechende Verpflichtungen können sich auch unmittelbar aus Bundesrecht ergeben, wie etwa bei der Vorbereitung der Bundestagswahl (sog. „Bundesauftragsangelegenheiten").

---

9   Ein Sonderproblem ergibt sich hier aber hinsichtlich des Einvernehmenserfordernisses aus § 36 Abs. 1 S. 1 BauGB, das nach Auffassung des Bundesverwaltungsgerichts nicht zur Anwendung kommt, wenn die Gemeinde selbst Baurechtsbehörde ist. Angesichts der Tatsache, dass innerhalb der Gemeinde unterschiedliche Zuständigkeiten für die Erteilung des Einvernehmens (Gemeinderat) und der baurechtlichen Entscheidung (Bürgermeister) vorgesehen sind, besteht auch hier ein Bedürfnis zur Sicherung der kommunalen Planungshoheit. Hier muss deshalb eine aus Art. 28 Abs. 2 GG und dem Grundsatz der Organtreue abgeleitete Informationspflicht des Bürgermeisters gegenüber dem Gemeinderat angenommen werden; vgl. hierzu auch VGH Bad.-Württ., VBlBW 2012, 339.

10   Falls das Landratsamt doch Zweckmäßigkeitserwägungen anstellt, liegt in dem Widerspruchsbescheid eine Verletzung des Selbstverwaltungsrechts, die von der Gemeinde als Drittbetroffener unmittelbar (§ 79 Abs. 1 Nr. 2 VwGO) mit der Anfechtungsklage gerügt werden kann.

11   Im Bestattungsrecht ist allerdings scharf zu differenzieren: Weisungsfreie Pflichtaufgaben sind zwar die Vorhaltung eines Friedhofs und ggf. auch einer Leichenhalle, der Bereich des Leichenwesens dagegen ist der Ortspolizeibehörde übertragen und damit eine Weisungsaufgabe; vgl. § 50 Abs. 2 BestattG, § 31 Abs. 3 BestattVO, § 62 Abs. 4 PolG. Hierzu auch VGH Bad.-Württ., VBlBW 2005, 229.

III. Kommunale Selbstverwaltung

Art. 28 Abs. 2 S. 1 GG gewährleistet **kein Grundrecht**, weil die Gemeinden vom Grundgesetz als **Teil der Staatsorganisation** konzipiert worden sind.[12]

318

Dem entspricht, dass die kommunalen Vertretungsorgane nach Auffassung des Bundesverfassungsgerichts nicht körperschaftlich legitimiert sind, sondern ihre Befugnis aus der Volkssouveränität herleiten,[13] so dass die Ausdehnung des Wahlrechts auf Nichtdeutsche der in Art. 28 Abs. 1 S. 3 GG vorgenommenen Verfassungsänderung bedurfte. Das Bundesverfassungsgericht lehnt auch eine Grundrechtsberechtigung von Gemeinden ab, weil die Gemeinden – als juristische Personen des öffentlichen Rechts – selbst als Träger hoheitlicher Gewalt grundrechtsverpflichtet und „ein Stück Staat" sind.[14] Dies bedeutet in der Praxis etwa, dass ein Bürgermeister die amtliche Warnung vor einer Jugendsekte nicht auf Art. 5 Abs. 1 S. 1 GG stützen kann.[15] Folgerichtig kommt Gemeinden auch nicht die Beschwerdebefugnis für eine Individualverfassungsbeschwerde zu, sondern nur die im Prüfungsumfang beschränkte „Kommunalverfassungsbeschwerde" des Art. 93 Abs. 1 Nr. 4b GG.[16]

319

Die Gewährleistung der gemeindlichen Selbstverwaltung wird vom Bundesverfassungsgericht vielmehr als **„institutionelle Garantie"** eingeordnet,[17] die der gesetzlichen Ausgestaltung und Formung bedarf. Geschützt wird daher die Institution der Gemeinde, die nicht abgeschafft werden darf, nicht aber jede einzelne Gemeinde in ihrem Bestand.[18] Terminologisch ist daher auch nicht von „Eingriffen" die Rede; verfassungsgerichtlicher Kontrolle unterliegt vielmehr nur die Frage, ob die gesetzliche Regelung „eine vertretbare Ausfüllung des Rahmens darstellt", den Art. 28 Abs. 2 S. 1 GG festgelegt hat.[19]

320

Als **Kernbereich** der Gewährleistung werden herkömmlich Gebietshoheit, Organisations-, Personal- und Finanzhoheit sowie Satzungshoheit benannt. Die Planungshoheit wird von der Rechtsprechung nur dann berücksichtigt, wenn die Planungsvorstellun-

321

---

12 Ob und wieweit sich die Gemeinden auf die Unionsgrundrechte berufen können, ist noch nicht abschließend geklärt; vgl. zur grundsätzlichen Anwendbarkeit auf vom Staat beherrschte juristische Personen: EuG, Urteil vom 5.2.2013 – T-494/10. Jedenfalls hinsichtlich der wirtschaftlichen Betätigung spricht viel für die Anwendbarkeit der Unionsgrundrechte und Grundfreiheiten für Gemeinden; vgl. Ennuschat, in: Ennuschat/Ibler/Remmert, Öffentliches Recht in Baden-Württemberg, 2014, S. 26.
13 Vgl. BVerfGE 83, 37 (55).
14 So plastisch BVerfGE 73, 118 (191). Dieses Argument trägt allerdings nicht, denn es gibt auch andere öffentlich-rechtliche Einrichtungen, die zugleich grundrechtsberechtigt und grundrechtsverpflichtet sind – wie etwa die Hochschulen. Angesichts der Gesetzesunterworfenheit der Gemeinden, die gerade in Ausübung von Selbstverwaltungstätigkeiten durchaus zu „grundrechtstypischen Gefährdungslagen" führen kann, bestehen an der Auffassung jedenfalls für den privatrechtlichen Handlungsbereich auch im Ergebnis Zweifel.
15 Vgl. Bay. VerfGH, NVwZ 1998, 391.
16 Das Bundesverfassungsgericht versucht diese Folgen aber dadurch zu „entschärfen", dass als Prüfungsmaßstab nicht nur Art. 28 Abs. 2 S. 1 GG herangezogen wird, sondern alle Verfassungsbestimmungen, die das Bild der Selbstverwaltung mitbestimmen (also insb. die Kompetenzordnung). Darüber hinaus wird auch auf Art. 3 Abs. 1 GG rekurriert. Außerdem wird sogar die Individualverfassungsbeschwerde nach Art. 93 Abs. 1 Nr. 4a GG zugelassen, soweit es um die Verfahrensgarantien aus Art. 101 Abs. 1 S. 2 und Art. 103 Abs. 1 GG geht; vgl. BVerfG, NVwZ 1994, 58; hierzu auch BVerfG, NVwZ 2007, 1176.
17 Vgl. bereits BVerfGE 1, 167 (174 f.). Diese für die Weimarer Verfassung entwickelte Figur hatte allerdings eine Schutzverstärkung im Blick, weil den Grundrechten (zu denen damals auch die Selbstverwaltungsgarantie zählte) keine unmittelbare Wirkung zugesprochen wurde. Die Übernahme passt daher für die Verhältnisse des Grundgesetzes nicht; vgl. dazu ausführlich Kenntner, Justitiabler Föderalismus, 2000, S. 71 ff.
18 Vgl. zur Zulässigkeit von Gebietsänderungen Art. 74 LV und § 8 GemO.
19 BVerfGE 79, 127 (154).

gen bereits hinreichend bestimmt und konkretisiert worden sind; ein abstraktes Planungsinteresse (etwa an der Freihaltung bestimmter Flächen) wird dagegen nicht geschützt. Aus der institutionellen Sichtweise des Bundesverfassungsgericht folgt aber ohnehin, dass auch eine Aufgabe, die zum unantastbaren Kernbereich gehört, nicht für jede einzelne Gemeinde gewahrt sein muss.[20] Soweit einzelne Aufgaben oder Gemeinden in Rede stehen, erweist sich die Einordnung in den Kernbereich daher nur als wenig aussagekräftig.

322 Der Gewährleistungsgehalt des Art. 28 Abs. 2 S. 1 GG setzt dem Gesetzgeber aber auch außerhalb dieses „Kernbereichs" eine Grenze. Verfassungsrechtlich vorgegeben ist durch Art. 28 Abs. 2 S. 1 GG nicht nur der Schutz der Institution als solcher, der nur einen Minimalstandard eigenverantwortlicher Betätigung schützen würde, sondern ein „materiell verstandenes Prinzip dezentraler Aufgabenansiedlung" als Wesensgehalt.[21] Danach kommt den Gemeinden die Zuständigkeit für grundsätzlich alle Angelegenheiten der örtlichen Gemeinschaft zu (**„Universalität"** des gemeindlichen Wirkungskreises). Soweit eine Aufgabe relevanten örtlichen Charakter besitzt, können andere Verwaltungsträger daher nur kraft speziellen Kompetenztitels zugreifen. Die gesetzgeberische Entscheidung für eine derartige „Hochzonung" von Aufgaben bedarf indes einer Rechtfertigung durch Gründe, die gegenüber dem Aufgabenverteilungsprinzip des Art. 28 Abs. 2 S. 1 GG überwiegen. Eine Aufgabe mit relevantem örtlichem Charakter darf auch der Gesetzgeber den Gemeinden daher nur aus Gründen des Gemeininteresses (wie etwa Umweltschutz oder Seuchenabwehr) entziehen, vor allem also dann, wenn anders die ordnungsgemäße Aufgabenerfüllung nicht sicherzustellen wäre. Für diese Güterabwägung verzichtet das Bundesverfassungsgericht regelmäßig auf die Begrifflichkeiten des „Verhältnismäßigkeitsprinzips", weil dieser Grundsatz nach klassischer Doktrin nur im Staat-Bürger-Verhältnis gilt; der Sache nach wird freilich entsprechend geprüft.[22]

323 Diese Gewährleistung kann auch eine einzelne Gemeinde verteidigen, weil ihr sowohl die Antragsbefugnis für die Kommunalverfassungsbeschwerde (Art. 93 Abs. 1 Nr. 4b GG) als auch die verwaltungsprozessuale Klagebefugnis (§ 42 Abs. 2 VwGO) eingeräumt ist. Art. 28 Abs. 2 S. 1 GG verleiht daher auch ein **subjektives Recht**.[23]

324 Für die Kommunalverfassungsbeschwerde ist zu beachten, dass Art. 93 Abs. 1 Nr. 4b GG diese Verfahrensart gegen Landesgesetze ausgeschlossen hat, soweit ein Beschwerderecht zum Landesverfassungsgericht besteht. Dies ist in Baden-Württemberg (nur!) für förmliche Landesgesetze der Fall (vgl. Art. 76 LV, § 8 Abs. 1 Nr. 8 VerfGHG); Landesrechtsverordnungen können daher – nach Ausschöpfung des Rechtswegs aus § 47 Abs. 1 VwGO i.V.m. § 4 AGVwGO – mit der Kommunalverfassungsbeschwerde angegriffen werden.

325 Die Gemeinde kann aber nur eigene Rechte geltend machen. Es ist ihr daher verwehrt, als Sachwalterin ihrer Einwohner deren Interessen einzuklagen. Die Klagebefugnis fehlt also etwa dann, wenn sich die Gemeinde gegen eine von der unteren Verkehrsbehörde erlassene Verkehrsregelung wendet, um Beeinträchtigungen ihrer Einwohner ab-

---

20 Vgl. etwa BVerfGE 103, 332 (366) in Bezug auf die Planungshoheit.
21 BVerfGE 79, 127 (149).
22 Teilweise wird die entsprechende Erforderlichkeitsprüfung in andere Worte gefasst, wie etwa in BVerfGE 107, 1 (14); gelegentlich verweist das Bundesverfassungsgericht aber auch selbst unmittelbar auf den Verhältnismäßigkeitsgrundsatz, wie etwa in BVerfGE 103, 332 (366 f.).
23 Auch an dieser – unmittelbar aus dem Grundgesetz (Art. 93 Abs. 1 Nr. 4b GG) folgenden – Befugnis wird deutlich, dass die Annahme einer institutionellen Garantie nicht schlüssig ist.

zuwehren. Angesichts der (nach Auffassung des Bundesverfassungsgerichts) fehlenden Grundrechtsberechtigung scheidet insoweit auch eine Berufung auf das Eigentumsgrundrecht aus Art. 14 Abs. 1 S. 1 GG aus. Das Eigentum der Gemeinde genießt nur den Schutz des einfachen Rechts und kann bei Planungsentscheidungen daher „weggewogen" werden. Überdies kommt Gemeinden damit bei (Fach-)Planungsentscheidungen anderer Rechtsträger – anders als privaten Eigentümern – kein Anspruch auf Vollüberprüfung zu.[24] Objektive Belange, wie die Planrechtfertigung oder etwa die Sicherheit und Leichtigkeit des Straßenverkehrs bei Straßenplanungen sind daher nicht Gegenstand der gerichtlichen Kontrolle.

Materiell ist das universelle Zugriffsrecht der Gemeinden auf **Angelegenheiten der örtlichen Gemeinschaft** beschränkt, also diejenigen „Bedürfnisse und Interessen, die in der örtlichen Gemeinschaft wurzeln oder auf sie einen spezifischen Bezug haben, die also den Gemeindeeinwohnern gerade als solchen gemeinsam sind, indem sie das Zusammenleben und -wohnen der Menschen in der (politischen) Gemeinde betreffen".[25] Die Bestimmung dieses Inhalts unterliegt geschichtlichem Wandel, so dass Aufgaben aus dem Gewährleistungsbereich des Art. 28 Abs. 2 S. 1 GG „herauswachsen" können, wie dies vom Bundesverfassungsgericht für die Abfallbeseitigung angenommen worden ist.[26] Es bleibt aber ein weitgespanntes Aufgabenfeld sprichwörtlich von der Wiege (Meldeamt und ggf. städtisches Krankenhaus) bis zur Bahre (städtischer Friedhof), so dass es klassischerweise die Gemeindeverwaltung ist, die dem Bürger als „Staat" gegenübertritt. 326

Selbstverwaltungsangelegenheiten müssen somit „örtlich radiziert" sein. Gemeinden ist es folglich verwehrt, unter Berufung auf ihre Allzuständigkeit allgemeinpolitische – also überörtliche – Fragen zum Gegenstand ihrer Tätigkeit zu machen. Insoweit ist den Gemeinden kein Zugriffsrecht eröffnet, so dass eine etwaige Anmaßung einen Eingriff in fremde Verbandskompetenzen bedeutet. Die Bestimmung der **„Verbandskompetenz"** ist ein Klassiker des Kommunalrechts, der an unterschiedlichen Stellen auftaucht. Klausurrelevant sind insb. die Einschränkungen für Gemeinderatsbefassungen in § 34 Abs. 1 S. 5 GemO und Bürgerbegehren durch § 23 Abs. 1 S. 1 GemO. 327

Allerdings kann den Gemeinden eine **„Befassungskompetenz"** für Fragen zukommen, die nicht in ihre Entscheidungskompetenz fallen. Voraussetzung ist indes auch hier ein ausreichender örtlicher Bezug, dass also die Gemeinde durch die Auswirkungen unmittelbar betroffen wird. Sofern die ernsthafte Möglichkeit besteht, dass die Gemeinde von entsprechenden Maßnahmen betroffen wird, darf sie sich mit konkreten Vorhaben befassen. Dies gilt insb., wenn die Gemeinde Folgemaßnahmen treffen muss. Insoweit sind auch „Vorratsbeschlüsse" zulässig, die sich vorsorglich und ohne unmittelbar zu benennenden Anlass mit der Angelegenheit befassen, denn der Zeitpunkt einer entsprechenden Äußerung ist Sache der Gemeinde, die so auch die Schaffung vollendeter Tatsachen vermeiden kann.[27] 328

Befassungskompetenz bedeutet also die Berechtigung, sich aus ortsbezogener Sicht mit Fragen zu befassen, welche sich aus der Wahrnehmung von Aufgaben der öffentlichen Verwaltung ergeben, die nach der Kompetenzordnung anderen Trägern öffentlicher Gewalt zugewiesen sind. Konkrete Folgemaßnahmen (etwa hinsichtlich der öffentli- 329

---

24 Vgl. VGH Bad.-Württ., DVBl. 2016, 583 m.w.N.
25 BVerfGE 79, 127 (151 f.).
26 Diese Entwicklung wird gegenwärtig insb. im Bereich der Energieversorgung wahrnehmbar.
27 Vgl. BVerwG, DVBl 1991, 491.

chen Sicherheit, des Brandschutzes o.ä.) eröffnen daher ein auf den örtlichen Raum bezogenes Befassungsrecht. Die Gemeinde darf sich um diejenigen Bedürfnisse und Interessen kümmern, die in der örtlichen Gemeinschaft wurzeln oder auf sie einen spezifischen Bezug haben. Es ist daher eine Abgrenzung zwischen dem kommunal-politischen Mandat und einem allgemein-politischen Engagement erforderlich. Das Bundesverfassungsgericht umschreibt dies wie folgt: „Die Gemeinde mag berechtigt sein, sich mit einer Entschließung ihrer Verfassungsorgane gegen die konkrete Absicht zu wenden, auf ihrem Gemeindegebiet einen Atomreaktor, einen Flugplatz, eine militärische Anlage, z.B. eine Abschussbasis für Atomsprengkörper, zu errichten, sie ist aber nicht befugt, sich in derselben Weise gegen die Anlage von Atomreaktoren, Flugplätzen, militärischen Anlagen schlechthin zu wenden".[28]

330 *Zur Vertiefung: Fall 1.*

331 Nach einer – wohl als singulär zu bewertenden – Entscheidung des Bundesverwaltungsgerichts ergibt sich aus Art. 28 Abs. 2 S. 1 GG auch eine Verpflichtung der Gemeinde, ihren eigenen **Aufgabenbestand** zu wahren, so dass es nicht in ihrem Ermessen stehe, sich freier Selbstverwaltungsangelegenheiten wieder zu entledigen.[29] Eine Herleitung dieser Pflicht aus dem Normbestand des Grundgesetzes bleibt die Entscheidung aber schuldig,[30] im Hinblick auf den Gegenstand – den Offenbacher Weihnachtsmarkt – dürfte auch etwas hoch gegriffen sein. Im Ergebnis ist die Entscheidung aber dennoch richtig, denn tatsächlich hat die Gemeinde die Einrichtung nicht aufgegeben, sondern lediglich die Ausrichtung (und Vergabe) an einen Privaten übertragen. Problematisch ist deshalb nicht die Aufgabe der Einrichtung, die Veranstaltung findet vielmehr weiterhin – und auf Grundlage privatrechtlicher Verträge gesichert – statt. Zu bemängeln ist vielmehr, dass die Gemeinde sich auch ihres Einflusses auf die Vergabeentscheidungen begeben hat. Diese „Flucht ins Privatrecht" ist unzulässig und verstößt – einfachrechtlich – gegen die Vorgabe, dass öffentliche Einrichtungen „im Einfluss der Gemeinde" stehen müssen. Nur so kann den zwingend aus § 10 Abs. 2 GemO (bzw. anderen landesrechtlichen Äquivalenten) folgenden öffentlich-rechtlichen Verpflichtungen der Gemeinde Genüge getan werden.

IV. Kommunalaufsicht

332 Da Selbstverwaltung gerade die Freiheit von Zweckmäßigkeitserwägungen anderer bedeutet, kann die Aufsicht hier nur auf **Rechtmäßigkeitsfragen** beschränkt sein. Hierfür besteht in der Praxis schon deshalb ein Bedürfnis, weil viele (kleine) Gemeinden nicht über juristisch ausgebildete Mitarbeiter verfügen; dementsprechend ordnet auch § 118 Abs. 1 GemO das Ziel an, die Gesetzmäßigkeit der Verwaltung sicherzustellen. Teilweise sieht die Gemeindeordnung[31] auch präventive Genehmigungsvorbehalte vor, um die Schaffung vollendeter Tatsachen vermeiden zu können (vgl. etwa § 88 Abs. 2 S. 2 GemO für den Fall der Bürgschaftsübernahme).

---

28 BVerfGE 8, 122 (134).
29 Vgl. BVerwG, NVwZ 2009, 1305.
30 Für den ähnlich gelagerten Fall des straßenrechtlichen Gemeingebrauchs hat das Bundesverfassungsgericht in einem Kammerbeschluss (unter Bezugnahme auf ein älteres BVerwG-Urteil) ausdrücklich festgehalten, dass sich der Benutzer „mit dem abfinden [muss], was uns wie lange es geboten wird"; vgl. BVerfG, NVwZ 2009, 1426 (1429).
31 Oder andere Vorschriften: vgl. etwa Art. 75 Abs. 1 S. 2 LV, § 6 BauGB.

Aufsichtsmaßnahmen im Bereich der Selbstverwaltung treffen die Gemeinde als eigenständigen Rechtsträger und damit im Außenrechtsverhältnis. Es handelt sich daher um Verwaltungsakte, so dass zutreffender Rechtsschutz die Anfechtungsklage (bzw. im Falle einer begehrten Genehmigung die Verpflichtungsklage) ist. Die entsprechende Anordnung in § 125 GemO hat aber nur deklaratorischen Charakter, weil die Gesetzgebungsbefugnis für das Verwaltungsprozessrecht nach Art. 74 Abs. 1 Nr. 1 GG beim Bund liegt, der hiervon mit Erlass der VwGO grundsätzlich abschließend Gebrauch gemacht hat.[32]

333

Die Aufsichtsmittel sind in § 119 ff. GemO aufgelistet und sehen ein gestaffeltes Instrumentarium vor: Information, Beanstandung (mit aufschiebender Wirkung nach § 121 Abs. 1 S. 3 GemO),[33] Aufhebungsverlangen, Anordnung und Ersatzvornahme. Die Beanstandung kann dabei auch noch ausgesprochen werden, wenn die gerügte Verhaltensweise nicht mehr rückgängig gemacht werden kann.[34]

334

Bei Weisungsaufgaben dagegen werden die Gemeinden nicht im eigenen Wirkungskreis, sondern im übertragenen Aufgabenbereich tätig. Hier besteht deshalb eine **Fachaufsicht**, die sich nach dem jeweiligen Fachgesetz richtet (vgl. §§ 118 Abs. 2, 129 Abs. 1 GemO). Grundsätzlich kann die Gemeinde hier nicht in eigenen Rechten betroffen sein, weil ihr eigene Rechte im übertragenen Aufgabenbereich nicht zustehen. Insoweit besteht auch – anders als im kommunalen Binnenstreit – kein Rechtsschutzbedürfnis für gerichtliche Klärungen, da Zweifelsfragen stets in der Verwaltungshierarchie (notfalls im Kabinett, vgl. Art. 49 Abs. 2 LV) gelöst werden können. Außenrechtlich relevante Fragen können deshalb nur dann auftreten, wenn Streit darüber besteht, ob sich eine Aufsichtsmaßnahme tatsächlich im Regelungsbereich des übertragenen Aufgabenkreises bewegt oder die Reichweite des Selbstverwaltungsrechts verkannt wurde. Insoweit kommt eine Verletzung des Rechts aus Art. 28 Abs. 2 S. 1 GG in Betracht, so dass mit dieser Behauptung jedenfalls eine Anfechtungsklage nach § 125 GemO erhoben werden kann.[35]

335

Die Kommunalaufsicht[36] steht aber nur im öffentlichen Interesse, so dass ein Individualanspruch Dritter auf Einschreiten nicht besteht und gerichtlich auch nicht geltend gemacht werden kann.

336

Mit der Sonderregelung des § 126 Abs. 1 S. 1 GemO, wonach Ansprüche der Gemeinde gegen Gemeinderäte von der Rechtsaufsichtsbehörde geltend gemacht werden, soll eine „Frontstellung" innerhalb der Gemeinde vermieden werden. Der Anwendungsbereich ist daher weit zu fassen und betrifft auch Konstellationen, in denen das Gemeinderatsmitglied nicht in dieser Funktion, sondern als Privatperson betroffen ist. Umgekehrt tritt eine Konfrontation erst im Falle der Weigerung ein, so dass nicht bereits der Grund-Verwaltungsakt, sondern erst die Zwangsvollstreckung von der Zuständigkeitsverlagerung erfasst ist.[37]

337

Zur Vertiefung: Fall 1, 2 und 5.

338

---

32 Vgl. BVerfGE 20, 238 (248); dazu auch BVerwG, DVBl 1980, 960.
33 Da die Aufsicht aber nur intern wirkt, gilt die aufschiebende Wirkung nur im Innenverhältnis und bewirkt ein Vollzugsverbot.
34 Vgl. VGH Bad.-Württ., DÖV 2003, 125 für den Fall einer rechtswidrigen Auftragsvergabe.
35 Vgl. BVerwG, NVwZ 1995, 910.
36 Dies gilt grundsätzlich für alle Aufsichtsformen, selbst der Aufsicht der Europäischen Kommission kommt kein Drittschutz zu.
37 So VGH Bad.-Württ., VBlBW 1989, 27.

V. Binnenorganisation („Gemeindeverfassung")

339 Die Besonderheit als Selbstverwaltungskörperschaft wird auch daran deutlich, dass die Hauptorgane – Gemeinderat und Bürgermeister – von den Bürgern selbst gewählt werden. Darüber hinaus kommen den Gemeindebürgern aber auch direkte Beteiligungsmöglichkeiten zu.

1. Bürgerbeteiligung

340 Das Gemeinderecht von Baden-Württemberg sieht nicht nur Wahlen, sondern in gewissem Umfang auch eine Mitwirkung der Bürger an Sachentscheidungen (**Abstimmungen**) vor. Ausdrücklich ausgenommen von entsprechenden Bürgerentscheiden sind aber die in § 21 Abs. 2 GemO aufgelisteten Angelegenheiten. Die Initiative hierfür kann entweder vom Gemeinderat ausgehen (§ 21 Abs. 1 GemO: Erfordernis einer absoluten Zwei-Drittel-Mehrheit!) oder durch „Bürgerbegehren" herbeigeführt werden.

341 Ein **Bürgerbegehren** setzt in **formeller** Hinsicht u.a. die Einhaltung der Frist des § 21 Abs. 3 S. 3 GemO[38] und des Unterschriftsquorums aus § 21 Abs. 3 S. 6 GemO voraus. Bei einem gegen einen Gemeinderatsbeschluss gerichteten „kassatorischen" Bürgerbegehren sind dabei nur die Unterschriften zu berücksichtigen, die nach der Beschlussfassung geleistet worden sind; Vorratslisten sind demnach unzulässig.[39] Darüber hinaus muss die zur Entscheidung stehende Frage klar formuliert und mit „ja" oder „nein" beantwortbar sein.[40] Der in § 21 Abs. 3 S. 4 GemO vorgeschriebene Kostendeckungsvorschlag kann ausnahmsweise entbehrlich sein, wenn Kosten nicht entstehen.[41] Auch die Begründung zählt zum zwingenden Inhalt eines Bürgerbegehrens. Sie darf zwar werbenden und auch wertenden Charakter haben; um einer Verfälschung des Bürgerwillens vorzubeugen, dürfen wesentliche Tatsachen aber nicht falsch, unvollständig oder irreführend dargestellt werden.[42]

342 **Materiell** setzt ein Bürgerbegehren voraus, dass es sich um eine Angelegenheit des Wirkungskreises der Gemeinde handelt (vgl. § 21 Abs. 3 S. 1 GemO), die Verbandskompetenz der Gemeinde also überhaupt gegeben ist. Darüber hinaus ist auch die Organzuständigkeit des Gemeinderats erforderlich. Diese Tatbestandsmerkmale unterliegen voller gerichtlicher Nachprüfung.

343 Weiterhin darf keiner der **Ausschlusstatbestände** des § 21 Abs. 2 GemO greifen. Probleme bereitet hier insb. die Sperrwirkung der Bauleitpläne nach § 21 Abs. 2 Nr. 6 GemO, zu denen nicht erst der Bebauungsplan, sondern auch bereits der Aufstellungsbeschluss gehört.[43] Das Vorfeld für ein „initiierendes" Bürgerbegehren endet deshalb mit dem Aufstellungsbeschluss. Ratio legis dieser Ausschlussregelung ist die Erkenntnis, dass planerische Abwägungsentscheidungen einem ja/nein-Schema nicht zugänglich sind. Anderes gilt aber für die Frage, ob überhaupt eine Planung stattfinden soll, etwa

---

38 Nach VGH Bad.-Württ., VBlBW 2013, 269 kann diese Frist selbst bei einem Verstoß gegen den Öffentlichkeitsgrundsatz in Lauf gesetzt werden, sofern die Anstoßfunktion erfüllt bleibt. Kein Fristlauf erfolgt dagegen bei einem nichtigen Gemeinderatsbeschluss: VGH Bad.-Württ., VBlBW 2105,375.
39 Vgl. VGH Bad.-Württ., VBlBW 2011, 388.
40 §§ 21 Abs. 3 S. 4 und Abs. 9 GemO, § 55 Abs. 1 S. 1 KomWG, §§ 53 Abs. 2 S. 2, 52 Abs. 2 S. 2 KomWO.
41 Vgl. VGH Bad.-Württ., VBlBW 2011, 388; dort wird auch ausgeführt, dass aus dem Beschlussvorschlag resultierende Schadensersatzforderungen nicht zu den Kosten „der Maßnahme" gehören.
42 Vgl. VGH Bad.-Württ., VBlBW 2014, 141.
43 Sperrwirkung entfaltet aber erst ein Gemeinderatsbeschluss, aus dem sich die Vor- und Nachteile des Vorhabens einigermaßen verlässlich beurteilen lassen; vgl. VGH Bad.-Württ., VBlBW 2011, 26.

also in einem bestimmten Bereich eine Gewerbeansiedlung zu ermöglichen ist. Derartige Grundsatzentscheidungen im Vorfeld eines bauplanungsrechtlichen Verfahrens sind daher bürgerentscheidfähig.[44] Ähnliches gilt für den Ausschlusstatbestand des § 21 Abs. 2 Nr. 4 GemO. Auch hier lässt die Rechtsprechung vorgelagerte Grundsatzentscheidungen zu – etwa die Frage, ob überhaupt eine Beteiligung an der Errichtung eines Hallen- und Wellnessbads durch einen privaten Investor stattfinden soll.[45]

Bürgerbegehren dürfen nicht auf ein **rechtswidriges Ziel** gerichtet sein.[46] Ob dies auch für vertragliche Bindungen gilt,[47] erscheint jedenfalls fraglich, weil in einem vertragswidrigen Verhalten grundsätzlich kein Verstoß gegen objektives Recht liegt. Es dürfte daher im zulässigen Entscheidungsspielraum des jeweiligen Vertragspartners (und damit ggf. auch einer Gemeinde) liegen, eine vertragliche Verpflichtung nicht zu erfüllen und stattdessen die entsprechenden Schadensersatzverpflichtungen zu leisten. Auch die auf Unterlassen einer bestimmten Grundsatzplanung gerichteten Bürgerbegehren sind nicht auf ein rechtswidriges Ziel gerichtet, weil § 1 Abs. 3 S. 1 BauGB eine Planungspflicht grundsätzlich nicht enthält. Unzulässig kann ein Bürgerbegehren aber sein, wenn es den Ausweisungen des Flächennutzungsplans widerspricht.[48] **344**

Gegen die **Zurückweisung** eines Bürgerbegehrens steht die Verpflichtungsklage offen, mit der die Gemeinde verpflichtet werden kann, das Bürgerbegehren für zulässig zu erklären (vgl. § 41 Abs. 2 KomWG).[49] Die Rechtsprechung lässt auch einen auf die vorläufige Feststellung der Zulässigkeit des Bürgerbegehrens gerichteten Eilantrag zu. Angesichts des Umstands, dass die Gemeindeordnung dem Bürgerbegehren keine aufschiebende Wirkung gegen den Vollzug des angegriffenen Gemeinderatsbeschlusses beigemessen hat, verlangt die Rechtsprechung hierfür aber eine Offenkundigkeit von Anordnungsanspruch und Anordnungsgrund, nach der „eine gegenteilige Entscheidung im Hauptsacheverfahren praktisch ausgeschlossen werden kann".[50] Sicherungsfähig ist der Anordnungsanspruch nach dieser Rechtsprechung überdies erst dann, wenn ein Bürgerbegehren eingereicht worden ist. Vorbeugender Rechtsschutz, um die notwendige Anzahl von Unterstützungsunterschriften einzuholen, wird demnach auch dann nicht gewährt, wenn durch den drohenden Vollzug der mit dem Begehren angegriffenen Maßnahmen das Bürgerbegehren hinfällig wird.[51] **345**

Zur Vertiefung: Fall 2. **346**

2. Gemeinderat

Die **Wahl** des Gemeinderats und die hierfür geltenden Grundsätze sind durch Art. 28 Abs. 1 S. 2 GG vorgegeben und entsprechen dem von der Bundestagswahl her Bekannten (vgl. § 26 Abs. 1 GemO).[52] Die (ehrenamtlichen) Mitglieder werden auf fünf Jahre nach den Grundsätzen der Verhältniswahl, aber mit den Besonderheiten des Kumulierens (bis zu drei Stimmen für einen Bewerber) und Panaschierens (keine Bindung an **347**

---

44 Vgl. VGH Bad.-Württ., DVBl 2011, 1035.
45 Vgl. VGH Bad.-Württ., VBlBW 2001, 388.
46 Vgl. VGH Bad.-Württ., VBlBW 2014, 141 für vergaberechtliche Vorgaben.
47 So VGH Bad.-Württ., VBlBW 2015, 375 hinsichtlich der Finanzierungsvereinbarungen für „Stuttgart 21".
48 Vgl. VGH Bad.-Württ., VBlBW 2009, 425.
49 Die umgekehrte Konstellation, dass der Bürgerentscheid ungültig ist, kann dagegen nicht geltend gemacht werden, so VGH Bad.-Württ., VBlBW 2002, 118.
50 Vgl. VGH Bad.-Württ., VBlBW 2010, 311 sowie VBlBW 2013, 212.
51 Vgl. VGH Bad.-Württ., VBlBW 2013, 212 in Abgrenzung zur Rechtsprechung des Hess. VGH.
52 Vgl. hierzu BVerwGE 151, 179.

Wahlvorschlagsliste) sowie der unechten Teilortswahl (Einzelheiten in § 27 Abs. 3 Ge-mO)[53] gewählt. Der Proporz wird indes dadurch beeinflusst, dass auch der Bürger-meister stimmberechtigtes Mitglied des Gemeinderats ist (vgl. § 25 Abs. 1 S. 1 Ge-mO).[54] Wahlvorschläge können nicht nur von Parteien, sondern auch von freien Wäh-lervereinigungen oder sogar einzelnen Wahlberechtigten unterbreitet werden, sofern das hierfür in § 8 Abs. 1 S. 1 KomWG vorgeschriebene Quorum von Unterstützungs-vorschriften erreicht ist. Für sog. Rathausparteien gilt das Parteiengesetz aber nicht (vgl. die Legaldefinition in § 2 Abs. 1 S. 1 ParteienG: „für den Bereich des Bundes oder eines Landes"). Die Wahlanfechtung ist in § 31 KomWG geregelt.[55]

348   Der Gemeinderat ist die Vertretung der Bürger und hat daher alle wesentlichen Ge-meindeangelegenheiten zu entscheiden (vgl. § 24 Abs. 1 GemO). Er kann zwar grund-sätzlich seine Aufgaben auch auf beschließende Ausschüsse (§ 39 Abs. 1 S. 1 GemO) oder den Bürgermeister (§ 44 Abs. 2 S. 2 GemO) übertragen, dies gilt jedoch nicht für den in § 39 Abs. 2 GemO festgelegten Aufgabenkatalog![56]

349   Seine inneren Angelegenheiten regelt der Gemeinderat durch eine **Geschäftsordnung** selbst (vgl. § 36 Abs. 2 GemO: „Geschäftsordnungsautonomie"). Dabei steht ihm grundsätzlich ein weiter Gestaltungsspielraum zu,[57] auch eine Beschränkung der Rede-zeiten ist grundsätzlich zulässig.[58] Da es sich bei dem Rederecht aber um das elemen-tarste Recht der gewählten Mitglieder des Gemeinderats handelt, kommt eine Ein-schränkung nur im Interesse der Funktionsfähigkeit des Vertretungsorgans und unter Wahrung des Verhältnismäßigkeitsgrundsatzes in Betracht. Die Beschränkung darf da-her nicht außer Verhältnis zur Schwierigkeit und Bedeutung der zu erörternden Ange-legenheit stehen.[59] Die analoge Heranziehung des Grundsatzes der „abgestuften Chan-cengleichheit" aus § 5 Abs. 1 ParteiG ist dabei nicht zu beanstanden.[60]

350   Die Rechtsnatur der Geschäftsordnung ist umstritten, weil sie grundsätzlich keine un-mittelbare Außenwirkung entfaltet. Jedenfalls aber unterliegt sie der Normenkontrolle nach § 47 Abs. 1 Nr. 2 VwGO.[61] Darüber hinaus kann sie Gegenstand einer Inzident-prüfung sein, wenn eine auf die Geschäftsordnung gestützte Maßnahme in Rede steht. Bei Verstößen gegen die in der Geschäftsordnung niedergelegten Vorgaben ist zu unter-scheiden, ob es sich um bloße Ordnungsvorschriften handelt oder ob wesentliche Vor-

---

53   Die unechte Teilortswahl sieht die Möglichkeit vor, die Gemeinderatssitze nach einem bestimmten Zahlen-verhältnis mit Vertretern bestimmter Wohnbezirke zu besetzen. Damit wird die Repräsentanz dieser Bezir-ke im Gemeinderat garantiert. Da auch diese Vertreter aber von allen Gemeindebürgern und nicht aus-schließlich von denjenigen des Teilorts gewählt werden, ist die Teilortswahl „unecht".

54   Er ist aber kein „Gemeinderat" (vgl. § 25 Abs. 1 S. 1 GemO) und zählt daher bei entsprechenden Quoren nicht mit.

55   Probleme ergeben sich insb. im Vorfeld wegen unzulässiger Wahlbeeinflussung durch Amtsträger; vgl. et-wa BVerwG, DVBl 2001, 1278 oder VGH Bad.-Württ., VBlBW 2007, 377. Auf Einzelheiten wird verzichtet, weil das Kommunalwahlrecht nach § 8 Abs. 2 Nr. 9 und § 51 Abs. 1 Nr. 9 JAPrO vom Prüfungskatalog aus-drücklich ausgenommen ist.

56   Die Auflistung kann auch als Auslegungshilfe für die Frage verwendet werden, wann eine Grundsatzent-scheidung oder ein Geschäft der laufenden Verwaltung vorliegt.

57   Vgl. VGH Bad.-Württ., VBlBW 1988, 407.

58   Nicht möglich ist dagegen ein Ausschluss des Rederechts; vgl. BVerfGE 60, 374; 80, 188; BVerwG, DVBl 1988, 762; VGH Bad.-Württ., VBlBW 1994, 99. Eskalationen ist mit dem vorgesehenen Instrumentarium des Ordnungsrechts zu begegnen.

59   Vgl. VGH Bad.-Württ., VBlBW 1994, 99.

60   Vgl. VGH Bad.-Württ., VBlBW 1997, 101. Zur Zulässigkeit von Fraktionsbildungen auch BVerwG, NVwZ 2010, 834.

61   Vgl. BVerwG, NVwZ 1988, 1119; VGH Bad.-Württ., VBlBW 2003, 56 und 119.

schriften wie insb. die Mitgliedschaftsrechte eines Gemeinderatsmitglieds beeinträchtigt worden sind.

Der Gemeinderat ist ein Organ der Gemeinde, so dass auch die einzelnen Mitglieder **Organwalter** sind.[62] Ihnen stehen mitgliedschaftliche Organrechte zu, die auf die Mandatsausübung bezogen sind. Insoweit handelt es sich aber um Binnenrecht, so dass den Maßnahmen die Außenwirkung und damit auch der Charakter eines Verwaltungsakts fehlt.

351

Ungeachtet dessen stehen einer zur ehrenamtlichen Tätigkeit bestellten Person aber weiterhin ihre **Grundrechte** zu. Die Vorstellung, dass die Grundrechte mit dem Eintritt in den Gemeinderat gleichsam an der Garderobe abgegeben würden, ist den obsoleten Vorstellungen eines „besonderen Gewalt(innen)verhältnisses" verhaftet.[63] Auch ein Gemeinderatsmitglied ist daher – soweit gesetzliche Einschränkungen wie etwa die Verschwiegenheitspflicht in § 17 Abs. 2 GemO nicht entgegenstehen – zur freien Meinungsäußerung berechtigt.[64] Auch in der Öffentlichkeit steht ihm die Möglichkeit zu, von der Gemeinderatsmehrheit abweichende Positionen zu vertreten; eine Verpflichtung zu „gemeindeverträglichen" Äußerungen besteht nicht.[65]

352

Auch die Gemeindeordnung stellt aber ein allgemeines Gesetz i.S.d. Art. 5 Abs. 2 GG dar und kann die Einschränkung von Rede- und Äußerungsrecht daher rechtfertigen. Rechtsgrundlage hierfür ist insb. die – gemäß § 36 Abs. 1 S. 2 GemO dem Bürgermeister zukommende – Ordnungsgewalt für die Gemeinderatssitzung. Voraussetzung ist aber, dass die Einschränkung im Interesse der Funktionsfähigkeit des Gemeinderats erforderlich und die Maßnahme verhältnismäßig ist. Sticker und Plaketten etwa werden eine ausreichende Beeinträchtigung regelmäßig nicht darstellen.[66]

353

Zur Vertiefung: Fall 1.

354

Gemeinderatsmitgliedern sind auch **Pflichten** auferlegt. Praktische Relevanz kommt insb. der Verschwiegenheitspflicht aus § 35 Abs. 2 GemO zu. Einzelheiten aus nicht-öffentlichen Sitzungen dürfen danach nicht bekannt gemacht werden, solange ein Gemeinderatsmitglied nicht von seiner Verschwiegenheitspflicht befreit worden ist. Auf die Frage, ob die Öffentlichkeit von der Sitzung zu Recht ausgeschlossen wurde oder der gefasste Beschluss rechtmäßig ist, kommt es dabei nicht an.[67]

355

Auch die Verpflichtung zur Teilnahme an den Gemeinderatssitzungen in § 34 Abs. 3 GemO bereitet Schwierigkeiten, weil die Gemeindeordnung eine Ausnahmevorschrift hierzu nicht enthält. Allerdings sieht § 16 Abs. 1 GemO die Möglichkeit vor, das Ehrenamt (insgesamt) aus wichtigem Grund abzulehnen bzw. aus diesem auszuscheiden. Im Wege des Erst-Recht-Schlusses kann die Vorschrift daher analog auch für einzelne Verpflichtungen herangezogen werden.[68] Der erforderliche „wichtige Grund" ist ein

356

---

62 Ein persönlicher Regress kommt regelmäßig nur bei Verletzung eines Schutzgesetzes i.S.d. § 823 Abs. 2 BGB in Betracht, insb. also bei Verstößen gegen die Verschwiegenheitspflicht aus § 17 Abs. 2 GemO.

63 Auch für die Beamten – den Klassiker des „besonderen Gewaltverhältnisses" – ist die Grundrechtsberechtigung zwischenzeitlich anerkannt. Den Besonderheiten des Dienstverhältnisses wird durch die verfassungsimmanenten Schranken des Art. 33 Abs. 5 GG, die eine individuelle Grundrechtsbetätigung überlagern können, Rechnung getragen; vgl. etwa BVerfGK 12, 244.

64 Vgl. BVerwG, NVwZ 1988, 837.

65 Vgl. VGH Bad.-Württ., VBlBW 2001, 179.

66 Vgl. etwa BVerwG, NVwZ 1988, 407.

67 Vgl. VGH Bad.-Württ., 2.9.2011 – 1 S 1318/11.

68 Vgl. VGH Bad.-Württ., VBlBW 1996, 99 sowie Bay. VGH, DVBl. 1980, 63.

unbestimmter Rechtsbegriff, der gerichtlich voll nachgeprüft werden kann.[69] Die systematische Auslegung der Norm ergibt dabei, dass die Aufzählung in § 16 Abs. 1 S. 2 GemO nur personenbezogene Gründe enthält. Sachbezogene Gründe dagegen sind nicht berücksichtigt, insb. darf das Fernbleiben nicht als Druckmittel eingesetzt werden. Sachliche Auseinandersetzungen sollen vielmehr gerade im Gemeinderat ausgetragen werden. Verstöße hiergegen können gemäß § 17 Abs. 4 i.V.m. § 16 Abs. 3 GemO sanktioniert werden. Die Rechtsprechung lässt hierfür auch die nicht ausdrücklich genannte Ermahnung als milderes Mittel zu.[70]

357 *Zur Vertiefung: Fall 3.*

358 Angesichts der Kleinräumigkeit des gemeindlichen Bereichs kann es schnell zu **Interessenkonflikten** eines Gemeinderats kommen. Die Gemeindeordnung ist daher sehr darauf bedacht, bereits den Anschein etwaiger Interessenkonflikte zu vermeiden. § 29 GemO regelt deshalb institutionelle Hinderungsgründe, die schon einer Tätigkeit als Mitglied des Gemeindesrats entgegenstehen („Inkompatibilität").[71] Die Vorschrift begründet allerdings nicht bereits ein Verbot der Wählbarkeit, sondern erst ein Eintrittshindernis.

359 Wesentlicher – und von größter Klausurbedeutung[72] – sind die **Befangenheitsvorschriften**. Nach § 18 Abs. 1 GemO darf ein Gemeinderat nicht an einer Entscheidung mitwirken, die ihm – bzw. nach Maßgabe der aufgelisteten Fallgruppen auch einem Angehörigen – „einen unmittelbaren Vorteil oder Nachteil bringen kann". Das Tatbestandsmerkmal setzt keine direkte Kausalität voraus; Unmittelbarkeit ist vielmehr bereits gegeben, wenn ein Gemeinderat aufgrund persönlicher Beziehung zu dem Gegenstand der Beratung oder Beschlussfassung ein individuelles Sonderinteresse hat, das zu einer Interessenkollision führen kann und die Besorgnis rechtfertigt, dass der Betreffende nicht mehr uneigennützig und nur zum Wohl der Gemeinde handelt.[73] Auf das tatsächliche Bestehen einer Interessenkollision kommt es daher nicht an, es soll vielmehr bereits der „böse Schein" vermieden werden. Zu einer Interessenkollision kann grundsätzlich jeder individualisierbare Vor- oder Nachteil führen, sofern er hinreichend wahrscheinlich – also konkret möglich – ist. An diesem Punkt ist die Rechtsprechung aber (sehr) restriktiv und hat angesichts vielfältiger Einflussfaktoren etwa die mögliche Wertsteigerung einer Eigentumswohnung[74] oder die mögliche Verhinderung von Konkurrenzbetrieben[75] nicht als ausreichend erachtet. **Gemeinsame Interessen einer Berufs- oder Bevölkerungsgruppe** führen nach § 18 Abs. 3 S. 1 GemO ebenfalls nicht zum Ausschluss.[76] Der Schutz vor Geruchsbelästigungen oder Schadstoffen etwa wird von der Rechtsprechung regelmäßig als Anliegen aller Bewohner bewertet und begründet daher nur dann ein individuelles Sonderinteresse, wenn sich die Lage des Betroffe-

---

69 Ebenso für den parallel gelagerten § 12 LKrO: VGH Bad.-Württ., VBlBW 1984, 281.
70 Vgl. VGH Bad.-Württ, VBlBW 1996, 99.
71 Vgl. Zur Verfassungsmäßigkeit BVerwG, NVwZ 2003, 90.
72 Befangenheitsprobleme können in beinahe jedem Rechtsgebiet vorkommen (oder vom Prüfungsamt eingebaut werden!), sofern nur eine Gemeinderatsbefassung vorliegt. Dies gilt im Übrigen auch für die Praxis und dürfte der Grund für eine gewisse Inkonsistenz der Entscheidungen sein: Je nach Streitgegenstand wird über Befangenheitsfragen nicht von dem für Kommunalrecht zuständigen 1. Senat des Verwaltungsgerichtshofs entschieden, sondern etwa von Baurechts- oder Straßenrechtssenaten.
73 Vgl. etwa VGH Bad.-Württ., NVwZ-RR 1998, 63.
74 Vgl. VGH Bad.-Württ., NVwZ-RR 1993, 97.
75 Vgl. VGH Bad.-Württ., VBlBW 2006, 144 und 390.
76 Vgl. VGH Bad.-Württ., 8.5.2012 – 8 S 1739/10 – für das den Bewohnern eines Wohngebiets gemeinsame Ziel, Geruchsbelästigungen zu vermeiden.

nen so deutlich vom Gruppeninteresse abhebt, dass sich die Entscheidung auf den abstimmenden Gemeinderat „zuspitzt" und ihn „sozusagen als Adressaten" in den Blick nimmt.[77]

Ein befangener Stadtrat hat die Sitzung gemäß § 18 Abs. 5 GemO zu **verlassen.** Hierzu   360
ist eine erkennbare räumliche Trennung von den übrigen Mitgliedern erforderlich, denn auch die bloße Anwesenheit im Kollegium kann die Beratung und Abstimmung unsachgemäß beeinflussen. Der Öffentlichkeitsgrundsatz (§ 35 Abs. 1 S. 1 GemO) gilt jedoch auch für ein befangenes Gemeinderatsmitglied, so dass ihm das Zuhören nicht verwehrt werden kann. Es ist daher nicht zu beanstanden, wenn sich ein befangener Gemeinderat in den Zuhörerraum begibt.[78] Ein unter Verstoß gegen die Befangenheitsvorschriften zustande gekommener Satzungsbeschluss ist rechtswidrig;[79] das gilt unabhängig davon, ob es rechnerisch auf die Stimme des Betroffenen angekommen wäre.[80] Er wird aber „geheilt", wenn nicht innerhalb eines Jahres eine Beanstandung i.S.d. § 18 Abs. 6 S. 2 GemO erfolgt. Für Satzungen gilt die Sondervorschrift des § 4 Abs. 4 GemO.

Zur Vertiefung: Fall 4.   361

Interessenkonflikte können sich schließlich auch im Hinblick auf die Berufsausübung   362
ergeben. Mit dem kommunalrechtlichen **Vertretungsverbot** des § 17 Abs. 3 S. 1 GemO soll daher verhindert werden, dass die Amtsstellung zur Wahrnehmung persönlicher oder beruflicher Interessen ausgenutzt wird. Auch insoweit gilt es bereits den „bösen Schein" eines Missbrauchs zu vermeiden,[81] so dass der Anwendungsbereich in der Rechtsprechung weit gefasst und bereits auf ein Akteneinsichtsgesuch erstreckt wird, wenn dieses zur Klärung eines öffentlich-rechtlichen Anspruchs dienen kann.[82] Das Vertretungsverbot erfasst darüber hinaus nicht nur den zum Gemeinderat gewählten Anwalt selbst, sondern auch die mit ihm in einer Sozietät verbundenen Kollegen.[83] Vom Anwendungsbereich ausgenommen hat die Rechtsprechung dagegen die Ordnungswidrigkeitenverfahren.[84] Rechtsfolge eines Verstoßes gegen das Vertretungsverbot ist indes nicht die Unzulässigkeit der Vertretung. Denn die Vorschriften des Landeskommunalrechts geben mangels entsprechender Gesetzgebungszuständigkeit keine Rechtsgrundlage dafür her, einen Rechtsanwalt als Prozessbevollmächtigten zurückzuweisen.[85] Vielmehr sehen § 17 Abs. 4 i.V.m. § 16 Abs. 3 GemO (lediglich) Sanktionsmöglichkeiten durch die Gemeinde vor. Da diese das Gemeinderatsmitglied in seiner Außenstellung betreffen (berufliche Betätigung), kommt entsprechenden Maßnahmen Außenwirkung zu, so dass als statthafte Klageart die Anfechtungsklage eröffnet ist.[86]

---

77 Vgl. etwa VGH Bad.-Württ., VBlBW 2013, 183 oder ZfBR 2015, 795.
78 Lesenswerter Fall hierzu: VGH Bad.-Württ., 20.2.2001 – 3 S 2574/99, mit der Besonderheit, dass angesichts des großen Zuhörerandrangs auch der eigentliche Sitzungsbereich für Zuhörer geöffnet war.
79 Das führt aber nicht zwingend zum Erfolg einer Klage. Der Beschluss über das Einvernehmen nach § 36 BauGB etwa ist nicht nachbarschützend, weil er nur dem Schutz der gemeindlichen Planungshoheit dient. Auch ein rechtswidriges Zustandekommen kann daher nicht von einem Nachbarn gerügt werden; vgl. VGH Bad.-Württ., NVwZ 1991, 1005.
80 Vgl. VGH Bad.-Württ., VBlBW 2015, 237.
81 Vgl. VGH Bad.-Württ., DÖV 1988, 302.
82 Vgl. hierzu VG Karlsruhe, 7.4.2011 – 6 K 2400/10.
83 Vgl. VGH Bad.-Württ., DÖV 1988, 302.
84 Vgl. VGH Bad.-Württ., DÖV 1979, 872.
85 Vgl. bereits VGH Bad.-Württ., ESVGH 23, 203 sowie 20.12.1978 – VII 1247/78; hierzu auch BVerwG, NJW 1988, 1994.
86 Vgl. etwa VGH Bad.-Württ., NVwZ-RR 1996, 285.

3. Bürgermeister

363   Der – auf acht Jahre unmittelbar gewählte[87] – Bürgermeister ist Leiter der Gemeindeverwaltung und damit auch (Dienst-)Vorgesetzter aller Gemeindebediensteten (§ 44 Abs. 4 GemO). Er **vertritt** die Gemeinde nach außen (§ 42 Abs. 1 S. 2 GemO),[88] so dass die Wirksamkeit seiner Handlungen von einer im Innenverhältnis etwaig fehlenden Befugnis nicht abhängt.[89] Der Bürgermeister vollzieht auch die Entscheidungen des Gemeinderats im Außenverhältnis; § 43 Abs. 2 GemO sieht insoweit aber die Möglichkeit eines Widerspruchsrechts vor, um den Bürgermeister nicht zu zwingen, Beschlüsse zu vollziehen, die er für rechtswidrig hält.

364   Im Innenverhältnis kommen dem Bürgermeister – bzw. dem von ihm Beauftragten (§ 53 GemO) – die **Geschäfte der laufenden Verwaltung** zu (§ 44 Abs. 2 S. 1 GemO). Hierzu gehören jedenfalls nicht Grundsatzentscheidungen (wie etwa Vergaberichtlinien),[90] die Benennung von Straßen,[91] die Erteilung des Einvernehmens nach § 36 BauGB oder Maßnahmen, die angesichts der Finanzkraft der Gemeinde von erheblicher wirtschaftlicher Bedeutung sind.

365   Darüber hinaus ist nur der Bürgermeister zur Erledigung von **Weisungsaufgaben** berufen (§ 44 Abs. 3 S. 1 GemO), wozu auch der Erlass von Polizeiverordnungen gehört (vgl. § 13 S. 2 PolG, die Zustimmung des Gemeinderats ist nach § 15 Abs. 2 PolG nur bei einer Geltungsdauer von mehr als einem Monat vorgesehen).

366   Der Bürgermeister ist überdies **Vorsitzender des Gemeinderats** und übt gemäß § 36 Abs. 1 S. 2 GemO die Ordnungsgewalt (mit interner Wirkung, im Streitfall also Kommunalverfassungsstreit) und das Hausrecht (nach außen) aus. Ihm kommt damit zunächst die Aufgabe der **Einberufung der Gemeinderatssitzungen** zu, die deshalb von besonderer Bedeutung ist, weil nur in einer ordnungsgemäß einberufenen Sitzung rechtmäßige Beschlüsse gefasst werden können (vgl. § 37 Abs. 1 S. 1 GemO). Die fehlerhafte Einberufung schlägt auf die Rechtmäßigkeit eines in der Sitzung gefassten Beschlusses deshalb durch.[92] Maßgeblicher Bezugspunkt ist jedoch grundsätzlich nur die abschließende Sitzung. Verfahrensfehler im Vorfeld des eigentlichen Satzungsbeschlusses, etwa in vorbereitenden Sitzungen, führen regelmäßig nicht zur Rechtswidrigkeit des in einer nachfolgenden Sitzung gefassten Beschlusses.[93] Anderes kann ausnahmsweise gelten, wenn die Sachdiskussion in einer nicht-öffentlichen Sitzung bereits vor-

---

87   Das Wahlrecht weist dabei die Besonderheit auf, dass im Falle eines zweiten Durchgangs gemäß § 45 Abs. 2 GemO nicht eine Stichwahl, sondern eine echte Neuwahl stattfindet. Es können daher auch Bewerber auftreten, die im ersten Durchgang noch gar nicht zur Wahl standen.

88   Nach BVerfG, NVwZ-RR 2013, 249 kann deshalb eine Verfassungsbeschwerde nicht i.A. von einer nicht-vertretungsberechtigten Person erhoben werden.

89   Die früher – etwa in BGHZ 20, 119 (dort allerdings nicht auf Gemeinden bezogen) – vertretene Auffassung, dass bereits die Rechtsfähigkeit der Gemeinde auf die Verbandskompetenz beschränkt und darüber hinaus gehende Zivil-Rechtsgeschäfte daher unwirksam seien, dürfte überholt sein. Öffentlich-rechtliche Einschränkungen der Rechtsfähigkeit ergeben sich jedenfalls nicht.

90   Dies gilt auch im Bereich der Leistungsverwaltung, vgl. für Schülerbeförderungskosten etwa VGH Bad.-Württ., VBlBW 2010, 443.

91   Die Straßenbenennung ist in § 5 Abs. 4 GemO geregelt, der auch Anwohnern Schutz vor unangemessenen Benachteiligungen und damit eine Klagebefugnis verleiht; vgl. zur Änderung einer Straßenbenennung auch Bay. VGH, BayVBl 2010, 599. Hausnummern dagegen werden durch den Bürgermeister vergeben; vgl. VGH Bad.-Württ., VBlBW 1992, 140.

92   Vgl. auch VGH Bad.-Württ., VBlBW 2003, 119.

93   Vgl. etwa VGH Bad.-Württ., VBlBW 2011, 393.

weggenommen wurde[94] oder aus anderen Gründen ein untrennbarer Zusammenhang der Sitzungen und damit eine „Fortwirkung" des Mangels angenommen werden muss.

Mit der Einberufung müssen auch die **Tagesordnungspunkte** benannt werden. Der Bürgermeister kann hiermit den Gemeinderat zwar nicht zu einer Befassung zwingen; vielmehr steht es dem Gemeinderat (in seiner Gesamtheit) frei, auf die Tagesordnung gesetzte Punkte unbehandelt zu lassen. Der Tagesordnung kommt aber dadurch wesentliche Bedeutung zu, dass der Gemeinderat keinen Beschluss über nicht in der Tagesordnung enthaltene Punkte fassen darf. Dies ergibt sich weniger aus etwaigen Mitgliedschaftsrechten der Gemeinderäte, auf die ggf. verzichtet werden könnte – was die Rechtsprechung bei einem fehlenden Vertagungsantrag regelmäßig annimmt[95] –, sondern aus dem gesetzlich in § 34 Abs. 1 S. 7 GemO angeordneten Öffentlichkeitsgrundsatz.[96] Denn hierdurch wird nicht nur der Gemeinderat geschützt, so dass ein Fehler auch nicht durch das Verhalten des Gemeinderats geheilt werden kann. Deshalb sind Verstöße auch nur in den durch § 34 Abs. 2 GemO vorgesehenen Notfällen heilbar. Inhaltlich muss mit der Beschreibung des Tagesordnungspunkts die „Anstoßfunktion" der Bekanntmachung gewahrt werden. Wie konkret die Benennung der einzelnen Beratungsgegenstände aufgeschlüsselt werden muss, hängt von den Einzelfallumständen ab.[97] Die Öffentlichkeit der Sitzung setzt überdies die rechtzeitige und ortsübliche Bekanntgabe voraus.[98] Denn wenn die Interessierten keine Kenntnis von der Sitzung erhalten, läuft der Schutzzweck auch dann leer, wenn nachfolgend die Sitzung frei zugänglich abgehalten wird.

Als Korrektiv für die Einberufung durch den Bürgermeister ist in § 34 Abs. 1 S. 4 GemO deshalb die Möglichkeit vorgesehen, den Bürgermeister zur Aufnahme bestimmter Themen auf die Tagesordnung zu zwingen. Neben der formellen Voraussetzung des Sechstel-Quorums müssen die Verhandlungsgegenstände aber auch materiell im Aufgabengebiet des Gemeinderats nach § 34 Abs. 1 S. 5 GemO liegen, sie setzen also sowohl die Verbandskompetenz der Gemeinde als auch die Organkompetenz des Gemeinderats voraus. Ob dem Bürgermeister hierfür eine **Prüfungskompetenz** zukommt, ist umstritten; die Rechtsprechung bejaht ein solches Prüfungsrecht.[99] Für eine entsprechende Befugnis des Bürgermeisters spricht zunächst die systematische Stellung des § 34 Abs. 1 S. 5 GemO im Absatz über die – dem Bürgermeister obliegende – Einberufung des Gemeinderats. Auch der hinter der Anordnung liegende Sinn, einen Missbrauch des Gemeinderats für allgemein politische Fragen zu verhindern, könnte für eine Präventivkontrolle des Bürgermeisters sprechen. Der Gemeinderat ist insoweit schließlich nicht schutzlos gestellt, weil die Ablehnung eines Themas durch den Bürgermeister sowohl der Kontrolle durch die Rechtsaufsicht als auch derjenigen in einem gerichtlichen Verfahren zugänglich ist. Gegen eine Prüfungskompetenz des Bürgermeisters spricht dagegen die Tatsache, dass grundsätzlich der Gemeinderat selbst als Vertretungsorgan der Bürger über seine Zuständigkeiten zu befinden hat. Dies gilt umso mehr, als die mate-

367

368

---

94 Vgl. etwa VGH Bad.-Württ., VBlBW 2001, 65 sowie NVwZ-RR 2016, 67: Willensbildungsprozess aus den vorangegangenen nicht-öffentlichen Sitzungen muss zumindest in seinen Grundzügen offen gelegt werden.

95 Vgl. etwa VGH Bad.-Württ., VBlBW 2003, 119 und 190.

96 Der Öffentlichkeitsgrundsatz ist damit außenrechtlich zwingendes Recht. Er beinhaltet aber kein spezifisch organschaftliches Recht einzelner Gemeinderatsmitglieder, so dass ein Kommunalverfassungsstreit hierauf auch nicht gestützt werden kann; vgl. VGH Bad.-Württ., VBlBW 1992, 375.

97 Vgl. etwa Bay. VGH, BayVBl 2009, 91 zur – offen gelassenen – Frage, ob der Hinweis auf einen Aufstellungsbeschluss auch die Beschlussfassung über eine Veränderungssperre mit umfasst.

98 Vgl. VGH Bad.-Württ., WissR 2010, 320 für die Sitzung eines Hochschulsenats.

99 Vgl. VGH Bad.-Württ., VBlBW 1984, 312.

riellen Voraussetzungen nicht immer leicht und eindeutig zu bestimmen sind, so dass ein Vorgriffsrecht des Bürgermeisters Risiken in sich birgt und zu einer Verschiebung der innerkommunalen Machtbalance führen kann. Schließlich ist in § 43 Abs. 2 S. 1 GemO auch eine nachträgliche Kontrolle vorgesehen.

369   *Zur Vertiefung: Fall 1.*

370   Eine ordnungsgemäße Einberufung setzt gemäß § 34 Abs. 1 S. 1 GemO voraus, dass der Bürgermeister die erforderlichen **Sitzungsunterlagen** in angemessener Frist übersendet. Zweck der Vorschrift ist es, den Gemeinderatsmitgliedern ausreichend Zeit zur Sitzungsvorbereitung zu gewähren. Die konkrete Bestimmung ist daher nur anhand der Einzelfallumstände möglich (Ortsgröße, Zusammensetzung des Gemeinderates, Umfang der Tagesordnung, Bedeutung und Schwierigkeit der Verhandlungsgegenstände u.Ä.); allgemein wird man aber eine Mindestfrist von 3 Tagen ansetzen dürfen.[100] Hinsichtlich der zu übermittelnden Unterlagen ist die Rechtsprechung eher restriktiv und stellt darauf ab, ob eine vorläufige Meinungsbildung ermöglicht wird. Ein Anspruch auf Übersendung vollständiger (Vertragstext) oder detaillierter Unterlagen wird daher auch bei komplexen Verhandlungsgegenständen verneint; insoweit genüge die Möglichkeit, Unklarheiten durch Nachfragen in der Gemeinderatssitzung aufzuklären.[101] Etwaige Verletzungen dieser Vorschrift können aber unbeachtlich sein, wenn der Mangel vom Gemeinderat nicht gerügt wurde und eine Sachentscheidung getroffen worden ist.[102]

371   *Zur Vertiefung: Fall 5.*

372   Schließlich ist der Bürgermeister auch **stimmberechtigtes Mitglied** des Gemeinderats (vgl. § 25 Abs. 1 S. 1 GemO). Auch auf ihn sind über § 52 GemO daher die Befangenheitsregelungen anzuwenden. Ein Sonderinteresse und damit die Möglichkeit einer Interessenkollision kann insoweit auch vorliegen, wenn eine Entscheidung des Gemeinderats zu einem Ansehensverlust oder Prestigegewinn des Bürgermeisters in der Öffentlichkeit führen kann. Dies ist etwa für die Entscheidung über eine Kostenerstattung für eine von einem Gemeinderat gegen den Bürgermeister erhobene Dienstaufsichtsbeschwerde angenommen worden.[103] Wirkt der Bürgermeister an einer derartigen Entscheidung gleichwohl mit, ist der Beschluss rechtswidrig und kann von der Rechtsaufsichtsbehörde beanstandet werden.

373   Ein Sonderproblem enthält schließlich § 54 Abs. 1 S. 2 GemO, wonach für die Unterzeichnung von **Verpflichtungserklärungen** die Unterschrift des Bürgermeisters erforderlich ist. Nach Auffassung des Bundesgerichtshofs zieht ein Verstoß hiergegen nicht die Rechtsfolgen aus § 125 BGB nach sich, weil dem Landesgesetzgeber die Kompetenz zum Erlass entsprechender Formvorschriften fehlt. Der Bundesgerichtshof hat die Vorschrift daher als – ausnahmsweise durch eine Formvorschrift vorgenommene – Einschränkung der Vertretungsmacht angesehen. Der hieraus folgende Schutz der Gemeinde wird in der Rechtsprechung aber dadurch abgeschwächt, dass eine Berufung auf den Formmangel vielfach als rechtsmissbräuchlich angesehen wird, insb. etwa, wenn das maßgebliche Beschlussorgan der Gemeinde den Abschluss des Verpflichtungsgeschäftes gebilligt hat. Die Schadensersatznorm des § 179 Abs. 1 BGB ist dage-

---

100   Vgl. etwa VGH Bad.-Württ., VBlBW 2003, 119.
101   Vgl. etwa VGH Bad.-Württ., VBlBW 1990, 457 und VBlBW 1996, 99.
102   Vgl. etwa VGH Bad.-Württ., NuR 2000, 153; VBlBW 1998, 419; NVwZ 1990, 370.
103   Vgl. VGH Bad.-Württ., VBlBW 1993, 347.

gen nicht anwendbar, wenn eine gemeindliche Formvorschrift durch ein Organ nicht beachtet worden ist.[104]

Eine besondere Konstellation ist auch dann gegeben, wenn die Gemeinde selbst Baurechtsbehörde ist und das Einvernehmenserfordernis aus § 36 Abs. 1 S. 1 BauGB deshalb (nach Auffassung des Bundesverwaltungsgerichts)[105] nicht zur Anwendung kommt. Da innerhalb der Gemeinde aber unterschiedliche Zuständigkeiten für die Erteilung des Einvernehmens (Gemeinderat) und der baurechtlichen Entscheidung (Bürgermeister) vorgesehen sind, besteht auch hier ein Bedürfnis zur Sicherung der kommunalen Planungshoheit. Hier muss deshalb eine aus Art. 28 Abs. 2 GG und dem Grundsatz der Organtreue abgeleitete **Informationspflicht** des Bürgermeisters gegenüber dem Gemeinderat angenommen werden.[106]

374

VI. "Kommunalverfassungsstreit"

Mit dem sog. „Kommunalverfassungsstreit" werden Binnenstreitigkeiten innerhalb des Rechtssubjekts Gemeinde bezeichnet, bei dem Organe oder Organteile der Gemeinde über die Kommunalverfassung streiten – klassischerweise der Gemeinderat oder Teile von ihm mit dem Bürgermeister. Derartige **In-sich-Prozesse** lässt die Rechtsordnung normalerweise nicht zu, weil sie durch eine gemeinsame Überinstanz und damit ohne Inanspruchnahme der Gerichte gelöst werden können. Auf Landesebene etwa ist stets eine hierarchische Oberbehörde vorhanden, bei ressortübergreifenden Streitigkeiten notfalls das Kabinett (vgl. Art. 49 Abs. 2 LV). Im Kommunalbereich existiert eine entsprechende Oberbehörde für die Kommunalorgane aber nicht, auch ein Eingreifen der Rechtsaufsichtsbehörde kann nicht erzwungen werden (und hätte auch keine entsprechende Wirkung), so dass ein Rechtsschutzbedürfnis für die gerichtliche Klärung nicht abgesprochen werden kann. Analog zum verfassungsgerichtlichen Organstreitverfahren gibt es daher auch einen kommunalen Organstreit, der hergebracht (wenngleich unglücklich) als „Kommunalverfassungsstreit" bezeichnet wird.

375

Die Bezeichnung charakterisiert aber nur eine systematische Kategorisierung, nicht eine eigene Klageart; deshalb muss jedes Begehren in die Systematik der Verwaltungsgerichtsordnung eingeordnet werden. Anfechtungs- und Verpflichtungsklagen scheiden dabei aus – folglich hat auch kein Vorverfahren stattzufinden. Denn der **Binnenstreit** ist gerade dadurch gekennzeichnet, dass nicht über Maßnahmen mit Außenwirkung gestritten wird. Sobald dies der Fall ist und nicht über organschaftliche Befugnisse (das Betriebsverhältnis), sondern über den Naturpersonen zustehende Rechte (das Grundverhältnis) gestritten wird, liegt daher auch kein „Kommunalverfassungsstreit" vor. Wendet sich ein Gemeinderatsmitglied etwa gegen eine Beschneidung seines Rederechts, macht er seine mitgliedschaftlichen Befugnisse als Gemeinderat geltend. Antragsteller ist daher nicht er selbst als Außenrechtsträger, vielmehr stehen die einem Gemeinderatsmitglied im Binnenraum der Gemeinde zustehenden Befugnisse im Streit. Möchte ein Gemeinderatsmitglied dagegen sein Amt insgesamt niederlegen, steht die Verpflichtung des Bürgers zur Ausübung eines Ehrenamts im Raum. Diese handelt aber nicht im Innenraum der Gemeinde, vielmehr streiten der Bürger – als Außenrechtssubjekt – und die Gemeinde. Hier liegt daher ein Kommunalverfassungsstreit nicht vor. Die Abgrenzung kann durchaus schwierig sein. Wird gegen ein Gemeinde-

376

---

104 Vgl. zusammenfassend BGHZ 147, 381.
105 Vgl. BVerwGE 121, 339 sowie Beschluss vom 17.1.2013 – 8 B 50.12.
106 Vgl. VGH Bad.-Württ., VBlBW 2012, 339.

ratsmitglied etwa ein Ordnungsgeld verhängt, liegt angesichts der Sanktionswirkung Außenwirkung vor, so dass ein Verwaltungsakt anzunehmen ist.[107] Die Erteilung einer Rüge dagegen wirkt – nach Rechtsprechung[108] – nicht nach außen.

377 Damit ist zugleich die wesensbestimmende Besonderheit des Kommunalverfassungsstreits gekennzeichnet. Hier geht es stets darum, dass die handelnden Personen nicht ihre eigenen (Außen-)rechte, sondern nur die im Innenverhältnis bestehenden Mitgliedschafts- oder **Organrechte** geltend machen (können). Ein Gemeinderatsmitglied kann daher seine Mitgliedsrechte sichern: insb. also die Teilnahme, Beratung und Abstimmung. Einem Gemeinderatsmitglied stehen aber keine Mitgliedschaftsrechte auf (objektiv) rechtmäßige Entscheidungen des Gemeinderats zu![109] Deshalb scheidet etwa eine Berufung auf die Verletzung des Öffentlichkeitsgrundsatzes[110] oder auf eine Mitwirkung befangener Gemeinderäte aus. Auch insoweit sind allerdings Grenzfälle denkbar. Die rechtswidrige Annahme einer Eilentscheidungskompetenz des Bürgermeisters etwa greift zwar primär nur in die Kompetenz des Gemeinderats als Gesamtorgan ein. Damit wird aber auch dem einzelnen Gemeinderatsmitglied die ihm zustehende Möglichkeit der Beratung und Beschlussfassung vorenthalten. Ob eine Klagebefugnis bei derartig mittelbar wirkenden Konstellationen tatsächlich ausgeschlossen ist,[111] erscheint angesichts des faktischen Entzugs der Mitgliedschaftsrechte jedenfalls diskussionswürdig.

378 Probleme bereitet insoweit auch die Berufung auf **Grundrechte**. Zwar üben Gemeinderatsmitglieder in dieser Funktion organschaftliche Befugnisse aus; dies bedeutet indes nicht, dass ihnen ihre Grundrechte nicht mehr zustehen würden. Insbesondere bei Ordnungsmaßnahmen der Sitzungsleitung wird deutlich, dass Binnenmaßnahmen auch Auswirkungen auf Grundrechte entfalten können, etwa wenn ein Gemeinderatsmitglied zum Entfernen von Plaketten oder Anstickern aufgefordert oder schlimmstenfalls wegen einer entsprechenden Weigerung von der Sitzung ausgeschlossen wird. Unstreitig ist hier die Ordnungsmaßnahme an Art. 5 Abs. 1 GG zu messen,[112] nicht ganz geklärt erscheint indes, ob dies im prozessualen Rahmen eines Kommunalverfassungsstreits geschieht.[113] Da die angeordneten Maßnahmen selbst nur im Binnenraum des Gemeinderats wirken und diesen auch nicht verlassen, kann der Streit im prozessualen Rahmen des Kommunalverfassungsstreits ausgetragen werden. Entsprechendes gilt für Analogfälle wie die Entfernung eines Kreuzes aus dem Sitzungssaal, Rauchverbote und ähnliches.

379 Kommunale Binnenstreitigkeiten werden aber stets von Normen des öffentlichen Rechts dirigiert, weil die Zuständigkeit gemeindlicher Organe sowie die Befugnisse ihrer Mitglieder Ausfluss staatlichen Sonder(organisations)rechts sind. Da auch die Bildung von Fraktionen auf die öffentlich-rechtlichen Befugnisse der Gemeinderatsmitglieder bezogen ist, sind auch entsprechende Auseinandersetzungen – etwa der Streit über einen Fraktionsausschluss[114] – als öffentlich-rechtlich zu qualifizieren. Trotz der Tatsache, dass um die Kommunal-"Verfassung" gestritten wird, liegt auch eine verfas-

---

107 So zuletzt VGH Bad.-Württ., 2.9.2011 – 1 S 1318/11.
108 Vgl. VGH Bad.-Württ., VBlBW 2001, 179.
109 Vgl. etwa VGH Bad.-Württ., VBlBW 1990, 457; VBlBW 1999, 304; VBlBW 2003, 190.
110 Vgl. VGH Bad.-Württ., 2.9.2011 – 1 S 1318/11; VBlBW 1992, 375.
111 So VGH Bad.-Württ., VBlBW 1993, 179.
112 Vgl. BVerwG, NVwZ 1988, 837.
113 Offengelassen etwa in Hess. VGH, NJW 2003, 2471.
114 Vgl. Hess. VGH, NVwZ 1992, 506.

sungsrechtliche Streitigkeit nicht vor: Gemeinden sind Teil der Landesverwaltung und keine Verfassungsorgane. Daher ist der **Verwaltungsrechtsweg** eröffnet.

Nach heute ganz h.M. ist auch der „Kommunalverfassungsstreit" den normalen **Klagearten** zuzuordnen. Mangels Außenwirkung scheiden die verwaltungsaktsabhängigen Klagen (Anfechtungs- und Verpflichtungsklage) aus. Als zutreffende Klageart kommen die allgemeine Leistungsklage und die Feststellungsklage in Betracht, die im Binnenstreit nicht den Anforderungen des Subsidiaritätsgrundsatzes unterliegt.[115] Zu beachten ist allerdings, dass die Feststellung nicht auf die objektive Rechtmäßigkeit der beanstandeten Maßnahme gerichtet sein kann, sondern allein die in Rede stehende Verletzung organschaftlicher Rechte betrifft. Ein unter Verstoß gegen die Öffentlichkeitsvorschriften zustande gekommener Beschluss des Gemeinderats etwa ist zwar rechtswidrig, er verletzt aber nicht die Mitgliedschaftsrechte des Gemeinderats. Insoweit fehlt es an der Klagebefugnis aus eigenem Organschaftsrecht.

380

Analog § 42 Abs. 2 VwGO bedarf es auch im Kommunalverfassungsstreit einer die **Klagebefugnis** vermittelnden Rechtsposition, weil die Rechtsschutzkonzeption der VwGO keine Popularklage kennt. Die Klagebefugnis ist hier aber stets von einem eigenen Organschafts- oder Mitgliedschaftsrecht abhängig.

381

Ein spezifisches Problem stellt im Kommunalverfassungsstreitverfahren die **Beteiligtenfähigkeit** dar. Denn ein Gemeinderatsmitglied ist zwar als natürliche Person nach § 61 Nr. 1 VwGO beteiligtenfähig, es macht im Kommunalverfassungsstreit aber nicht seine Rechte als natürliche Person geltend, sondern die ihm als Gemeinderatsmitglied zustehenden Befugnisse. Die wohl h.L. zieht daher hinsichtlich organschaftlicher Rechte § 61 Nr. 2 VwGO analog (Organteil) als Rechtsgrundlage heran. Grundsätzlich kann die Frage offen gelassen werden, weil sich keine Rechtsfolgen aus der unterschiedlichen Antwort ergeben.[116] Relevant wird die Frage aber in Problemfällen, insb. wenn der Kläger zwischenzeitlich nicht mehr Gemeinderatsmitglied ist. Eine auf § 61 Nr. 2 VwGO analog gestützte Beteiligtenfähigkeit wäre hier konsequenter Weise zu verneinen; gleiches gilt – systematisch aber nachgelagert – für die Klagebefugnis.[117] Allerdings macht ein bereits ausgeschiedenes Gemeinderatsmitglied regelmäßig Rehabilitationsgesichtspunkte geltend und damit Außenrechtspositionen.[118] Demgemäß lässt auch das Bundesverfassungsgericht im entsprechenden Falle eines ausgeschiedenen Landtagsabgeordneten die Individualverfassungsbeschwerde zu, obwohl organschaftliche Rechte grundsätzlich nur im Organstreitverfahren geltend gemacht werden können.[119] Jedenfalls im Fall des ausgeschiedenen Gemeinderats, der um nachträgliche Rehabilitation kämpft, erscheint daher die Zuerkennung der Beteiligtenfähigkeit nach § 61 Nr. 1 VwGO sachgerecht.

382

---

115 Vgl. etwa VGH Bad.-Württ., VBlBW 1992, 97; ein Titel „gegen sich selbst" kann auch kaum als vorrangig betrachtet werden.

116 Demgemäß findet man hierzu regelmäßig auch keine Stellungnahmen der Gerichte. Klausurmusterlösungen enthalten aber fast immer Erwägungen zur Beteiligtenfähigkeit, so dass sich entsprechende Ausführungen aus klausurtaktischen Erwägungen empfehlen: Was in der Musterlösung (vermutlich) auftaucht, will auch verarbeitet sein. Systematisch richtiger Platz hierfür ist der Punkt nach Abhandlung des Verwaltungsrechtswegs.

117 Vgl. hierzu etwa Bay.VGH, BayVBl 1995, 661; ähnlich auch OVG Koblenz, DÖV 1996, 474 (Feststellungsinteresse).

118 Vgl. hierzu auch VBlBW 1996, 99.

119 Vgl. BVerfGE 32, 157 (162).

383   Die Beteiligtenfähigkeit von **Fraktionen** oder Personengruppen ergibt sich aus § 61 Nr. 2 VwGO (analog), jeweils in Verbindung mit dem geltend gemachten Organschaftsrecht (etwa § 34 Abs. 1 S. 4 GemO).

384   **Klagegegner** ist gemäß § 78 VwGO zwar grundsätzlich der Rechtsträger, dies erscheint bei einem In-sich-Prozess aber wenig sachdienlich. In Anlehnung an den verfassungsgerichtlichen Organstreit knüpfen die Gerichte in Baden-Württemberg daher an die jeweiligen Organe oder Organteile an, zwischen denen das streitige Rechtsverhältnis besteht.[120]

VII. Satzungshoheit

385   Satzungen sind das typische Instrument der Selbstverwaltung, mit dem die eigenen Angelegenheiten geregelt werden, das aber – anders als bloß intern gültige Geschäftsordnungen – als **Rechtsnorm** im materiellen Sinne Außenwirkung hat.

386   Sie sind sichtbarer Ausdruck der **Dezentralisierung**, weil hier – anders als im Falle der auf Dekonzentration beruhenden Ermächtigung zum Erlass von Rechtsverordnungen – Inhalt und Ausmaß der Regelung nicht vorherbestimmt sind, sondern der autonomen Selbstbestimmung unterliegen. Die Befugnis hierzu ist den Gemeinden bereits durch Art. 28 Abs. 2 S. 1 GG verfassungsunmittelbar garantiert („zu regeln"), so dass die Ermächtigung in § 4 Abs. 1 S. 1 GemO nur deklaratorischen Charakter hat. Sie bezieht sich indes nur auf Selbstverwaltungsangelegenheiten, so dass Gemeinden im übertragenen Wirkungskreis Satzungen nur erlassen können, wenn hierfür eine gesetzliche Ermächtigungsgrundlage besteht (§ 4 Abs. 1 S. 2 GemO); dies ist in einer ganzen Reihe von Spezialgesetzen geschehen (vgl. etwa §§ 10, 25, 132 BauGB, § 74 LBO, §§ 16 Abs. 7, 19 Abs. 2, 41 Abs. 2 StrG oder § 2 KAG). Da die Rechtsetzungsbefugnis hier nur auf Dekonzentrationserwägungen beruht, läge rechtssystematisch der Rückgriff auf Rechtsverordnungen – wie etwa in § 10 PolG[121] – näher; mit dem Satzungsinstrumentarium wird indes der gemeindlichen Binnenstruktur mit der Grundsatzentscheidungskompetenz des Gemeinderats Rechnung getragen.[122]

387   Kommunale Satzungsgebung bleibt aber – wie alles Wirken der Gemeinden – Teil der Verwaltung, so dass es sich um den Fall einer administrativen Normsetzung handelt. Gemeinderäte sind deshalb auch kein Parlament.

388   Klassisches Beispiel einer auf § 4 Abs. 1 GemO gestützten Satzung ist die **Benutzungsordnung für eine öffentliche Einrichtung**. Der Gemeinde kommt bei der Ausgestaltung ein weiter Gestaltungsspielraum zu. Dies gilt auch für belastende Reglementierungen, weil nicht in eine vorhandene Rechtsposition des Nutzers eingegriffen, sondern vielmehr die Nutzungsbefugnis erst ausgestaltet und eingeräumt wird. § 142 Abs. 1 Nr. 1 GemO lässt hierfür sogar die Begründung einer Ordnungswidrigkeit zu. Entsprechende Beschränkungen müssen aber durch den Anstaltszweck gerechtfertigt und verhältnismäßig sein. Diskussionswürdig sind etwa ein Verbot der Tierhaltung in Obdachlosenunterkünften oder ein Laptop-Verbot in Bibliotheken. Angesichts der Außenwirkung können entsprechende Beschränkungen aber nicht auf Verwaltungsvorschriften oder

---

120   Vgl. etwa VGH Bad.-Württ., VBlBW 2012, 339 sowie VBlBW 1999, 304; hierzu auch BVerwGE 136, 263.

121   Folgerichtig ist hier auch nicht der Gemeinderat, sondern der Bürgermeister für zuständig erklärt worden: vgl. § 13 S. 2 PolG.

122   Eine spannende und schwierige Frage ist, inwieweit hier die Erwägungen aus Art. 80 Abs. 1 GG bzw. Art. 61 Abs. 1 S. 2 LV zur Bestimmtheit und der Reichweite des Gesetzesvorbehalts herangezogen werden müssen oder können.

bloße Anordnungen des Bürgermeisters gestützt werden. Die Vorstellung einer umfassenden „Anstaltsgewalt" im besonderen Gewalt(innen)verhältnis ist mit dem Gesetzesvorbehalt nicht vereinbar. In Ausnahmefällen wird man entsprechende Anordnungen aber als dinglichen Verwaltungsakt einstufen können.

Die Selbstverwaltungsautonomie verleiht aber nur die Befugnis, die eigenen Angelegenheiten zu regeln. Ein **Eingriff** in die Sphäre der Gemeindeeinwohner und insb. deren Grundrechte dagegen kann auf die allgemeine Regelungsbefugnis nicht gestützt werden.[123] Sie bedarf nach dem – auch für die Gemeinde als Verwaltungsträger gültigen – Grundsatz vom Vorbehalt des Gesetzes einer (speziellen) gesetzlichen Ermächtigungsgrundlage. Eine Ermächtigung für Eingriffssatzungen sieht § 11 GemO (i.V.m. § 8 DVO GemO!) mit dem sog. Anschluss- (z.B. Wasserleitungen) und Benutzungszwang (z.B. Schlachthof) vor; in Fachgesetzen sind hierzu auch Spezialregelungen enthalten, wie etwa für den Anschluss an die Abwasserkanalisation in § 46 Abs. 1 S. 2 und Abs. 4 WG oder hinsichtlich der abfallrechtlichen Überlassungspflicht in § 10 Abs. 1 LAbfG. Angesichts des mit dem Zwang korrespondierenden Verbots zur Benutzung anderer (privater) Einrichtungen ist Voraussetzung ein öffentliches Bedürfnis, das klassischerweise in Hygienegründen liegt.[124] Bezugspunkt der Betrachtung muss dabei stets die örtliche Situation sein,[125] die Verbesserung des Weltklimas reicht deshalb nicht aus.[126] Zwecke des Klima- und Ressourcenschutzes sind nach § 16 EEWärmeG aber privilegiert.[127] Wegen der mit entsprechenden Regelungen einhergehenden Beschränkungen der Dienstleistungsfreiheit folgt die Rechtfertigungsbedürftigkeit darüber hinaus auch aus den europarechtlichen Vorgaben.[128] Der Anschluss- und Benutzungszwang setzt außerdem die Möglichkeit des entsprechenden Anschlusses voraus.[129]

Satzungen können nur vom Gemeinderat erlassen werden, auch in Eilfällen steht dem Bürgermeister eine entsprechende Rechtsformwahl nicht zu. Die **Ausfertigung** ist in Art. 63 Abs. 2 LV zwar nur für Rechtsverordnungen ausdrücklich angeordnet, sie ist aber auch für Satzungen erforderlich und findet ihre Grundlage hier im Rechtsstaatsprinzip. Sie bestätigt die Übereinstimmung des Textes mit dem Willen des Beschlussorgans („Authentizitätsfunktion") und ist nach Auffassung der Baurechtssenate bereits gewährleistet, wenn der Bürgermeister das Deckblatt des Gemeinderatsprotokolls unterzeichnet hat.[130]

Die **Bekanntgabe** ist in § 4 Abs. 3 S. 1 GemO und § 1 DVO GemO geregelt. Danach können zwar kumulativ mehrere Verkündungsorgane verwendet werden, nicht aber alternativ.[131] Auf das Schweigen eines der amtlichen Mitteilungsorgane darf man sich

389

390

391

---

123 Vgl. etwa VGH Bad.-Württ., NJW 2003, 1066: Unwirksamkeit der Regelung einer Abwassersatzung, nach der auf Kosten des Benutzers Abwasseruntersuchungen vorgenommen werden können.
124 Vgl. etwa zur Wasserversorgung VGH Bad.-Württ., VBlBW 2013, 73; zur Abwasserbeseitigung VGH Bad.-Württ., VBlBW 2016, 67.
125 Vgl. hierzu VGH Bad.-Württ., VBlBW 2004, 337.
126 Vgl. BVerwG, NVwZ 2006, 595.
127 Vgl. BVerwG, 8.9.2016 – 10 CN 1.15.
128 Insoweit können sich auch Befreiungspflichten im Einzelfall ergeben, vgl. etwa VGH Bad.-Württ., VBlBW 2009, 338.
129 Vgl. VGH Bad.-Württ., VBlBW 2013, 73: dingliche Sicherung der Zuleitung.
130 Vgl. VGH Bad.-Württ., VBlBW 2007, 303. Die Herstellung einer Originalurkunde wird in Baden-Württemberg demnach nicht verlangt.
131 Vgl. hierzu auch BVerwG, NVwZ 2007, 334.

verlassen. Etwaige Mängel können (ggf. auch vorbeugend!) durch eine erneute Bekanntmachung geheilt werden.[132]

392 Die (auch „nur" formelle) Rechtswidrigkeit einer Satzung führt grundsätzlich zu ihrer **Unwirksamkeit.** Dieser grundsätzlich für alle Rechtshandlungen geltende Satz bedarf der Erinnerung, da Studenten und Referendare regelmäßig von der – ihnen bestens vertrauten – „Anomalie" des Verwaltungsakts ausgehen. Hier führt – aufgrund entsprechender spezialgesetzlicher Anordnungen der Verwaltungsverfahrensgesetze! – nicht jeder Fehler zur Unwirksamkeit, vielmehr sieht ein eigenständiges Fehlerfolgenregime bestimmte Unbeachtlichkeits- und Heilungstatbestände vor. Fehlen entsprechende Einschränkungen – wie etwa bei Gesetzen –, führt aber jede Rechtswidrigkeit auch zur Unwirksamkeit.

393 Auch im Satzungsrecht gibt es indes Spezialregelungen zu Fehlerfolgen. Dies gilt in besonders ausgeprägter Weise für den Bebauungsplan, der in §§ 214 f. BauGB detaillierte Bestimmungen erfahren hat, um eine Unwirksamkeit vermeiden zu können. Doch auch § 4 Abs. 4 GemO sieht **Heilungsmöglichkeiten** für fehlerhaft erlassene Satzungen vor – die gemäß § 4 Abs. 5 GemO auch für anderes Ortsrecht und damit auch für Polizeiverordnungen[133] gelten –, wenn die Verstöße nicht gemäß § 4 Abs. 4 S. 2 Nr. 2 GemO geltend gemacht worden sind. Ausgenommen von der Heilung sind die Vorschriften über die Öffentlichkeit(!), die Genehmigung und die Bekanntmachung. Die für Befangenheitsfragen allgemein geltende Heilungsvorschrift in § 18 Abs. 6 GemO wird insoweit verdrängt.

394 Satzungen können nach § 47 Abs. 1 Nr. 2 VwGO i.V.m. § 4 AGVwGO unmittelbar im Wege der **„prinzipalen" Normenkontrolle** vor dem Verwaltungsgerichtshof[134] angegriffen werden, der allein die „Verwerfungskompetenz" besitzt. Sie können aber auch inzident im Rahmen einer „normalen Klage" geprüft werden – und zwar von jedem Verwaltungsgericht.[135] Dies gilt auch dann, wenn die Antragsfrist für eine Normenkontrolle zwischenzeitlich abgelaufen ist.[136] Insbesondere im Baurecht kommen Inzidentkontrollen in der Praxis häufig vor, denn die planungsrechtliche Zulässigkeit eines Bauvorhabens hängt von den Festsetzungen des Bebauungsplans ab. Diese stehen dem Begehren aber nur entgegen, wenn sie wirksam sind.

VIII. Öffentliche Einrichtungen

395 Unter einer öffentlichen Einrichtung versteht man eine Zusammenfassung sächlicher Mittel und personeller Kräfte,[137] die von der Gemeinde im öffentlichen Interesse (klassisch: zur Daseinsvorsorge) zur unmittelbaren **Nutzung durch die Einwohner** bereitgestellt werden. Der mögliche Einsatzbereich öffentlicher Einrichtungen umfasst eine denkbar weite Skala, wobei etwa Schulen[138] und Krankenhäuser spezialgesetzlich geregelt sind.

---

132 Vgl. VGH Bad.-Württ., VBlBW 2011, 393.
133 So Gern, Kommunalrecht Baden-Württemberg, 9. Aufl. 2005, Rn. 153.
134 Die Bezeichnung folgt aus § 184 VwGO i.V.m. § 1 Abs. 1 S. 1 AGVwGO.
135 Sofern ein Normenkontrollantrag über den Bebauungsplan bereits anhängig ist, kann das Verwaltungsgericht das Verfahren nach § 94 VwGO aussetzen, es kann die Frage aber auch selbst entscheiden.
136 Vgl. VGH Bad.-Württ., NVwZ-RR 1999, 625.
137 Letzteres ist nicht zwingend erforderlich, wie etwa im Falle eines Spielplatzes; ausführlich zu kommunalen öffentlichen Einrichtungen auch Schoch, NVwZ 2016, 257.
138 Vgl. etwa den instruktiven Fall in VGH Bad.-Württ., VBlBW 2008, 182.

Abzugrenzen ist zur einen Seite der Verwaltungsgebrauch, bei dem die Nutzung nicht   396
den Einwohnern offen steht, sondern nur intern der Verwaltung (z.B. Fuhrpark). Zur
anderen Seite hin ist zum Gemeingebrauch zu differenzieren, bei dem die Benutzung
kraft Gesetzes allen offen steht (also nicht auf Gemeindeeinwohner beschränkt ist) und
keiner Zulassung bedarf.

Die öffentliche Einrichtung wird durch die **Widmung** begründet, mit der sie ihre   397
Zweckbestimmung und den Status einer öffentlichen Sache erhält. Die Widmung kann
durch Rechtsnorm (Satzung), dinglichen Verwaltungsakt (§ 35 S. 2 LVwVfG) oder
auch (anders als im Straßenrecht) konkludent durch faktische Indienststellung erfolgen. Die Ausgestaltung und Reglementierung der zugelassenen Nutzung (Benutzungsordnung) kann durch Satzung erfolgen (§ 4 Abs. 1 S. 1 GemO). Eine Regelung durch
Polizeiverordnung ist dagegen unzulässig; mit diesem Instrumentarium des Gefahren-
abwehrrechts kann allenfalls eine punktuelle Verbotsregelung – etwa für die Benutzung zu bestimmten Zeiten – festgesetzt werden.[139]

Ein Anspruch auf eine über die Widmung hinausgehende Benutzung besteht nicht.   398
Dies gilt auch hinsichtlich der Vergabe von Stadthallen an politische **Parteien**.[140] § 5
ParteiG verbürgt nur einen Gleichbehandlungsanspruch, so dass ein genereller
Ausschluss politischer Veranstaltungen nicht problematisch ist.[141] Anderes gilt nur,
wenn in der bisherigen Vergabepraxis anders verfahren wurde, Anspruchsgrundlage ist
dann aber nicht die Widmung, sondern Art. 3 Abs. 1 GG/§ 5 Abs. 1 ParteiG in Verbin-
dung mit der ständigen Verwaltungspraxis.[142] Die Vergabe einer Stadthalle für einen
Parteitag setzt deshalb eine entsprechende Widmung voraus.[143]

Den Gemeindeeinwohnern – die auch die korrespondierenden Lasten zu tragen haben   399
(§ 10 Abs. 2 S. 3 GemO)[144] – steht gemäß § 10 Abs. 2 S. 2 GemO ein Anspruch auf Benutzung zu. Ihnen kommt daher ein subjektiv-öffentliches Recht zu, weshalb der **Zulassungsanspruch** auch bei privatrechtlicher Ausgestaltung des Benutzungsverhältnisses
stets öffentlich-rechtlicher Natur ist (sog. „Zwei-Stufen-Theorie“).[145] Bei Kapazitäts-
beschränkungen hat die Zulassung nach gleichen Grundsätzen (vgl. § 10 Abs. 2 S. 2
GemO) und sachgerechten Auswahlkriterien (Art. 3 Abs. 1 GG) zu erfolgen. Eine Verpflichtung, gerade das Prioritätsprinzip anzuwenden oder eine Losentscheidung herbeizuführen, besteht aber nicht. Die Benutzung muss nicht unentgeltlich sein, vielmehr
sieht § 13 Abs. 1 S. 1 KAG die Möglichkeit der Erhebung von Benutzungsgebühren –

---

139   Vgl. VGH Bad.-Württ, VBlBW 2013, 27 sowie VBlBW 2014, 292: Entsprechende Polizeiverordnungen sind
      daher bereits deshalb unwirksam, weil § 10 Abs. 1 i.V.m. § 1 Abs. 1 PolG keine taugliche Ermächtigungs-
      grundlage für die Regelung des Benutzungsverhältnisses einer öffentlichen Einrichtung darstellt.
140   Bei einer Antragstellung durch politische Parteien muss die Beteiligtenfähigkeit sorgfältig behandelt wer-
      den. Während Bundes- und Landesverbände gemäß § 3 ParteiG als juristische Personen zu behandeln und
      damit beteiligtenfähig nach § 61 Nr. 1 VwGO sind, muss für Ortsverbände § 61 Nr. 2 VwGO herangezogen
      werden.
141   Vgl. auch BVerfGK 10, 363; dort mit der Unterscheidung zwischen parteiinternen Veranstaltungen und
      Veranstaltungen mit allgemeinen politischen Bezügen.
142   Dabei kann die Änderung der tatsächlichen Vergabepraxis auch auf einem fehlerhaften Gemeinderatsbe-
      schluss beruhen, dem die Verwaltung in Unkenntnis seiner Unwirksamkeit gefolgt ist; vgl. VGH Bad.-
      Württ., DVBl 1998, 780 sowie BWGZ 2003, 804.
143   Vgl. VGH Bad.-Württ., NVwZ-RR 2015, 148. Die entsprechende Widmung ist in dieser Entscheidung indes
      aus der Formulierung „überörtliche Veranstaltung“ entnommen worden, obwohl vergleichbare Parteiver-
      anstaltungen dort bislang nicht abgehalten worden waren.
144   Aus diesem Gedanken resultiert auch die Erweiterung der Anspruchsberechtigten in § 10 Abs. 3 GemO:
      Wer zu den Kosten beiträgt (Grund- und Gewerbesteuer), soll auch von den Nutzen profitieren können.
145   Dies gilt auch für den Benutzungsausschluss als actus contrarius: vgl. Bay. VGH, NJW 2013, 249 für die
      Kündigung eines KiTa-Platzes, OVG NRW für die Sperrung einer kommunal betriebenen Internet-Domain.

auf Grundlage einer Satzung, § 2 Abs. 1 S. 1 KAG – ausdrücklich vor. Sie kann auch reglementiert werden, soweit dies sachlich gerechtfertigt und verhältnismäßig ist. Zum Schutz des Gemeindevermögens kommen auch Auflagen in Betracht, etwa der Nachweis einer Versicherung bei „gefahrgeneigten Veranstaltungen".[146]

400 Auch § 10 Abs. 2 GemO gewährleistet aber nur die Nutzung bestehender Einrichtungen. Individualansprüche auf **Errichtung** oder Beibehaltung[147] öffentlicher Einrichtungen gibt es daher nicht. Auch die Erweiterung einer Widmung (z.B. die Nutzung einer städtischen Halle für andere als kulturelle Veranstaltungen) kann daher nicht beansprucht werden.

401 Der Benutzungsanspruch gilt für juristische Personen und Personenvereinigungen entsprechend (§ 10 Abs. 4 GemO), so dass sich die Frage stellt, wann „entsprechend" von einer Einwohnerstellung ausgegangen werden kann. Man wird zunächst vom Sitz ausgehen können, in Zweifelsfällen – insb. parteiinternen Veranstaltungen – spricht aber viel dafür, darüber hinaus auch darauf abzustellen, ob die Veranstaltung an die Gemeindeeinwohner gerichtet ist oder sonst einen hinreichenden Ortsbezug hat.[148] Ansonsten besteht kein Grund für die Erstreckung der in § 10 GemO angeordneten Privilegierung.

402 **Nichteinwohner** können einen Zulassungsanspruch nicht auf § 10 Abs. 2 GemO, sondern nur auf eine abweichende Widmung oder Art. 3 Abs. 1 GG i.V.m. der ständigen Vergabepraxis stützen. In der Praxis werden Kultur- und Freizeiteinrichtungen (z.B. Schwimmbäder) regelmäßig für alle geöffnet, eine Beschränkung auf Gemeindeeinwohner findet dagegen dort statt, wo Kapazitätsengpässe bestehen und die Plätze finanziell subventioniert werden müssen (z.B. bei Kindergärten oder Altenheimen). Ein „Auswärtigenzuschlag" ist grundsätzlich unzulässig. Das Bundesverwaltungsgericht hat aber Gebührenstaffelungen zugelassen, bei denen die Ortsfremden den „normalen" – also dem Äquivalenzprinzip entsprechenden – Preis bezahlen und Gemeindeeinwohnern eine Ermäßigung eingeräumt wird, so dass tatsächlich ein „Einheimischennachlass" gegeben ist.[149] Derartige Gebührenstaffelungen sind aber jedenfalls dann unzulässig, wenn die Einrichtung von vornherein auf eine überkommunale Nutzung angelegt ist und daher gerade nicht bezweckt, das kulturelle oder soziale Wohl der Gemeindeeinwohner zu fördern.[150] Auch die unionsrechtliche Zulässigkeit derartiger Differenzierungen ist noch nicht abschließend geklärt.

403 Da kein Anspruch auf Aufrechterhaltung einer öffentlichen Einrichtung besteht, kann die Gemeinde ihre **Vergabepraxis auch ändern**. Problematisch ist insoweit aber, ob die künftige Änderung auch für den bereits vor der Beschlussfassung gestellten Antrag Wirkung entfaltet. Denn insoweit besteht der „nahe liegende Verdacht", dass der Be-

---

146 Vgl. VGH Bad.-Württ., NJW 1987, 2697.
147 Diese – bislang allgemein angenommene – Rechtslage ist durch die bereits zitierte Entscheidung BVerwG, NVwZ 2009, 1305 etwas unsicher geworden. Insoweit bleibt abzuwarten, ob das Bundesverwaltungsgericht oder das zur abschließenden Auslegung des Art. 28 Abs. 2 GG berufene Bundesverfassungsgericht an diese Entscheidung anknüpft. Auch in anderen Bereichen scheint sich eine Tendenz zur umfassenden Rechtskontrolle bei der Aufgabe eines einmal begründeten Gemeingebrauchs abzuzeichnen; vgl. etwa VGH Bad.-Württ., VBlBW 1998, 25 für das Wasserrecht.
148 Vgl. VGH Bad.-Württ., VBlBW 1989, 26.
149 Vgl. BVerwGE 104, 60; kritisch hierzu aber etwa Burgi, JZ 1999, 873, mit dem Hinweis, dass der Ortsansässigkeit jeder Bezug zur Entgelterhebung fehle. Vgl. zur europarechtlichen Rechtfertigungsbedürftigkeit derartiger Differenzierung von Gebietsansässigen und Gebietsfremden auch EuGH, EuGRZ 2009, 582.
150 Vgl. BVerfG, 19.7.2016 – 2 BvR 470/08.

schluss nur zur Verhinderung eines missliebigen Antrags dient.[151] Liegt eine entsprechende Missbrauchsgestaltung dagegen nicht vor, kann es – entgegen einer wohl überwiegenden Rechtsprechung[152] – grundsätzlich nicht beanstandet werden, wenn der Ausgangsfall zum Anlass genommen wird, die Vergabepraxis aus sachlichen Gründen zu ändern. Warum die Verwaltung – auch hinsichtlich des Ausgangsfalls – zur Aufrechterhaltung einer als falsch oder unzweckmäßig erkannten Vergabepraxis gezwungen sein sollte, ist nicht ersichtlich. Dies gilt erst recht, wenn die Nutzungseröffnung nur auf eine Verwaltungspraxis und nicht auf eine Grundsatzentscheidung des Gemeinderats zurückgeht.[153] Anderes gilt nur dann, wenn im konkreten Fall ausreichende Momente zur Begründung von Vertrauensschutzgesichtspunkten vorhanden sein sollten.

Hinsichtlich der Organisationsform und der Ausgestaltung des Benutzungsverhältnisses kommt der Gemeinde **Wahlfreiheit** zu.[154] Die öffentliche Einrichtung kann als eigener Regiebetrieb und damit voll in die Gemeindeverwaltung integriert geführt werden (wie etwa kommunale Bestattungseinrichtungen). Regelmäßig findet aber eine organisatorische Verselbstständigung statt. Als unselbstständige Anstalten des öffentlichen Rechts werden insb. Kultureinrichtungen (etwa Bibliotheken oder Volkshochschulen) betrieben, eine Sonderform für wirtschaftlich geführte Einrichtungen ist der „Eigenbetrieb". Die Unselbstständigkeit führt aber grundsätzlich dazu, dass etwaige Mehreinnahmen nicht der Einrichtung, sondern dem Gemeindehaushalt zu Gute kommen. Rechtlich selbstständige Anstalten bedürfen eines Einrichtungsgesetzes und kommen auf Kommunalebene daher kaum vor (Hauptbeispiel: Stadtsparkassen). Vielfach werden Einrichtungen aber in Privatrechtsform betrieben. Diese Konstruktion hat zur Folge, dass die Rechtsbeziehungen – und damit auch die Benutzungsordnung – nur privatrechtlich ausgestaltet werden kann.[155]

404

Auch durch den Einsatz des privatrechtlichen Instrumentariums kann sich die Gemeinde ihrer Bindungen aber nicht entledigen (**keine Flucht ins Privatrecht**). Der öffentlichrechtlich begründete Zulassungsanspruch aus § 10 Abs. 2 GemO bleibt daher bestehen und kann auch dann gegenüber der Gemeinde (!) geltend gemacht werden, wenn die Einrichtung nicht von ihr selbst, sondern durch eine juristische Person des Zivilrechts betrieben wird. Das Rechtsschutzbedürfnis entfällt nicht durch die zivilrechtlichen Möglichkeiten gegenüber der Betriebsgesellschaft; diese sind weder einfacher und schneller noch auf dasselbe Ziel gerichtet. Allerdings richtet sich der „**Verschaffungsanspruch**" dann nicht auf die Zulassung selbst (die von der Gemeinde gar nicht ausgesprochen werden könnte), sondern auf die Ausübung der der Gemeinde zustehenden Einwirkungsmöglichkeiten auf die Betriebsgesellschaft. Da es sich bei dieser Einwir-

405

---

151 Vgl. BVerwGE 31, 368; VGH Bad.-Württ, NVwZ-RR 1996, 681.
152 Für die Unzulässigkeit nachträglicher Änderungen im Falle eines bereits gestellten Antrags etwa VGH Bad.-Württ., NVwZ-RR 1996, 681 oder VBlBW 1997, 422. Zutreffend dagegen VGH Bad.-Württ., BWGZ 2003, 804 (Bootsliegeplatz); ähnlich – allerdings mit einer Umkehrung der Beweislast – auch Nds. OVG, NdsVBl 2011, 191.
153 Vgl. hierzu auch Bay. VGH, NJW 2012, 1095 mit dem allerdings nicht überzeugenden Versuch, insoweit bereits den Gleichbehandlungsanspruch selbst zu verneinen. Vielmehr besteht in dieser Konstellation keinerlei Anhaltspunkt für ein schutzwürdiges Vertrauen auf Beibehaltung einer vom unzuständigen Organ begründeten Vergabepraxis.
154 Insoweit handelt es sich um einen Ausfluss der kommunalen Organisationshoheit.
155 Privatrechtssubjekte sind nicht zum Einsatz des öffentlich-rechtlichen Instrumentariums befugt („Sonderrecht"), der einzige Ausnahmefall des Beliehenen setzt die gesetzliche Übertragung staatlicher Hoheitsrechte voraus.

kung nicht um einen Verwaltungsakt handelt, ist die allgemeine Leistungsklage statthafte Klageart; vorläufiger Rechtsschutz erfolgt nach Maßgabe des § 123 VwGO.

406 Die Zuständigkeit der ordentlichen Gerichte ist dagegen auf die privatrechtlich ausgestalteten Modalitäten der Benutzung (das „wie") beschränkt.[156] Auch hier ist aber Vorsicht geboten: erweisen sich Vergabekonditionen oder Auflagen als so gravierend, dass hierdurch der Zulassungsanspruch als solcher beeinträchtigt oder faktisch ausgehöhlt erscheint, ist – unbeschadet der Regelungstechnik – die Zugangsfrage selbst (das „ob") betroffen. Hinsichtlich einer geforderten Haftungsübernahme und ähnlich einschneidenden Bedingungen verbleibt es deshalb beim Verwaltungsrechtsweg.[157]

407 *Zur Vertiefung: Fall 6.*

408 Für einen nach § 69 GewO festgesetzten **Markt** gilt die Sonderregelung aus § 70 Abs. 1 GewO. Fraglich ist aber die Rechtsgrundlage für den Anspruch eines „Marktbeschickers", wenn es an der Festsetzung eines gewerberechtlichen Marktes fehlt. Zwar sind derartige Märkte öffentliche Einrichtungen. Der Standbetreiber begehrt aber keine Nutzung des Marktes als Vergnügungs- und Verkaufsveranstaltung, er erstrebt wirtschaftlichen Gewinn als Marktverkäufer. Hierin liegt kein der Nutzung durch die Einwohner vergleichbarer Zugang. Für diejenigen, die eine öffentliche Einrichtung nicht benutzen, sondern erst konstituieren wollen – also etwa Marktbeschicker oder sonstige Standanbieter – gilt § 10 GemO deshalb nicht.[158] Auch insoweit ist über die Vergabe aber nach sachgerechten und willkürfreien Gesichtspunkten zu entscheiden. Bewerber haben insoweit einen Anspruch auf ermessensfehlerfreie Entscheidung.[159] Sofern – vom Gemeinderat erlassene! – Vergaberichtlinien existieren, sind auch diese zu berücksichtigen. Ein Anspruch gerade auf Anwendung des Prioritätsgrundsatzes oder ein Losverfahren besteht dabei nicht.[160] Vielmehr kann die Gemeinde selbst ein sachgerechtes Kriterium bestimmen,[161] solange die Auswahl in einem für alle Bewerber einheitlichen, willkürfreien und nachvollziehbaren Verfahren erfolgt. Dabei kommt grundsätzlich auch die Orientierung an der „Bewährung", als einem gewerberechtlich bekannten Vergabekriterium in Betracht, solange auch Neubewerber eine ausreichende Bewährungschance erhalten.[162] Problematisiert werden könnte aber, dass die Gemeinde gerade keinen Markt i.S.d. § 69 GewO festgesetzt hat. Der Rückgriff auf gewerberechtliche Kriterien ist deshalb jedenfalls dann unzulässig, wenn die einschlägigen Rechtsgrundlagen eine andere Sachorientierung erfordern. Dies ist in der Rechtsprechung zwar für straßenrechtliche Sondernutzungen angenommen,[163] im Bereich der Standvergabe aber nicht problematisiert worden.[164]

---

156 Vgl. BVerwG, NJW 1990, 124.
157 Vgl. etwa VGH Bad.-Württ., NVwZ-RR 1996, 681.
158 Ein vorrangiger Anspruch von Einwohnern besteht damit nicht; vgl. VGH Bad.-Württ., 7.12.2011 – 1 S 3187/11.
159 Vgl. auch VGH Bad.-Württ., NVwZ-RR 2004, 63.
160 Vgl. hierzu auch BVerwG, NVwZ-RR 2006, 786.
161 VGH Bad.-Württ., 8.12.2011 – 1 S 3219/11 – hat sogar das kaum objektivierbare Kriterium der „Attraktivität" für zulässig gehalten; vgl. zur insoweit erforderlichen Angabe der Kriterien und der gerichtlichen Kontrolle auch Bay. VGH, BayVBl 2012, 120 und NVwZ-RR 2004, 599.
162 Vgl. etwa VGH Bad.-Württ., BWGZ 2011, 613: Offenhaltung von 20 % der Plätze.
163 Vgl. VGH Bad.-Württ., VBlBW 2006, 194; NVwZ-RR 2001, 159.
164 Vgl. etwa VGH Bad.-Württ., 8.12.2011 – 1 S 3219/11; auch VGH Bad.-Württ., VBlBW 2006, 194 geht – ohne inhaltliche Argumentation, aber ausdrücklich – davon aus, dass im Bereich öffentlicher Einrichtungen auf das gewerberechtliche „Bewährungs-Kriterium" zurückgegriffen werden darf.

Probleme bereitet die prozessuale **Durchsetzung** des Anspruchs auf fehlerfreie Auswahlentscheidung, die – angesichts fixer Termine – regelmäßig im Verfahren des vorläufigen Rechtsschutzes stattfindet. Die vielfach vertretene Auffassung, eine einstweilige Anordnung könne nur im Falle einer Ermessensreduktion auf Null ergehen,[165] führt de facto zum Ausschluss effektiver Rechtsschutzmöglichkeiten und erscheint daher schon aus verfassungsrechtlichen Gründen als unzutreffender Maßstab.[166] Für eine gewerberechtliche Standvergabe ist sie vom Bundesverfassungsgericht deshalb auch bereits ausdrücklich beanstandet worden.[167] Erforderlich, aber auch ausreichend für den Erlass einer Anordnung nach § 123 VwGO ist vielmehr, dass die hinreichende Möglichkeit einer Auswahl des Antragstellers bei fehlerfreier Durchführung des Vergabeverfahrens besteht.[168]

409

Öffentliche Einrichtungen können nicht nur Streitigkeiten um den begehrten Zugang aufwerfen, sondern auch zu **Abwehrklagen** führen.[169] Die Benutzungsordnung für einen Spielplatz etwa kann mit der Normenkontrolle angegriffen werden, um eine Zeitregelung (z.B. Sonntags bis 22:00 Uhr) zu Fall zu bringen. Die Normenkontrolle gibt als Rechtsfolge aber nur die Aufhebung her, Änderungen – etwa Einschränkungen der Nutzungsarten oder Auflagen – können mit der Normenkontrolle nicht erstritten werden. Die Rechtsprechung lässt hier deshalb eine Feststellungsklage zu.[170] Angesichts der durch § 22 Abs. 1a BImSchG normierten Privilegierung von Kinderlärm[171] konzentrieren sich die Probleme zwischenzeitlich meist auf widmungsfremde Nutzungen. Ein Folgenbeseitigungsanspruch kommt dabei in Betracht, wenn der Missbrauch der Gemeinde zugerechnet werden kann.[172] Dies dürfte jedenfalls dann anzunehmen sein, wenn die Störung naheliegend ist, etwa wenn in der Nähe des Spielplatzes Einrichtungen anzutreffen sind, die typischerweise von Jugendlichen auch am Abend besucht werden. In derartigen Fallgestaltungen reichen bloße Verbotsschilder nicht aus; die Gemeinde ist vielmehr verpflichtet, die von ihr geschaffene Gefahrenlage durch verschließbare Toranlagen oder regelmäßige Überwachungsmaßnahmen unter Kontrolle zu halten.

410

Das **Amtsblatt** stellt keine öffentliche Einrichtung zur Benutzung durch den Bürger dar, es ist vielmehr das amtliche Mitteilungsblatt der Gemeinde, mit dem die Bekanntmachungspflichten aus § 1 DVO GemO erfüllt werden. An diesem Widmungszweck ändert sich auch durch zusätzliche Veröffentlichungsmöglichkeiten im nichtamtlichen Teil des Amtsblattes nichts.[173]

411

---

165 Vgl. etwa VGH Bad.-Württ., 8.12.2011 – 1 S 3219/11.
166 Vgl. etwa BVerfG, NVwZ 2003, 200 für ein beamtenrechtliches Konkurrentenverfahren; hierzu auch VGH Bad.-Württ., VBlBW 2012, 27.
167 Vgl. BVerfG, NJW 2002, 3691.
168 Vgl. hierzu etwa VGH Bad.-Württ., NVwZ-RR 2011, 764 zur Hochschulzulassung oder VGH Bad.-Württ., VBlBW 2010, 240 zur einstweiligen Versetzung in die nächste Schulklasse. Die bereits erfolgte Vergabe der vorhandenen Plätze steht dem grundsätzlich nicht entgegen; vgl. Sächs. OVG, 23.11.2009 – 3 B 539/09 – sowie zur Studienplatzvergabe VGH Bad.-Württ., NVwZ-RR 2011, 764.
169 Vgl. zu den Lärmimmissionen eines Jugendhauses etwa VGH Bad.-Württ., VBlBW 2000, 483.
170 Vgl hierzu die Aufsichtsarbeit Nr. 7 der zweiten juristischen Staatsprüfung Herbst 2008, VBlBW 2012, 441 und 478. Auch die Normenkontrolle selbst bleibt zulässig, weil bei einer Nichtigerklärung der bestehenden Regelung die Möglichkeit des Erlasses einer günstigeren Neuregelung besteht; vgl. VGH Bad.-Württ., VBlBW 2013, 27.
171 Vgl. VGH Bad.-Württ., VBlBW 2012, 469 sowie VBlBW 2014, 292.
172 Vgl. BVerwG, NJW 1989, 1291; VGH Bad.-Württ., VBlBW 1990, 431; BWGZ 1994, 797 sowie NVwZ 2012, 837.
173 Vgl. VGH Bad.-Württ., 23.4.1979 – 1 S 4163/78. Die Äußerung im nichtamtlichen Teil des Amtsblatts erfolgt daher nicht in Erfüllung öffentlicher Aufgaben, so dass ein Anspruch auf Unterlassung ehrenrühri-

IX. Wirtschaftliche Betätigung

412   Mit kommunalen Unternehmen wird traditionell das Betätigungsfeld der Gemeinden bezeichnet, das **auch von Privaten mit Gewinnerzielungsabsicht** betrieben werden könnte.[174] Dementsprechend ordnet § 102 Abs. 3 GemO auch an, dass wirtschaftliche Unternehmen einen Ertrag für den Gemeindehaushalt abwerfen sollen. Gewinnerwirtschaftung ist aber nicht Rechtfertigung und Sinn der Betätigung, vielmehr bedarf es hierfür eines öffentlichen Zwecks (§ 102 Abs. 1 Nr. 1 GemO).[175] Dieser wird sich regelmäßig daraus ergeben, dass ein Zustand angestrebt wird, der vom Markt so nicht erwartet werden kann (vgl. hierzu auch die Privatisierungsschwelle in § 106 GemO).

413   Historisch kann auf die älteste Erscheinungsform der Sparkassen verwiesen werden, mit denen auch denjenigen Bevölkerungsschichten, denen ein Bankzugang damals nicht möglich war, Zugang zu Krediten und sichere Geldanlagen ermöglicht werden sollte.[176] Klassisch sind auch die kommunalen Versorgungsunternehmen, mit denen eine Versorgung der Einwohner mit Strom, Gas, Wasser und zwischenzeitlich auch Fernwärme gewährleistet werden soll.[177] Für diese Tätigkeiten der **„kommunalen Daseinsvorsorge"** gilt die ansonsten zum Schutz des kommunalen Mittelstandes wirkende Subsidiaritätsklausel des § 102 Abs. 1 Nr. 3 GemO ausdrücklich nicht.

414   Bei wirtschaftlichen Unternehmen von Kommunen wird also ein **öffentlicher Zweck mit wirtschaftlicher Betätigung nach kaufmännischen Grundsätzen** verfolgt. Die Wahl einer Privatrechtsform ist durch § 103 GemO (sowie für die praktisch bedeutsamste GmbH zusätzlich § 103a GemO) eingeschränkt und an Bedingungen geknüpft worden, weil hierdurch sowohl der Einfluss der Gemeinde auf die Unternehmensführung als auch die Erreichung des öffentlichen Zwecks tendenziell auf der Strecke zu bleiben drohen. Für Aktiengesellschaften gilt dies in besonderer Weise, weil hier Weisungs- und Einflussrechte nur sehr eingeschränkt festgeschrieben werden können, so dass § 103 Abs. 2 GemO eine strikte Nachrangigkeit anordnet.

415   Öffentlich-rechtlich werden kommunale Unternehmen meist als **Eigenbetrieb** und damit rechtlich unselbstständige Anstalten des öffentlichen Rechts geführt, denen aber eine selbstständige Wirtschaftsführung nach kaufmännischen Regeln ermöglicht ist. Denn Eigenbetriebe besitzen eine eigene (vom Gemeinderat bestellte) Betriebsleitung und ein finanzwirtschaftliches Sondervermögen (vgl. § 12 EigBG). Zur Sicherung des gemeindlichen Einflusses untersteht die Betriebsleitung aber nach § 10 EigBG dem Weisungsrecht des Bürgermeisters.

416   Wirtschaftliche Unternehmen können auch öffentliche Einrichtungen i.S.d. § 10 GemO sein, beide Begriffe schließen sich nicht gegenseitig aus. Keine wirtschaftlichen Unternehmen sind gemäß § 102 Abs. 4 S. 1 GemO aber die früher als **„nicht wirtschaftlich"** bezeichneten Betätigungen im Bereich der Bildung, Kultur und Gesundheitspflege. Ab-

---

ger Äußerungen zivilrechtlicher Natur ist; vgl. VGH Bad.-Württ., VBlBW 2002, 251 (Artikel einer Gemeinderatsfraktion).

174   Wirtschaftliche Betätigungen der öffentlichen Hand sind weder durch Europarecht noch durch das Grundgesetz prinzipiell verboten; Art. 87e Abs. 3 S. 1 bzw. Art. 87f Abs. 2 S. 1 GG ordnen eine Betätigung in privatrechtlicher Form für Bahn und Post sogar ausdrücklich an.

175   Vgl. VGH Bad.-Württ., NVwZ-RR 2015, 307: Die Verfolgung fiskalischer Interessen reicht hierfür nicht aus.

176   Dieser Gedanke gilt jedenfalls für die Aufrechterhaltung eines flächendeckenden Filialnetzes – auch in betriebswirtschaftlich unrentablen Bezirken – weiter; vgl. § 6 Abs. 1 S. 1 SpkG.

177   Lehrreich ist dabei die historische Entwicklung, die etwa beim Erdgas erst nach schlechten Erfahrungen mit Konzessionsverträgen zur Übernahme einer Eigenregie geführt hatte: vgl. hierzu Püttner, Kommunalrecht Baden-Württemberg, 3. Aufl. 2003, Rn. 299.

zugrenzen ist das kommunale Unternehmen auch von der Betrauung privater Verwaltungshelfer mit öffentlichen Aufgaben (wie etwa im Abfallrecht) oder von Unternehmen, die bereits nicht öffentliche Aufgaben wahrnehmen (z.B. Cafeteria im Rathaus oder Kiosk im Schwimmbad).

Private Konkurrenten können sich zur Abwehr der gemeindlichen Konkurrenz auf die Vorschriften des kommunalen Wirtschaftsrechts berufen. Während ein entsprechender Drittschutz der Subsidiaritätsklausel früher verneint wurde,[178] ist der drittschützende Charakter des § 102 Abs. 1 Nr. 3 GemO angesichts seiner eindeutigen gesetzgeberischen Zielsetzung heute anerkannt.[179] Die noch immer streitige Frage, ob auch die Anbindung an den öffentlichen Zweck (§ 102 Abs. 1 Nr. 1 GemO) drittschützenden Charakter hat,[180] ist für die Eröffnung der Klagebefugnis daher nicht ausschlaggebend.

417

Da der Verwaltungsrechtsweg hinsichtlich der öffentlich-rechtlichen Normen des kommunalen Wirtschaftsrechts aus § 102 Abs. 1 Nr. 3 GemO eröffnet ist, hat das Verwaltungsgericht als Gericht des zulässigen Rechtsweges gemäß § 17 Abs. 2 S. 1 GVG den Rechtsstreit unter allen in Betracht kommenden rechtlichen Gesichtspunkten zu prüfen. Das zulässig angerufene Verwaltungsgericht ist daher verpflichtet, die Vorschriften des **UWG** – für die eigentlich der Zivilrechtsweg eröffnet wäre – zu berücksichtigen.[181] Ein Verstoß gegen die Begrenzungsvorschriften des kommunalen Wirtschaftsrechts führt jedoch nicht zu einer Verletzung des § 1 UWG,[182] so dass sich aus der Berücksichtigung des UWG materiell keine Veränderungen ergeben. Dieses regelt zwar das wettbewerbliche Verhalten im geschäftlichen Verkehr (und betrifft damit nicht staatliches Sonderrecht), die Vorschriften sind aber nicht auf das „ob", sondern das „wie", die Art und Weise der Betätigung gerichtet.

418

Zur Vertiefung: Fall 7.

419

Anders als in manchen anderen Bundesländern, in denen durch das kommunale Wirtschaftsrecht eine umfassende Reglementierung der wirtschaftlichen Betätigung von Gemeinden erfolgt ist, regelt § 102 GemO nur die Errichtung, Übernahme oder Erweiterung von wirtschaftlichen **„Unternehmen"**. Tatbestandsvoraussetzung ist daher jedenfalls eine gewisse betrieblich-organisatorische Verfestigung.[183] Fehlt es dagegen an einem entsprechenden organisatorischen Substrat – wie etwa bei einer nur punktuellen Aktivität durch Vermietung der in einer Einrichtung vorhandenen zusätzlichen Räume -, greifen die Beschränkungen des kommunalen Wirtschaftsrechts nicht ein. Derartige „Randnutzungen", die von der öffentlichen Hand nur bei Gelegenheit der Erfüllung öffentlicher Aufgaben betrieben werden, um sonst brachliegendes Wirtschaftspotenzial auszunutzen, sind daher grundsätzlich zulässig.[184] Sie werfen aber Fragen im Hinblick auf das – der Zivilgerichtsbarkeit obliegende – Wettbewerbsrecht auf, insb. etwa hinsichtlich der dem Staat obliegenden Verpflichtung zur Neutralität.[185]

420

Auch bei der Wahrnehmung öffentlicher Aufgaben in Privatrechtsform ist die Gemeinde aber an öffentlich-rechtliche Vorgaben – und insb. die Grundrechte – gebunden

421

---

178   Vgl. etwa VGH Bad.-Württ., VBlBW 1995, 99.
179   Grundlegend VGH Bad.-Württ., VBlBW 2006, 348; vgl. zum Unterlassungsanspruch auch VGH Bad.-Württ., NVwZ-RR 2015, 307.
180   Vgl. hierzu OVG Münster, NVwZ 2003, 1520 sowie für Baden-Württemberg Heilshorn, VBlBW 2007, 161.
181   Vgl. BVerwG, DVBl 1996, 152; VGH Bad.-Württ., VBlBW 1995, 99; BGHZ 114, 1.
182   Vgl. BGHZ 150, 343.
183   Vgl. VGH Bad.-Württ., VBlBW 2006, 348.
184   Vgl. BVerwGE 82, 29 (34).
185   Vgl. etwa zur Zulässigkeit der Werbung von Hoheitsträgern Heimlich, NVwZ 2000, 746.

(sog. **Verwaltungsprivatrecht**).[186] Im Bereich der rein fiskalischen Verwaltungstätigkeit – wo es also nicht um die Erfüllung öffentlicher Aufgaben geht – ist dies streitig und wird von der Zivilrechtsprechung überwiegend abgelehnt.[187] Diese Auffassung wird aber der besonderen Pflichtenbindung eines Trägers hoheitlicher Gewalt nicht gerecht. Auch außerhalb öffentlicher Aufgaben kann „der Staat" nicht wie ein Privater handeln und etwa beim Abschluss zivilrechtlicher Verträge sogar Grundrechte unbeachtet lassen.

422 Eine **Grundrechtsberechtigung** öffentlicher Unternehmen – die also einem beherrschenden Einfluss der öffentlichen Hand unterworfen sind – wird allgemein abgelehnt. Besonderheiten ergeben sich schließlich hinsichtlich der Auftragsvergabe, die nach § 97 f. GWB, § 31 Abs. 2 GemHVO und den „Verdingungsordnungen" erheblichen Restriktionen unterworfen ist. Da hier – wenngleich systemwidrig[188] – nach h.M. der Zivilrechtsweg gegeben ist, wird auf eine weitere Darstellung verzichtet.

X. Andere Kommunalverbände

423 Neben den Gemeinden sind auch die **Landkreise** als Körperschaften ausgestaltet (Wahl durch Kreiseinwohner). Anders als bei den Gemeinden beschreibt die Verfassung die Aufgabe der Kreise aber nicht selbst (keine Allzuständigkeit!), sondern überantwortet dies dem Gesetzgeber.[189] Klassische – durch Gesetz übertragene – Aufgaben der Landkreise sind die Straßenbaulast für Kreisstraßen (§ 43 Abs. 2 StrG), die Krankenhausträgerschaft (§ 3 Abs. 1 LKHG), die Trägerschaft für die Abfallbeseitigung (§ 6 Abs. 1 LAbfG) und die Berufsschulen (§ 28 Abs. 3 SchulG) sowie für verschiedene Leistungen nach dem Sozialgesetzbuch.

424 Die Aufgaben als untere Verwaltungsbehörde dagegen sind nicht dem Landkreis – als Rechtsträger – übertragen. Das Land nimmt vielmehr nur im Wege der Organleihe[190] auf das **Landratsamt** Zugriff. Soweit also eine Aufgabe im übertragenen Wirkungskreis betroffen ist, handelt das Landratsamt nicht als Behörde des Landkreises, sondern als staatliche Behörde (§ 1 Abs. 3 LKrO). Klagegegner ist demgemäß auch das Land! Sofern eine Handlung des Landratsamtes vorliegt, muss daher – anders als bei den Gemeinden – nach der jeweiligen Aufgabe unterschieden werden. Da die eigenen Aufgaben des Landkreises kaum klausurrelevant sind, wird regelmäßig eine übertragene staatliche Aufgabe und damit die Rechtsträgerschaft des Landes vorliegen.

425 Die Zwitterstellung des Landratsamts wird auch daran deutlich, dass der Landrat zwar vom Kreistag gewählt wird, das Innenministerium aber bei der Bewerberauswahl mitwirkt (vgl. § 39 Abs. 3 LKrO).

---

186 Ein privatrechtlich verfasster Betrieb des öffentlichen Personennahverkehrs etwa muss deshalb bei der Tarifgestaltung den Gleichheitssatz beachten.

187 Vgl. etwa BGHZ 36, 91 f.

188 Besonders bizarr wird die Rechtswegzuweisung dadurch, dass dann, wenn Private durch subventionsrechtliche Auflagen zur Anwendung der Vergabebestimmungen verpflichtet sind, der Verwaltungsrechtsweg eröffnet ist. Denn Subventionen werden regelmäßig durch Verwaltungsakt bewilligt; vgl. etwa VGH Bad.-Württ., VBlBW 2012, 221. Die unmittelbare Auftragsvergabe durch die öffentliche Hand selbst unterfällt aber der Zivilgerichtsbarkeit.

189 Vgl. BVerfGE 119, 331 (352 f.).

190 Genau genommen ist der Begriff hier unscharf, weil das Landratsamt kein Organ des Landkreises ist (vgl. § 18 LKrO). Da aber Weisungsaufgaben gemäß § 42 Abs. 3 S. 1 LKrO ohnehin grundsätzlich vom Landrat in eigener Zuständigkeit erledigt werden, ist tatsächlicher Bezugspunkt der Organleihe der Landrat und damit doch ein „Organ".

Darüber hinaus gibt es weitere **Kommunalverbände**. Man unterscheidet dabei Zweck-verbände, die zur Erfüllung bestimmter Aufgaben errichtet werden (vgl. § 1 GKZ) und die Verwaltungsgemeinschaft (§ 59 GemO) als umfassende Form der interkommunalen Zusammenarbeit.[191]

426

Weitere Verbandsformen gibt es insb. noch im Planungsrecht, etwa den Nachbar-schaftsverband für die vorbereitende Bauleitplanung (vgl. § 4 Abs. 2 NVerbG) oder den **Regionalverband** (mit dem Sonderfall Verband Region Stuttgart) für die Erstellung der Regionalpläne (vgl. § 31 Abs. 1 LplG). Nach der Rechtsprechung des Verwaltungs-gerichtshofs ist die Regionalplanung den Regionalverbänden aber nicht als eigene An-gelegenheit übertragen, so dass diesen auch keine Klagebefugnis gegen ein den Vorga-ben des Regionalplans widersprechendes Bauvorhaben zukommt.[192]

427

Die **kommunalen Spitzenverbände** (wie der Deutsche Städtetag) dagegen sind lediglich Interessenverbünde, öffentliche Aufgaben sind ihnen nicht übertragen.

428

---

191 Vgl. hierzu Ennuschat, in: Ennuschat/Ibler/Remmert, Öffentliches Recht in Baden-Württemberg, 2014, S. 12 f.; dort auch zur Möglichkeit privatrechtlicher Kooperationsgestaltungen. Zweckverbände genießen wegen ihrer beschränkten Aufgabenstellung nach Auffassung des Bundesverwaltungsgerichts nicht den Schutz aus Art. 28 Abs. 2 S. 1 GG; vgl. BVerwGE 140, 245 Rn. 13.

192 Vgl. VGH Bad.-Württ., NVwZ-RR 2012, 632 m.w.N. für eine Windkraftanlage.

B. VERTIEFUNGSFÄLLE

1. Fall: Ausländerfreie Zone?

429 Da die Asylbewerberzahlen wieder ansteigen, wird im Land Baden-Württemberg nach geeigneten Unterkünften gesucht. In der Großen Kreisstadt S (70.000 Einwohner) gibt es ein stillgelegtes Asylbewerberheim, das im Moment nur als Übernachtungsstätte für temporäre Veranstaltungen genutzt wird. Die zehn Mitglieder der Fraktion der Deutschen Front im Gemeinderat beantragen beim Oberbürgermeister deshalb folgenden Beschlussantrag als Verhandlungsgegenstand in die Tagesordnung der nächsten öffentlichen Gemeinderatssitzung aufzunehmen:

1. Der Gemeinderat der Stadt S ist entschlossen, im Rahmen des geltenden Rechts keine Maßnahmen zuzulassen oder zu unterstützen, die der Aufnahme von Asylbewerbern im Gebiet der Stadt S dienen. Der Oberbürgermeister wird beauftragt, gegenüber den zuständigen Behörden mit Nachdruck gegen eine Wiederinbetriebnahme des stillgelegten Asylbewerberheims einzutreten.

2. Der Oberbürgermeister wird beauftragt, die Stadt S auf der Weltkonferenz arischer Städte in Stockholm zu vertreten und dem von der Stadt Z initiierten Programm zur Förderung der Solidarität arischer Städte zuzustimmen.

3. Die Stadt S erklärt sich zur ausländerfreien Zone.

430 Der Oberbürgermeister verweigert die Aufnahme in die Tagesordnung mit der Begründung, die Gemeinde sei für die Beratungsgegenstände unzuständig. Die Regelung des Ausländerrechts sei Sache des Bundes; im Übrigen sei auch nicht sicher, ob die Stadt S überhaupt neue Asylbewerber zugeteilt bekomme. Die Fraktion möchte wissen, ob sie die Aufnahme der Verhandlungsgegenstände gerichtlich erzwingen kann.

1. Abwandlung

431 Nachdem der Oberbürgermeister einen Autounfall erlitten hatte und die nächsten drei Monate krankgeschrieben ist, setzt sein Vertreter Ziffer 1 des Antrags doch noch auf die Tagesordnung. Er findet im Gemeinderat auch eine Mehrheit. Das Regierungspräsidium hält den Beschluss indes für unzulässig und erlässt – nach Anhörung der Gemeinde – eine Beanstandung. Die Gemeinde hält dies für eine unerträgliche Einmischung in ihre eigenen Angelegenheiten und möchte Klage erheben.

2. Abwandlung

432 Der Fraktionsvorsitzende der L-Partei L ist über den Antrag empört. Bei der nächsten Gemeinderatssitzung befestigt er einen 13 x 8 cm großen Aufkleber mit der Aufschrift „Jeder Mensch ist Ausländer – fast überall" so an seiner Jacke, dass er von allen Ratsmitgliedern deutlich wahrgenommen werden kann. Vor Eintritt in die Tagesordnung fordert der Oberbürgermeister den L dreimal vergeblich auf, den Aufkleber von seiner Kleidung zu entfernen. Als L den Aufforderungen nicht Folge leistet, schließt der Oberbürgermeister ihn von der Sitzung aus. War dies zulässig?

Lösungshinweise

I. Aufnahme in die Tagesordnung

1. Zulässigkeit

Der **Verwaltungsrechtsweg** ist eröffnet, weil die streitentscheidende Norm des § 34 GemO Binnenrecht des Gemeinderats regelt und damit Sonder(organisations)recht des Staates darstellt.

433

Die zehn Mitglieder der **Gemeinderatsfraktion** sind gemäß § 61 Nr. 2 VwGO i.V.m. § 34 Abs. 1 S. 4 GemO beteiligtenfähig, weil ihnen hierdurch ein Recht hinsichtlich des Streitgegenstands eingeräumt ist. Nach heute ganz h.M. ist auch der „**Kommunalverfassungsstreit**" den normalen Klagearten zuzuordnen, wobei mangels Außenwirkung allerdings die verwaltungsaktsabhängigen Klagen ausscheiden. Richtige Klageart ist hier deshalb die Allgemeine Leistungsklage. Analog § 42 Abs. 2 VwGO ist eine die Klagebefugnis vermittelnde Rechtsposition erforderlich, weil die Rechtsschutzkonzeption der VwGO grundsätzlich keine Popularklage kennt. Die Klagebefugnis folgt hier aus der in § 34 Abs. 1 S. 4 GemO eingeräumten Befugnis.

434

Richtiger Klagegegner im **In-Sich-Prozess** ist richtiger Weise nicht der Rechtsträger Gemeinde, sondern das Organ, demgegenüber das streitige Rechtsverhältnis besteht, hier also der Oberbürgermeister.

435

2. Begründetheit

Die Klage wäre begründet, wenn die Kläger Anspruch auf Aufnahme der Beschlussanträge in die **Tagesordnung** hätten.

436

a) Formelle Voraussetzungen

Das in § 34 Abs. 1 S. 4 GemO statuierte Quorum ist erfüllt. Der Gemeinderat der Stadt S mit ihren 70.000 Einwohnern hat gemäß § 25 Abs. 2 GemO 40 Mitglieder, so dass die vorliegende Antragstellung durch zehn Mitglieder ausreichend ist. Die Tatsache, dass auch der Bürgermeister Mitglied des Gemeinderats ist, ändert hieran nichts. § 34 Abs. 1 S. 4 GemO fordert ausdrücklich die Eigenschaft des Gemeinderats (vgl. zur Legaldefinition § 25 Abs. 1 S. 1 GemO).

b) Materielle Voraussetzungen

Fraglich ist aber, ob es sich auch um eine Angelegenheit im Aufgabengebiet des Gemeinderats i.S.d. § 34 Abs. 1 S. 5 GemO handelt.

Dabei ist zunächst zu klären, ob dem Oberbürgermeister überhaupt eine **Prüfungsbefugnis** zusteht.

437

Die Frage ist umstritten, wird von der Rechtsprechung aber bejaht.[193] Für eine entsprechende Befugnis des Bürgermeisters spricht zunächst die systematische Stellung des § 34 Abs. 1 S. 5 GemO im Absatz über die – dem Bürgermeister obliegende – Einberufung des Gemeinderats. Auch der hinter der Anordnung liegende Sinn, einen Missbrauch des Gemeinderats für allgemein politische Fragen zu verhindern, könnte für eine Präventivkontrolle des Bürgermeisters sprechen. Der Gemeinderat ist insoweit

438

---

193 VGH Bad.-Württ., VBlBW 1984, 312.

schließlich nicht schutzlos gestellt, weil die Ablehnung des Bürgermeisters sowohl der Kontrolle durch die Rechtsaufsicht als auch in einem gerichtlichen Verfahren zugänglich ist. Gegen eine Prüfungskompetenz des Bürgermeisters spricht dagegen die Tatsache, dass grundsätzlich der Gemeinderat selbst als Vertretungsorgan der Bürger über seine Zuständigkeiten zu befinden hat. Dies gilt um so mehr, als die materiellen Voraussetzungen nicht immer leicht und eindeutig zu bestimmen sind, so dass ein Vorgriffsrecht des Bürgermeisters erhebliche Risiken in sich birgt und zu einer Verschiebung der innerkommunalen Machtbalance führen kann. Schließlich ist in § 43 Abs. 2 S. 1 GemO auch eine nachträgliche Kontrolle vorgesehen.

439 In materieller Hinsicht umschreibt die in Art. 28 Abs. 2 S. 1 GG, Art. 71 LV und § 2 GemO gewährleistete Allzuständigkeit der Gemeinde die Befugnis, sich aller **Angelegenheiten der örtlichen Gemeinschaft**, die nicht durch Gesetz anderen Trägern öffentlicher Gewalt übertragen sind, ohne besonderen Kompetenztitel anzunehmen. Auf dem Gebiet der auswärtigen Angelegenheiten (Art. 73 Nr. 1 GG) und des Ausländerrechts (Art. 74 Abs. 1 Nr. 4 GG) besteht aber eine vorrangige Bundeszuständigkeit, so dass die Verbandskompetenz der Gemeinde nicht vorliegt.

440 Gleichwohl kann der Gemeinde aber auch insoweit eine „**Befassungskompetenz**" zukommen – also die Berechtigung, sich aus ortsbezogener Sicht mit Fragen zu befassen, welche sich aus der Wahrnehmung von Aufgaben der öffentlichen Verwaltung ergeben, die nach der Kompetenzordnung anderen Trägern öffentlicher Gewalt zugewiesen sind. Konkrete Folgemaßnahmen (etwa hinsichtlich der öffentlichen Sicherheit, des Brandschutzes, der Planung o.ä.) eröffnen ein auf den örtlichen Raum bezogenes Befassungsrecht. Die Gemeinde darf sich um diejenigen Bedürfnisse und Interessen kümmern, die in der örtlichen Gemeinschaft wurzeln oder zu ihr einen spezifischen Bezug haben, die also den Gemeindeeinwohnern gerade als solchen gemeinsam sind und das Zusammenleben und -wohnen der Menschen in der Gemeinde betreffen.

441 Es ist daher eine Abgrenzung zwischen dem kommunal-politischen Mandat und einem allgemein-politischen Engagement erforderlich. Das Bundesverfassungsgericht umschreibt dies wie folgt: „Die Gemeinde mag berechtigt sein, sich mit einer Entschließung ihrer Verfassungsorgane gegen die konkrete Absicht zu wenden, auf ihrem Gemeindegebiet einen Atomreaktor, einen Flugplatz, eine militärische Anlage, z.B. eine Abschussbasis für Atomsprengkörper, zu errichten, sie ist aber nicht befugt, sich in derselben Weise gegen die Anlage von Atomreaktoren, Flugplätzen, militärischen Anlagen schlechthin zu wenden".[194]

442 Bei Heranziehung dieser „Atomwaffen"-Rechtsprechung des Bundesverfassungsgerichts dürfte Ziffer 1 wohl noch als zulässig zu bewerten sein. Ein hinreichender **Ortsbezug** ist anzunehmen, da der Beschluss nicht allgemein gefasst, sondern konkret auf die Nutzung des Asylbewerberheims der Stadt gerichtet ist. Insoweit sind auch sog. „Vorratsbeschlüsse" zulässig, die sich vorsorglich und ohne unmittelbar zu benennenden Anlass mit der Angelegenheit befassen, denn der Zeitpunkt einer entsprechenden Äußerung ist Sache der Gemeinde.[195] Probleme ergeben sich allenfalls aus der Formulierung „im Rahmen der Gesetze", wenn man davon ausgeht, dass die gesetzliche Verteilung der Asylbewerber gerade die Einbeziehung aller Gemeinden verlangt.

---

194 BVerfGE 8, 122 (134).
195 Vgl. BVerwG, NVwZ 1991, 682.

Die Aufnahme kommunaler Städtepartnerschaften wird von der auswärtigen Bundesgewalt nicht umfasst, weil der Bund eine Städtepartnerschaft nicht eingehen kann. Allerdings besteht für die Kommunen eine Verpflichtung zur Rücksichtnahme auf die für auswärtige Angelegenheiten zuständige Bundespolitik. Demgemäß ist auch die Verpflichtung des Grundgesetzes auf eine „friedliche Völkerverständigung" zu wahren. Ziffer 2 dürfte bereits deshalb unzulässig sein, weil die Aktion in Widerspruch zu den Wertungen des Grundgesetzes (Nicht-Diskriminierung) steht.

443

Auch Ziffer 3 ist als unzulässig zu bewerten, da es sich hierbei um eine politische Kampagne handelt, die nur äußerlich auf das Stadtgebiet bezogen ist.

444

Die **Organkompetenz** des Gemeinderats ist nach § 24 Abs. 1 S. 2 GemO gegeben, da kein Geschäft der laufenden Verwaltung vorliegt.

445

II. Beanstandung des Regierungspräsidiums

1. Zulässigkeit

Der **Verwaltungsrechtsweg** ist eröffnet, weil die streitentscheidenden Normen der §§ 121 Abs. 1 S. 1, 123 GemO das Regierungspräsidium als Träger hoheitlicher Gewalt in dieser Funktion einseitig zur Beanstandung und Aufhebung kommunaler Beschlüsse berechtigen und damit Sonderrecht des Staates darstellen.

446

Als richtige Klageart kommt die **Anfechtungsklage** in Betracht. § 125 GemO ist allerdings nur deklaratorischer Natur, da der Bund mit dem Erlass der VwGO von seiner Gesetzgebungsbefugnis abschließend Gebrauch gemacht hat. Entscheidend ist deshalb, ob die Maßnahme materiell als Verwaltungsakt zu qualifizieren ist. Die hier allein fragliche Außenwirkung kommt den kommunalaufsichtlichen Maßnahmen im Verhältnis zur Stadt schon deshalb zu, weil im Bereich der **Rechtsaufsicht** die Gemeinden als eigenständige Rechtssubjekte angesprochen werden. Die Beanstandung hat auch Regelungswirkung, weil durch die in § 121 Abs. 1 S. 3 GemO angeordnete Rechtsfolge der Beschluss zunächst nicht vollzogen werden kann.

447

Auch die Sachurteilsvoraussetzungen sind gegeben. Die Klagebefugnis folgt aus Art. 28 Abs. 2 S. 1 GG, da die Möglichkeit der Verletzung in dem Recht, sich mit allen Angelegenheiten der örtlichen Gemeinschaft zu befassen, nicht ausgeschlossen ist. Ein **Vorverfahren** findet gemäß § 68 Abs. 1 S. 2 VwGO i.V.m. § 15 Abs. 1 S. 1 AGVwGO nicht statt. Dass die Monats- (§ 74 Abs. 1 S. 2 VwGO) oder Jahresfrist (§ 58 Abs. 2 VwGO) verstrichen sein könnte, ist nicht ersichtlich.

448

2. Begründetheit

Als Rechtsgrundlage der Verfügung kommt nur § 121 Abs. 1 GemO in Betracht, weil sich der beanstandete Beschluss auf **weisungsfreie Gemeindeangelegenheiten** bezieht.

449

Bedenken an der formellen Rechtmäßigkeit bestehen nicht, insb. ist das Regierungspräsidium gemäß § 119 S. 1 GemO zuständig. Die Beanstandung ist aber materiell rechtswidrig, da sich der Antrag Ziffer 1 – aus den bereits dargelegten Erwägungen – im Rahmen der kommunalen Befassungskompetenz hält und die von § 121 Abs. 1 S. 1 GemO vorausgesetzte Rechtsverletzung damit nicht vorliegt. Die Beanstandung wäre daher aufzuheben.

450

III. Rechtmäßigkeit des Sitzungsausschlusses

451 Auch einer zur ehrenamtlichen Tätigkeit bestellten Person – wie dem Gemeinderatsmitglied – stehen weiterhin ihre **Grundrechte** zu. Das Gemeinderatsmitglied ist daher zur freien Meinungsäußerung berechtigt, soweit gesetzliche Einschränkungen dem nicht entgegenstehen.[196] Solche können sich indes aus der – gemäß § 36 Abs. 1 S. 2 GemO dem Bürgermeister zukommenden – **Ordnungsgewalt** für die Gemeinderatssitzung ergeben. Voraussetzung hierfür ist aber, dass die Einschränkung im Interesse der Funktionsfähigkeit des Gemeinderats erforderlich und die Maßnahme verhältnismäßig ist.

452 **Sticker oder Plaketten** stellen eine ausreichende Beeinträchtigung regelmäßig nicht dar. Fraglich ist daher, ob aus dem Kontext auf eine provokative und nicht mehr zumutbare Kritik geschlossen werden muss. Für eine derartige Annahme reichen die Sachverhaltsangaben aber nicht aus, da Störungen des Sitzungsablaufs nicht mitgeteilt worden sind.

2. Fall: Bürgerbegehren Saubere Stadt[197]

453 F ist Sprecher der Bürgerinitiative „Sauberes S", die sich u.a. gegen den Bau einer psychiatrischen Klinik für Straftäter in S wendet. Nachdem der Gemeinderat der Stadt S auf eine Standortanfrage des Regierungspräsidium mit Beschluss vom 1. Februar zwar die zwei konkret vorgeschlagenen Standorte für ungeeignet erklärt, aber sein grundsätzliches Einverständnis zur Errichtung der Klinik auf dem Gemeindegebiet geäußert und einen dritten Standort vorgeschlagen hatte, war von der Bürgerinitiative unverzüglich ein Bürgerbegehren eingeleitet worden. Angestrebt wird damit eine Abstimmung über die Frage: „Soll der Gemeinderat seine Entscheidung vom 1. Februar aufheben und sich gegen die Errichtung einer Klinik für Straftäter in S aussprechen?"

454 Am 20. Februar übergab F eine Unterschriftenliste, auf der sich hinter ihm als Vertrauensperson weitere 2.234 der knapp 22.000 Gemeindeeinwohner eingetragen hatten. Mit Schreiben vom 23. März unterrichtete ihn der Oberbürgermeister daraufhin, dass der Gemeinderat das Bürgerbegehren auf seiner Sitzung vom 20. März für zulässig erklärt und den Termin für die Durchführung auf den 1. November festgesetzt habe. Zeitdruck bestehe nicht, da nach Angaben des Landes mit einem Bauantrag erst in drei bis vier Jahren zu rechnen sei.

455 Bei Gelegenheit der ersten Gemeinderatssitzung nach der Sommerpause am 10. September teilte der Oberbürgermeister dem F mit, aus dem Bürgerbegehren werde jetzt doch nichts. Bereits am 15. Juni habe das Regierungspräsidium den Gemeinderatsbeschluss beanstandet und der Stadt aufgegeben, den Antrag auf Zulassung des Bürgerbegehrens innerhalb eines Monats zurückzuweisen; für den Fall der nicht fristgerechten Umsetzung sei angedroht worden, dass das Regierungspräsidium den Antrag selbst an Stelle der Stadt zurückweisen werde. Mit einem an die Stadt gerichteten Bescheid vom 2. August habe das Regierungspräsidium diese Drohung dann auch wahr gemacht, den Gemeinderatsbeschluss vom 20. März über die Zulassung des Bürgerbegehrens aufgehoben und den Antrag auf Zulassung des Bürgerbegehrens zurückgewiesen. Angesichts der zwischenzeitlich eingetretenen Bestandskraft sei jetzt wohl nichts

---

196 Vgl. BVerwG, NVwZ 1988, 837; VGH Bad.-Württ., VBlBW 2001, 179.
197 Angelehnt an Aufsichtsarbeit Nr. 8 der zweiten juristischen Staatsprüfung Frühjahr 2004, VBlBW 2007, 358.

mehr zu machen; darauf habe ihn der Regierungspräsident vorgestern ausdrücklich hingewiesen.

F will dies nicht hinnehmen und die Durchführung des Bürgerentscheids am geplanten Termin 1. November erreichen. Er weist seinen Anwalt darauf hin, dass ein Sofortvollzug vom Regierungspräsidium – soweit er dies den ihm vom Oberbürgermeister am 10. September gezeigten Bescheiden habe entnehmen können – offenbar nicht angeordnet worden ist; er bittet vorsorglich aber auch um Prüfung der Eilrechtsschutzmöglichkeiten. In der Sache meint er, sich schon auf § 41 Abs. 2 des Kommunalwahlgesetzes berufen zu können. Die Unterbringung von Sexualstraftätern in S sei ein zentrales kommunalpolitisches Thema und müsse daher auch von der Bürgern entschieden werden können. Er will daher sowohl die Beanstandungsverfügung als auch die Ersatzvornahme durch ein Gericht aufheben lassen.

456

Lösungshinweise

I. Zulässigkeit einer Klage

1. Verwaltungsrechtsweg

Der **Verwaltungsrechtsweg** ist eröffnet, weil die streitentscheidenden Normen der §§ 121 Abs. 1 S. 1, 123 GemO das Regierungspräsidium als Träger hoheitlicher Gewalt in dieser Funktion einseitig zur Beanstandung und Aufhebung kommunaler Beschlüsse berechtigen und damit Sonderrecht des Staates darstellen.

457

2. Klageart

Als richtige Klageart kommt die **Anfechtungsklage** in Betracht.

458

§ 125 GemO berechtigt allerdings nur die Gemeinde und scheidet daher aus.

459

§ 41 Abs. 2 KomWG erfasst vom Wortlaut her zwar nur die „Zurückweisung" durch die Gemeinde, die hier nicht unmittelbar vorliegt. Da das Regierungspräsidium im Falle der **Ersatzvornahme** aber an Stelle der Gemeinde handelt, erscheint eine analoge Anwendbarkeit möglich. Denn die Rechtswirkung der Zurückweisung tritt hier unmittelbar ein, so dass aus Sicht des Bürgers eine vergleichbare Situation vorliegt.

460

Eine Ausdehnung des Anwendungsbereichs von § 41 Abs. 2 KomWG auf die **Beanstandungsverfügung** dagegen erscheint sehr weitgehend, angesichts der in § 121 Abs. 1 S. 3 GemO angeordneten Rechtsfolge aber nicht ausgeschlossen. Denn durch die aufschiebende Wirkung kann das Bürgerbegehren zunächst nicht weiterbetrieben werden.

461

Ohnehin sind die genannten Normen des Landesrechts nur deklaratorischer Natur, da der Bund mit dem Erlass der VwGO von seiner Gesetzgebungsbefugnis abschließend Gebrauch gemacht hat. Entscheidend ist deshalb, ob die Maßnahmen materiell als Verwaltungsakte zu qualifizieren sind. Die hier problematische Außenwirkung kommt den kommunalaufsichtlichen Maßnahmen im Verhältnis zur Stadt schon deshalb zu, weil im Bereich der **Rechtsaufsicht** die Gemeinden als eigenständige Rechtssubjekte angesprochen werden. Für Dritte stellen sich Aufsichtsmaßnahmen dagegen grundsätzlich als Verwaltungsinternum dar. Anderes gilt hier aber angesichts der bereits angesprochenen Rechtsfolgen (Suspendierung bzw. Zurückweisung), die unmittelbar auch gegenüber F eintreten. Es liegt daher ein Verwaltungsakt vor.

462

3. Sachurteilsvoraussetzungen

463 Die Sachurteilsvoraussetzungen sind erfüllt. Die Klagebefugnis folgt aus § 21 Abs. 3 GemO (sowie ggf. aus § 41 Abs. 2 KomWG); ein **Vorverfahren** findet nach § 68 Abs. 1 S. 2 VwGO i.V.m. § 15 Abs. 1 S. 1 AGVwGO nicht statt. Mangels Bekanntgabe an F ist die Klagefrist noch nicht in Lauf gesetzt. Maßnahmen der Kommunalaufsicht regeln nur das interne Verhältnis zwischen Aufsichtsbehörde und Gemeinde; daher ist die Verfügung F gegenüber auch nicht bekanntgegeben und erst recht nicht bestandskräftig geworden. Die allenfalls in Betracht kommende Frist aus § 58 Abs. 2 VwGO (Verwirkungsgedanke) ist noch nicht verstrichen.

4. Rechtsschutzbedürfnis

464 Ein **Rechtsschutzbedürfnis** liegt auch hinsichtlich der Beanstandungsverfügung vor, weil diese als Grund-Verwaltungsakt der angedrohten Vollstreckung und im Hinblick auf den Suspensiveffekt des § 121 Abs. 1 S. 3 GemO Rechtswirkungen entfaltet.

5. Zuständiges Gericht

465 Zuständiges Gericht ist gemäß §§ 45, 52 Nr. 3 S. 1 VwGO das VG.

II. Eilrechtsschutz

466 Hinsichtlich der Ersatzvornahme ist wegen § 80 Abs. 2 S. 1 Nr. 3 VwGO i.V.m. § 12 LVwVG ein Anordnungsantrag nach § 80 Abs. 5 VwGO statthaft und auch sonst zulässig. Auch die **Androhung** ist bereits eine Maßnahme in der Verwaltungsvollstreckung (vgl. § 20 LVwVG: Das Vollstreckungsverfahren ist grundsätzlich dreistufig und umfasst Festsetzung, Androhung und Durchführung).

467 Hinsichtlich der **Beanstandung** ist § 12 LVwVG dagegen noch nicht einschlägig, weil diese der Grundverwaltungsakt für mögliche Vollstreckungsmaßnahmen ist, nicht aber selbst bereits „in" der Verwaltungsvollstreckung liegt. Auch eine Anordnung der sofortigen **Vollziehbarkeit** nach § 80 Abs. 2 S. 1 Nr. 4 VwGO liegt nicht vor, so dass bereits die Erhebung der Anfechtungsklage aufschiebende Wirkung entfaltet (§ 80 Abs. 1 VwGO). Da das Regierungspräsidium aber von der Bestandskraft und somit auch von Vollziehbarkeit ausgeht, wäre ein Antrag auf Feststellung der aufschiebenden Wirkung analog § 80 Abs. 5 VwGO möglich.

III. Begründetheit

468 Ermächtigungsgrundlage für die Beanstandung durch das Regierungspräsidium ist § 121 Abs. 1 S. 1 GemO.

1. Formelle Voraussetzungen des Bürgerbegehrens

469 Die Frist des § 21 Abs. 3 S. 3 GemO seit dem Gemeinderatsbeschluss ist gewahrt, das Mindestquorum aus § 21 Abs. 3 S. 6 GemO erfüllt und die zur Entscheidung stehende Frage klar formuliert und mit „ja" oder „nein" beantwortbar (§§ 21 Abs. 3 S. 4 und Abs. 9 GemO, § 55 Abs. 1 S. 1 KomWG, §§ 53 Abs. 2 S. 2, 52 Abs. 2 S. 2 KomWO). Der in § 21 Abs. 3 S. 4 GemO vorgeschriebene **Kostendeckungsvorschlag** war hier ausnahmsweise entbehrlich, da Kosten nicht entstehen.

2. Materielle Voraussetzungen

Auch wenn kein Fall des Negativkatalogs aus § 21 Abs. 2 GemO vorliegt, setzt die Zulässigkeit eines Bürgerbegehrens aber voraus, dass es sich um eine Angelegenheit des Wirkungskreises der Gemeinde handelt (vgl. § 21 Abs. 3 S. 1 GemO), die **Verbandskompetenz** der Gemeinde also überhaupt gegeben ist. Dieser Rechtsbegriff unterliegt voller gerichtlicher Nachprüfung.   470

Die Kompetenz zur Einrichtung einer Vollzugsklinik liegt beim Land (vgl. § 2 des Unterbringungsgesetzes), die Aufgabe wurzelt auch nicht in der Gemeinde. Die kommunale Planungshoheit wird durch die Bauleitplanung konkretisiert und ist durch die Standortentscheidung nicht unmittelbar betroffen. Das Einvernehmen nach § 36 BauGB steht nicht zur Diskussion, weil ein Bauantrag vom Land noch nicht gestellt worden ist; es ist im Übrigen nach h.M. auch nicht bürgerentscheidfähig. Ob die vom Regierungspräsidium durchgeführte Beteiligung an der Standortentscheidung der Gemeinde eine eigenständige Rechtsposition verleiht, ist nicht frei von Zweifeln; entsprechende Mitwirkungen werden auch anderen (unselbstständigen) Fachplanungsträgern eingeräumt.   471

Jedenfalls aber besitzt die Gemeinde eine „**Befassungskompetenz**" auch für Landesaufgaben, soweit dadurch konkrete Auswirkungen auf die Gemeinde zu erwarten sind oder Folgemaßnahmen der Gemeinde erforderlich werden und so ein hinreichender Bezug zur örtlichen Gemeinschaft besteht.[198] Ein entsprechender kommunalpolitischer Bezug ist hier offensichtlich. Derartige Befassungen sind auch auf Vorrat oder als „antizipatorische Stellungnahme" zulässig; einerseits obliegt der Zeitpunkt der Beschlussfassung dem Gestaltungsspielraum der Gemeinde, andererseits liefe ein Abwarten auf konkrete Planungsschritte Gefahr, zu spät zu kommen.[199]   472

IV. Anträge

1. Klagen (§ 44 VwGO)

Der Kläger beantragt, die Verfügungen des Regierungspräsidiums vom 15. Juni und vom 2. August gegen die beigeladene Stadt S aufzuheben.   473

2. Eilrechtsschutz

Der Antragsteller beantragt, die aufschiebende Wirkung der Klage des Antragstellers gegen die Verfügung des Regierungspräsidiums vom 2. August anzuordnen und festzustellen, dass die Klage des Antragsstellers gegen die Verfügung des Regierungspräsidiums vom 15. Juni aufschiebende Wirkung hat.   474

3. Fall: Ein streitbares Ratsmitglied

A. Herr A war mehr als 20 Jahre Mitglied des Gemeinderates der baden-württembergischen Stadt F, seit August gehört er dem neu gewählten Gemeinderat nicht mehr an. Am 1. März nahm er zuletzt an einer Gemeinderatssitzung teil. In dieser begehrte er vergeblich vom Bürgermeister B eine Stellungnahme zu der Frage, ob es die Gemeindeverwaltung tatsächlich unterlassen habe, den Unternehmer U zu einem Erschließungs-   475

---

198   Vgl. zu „atomwaffenfreien Zonen" etwa BVerfGE 8, 122 (134).
199   Vgl. BVerwG, DVBl 1991, 491.

beitrag in Höhe von 100.000 Euro heranzuziehen, obwohl dieser aufgrund der einschlägigen Bestimmungen zur Zahlung verpflichtet gewesen sei. Dadurch sei der Stadt eine erhebliche Einnahme entgangen.

476 Wenige Tage nach der Sitzung schrieb A einen Brief an B, in dem er die Weigerung des Bürgermeisters, die in der Sitzung vom 1. März begehrte Stellungnahme abzugeben, als ungeheuerlich und dem Geiste des Rechtsstaates zuwider beanstandete. Er werde deshalb nicht mehr an den Sitzungen des Gemeinderats teilnehmen, solange der Bürgermeister nicht erkläre, dass er bereit sei, seiner Informationspflicht zu genügen. Darauf ging der Bürgermeister nicht ein. In den folgenden Sitzungen des Gemeinderats fehlte A – trotz mehrerer Teilnahmeaufforderungen des B – wie angekündigt.

477 Am 1. Juli fasste der Gemeinderat daraufhin folgenden Beschluss:

1. Der Gemeinderat der Stadt F stellt fest, dass A keinen wichtigen Grund hat, den Sitzungen des Gemeinderats fernzubleiben.

2. Der Gemeinderat der Stadt F spricht gegenüber A eine Ermahnung aus.

478 Der Beschluss hatte für A eine außerordentlich negative Resonanz in der Presse. A selbst hält sein Fernbleiben für rechtmäßig und erhob daher am 1. September eine gegen die Stadt F gerichtete Anfechtungsklage.

479 **B.** Herr A ist noch immer Mitglied des Kreistages, den er ebenfalls mit der vermeintlichen „Vetternwirtschaft" in F befassen wollte. Der Kreistag lehnte es auf seiner Sitzung vom 10. September jedoch ab, über Aufsichtsmaßnahmen gegen B zu beraten.

480 Mit Schreiben vom 12. September beantragte A, der Kreistag möge ihn von seinem Mandat entbinden und führte aus, dass er die Vorgänge für zutiefst undemokratisch und unmoralisch halte. Eine Diskussion über den Beschluss sei unterdrückt worden. Es müsse bereits vor der Sitzung eine Absprache zwischen dem Landrat, dem mit diesem befreundeten B und der X-Fraktion gegeben haben, so dass die Sitzung selbst nur eine Farce gewesen sei. Angesichts dieses Demokratieverständnisses sehe er keine Möglichkeit mehr, im Kreistag konstruktiv mitzuarbeiten. Eine Weiterführung der ehrenamtlichen Tätigkeit könne ihm wegen eines dauernden Konflikts zwischen seinem Beruf als Gemeinschaftskundelehrer, in dem er Jugendlichen die Verfassungsprinzipien glaubhaft vermitteln müsse, und seiner Tätigkeit in einem Organ, das diese Prinzipien missachte, nicht zugemutet werden.

481 Mit Bescheid vom 1. Oktober teilte der Landrat dem A mit, der Kreistag habe den Antrag abgelehnt, da ein wichtiger Grund für ein Ausscheiden nicht erkennbar sei. Zwar könne sich A als langjähriges Gemeinderatsmitglied der Stadt F auf einen in der Landkreisordnung genannten wichtigen Grund berufen; dies habe er trotz eines entsprechenden Hinweises jedoch nicht getan. Nach erfolglosem Widerspruchsverfahren hat A Feststellungsklage erhoben und zur Begründung geltend gemacht, ein gewählter Mandatsträger könne sein Mandat jederzeit aus Gewissensgründen niederlegen.

Lösungshinweise

I. Ermahnung

1. Zulässigkeit

a) Verwaltungsrechtsweg

Der **Verwaltungsrechtsweg** ist eröffnet, weil die streitentscheidende Norm des § 34 Abs. 3 GemO Binnenrecht des Gemeinderats regelt und damit Sonderrecht des Staates darstellt. Es liegt auch kein Rechtsstreit verfassungsrechtlicher Art vor, weil die Kommune Träger der Selbstverwaltung und damit kein Organ der Staatsverfassung ist.

482

b) Beteiligtenfähigkeit

Hinsichtlich der **Beteiligtenfähigkeit** besteht das Problem, dass es A nicht um die Wahrung seiner individuellen Rechte als natürlicher Person geht, vielmehr begehrt er eine Feststellung über die ihn als Gemeinderatsmitglied treffenden Rechte und Pflichten. Denn auch eine Ermahnung trifft angesichts des nur geringfügigen Sanktionscharakters das Gemeinderatsmitglied nur in seinem **Dienstverhältnis**. Die wohl h.L. zieht daher hinsichtlich organschaftlicher Rechte § 61 Nr. 2 VwGO analog (Organteil) als Rechtsgrundlage heran. Die Beteiligungsfähigkeit bestünde daher nur soweit, wie ihm **organschaftliche Rechte** zustehen. Da A nicht mehr Gemeinderatsmitglied ist, wäre konsequenterweise die Beteiligtenfähigkeit zu verneinen.

483

Allerdings verliert A auch als Gemeinderatsmitglied nicht seine Eigenschaft als natürliche Person. Insbesondere im hier vorliegenden Fall des ausgeschiedenen Gemeinderats, der um nachträgliche **Rehabilitation** kämpft, erscheint daher die Zuerkennung der Beteiligtenfähigkeit nach § 61 Nr. 1 VwGO sachgerecht. Auch das Bundesverfassungsgericht lässt im Falle eines ausgeschiedenen Landtagsabgeordneten die Individualbeschwerde zu, obwohl organschaftliche Rechte grundsätzlich nur im Organstreitverfahren geltend gemacht werden können.[200]

484

c) Klageart

Auch der „**Kommunalverfassungsstreit**" ist nach heute ganz h.M. den normalen Klagearten zuzuordnen.

485

Eingelegt hat A Anfechtungsklage. Da bei innerorganschaftlichen Streitigkeiten aber keine Außenwirkung vorliegt, ist diese unstatthaft. In Betracht kommt daher eine allgemeine Leistungsklage mit dem Ziel der Aufhebung des Gemeinderatsbeschlusses. Da A jedoch zwischenzeitlich dem Gemeinderat nicht mehr angehört, ist jedenfalls hinsichtlich möglicher Sanktionen Erledigung eingetreten. Richtige Klageart ist daher die Feststellungsklage, die jedenfalls nach Erledigung der Leistungsklage nicht gemäß § 43 Abs. 2 VwGO gesperrt ist.[201] Grundsätzlich lässt der **Subsidiaritätsgrundsatz** aber nur die Klageart zu, die am weitesten führt (Titel!); dies gilt insb. auch dann, wenn ansonsten zusätzliche Sachurteilsvoraussetzungen umgangen werden könnten. Die Rechtsprechung lässt bei kommunalen Binnenstreitverfahren aber eine Ausnahme zu.[202]

486

---

200 BVerfGE 32, 157 (162).
201 Vgl. BVerwG, NJW 1997, 71.
202 Vgl. etwa VGH Bad.-Württ., VBlBW 1992, 97. Hintergrund dürfte die Schwierigkeit sein, dass ansonsten ein Titel gegen sich selbst ausgestellt werden müsste.

487 Angesichts der Umstellung des Rechtsschutzzieles von Aufhebung auf Feststellung ist die Grenze zur Umdeutung nach § 88 VwGO wohl überschritten. Es ist daher eine – hier sachdienliche – Klageänderung erforderlich, auf die gemäß § 86 Abs. 3 VwGO hinzuweisen ist.[203]

d) Feststellungsfähiges Rechtsverhältnis

488 Gestritten wird anlässlich einer **konkreten** Begebenheit um Reichweite und Umfang der Pflicht zur Sitzungsteilnahme aus § 34 Abs. 3 GemO, so dass ein Rechtsverhältnis i.S.d. § 43 Abs. 1 VwGO vorliegt. Erforderlich hierfür ist eine rechtliche Beziehung, die sich aus einem konkreten Sachverhalt aufgrund einer öffentlich-rechtlichen Regelung ergibt. Nicht zulässig wäre dagegen die Klärung einer abstrakten Rechtsfrage ohne konkreten Anlass (hierfür steht nur die Normenkontrolle zur Verfügung, sofern die Voraussetzungen erfüllt sind).

489 Die Tatsache, dass A dem Gemeinderat nicht mehr angehört, ist unschädlich. Auch in der Vergangenheit liegende Rechtsverhältnisse sind **feststellungsfähig**, wenn noch ein schutzwürdiges Interesse an deren Klärung besteht.[204]

e) Feststellungsinteresse

490 Die Feststellungsklage ist jedoch nur zulässig, wenn ein „berechtigtes Interesse" an der gerichtlichen Feststellung geltend gemacht werden kann. Denn die Gerichte sind keine Gutachtens- oder Auskunftsstellen. Feststellungsfähig sind dabei nicht nur rechtliche Interessen, schutzwürdig können vielmehr auch ideelle oder wirtschaftliche Belange sein. Die Praxis prüft das **Feststellungsinteresse** regelmäßig anhand der (nicht abschließenden!) Fallgruppen Wiederholungsgefahr und Rehabilitationsinteresse. Achtung: Die dritte Fallgruppe „Vorbereitung einer Amtshaftungsklage" ist nur im Falle der Fortsetzungsfeststellungsklage zulässig – also nicht, wenn nicht bereits vor Erledigung eine Anfechtungsklage anhängig war. Denn dann ist ausschließlich das für Amtshaftungsklagen zuständige Landgericht zur Entscheidung berufen.

491 Hier kann das erforderliche Feststellungsinteresse nicht aus dem Gesichtspunkt der Wiederholungsgefahr abgeleitet werden, weil A nicht mehr Gemeinderatsmitglied ist.[205] A steht aber unter dem Gesichtspunkt der Rehabilitation ein schutzwürdiges Interesse zu, da der Gemeinderatsbeschluss geeignet war, das Ansehen des A in der Öffentlichkeit herabzusetzen.[206] Das Rehabilitationsinteresse besteht jedoch nur für Personen, nicht aber für Organteile, weil die Funktionsinteressen des Organs nicht berührt sind. Das bereits bei der Beteiligtenfähigkeit angesprochene Problem taucht daher hier wieder auf. Sofern man nicht auf die natürliche Person abstellt, fehlt daher das Feststellungsinteresse,[207] was aber nicht sachgerecht erscheint.

---

203 Vgl. von Bargen/Schwarze, VBlBW 1998, 434 (436).
204 Vgl. dazu VGH Bad.-Württ., VBlBW 1996, 99 sowie Bay. VGH, NVwZ 1988, 83.
205 Das gleiche Problem tritt auf, wenn sich zwischenzeitlich die Rechtsgrundlage geändert hat!
206 Vgl. VGH Bad.-Württ., VBlBW 1996, 99.
207 So etwa OVG Rh.-Pf., DÖV 1996, 474; ähnlich auch Bay. VGH, BayVBl 1995, 661: Verneinung der Klagebefugnis.

f) Klagebefugnis

Ob neben dem Feststellungsinteresse auch die **Klagebefugnis** als eigenständiger Prüf- 492
punkt zu behandeln ist, wird unterschiedlich gehandhabt. Klar ist, dass die Popularklage auch im Rahmen des Feststellungsantrags ausgeschlossen ist.[208] Der Sache nach ergibt sich die Prüfung aber bereits aus der Bejahung des Feststellungsinteresses.

2. Begründetheit

Richtiger Klagegegner im **In-Sich-Prozess** ist nicht der Rechtsträger Gemeinde, sondern 493
das Organ, demgegenüber das streitige Rechtsverhältnis besteht: hier also der Gemeinderat.

Materiell ergibt sich die **Teilnahmepflicht** aus § 34 Abs. 3 GemO, Ausnahmen sind 494
nicht unmittelbar statuiert. Allerdings sieht § 16 Abs. 1 GemO die Möglichkeit vor, das Ehrenamt aus wichtigem Grund abzulehnen bzw. aus diesem auszuscheiden. Im Wege des Erst-Recht-Schlusses kann die Vorschrift daher analog auch für einzelne Verpflichtungen herangezogen werden.[209]

Der „wichtige Grund" ist ein unbestimmter Rechtsbegriff, der gerichtlich voll nachge- 495
prüft werden kann. Die systematische Auslegung der Norm ergibt, dass die Aufzählung in § 16 Abs. 1 S. 2 GemO nur personenbezogene Gründe enthält. A dagegen will mit dem Fernbleiben ein Druckmittel einsetzen, um den Bürgermeister zur Auskunft zu bewegen – so dass ein sachbezogener Grund vorliegt.[210] Darüber hinaus ist das Fernbleiben gerade keine vom Sinn des § 34 Abs. 3 GemO akzeptierte Form der Auseinandersetzung, denn diese soll gerade im Gemeinderat ausgetragen werden (teleologische Auslegung).

Die Ermächtigungsgrundlage für die **Ermahnung** ergibt sich aus § 17 Abs. 4 i.V.m. § 16 496
Abs. 3 GemO. Zwar ist die Rechtsfolge Ermahnung dort nicht genannt, sie ist als mildere Maßnahme aber von der Vorschrift gedeckt.[211]

Die Feststellungsklage ist daher unbegründet. 497

II. Ausscheiden aus dem Kreistag

1. Zulässigkeit

a) Beteiligtenfähigkeit

Hinsichtlich der Niederlegung sind nicht spezifische Mitgliedschaftsrechte als Kreis- 498
tagsmitglied im Streit, die Aufgabe des Ehrenamts betrifft A vielmehr als Bürger, in seinem „**Grundverhältnis**" (vgl. § 12 Abs. 1 LKrO). Die Beteiligtenfähigkeit ergibt sich hier daher aus § 61 Nr. 1 VwGO. Die Beteiligtenfähigkeit des Landkreises folgt aus § 61 Nr. 1 VwGO, § 1 Abs. 2 LKrO; vertreten wird er durch den Landrat (§ 37 Abs. 1 S. 2 LKrO).

---

208 Vgl. BVerwG, NVwZ 1991, 470 unter ausdrücklichem Hinweis auf die analoge Anwendung des § 42 Abs. 2 VwGO.
209 Vgl. VGH Bad.-Württ., VBlBW 1996, 99 sowie Bay. VGH, DVBl 1980, 63.
210 Materiell ist das Auskunftsrecht in § 24 Abs. 4 S. 1 GemO geregelt; vgl. hierzu VGH Bad.-Württ., VBlBW 2003, 190 sowie VBlBW 2001, 361.
211 Vgl. VGH Bad.-Württ, VBlBW 1996, 99.

b) Klageart

499 Die Klageart richtet sich gemäß § 88 VwGO nach dem Klagebegehren. Die Aufhebung alleine erschöpft dieses nicht, weil A nicht ausscheiden, sondern bestätigt wissen will, dass er aus wichtigem Grund zum Ausscheiden berechtigt war. Er begehrt damit eine **Feststellung** des Kreistages (vgl. § 12 Abs. 2 i.V.m. § 25 Abs. 1 S. 3 LKrO), die ihm gegenüber Außenwirkung entfaltet. Richtige Klageart ist damit die Verpflichtungsklage. Die Sachurteilsvoraussetzungen bieten kein Problem.

c) Rechtsschutzbedürfnis

500 Fraglich ist indes das **Rechtsschutzinteresse**, weil dem A ja ein von der Landkreisordnung zuerkannter Ausscheidensgrund zusteht (§ 12 Abs. 1 Nr. 2). Eine auf die Zulässigkeit seines Ausscheidens gerichtete Klage wäre daher unzulässig, weil ihm mit der Berufung auf seine langjährige Gemeinderatstätigkeit ein schnellerer und einfacherer Weg zur Rechtsverfolgung zur Seite steht. Hinsichtlich der Streitfrage, ob er sich für sein Ausscheiden auf die Gewissensfreiheit berufen kann, gilt dies jedoch nicht. Insoweit wird im Hinblick auf die Rehabilitationsfunktion auch ein Rechtsschutzinteresse angenommen werden können.

2. Begründetheit

501 Ein wichtiger Grund liegt vor, wenn das öffentliche Interesse an der Fortsetzung der ehrenamtlichen Tätigkeit (Arbeitsfähigkeit des Organs) hinter das Interesse des betroffenen Mandatsträgers (Aufgabe der freiwillig übernommenen Tätigkeit) zurückzutreten hat, dem A die Fortführung also nicht zumutbar wäre. Hierfür sind **Gewissenskonflikte** grundsätzlich durchaus geeignet. Das belegt auch die systematische Auslegung, weil die ausdrücklich geregelten Fälle ebenfalls personenbezogene Gründe ausweisen.

502 Die behauptete Gewissensentscheidung ist aber in nachvollziehbarer Weise darzulegen, da eine Feststellung durch den Kreistag erforderlich ist. Insoweit kann auf die bei der Kriegsdienstverweigerung entwickelten Grundsätze zurückgegriffen werden. Danach ist die Gewissensentscheidung eine ernste, sittliche, an den Kategorien von Gut und Böse orientierte Entscheidung, die der Einzelne für sich als bindend und verpflichtend erfährt, so dass er nicht ohne ernste Gewissensnot gegen sie handeln kann. Ein derartiger innerer Konflikt ist hier nicht erkennbar, vielmehr handelt es sich bei dem Vorbringen des A ersichtlich nur um einen Protest. Auch diese Klage ist daher unbegründet.

4. Fall: Beschlussfreudiger Gemeinderat

503 **A.** In seiner Sitzung vom 18. November hat der Gemeinderat der baden-württembergischen Stadt G unter TOP 4 den Bebauungsplan „Innenstadt-Süd" beschlossen. Der Bebauungsplan enthält die Ausweisung einer Fußgängerzone sowie die Festsetzung einer innerörtlichen Umgehungsstraße (Dröhnstraße). Z ist Eigentümer des im Plangebiet liegenden Grundstücks Dröhnstraße 11 und befürchtet eine erhebliche Zunahme der Lärmimmissionen. Er ist der Auffassung, dass die Beschlussfassung nur zustande gekommen sei, weil ein Großteil der Stadträte befangen war.

504 Stadtrat S selbst wohnt als Mieter in der als zukünftige Hauptverkehrsstraße vorgesehenen Straße, deren Lärmsituation sich bei Realisierung des Bebauungsplans um etwa 4 dB(A) verschlechtern würde. Allerdings war ihm bei Einzug die Diskussion um die

geplante Bebauungsplanänderung bereits bekannt, jedenfalls in der Öffentlichkeit hat er sich über die zu erwartende Lärmbelastung nicht beschwert.

Stadträtin T selbst ist nicht betroffen; ihr Ehemann ist aber stellvertretendes Mitglied im Vorstand der Krankenhausgesellschaft, deren Hauptgebäude zwar nicht im Plangebiet liegt, aber unmittelbar an die neue Fußgängerzone angrenzt. Durch die Realisierung des Bebauungsplans würde sich die Verkehrssituation des Krankenhauses geringfügig verbessern. Umgekehrt würden die Lagerräume zukünftig aber in der Fußgängerzone liegen. **505**

Auch Stadtrat U ist selbst nicht von den Planungen betroffen; seine Ehefrau ist jedoch beim Handwerksbetrieb P teilzeitbeschäftigt, dessen Erweiterungsmöglichkeiten durch die ausgewiesene Fußgängerzone erheblich beschnitten würden. Der Betriebsrat hatte daher in mehreren öffentlichen Veranstaltungen gewarnt, die Realisierung des Bebauungsplans könne dazu führen, dass der Standort geschlossen und der Betrieb in das Stammwerk in H eingegliedert werde. **506**

Bürgermeister B besitzt eine Eigentumswohnung in der neu ausgewiesenen Fußgängerzone, deren Wert durch die ruhigere Lage möglicherweise ein wenig steigen könnte. **507**

Stadtrat X schließlich war unstreitig befangen. Er hatte sich jedoch nicht in den Zuhörerbereich begeben, weil dort kein Platz mehr frei war. Vielmehr hatte er während der Befassung mit TOP 2 seinen Stuhl lediglich nach hinten an die Wand des Beratungsraums gezogen, wo wegen des starken Publikumsandrangs an diesem Tage auch fünf weitere Zuhörer Platz genommen hatten. Weil X so aber nur ungefähr einen Meter vom Kollegium entfernt saß, hält der Antragsteller Z eine unzulässige Mitwirkung für denkbar. **508**

Wie wird der Verwaltungsgerichtshof über den Normenkontrollantrag des Z entscheiden, wenn die dem Bebauungsplan zugrunde liegende Abwägung in materiellrechtlicher Hinsicht nicht zu beanstanden ist? **509**

B. Unter TOP 7 hat der Gemeinderat eine Veränderungssperre für das Plangebiet „Gewerbegebiet Nord" erlassen. Mit der Veränderungssperre soll der bereits vom Gemeinderat verabschiedete Beschluss zur Änderung des Bebauungsplans gesichert werden, der das Ziel verfolgt, Einzelhandelsbetriebe aus dem Gewerbegebiet auszuschließen. An dem Beschluss hat auch M mitgewirkt, der ein entsprechendes Einzelhandelsgeschäft in der Innenstadt betreibt. K, dem ein Grundstück im Geltungsbereich der Veränderungssperre gehört, ist empört. Er meint, M habe sich mit dem Beschluss die Ansiedelung des geplanten Konkurrenzbetriebs im Gewerbegebiet vom Halse geschafft. Auch er wendet sich daher an den Verwaltungsgerichtshof. **510**

C. TOP 13 betrifft die Ausweisung eines Landschaftsschutzgebiets auf der Gemarkung der Gemeinde. Das Landratsamt als zuständige untere Naturschutzbehörde hat der Gemeinde den von ihm erarbeiteten Entwurf einer Landschaftsschutzverordnung zur Stellungnahme zugeleitet. Da 14 der 25 Gemeinderatsmitglieder Eigentümer eines Grundstücks im vorgesehenen Schutzgebiet sind, wurde zunächst über deren Mitwirkung beraten. Ohne die betroffenen Mitglieder beschloss der Gemeinderat, dass diese nicht wegen Befangenheit ausgeschlossen sind. Anschließend beschloss der Gemeinderat mit allen 25 Mitgliedern seine Stellungnahme. Das Landratsamt beanstandete nachfolgend diesen Beschluss und gab dem Gemeinderat auf, den Beschluss innerhalb einer Frist von 4 Wochen aufzuheben. Ein Widerspruchsverfahren blieb erfolglos. Hätte eine Klage vor dem Verwaltungsgericht Aussicht auf Erfolg? **511**

Lösungshinweise

A. Beschlussfassung zu TOP 4

I. Zulässigkeit: Antragsbefugnis

512 Die Rechtsverletzung i.S.d. § 47 Abs. 2 S. 1 VwGO setzt – ebenso wie die Klagebefugnis des § 42 Abs. 2 VwGO – voraus, dass der Antragsteller Tatsachen vorgetragen hat, die es zumindest als möglich erscheinen lassen, dass er durch die Festsetzungen des Bebauungsplans in einem **subjektiven Recht** verletzt worden ist.[212] Als drittschützende Rechtsposition kommt hier das in § 1 Abs. 7 BauGB enthaltene Abwägungsgebot in Betracht, das hinsichtlich derjenigen privaten Belange subjektive Rechte vermittelt, die **abwägungserheblich** sind. Ausgenommen sind damit nur objektiv geringwertige oder nicht schutzwürdige (weil unter Verstoß gegen die Rechtsordnung begründete) Interessen. Die Lärmbelastung des im Plangebiet liegenden Grundstücks des Antragstellers gehört also zum notwendigen Abwägungsmaterial. Eine Darlegung der Beachtlichkeit des Abwägungsfehlers nach § 214 Abs. 3 S. 2 BauGB ist nicht erforderlich.

II. Begründetheit

513 Der Satzungsbeschluss ist rechtswidrig, wenn bei Beratung und Beschlussfassung **befangene** Gemeinderäte mitgewirkt haben (§ 18 Abs. 6 S. 1 GemO):

1. Stadtrat S

514 Das Merkmal der **Unmittelbarkeit** in § 18 Abs. 1 GemO setzt keine direkte Kausalität voraus. Unmittelbarkeit ist bereits gegeben, wenn ein Gemeinderat oder die unter die Befangenheitsregelung fallende Person aufgrund persönlicher Beziehung zu dem Gegenstand der Beratung oder Beschlussfassung ein individuelles Sonderinteresse hat, das zu einer **Interessenkollision** führen kann und die Besorgnis rechtfertigt, dass der Betreffende nicht mehr uneigennützig und nur zum Wohl der Gemeinde handelt. Auf das tatsächliche Bestehen einer Interessenkollision kommt es daher nicht an; es soll vielmehr bereits der „böse Schein" vermieden werden. Zu einer Interessenkollision kann grundsätzlich jeder individualisierbare Vor- oder Nachteil führen, sofern er hinreichend wahrscheinlich – also konkret möglich – ist.

515 Hier ergibt sich das Sonderinteresse des S bereits aus der Mieterstellung, es ist angesichts der Zunahme der Lärmbelastung auch hinreichend wahrscheinlich. Auf die Zumutbarkeit der Beeinträchtigung kommt es bei der Frage des individuellen Sonderinteresses nicht an; vielmehr kann die Befangenheit bei konkreter Einflussmöglichkeit nur verneint werden, wenn das individuelle Sonderinteresse eindeutig und nach jeder Betrachtungsweise nicht besteht. Die bloße Kenntnis bei Einzug und das Fehlen öffentlich bekannter Klagen reichen dafür nicht.[213]

2. Stadträtin T

516 Nach § 18 Abs. 2 Nr. 2 GemO kann das **berufliche Sonderinteresse** des Ehemanns grundsätzlich zur Befangenheit der Stadträtin führen. Die Vertreterstellung führt je-

---

212 Vgl. BVerwG, DÖV 1999, 208.
213 Vgl. VGH Bad.-Württ., NVwZ-RR 1998, 63.

doch nicht dazu, dass der Vertreter selbst zum Aufsichtsratsmitglied wird.[214] Zudem reicht eine geringfügige Verbesserung der Verkehrssituation als Befangenheitsgrund nicht aus. Hinsichtlich der Lagerräume ist das Sonderinteresse eines vom Beschluss betroffenen Unternehmens zwar naheliegend;[215] wirtschaftliche Auswirkungen werden jedoch regelmäßig erst bei einer Betroffenheit „in besonderem Maß" für ausreichend gehalten.[216]

3. Stadtrat U

Anders als im Falle des § 18 Abs. 2 Nr. 2 GemO hat der Gesetzgeber den Befangenheitstatbestand des § 18 Abs. 2 Nr. 1 GemO nicht auf die **Angehörigen** des Ratsmitglieds ausgedehnt! Anknüpfungspunkt kann daher nur § 18 Abs. 1 Nr. 1 GemO sein. Nach Auffassung des Verwaltungsgerichtshofs fehlt es jedoch an der Unmittelbarkeit des Nachteils, wenn die Abwanderung des Unternehmens ungewiss ist. Anderes gilt offenbar erst, wenn das „Wohl und Wehe" der Firma von der Maßnahme abhängen würde und der Beschluss mit hinreichender Sicherheit eine Umsiedlung in naher Zukunft zur Folge hätte.[217] Diese Voraussetzungen liegen nicht vor.

517

4. Bürgermeister B

Die Möglichkeit einer **Wertsteigerung** von Eigentumswohnungen reicht nach Auffassung des Verwaltungsgerichtshofs regelmäßig nicht für ein individuelles Sonderinteresse aus, weil sich der Wert aus vielfältigen und nicht immer eindeutig zuordnenbaren Faktoren ergibt.[218]

518

5. Stadtrat X

Gemäß § 18 Abs. 5 GemO hat ein befangener Stadtrat die **Sitzung zu verlassen**. Hierzu ist eine erkennbare räumliche Trennung von den übrigen Mitgliedern erforderlich, denn auch die bloße Anwesenheit im Kollegium kann die Beratung und Abstimmung unsachgemäß beeinflussen. Der Öffentlichkeitsgrundsatz (§ 35 Abs. 1 S. 1 GemO) gilt jedoch auch für ein befangenes Gemeinderatsmitglied, so dass ihm das **Zuhören** nicht verwehrt werden kann. Es ist daher nicht zu beanstanden, wenn sich ein befangener Gemeinderat in den Zuhörerraum begibt. Angesichts der Tatsache, dass am fraglichen Tag auch die Wand des Beratungsraums für Zuhörer zugänglich gemacht worden war, genügt auch das Zurückrutschen hierhin den rechtlichen Anforderungen. Denn X befand sich so nicht mehr in dem allein dem Ratsgremium vorbehaltenen Bereich. Trotz des geringen Abstandes war durch den Durchgangskorridor der „Rückzug" unter die Zuschauer und damit das Verlassen des Ratstisches und der Sitzung hinreichend deutlich dokumentiert.[219]

519

Durch die Mitwirkung befangener Gemeinderäte ist die Bestimmung des § 18 Abs. 1 GemO verletzt worden. Da der Bebauungsplan aber in materiellrechtlicher Hinsicht nicht zu beanstanden ist, kann er in einem ergänzenden Verfahren geheilt werden.

520

---

214 Vgl. VGH Bad.-Württ., VBlBW 2001, 311: Chefarzt.
215 Vgl. VGH Bad.-Württ., VBlBW 1982, 51.
216 Vgl. die in VGH Bad.-Württ., NVwZ-RR 2005, 773 aufgeführten Fälle.
217 So VGH Bad.-Württ., NVwZ-RR 2005, 773.
218 Vgl. VGH Bad.-Württ., NVwZ-RR 1993, 97.
219 Vgl. VGH Bad.-Württ., 20.2.2001 – 3 S 2574/99.

B. Beschlussfassung zu TOP 7

521 K ist gemäß § 47 Abs. 2 S. 1 VwGO antragsbefugt, weitere Zulässigkeitsprobleme sind nicht ersichtlich.

522 Der Satzungsbeschluss leidet jedoch nicht an dem geltend gemachten Formmangel, weil M nicht befangen war. Zwar kann die durch die Veränderungssperre gesicherte Bauleitplanung dazu führen, dass die Ansiedlung von Konkurrenzbetrieben für M im Plangebiet verhindert wird. Dies reicht nach Auffassung des Verwaltungsgerichtshofs für einen „unmittelbaren Vorteil" i.S.d. § 18 Abs. 1 GemO jedoch nicht aus. Die **Umsatz- und Gewinnchancen** der bestehenden Einzelhandelsbetriebe seien von einer Vielzahl von strukturellen und wirtschaftlichen Gegebenheiten abhängig, so dass die Verhinderung eines Konkurrenzbetriebes im Gewerbegebiet nicht zwangsläufig zu einer unmittelbaren Verbesserung der Situation des M führe.

523 Im Übrigen sei eine mögliche Befangenheit wegen der Ausschlussregelung des § 18 Abs. 3 S. 1 GemO auch unbeachtlich. Denn der Ausschluss innenstadtrelevanter Warensortimente berühre die gemeinsamen Interessen des gesamten innerörtlichen Einzelhandels als **Berufsgruppe**. Anderes gilt deshalb nur, wenn im Einzelfall durch den Beschluss gezielt die marktbeherrschende Stellung eines innerörtlichen Einzelhandelsbetriebs betroffen wäre.[220]

C. Beschlussfassung zu TOP 13[221]

I. Zulässigkeit

524 Richtige Klageart gegen Maßnahmen der **Rechtsaufsicht** ist gemäß § 125 GemO die Anfechtungsklage. Allerdings fehlt dem Land die Kompetenz zur Regelung des Prozessrechts, so dass die Vorschrift insoweit als deklaratorisch zu betrachten ist. Verwaltungsaktsqualität liegt aber vor, da Rechtsaufsichtsmaßnahmen regelnd in den Bereich der Selbstverwaltungsangelegenheiten eingreifen. Dementsprechend ist auch gegen fachaufsichtliche Weisungen die Anfechtungsklage zulässig, wenn die Weisung tatsächlich nicht im staatlichen Innenbereich verbleibt, sondern auf den rechtlich geschützten Selbstverwaltungsbereich übergreift und damit Außenwirkung erzeugt.

II. Begründetheit

525 Die Zuständigkeit des Landratsamts als Rechtsaufsichtsbehörde folgt aus §§ 121 Abs. 1 S. 1, 119 GemO.

526 Die erforderliche Gesetzesverletzung könnte sich aus einer Befangenheit i.S.d. § 18 Abs. 1 S. 1 GemO ergeben, wenn die hinreichende Wahrscheinlichkeit für ein individuelles Sonderinteresse besteht.

527 Problematisch könnte die Annahme eines Sondervorteils hier aber deshalb sein, weil die Stellungnahme der Gemeinde für die Naturschutzbehörde **nicht bindend** ist. Gleichwohl besteht aber die konkrete Möglichkeit einer Auswirkung auf den Erlass der Landschaftsschutzverordnung, die für die Annahme einer Befangenheit ausreicht.

---

220 Vgl. VGH Bad.-Württ., VBlBW 2006, 144 und 390.
221 Fall nach VGH Bad.-Württ., DÖV 1993, 1098.

Die Tatsache, dass mehr als die Hälfte der Mitglieder von der Befangenheit betroffen sind, ändert hieran nichts. Insoweit sind in § 37 Abs. 2 S. 2 und § 37 Abs. 3 S. 1 GemO explizit Sonderbestimmungen geregelt.

528

Es liegt auch kein Fall des § 18 Abs. 3 S. 1 GemO vor. Zwar stimmen hinsichtlich der Grundstücke im Verordnungsgebiet die Interessen der Eigentümer teilweise überein, dies macht die betroffenen Grundstückseigentümer aber nicht zu einer „**Bevölkerungsgruppe**" i.S.v. § 18 Abs. 3 S. 1 GemO. Die Klage ist daher unbegründet.

529

5. Fall: Streit im Gemeinderat[222]

In der im Landkreis Esslingen gelegenen Gemeinde G gibt es seit einiger Zeit Spannungen zwischen dem Bürgermeister B und dem A, der Ortsvorsteher der Ortschaft Neustadt und zugleich auch Mitglied des Gemeinderats ist. Die jüngsten Auseinandersetzungen wurden von der Lokalpresse mit größter Aufmerksamkeit begleitet.

530

In der öffentlichen Sitzung des Gemeinderats vom 22. Juli stand unter TOP 1 die „Änderung der Hauptsatzung" zur Beratung an. Den vollzählig erschienenen Gemeinderäten waren vorab Unterlagen zu Entwürfen über eine neue Aufgabenverteilung zwischen Bürgermeister und Gemeinderat übersandt worden. In der Sitzung thematisierte der A aber auch die Zuständigkeiten des Ortschaftsrates. Da die Ortschaft räumlich von der Kerngemeinde getrennt sei, müssten auch die Entscheidungen über Bauvorhaben in dem für die Belange der Ortschaft gewählten Gremium entschieden werden; § 70 Abs. 2 GemO lasse entsprechende Übertragungen zu. Zur Erläuterung verteilte er eine Übersicht der in den letzten Jahren in der Ortschaft genehmigten Bauvorhaben mit einer Bewertung hinsichtlich ihrer Auswirkungen auf die Ortschaft. A beantragte daher die Aufnahme folgender Änderung: „Entscheidungen der Gemeinde über das Einvernehmen nach § 36 BauGB trifft für Bauvorhaben in der Ortschaft Neustadt der Ortschaftsrat". Bürgermeister B soll darauf ungehalten reagiert und dem A vorgehalten haben, er solle sich lieber mehr um die Verwaltung der Ortschaft kümmern, in der einiges im Argen liege, anstelle den Gemeinderat mit unausgegorenen Anträgen zu belästigen. Der genaue Wortwechsel wird von den Beteiligten unterschiedlich geschildert, im Protokoll der Gemeinderatssitzung findet sich hierzu nichts. Der Antrag des A wurde anschließend vom Gemeinderat abgelehnt.

531

A war sowohl über das Vorgehen des B als auch über die Entscheidung des Gemeinderats empört und beauftragte nachfolgend einen Rechtsanwalt mit der Erhebung einer Dienstaufsichtsbeschwerde. Nachdem A ein von B vorgeschlagenes Klärungsgespräch abgelehnt hatte, schaltete auch der Bürgermeister einen Rechtsanwalt ein und bestritt, ehrverletzende Äußerungen abgegeben zu haben. Das Landratsamt wies die Eingabe daraufhin ab, weil ein dienstliches Fehlverhalten des Bürgermeisters nicht nachgewiesen und ein Rechtsfehler bei der Beschlussfassung des Gemeinderats nicht erkennbar sei. In der Lokalpresse wurde über die Auseinandersetzung ausführlich berichtet und die Entscheidung des Landratsamts als Parteinahme für den B gewertet.

532

Auf der Gemeinderatssitzung vom 11. September stand unter TOP 2 eine Entscheidung über die „Erstattung der dem Bürgermeister anlässlich des Dienstaufsichtsbeschwerdeverfahrens entstandenen Rechtsanwaltskosten durch die Gemeinde" an. B verließ zu diesem Punkt die Sitzung. Unter Leitung des stellvertretenden Bürgermeis-

533

---

222 Angelehnt an Aufsichtsarbeit Nr. 7 der zweiten juristischen Staatsprüfung Frühjahr 2007, VBlBW 2010, 447.

ters fand zunächst eine Geschäftsordnungsdebatte statt, nach welcher der Gemeinderat mehrheitlich beschloss, eine Aussprache zu diesem Punkt nicht zuzulassen und sogleich abzustimmen, um die Auseinandersetzung nicht weiter anzuheizen und der Presse in der unglückseligen Angelegenheit „kein neues Futter" zu geben. Der Gemeinderat beschloss daraufhin eine Kostenerstattung, die bislang aber noch nicht erfolgt ist.

534   In der Sitzung vom 23. September behandelte der Gemeinderat unter TOP 3 einen von A eingebrachten Antrag, auch ihm die anlässlich der Dienstaufsichtsbeschwerde entstandenen Rechtsanwaltskosten zu erstatten. A verließ zu diesem Gegenstand die Sitzung. B, der die Sitzung leitete, regte an, wie in der vergangenen Sitzung zu verfahren und sofort abzustimmen. Im nachfolgenden Beschluss lehnte der Gemeinderat die von A beantragte Kostenerstattung ab.

535   Mit Schreiben vom 25. September wandte sich A an den Landrat und kündigte die Ausschöpfung aller Rechtsschutzmöglichkeiten an. Darüber hinaus vertrat er die Auffassung, in den Sitzungen vom September habe das Rederecht nicht durch einen Geschäftsordnungsbeschluss ausgeschlossen werden dürfen – zumal der Beschluss nicht einstimmig ergangen sei. Die verweigerte Kostenerstattung für ihn sei aber auch in der Sache zu beanstanden, weil die Klärung der mit der Dienstaufsichtsbeschwerde aufgeworfenen Frage für die Stellung der Ortschaft und seine künftige Tätigkeit als Ortsvorsteher von erheblicher Bedeutung sei.

536   Der Landrat möchte die bereits entschiedene Frage, dass B keine Kostenerstattung erhält, nicht aufgreifen. Im Übrigen wünscht er aber eine rechtliche Begutachtung der angesprochenen Vorgänge und Beschlüsse im Gemeinderat sowie eine Prüfung, ob ein Einschreiten der Rechtsaufsicht angezeigt erscheint, gegebenenfalls auch einen Tenorvorschlag. Außerdem bittet er um Mitteilung, welche Rechtsbehelfe A ergreifen kann und ob diesen Erfolgsaussicht zukommt.

Lösungshinweise

I. Bewertung der Vorgänge im Gemeinderat

1. Sitzung vom 22. Juli

a) Einberufung

537   Eine ordnungsgemäße Einberufung setzt gemäß §§ 34 Abs. 1 S. 1, 37 Abs. 1 S. 1 GemO voraus, dass die erforderlichen **Sitzungsunterlagen** versandt werden, was hinsichtlich der Zuständigkeitsübertragung auf den Ortschaftsrat nicht der Fall war. Die streitige Frage, ob es sich insoweit lediglich um die Verletzung einer Ordnungsvorschrift oder einer zwingenden Verfahrensvorschrift handelt, kann aber offen bleiben, weil sich die Unbeachtlichkeit des Verstoßes jedenfalls daraus ergibt, dass der Umstand vom Gemeinderat nicht gerügt und keine Vertagung beantragt, sondern eine Sachentscheidung getroffen worden ist.[223]

538   Schwieriger ist die Frage hinsichtlich der **Bekanntmachung** nach § 34 Abs. 1 S. 7 GemO, denn insoweit wird nicht nur der Gemeinderat geschützt, so dass ein Fehler auch nicht durch das Verhalten des Gemeinderats geheilt werden kann. Da der TOP nur „Änderung der Hauptsatzung" lautete, stellt sich die Frage, ob die Anstoßfunktion der Bekanntmachung noch hinreichend gewahrt worden ist. Wie konkret die Benennung

---

223   Vgl. VGH Bad.-Württ., VBlBW 1998, 419; NVwZ 1990, 370.

der einzelnen Beratungsgegenstände aufgeschlüsselt werden muss, dürfte nur im Einzelfall entscheidbar sein.[224] Da hier der Inhalt einer möglichen Änderung aber nicht erkennbar ist, reicht die Ankündigung wohl nicht aus.

b) Äußerungen des Bürgermeisters

Als Vorsitzender des Gemeinderats ist der Bürgermeister nach § 36 Abs. 1 GemO verpflichtet, den Sitzungsablauf objektiv und **neutral** zu gestalten. Verstöße hiergegen sind nach den vorhandenen Erkenntnissen zwar denkbar, aber nicht nachgewiesen. Das gilt um so mehr, als die Äußerung auch schwerpunktmäßig auf die Formprobleme der Anmeldung und Unterlagenübersendung bezogen gewesen sein kann, wofür die geschilderte Wortwahl „unausgegoren" sprechen könnte. Das Schweigen des Gemeinderatsprotokolls ist insoweit nicht ausschlaggebend, weil einzelne Erklärungen der Mitglieder gemäß § 38 Abs. 1 S. 2 GemO nur auf deren Verlangen aufgenommen werden müssen.

539

c) Materielle Entscheidung

Nach § 70 Abs. 2 S. 1 GemO können Angelegenheiten, die den **Ortschaftsrat** betreffen, zur Entscheidung auf ihn übertragen werden. Dies gilt jedoch nicht für die Bauleitplanung selbst, weil diese als Satzung beschlossen wird und damit gemäß §§ 70 Abs. 2 S. 2, 39 Abs. 2 Nr. 3 GemO ausgenommen ist. Die Einvernehmenserteilung ist in formaler Hinsicht zwar nicht verdrängt, weil sie nicht in Satzungsform ergeht; sie betrifft aber materiell die Planungshoheit, die „unteilbar" dem Gesamtgemeinderat zusteht. Dies ergibt sich auch aus dem Sinn des gemeindlichen Einvernehmens, denn etwaige Reaktionen in Gestalt von Aufstellungsbeschluss und Veränderungssperre stünden nur dem Gemeinderat zu. § 70 Abs. 2 S. 1 GemO betrifft daher nur Angelegenheiten, die „nur" den Ortschaftsrat betreffen.[225] Die Entscheidung des Gemeinderats ist daher nicht zu beanstanden; jedenfalls wären keine Gesichtspunkte denkbar, die zu einer Ermessensreduzierung auf Null führen könnten.

540

2. Sitzung vom 11. September

a) Befangenheit

B hat auf die Sitzungsleitung verzichtet, was nach §§ 48 Abs. 1 S. 3, 52, 18 Abs. 1 GemO im Falle der rechtlichen Verhinderung durch Befangenheit zulässig wäre. Da über eine Kostenerstattung für ihn selbst verhandelt wurde, liegt der unmittelbare Vorteil auf der Hand.

541

Befangenheit kommt aber auch hinsichtlich des A in Betracht. Der unmittelbare Nachteil i.S.d. § 18 Abs. 1 GemO muss nicht materieller Natur sein, ausreichend ist vielmehr auch ein **ideelles Interesse**.[226] Vorliegend kommt deshalb das öffentliche Ansehen des A in Betracht, weil der Gemeinderat mit der Kostenentscheidung ggf. mittelbar Partei für ihn ergreifen würde und dies mit einem Prestigegewinn in der Öffentlichkeit verbunden wäre. A war deshalb befangen, seine Mitwirkung führt zur Rechtswidrig-

542

---

224 Vgl. auch Bay. VGH, BayVBl 2009, 91 zur – offengelassenen – Frage, ob der Hinweis auf einen Aufstellungsbeschluss auch die Beschlussfassung einer Veränderungssperre mitumfasst.
225 Vgl. VGH Bad.-Württ., VBlBW 1984, 115.
226 Vgl. VGH Bad.-Württ., NVwZ 1994, 193.

keit des Beschlusses, ohne dass es auf Kausalitätserwägungen ankommt (vgl. § 18 Abs. 6 S. 1 GemO).

b) Ausschluss der Aussprache

543 Das Spannungsverhältnis zwischen der **Geschäftsordnungsautonomie** und dem **Rederecht** des Gemeinderats fällt hier zugunsten letzterem aus, weil dieses elementare Recht der gewählten Mitglieder nur im Interesse der Funktionsfähigkeit unter Wahrung des Verhältnismäßigkeitsgrundsatzes beschränkt werden darf. Beide Voraussetzungen sind hier nicht erfüllt. Es fehlt bereits an einer inneren Rechtfertigung für den Redeausschluss, weil gerade der Gemeinderat das vorgesehene Gremium ist, eine Aussprache herbeizuführen. Darüber hinaus ist in der Rechtsprechung zwar eine zeitliche Begrenzung gebilligt worden, nicht aber ein Totalausschluss des Rederechts.[227] Etwaigen Eskalationen ist überdies mit dem vorgesehenen Instrumentarium des Ordnungsrechts zu begegnen.

3. Sitzung vom 23. September

a) Verfahren

544 Hinsichtlich des Geschäftsordnungsbeschlusses und der Befangenheit kann auf die obigen Ausführungen verwiesen werden.

b) Auslagenersatz

545 Der geltend gemachte **Auslagenersatz** nach § 19 Abs. 1 S. 1 GemO setzt voraus, dass die Kosten im Rahmen der Wahrnehmung organschaftlicher Rechte entstanden sind; sie können dann zusätzlich zu der pauschalen Aufwandsentschädigung nach § 9 des Aufwandsentschädigungsgesetzes gefordert werden. Hierzu zählen grundsätzlich auch Verfahrenskosten aufgrund eines körperschaftsinternen Rechtsstreits, weil auch insoweit Interessen der Körperschaft wahrgenommen werden.[228] Mit dem Angriff auf die Entscheidung des Gemeinderats verfolgt A aber nicht seine Organrechte als Ortsvorsteher, sondern allenfalls seine Interessen als Gemeinderat. Auch insoweit sind indes organschaftliche Rechte nicht berührt; denn auf die Rechtmäßigkeit einer Gemeinderatsentscheidung hat ein Gemeinderatsmitglied kein organschaftliches Recht. Auf die Frage, ob Kosten einer Dienstaufsichtsbeschwerde erstattungsfähig sein könnten (obwohl die Sachfragen nur mit einer Feststellungsklage geklärt werden könnten), kommt es damit nicht mehr an.

II. Rechtsaufsichtliche Maßnahmen?

546 Rechtsaufsichtsbehörde für die Gemeinde A ist gemäß § 119 GemO das Landratsamt Esslingen. Voraussetzung für ein Einschreiten ist die Rechtswidrigkeit, allerdings unterliegt ein Einschreiten dem **Opportunitätsprinzip** (§ 118 Abs. 3 GemO).

547 Hinsichtlich der Sitzung vom 22. Juli liegen zwar möglicherweise Verfahrensverstöße hinsichtlich der Bekanntgabe vor; da die Entscheidung aber im Ergebnis rechtmäßig ist und auch keine offenkundigen Verstöße enthält, erscheint es – auch im Hinblick auf

---

227 Vgl. BVerfGE 60, 374; 80, 188; BVerwG, DVBl 1988, 762; VGH Bad.-Württ., VBlBW 1994, 99.
228 Vgl. VGH Bad.-Württ., NVwZ 1985, 284.

den Gedanken der Verhältnismäßigkeit – nicht geboten, rechtsaufsichtliche Maßnahmen einzuleiten.

Die Sitzungen vom 11. und 23. September weisen mit dem Verstoß gegen Befangenheitsvorschriften und das Rederecht Verletzungen der elementaren Verfahrensnormen auf, deren Einhaltung für das Zusammenwirken in der Gemeinde unerlässlich ist. Ein Eingreifen der Rechtsaufsichtsbehörde erscheint daher unvermeidlich.   **548**

Verfahrenstechnisch ist auch vor Maßnahmen der Rechtsaufsicht – da sie sich als in das der Gemeinde zustehende Selbstverwaltungsrecht eingreifende Maßnahmen erweisen – eine Anhörung nach § 28 LVwVfG erforderlich. Als mildestes Mittel kommt nach § 121 GemO zunächst die Beanstandung in Betracht. Diese reicht zur Sicherung hier aus, weil sie gemäß § 121 Abs. 1 S. 3 GemO aufschiebende Wirkung entfaltet: Aus den beanstandeten Beschlüssen dürfen keine Rechtsfolgen gezogen werden, so dass eine Erstattung der Rechtsanwaltskosten des B nicht erfolgen darf. Regelmäßig wird die Beanstandung aber sogleich mit der Androhung der Ersatzvornahme verknüpft.   **549**

Der Tenor der zuzustellenden Verfügung lautet demnach: **550**

1. Die Beschlüsse des Gemeinderats vom 11. September zu TOP 2 und vom 23. September zu TOP 3 werden beanstandet.
2. Die Beschlüsse sind binnen eines Monats nach Zustellung dieser Entscheidung aufzuheben.
3. Kommt die Gemeinde innerhalb der Frist der Aufhebung der Beschlüsse nicht nach, wird angedroht, dass das Landratsamt anstelle der Gemeinde die Beschlüsse aufhebt.
4. Diese Entscheidung ergeht gebührenfrei.

III. Rechtsbehelfe des A

1. Einschreiten der Rechtsaufsichtsbehörde

Ein Anspruch auf Einschreiten der Rechtsaufsichtsbehörde besteht nicht, weil diese ausschließlich im **öffentlichen Interesse** erfolgt.   **551**

2. Kommunalverfassungsstreit

Ein „Kommunalverfassungsstreit" über die Beschlüsse setzt voraus, dass diese A als Ortsvorsteher und/oder Gemeinderat in seinen **Organschaftsrechten** verletzen können.   **552**

a) Sitzung vom 22. Juli

Die Bekanntmachungsvorschrift des § 34 Abs. 1 S. 7 GemO ist nicht dem Schutz des Gemeinderatsmitglieds zu dienen bestimmt. Anderes gilt zwar für die ordnungsgemäße Einberufung nach § 34 Abs. 1 S. 1 GemO; A kann sich auf diesen Verstoß aber nicht berufen, weil er selbst auf die Ergänzung der TO gedrängt hat.   **553**

b) Sitzung vom 11. September

Die Beschränkung des Rederechts war rechtswidrig und verstößt auch gegen das organschaftliche Recht des Gemeinderatsmitglieds aus § 24 Abs. 1 GemO. Dies gilt indes nicht zugunsten des A, da dieser die Sitzung wegen Befangenheit hätte verlassen müssen und ihm insoweit ein Rederecht auch nicht zustand.   **554**

c) Sitzung vom 23. September

555 Fraglich ist, ob die Mitwirkung eines befangenen Gemeinderatsmitglieds organschaftliche Rechte des A verletzen kann. Dies wird von der Rechtsprechung indes verneint, weil der Ausschluss befangener Gemeinderäte allein im öffentlichen Interesse erfolgt. Ein Gemeinderatsmitglied dagegen hat – in seiner Organstellung – weder Anspruch auf sachliche Mitwirkung anderer noch auf rechtmäßige Beschlüsse des Gemeinderats.[229]

3. Auslagenersatz

556 Eine Leistungsklage auf Auslagenersatz ist zwar statthaft, nach den vorangegangenen Ausführungen aber unbegründet.

6. Fall: Parteijugendtreffen

557 Seit vielen Jahren stellt die Stadt F ihr kleines Jagdschlösschen aus der Zeit Kaiser Wilhelms II. für kulturelle Veranstaltungen aller Art zur Verfügung. Anfang 1992 hat der Gemeinderat eine Benutzungsordnung für das Anwesen beschlossen. Darin heißt es u.a.: „Das Jagdschloss dient kulturellen Veranstaltungen, kirchlichen und ökumenischen Begegnungen und Tagungen, Konzerten sowie Ausstellungen. Die Durchführung politischer Veranstaltungen ist untersagt." Gleichwohl ist das Schloss seit Ende der neunziger Jahre auch für darüber hinausgehende Veranstaltungen zur Verfügung gestellt worden, auch für Tagungen mit politischem Hintergrund. So hat etwa das Jugendtreffen der A-Partei bereits wiederholt im Jagdschloss stattgefunden. Durch Beschluss vom 16. August 2011 stellte der Gemeinderat deshalb fest, dass die Benutzungsordnung von 1992 angesichts der Würde und Geschichte des Hauses zukünftig strikt zu beachten sei. Entsprechend ist die Verwaltung im Folgenden verfahren.

558 Anfang Juni 2015 beantragte der Ortsverband der B-Partei in F die Vergabe des Jagdschlosses für ihr stets am 20. Juli stattfindendes Bundesjugendtreffen. Zur Begründung wies er darauf hin, dass auch anderen Parteien das Jagdschloss zur Veranstaltung ihrer Jugendtreffen zur Verfügung gestellt worden sei. Aus Gleichbehandlungsgründen komme daher auch der B-Partei ein entsprechender Anspruch zu. Daran könne auch der Gemeinderatsbeschluss des Jahres 2011 nichts ändern. Zum einen habe er schon die besondere Anerkennung der Parteien im Grundgesetz übersehen, darüber hinaus sei der Beschluss – was zutrifft – unter Verstoß gegen den Grundsatz der Öffentlichkeit zustande gekommen.

559 Mit Schreiben vom 3. Juli teilte der Bürgermeister mit, die beantragte Vergabe des Jagdschlösschens an die B-Partei komme nicht in Betracht. Die Stadt sei nicht gewillt, ihre Einrichtungen einer der freiheitlich-demokratischen Grundordnung der Bundesrepublik nicht entsprechenden Partei, die nur durch ausländerfeindliche Parolen in Erscheinung trete, zu überlassen. Dies gelte für das Jagdschlösschen in besonderer Weise, denn hier finde jedes Jahr das deutsch-türkische Kulturfest statt, das großen Anklang in der Gemeinde finde und Ausdruck des hier gelebten Miteinanders sei. Bei Durchführung einer ausländerfeindlichen Veranstaltung müsse deshalb auch mit erheblichen Ausschreitungen gerechnet werden; die autonome Szene habe eine Blockade der von der B-Partei geplanten Veranstaltung in verschiedenen Flyern bereits angekündigt. Aus dem Internetauftritt der B-Partei ergebe sich im Übrigen, dass auf der Veranstaltung

---

229 Vgl. OVG Rh.-Pf., NVwZ 1985, 283; OVG NRW, NVwZ-RR 1998, 325.

ein rechtswidriger Beschluss gefasst werden solle. Ausweislich des auf der Homepage eingestellten Entwurfs sei die Verabschiedung einer Resolution geplant, in der es u.a. heiße: „Der deutschen Jugend obliegt die vaterländische Pflicht, Notwehr gegen eine weitere Überfremdung mit Asylanten zu leisten". Da an anderer Stelle auch ausgeführt werde, dass beim „Zurückschlagen der Ausländerschwemme" keine Rücksicht auf die eigene Gesundheit genommen werden dürfe, verstoße der Beschluss gegen die Friedenspflicht aus der Präambel des Grundgesetzes. Im Übrigen stehe das Jagdschlösschen am 20. Juli auch nicht mehr zur Verfügung, weil für diesen Termin bereits im März – und damit zeitlich früher – ein Antrag des Tierschutzbundes eingegangen sei. Man habe gegenüber dem Tierschutzbund zwar noch keine verbindliche Entscheidung erlassen, aber auf telefonische Nachfrage bereits im April mitgeteilt, einer Vergabe stehe wohl nichts im Wege. Der Tierschutzbund habe deshalb auch längst Einladungen verschickt und sonstige Vorbereitungsmaßnahmen getroffen.

Nach erfolglosem Widerspruch sucht die B-Partei beim zuständigen Verwaltungsgericht um einstweiligen Rechtsschutz nach, um das bevorstehende Jugendtreffen doch noch durchführen zu können.   **560**

Ergänzung: **561**

1. Wie ist der Fall zu beurteilen, wenn das Jagdschlösschen in privatrechtlicher Organisationsform betrieben wird und die Gemeinde nur einen Anteil von 45 % der Stimmrechte hält?

2. Was geschieht, wenn die Ausgestaltung zivilrechtlich erfolgt und von den Veranstaltern eine Haftungsübernahme für alle Sach- und Personenschäden im Zusammenhang mit der Veranstaltung und ein entsprechender Versicherungsnachweis verlangt werden? Könnte hiergegen Klage zum Verwaltungsgericht erhoben werden?

Lösungshinweise

I. Zulässigkeit

1. Verwaltungsrechtsweg

Der **Verwaltungsrechtsweg** ist eröffnet, weil der Zugangsanspruch zu öffentlichen Einrichtungen immer öffentlich-rechtlich ist (Zwei-Stufen-Theorie). Der Anspruch wurzelt in dem durch § 10 Abs. 2 GemO öffentlich-rechtlich geprägten Verhältnis. Auch wenn die Voraussetzungen dieser Norm nicht erfüllt sein sollten, ändert dies am öffentlich-rechtlichen Charakter der Entscheidung nichts.   **562**

2. Beteiligtenfähigkeit

Die in § 3 S. 2 ParteiG speziell geregelte **Beteiligtenfähigkeit** kommt nur dem Landesverband zugute, der hier nicht Antragsteller ist. Auch ein Ortsverband kann aber unter den Voraussetzungen des § 61 Nr. 2 VwGO klagen und Eilanträge einreichen, wobei als mögliches Recht hier § 10 Abs. 2 S. 2 i.V.m. Abs. 4 GemO und Art. 3 Abs. 1 GG/§ 5 ParteiG in Betracht kommen. Aus diesen Normen ergibt sich zugleich die Antragsbefugnis.   **563**

3. Antragsart

564 Statthafte Antragsart ist die **Regelungsanordnung** nach § 123 VwGO. Ein – gemäß § 123 Abs. 5 VwGO vorrangiges – Verfahren nach § 80 Abs. 5 VwGO kommt nur in Betracht, wenn ein Verwaltungsakt vorhanden ist, dessen sofortige Vollziehbarkeit durch Anordnung oder Wiederherstellung der aufschiebenden Wirkung gehemmt werden könnte. Das Rechtsschutzziel des Verfahrens nach § 80 Abs. 5 VwGO ist auf einen Suspensiveffekt gerichtet und beschränkt. Bei Leistungsbegehren ist das Verfahren nach § 123 VwGO daher immer zutreffend, ohne dass es auf die VA-Qualität ankäme! Auf die bei einer Hauptsacheklage zur Bestimmung der Klageart zu entscheidenden Frage, ob unmittelbar die Vergabe – als Realakt – oder vorgeschaltet eine Zugangsentscheidung – Verwaltungsakt – erstritten werden muss, kommt es im Eilrechtsschutz daher nicht an.

4. Antragsgegner

565 Richtiger Antragsgegner ist die Gemeinde, der konkurrierende Tierschutzbund ist **beizuladen**.

II. Begründetheit

1. Anordnungsgrund

566 Ein **Anordnungsgrund** liegt wegen Eilbedürftigkeit vor, da sonst der konkrete Termin nicht mehr einzuhalten ist.

567 Angesichts der Tatsache, dass die Vergabe im Falle einer Klageabweisung in der Hauptsache nicht mehr rückgängig gemacht werden könnte, liegt eine **Vorwegnahme der Hauptsache** vor. Obwohl diese dem Sicherungscharakter vorläufigen Rechtsschutzes grundsätzlich fremd ist, muss hier angesichts der drohenden Vereitelung effektiven Rechtsschutzes durch Zeitablauf gemäß Art. 19 Abs. 4 GG eine Ausnahme zugelassen werden. Dass andere geeignete Einrichtungen verfügbar wären, ist im Sachverhalt nicht mitgeteilt.

2. Anordnungsanspruch

a) § 10 GemO

568 Ein **Anordnungsanspruch** könnte aus § 10 Abs. 2 S. 2 i.V.m. Abs. 4 GemO folgen, da eine öffentliche Einrichtung vorliegt: das Jagdschlösschen stellt einen von der Gemeinde im öffentlichen Interesse zur unmittelbaren Nutzung durch die Einwohner geschaffenen Leistungsapparat dar.

569 Die begehrte Nutzung bewegt sich aber nicht im Rahmen der **Widmung**, denn die Benutzungsordnung von 1992 schließt eine Nutzung durch Parteien ausdrücklich aus. Dieser Ausschluss ist mit höherrangigem Recht vereinbar; insb. liegt hierin kein Verstoß gegen Art. 3 Abs. 1 GG oder § 5 ParteiG, da alle Parteien ausgeschlossen und damit gleichbehandelt sind.[230] Ein Anspruch auf Bereitstellung einer Einrichtung oder Er-

---

230 Vgl. BVerfGK 10, 363. Eine Abstufung nach § 5 Abs. 1 S. 2 ParteiG ist aber nur im Falle knapper Ressourcen möglich, kann also kleinen Parteien nicht grundsätzlich entgegen gehalten werden; vgl. BVerwG, NVwZ 1992, 263.

weiterung der bestehenden Nutzungsmöglichkeiten besteht aber – auch für Parteien – nicht.

Angesichts der Tatsache, dass die Widmung einer kommunalen Einrichtung keiner Formenstrenge unterliegt, ist eine konkludente Erweiterung zwar grundsätzlich denkbar. Die bloße Vergabepraxis kommt hierfür aber nur dann in Betracht, wenn auch die Begründung selbst durch faktische Indienststellung geschah.[231] Geht die Widmung dagegen auf einen Satzungsbeschluss zurück, steht der Gemeindeverwaltung nicht die (Organ-)Kompetenz für eine Änderung zu.

570

Problematisch ist überdies die Einwohnerentsprechung nach § 10 Abs. 4 GemO. Zwar hat der Ortsverband seinen Sitz in F, die Veranstaltung selbst hat aber keinen örtlichen Bezug und ist auch nicht an die Gemeindeeinwohner gerichtet. Die Privilegierung des § 10 GemO könnte daher wohl nicht in Anspruch genommen werden.[232]

571

b) Art. 3 Abs. 1 GG

Ein Vergabeanspruch könnte sich aber aus Art. 3 Abs. 1 GG/§ 5 ParteiG i.V.m. ständiger **Verwaltungspraxis** ergeben.

572

Unbeschadet der Widmung ist die Einrichtung nachfolgend tatsächlich auch für vergleichbare politische Veranstaltungen vergeben worden. Die B-Partei kann daher grundsätzlich einen Gleichbehandlungsanspruch geltend machen.

573

Die Änderung der Vergabepraxis für die Zukunft ist aber jederzeit möglich und lässt damit auch den Bezugspunkt des Gleichbehandlungsanspruchs entfallen. Der hierauf zielende Gemeinderatsbeschluss des Jahres 2011 war wegen eines Verstoßes gegen § 35 Abs. 1 S. 1 GemO jedoch rechtswidrig und damit unwirksam. Allerdings kann die Änderung der tatsächlichen Vergabepraxis auch auf einem fehlerhaften Gemeinderatsbeschluss beruhen, wenn die Verwaltung dem Beschluss gleichwohl folgt.[233] Da dies hier geschehen ist, kann der Anspruch daher auch nicht auf Art. 3 Abs. 1 GG gestützt werden.

574

Die vom Bürgermeister im Übrigen angeführten Gründe tragen eine Versagung dagegen nicht.

575

Da die Partei nicht vom Bundesverfassungsgericht verboten wurde, darf auf eine mögliche Verfassungswidrigkeit auch nicht abgestellt werden (sog. „Parteienprivileg"). Der Gemeinde ist es daher verwehrt, die Partei aus eigener Zuständigkeit als verfassungswidrig anzusehen und aus diesem Grund bei der Vergabe ihrer Einrichtungen zu benachteiligten.[234]

576

Auch der thematische **Inhalt** der Veranstaltung ist kein sachgerechtes Vergabekriterium. Der Ermessensspielraum der Gemeinde ist nicht auf die Bewertung der Inhalte bezogen, sondern auf die organisatorische Frage der Bereitstellung der Halle beschränkt.[235] Anderes könnte höchstens angenommen werden, wenn die durch Tatsachen begründete Gefahr bestünde, dass es bei der Benutzung der Einrichtung zu

577

---

231 Vgl. hierzu auch Bay. VGH, NJW 2012, 1095, der eine konkludente Widmung durch die für Grundsatzfragen unzuständige Verwaltung sogar abgelehnt hat.
232 Vgl. VGH Bad.-Württ., NVwZ-RR 1988, 43.
233 Vgl. VGH Bad.-Württ., DVBl 1998, 780.
234 Vgl. BVerwG, NJW 1990, 134.
235 Vgl. VGH Bad.-Württ., VBlBW 2008, 182.

Rechtsverstößen kommen wird, die dem Veranstalter zuzurechnen sind.[236] Ob der Resolutionsentwurf aber schon einen Aufruf zur Begehung von Straftaten enthält, erscheint eher zweifelhaft. Bejahendenfalls wäre zunächst auch an **Nebenbestimmungen** als milderes Mittel zu denken; soweit hierdurch aber die innerparteiliche Willensbildung betroffen wird, wäre dies problematisch.

578 Auch die angekündigten **Protestaktionen** sind grundsätzlich nur ein polizeirechtliches Problem. Eine Inanspruchnahme der Veranstalter als Nichtstörer – und damit eine Absage – wäre nur möglich, wenn tatsächliche Anhaltspunkte dafür vorhanden wären, dass die Polizei der Lage nicht Herr werden könnte und so die Aufrechterhaltung von Sicherheit und Ordnung gefährdet wäre. Hierfür ist im Sachverhalt nichts ersichtlich.

579 Anderes gilt nur für die vorgetragene Kapaziätserschöpfung.

580 Zwar ist eine verbindliche Vergabeentscheidung an den Tierschutzbund noch nicht ergangen; auch die telefonische Auskunft wird hier aber als Begründung eines **Vertrauenstatbestands** erachtet werden dürfen. Eine zwingende Privilegierung politischer Parteien kann für die Vergabe kommunaler Leistungen nicht begründet werden. Das in Aussicht genommene **Prioritätsprinzip** ist als Vergabekriterium daher grundsätzlich nicht zu beanstanden.[237]

III. Ergänzung

1. Privatrechtlicher Betrieb

581 Der Gemeinde steht zwar ein Wahlrecht hinsichtlich der Organisationsform zu, auch durch den Einsatz des privatrechtlichen Instrumentariums kann sie sich den öffentlich-rechtlichen Bindungen jedoch nicht entziehen. Der aus § 10 Abs. 2 GemO folgende Benutzungsanspruch kann daher auch dann geltend gemacht werden, wenn die Einrichtung als Privatrechtspersönlichkeit betrieben wird. Allerdings richtet sich der „**Verschaffungsanspruch**" dann nicht auf die Zulassung selbst (die von der Gemeinde gar nicht ausgesprochen werden könnte), sondern auf die Ausübung der der Gemeinde zustehenden Einwirkungsmöglichkeiten auf die Betriebsgesellschaft. Ob diese Erfolg verspricht – was bei einer Beteiligung von nur 45 % nicht zwingend der Falle wäre –, ist dabei nicht entscheidend. Da es sich bei dieser Einwirkung nicht um einen Verwaltungsakt handelt, ist in der Hauptsache die Allgemeine Leistungsklage statthafte Klageart.

2. Auflagen

582 Da der Umfang des Benutzungsanspruchs mit der Widmung erst begründet und konstituiert wird, steht der Gemeinde auch die Möglichkeit zu, Umfang und Inhalt auszugestalten. Demgemäß sind auch sachgemäße Reglementierungen oder **Auflagen** denkbar.[238] Bei „**gefahrgeneigten Veranstaltungen**" – also etwa wenn tatsächlich Anhaltspunkte für die Annahme bestehen, dass es aus Anlass der Veranstaltung zu gewaltsamen Aktionen Dritter kommen wird und deshalb Schäden konkret zu befürchten sind – darf zum Schutz des kommunalen Vermögens auch eine Haftungsübernahme

---

236 Vgl. VGH Bad.-Württ., NVwZ-RR 1996, 681.
237 Vgl. VGH Bad.-Württ., BWGZ 2003, 804.
238 Vgl. zur Verpflichtung der Belegung eines Gemeinschaftsfachs (Chor oder Orchester) in einer Jugendmusikschule – sowie der im Weigerungsfall hieraus folgenden Widerrufsmöglichkeit der Zulassung – etwa VGH Bad.-Württ., NVwZ 1987, 701.

mit entsprechendem Versicherungsnachweis verlangt werden. Haftungsregelungen hinsichtlich der öffentlichen Einrichtung und deren Inventar sind daher zulässig; nicht aber Verpflichtungen für Schäden außerhalb der Halle.[239]

Bei öffentlich-rechtlicher Betriebsform ist hierfür wegen der Außenwirkung eine Satzung erforderlich, im Falle der privatrechtlichen Gestaltung handelt es sich regelmäßig um AGBs. Gleichwohl bleibt auch insoweit der Verwaltungsrechtsweg eröffnet, wenn die **Vergabekonditionen** so gravierend sind, dass der Zugangsanspruch als solcher beeinträchtigt erscheint. Denn die faktische Aushöhlung des Anspruchs durch Zusatzklauseln schlägt auf den öffentlich-rechtlichen Zulassungsanspruch durch.

583

7. Fall: Kommunale Konkurrenzsauna[240]

Nachdem Mitte der neunziger Jahre bei geologischen Probebohrungen in der Gemeinde G im baden-württembergischen Landkreis Tübingen Thermalwasser entdeckt worden ist, hat der Gemeinderat dessen wirtschaftliche Nutzung beschlossen. Der Gemeinderat hofft, mit der Nutzung die Freizeit-Infrastruktur im Kur- und Fitnessbereich verbessern und das bedrohlich gewordene Haushaltsdefizit der Kommune verringern zu können. Er hat deshalb die Fitness-Sauna-GmbH gegründet, die eine Sprudelwasseranlage mit Solarien und verschiedenen Begleitangeboten betreibt. Die Gesellschaftsanteile hält G zu 100 %; das Gründungsstatut sieht u.a. vor, dass die Gemeinde für die Liquidität der Gesellschaft zu sorgen, also ggf. auch Zuschüsse zur Aufrechterhaltung der Betriebsbereitschaft zu leisten hat. Darüber hinaus hat die Gemeinde zwei Räume im Obergeschoss des gemeindeeigenen Gebäudekomplexes an die Krankengymnastikpraxis K vermietet, um das Leistungsangebot abzurunden und den Leerstand des Gebäudeteils zu verhindern.

584

U betreibt seit geraumer Zeit eine öffentliche Sauna mit angeschlossenem Solarium in G. Über die Konkurrenz, die ihm die Gemeinde nun macht, ist er empört. G sei nicht befugt, ihm im freien Wettbewerb Marktanteile abzunehmen; zumal er selbst durch die Zahlung der Gewerbesteuer zur Unterstützung der Kommune gezwungen sei. Eine Gemeinde habe sich darauf zu beschränken, mit Steuergeldern ordentliche Verwaltungstätigkeit zu leisten. Neben einem Verstoß gegen die Vorschriften des kommunalen Wirtschaftsrechts aus § 102 GemO rügt U auch eine Verletzung seiner Grundrechte. Er weist nach, dass sich seit Eröffnung der von der GmbH betriebenen Anlage sein Nettogewinn um 40 % verringert hat. Zwar gebe es keine weitere Sauna in G, doch könne seine Lage bedrohlich werden, wenn die Pläne der 5 km entfernten Gemeinde O, ebenfalls eine kommunale Sauna einzurichten, realisiert würden. Die Gemeinde hält entgegen, U könne sich auf die kommunalrechtlichen Vorschriften nicht berufen, weil diese ausschließlich im öffentlichen Interesse stünden. Grundrechte seien im Gemeinderecht überhaupt nicht anwendbar. Im Übrigen werde die Anlage durch die GmbH betrieben, so dass sich U allenfalls an diese wenden könne.

585

Hätte ein verwaltungsgerichtliches Vorgehen des U gegen die Gemeinde Aussicht auf Erfolg? Der Rechtsanwalt des U meint, es liege auch ein Verstoß gegen §§ 1, 3 des Gesetzes gegen den unlauteren Wettbewerb (UWG) vor. Kann dies auch vor dem Verwaltungsgericht vorgetragen werden?

586

---

239 Vgl. hierzu VGH, NVwZ-RR 1996, 681.
240 Angelehnt an Fall aus VBlBW 1997, 358.

587   W betreibt eine Krankengymnastikpraxis. Er erhebt ebenfalls Klage zum Verwaltungsgericht und begehrt, der Gemeinde die Vermietung der Räume an einen Konkurrenten zu untersagen. Durch die günstige Lage im Gebäudekomplex des Fitnesszentrums vermittle G der Konkurrenzpraxis einen ungerechtfertigten Lagevorteil.

Lösungshinweise

I. Zulässigkeit

1. Verwaltungsrechtsweg

588   Die beanstandete Konkurrenz erfolgt nicht unmittelbar durch die Gemeinde, sondern durch die Fitness-Sauna-GmbH, die privatrechtlich organisiert ist. Insoweit wäre der ordentliche Rechtsweg zu beschreiten, weil Privatrechtspersonen immer privatrechtlich handeln, sofern sie nicht durch Gesetz mit hoheitlichen Befugnissen beliehen worden sind. U wendet sich jedoch nicht gegen die GmbH, sondern gegen die Gemeinde selbst. Die insoweit streitentscheidende Norm des § 102 GemO beschränkt die Kommune einseitig als Träger hoheitlicher Gewalt und ist damit staatliches Sonderrecht; der **Verwaltungsrechtsweg** ist daher eröffnet. Unschädlich ist hierfür, dass der Konkurrentenschutz auch durch zivilrechtliche Normen des UWG und GWB geregelt wird. Denn der Verwaltungsrechtsweg ist eröffnet, wenn ein Klagegrund nach öffentlich-rechtlichen Normen zu beurteilen ist. Dies ist hinsichtlich der Frage, ob die Aufnahme dieser wirtschaftlichen Betätigung durch die öffentliche Hand zulässig ist, aber der Fall.

589   Eine **Prüfbefugnis** und -pflicht besteht aber auch hinsichtlich §§ 1, 3 **UWG**. Diese Normen regeln zwar das wettbewerbliche Verhalten im geschäftlichen Verkehr und betreffen damit nicht den Staat als Sonderrecht, so dass hinsichtlich des „wie" der Betätigung grundsätzlich der Zivilrechtsweg gegeben ist (vgl. auch § 13 Abs. 1 S. 1 UWG). Nach § 17 Abs. 2 S. 1 GVG hat aber das Gericht des zulässigen Rechtsweges den Rechtsstreit unter allen in Betracht kommenden rechtlichen Gesichtspunkten zu prüfen. Das zulässig angerufene Verwaltungsgericht ist daher sogar verpflichtet, die Vorschriften des UWG zu berücksichtigen.[241] Ein Verstoß gegen die Begrenzungsvorschriften des kommunalen Wirtschaftsrechts führt jedoch nicht zu einer Verletzung des § 1 UWG,[242] so dass sich hier materiell keine Veränderungen ergeben. Auch ein Verstoß gegen die Vorschriften des GWB wird nur ausnahmsweise denkbar sein, etwa wenn die Gemeinde eine von ihrer hoheitlichen Tätigkeit hervorgerufene Nachfrage selbst unmittelbar bedient und damit eine beherrschende Stellung unzulässig ausnützt.[243]

2. Richtige Klageart

590   Das Klagebegehen des U ist darauf gerichtet, dass der Betrieb der Fitness-Sauna-GmbH eingestellt wird. Er erstrebt daher, dass die Gemeinde ihre entsprechenden gesellschaftlichen Einflussmöglichkeiten ausübt (**„Einwirkungsanspruch"**). Da hierfür ein Verwaltungsakt nicht erforderlich ist, handelt es sich um eine **Allgemeine Leistungsklage**.

---

241 Vgl. BVerwG, DVBl 1996, 152; VGH Bad.-Württ., VBlBW 1995, 99; BGHZ 114, 1.
242 Vgl. BGHZ 150, 343.
243 Vgl. hierzu auch VGH Bad.-Württ., VBlBW 2007, 348.

3. Klagebefugnis

Auch insoweit ist analog § 42 Abs. 2 VwGO die **Klagebefugnis** erforderlich, weil das Rechtsschutzsystem der VwGO Popularklagen grundsätzlich nicht kennt. 591

Ob dem U ein grundrechtlich fundierter Abwehranspruch zustehen könnte, erscheint zweifelhaft. Dies gilt allerdings nicht, weil Grundrechte im Kommunalbereich nicht anwendbar wären; vielmehr kann sich der Bürger auch hier auf Grundrechte berufen (vgl. Art. 1 Abs. 3 GG). Die eingeschränkte Grundrechtsberechtigung von Gemeinden[244] ist für die Klagebefugnis des U daher nicht von Belang. Es ist aber materiell kaum ein Grundrechtseingriff denkbar. 592

Art. 12 Abs. 1 GG schützt den Wettbewerb, nicht jedoch vor Wettbewerb. Dies gilt grundsätzlich auch für staatliche Konkurrenz, solange kein Verdrängungswettbewerb oder die Ausnutzung einer Monopolstellung vorliegt. Die möglichen Einbußen durch die zusätzliche Saunaeröffnung im Nachbarort O sind noch kein gegenwärtiger Nachteil und daher nicht zu berücksichtigen. 593

Art. 14 Abs. 1 GG schützt das Erworbene, nicht den Erwerb. Erwerbsaussichten sind daher nur vom Schutzbereich erfasst, wenn sie sich zu vermögenswerten Rechtspositionen verdichtet haben (Anwartschaftsrechte). Auch insoweit ergibt sich hier daher kein Abwehrrecht. 594

In Betracht kommt daher allenfalls Art. 3 Abs. 1 GG hinsichtlich der Zuschussgewährung der Gemeinde für die GmbH. Art. 3 Abs. 1 GG vermittelt schon vom Rechtsschutzziel her aber keinen Unterlassungsanspruch, sondern allenfalls den Anspruch auf Gleichbehandlung bei der Zuschussgewährung. Angesichts der offenkundigen Unterschiede (Alleinanteilshaberschaft und gesellschaftsrechtliche Verpflichtung zur Zuschussgewährung) sind jedoch keine Anhaltspunkte für eine willkürliche Ungleichbehandlung gegeben. 595

Entscheidend ist deshalb die Frage, ob den Vorschriften des kommunalen Wirtschaftsrechts **drittschützender Charakter** zukommt. Dies ist für die Subsidiaritätsklausel des § 102 Abs. 1 Nr. 3 GemO angesichts der eindeutigen gesetzgeberischen Zielsetzung der Fall.[245] Da ein Verstoß hiergegen nicht von vornherein ausscheidet, liegt die Klagebefugnis somit vor. Die noch immer streitige Frage, ob auch die Anbindung an den öffentlichen Zweck (§ 102 Abs. 1 Nr. 1 GemO) drittschützenden Charakter hat, kann daher offen bleiben. 596

4. Zuständiges Gericht

Zuständiges Gericht ist gemäß §§ 45, 52 Nr. 5 VwGO, § 1 Abs. 2 AGVwGO, §§ 11 Abs. 1, 12 Abs. 4 LVG das VG Sigmaringen. 597

II. Beiladung der Fitness-Sauna-GmbH?

Wenn die Klage des U erfolgreich ist, wird hierdurch notwendigerweise auch die Fitness-Sauna-GmbH betroffen. Die Einwirkung der Gemeinde – Streitgegenstand – wirkt sich damit zwar auf die GmbH aus, sie hat rechtlich allerdings nur mittelbar mit ihr zu 598

---

244 Vgl. BVerfGK 4, 223.
245 Vgl. VGH Bad.-Württ., VBlBW 2007, 348; für die Vorgängervorschrift war ein Drittschutz dagegen verneint worden: VGH Bad.-Württ., VBlBW 1995, 99.

tun. Die Entscheidung muss ihr gegenüber daher nicht einheitlich ergehen, so dass ein Fall der notwendigen **Beiladung** nach § 65 Abs. 2 VwGO nicht vorliegt.[246]

III. Begründetheit

599 Der Anspruch ist jedoch unbegründet, weil ein Verstoß gegen § 102 Abs. 1 GemO nicht vorliegt. Dies ergibt sich bereits aus dem Ausschlusstatbestand des § 102 Abs. 4 S. 1 Nr. 2 GemO. Die Mineralwassersprudelanlage mit Saunabetrieb wird als eine der **Gesundheitspflege** ähnliche Einrichtung bewertet werden können.

600 Auch die Vermietung der Räumlichkeiten fällt nicht in den Anwendungsbereich des § 102 Abs. 1 GemO. Denn hier wird ein „**Unternehmen**" vorausgesetzt. Die fragliche Vermietung erschöpft sich aber in punktuellen Aktivitäten, ohne auf einen dauerhaften Betriebsapparat angewiesen zu sein; es fehlt insoweit daher an einem hinreichenden organisatorischen Substrat.[247] Darüber hinaus dürfte es sich bei der Vermietung der KG-Räumlichkeiten auch um ein bloßes Nebengeschäft handeln, mit dem ansonsten brachliegende Ressourcen verwertet werden.[248]

601 Die Frage, ob G die Fitness-Anlage in der **Rechtsform** einer GmbH betreiben darf, ist mit den Klagen nicht aufgeworfen worden; insoweit wird der Drittschutz auch zu verneinen sein. Ausreichende Informationen, um die Vereinbarkeit mit §§ 103, 103a GemO prüfen zu können, enthält der Sachverhalt auch nicht.

---

246 Anderer Ansicht aber die Falllösung in VBlBW 1997, 395 – wobei aber die nur mittelbare Wirkung verkannt wird.
247 Vgl. VGH Bad.-Württ., VBlBW 2007, 348.
248 Vgl. hierzu OVG NRW, NVwZ 2003, 1520.

BAURECHT

Das öffentliche Baurecht hat die Funktion, einen **Interessenausgleich** zwischen der durch Art. 14 Abs. 1 GG grundsätzlich gewährleisteten Baufreiheit und dem Interesse der Allgemeinheit an einer sinnvollen Nutzung des Gemeindegebiets herzustellen. Es besteht aus dem Bauplanungsrecht, das der Gesetzgebungskompetenz des Bundes unterliegt und das Einfügen der Bauvorhaben in die Umgebung regelt, und dem Bauordnungsrecht, das der Gesetzgebungskompetenz der Länder unterfällt und die konkreten Anforderungen an Bauvorhaben sowie das Genehmigungsverfahren betrifft.

602

Baurecht ist „der" Klassiker im zweiten Staatsexamen und muss daher sorgfältig vorbereitet sein.[1] Geradezu idealtypisch können hier die Rechtsprobleme von Dreieckskonstellationen und das Planungsrecht thematisiert werden, darüber hinaus bieten sich aber auch klassisch ordnungsrechtliche Fragestellungen. Schließlich können baurechtliche Klausuren leicht mit Aspekten aus anderen Rechtsgebieten kombiniert oder „angereichert" werden.

603

A. BAUPLANUNGSRECHT

Die Vorschriften des Bauplanungsrechts stellen **Inhalts- und Schrankenbestimmungen** des Eigentums nach Art. 14 Abs. 1 S. 2 GG dar, sie beschränken die Baufreiheit des Grundstückseigentümers im öffentlichen Interesse. Zur Konkretisierung der planungsrechtlichen Vorstellungen ist gemäß § 2 Abs. 1 S. 1 BauGB die Gemeinde berufen, deren **Planungshoheit** nur wegen überörtlicher Belange eingeschränkt werden kann.[2] Bei der Planung unterliegt die Gemeinde keinen Weisungen. Sie kann zur Planaufstellung aber verpflichtet sein, wenn diese erforderlich i.S.d. § 1 Abs. 3 BauGB ist. Hiervon ist das Bundesverwaltungsgericht in einem Ausnahmefall ausgegangen, in dem die Genehmigungspraxis auf Grundlage des § 34 BauGB zur Steuerung der städtebaulichen Ordnung nicht mehr ausreichte und deshalb eine Gesamtkoordination der widerstreitenden öffentlichen und privaten Belange in einem Planverfahren erforderlich war.[3] Gemäß § 205 BauGB besteht auch die Möglichkeit des Zusammenschlusses zu einem Planungsverband.[4]

604

I. Bauleitpläne

Aufgabe der Bauleitplanung ist es, die Nutzung der Grundstücke in der Gemeinde zu **steuern** und eine dem Wohl der Allgemeinheit dienende Bodennutzung zu gewährleisten (vgl. § 1 Abs. 1 und Abs. 5 BauGB). Das Baugesetzbuch sieht dabei ein zweistufiges Planungsverfahren vor (vgl. § 1 Abs. 2 BauGB), bei dem zunächst mit dem „**Flächennutzungsplan**" eine grobmaschige Planung für das gesamte Gemeindegebiet erstellt

605

---

1 „Pflichtlektüre" ist das Praktikerstandardwerk von Dürr/Leven/Speckmaier, Baurecht Baden-Württemberg, 15. Aufl. 2016; zur aktuellen Rechtsprechung des BVerwG auch Rubel, DVBl 2016, 459.
2 Vgl. BVerfGE 79, 127. Auch die kommunale Planungshoheit wird durch Art. 28 Abs. 2 GG geschützt; vgl. etwa BVerfG, NVwZ 1999, 520.
3 Vgl. BVerwGE 119, 25 für die Ansiedelung von großflächigem Einzelhandel.
4 Vgl. hierzu auch § 61 Abs. 4 GemO.

wird. Dieser, die spätere Detailplanung vorbereitende Plan mit seinen in § 5 BauGB geregelten „Darstellungen", soll die Gemeinde dazu zwingen, sich zunächst grundsätzliche Gedanken über die räumliche Zuordnung der verschiedenen Nutzungsarten zu machen, bevor einzelne Detailplanungen verbindlich vorgegeben werden.[5] Der Flächennutzungsplan entfaltet gemäß § 7 BauGB zwar Bindungswirkung gegenüber anderen Planungsträgern, er besitzt jedoch keine unmittelbare Außenwirkung gegenüber den Bürgern und wird in der Rechtsprechung daher als hoheitliche Maßnahme eigener Art qualifiziert.[6]

606 Der **Bebauungsplan** dagegen wird gemäß § 10 Abs. 1 BauGB als Satzung beschlossen, er steht daher gemäß § 47 Abs. 1 Nr. 1 VwGO der Normenkontrolle offen. Der Inhalt des Bebauungsplans ist in § 9 BauGB abschließend geregelt, die Gemeinde besitzt also kein „Festsetzungserfindungsrecht". Von zentraler Bedeutung sind die Festsetzungen nach § 9 Abs. 1 Nr. 1 und Nr. 2 BauGB, die den „qualifizierten" Bebauungsplan i.S.d. § 30 Abs. 1 BauGB ausmachen. Die Art der baulichen Nutzung wird dabei regelmäßig durch die Ausweisung eines der in § 1 Abs. 2 BauNVO genannten Baugebiete geregelt.

607 Für die **Überprüfung** eines Bebauungsplans hat sich ein vierstufiges **Schema** etabliert:

1. Verfahren

a) Kommunalrechtliche Anforderungen

608 Aus der Tatsache, dass der Bebauungsplan vom **Gemeinderat** beschlossen wird, ergeben sich spezifische verfahrensrechtliche Anforderungen, die in der Gemeindeordnung geregelt sind. Von Bedeutung sind insb. die Öffentlichkeitsvorschriften (§ 35 GemO), deren Verletzung stets zur Nichtigkeit führt, und die Regelungen zur Mitwirkung befangener Gemeinderäte, für die spezielle Heilungsregelungen gelten (vgl. § 18 Abs. 6 S. 2 und § 4 Abs. 4 GemO: Rügefrist von einem Jahr). Die Einzelheiten der Befangenheit sind nach kommunalrechtlichen Grundsätzen zu bestimmen. Maßgeblich ist nach der Rechtsprechung dabei nur der abschließende Satzungsbeschluss.[7]

b) Besondere Verfahrenserfordernisse

609 Fehleranfällig sind auch die besonderen Erfordernisse der Bekanntmachung, der Auslegung und der Ausfertigung.

610 **Bekannt zu machen** sind gemäß § 3 Abs. 2 S. 2 BauGB zunächst Ort und Dauer der Auslegung. Um die „Anstoßfunktion" der Auslegung zu gewährleisten, muss dabei die Bezeichnung des Bebauungsplans für den jeweiligen Grundstückseigentümer erkennen lassen, ob er vom Geltungsbereich des Bebauungsplans betroffen ist.[8] Hinsichtlich der „umweltbezogenen Informationen" sind die vorhandenen Unterlagen nach Themenblöcken zusammenzufassen und diese in einer schlagwortartigen Kurzcharakterisierung zu bezeichnen.[9] Wird der Bebauungsplan aufgrund der Eingaben geändert, ist er gemäß § 4a Abs. 3 S. 1 BauGB erneut auszulegen.

---

5 Die Regelung der Grundzüge kann zwar einzelne parzellenscharfe Festlegungen enthalten, der Flächennutzungsplan darf aber nicht so bestimmt sein, dass er faktisch an die Stelle eines Bebauungsplans tritt; vgl. BVerwGE 124, 132.

6 Anderes gilt nur für die durch § 35 Abs. 3 S. 3 BauGB begründete (mittelbare) Außenwirkung, insoweit ist auch die Normenkontrolle statthaft; vgl. BVerwGE 128, 382.

7 Vgl. VGH Bad.-Württ., VBlBW 1982, 298; BVerwGE 79, 200.

8 Vgl. BVerwGE 69, 344.

9 Vgl. VGH Bad.-Württ., DVBl 2012, 1177.

Für die **Auslegung** reicht es aus, dass der Planentwurf nur während der Sprechzeiten einsehbar ist. Auch die fehlende Angabe des konkreten Zimmers, in dem der Entwurf eingesehen werden kann, ist unschädlich. Es kann dem Interessierten zugemutet werden, sich insoweit innerhalb der Behörde zu erkundigen.[10] Gutachten können dabei auch in Kopie ausgelegt werden.[11] Wird in Gutachten oder Stellungnahmen auf weitere Quellen verwiesen – etwa DIN-Normen – muss die Gemeinde diese nur dann auslegen, wenn sie der Stellungnahme beigefügt sind. Eine Beschaffungspflicht folgt aus § 3 Abs. 2 S. 1 BauGB nicht.[12]   611

„**Ausfertigung**" bedeutet, dass die Norm vom Bürgermeister mit Namen und Amtsbezeichnung unterschrieben wird.[13] Die Erforderlichkeit hierfür ergibt sich bei Rechtsverordnungen aus Art. 82 Abs. 1 S. 2 GG und Art. 63 Abs. 2 der Landesverfassung, für Satzungen aus dem Rechtsstaatsprinzip. Mit der Ausfertigung soll gewährleistet werden, dass der Inhalt des Bebauungsplans mit dem vom Satzungsgeber Beschlossenen übereinstimmt (Authentizitätsfunktion). Daher hat die Ausfertigung nach dem Satzungsbeschluss, aber vor der Bekanntmachung zu erfolgen.[14] Die Herstellung einer Originalurkunde verlangt die Ausfertigung in Baden-Württemberg dagegen nicht, vielmehr genügt auch eine Unterzeichnung des den Satzungsbeschluss enthaltenden Gemeinderatsprotokolldeckblatts.[15] Nachfolgende Änderungen sind nur im Hinblick auf rein redaktionelle Richtigstellungen möglich.[16] Bekannt zu machen ist nach § 10 Abs. 3 BauGB schließlich auch der Satzungsbeschluss (nicht aber der Bebauungsplan selbst).   612

Schließlich ist der beschlossene Bebauungsplan durch ortsübliche Bekanntmachung zu **verkünden**. Verweist eine Festsetzung dabei auf eine DIN-Vorschrift, muss ein Hinweis auf die Bezugsquelle der zitierten Richtlinie erfolgen.[17]   613

c) Beteiligungen

Die Gemeinde hat bei der Aufstellung des Bebauungsplans benachbarte Gemeinden (§ 4 i.V.m. § 2 Abs. 2 S. 1 BauGB),[18] „die Öffentlichkeit" (§ 3 BauGB) sowie andere Fachplanungsträger (§ 4 BauGB) zu **beteiligen**.   614

Das **Gebot interkommunaler Rücksichtnahme** spielt gegenwärtig insb. bei der Ausweisung von Einkaufszentren eine Rolle;[19] ein Verstoß liegt aber beispielsweise auch vor, wenn in unmittelbarer Nähe zu einem in der Nachbargemeinde ausgewiesenen Wohngebiet ein Schlachthof[20] oder ein Windpark[21] vorgesehen wird. Zur Verteidigung ihrer   615

---

10 Vgl. BVerwGE 133, 98 (114 f.) unter Aufhebung der strengeren Rechtsprechung des VGH Bad.-Württ., der eine „archivmäßige Verwahrung", die eine Einsichtnahme erst auf Anfrage ermöglicht, für unzulässig gehalten hatte.
11 Vgl. VGH Bad.-Württ., 2.8.2012 – 5 S 1444/10.
12 Vgl. BVerwG, 11.8.2016 – 4 BN 23.16.
13 Vgl. hierzu Schenk, VBlBW 1999, 161.
14 Vgl. VGH Bad.-Württ., VBlBW 2015, 367.
15 Vgl. etwa VGH Bad.-Württ., VBlBW 2007, 303 und VBlBW 2009, 466.
16 Vgl. VGH Bad.-Württ., VBlBW 1999, 141: unzulässig bereits die Änderung eines Zählfehlers in der Paragraphenreihenfolge.
17 Vgl. VGH Bad.-Württ., BRS 82 Nr. 19 sowie VBlBW 2012, 381. Darauf, dass bei der Auslegung anderes gilt, ist bereits hingewiesen worden; vgl. insoweit BVerwG, 11.8.2016 – 4 BN 23.16.
18 Vgl. hierzu VGH Bad.-Württ., BauR 2016, 1132.
19 Vgl. BVerwGE 119, 25.
20 Vgl. BVerwGE 84, 209.
21 Vgl. Nds. OVG, NVwZ 2001, 452.

Rechte ist die Nachbargemeinde im Übrigen auch befugt, die Zulässigkeit eines Einzel-vorhabens anzugreifen.[22] Insoweit ist Anknüpfungspunkt aber nicht § 2 Abs. 2 BauGB, sondern der materiell durch § 34 Abs. 3 BauGB vermittelte Drittschutz.[23]

616 Von erheblicher praktischer Bedeutung ist die Verzahnung der Bauleitplanung mit der **Fachplanung**. Die formelle Beteiligung ist in § 4 BauGB geregelt, materielle Bestim-mungen sind indes nur in § 7 BauGB für den Flächennutzungsplan enthalten. Nach § 7 S. 1 BauGB haben öffentliche Planungsträger ihre Planungen dem Flächennutzungs-plan insoweit anzupassen, als sie diesem Plan nicht widersprochen haben.

d) Ermittlungsdefizit

617 Auch zu den Verfahrensfehlern zählt seit Inkrafttreten des EAG Bau ein **Ermittlungsde-fizit** i.S.d. § 214 Abs. 1 Nr. 1 i.V.m. § 2 Abs. 3 BauGB,[24] wenn also die betroffen Be-lange nicht in jeder Hinsicht zutreffend ermittelt und bewertet worden sind. Diese **Feh-ler im Abwägungsvorgang (Verfahren)** müssen von den Mängeln im Abwägungsergeb-nis unterschieden werden. Da dies aber nur Auswirkungen auf die Anwendbarkeit der Planerhaltungsvorschriften (§ 214 Abs. 3 S. 2 BauGB) zur Folge hat, wird die gesamte Abwägung geschlossen unter Nr. 4 dargestellt, um die Verständlichkeit zu erhöhen. Auch in der Praxis wird diese Prüfungsfolge vielfach beibehalten.[25]

2. Erforderlichkeit der Planung (§ 1 Abs. 3 S. 1 BauGB)

618 Das Baugesetzbuch geht vom Grundsatz der Planmäßigkeit aus: Die zukünftige Ent-wicklung der Gemeinde soll durch eine planerische Konzeption des Gemeinderats be-stimmt und geleitet werden. Ein Verstoß gegen den Erforderlichkeitsgrundsatz aus § 1 Abs. 3 BauGB kommt daher nur ausnahmsweise in Betracht, insb. wenn der aufgestell-te Plan nicht auf einer planerischen Konzeption beruht und daher überflüssig ist oder nicht der Verwirklichung von **städtebaulichen Interessen** dient, für deren Verwirk-lichung die Planungsinstrumente des Baugesetzbuchs allein bestimmt sind.[26]

619 Anerkannte Fallgruppen hierfür sind etwa, dass die Bauplanung lediglich dazu dient, eine Fehlentwicklung im Interesse der Grundstückseigentümer nachträglich zu „legali-sieren" oder zu ermöglichen (**„Gefälligkeitsplanung"**). Dies ist allerdings von der Kon-stellation abzugrenzen, in der ein konkretes Vorhaben zwar Anstoß für die Bauleitpla-nung gegeben hat, diese aber ordnungsgemäß (also im städtebaulichen Interesse) er-folgte, was zulässig ist.

620 Nicht erforderlich ist ein Bebauungsplan auch dann, wenn die Festsetzungen in abseh-barer Zeit nicht realisiert werden können.[27] Ein Bebauungsplan, der sich als **vollzugs-unfähig** erweist, ist für die städtebauliche Entwicklung nicht erforderlich. Derartiges ist etwa angenommen worden, wenn ein Widerspruch zu einer Landschaftsschutzver-

---

22 Vgl. VGH Bad.-Württ., VBlBW 2007, 310.
23 Vgl. VGH Bad.-Württ., VBlBW 2011, 233.
24 Vgl. BVerwGE 131, 100 (105); VGH Bad.-Württ., VBlBW 2012, 108 sowie DVBl 2012, 116.
25 Vgl. VGH Bad.-Württ., VBlBW 2013, 24.
26 Vgl. hierzu den instruktiven Fall VGH Bad.-Württ., VBlBW 2002, 124, in dem die Festsetzungen des Bebau-ungsplans nur zur Abwendung von Entschädigungsforderungen dienen sollten, sowie BRS 82 Nr. 19 für den Fall, dass mit einer Umplanung den Erfordernissen eines städtebaulich gebotenen Immissionsschutzes ausgewichen werden soll.
27 Vgl. VGH Bad.-Württ., VBlBW 2002, 200 für einen Zeitraum von 30 Jahren sowie VBlBW 2003, 68 für die Überplanung eines Kernkraftwerksgeländes, dessen Verwirklichung „in den Sternen steht". Für Straßen-bauvorhaben gilt grundsätzlich ein Zehnjahreszeitraum; vgl. BVerwGE 120, 239.

ordnung besteht, der nicht durch Ausnahmen oder Befreiungen beseitigt werden kann,[28] die vorgesehenen Festsetzungen auf unüberwindbare artenschutzrechtliche Hindernisse treffen würden,[29] das Vorhaben einer bestehenden Fachplanung widerspricht[30] oder wenn der Verwirklichung auf unabsehbare Zeit rechtliche oder tatsächliche Hindernisse, zu denen auch das Fehlen der erforderlichen Finanzmittel gehört, im Wege stehen.[31] Widersprechen die planerischen Festsetzungen der vorhandenen baulichen Nutzung, sind daher konkrete Anhaltspunkte dafür erforderlich, dass die bestehende Nutzung in absehbarer Zeit aufgegeben und das Grundeigentum anschließend planmäßig genutzt werden wird.[32]

Der Erforderlichkeitsmaßstab gilt dabei nicht nur für den Bebauungsplan insgesamt, sondern für **jede einzelne Festsetzung**.[33] Er kann insb. dann verfehlt werden, wenn sich die planerische Umsetzung nicht konsistent zu den von der Gemeinde selbst formulierten städtebaulichen Zielsetzungen verhält oder zu planungsrechtswidrigen Ergebnissen führen muss.[34]
621

Inhaltlich muss der Bebauungsplan eine positive Gestaltungsabsicht aufweisen (Verbot der „**Negativplanung**")[35] und hierzu jedenfalls diejenigen Festsetzungen enthalten, die zur Bewältigung der durch die vorgesehene Bodennutzung entstehenden Konflikte notwendig sind. Unüberwindbare Hindernisse, die zum Wegfall der Erforderlichkeit führen, liegen jedoch nur vor, wenn die offenen Fragen im Baugenehmigungsverfahren – auch durch Erteilung von Ausnahmen oder Befreiungen – nicht mehr bewältigt werden können. Das „**Gebot der Problembewältigung**"[36] steht daher einer Ausklammerung lösungsbedürftiger Probleme entgegen, ein Verstoß liegt indes nur vor, wenn eine nachträgliche Problemlösung nicht mehr möglich ist.
622

Ein Anspruch auf **Aufstellung** eines Bebauungsplans besteht gemäß § 1 Abs. 3 S. 2 BauGB nicht, er kann auch nicht vertraglich begründet werden.[37] Ein „Plangewährleistungsanspruch" auf Realisierung des durch den Bebauungsplan vorgesehenen Zustands wird von der Rechtsprechung ebenfalls nicht anerkannt. § 42 BauGB vermittelt dagegen Entschädigungsansprüche im Falle nachträglicher Änderung der planungsrechtlichen Grundlagen.
623

3. Verstoß gegen gesetzliche Schranken (höherrangiges Recht)

Auch im Bereich der Bauleitplanung bestehen gesetzliche Vorgaben, die der Gemeinderat zu beachten hat. Diese zwingenden Planungsschranken werden als „**Planungsleitsätze**" bezeichnet und können im Gegensatz zu den „Optimierungsgeboten" oder „Ab-
624

---

28 Vgl. BVerwGE 117, 351 (353 f.).
29 Vgl. VGH Bad.-Württ., RdL 2013, 332 sowie nachfolgend BVerwG, BauR 2012, 222.
30 Vgl. VGH Bad.-Württ., VBlBW 2008, 143.
31 Vgl. BVerwGE 117, 351; 120, 239.
32 Vgl. VGH Bad.-Württ., VBlBW 2007, 59.
33 Vgl. BVerwGE 117, 351; 120, 239; ausdrücklich nunmehr auch VGH Bad.-Württ., VBlBW 2012, 105.
34 Vgl. VGH Bad.-Württ., VBlBW 2012, 105: „zentrumsbildender" Einzelhandelsausschluss auch von Sortimenten, die sich für eine Ansiedlung im Zentrum gar nicht eignen.
35 Negativplanung liegt auch vor, wenn ein Grundstück nur „reserviert" werden soll, um ggf. später Planungen treffen zu können; vgl. VGH Bad.-Württ., VBlBW 1999, 136. Die negative Zielsetzung, bestimmte Nutzungen zu verhindern, kann jedoch Teil einer positiven Planvorstellung sein: VGH Bad.-Württ., BauR 2013, 1653.
36 Vgl. hierzu Steidle, VBlBW 2012, 81.
37 Wenn die Gemeinde einen entsprechenden Vertrauenstatbestand begründet, können sich hieraus aber Schadensersatzansprüche nach c.i.c.-Grundsätzen ergeben; vgl. BGHZ 71, 386.

wägungsdirektiven" (wie etwa der in § 50 BImSchG positivierte Trennungsgrundsatz)[38] nicht im Wege der Abwägungsentscheidung überwunden werden; sie sind vielmehr stets zu beachten.

a) Festsetzungskatalog

625   Zwingend vorgegeben ist der Gemeinde zunächst der in § 9 Abs. 1 BauGB enthaltene numerus clausus möglicher **Festsetzungen**. Die Gemeinde bestimmt durch den Bebauungsplan Inhalt und Schranken des im Planbereich gelegenen Grundeigentums. Hierfür bedarf sie gemäß Art. 14 Abs. 1 S. 2 GG einer gesetzlichen Grundlage. Der festsetzungsfähige Inhalt eines Bebauungsplans wird abschließend in § 9 BauGB und den ergänzenden Vorschriften der nach § 9a BauGB erlassenen Baunutzungsverordnung[39] geregelt. Festsetzungen, die von diesen Vorgaben abweichen, sind unwirksam.[40] Die Gemeinde besitzt also kein „Festsetzungserfindungsrecht".

626   Die **Art der baulichen Nutzung** (§ 9 Abs. 1 Nr. 1) wird regelmäßig durch die Ausweisung eines der in § 1 Abs. 2 **BauNVO** genannten Baugebiete geregelt. Die zulässige Nutzung in den einzelnen Baugebieten ergibt sich aus den in §§ 3 ff. BauNVO im Einzelnen aufgeführten „Festsetzungen", die gemäß § 1 Abs. 3 S. 2 BauNVO Bestandteil des Bebauungsplanes selbst sind. Da der Gemeinderat jeweils nur die Festsetzungen im Zeitpunkt seines Satzungsbeschlusses zugrunde legen kann, enthält § 1 Abs. 3 S. 2 BauNVO eine statische Verweisung; es ist daher jeweils die BauNVO in der zum Zeitpunkt des Satzungsbeschlusses gültigen Fassung zugrunde zu legen.[41] Die Gebietsbeschreibungen in den einzelnen Paragrafen der BauNVO sind nach einer einheitlichen Systematik aufgebaut: Während in Absatz 1 der Gebietscharakter definiert wird, bestimmt Absatz 2 die regelmäßig zulässigen Nutzungsarten und Absatz 3 die nur im Wege der Ausnahme nach § 31 Abs. 1 BauGB genehmigungsfähigen Anlagen. Wie sich aus § 1 Abs. 4 ff. BauNVO ergibt, kann die Gemeinde unter besonderen Umständen aber auch vom Regelungssystem der BauNVO abweichen.[42]

627   Die Zulässigkeit einzelner Festsetzungen ist Gegenstand einer reichhaltigen Kasuistik.[43] Die Genehmigungsfähigkeit einer **Asylunterkunft** oder eines Flüchtlingswohnheims in Wohngebieten etwa hängt davon ab, ob diese als „Anlage für soziale Zwecke" (§ 3 Abs. 3 Nr. 2, § 4 Abs. 2 Nr. 3 BauNVO) bewertet werden kann, was von der Rechtsprechung bejaht wird.[44]

628   Für darüber hinausgehende Regelungen muss aber an die Möglichkeit von **örtlichen Bauvorschriften** nach § 74 Abs. 1 Nr. 1 LBO gedacht werden. Dies ist in der Praxis

---

38 Vgl. BVerwG, BauR 2013, 1072.
39 Bei der BauNVO handelt es sich um die auf Grundlage des § 9a BauGB erlassene Rechtsverordnung. Neben den Vorgaben zur Art der baulichen Nutzung enthält sie auch Regelungen zum Maß der baulichen Nutzung (§§ 16 ff.) zur Bauweise (§ 22) und den überbaubaren Grundstücksflächen (§ 23).
40 Vgl. VGH Bad.-Württ., 27.7.2012 – 8 S 938/11.
41 Vgl. BVerwG, NVwZ 2000, 1054.
42 Vgl. VGH Bad.-Württ., VBlW 2006, 390 für den Ausschluss innenstadtrelevanter Sortimente auf Grundlage des § 1 Abs. 9 BauGB; weitreichende Gestaltungsmöglichkeiten ergeben sich auch bei der Festsetzung von Sondergebieten.
43 Insoweit muss auf die Fachliteratur verwiesen werden.
44 Vgl. BVerwG, NVwZ 1998, 173; VGH Bad.-Württ, VBlBW 2016, 113 und 23.6.2016 – 5 S 634/16 – (zum Rücksichtnahmegebot) sowie BauR 2014, 533 für eine Kindertagesstätte. In einem Gewerbegebiet sind derartige Nutzungen aber jedenfalls dann gebietsunverträglich, wenn sie nicht nur auf kurze Dauer angelegt sind: vgl. VGH Bad.-Württ., VBlBW 2013, 384 sowie VBlBW 2015, 26; vgl. zur Einordnung der Flüchtlingsunterbringung als Wohnnutzung auch Hess. VGH, NVwZ 2016, 1101.

insb. im Hinblick auf die **Dachgestaltung** relevant und führt im Hinblick auf die zunehmende Nutzung von Solarenergie zu Konfliktlagen.[45] Zwar kann in einem Bebauungsplan neben der Höhe einer baulichen Anlage (vgl. § 9 Abs. 1 Nr. 1 BauGB i.V.m. 16 Abs. 2 Nr. 4 BauNVO) gemäß § 9 Abs. 1 Nr. 2 BauGB auch deren „Stellung" und damit auch die Firstrichtung eines Daches festgesetzt werden; eine Festschreibung der Dachgestaltung im Einzelnen – wie etwa Dachfarbe oder -form – ist der Normierung im Bebauungsplan aber nicht zugänglich.[46] Insoweit kommt allein die Regelung durch Gestaltungssatzung der Gemeinde nach § 74 Abs. 1 Nr. 1 LBO in Betracht.[47]

Allerdings können diese Festsetzungen als Ergebnis eines gemeinsamen Verfahrens in dem Beschluss über den Bebauungsplan **zusammengefasst** werden (vgl. § 74 Abs. 7 LBO: „zusammen mit dem Bebauungsplan"). Ein Hinweis darauf, dass in der Satzung auch örtliche Bauvorschriften enthalten sind, ist nach der Rechtsprechung in der Bekanntmachung dabei nicht erforderlich, weil der Anstoßfunktion auch so Genüge getan ist. Allerdings muss sich jedenfalls aus dem Textteil ergeben, dass dem Gemeinderat bewusst war, insoweit nicht einen Bebauungsplan, sondern eine Gestaltungssatzung beschlossen zu haben. Die in § 74 Abs. 7 LBO enthaltene Verweisung auf das Bebauungsplanverfahren betrifft indes nur verfahrensrechtliche Vorschriften.[48] Die in § 1 Abs. 7 BauGB enthaltene Abwägungspflicht kann daher nicht herangezogen werden; sie folgt materiell aber unabhängig hiervon aus dem Umstand, dass mit den örtlichen Bauvorschriften Inhalt und Schranken des Eigentums geregelt werden und hierfür die Interessen der Allgemeinheit und die privaten Interessen der Eigentümer in ein ausgewogenes Verhältnis gebracht werden müssen. Die Voraussetzungen einer Befreiung richten sich nicht nach § 31 Abs. 2 BauGB sondern nach § 56 Abs. 5 LBO.

629

b) Entwicklungsgebot

Nach § 1 Abs. 4 BauGB sind die Bauleitpläne den Zielen der Raumordnung anzupassen. Die Gemeinde muss deshalb zwingend von den Festsetzungen des Landesentwicklungsplans und der **Regionalpläne** ausgehen,[49] wenn sie bei deren Aufstellung beteiligt worden ist.[50] Insoweit gilt auch kein Prioritätsprinzip; die Gemeinden sind vielmehr verpflichtet, bereits bestehende Bauleitpläne zu ändern, wenn diese inhaltlich im Widerspruch zu einer später in Kraft getretenen landesplanerischen Festsetzung stehen.[51] § 2 Abs. 2 S. 2 BauGB regelt überdies ausdrücklich, dass benachbarten Gemeinden die Möglichkeit zukommt, sich gegen Verstöße der im Landesentwicklungs- oder Regionalplan enthaltenen Festsetzungen zur Wehr zu setzen.

630

Darüber hinaus ist der Bebauungsplan gemäß § 8 Abs. 2 S. 1 BauGB aus dem **Flächennutzungsplan** zu entwickeln. Nur so kann der Flächennutzungsplan die ihm zugedachte Funktion erfüllen, die bauliche Entwicklung der Gemeinde in Grundzügen darzustellen und in räumlicher Hinsicht zu ordnen (Darstellung der Bauflächen). Aus dem

631

---

45 Vgl. hierzu etwa VGH Bad.-Württ., VBlBW 2007, 149 und BauR 2009, 1712.
46 Vgl. BVerwG, NVwZ 2000, 1169.
47 Vgl. hierzu VGH Bad.-Württ., VBlBW 2003, 123.
48 Auch die Planerhaltungsvorschriften der §§ 214 ff. BauGB sind auf örtliche Bauvorschriften, die zusammen mit einem Bebauungsplan beschlossen worden sind, anwendbar; vgl. VGH Bad.-Württ., BRS 65 Nr. 146 (2002).
49 Vgl. BVerwGE 117, 351 (356), zugleich mit der Klarstellung des Vorrangs der Landesplanung auch vor zeitlich vorangegangenen Flächennutzungsplänen.
50 Vgl. BVerwGE 95, 123.
51 Vgl. BVerwGE 119, 25 auch zur Erstplanungspflicht bei entsprechenden raumordnerischen Gründen.

Entwicklungsgebot folgt auch, dass ein Bebauungsplan grundsätzlich nicht ohne vorherigen Flächennutzungsplan erstellt werden darf. Ausnahmen hiervon ergeben sich lediglich in den Fällen des § 8 Abs. 2 S. 2 BauGB (insb. für kleine Landgemeinden) und des § 8 Abs. 4 BauGB (vorzeitiger Bebauungsplan).

632   Ein Verstoß gegen das Entwicklungsgebot ist gemäß § 214 Abs. 2 Nr. 2 BauGB allerdings **unbeachtlich,** wenn die sich aus dem Flächennutzungsplan ergebende geordnete städtebauliche Entwicklung nicht beeinträchtigt worden ist, wofür auf das gesamte Gemeindegebiet abgestellt wird.[52]

c) Fachrechtliche Sonderregelungen

633   **Bereichsspezifische Sonderanforderungen** ergeben sich vor allem im Interesse von Natur- und Umweltschutz (vgl. etwa § 1 Abs. 6 Nr. 7 BauGB und § 1a Abs. 3 BauGB i.V.m. § 21 LNatSchG). Hierbei sind insb. die **europarechtlichen Vorgaben** von Belang, weil etwa die Anforderungen der Fauna-Flora-Habitat-Richtlinie[53] oder der Vogelschutz-Richtlinie[54] zwingend sind und daher auch nicht im Wege einer (Gesamt-)Abwägungsentscheidung überwunden werden können.

634   Gleiches kann für die Anforderung einer förmlichen Umweltverträglichkeitsprüfung nach der sog. PlanUP-Richtlinie gelten.[55] Dies bereitet insb. im Hinblick auf die Zulässigkeit des beschleunigten Verfahrens nach § 13a BauGB Schwierigkeiten, weil auf eine Umweltprüfung aus unionsrechtlichen Gründen nicht verzichtet werden kann.[56]

d) Allgemeine Planungsprinzipien

635   Schließlich hat die Gemeinde auch die aus dem Rechtsstaatsprinzip folgenden **allgemeinen Planungsprinzipien** zu beachten. Demnach muss der Bebauungsplan – notfalls durch Heranziehung der Begründung – **hinreichend bestimmt** erkennen lassen, welche konkreten Regelungen er enthält. Die Festsetzung einer Fläche für den Gemeinbedarf ohne nähere Konkretisierung etwa ist zu unbestimmt,[57] weil die zu erwartende Belastung nicht mehr erkennbar ist. Die Festsetzung einer Grünfläche dagegen verstößt nicht gegen den Grundsatz der Bestimmtheit; sie lässt allerdings auch nur die Anlage einer begrünten Fläche, nicht etwa Sportanlagen oder Kinderspielplätze zu.[58]

4. Abwägungsfehler

a) Grundsatz der kommunalen Planungshoheit

636   Kernstück und Besonderheit planerischer Entscheidungen ist der **Abwägungsspielraum** des Planungsträgers. § 1 Abs. 7 BauGB etwa macht deutlich, dass der Gesetzgeber we-

---

52   Vgl. BVerwG, NVwZ 2000, 197.
53   Richtlinie 92/43/EWG des Rates vom 21.5.1992 zur Erhaltung der natürlichen Lebensräume sowie der wildlebenden Tiere und Pflanzen; ABl. EG L 206 S. 7.
54   Richtlinie 09/147/EG des Europäischen Parlaments und des Rates vom 30.11.2009 über die Erhaltung der wildlebenden Vogelarten; ABl. EG L 20 (2010) S. 7.
55   Richtlinie 2001/42/EG des Europäischen Parlaments und des Rates vom 27.6.2001 über die Prüfung der Umweltauswirkungen bestimmter Pläne und Programme; ABl. EG L 197 S. 30; vgl. hierzu BVerwGE 134, 264 (274).
56   Vgl. EuGH, NVwZ-RR 2013, 503; die UVP-Pflicht kann sich dabei auch aus einer nachträglichen Kumulation von Vorhaben ergeben: BVerwG, NVwZ 2015, 1458.
57   Vgl. BVerwG, NVwZ 1995, 692.
58   Vgl. BVerwGE 42, 5; zur Grünfläche auch VGH Bad.-Württ., VBlBW 2009, 61.

der den öffentlichen noch den privaten Belangen einen grundsätzlichen Vorrang einräumen wollte; vielmehr hat die Gemeinde im Einzelfall zu entscheiden, welchen Interessen sie den Vorzug geben will. Dabei besteht grundsätzlich die Möglichkeit, alle Abwägungsbelange „wegzuwiegen", so dass im Rahmen der Abwägungsentscheidung ein Ergebnis niemals vorgegeben ist (bei einer zwingenden Ergebnisvorgabe würde es sich vielmehr um einen Fall der gesetzlichen Planungsschranke handeln).

Auch die **gerichtliche Kontrolle** einer Abwägungsentscheidung kann daher nicht am Ergebnis ansetzen, sondern bezieht sich nur darauf, dass der Abwägungsvorgang ordnungsgemäß und fehlerfrei abgelaufen ist. Dabei ist zu beachten, dass die Abwägung der verschiedenen Interessen gerade Aufgabe der kommunalen Planungshoheit ist und daher nicht durch Erwägungen des Gerichts ersetzt werden darf. Die gerichtliche Kontrolle ist deshalb beschränkt. Das Bundesverwaltungsgericht hat hierzu ausgeführt:[59] „Das Gebot gerechter Abwägung ist verletzt, wenn eine sachgerechte Abwägung überhaupt nicht stattfindet. Es ist verletzt, wenn in die Abwägung an Belangen nicht eingestellt wird, was nach Lage der Dinge in sie eingestellt werden muss. Es ist ferner verletzt, wenn die Bedeutung der betroffenen privaten Belange verkannt, oder wenn der Ausgleich zwischen den von der Planung berührten öffentlichen Belangen in einer Weise vorgenommen wird, die zur objektiven Gewichtung einzelner Belange außer Verhältnis steht. Innerhalb des so gezogenen Rahmens wird das Abwägungsgebot jedoch nicht verletzt, wenn sich die zur Planung berufene Gemeinde in der Kollision zwischen verschiedenen Belangen für die Bevorzugung des einen und damit notwendig für die Zurückstellung des anderen entscheidet". | 637

Anknüpfend hieran wird vielfach von den Prüfpunkten „Abwägungsausfall", „Abwägungsdefizit", „Abwägungsfehleinschätzung" und „Abwägungsdisproportionalität" gesprochen. Die trennscharfe Zuordnung zu einer der Fallgruppen ist indes nicht erforderlich, weil sich unterschiedliche Rechtsfolgen hieraus nicht ergeben.[60] | 638

b) Abwägungsausfall

Ein Abwägungsausfall liegt vor, wenn eine sachgerechte Abwägung der betroffenen Belange gar **nicht stattfindet**. Dies kann etwa der Fall sein, wenn sich eine Gemeinde zur Aufstellung eines bestimmten Bebauungsplans verpflichtet sieht – z.B. durch Abschluss eines (gemäß § 1 Abs. 3 S. 2 BauGB nichtigen) Vertrages[61] – oder wenn alternative Planungsmöglichkeiten wegen der sich hieraus ergebenden Verzögerung nicht in die Erwägungen einbezogen worden sind. | 639

Relevante Mängel der Abwägungsbereitschaft liegen indes auch vor, wenn sich die Gemeinde von vornherein auf eine bestimmte Planung **festgelegt** hat. In der Praxis sind verbindliche Festlegungen zur Durchführung von Großprojekten aber kaum vermeidbar. Um diesen Anforderungen Rechnung zu tragen, hat das Bundesverwaltungsgericht derartige Vorabbindungen unter drei Bedingungen für zulässig erklärt: 1. die Vorwegnahme der Entscheidung muss sachlich gerechtfertigt sein, 2. die Zuständigkeitsordnung muss gewahrt bleiben und damit auch die faktische Vorentscheidung vom Ge- | 640

---

59 Vgl. BVerwGE 34, 301 (309).
60 Die Einordnung in die Planerhaltungsvorschriften des § 214 Abs. 1 Nr. 1 und Abs. 3 sowie des § 215 Abs. 1 S. 1 Nr. 1 und 3 BauGB erfolgt nach abweichenden Kriterien.
61 Vgl. VGH Bad.-Württ., ESVGH 28, 152.

meinderat verantwortet werden, 3. die Planentscheidung muss inhaltlich den gesetzlichen Anforderungen (und damit insb. dem Abwägungsgebot) genügen.[62]

c) Abwägungsdefizit (Auswahl des Abwägungsmaterials)

641 Bei der Abwägung sind alle Belange zu berücksichtigen, die für die Entscheidung erheblich sein können. Da § 1 Abs. 7 BauGB von privaten **„Belangen"** und nicht von „Rechten" spricht, müssen auch Interessen in die Abwägung eingestellt werden, die unterhalb der Schwelle eines subjektiven Rechtes angesiedelt sind.[63] Abwägungserhebliche private Belange sind daher etwa auch die Beeinträchtigung der freien Aussicht, der Verlust der Ortsrandlage,[64] eine Geräuschzunahme, die unterhalb der normierten Zumutbarkeitsgrenzen liegt,[65] Staunässeauswirken nach Starkregen[66] oder Beeinträchtigungen der Verkehrssituation[67]. § 1 Abs. 7 BauGB macht eine gerechte Abwägung erforderlich und verleiht damit Privaten ein subjektives Recht darauf, dass ihre Belange in der Abwägung ihrem Gewicht entsprechend „abgearbeitet" werden.

642 Nicht in die Abwägung eingestellt werden müssen dagegen objektiv **geringfügige** oder **nicht schutzwürdige** Interessen (insb. also solche, die unter Missachtung der Rechtsordnung entstanden sind).[68] Darüber hinaus kann auch eine sorgfältige Gemeinde nicht alles sehen. Berücksichtigungspflichtig ist aber jedenfalls, was im Rahmen der Beteiligungen vorgetragen wurde und was nach Lage der Dinge **erkennbar** Einfluss auf die Abwägungsentscheidung haben kann – sich also „aufdrängt". Entschiedene Beispiele sind etwa die Ausweisung eines allgemeinen Wohngebiets in der Nachbarschaft einer Hautleimfabrik, ohne dass sich der Gemeinderat über die von der Fabrik ausgehenden Geruchsimmissionen informiert hat,[69] die fehlende Aufklärung eines substantiierten Altlastenverdachts oder wenn der Gemeinderat übersieht, dass das neue Baugebiet im Geltungsbereich einer Landschaftsschutzverordnung liegt.[70]

643 Unerheblich sind schließlich auch Faktoren, die außerhalb des planerischen Abwägungsmaterials liegen. Ein Abwägungsfehler liegt deshalb vor, wenn sich die Gemeinde maßgeblich von einem **planungsrechtlich unbeachtlichen** Belang hat leiten lassen, wie etwa der Steigerung der kommunalen Finanzkraft durch den Verkauf der neu geschaffenen Baugrundstücke.[71] Da sich das Bauplanungsrecht in wettbewerbsrechtlicher Hinsicht bewusst neutral verhalten will, sind auch wirtschaftliche Interessen – wie etwa das Interesse eines Einzelhändlers an einer günstigen Lage oder der Schutz vor Konkurrenz[72] – unbeachtlich. Gleiches gilt für die Verkehrswertminderung eines

---

62 Vgl. BVerwGE 45, 309.
63 Vgl. BVerwGE 107, 215.
64 Vgl. VGH Bad.-Württ., VBlBW 2000, 482. Derartige Interessen genießen regelmäßig aber keine besondere Schutzwürdigkeit und können daher „weggewogen" werden.
65 Vgl. BVerwG, NVwZ 1994, 683; VGH Bad.-Württ., 24.2.2016 – 3 S 1256/15.
66 Vgl. VGH Bad.-Württ., VBlBW 2015, 237.
67 Vgl. VGH Bad.-Württ., BauR 2014, 1120.
68 Vgl. BVerwGE 140, 41 (46).
69 Vgl. VGH Bad.-Württ., VBlBW 1980, 24.
70 Vgl. Hess. VGH, NVwZ-RR 1995, 73.
71 Vgl. VGH Bad.-Württ., VBlBW 2012, 108.
72 Vgl. VGH Bad.-Württ., VBlBW 2015, 335.

Grundstücks,[73] Anknüpfungspunkt können insoweit aber die tatsächlichen Beeinträchtigungen sein, die Grund des Wertverlustes sind.[74]

d) Abwägungsfehleinschätzung/Abwägungsdisproportionalität

Eine Abwägungsfehleinschätzung liegt vor, wenn bei der Abwägungsentscheidung ein erheblicher Belang zwar eingestellt, in seiner **Bedeutung** jedoch falsch eingeschätzt wurde: beispielsweise also die Geruchsbelästigung einer Anlage zwar erkannt, zu Unrecht aber davon ausgegangen wurde, dass bei einem Abstand von 100 m die Belästigungsschwelle nicht mehr überschritten sei.[75] Gleiches gilt, wenn Gesundheitsgefahren durch Bodenverunreinigungen zwar gesehen, in ihrer Dimension aber unzutreffend eingeschätzt und daher nicht hinreichend aufgeklärt worden sind,[76] oder wenn die Auswirkungen eines Vorhabens auf den Straßenverkehr nicht zutreffend eingeschätzt wurden.[77]

644

Eine relevante Fehlgewichtung liegt auch vor, wenn das öffentliche Interesse am Erhalt des Orts- und Landschaftsbildes angesichts eingetretener „Vorschädigungen" überbewertet[78] oder städtebauliche Belange bereits grundsätzlich als höherwertig eingeordnet worden sind und etwa eine weitere Ermittlung möglicher Schallschutzmaßnahmen daher unterblieben ist.[79] Rechtliche Bewertungsfehler führen so häufig zu Ermittlungsdefiziten.[80]

645

5. Fehlerfolgen

a) Planerhaltungsvorschriften für Verfahrens- und Formvorschriften

Grundsätzlich führt die Fehlerhaftigkeit einer Norm zu deren Unwirksamkeit. Ähnlich wie die §§ 44 ff. LVwVfG für Verwaltungsakte sehen auch die Vorschriften zur Planerhaltung in § 214 BauGB aber Ausnahmen vor.

646

Verstöße gegen **Verfahrens- und Formvorschriften** werden in § 214 Abs. 1 BauGB in weitem Umfang für unbeachtlich erklärt. Hinsichtlich der Auswahl des Abwägungsmaterials stellt § 214 Abs. 1 Nr. 1 BauGB klar, dass nur die Nichtbeachtung „wesentlicher Punkte" sanktioniert wird. Private Belange, die nur geringwertig, nicht schützwürdig oder ohne städtebaulich relevanten Bezug sind und daher nicht in die Abwägung einbezogen werden müssen, können die Fehlerhaftigkeit des Plans daher nicht begründen. Die Bezugnahme auf **„wesentliche Punkte"** in § 214 Abs. 1 Nr. 1 BauGB verzahnt so die Planerhaltungsvorschriften mit den Grundsätzen der Abwägungsbeacht-

647

---

73 Vgl. BVerwG, NVwZ 1994, 683, NVwZ 1995, 895, NVwZ 2000, 435. Der Verkehrswert wird durch viele Faktoren bestimmt, die nicht alle durch planungsrechtliche Koordinaten beeinflusst werden.
74 Vgl. VGH Bad.-Württ., VBlBW 2000, 482.
75 Vgl. OVG Rh.-Pf., BRS 47, 29, wo der Fehler auf die unzutreffende Stellungnahme einer Fachbehörde zurückzuführen war.
76 Vgl. VGH Bad.-Württ., ESVGH 49, 266 mit Bezug zum Gebot der Problembewältigung, weil ohne Aufklärung nicht sichergestellt ist, dass die Konflikte nachfolgend noch gelöst werden können. Ähnlich im Hinblick auf das Unterlassen weiterer Ermittlungen zur Lärmwirkung auch VGH Bad.-Württ., VBlBW 2012, 381.
77 Vgl. VGH Bad.-Württ., VBlBW 2009, 186.
78 Vgl. VGH Bad.-Württ., VBlBW 2012, 391.
79 Vgl. BVerwGE 128, 238 (244) für das „Motiv, in Richtung auf eine stark befahrene Autobahn einen Freiraum zu öffnen".
80 Vgl. VGH Bad.-Württ., VBlBW 2013, 24 für eine Überdehnung der verminderten Schutzwürdigkeit „betrieblichen Wohnens" im Sinne von § 8 Abs. 3 S. 1 BauNVO.

lichkeit in § 1 Abs. 7 BauGB: Punkte, die in der konkreten Planungssituation abwägungsbeachtlich waren, sind auch „wesentlich".[81]

648　Darüber hinaus sind Fehler im Abwägungsvorgang gemäß § 214 Abs. 1 Nr. 1 und § 214 Abs. 3 S. 2 BauGB nur erheblich, „wenn sie offensichtlich und auf das Abwägungsergebnis von Einfluss gewesen sind". Mit diesem Merkmal der **„Offensichtlichkeit"** soll vermieden werden, dass Beweis über die subjektiven Vorstellungen des Gemeinderats oder einzelner seiner Mitglieder erhoben wird.[82] Ein Mangel ist daher nur dann offensichtlich, wenn er **positiv** festgestellt werden kann; das Fehlen entsprechender Erwägungen im Gemeinderatsprotokoll erfüllt die Voraussetzungen dagegen gerade nicht![83] Offensichtlich sind demnach jene Abwägungsmängel, die sich positiv aus den vorhandenen Unterlagen belegen lassen und damit einer objektiven Beweiserhebung zugänglich sind. Die weiterhin erforderliche Kausalität kann nur dann verneint werden, wenn angesichts der Einzelumstände die konkrete Möglichkeit einer anderen Planung ernsthaft gar nicht bestanden hat.[84]

649　Die genannten Fehler im Abwägungsvorgang müssen überdies gemäß § 215 Abs. 1 Nr. 1 und Nr. 3 BauGB substantiiert und innerhalb eines Jahres nach Bekanntmachung schriftlich gegenüber der Gemeinde **gerügt** werden.[85] Die Rügefrist – die nach der Rechtsprechung des Verwaltungsgerichtshofs als Element der Planerhaltung nicht nur in Normenkontrollverfahren Anwendung findet, sondern auch in Verfahren, in denen Bebauungspläne inzident zu prüfen sind[86] – setzt allerdings einen ordnungsgemäßen **Hinweis** auf diese Rechtsfolge voraus (vgl. § 215 Abs. 2 BauGB). Der pauschale Hinweis auf die Rügepflicht für alle Mängel in der Abwägung genügt dem nicht, weil hierdurch der unzutreffende Eindruck erweckt würde, dass auch Mängel im Abwägungsergebnis innerhalb der Frist gerügt werden müssten.[87] Zeitlich vor der Bekanntmachung (insb. etwa während der Auslegung) gemachte Einwendungen entsprechen den Anforderungen aus § 215 BauGB nicht; umgekehrt reicht allerdings aus, dass die (fristgerechte) Rüge in einem Prozess erhoben wird, an dem die Gemeinde beteiligt ist.

650　**Materiellrechtliche Fehler** des Bebauungsplans sind grundsätzlich beachtlich, eine Ausnahme statuiert § 214 Abs. 2 BauGB nur für Verstöße gegen das Entwicklungsgebot aus § 8 BauGB. Nicht anwendbar ist die Heilungsvorschrift aber, wenn sich die Gemeinde bewusst über die Vorschrift hinweggesetzt hat.[88]

b) Spezielle Heilungsvorschriften

651　Mit der Bezugnahme auf die Heilungsvorschriften „dieses Gesetzbuchs" in § 214 Abs. 1 S. 1 BauGB ist überdies klargestellt, dass Verstöße gegen die **kommunalrechtlichen Vorschriften** nicht den Grundsätzen der Planerhaltung aus dem BauGB unterliegen. Ein Verstoß gegen den Grundsatz der Öffentlichkeit der Sitzung aus § 35 GemO

81　Vgl. BVerwGE 131, 100 (105 ff.).
82　Vgl. BVerwGE 64, 33.
83　Vgl. BVerwG, NVwZ 1998, 956.
84　Die nur abstrakte Möglichkeit, dass ohne den Mangel anders geplant worden wäre, genügt mithin nicht; vgl. BVerwG, BauR 2004, 1130.
85　Hierzu genügt die Wiederholung der bereits während der Auslegung erhobenen Einwendungen, eine Auseinandersetzung mit der Begründung der Abwägungsentscheidung der Gemeinde ist nicht erforderlich; vgl. VGH Bad.-Württ., VBlBW 2012, 391 m.w.N. zum Streitstand.
86　Vgl. VGH Bad.-Württ., BauR 2009, 1712.
87　Vgl. VGH Bad.-Württ., VBlBW 2009, 186.
88　Vgl. BVerwG, NVwZ 1985, 745.

etwa kann daher nicht geheilt werden und führt zur Nichtigkeit des Beschlusses. Auch die Gemeindeordnung enthält in §§ 4 Abs. 4 und 18 Abs. 6 indes spezifische Heilungsvorschriften, insb. für die Mitwirkung befangener Gemeinderäte.

c) Fehlerfolgen bei beachtlichen Mängeln

Auch beachtliche Verfahrensfehler führen indes nicht dazu, dass das komplette Planungsverfahren mit allen seinen Einzelschritten erneut beschritten werden, die Gemeinde also noch einmal von vorne anfangen müsste. Vielmehr gibt § 214 Abs. 4 BauGB die Möglichkeit, Fehler durch ein **„ergänzendes Verfahren"** zu beheben. Praktisch bedeutet dies, dass nur die zeitlich nach dem Verfahrensfehler liegenden Schritte wiederholt werden müssen. Demgemäß kann etwa eine unterbliebene oder fehlerhafte Ausfertigung vom Bürgermeister selbst ohne Beteiligung des Gemeinderats nachgeholt und der Bebauungsplan dann rückwirkend in Kraft gesetzt werden.[89] Abwägungsfehler, die die **Grundzüge der Planung** berühren, lassen eine derartig punktuelle Nachbesserung aber nicht zu.[90]

652

Schließlich muss auch ein irreparabler Fehler nicht zur Nichtigkeit eines gesamten Bebauungsplans führen; vielmehr kann analog der Regelung in § 139 BGB auch im Rahmen der Normenkontrolle eine **Teilunwirksamkeit** ausgesprochen werden, wenn der fehlerhafte Teil objektiv eingrenzbar ist und davon ausgegangen werden kann, dass der Gemeinderat den nicht vom Fehler belasteten Teil auch dann erlassen hätte, wenn ihm bewusst gewesen wäre, dass der beanstandete Teil nicht in Kraft treten kann (hypothetischer Normgeberwille).[91] Derartiges kann jedenfalls dann nicht angenommen werden, wenn durch die Teilaufhebung Grundzüge der Planung berührt werden.[92]

653

Die Feststellung (nur) der Teilunwirksamkeit wird bei der Kostenfolge nicht zulasten des Antragstellers berücksichtigt, weil diese Frage unabhängig von der geltend zu machenden Rechtsverletzung ist.[93] Hiervon zu unterscheiden ist aber der Fall der Teilunwirksamkeit, die ihren Grund darin findet, dass der Antragsteller inhaltlich teilweise unterlegen ist, obwohl ihn der räumlich abgrenzbare Teil beschwert. Hier sind die Kosten nach den herkömmlichen Grundsätzen des § 155 Abs. 1 S. 1 VwGO zu teilen.[94]

654

Zur Vertiefung: Fall 9 und Fall 10.

655

II. Planungsrechtliche Zulässigkeit von Bauvorhaben

1. Allgemeines

Nach § 29 Abs. 1 BauGB haben bauliche Anlagen die planungsrechtlichen Voraussetzungen der §§ 30 ff. BauGB zu erfüllen. Anders als die Vorgängerfassung knüpft die Vorschrift nicht mehr an ein Baugenehmigungsverfahren an und gilt daher auch für verfahrensfreie Vorhaben i.S.d. § 50 LBO (vgl. dazu auch ausdrücklich § 50 Abs. 5 LBO). Die §§ 29 ff. BauGB statuieren damit die planungsrechtlichen Zulässigkeitsvoraussetzungen für Einzelvorhaben und verbinden somit die bauplanungsrechtlichen

656

---

89 Vgl. BVerwG, NVwZ-RR 1997, 515.
90 Bei dieser Annahme ist indes Vorsicht geboten: selbst ein Wechsel des Baugebietstyps muss nicht zwingend die Grundzüge der Planung berühren; vgl. BVerwGE 134, 264 (267 f.).
91 Vgl. BVerwG, NVwZ 1997, 896.
92 Vgl. BVerwGE 82, 225.
93 Vgl. BVerwGE 131, 100 (102); VGH Bad.-Württ., VBlBW 2009, 61.
94 Vgl. BVerwGE 131, 86 (99).

Vorgaben der Bauleitplanung mit den an konkrete Bauvorhaben zu stellenden Anforderungen.

657   Der Begriff der **baulichen Anlage** ist im Baugesetzbuch nicht definiert. Die Bestimmung in § 2 Abs. 1 LBO kann aus kompetentiellen Gründen nicht herangezogen werden; überdies ergeben sich auch – wenngleich nur punktuelle – Unterschiede aus der unterschiedlichen Perspektive. Während die Landesbauordnung primär bauordnungsrechtliche Belange der Gefahrenabwehr in den Blick nimmt, ist der planungsrechtliche Begriff des Baugesetzbuches auf die städtebauliche Relevanz ausgerichtet.

658   Bauvorhaben i.S.d. § 29 Abs. 1 BauGB betreffen nach ständiger Rechtsprechung des Bundesverwaltungsgerichts künstliche Anlagen, die **auf Dauer mit dem Erdboden verbunden** sind.[95] Allerdings kann das Merkmal der Dauerhaftigkeit auch bereits dadurch erfüllt werden, dass die Anlage regelmäßig auf- und abgebaut wird und damit als Ersatz für ein festes Bauwerk dient.[96] Für die erforderliche Verbindung mit dem Erdboden ist danach auch die eigene Schwerkraft ausreichend. Somit können auch Werbeanlagen als bauliche Anlagen qualifiziert werden, wenn ihnen wegen ihrer Größe planungsrechtliche Relevanz zukommt.[97] Nicht unter den Begriff der baulichen Anlage fallen indes Vorgänge ohne bodenrechtliche Relevanz; das Bundesverwaltungsgericht stellt dabei darauf ab, ob das Vorhaben „ein Bedürfnis nach Planung hervorruft".[98] Dies kann jedenfalls dann verneint werden, wenn das Bauvorhaben nicht Gegenstand von Festsetzungen in einem Bebauungsplan sein könnte.

659   Nutzungsänderungen unterfallen dem Anwendungsbereich des § 29 Abs. 1 BauGB dann, wenn die neue Funktion zu einer anderen baurechtlichen Beurteilung führen kann, sich also die Genehmigungsfrage neu stellt.[99] Insoweit besteht weitgehender Gleichlauf zu den Vorschriften des Bauordnungsrechts (vgl. § 50 Abs. 2 Nr. 1 LBO).

2. Vorhaben im Geltungsbereich eines Bebauungsplans

660   Nach § 30 Abs. 1 BauGB ist die Zulässigkeit von Vorhaben im Geltungsbereich eines „qualifizierten" Bebauungsplans grundsätzlich anhand der Festsetzungen dieses Bebauungsplans zu bemessen. Aufgrund der (statischen) Verweisung in § 1 Abs. 3 S. 2 BauNVO werden damit grundsätzlich auch die in der BauNVO detailliert geregelten Zweckbestimmungen der einzelnen **Baugebietsarten** Bestandteil des Bebauungsplans. Die Festsetzungen über die Art der baulichen Nutzung sind grundsätzlich auch nachbarschützend und vermitteln damit einen Anspruch auf Wahrung des Gebietscharakters, nach der Rechtsprechung aber nur für die im Plangebiet belegenen Nachbarn.[100]

661   § 31 BauGB lässt auch die Zulassung von Ausnahmen und Befreiungen von den Festsetzungen des Bebauungsplans zu. **Ausnahmen** i.S.d. § 31 Abs. 1 BauGB sind insb. die in Abs. 3 der jeweiligen Vorschrift zur Gebietsart der BauNVO genannten, ausnahmsweise zulassbaren Anlagen. Diese gelten durch die in § 1 Abs. 3 S. 2 BauNVO angeordnete Inkorporation als „ausdrücklich vorgesehen".

---

95   Vgl. etwa VGH Bad.-Württ., VBlBW 2011, 395 für einen mit Pflastersteinen befestigten Abstellplatz.
96   Nach Auffassung des OVG NRW, DÖV 2004, 170 kann selbst ein mit Werbeaufschrift versehener Kfz-Anhänger, der stets am gleichen Ort geparkt wird und damit als Ersatz für ein Werbeschild betrachtet werden kann, als bauliche Anlage bewertet werden.
97   Vgl. etwa VGH Bad.-Württ., VBlBW 2009, 466.
98   Vgl. BVerwGE 91, 234 für einen an die Hauswand angebrachten Schaukasten.
99   Vgl. BVerwGE 47, 185.
100 Vgl. BVerwGE 94, 151; BVerwG, NVwZ 2008, 427; VGH Bad.-Württ., BauR 2011, 1800.

Befreiungen i.S.d. § 31 Abs. 2 BauGB dagegen weichen von den planerischen Vorstellungen ab und ermöglichen eine an Einzelfallgerechtigkeitsgesichtspunkten orientierte Entscheidung. Sinn der Vorschrift ist es, die Einhaltung des Bebauungsplans nicht auch dort zu erzwingen, wo dies wegen der besonderen Situation unangemessen wäre. Insoweit ist aber stets das kompetentielle Spannungsverhältnis im Auge zu behalten, weil die Planvorstellungen durch den Gemeinderat festgelegt werden, die baurechtliche Entscheidung jedoch durch die Baurechtsbehörde getroffen wird. Auch im Wege der Befreiung nach § 31 Abs. 2 BauGB darf die Baurechtsbehörde daher nicht in die der Gemeinde zustehende Planungshoheit eingreifen. Unzulässig ist eine Befreiung daher gemäß § 31 Abs. 2 Hs. 1 BauGB, wenn sie die Grundzüge der Planung berühren würde. Änderungen an den tragenden Festsetzungen der städtebaulichen Konzeption bedürfen einer Änderung des Bebauungsplans und können nicht im Wege der Einzelfallentscheidung durch die Baurechtsbehörde zugelassen werden. Im Ergebnis kommt die Erteilung einer Befreiung nach § 31 Abs. 2 BauGB daher nur in **atypischen Sonderfällen** in Betracht, die keine Vorbildwirkung für eine Vielzahl anderer von der Festsetzung betroffener Eigentümer entfalten können.[101] Eine Befreiung darf deshalb auch nicht aus Gründen erteilt werden, die sich in einer Vielzahl gleich gelagerter Fälle anführen ließe.[102] Drittschutz vermittelt § 31 Abs. 2 BauGB, sofern von einer drittschützenden Festsetzung befreit werden soll, im Übrigen nur im Hinblick auf das Gebot der Rücksichtnahme.[103]

662

Zur Vertiefung: Fall 7 und Fall 10.

663

Während § 31 Abs. 2 BauGB die Durchbrechung der typisierenden Betrachtungsweise zugunsten des Bauherrn erlaubt, gibt § 15 BauNVO die Handhabe für eine einzelfallbezogene Einschränkung der Baufreiheit. Für den Anwendungsbereich der Bebauungspläne enthält § 15 BauNVO damit eine gesetzliche Ausprägung des **Gebots der Rücksichtnahme**. Die Vorschrift darf jedoch stets erst nach der Betrachtung der planungsrechtlichen Zulässigkeit herangezogen werden, weil sie dazu führt, dass eine grundsätzlich planungsrechtlich zulässige Anlage angesichts der besonderen Einzelfallumstände im Hinblick auf die Interessenlage der Nachbarschaft für unzulässig erklärt wird. Das Gebot der Rücksichtnahme erlaubt damit eine Feinkorrektur im Einzelfall, wenn die typisierende Betrachtungsweise der BauNVO bei atypischen Fallgestaltungen zu unangemessenen Ergebnissen führt. Es darf dagegen nicht dazu verwendet werden, eine planerische Fehlentscheidung zu korrigieren. In der Praxis ist die Berufung auf das Gebot der Rücksichtnahme relativ selten erfolgversprechend; Klassiker sind die „Einmauerung" des Nachbarn, die „erdrückende Wirkung" baulicher Anlagen und unzumutbare Immissionen.[104] Auch im Rahmen des Gebots der Rücksichtnahme dürfen jedoch nur solche Belange berücksichtigt werden, die zum planungsrechtlichen Abwägungsmaterial gehören. Die Rechtsprechung ist insoweit indes großzügig und bezieht nicht nur nutzungsimmanente Gefahren ein, wie etwa diejenigen, die mit der Einrichtung eines Munitionslagers im Unglücksfall verbunden sind, sondern auch das Gefähr-

664

---

101 Vgl. etwa VGH Bad.-Württ, VBlBW 2007, 265.
102 Vgl. VGH Bad.-Württ., VBlBW 2013, 453.
103 Vgl. etwa VGH Bad.-Württ, VBlBW 2010, 118.
104 Vgl. hierzu Dürr, JuS 2007, 431 (433); zur Unzumutbarkeit der Drehbewegungen eines Rotors von Windkraftanlagen auch die Aufsichtsarbeit Nr. 8 der zweiten juristischen Staatsprüfung Frühjahr 2008, VBlBW 2011, 444 und 483.

dungspotenzial durch die Möglichkeit eines Terroranschlags auf ein Konsulat.[105] Auch der Schutz des Totengedenkens und des Pietätsgefühls der Hinterbliebenen bei der Nutzung einer Aussegnungshalle ist als bodenrechtlich beachtlich bewertet worden.[106]

665 Die Festsetzungen eines Bebauungsplans können neben einer förmlichen Aufhebung auch durch sog. **„Funktionslosigkeit"** außer Kraft getreten sein, wenn und soweit die tatsächlichen Verhältnisse, auf die sie sich beziehen, ihre Verwirklichung auf unabsehbare Zeit ausschließen und diese Tatsache so offensichtlich ist, dass ein in ihre Fortgeltung gesetztes Vertrauen keinen Schutz verdient.[107] Bei dieser Annahme ist die Rechtsprechung aber äußerst zurückhaltend; sie kommt in der Praxis regelmäßig nur in Betracht, wenn die tatsächliche Bebauung durch einen nachfolgenden, mittlerweile aber als unwirksam erkannten Bebauungsplan gesteuert worden ist.

666 Über die gebietsbezogenen Festsetzungen hinaus sind in §§ 12 ff. BauNVO **Sonderbestimmungen** enthalten, etwa zur Zulässigkeit von Stellplätzen und Garagen.[108] Klausurrelevant ist insb. die Privilegierung der **Berufsausübung freiberuflich Tätiger** in § 13 BauNVO – etwa für Arztpraxen.[109] Dabei ist die Differenzierung zulässiger „Räume" in Wohngebieten von den sonst möglichen „Gebäuden" zu beachten. Für die Abgrenzung ist maßgeblich auf den Schutzzweck der Regelung abzustellen: demnach muss der Gebietscharakter gewahrt werden. In einem reinen Wohngebiet etwa darf das Wohnhaus durch die zusätzliche berufliche Nutzung daher nicht dem Wohnen entfremdet werden. Dies wird regelmäßig nicht anzunehmen sein, solange nicht mehr als die Hälfte der Wohnungen und der Fläche in Anspruch genommen werden.

667 Eine Ausnahmevorschrift sieht auch § 14 BauNVO für **„Nebenanlagen"** vor, die in der Praxis insb. im Hinblick auf die Grenzen zulässiger **Tierhaltung** Schwierigkeiten bereitet. Zwar können Hunde regelmäßig noch als „Kleintiere" i.S.d. § 14 Abs. 1 S. 2 BauNVO angesehen werden,[110] auch insoweit darf die Anlage aber der Eigenart des Baugebiets nicht widersprechen. Dabei sind die konkreten Einzelfallumstände maßgeblich;[111] Pferdehaltung etwa wird in einem allgemeinen Wohngebiet nur ganz ausnahmsweise zulässig sein,[112] auch ein Bootslagerplatz im Wohngebiet ist als unzulässig bewertet worden.[113] Schließlich setzt § 14 BauNVO auch eine funktionale Unterordnung voraus, so dass der jeweilige Umfang der Hunde- oder sonstigen Tierhaltung im Einzelnen geprüft werden muss. Gewerbliche Betätigungen genießen die Privilegierung aus § 14 BauNVO regelmäßig nicht.[114]

668 *Zur Vertiefung: Fall 3 und Fall 7.*

---

105 Vgl. BVerwGE 128, 118 unter Aufhebung der engeren Einschätzung des VGH Bad.-Württ., VBlBW 2006, 431. Vgl. zur immissionsschutzrechtlichen Einordnung VGH Bad.-Württ., VBlBW 2012, 431.
106 Vgl. VGH Bad.-Württ., VBlBW 2006, 431.
107 Vgl. BVerwG, BauR 2004, 1567; VBlBW 2011, 103.
108 Vgl. hierzu etwa BVerwG, NVwZ 2011; 436. Zu beachten ist hierbei insb., dass § 12 Abs. 2 BauNVO Nachbarschutz entfaltet; vgl. BVerwGE 94, 151.
109 Vgl. hierzu BVerwGE 102, 351.
110 Vgl. etwa VGH Bad.-Württ., NVwZ-RR 1990, 64.
111 Vgl. etwa VGH Bad.-Württ., NVwZ-RR 1990, 64 zur Unzulässigkeit der Unterbringung von zwei Schäferhunden in offenen Zwingern in einem allgemeinen Wohngebiet.
112 Vgl. VGH Bad.-Württ., BauR 2013, 2001 sowie Bay. VGH, BauR 2010, 193; zur Zulässigkeit der Taubenhaltung dagegen Nds. OVG, NdsVBl 2010, 50.
113 Vgl. VGH Bad.-Württ., VBlBW 2011, 395.
114 Vgl. OVG NRW, NVwZ-RR 2013, 177: gewerbliche Hundepension.

3. Bauvorhaben im unbeplanten Bereich

Liegt ein Bebauungsplan nicht vor, so bestimmt sich die planungsrechtliche Zulässigkeit nach §§ 34, 35 BauGB. Der Anwendungsbereich dieser Vorschriften endet jedoch dort, wo angesichts der (drohenden) städtebaulichen Konflikte eine Gesamtabwägung der betroffenen Belange erforderlich und deshalb ein förmliches Bebauungsplanverfahren durchzuführen ist.[115] § 34 BauGB ist kein Instrumentarium für eine faktische Ersatzplanung.

669

a) Innenbereich

Maßgebliche Abgrenzung für die Anwendung der § 34 und § 35 BauGB ist der „**Innenbereich**", d.h. der **im Zusammenhang bebaute Ortsteil** i.S.d. § 34 Abs. 1 BauGB. Die Tatbestandsmerkmale „im Zusammenhang bebaut" und „Ortsteil" gehen nicht ineinander auf, sondern sind kumulativer Natur. „Ortsteil" ist jeder Bebauungskomplex im Gebiet einer Gemeinde, der nach der Zahl der vorhandenen Bauten ein gewisses Gewicht besitzt und Ausdruck einer organischen Siedlungsstruktur ist. Ein „Bebauungszusammenhang" ist – in Abgrenzung zur „Splittersiedlung" – gegeben, soweit die aufeinanderfolgende Bebauung trotz vorhandener Baulücken den Eindruck der Geschlossenheit und Zusammengehörigkeit vermittelt.[116].[117] Eine quantitative Eingrenzung ist schwierig und von der herkömmlichen Siedlungsstruktur abhängig; fünf bis sechs Gebäude können zwar bereits ausreichen, umgekehrt muss aber auch bei elf Gebäuden nicht zwingend ein „Ortsteil" vorliegen.[118]

670

Grundsätzlich endet der Innenbereich unmittelbar hinter dem letzten Haus des im Zusammenhang bebauten Ortsteils,[119] er wird allerdings durch **Baulücken** nicht unterbrochen, soweit der Eindruck der Geschlossenheit und Zusammengehörigkeit erhalten bleibt. Baulücken werden demnach dadurch konstituiert, dass sie in der Verkehrsanschauung noch als Baugrundstücke wahrgenommen werden. Als „Faustformel" kann eine Ausdehnung von zwei bis drei Bauplätzen angesetzt werden.[120]

671

Um Zweifel über die genauen Grenzen der noch im Zusammenhang bebauten Ortsteile zu vermeiden, können Gemeinden nach § 34 Abs. 4 S. 1 Nr. 1 BauGB eine sog. „**Klarstellungssatzung**" zur Abgrenzung von Innenbereich und Außenbereich erlassen. Diese ist zwar grundsätzlich verbindlich, bindet aber nicht die Gerichte, weil die Gemeinde nicht berechtigt ist, planerisch über die Zugehörigkeit von Flächen zum Innenbereich zu entscheiden.[121]

672

Nach § 34 Abs. 1 BauGB ist ein Bauvorhaben zulässig, wenn es sich in die vorhandene Bebauung **einfügt**, also den durch die vorhandene Bebauung gebildeten Rahmen nicht überschreitet. Auch eine Abweichung von dem vorhandenen Rahmen kann ausnahmsweise unschädlich sein, wenn dadurch die „städtebauliche Harmonie nicht beeinträchtigt, also städtebauliche Spannungen nicht begründet oder verstärkt werden.[122] Nach

673

---

115 Vgl. BVerwGE 119, 25.
116 Vgl. BVerwGE 152, 275; VGH Bad.-Württ., VBlBW 2011, 308.
117 Vgl. BVerwGE 75, 34; VGH Bad.-Württ., VBlBW 2011, 308.
118 Vgl. hierzu etwa VGH Bad.-Württ., VBlBW 1997, 341 und VBlBW 2007, 305.
119 Vgl. VGH Bad.-Württ., VBlBW 1995, 432: auf die Grundstücksgrenzen kommt es daher nicht an.
120 Vgl. VGH Bad.-Württ., VBlBW 2007, 305.
121 So BVerwG 138, 12; für eine konstitutive Wirkung dagegen etwa Bay. VGH, NVwZ-RR 1994, 431.
122 Vgl. BVerwG, NVwZ 1999, 523. Bei dem Begriff des Einfügens geht es weniger um „Einheitlichkeit" als um „Harmonie", vgl. grundlegend BVerwGE 55, 369.

herrschender Rechtsprechung steht das Erfordernis des „Einfügens" allein im städtebaulichen Interesse und vermittelt keinen Drittschutz. Nachbarschützend ist das Tatbestandsmerkmal daher allein im Rahmen des Gebots der Rücksichtnahme.[123] Dieses schützt im Übrigen nicht nur die Wohnbevölkerung vor Immissionen, sondern kann umgekehrt auch den Inhaber eines Gewerbebetriebes davor bewahren, dass er infolge heranrückender Wohnbebauung immissionsschutzrechtlichen Einschränkungen ausgesetzt werden könnte.[124]

674   *Zur Vertiefung: Fall 4.*

675   Liegen die Voraussetzungen des § 34 Abs. 2 BauGB vor – was insb. der Fall ist, wenn sich die Bebauung aufgrund eines später für unwirksam erklärten Bebauungsplans entwickelt hat – ist hinsichtlich der zulässigen Art der Nutzung auf die BauNVO zurückzugreifen. Hier ist der Drittschutz des Gebietscharakters in der Rechtsprechung unbestritten.

b) Außenbereich

676   Bauvorhaben im **Außenbereich** müssen nach den durch § 35 Abs. 1 BauGB „privilegierten" Vorhaben – die angesichts ihres Störungspotenzials in den Außenbereich gehören und dort durch die gesetzgeberische Entscheidung grundsätzlich zulässig sind (sofern die Erschließung gesichert ist) – und den „nichtprivilegierten" Vorhaben unterschieden werden, die gemäß § 35 Abs. 2 BauGB im Außenbereich grundsätzlich unzulässig sind. Privilegierte Nutzungen gehören in den Außenbereich; der Gemeinde ist es daher verwehrt, solche Anlagen (etwa zur Tierhaltung) unter dem Deckmantel der planerischen Steuerung in Wahrheit zu verhindern.[125]

677   Der in § 35 Abs. 1 Nr. 1 BauGB verwendete Begriff der **Landwirtschaft** ist in § 201 BauGB legal definiert und umfasst demnach Tierhaltung nur, soweit diese überwiegend auf eigener Futtergrundlage erfolgt.[126] Eine Schweinemastanstalt unterfällt daher regelmäßig nicht dem Begriff der Landwirtschaft, während eine Schafzucht meist noch als außenbereichstypisch eingestuft werden kann. § 35 Abs. 1 Nr. 1 BauGB setzt überdies einen „Betrieb" voraus und verlangt damit regelmäßig Gewinnerzielungsabsicht. Landwirtschaftliche Betätigungen, die nur aus Liebhaberei (Pferdezucht) oder zum Eigenverbrauch (Schrebergarten) betrieben werden, unterfallen der Privilegierung nicht. Schließlich muss ein nach § 35 Abs. 1 Nr. 1 BauGB privilegiertes Vorhaben einem landwirtschaftlichen Betrieb „dienen", womit insb. Missbrauchsfälle vermieden werden sollen. Ein Vorhaben, das letztlich nur ein Wohnen im Außenbereich ermöglichen soll, erfüllt diese Voraussetzungen daher nicht.[127] Umgekehrt können auch an sich landwirtschaftsfremde Betriebsteile „mitgezogen" werden, wie etwa eine Verkaufsstätte für selbst erzeugte Produkte,[128] Pensionspferdehaltung oder Ferienwohnungen.

678   *Zur Vertiefung: Fall 1.*

---

123   Vgl. VGH Bad.-Württ., BauR 2012, 1147.
124   Vgl. zu dieser störungspräventiven Abwehrseite des Rücksichtnahmegebots etwa BVerwG, NVwZ 1993, 1184.
125   Vgl. VGH Bad.-Württ., ZfBR 2015, 163.
126   Vgl. BVerwG, NVwZ-RR 1997, 590; zur (zulässigen) Pensionspferdehaltung auch VGH Bad.-Württ., DVBl 2011, 294.
127   Vgl. BVerwG, NVwZ 1986, 644.
128   Vgl. etwa VGH Bad.-Württ., 8.7.2009 – 8 S 1686/08 – sowie BVerwG, BRS 57 Nr. 102.

Bei der Annahme eines **ortsgebundenen Betriebs** (§ 35 Abs. 1 Nr. 3 Alt. 2 BauGB) ist 679
die Rechtsprechung des Verwaltungsgerichtshofs streng und verlangt, dass das Vorhaben aus bodenrechtlichen Gründen gerade auf diesen Standort angewiesen ist und mit ihm „steht und fällt". Sofern also andere Standorte im Innenbereich vorhanden sind, ist die Inanspruchnahme des Außenbereichs unzulässig. Dies gilt auch dann, wenn die Alternativstandorte aus zivilrechtlichen Gründen nicht verfügbar sind.[129] Für Mobilfunkanlagen tritt an die Stelle der Ortsgebundenheit ihre Raum- oder Gebietsgebundenheit.[130]

Nichtprivilegierte Vorhaben sind im Außenbereich grundsätzlich unzulässig. Sie kön- 680
nen gemäß § 35 Abs. 2 BauGB ausnahmsweise zugelassen werden, sofern hierdurch öffentliche Belange, die in Absatz 3 der Vorschrift konkretisiert sind, nicht beeinträchtigt werden. Regelmäßig stehen aber jedenfalls § 35 Abs. 3 Nr. 5 BauGB (Beeinträchtigung der natürlichen Eigenart der Landschaft) und Nr. 7 (Zersiedelung der Landschaft durch Splittersiedlungen) einer Genehmigung entgegen.

Bei Außenbereichsvorhaben wird häufig auch der **Bestandsschutz** virulent. Dieser ga- 681
rantiert aber nur die Erhaltung des vorhandenen und zulässigerweise errichteten[131] Gebäudes, er rechtfertigt dagegen weder eine Erweiterung noch eine Nutzungsänderung.[132] Mit der Beseitigung eines Gebäudes entfällt aber der Bestandsschutz, so dass auch die Neuerrichtung nicht auf den Bestandsschutz gestützt werden kann. Darüber hinausgehende Teilprivilegierungen, die an einen vorhandenen Bestand anknüpfen, sind aber spezialgesetzlich – und abschließend[133] – in § 35 Abs. 4 BauGB geregelt.[134]

4. Beteiligung der Gemeinde

Um die Planungshoheit der Gemeinde zu sichern, muss bei Vorhaben nach den §§ 31, 682
33 bis 35 BauGB gemäß § 36 Abs. 1 BauGB das **Einvernehmen** der Gemeinde eingeholt werden. Die Gemeinde wird daher immer dann beteiligt, wenn ihre planungsrechtlichen Vorstellungen nicht bereits durch die Vorgaben eines bestehenden Bebauungsplans nach § 30 BauGB gesichert sind. Entbehrlich wird das Einvernehmen auch nicht dadurch, dass die Gemeinde in einem vorangegangen Bauvorbescheidsverfahren ihr Einvernehmen erteilt hat. Dies ist bereits deshalb erforderlich, weil der Bauvorbescheid stets nur einen Teil der Genehmigungsfragen umfasst; darüber hinaus wird so sichergestellt, dass die Gemeinde selbst prüfen kann, ob das jetzige Bauvorhaben mit dem Bauvorbescheid übereinstimmt.[135]

Die Erteilung des gemeindlichen Einvernehmens nach § 36 Abs. 1 S. 1 BauGB ist kein 683
Geschäft der laufenden Verwaltung, so dass hierfür innerhalb der Gemeinde der **Gemeinderat** zuständig ist,[136] sofern die Erledigung der Aufgabe nicht durch die Hauptsatzung übertragen worden ist.[137] Allerdings kommt dem Bürgermeister gemäß § 42

---

129 Vgl. etwa VGH Bad.-Württ., VBlBW 2012, 270 für Mobilfunk-Sendeanlagen.
130 Vgl. BVerwGE 147, 37.
131 Vgl. BVerwG, 3.8.2016 – 4 C 3.15.
132 Vgl. BVerwG, NVwZ-RR 1995, 312.
133 Vgl. BVerwGE 106, 228.
134 Vgl. hierzu BVerwGE 139, 21 mit der Klarstellung, dass die durch § 35 Abs. 4 S. 1 BauGB für unbeachtlich erklärten Belange „schlechthin" und damit unabhängig von ihrem jeweiligen Gewicht bei Seite geschoben werden.
135 Vgl. VGH Bad.-Württ., VBlBW 1998, 458.
136 Vgl. VGH Bad.-Württ., VBlBW 1984, 115.
137 Vgl. VGH Bad.-Württ., VBlBW 2004, 56: Übertragung auf den Technischen Ausschuss nach § 39 Abs. 2 LBO.

Abs. 1 S. 2 GemO die Außenvertretungsmacht zu, so dass die vom Bürgermeister abgegebene Erklärung – unbeschadet der Frage der gemeindeinternen Zuständigkeit – im Außenverhältnis wirksam ist.[138] Gleichwohl ist der Gemeinde bei der Beurteilung **kein Ermessensspielraum** eingeräumt: Nach § 36 Abs. 2 S. 1 BauGB darf das Einvernehmen vielmehr nur aus Rechtsgründen versagt werden.[139] Die Vereinbarung einer „Bedingung" für die Erteilung des Einvernehmens ist daher gemäß § 59 Abs. 2 Nr. 4 LVwVfG nichtig.[140] Eine fehlerhafte Versagung des Einvernehmens kann darüber hinaus auch Amtshaftungsansprüche nach sich ziehen.[141] Eine Beschränkung auf die Geltendmachung eigener Belange enthält § 36 BauGB indes nicht, so dass sich die Gemeinde für die Versagung des Einvernehmens auf alle in §§ 31 bis 35 BauGB geregelten Versagungsgründe stützen kann, auch etwa auf Belange des Naturschutzes und der Landschaftspflege.[142]

684   Nicht abschließend geklärt ist, welche Bedeutung dem gemeindlichen Einvernehmen zukommt, wenn die **Gemeinde selbst Baurechtsbehörde** ist. Angesichts der Tatsache, dass innerhalb der Gemeinde unterschiedliche Zuständigkeiten für die Erteilung des Einvernehmens (Gemeinderat) und der baurechtlichen Entscheidung (Verwaltung) vorgesehen sind, besteht auch hier ein Bedürfnis zur Sicherung der Planungshoheit.[143] Nach Auffassung des Bundesverwaltungsgerichts dient § 36 Abs. 1 S. 1 BauGB aber nur dem Schutz der Gemeinde vor baurechtlichen Entscheidungen anderer Rechtsträger, so dass das Einvernehmenserfordernis hier nicht zum Tragen kommt.[144] Demgemäß kann sich die Gemeinde auch nur auf ihre eigene Planungshoheit berufen. Die interne Abstimmung zwischen den verschiedenen Gemeindeorganen muss daher landesrechtlich konstruiert und begründet werden; eine ausdrückliche Regelung hierzu ist aber nicht vorhanden. Aus Art. 28 Abs. 2 GG und dem Grundsatz der Organtreue folgt aber jedenfalls eine Informationspflicht des Bürgermeisters gegenüber dem Gemeinderat.[145]

685   Die Erklärung des gemeindliche Einvernehmens ist als **verwaltungsinterner Mitwirkungsakt** ausgestaltet und entfaltet dem Bauherrn gegenüber daher keine Außenwirkung (vgl. auch § 44a VwGO). Die Erklärung kann weder zurückgenommen noch widerrufen werden.[146] Der Baurechtsbehörde gegenüber ist die Verweigerung jedoch bindend, was sich aus dem Begriff des „Einvernehmens" ergibt.[147] Erteilt die Baugenehmigungsbehörde ohne das gemeindliche Einvernehmen eine Baugenehmigung oder ersetzt sie das verweigerte Einvernehmen der Gemeinde in rechtswidriger Weise, führt allein dieser Verstoß zur Aufhebung der erteilten Genehmigung. Der übergangenen Gemeinde steht insoweit ein Anfechtungsrecht mit Widerspruch und Klage zu.[148] Ob das

---

138 Vgl. VGH Bad.-Württ., VBlBW 1998, 458.
139 Eine Ausnahme gilt nur, soweit auch die Rechtslage ein Ermessen hergibt: etwa die Frage einer Befreiung nach § 31 Abs. 2 BauGB.
140 Vgl. VGH Bad.-Württ., VBlBW 2009, 61.
141 Unklar ist allerdings, ob diese die Gemeinde oder die Genehmigungsbehörde trifft, die von einer Ersetzung des fehlenden Einvernehmens nach § 54 Abs. 4 LBO abgesehen hat; vgl. BGHZ 187, 51 sowie NVwZ 2013, 167; hierzu auch Bohnert, VBlBW 2015, 369.
142 Vgl. BVerwGE 137, 74 (79).
143 Vgl. VGH Bad.-Württ., VBlBW 2004, 56.
144 Vgl. BVerwGE 121, 339; dem folgend auch VGH Bad.-Württ., ESVGH 60, 123 (LS).
145 Vgl. auch VGH Bad.-Württ., VBlBW 2012, 339.
146 Vgl. BVerwGE 120, 138; VGH Bad.-Württ., VBlBW 2004, 56.
147 Das Vorliegen des Einvernehmens entbindet die Baurechtsbehörde jedoch nicht von ihrer Prüfpflicht, so dass sie trotz bestehenden Einvernehmens den Bauantrag ablehnen kann.
148 Vgl. VGH Bad.-Württ., VBlBW 2004, 56.

Einvernehmen rechtswidrig verweigert worden ist, kann dabei ausschließlich nach den Verhältnissen im Zeitpunkt der Entscheidung hierüber beurteilt werden. Nachträgliche Rechtsänderungen müssen folglich außer Betracht bleiben.[149]

Zur Vertiefung: Fall 7.   686

Zwischenzeitlich ist indes auch in Baden-Württemberg von der in § 36 Abs. 2 S. 3   687
BauGB eingeräumten Möglichkeit der **Ersetzung** des gemeindlichen Einvernehmens
Gebrauch gemacht worden. Nach § 54 Abs. 4 S. 3 LBO kann die Ersetzung dabei auch
inzident durch die Erteilung der Baugenehmigung erfolgen, einer eigenständigen Erset-
zungsentscheidung bedarf es folglich nicht. Auch insoweit steht der Gemeinde ein Anfechtungsrecht zu, das allerdings keine aufschiebende Wirkung entfaltet (vgl. § 54
Abs. 4 S. 5 LBO). Ob der Genehmigungsbehörde insoweit ein Ermessen eingeräumt ist
oder im Falle der rechtswidrigen Versagung eine Ersetzung vorgenommen werden
muss, ist noch nicht abschließend geklärt.[150] Angesichts der für den Bauherrn selbst
bestehenden Klagemöglichkeiten scheint eine zwingende Ersetzung aber nicht geboten;
jedenfalls in Fällen, in denen die Beurteilung der Rechtslage schwierig oder unsicher
ist, wird der Behörde daher ein Ermessensspielraum zuzubilligen sein.

Die Erteilung des Einvernehmens hat innerhalb der in § 36 Abs. 2 S. 2 BauGB vorgese-   688
henen – nicht verlängerbaren[151] – **Zweimonatsfrist** zu geschehen, nach deren Ablauf
bei Untätigkeit der Gemeinde das Einvernehmen als erteilt gilt. Eine nachfolgend ausgesprochene Verweigerung ist (mangels Widerrufsmöglichkeit) unbeachtlich. Die Frist
wird allerdings nicht in Lauf gesetzt, wenn die Gemeinde die Unvollständigkeit der
vorgelegten Planunterlagen rügt.[152]

Die ihr eingeräumte Zeitspanne kann eine Gemeinde, wenn das Bauvorhaben ihren ge-   689
genwärtigen planungsrechtlichen Vorstellungen nicht entspricht, dazu nutzen, den Beschluss zur **Aufstellung eines Bebauungsplans** zu fassen. Angesichts des erforderlichen
zeitlichen Vorlaufs bis zum Inkrafttreten eines neuen Bebauungsplanes würden derartige Maßnahmen jedoch regelmäßig nicht mehr rechtzeitig wirksam. § 14 BauGB gibt
den Gemeinden daher die Möglichkeit des Erlasses einer **Veränderungssperre**. Hieran
ist die Gemeinde selbst dann nicht gehindert, wenn sie zuvor ihr Einvernehmen nach
§ 36 Abs. 1 S. 1 BauGB erteilt hat.[153] Dies ergibt sich zum einen bereits daraus, dass
die Gemeinde das Einvernehmen nur aus den in §§ 31 ff. BauGB statuierten planungsrechtlichen Gründen versagen darf, zum anderen wird die Gemeinde auch durch die
Erteilung des Einvernehmens nicht daran gehindert, ihre planungsrechtlichen Vorstellungen zu ändern. Wenn die künftige Planung nur durch ein Bauvorhaben beeinträchtigt wird, besteht auch die Möglichkeit der „**Zurückstellung**" nach § 15 BauGB.[154]
Dies führt nicht zur Ablehnung des Bauantrags, sondern nur dazu, dass die Entscheidung über den Antrag aufgeschoben werden kann und damit ein zureichender Grund
für eine „Untätigkeit" i.S.d. § 75 S. 3 VwGO besteht.[155]

---

149 Vgl. BVerwG, 9.8.2016 – 4 C 5.15.
150 Vgl. etwa VGH Bad.-Württ., VBlBW 2012, 30.
151 Vgl. VGH Bad.-Württ., VBlBW 2004, 56.
152 Vgl. BVerwGE 122, 13; VGH Bad.-Württ., VBlBW 2009, 61. Unvollständige Anträge lösen auch die Sperrfrist
     des § 75 S. 2 VwGO nicht aus; vgl. VGH Bad.-Württ., BauR 2003, 1345.
153 Vgl. BVerwGE 120, 138.
154 Vgl. zur „faktischen Zurückstellung" auch BVerwG, BRS 78 Nr. 130 (2011).
155 Eine Verpflichtungsklage müsste deshalb ausgesetzt werden; vgl. zur Zurückstellung auch BVerwG, NVwZ
     2012, 51.

690   Formell setzt der Erlass einer Veränderungssperre den Beschluss über die Aufstellung eines Bebauungsplanes voraus. Außenwirksamkeit erlangt ein derartiger Beschluss zwar erst mit Bekanntgabe. Hieraus folgt jedoch nicht, dass der Beschluss über die Veränderungssperre erst nach Bekanntgabe des Aufstellungsbeschlusses möglich wäre. Maßgeblich ist nach Wortlaut des § 14 Abs. 1 BauGB und insb. nach Sinn und Zweck der Vorschrift nur der Aufstellungsbeschluss. Dass der Gemeinderat den Beschluss über die Aufstellung des Bebauungsplans und den Erlass der Veränderungssperre in derselben Sitzung gefasst hat, ist daher ebenso unschädlich, wie eine Bekanntmachung beider Beschlüsse am gleichen Tage.[156]

691   Voraussetzung für den Erlass einer Veränderungssperre ist aber, dass bereits ein **Mindestmaß an konkreter planerischer Vorstellung** besteht, so dass erkennbar ist, was mit der Veränderungssperre gesichert werden soll.[157] Eine Veränderungssperre, die der Gemeinde erst die Zeit für die Entwicklung eines bestimmten Planungskonzepts geben soll, ist mangels eines beachtlichen Sicherungsbedürfnisses daher unwirksam.[158] Notwendige aber auch hinreichende Konkretisierung ist die Bezeichnung der Art der zukünftigen Nutzung; die Veränderungssperre soll die Erarbeitung einer tragfähigen Planung im Einzelnen erst ermöglichen.[159] Auch eine „**Negativplanung**", die sich darin erschöpft, einzelne Vorhaben auszuschließen, reicht nicht aus. Erforderlich ist vielmehr, dass die Gemeinde positive Vorstellungen über den Inhalt der künftigen Nutzung entwickelt hat. Dabei muss die Gemeinde zwar noch nicht den angestrebten Baugebietstyp festlegen, wohl aber inhaltliche Festlegungen über den zu erwartenden Bebauungsplan treffen, so dass die Zielvorstellung „Wohnen, Handel, Dienstleistungen" noch genügt.[160] Sind diese Anforderungen erfüllt, lässt die Rechtsprechung sogar „Individualsperren", die sich in räumlicher Hinsicht auf den Geltungsbereich eines einzigen Grundstücks beschränken,[161] sowie den Ausschluss nur bestimmter Vorhaben (Einzelhandelsbetriebe) zu.[162] Im Ergebnis zielt eine Veränderungssperre daher vielfach durchaus darauf, ein konkretes Vorhaben zu verhindern.

692   Zeit kann die Gemeinde aber dadurch gewinnen, dass die Widerspruchsbehörde auf einen begründeten Widerspruch hin die Baugenehmigung nicht selbst erteilt, sondern die Baurechtsbehörde hierzu verpflichtet – was nach § 73 Abs. 1 S. 1 VwGO zulässig ist. Da maßgeblicher Zeitpunkt für die Erteilung der Baugenehmigung die letzte mündliche Gerichtsverhandlung (der Tatsacheninstanz) ist und Bestandsschutz erst mit der Baugenehmigung erreicht wird, kann die Gemeinde in diesem Fall auch nach Erlass des Widerspruchsbescheids noch eine Veränderungssperre erlassen, die dann dem Bauantrag – wegen veränderter Rechtslage – entgegensteht.[163] Liegt eine Baugenehmigung dagegen vor, ist diese gemäß § 14 Abs. 3 BauGB auch vor einer nachträglich erlassenen Veränderungssperre geschützt.[164]

---

156   Vgl. VGH Bad.-Württ., VBlBW 1998, 310.
157   Vgl. BVerwG, NVwZ 2010, 42.
158   Vgl. BVerwGE 120, 138.
159   Vgl. VGH Bad.-Württ., ZfBR 2015, 163.
160   Vgl. VGH Bad.-Württ., VBlBW 2008, 143.
161   Vgl. VGH Bad.-Württ., VBlBW 2008, 143.
162   Vgl. VGH Bad.-Württ., VBlBW 2016, 27 sowie BauR 2013, 1635.
163   Vgl. BVerwGE 130, 113. Im Falle der bloßen Untätigkeit der Baurechtsbehörde kommt es auf die Fristen des § 54 Abs. 5 LBO an; vgl. VGH Bad.-Württ., VBlBW 2013, 140.
164   Die Baugenehmigung kann daher auch nicht wegen der mit Inkrafttreten der Veränderungssperre veränderten Rechtslage widerrufen werden; vgl. VGH-Bad.-Württ., VBlBW 2001, 323.

Die Veränderungssperre wird gemäß § 16 Abs. 1 BauGB als **Satzung** beschlossen und 693
steht damit der verwaltungsgerichtlichen **Normenkontrolle** offen. Dabei ist über die
hinreichende Konkretisierung der beabsichtigten Planung hinaus auch zu prüfen, ob
die Planung Zielen dient, für deren Verwirklichung die Planungsinstrumente des
BauGB bestimmt sind, und ob die Ziele im Wege bauplanerischer Festsetzungen erreichbar sind.[165] Eine „antizipierte Normenkontrolle" des künftigen Bebauungsplans
findet dagegen nicht statt, denn ein fertiger Bebauungsplan mit einer abschließenden
Abwägungsentscheidung liegt noch nicht vor. Fehler, die im nachfolgenden Bebauungsplanverfahren **noch behebbar** sind, führen daher nicht zur Unwirksamkeit der Veränderungssperre, so dass die Prüfung auf nicht behebbare Mängel und fehlende Realisierbarkeit zu beschränken ist.[166]

§ 17 Abs. 2 BauGB lässt bei besonderen Umständen eine Verlängerung der Geltungs- 694
dauer über die Zwei-Jahres-Frist hinaus zu; hierfür reichen verwaltungsinterne Schwierigkeiten – etwa durch Erkrankung von Mitabeitern – aber nicht aus.[167]

Zur Vertiefung: Fall 10. 695

---

165 Vgl. VGH Bad.-Württ., VBlBW 2006, 142.
166 Vgl. VGH Bad.-Württ., VBlBW 2006, 275.
167 Vgl. VGH Bad.-Württ., VBlBW 2006, 144.

B. BAUORDNUNGSRECHT

696 Das Bauordnungsrecht, früher plakativ als „Baupolizei" bezeichnet, dient der präventiven **Gefahrenabwehr** bei Errichtung und Nutzung baulicher Anlagen und anderen bauordnungsrechtlich relevanten Vorgängen. Es kann daher als lex specialis zum Polizeigesetz hinsichtlich baubezogener Gefahren verstanden werden. Es wird in das formelle Bauordnungsrecht (§§ 41 ff. LBO), in dem Zuständigkeiten, Verfahren und Handlungsformen geregelt sind, und das materielle Bauordnungsrecht unterteilt, das konkrete (materielle) Anforderungen im Interesse der Standsicherheit, des Brandschutzes u.ä. enthält.

I. Formelles Bauordnungsrecht

1. Verfahrensregelungen

697 **Zuständig** für baurechtliche Maßnahmen ist gemäß §§ 48 Abs. 1, 46 Abs. 1 Nr. 3 LBO als untere Baurechtsbehörde grundsätzlich die untere Verwaltungsbehörde. Nach § 46 Abs. 2 LBO kann aber auch kleineren Gemeinden die Baurechtszuständigkeit übertragen werden. Wenn die Gemeinde als Baurechtsbehörde tätig wird, sind diese Aufgaben aber strikt vom gemeindlichen Selbstverwaltungsbereich zu trennen. Denn die Baurechtszuständigkeit nach § 46 LBO ist eine Staatsaufgabe, die den Baurechtsbehörden – auch wenn es sich hierbei um Kommunen handelt – als **Pflichtaufgabe nach Weisung** übertragen werden (vgl. § 47 Abs. 5 LBO). Binnenorganschaftlich ist deswegen der Bürgermeister in originärer Zuständigkeit berufen (vgl. § 15 Abs. 2 LVG, § 44 Abs. 3 GemO). Hiervon strikt zu trennen sind die Planungsaufgaben der Gemeinde, die dieser nicht als Baurechtsbehörde zustehen, sondern als Ausfluss ihres Selbstverwaltungsrechts. Dementsprechend unterfallen die Planungsaufgaben organschaftlich auch nicht dem Bürgermeister, sondern dem Gemeinderat. Wenn die Gemeinde selbst als Bauherr auftritt, ist nach § 48 Abs. 2 S. 1 LBO aber die nächsthöhere Baurechtsbehörde zur Entscheidung berufen.[168]

698 Hinsichtlich der **Verantwortlichkeit** enthält das Bauordnungsrecht nur wenige, überwiegend den Verfahrensablauf betreffende Spezialregelungen. Es ist daher subsidiär auf die Störervorschriften des Polizeirechts zurückzugreifen. Baurechtliche Maßnahmen sind regelmäßig „dingliche" Verwaltungsakte – also objektbezogen und von der Person des jeweiligen Eigentümers unabhängig.[169] Die Regelungen wirken daher grundsätzlich auch für und gegen den Rechtsnachfolger (vgl. § 58 Abs. 2 LBO für die Baugenehmigung), selbst wenn sie auf einen Vergleichsvertrag zurückzuführen sind.[170]

699 Adressatenprobleme ergeben sich insb. bei **Miteigentümer**konstellationen; hier kann es vorkommen, dass der in Anspruch Genommene – etwa bei einer Abbruchverfügung – nicht die alleinige Verfügungsberechtigung besitzt. Nach ständiger Rechtsprechung berühren derartige Mängel indes nicht die Rechtmäßigkeit der Verfügung, sondern allein die Vollstreckbarkeit der Anordnung.[171] Vollstreckungsvoraussetzung für eine Abbruchsanordnung etwa ist, dass gegen die übrigen Miteigentümer eine – auf § 47 LBO

---

168 Vgl. VGH Bad.-Württ., VBlBW 2006, 314.
169 Vgl. VGH Bad.-Württ., NJW 1977, 861.
170 Vgl. VGH Bad.-Württ., DÖV 2005, 786.
171 Vgl. BVerwGE 40, 101.

gestützte – Duldungsverfügung erlassen wird. Auch ein etwaiger **Mietvertrag** steht der Verantwortlichkeit des Eigentümers grundsätzlich nicht entgegen, weil dem Eigentümer die Möglichkeit der Abänderung vertraglicher Beziehungen zukommt. Eine Abbruchsverfügung etwa stellt einen außerordentlichen Kündigungsgrund nach § 543 BGB dar, so dass Verwaltungsrechts- und Zivilrechtslage ineinander verzahnt werden können. Nötigenfalls muss die Baurechtsbehörde auch gegenüber dem Mieter eine Duldungsverfügung erlassen.[172]

Im **Vollstreckungsverfahren** sind Einwendungen grundsätzlich nur noch gegen die Art und Weise der Zwangsvollstreckung (also hinsichtlich der Vorschriften des LVwVG) möglich. Anderes gilt, wenn mangels Bestandskraft des Grundverwaltungsakts eine Tatbestandswirkung noch nicht eingetreten ist und die gemäß § 2 LVwVG erforderliche Vollziehbarkeit nur auf den Ausschluss des Suspensiveffekts zurückgeht. Hier ist vor Schaffung vollendeter Tatsachen eine Rechtmäßigkeitskontrolle bereits durch Art. 19 Abs. 4 GG geboten. Ausnahmsweise kann schließlich auch die Unzulässigkeit der Vollstreckung geltend gemacht werden, etwa durch eine nachträgliche Änderung der Sach- und Rechtslage.[173]   **700**

Eine **Verwirkung** gesetzlich vorgesehener Befugnisse ist zwar grundsätzlich denkbar; bloßer Zeitablauf reicht hierfür aber nicht aus. Vielmehr ist zusätzlich erforderlich, dass die Behörde einen (positiven) Vertrauenstatbestand geschaffen hat.   **701**

2. Die Baugenehmigung

Zentrale Handlungsform der Baurechtsbehörden ist das Zulassungsverfahren, denn nach § 49 Abs. 1 LBO ist die Errichtung, der Abbruch und über § 2 Abs. 12 LBO auch die Nutzungsänderung(!) genehmigungsbedürftig. Angesichts der grundsätzlich bestehenden Baufreiheit – nach § 58 Abs. 1 S. 1 LBO ist die Baugenehmigung bei Vorliegen der Tatbestandsvoraussetzungen zu erteilen – handelt es sich bei der Baugenehmigung um eine **Präventiverlaubnis**, mit der vorab eine Klärung der öffentlich-rechtlichen (Bau-)Fragen herbeigeführt werden soll.   **702**

a) Genehmigungsbedürftigkeit

Erster Prüfungspunkt eines Verpflichtungsbegehrens ist die Genehmigungsbedürftigkeit. Denn falls ein verfahrensfreies Vorhaben vorliegt, besteht kein Anspruch auf Erteilung der Baugenehmigung, so dass eine entsprechende Klage unbegründet wäre.   **703**

Die **verfahrensfreien Vorhaben** sind im Anhang zu § 50 Abs. 1 LBO aufgelistet. Zu berücksichtigen ist allerdings auch insoweit, dass sich die Genehmigungspflicht aus einer **Gesamtbetrachtung** der baulichen Anlage und ihrer Funktion ergeben kann. So sind etwa in den Boden eingelassene Holzplatten für sich genommen als unbedeutende Anlage i.S.d. Nr. 12a) des zu § 50 Abs. 1 LBO erlassenen Anhangs verfahrensfrei; gleichwohl kann die Anlage genehmigungspflichtig sein, wenn sie Teil eines Campingplatzes ist.[174] Ebenso ist die Einfriedung im Innenbereich als solche nach Nr. 7a) des Anhangs zu § 50 Abs. 1 LBO genehmigungsfrei; wenn sie aber einen Bolzplatz abzäunt, unter-   **704**

---

172 Falls diese Duldungsverfügung angegriffen wird, ist Prüfungsgegenstand des gerichtlichen Verfahrens allein die Frage, ob durch die Maßnahme Rechte des Mieters verletzt werden.

173 Vgl. etwa VGH Bad.-Württ., VBlBW 1982, 403; NVwZ 1993, 72. Richtige Klageart ist insoweit die vorbeugende Feststellungsklage, die im vorläufigen Rechtsschutz durch einen Antrag nach § 123 VwGO zu verfolgen ist; vgl. dazu VGH Bad.-Württ., 27.8.2008 – 9 S 2351/08.

174 Vgl. BVerwG, DVBl 1975, 108.

liegt dieser insgesamt der Genehmigungspflicht. Darüber hinaus kommt es bei Zweck-bestimmungen – wie etwa dem vorübergehenden Schutz von Menschen und Tieren in Nr. 1c) – allein auf die objektive Nutzungsmöglichkeit und nicht darauf an, wie die Anlage tatsächlich verwendet wird. Ein Wochenendhaus wird daher nicht dadurch zu einem landwirtschaftlichen Schuppen, dass es tatsächlich nur zum Aufbewahren land-wirtschaftlicher Produkte genutzt wird.

705 *Zur Vertiefung: Fall 1 und 2.*

706 Verfahrensfrei sind darüber hinaus Instandsetzungs- und Unterhaltungsarbeiten (vgl. § 50 Abs. 4 LBO)[175] sowie **Nutzungsänderungen,** soweit für die neue Nutzung keine weitergehenden Anforderungen gelten als für die bisherige Nutzung (vgl. § 50 Abs. 2 LBO – aber eben nur dann!). Die letztgenannte Bedingung liegt nicht erst vor, wenn für die neue Nutzung andere Vorschriften maßgeblich sind, sondern auch bereits, wenn das Vorhaben zwar nach den gleichen Vorschriften, aber nach anderen Gesichts-punkten zu beurteilen ist.[176] Die Genehmigungsbedürftigkeit von Nutzungsänderun-gen kann daher erst nach einem Blick auf die materielle Rechtslage beantwortet wer-den.

707 Unabhängig vom Erfordernis einer Präventiverlaubnis müssen aber auch verfahrens-freie Vorhaben den öffentlich-rechtlichen Vorschriften entsprechen (vgl. § 50 Abs. 5 LBO)! Durch das Fehlen einer Vorabkontrolle ist die Bauaufsicht hier in **repressiver Form** ausgestaltet. Sofern entgegen der Auffassung des Bauherrn eine Verfahrensfrei-heit nicht vorliegt, kann die Baurechtsbehörde eine Baueinstellung nach § 64 Abs. 1 LBO verfügen.[177] Auch ein Bestandsschutz gegen nachträgliche Rechtslageänderungen tritt nicht ein.[178]

708 Keine Genehmigungspflicht liegt auch für Vorhaben i.S.d. § 51 LBO vor, für die keine Vorabprüfung im Wege der Baugenehmigung, sondern nur die **Kenntnisgabe** (durch Vorlage der Bauvorlagen) an die Gemeinde vorgeschrieben ist. Das Kenntnisgabever-fahren – das insb. für Wohngebäude im Geltungsbereich eines qualifizierten Bebau-ungsplans Anwendung findet – dient der Verfahrensbeschleunigung: Gemäß § 59 Abs. 4 LBO darf spätestens einen Monat nach Eingang der Unterlagen mit dem Bau begonnen werden, sofern keine Beanstandung nach § 53 Abs. 6 LBO erfolgt oder der Baubeginn nach § 47 Abs. 1 LBO untersagt wird.[179]

709 Anders als ähnliche Freistellungsverfahren in anderen Bundesländern vermittelt das Kenntnisgabeverfahren der LBO indes **keine Genehmigungsfiktion,** so dass der Bau-herr keinen Bestandsschutz erlangt;[180] auch die Präklusionsvorschrift des § 55 Abs. 2 LBO für Nachbareinwendungen kommt nicht zur Anwendung. Nach § 51 Abs. 6 LBO

---

175 Als Faustformel gilt hierzu: keine Änderung der Statik und keine Erneuerung von mehr als 1/3 der Sub-stanz; vgl. VGH Bad.-Württ., NVwZ-RR 2011, 754.

176 Vgl. VGH Bad.-Württ., VBlBW 1984, 208. Häufig wird die Genehmigungsbedürftigkeit daher schon durch einen unterschiedlichen Stellplatzbedarf ausgelöst.

177 Sofern eine vollziehbare Baueinstellung nicht beachtet wird, kann die Baurechtsbehörde eine Baustelle gemäß § 64 Abs. 2 LBO auch versiegeln und Baustoffe und Geräte beschlagnahmen; vgl. VGH Bad.-Württ., VBlBW 1989, 106.

178 Vgl. zum Problem einer während der noch nicht fertig gestellten Bauarbeiten erlassenen Veränderungs-sperre Bay. VGH, NVwZ-RR 2010, 11.

179 Im Baugenehmigungsverfahren dagegen ist die Baurechtsbehörde nach Auffassung des Verwaltungsge-richtshofs nicht verpflichtet, vor Ablauf der Entscheidungsfrist aus § 54 Abs. 5 LBO eine Genehmigung zu erteilen; vgl. VGH Bad.-Württ., VBlBW 2013, 140.

180 Das Kenntnisgabeverfahren vermittelt gemäß § 14 Abs. 3 BauGB allerdings Schutz gegen nachträglich er-lassene Veränderungssperren; vgl. VGH Bad.-Württ., VBlBW 1997, 141.

steht dem Bauherrn deshalb die Möglichkeit zu, ein (normales) Baugenehmigungsverfahren durchzuführen. Auch soweit Ausnahmen oder Befreiungen erforderlich sind, ist gemäß § 51 Abs. 5 LBO ein Genehmigungsverfahren vorgeschrieben; Widerspruch und Anfechtungsklage hiergegen unterfallen § 212a BauGB und entfalten daher keinen Suspensiveffekt.[181] Erweist sich das Vorhaben als materiell baurechtswidrig oder wird abweichend von den eingereichten Bauvorlagen gebaut, kann die Baurechtsbehörde eine Baueinstellung nach § 64 LBO anordnen.

Zur Vertiefung: Fall 7.   710

b) Prüfungsumfang/Regelungsgegenstand

Die Baugenehmigung ist gemäß § 58 Abs. 1 S. 1 LBO zu erteilen, wenn dem Bauvorhaben keine von der Baurechtsbehörde zu prüfenden öffentlich-rechtlichen Vorschriften entgegenstehen. Insoweit besteht ein Anspruch des Bauherrn.   711

Bereits aus dem Wortlaut des § 58 LBO ergibt sich ein **eingeschränkter Prüfungsumfang** der Baurechtsbehörde. Ausdrücklich ist in § 58 Abs. 3 LBO zunächst angeordnet, dass die Baugenehmigung unbeschadet **privater Rechte** Dritter ergeht. Es ist daher nicht Sache der Baurechtsbehörden, zivilrechtliche Prüfungen anzustellen – also etwa über die Wirksamkeit von privatrechtlichen Nutzungsverträgen zu entscheiden oder Nachlassstreitigkeiten zu regeln. Grundsätzlich ist daher auch die Eigentümerstellung des Bauherrn nicht erforderlich. Sofern aber offensichtlich ist, dass der Bauherr die beantragte Genehmigung aus zivilrechtlichen Gründen nicht verwirklichen kann, ist die Baurechtsbehörde berechtigt, den Bauantrag mangels Sachbescheidungsinteresses abzulehnen.[182]   712

Zur Vertiefung: Fall 5.   713

Auch die öffentlich-rechtlichen Vorschriften werden jedoch nur geprüft, soweit hierüber die **Baurechtsbehörde** zu befinden hat. Anders als in anderen Bundesländern[183] stellt die Baugenehmigung in Baden-Württemberg **keinen „Schlusspunkt"** aller behördlichen Verfahren für eine bauliche Anlage dar.[184] Vielmehr werden die unterschiedlichen Genehmigungen grundsätzlich unabhängig voneinander erteilt, so dass auch die Baugenehmigung nicht bedeutet, dass das geplante Vorhaben tatsächlich realisiert werden kann. Die Prüfungskompetenz – und damit auch der Inhalt der Baugenehmigung – betrifft vielmehr nur diejenigen öffentlich-rechtlichen Vorschriften, die von der Baurechtsbehörde zu prüfen sind. Angesichts der binnenstaatlichen Kompetenzverteilung sind damit diejenigen Vorschriften nicht zu prüfen, für die ein eigenständiges Genehmigungsverfahren vorgesehen ist (vgl. nunmehr ausdrücklich § 58 Abs. 1 S. 2 LBO).[185] Die erteilte Baugenehmigung zur Errichtung einer Spielhalle entfaltet beispielsweise weder Bindungswirkung hinsichtlich der Rechtsfragen, die in die Prüfungskompetenz der Gewerbebehörden fallen, noch begründet sie hinsichtlich gewerberechtlicher Er-   714

---

181 Vgl. VGH Bad.-Württ., VBlBW 2006, 352.
182 Vgl. etwa BVerwGE 61, 128 (131); VGH Bad.-Württ., 19.7.2010 – 8 S 77/09.
183 Vgl. für Nordrhein-Westfalen etwa OVG NRW, DÖV 2004, 302.
184 Vgl. VGH Bad.-Württ., VBlBW 1996, 343.
185 Nicht Gegenstand des Baugenehmigungsverfahren sind auch personenbezogene Umstände, wie etwa die Voraussetzungen einer – ggf. zusätzlich erforderlichen – gaststättenrechtlichen Erlaubnis; insoweit kann auch nicht das Sachbescheidungsinteresse für einen Bauantrag verneint werden, vgl. VGH Bad.-Württ., NVwZ 2000, 1068.

laubnisvoraussetzungen oder Versagungsgründe Vertrauensschutz.[186] Demgemäß wird von der Baugenehmigung nur umfasst, was nicht einem eigenständigen Genehmigungsverfahren unterliegt.

715   *Zur Vertiefung: Fall 1.*

716   Ob straßenrechtliche, immissionsschutzrechtliche, wasserrechtliche oder sonstige[187] Vorschriften einem **eigenständigen Genehmigungsverfahren** unterliegen oder im Verfahren der Baugenehmigung zu prüfen sind, ist durch eine Betrachtung des einschlägigen Fachrechts zu ermitteln. Immissionsschutzrechtliche Vorschriften etwa sind gemäß § 22 BImSchG im Baugenehmigungsverfahren zu berücksichtigen, sofern keine immissionsschutzrechtlich genehmigungsbedürftige Anlage vorliegt. **Konzentrationsbestimmungen**, die zur Zuständigkeit der Baurechtsbehörden führen, finden sich auch in § 16 Abs. 6 StrG, § 7 Abs. 3 DSchG oder § 23 Abs. 1 LNatSchG. Umgekehrt kann auch das Baugenehmigungsverfahren betroffen sein, wie etwa im Falle der wasserrechtlichen Gestattung, bei der nach § 98 Abs. 2 WG die Wasserbehörde für die Erteilung der Baugenehmigung zuständig ist (formelle Konzentration). Die immissionsschutzrechtliche Genehmigung nach § 13 BImSchG sowie die Planfeststellung nach § 75 Abs. 1 LVwVfG führen sogar zu einer umfassenden (materiellen) Konzentration, so dass hier eine Baugenehmigung gar nicht mehr erforderlich ist.

717   Soweit kein eigenständiges Genehmigungsverfahren vorgesehen ist, wird regelmäßig eine verwaltungsinterne Mitwirkung der Fachbehörden statuiert. Beim Einvernehmen der Gemeinde nach § 36 BauGB oder der Zustimmung von Fachbehörden handelt es sich daher um verwaltungsinterne Mitwirkungsakte, die dem Bauherrn gegenüber keine Außenwirkung entfalten. Da entsprechenden Mitwirkungsakten der Baurechtsbehörde gegenüber aber Bindungswirkung zukommt, ist gegebenenfalls eine Ersetzung im verwaltungsgerichtlichen Verfahren erforderlich. Aus diesem Grunde sind die entsprechenden Rechtsträger im verwaltungsgerichtlichen Verfahren notwendig beizuladen (vgl. §§ 121 Nr. 1, 63 Nr. 3 VwGO), sofern sie mit dem Rechtsträger der Baurechtsbehörde nicht identisch sind.

718   Einen reduzierten Prüfungsumfang sieht dagegen das mit der LBO-Novelle 2010 eingeführte **„vereinfachte Baugenehmigungsverfahren"** nach § 52 LBO vor,[188] das aber nicht zwingend ist.[189]

719   Die Zulässigkeit von **Auflagen** ist in der LBO nicht eigenständig geregelt, so dass auf § 36 LVwVfG zurückzugreifen ist. Da § 58 Abs. 1 S. 1 LBO grundsätzlich einen Anspruch auf Baugenehmigung statuiert, können Nebenbestimmungen jedoch nur beigefügt werden, um einen sonst vorliegenden Versagungsgrund zu beseitigen. Im Interesse der Gefahrenabwehr können auch nachträglich noch Auflagen verfügt werden.[190] Schwierigkeiten können sich hier hinsichtlich der Bestimmung der zutreffenden Rechtsschutzform ergeben. Nach neuerer Rechtsprechung des Bundesverwaltungsgerichts[191] können aber grundsätzlich alle Nebenbestimmungen mit der Anfechtungsklage angegriffen werden. Um die Realisierung eines so nicht gewollten Vorhabens zu vermeiden, muss die Baurechtsbehörde daher die „Nebenbestimmung" gemäß § 80 Abs. 2

---

186   Vgl. VGH Bad.-Württ., NVwZ-RR 2014, 643.
187   Vgl. zu einer sanierungsrechtlichen Genehmigung nach § 144 BauGB: VGH Bad.-Württ., VBlBW 1996, 343.
188   Vgl. hierzu etwa Fischer, VBlBW 2010, 213 (216) sowie Büchner, VBlBW 2009, 168 (172).
189   Vgl. VGH Bad.-Württ., 19.7.2010 – 8 S 77/09.
190   Vgl. § 58 Abs. 6 LBO; hierzu auch VGH Bad.-Württ., BauR 2010, 218; BauR 2012, 473.
191   Vgl. BVerwGE 112, 221.

S. 1 Nr. 4 VwGO mit Sofortvollzug versehen – was allerdings auch noch nachträglich, etwa nach Widerspruchseinlegung, erfolgen kann.

Besondere Probleme stellen sich bei der sog. **„modifizierenden Auflage"**, wenn etwa anstelle des beantragten Satteldachs ein Walmdach genehmigt worden ist. Der Sache nach handelt es sich hier nicht um eine Nebenbestimmung, vielmehr wird die Genehmigung für ein „modifiziertes" Bauvorhaben erteilt. Streng genommen liegen daher die Ablehnung des beantragten Bauvorhabens und die Genehmigung eines so nicht beantragten Vorhabens vor. Eine isolierte Kassation hinterlässt hier einen sinnlosen Rest, nämlich ein Haus ohne genehmigtes Dach. Die Regelungen sind daher nicht teilbar; es geht nicht um eine selbstständig neben die Gewährung tretende Zusatzbestimmung, sondern um einen inhaltsbestimmenden Teil des Verwaltungsakts selbst. Mangels Trennbarkeit scheidet daher auch die isolierte Anfechtung aus; hier kann nur Verpflichtungsklage auf Erlass eines Verwaltungsakts ohne die beanstandete „Nebenbestimmung" erhoben werden. 720

Mit einer sog. **Nachtragsbaugenehmigung** (teils auch als Tekturbescheid bezeichnet) wird auf nachträgliche Änderungen reagiert (beispielsweise nach einem erfolgreichen Eilrechtsschutzverfahren) und eine veränderte Ausführung des ursprünglichen Bauantrags verbeschieden. In der Sache handelt es sich um die Änderung einer vorhandenen Genehmigung.[192] 721

c) Rechtswirkungen

Die gemäß § 58 Abs. 1 S. 2 LBO schriftformbedürftige Baugenehmigung gestattet Errichtung und Nutzung der genehmigten Anlage. Sie berechtigt indes nicht zum Baubeginn, hierfür ist gemäß § 59 Abs. 1 LBO noch der Baufreigabeschein (der „rote Punkt") erforderlich. 722

Die Baugenehmigung beinhaltet auch die Feststellung, dass dem Vorhaben keine von der Baurechtsbehörde zu prüfenden öffentlich-rechtlichen Vorschriften entgegenstehen und vermittelt dem Bauherrn (sowie gemäß § 58 Abs. 2 LBO auch seinem Rechtsnachfolger) insoweit Bestandsschutz. Hieraus folgt auch eine **materielle Bindungswirkung**, soweit die festgestellten Fragen in anderen Verfahren von Bedeutung sind.[193] Nicht ganz systemgerecht erscheint daher die Rechtsprechung des Bundesverwaltungsgerichts, nach der zwar ein rechtskräftiges Urteil, nicht aber ein bestandskräftiger Versagungsbescheid feststellende Wirkung haben soll.[194] Hiermit soll offenbar erreicht werden, dass ein Bauherr auch ohne die Voraussetzungen des § 51 LVwVfG einen erneuten Bauantrag stellen kann. 723

Zur Vertiefung: Fall 5. 724

Der mit einer Baugenehmigung vermittelte **Bestandsschutz** erlischt nicht bereits durch eine bloße Nutzungsunterbrechung, weil das Baurecht keine Rechtspflicht zur fortgesetzten Nutzung eines genehmigten Baubestands kennt. Die für eine nicht fertig gestellte Anlage in § 62 Abs. 1 LBO angeordnete Drei-Jahres-Frist kann daher auch nicht 725

---

192 Vgl. VGH Bad.-Württ., BauR 2016, 812.
193 Vgl. etwa BVerwGE 80, 259: keine Versagung der gaststättenrechtlichen Erlaubnis aus baurechtlichen Gründen.
194 Vgl. BVerwGE 48, 271.

analog zur Anwendung gebracht werden.[195] Die weitere Wirksamkeit der Baugenehmigung richtet sich in derartigen Fällen vielmehr nach § 43 Abs. 2 LVwVfG. Danach kann zwar auch durch schlüssiges Verhalten auf eine Baugenehmigung verzichtet werden; hierfür muss indes der endgültige Verzichtswille unzweifelhaft zum Ausdruck gebracht worden sein.[196]

d) Bauvorbescheid

726 Mit dem Bauvorbescheid nach § 57 LBO kann eine verbindliche Vorabentscheidung über einzelne Fragen des Baugenehmigungsverfahrens herbeigeführt werden. Der Bauvorbescheid ist daher ein **vorweggenommener Teil des feststellenden Teils** einer Baugenehmigung, der Bestandsschutz gegen nachträgliche Rechtslageänderungen oder Veränderungssperren vermittelt.[197] Das Erfordernis des gemeindlichen Einvernehmens gilt deshalb auch hier. Die zur Entscheidung gestellte Teilfrage muss sich indes auf ein hinreichend konkretisiertes Vorhaben beziehen, so dass etwa die Frage, ob es sich bei bestimmten Grundstücksflächen um Innen- oder Außenbereich handelt, unzulässig ist.[198] In der Praxis geht es meist um die planungsrechtliche Zulässigkeit, die als „**Bebauungsgenehmigung**" bezeichnet wird.

727 Der Bauvorbescheid ist für die Behörde und den Nachbarn, soweit ihm der Bescheid zugestellt worden ist, bindend. Er kann aber unter den Voraussetzungen des § 49 Abs. 2 Nr. 4 LVwVfG widerrufen werden. Trotz des missverständlichen Wortlauts der Vorschrift besteht auf die Erteilung – wie bei der Baugenehmigung – ein Anspruch.

728 *Zur Vertiefung: Fall 4.*

3. Eingriffsmaßnahmen

729 Neben dem präventiven Genehmigungsverfahren steht den Baurechtsbehörden auch die Möglichkeit **repressiven Einschreitens** zu. Schärfstes Schwert der Baurechtsbehörden ist die Abbruchsverfügung des § 65 S. 1 LBO, mit der auch der Abtransport des Bauschutts und die Einebnung der Baugruppe angeordnet werden kann.[199] Daneben steht den Baurechtsbehörden die Nutzungsuntersagung nach § 65 S. 2 LBO,[200] die Baueinstellung nach § 64 LBO – die nur bis zur Fertigstellung der Anlage anwendbar ist, aber nur den „Anfangsverdacht" eines formellen oder materiellen Rechtsverstoßes voraussetzt[201] – und die Generalklausel des § 47 Abs. 1 LBO zur Verfügung.

730 Dabei führt auch ein Verstoß gegen die Genehmigungspflicht zur **formellen Baurechtswidrigkeit**, die – je nach den Umständen des Einzelfalls – zum Erlass einer Baueinstellung oder einer Nutzungsuntersagung führen kann. Die Abbruchsanordnung dagegen kann nie ausschließlich auf einen Verstoß gegen die formelle Genehmigungspflicht gestützt werden, weil sich die Baufreiheit bereits aus Art. 14 Abs. 1 GG i.V.m. § 58

---

195 Vgl. VGH Bad.-Württ., NVwZ 2014, 1597. § 62 Abs. 1 LBO gilt überdies nicht für Fälle, in denen der Ausnutzung der Baugenehmigung Umstände entgegenstehen, die außerhalb des Einwirkungsbereichs des Bauherrn liegen: VGH Bad.-Württ., 29.10.2013 – 3 S 2643/11.
196 Vgl. VGH Bad.-Württ., VBlBW 2010, 111.
197 Vgl. BVerwGE 69, 1.
198 Vgl. VGH Bad.-Württ., VBlBW 2007, 305.
199 Vgl. VGH Bad.-Württ., VBlBW 2007, 356 soweit nicht das Abfallregime einschlägig ist.
200 Rechtsgrundlage für die Aufnahme einer bisher noch nicht ausgeübten Nutzung (sog. „Nutzungsaufnahmeuntersagung") ist aber § 47 Abs. 1 S. 2 LBO; vgl. VGH Bad.-Württ., VBlBW 2011, 28.
201 Vgl. VGH Bad.-Württ., VBlBW 2005, 238.

Abs. 1 S. 1 LBO ergibt und nicht erst durch eine behördliche Zulassungsentscheidung eröffnet werden muss. Während etwa im Wasserrecht grundsätzlich kein Anspruch besteht und das Fehlen einer Gestattung damit bereits eine ausreichende Verbotsgrundlage darstellt, geht das Baugenehmigungsverfahren von der grundsätzlichen Zulässigkeit baulicher Nutzungen aus. Der bloße Verstoß gegen die Durchführung des präventiven Genehmigungsverfahrens berechtigt daher nicht zu entsprechenden Sanktionen.

Angesichts der Tatsache, dass eine **Nutzungsuntersagung** regelmäßig keine irreversiblen Folgen auslöst, kann sie grundsätzlich auch bei formeller Baurechtswidrigkeit angeordnet werden. Falls damit aber gewerbliche Tätigkeit oder andere Nutzungen von ähnlichem Gewicht beeinträchtigt werden, wird dem meist der Verhältnismäßigkeitsgrundsatz im Wege stehen. Dies gilt jedoch nicht für vorläufige Untersagungen, mit denen eine nicht offenkundig zulässige Nutzung bis zur Klärung im Genehmigungsverfahren unterbunden und dem „Schwarznutzer" der ungesetzliche Vorteil entzogen werden soll. Um die materielle Genehmigungsfähigkeit prüfen zu können, kann die Baurechtsbehörde daher eine vorläufige Baueinstellung verfügen und ggf. – gestützt auf § 47 Abs. 1 LBO – die Vorlage der Bauunterlagen anordnen. Um diesen – der Baueinstellung entsprechenden – Zweck erreichen zu können, ist die Nutzungsuntersagung hier regelmäßig mit einem Sofortvollzug zu versehen.[202] § 65 S. 2 LBO stellt neben der Nutzungsuntersagung auch die Grundlage für eine Anordnung dar, die für die unzulässige Nutzung eingebrachten Gegenstände zu entfernen.[203] Zur zwangsweisen Durchsetzung wird regelmäßig auf ein Zwangsgeld zurückgegriffen.

Zur Vertiefung: Fall 3.

731

732

Die **Abbruchsverfügung** ist nach ständiger Rechtsprechung zulässig, wenn das Vorhaben seit seiner Errichtung im Widerspruch zu materiellem Baurecht steht und nicht durch eine Baugenehmigung gedeckt ist. Bestandsschutz wird danach zuerkannt, wenn das Vorhaben zu irgendeinem Zeitpunkt in Übereinstimmung mit den Vorschriften des materiellen Baurechts stand.[204] Materielle Baurechtswidrigkeit liegt insb. auch vor, wenn ein Bauantrag rechtskräftig abgelehnt worden ist. Denn mit dem Urteil ist festgestellt, dass das Vorhaben den öffentlich-rechtlichen Vorschriften widerspricht. Als Ausfluss des Verhältnismäßigkeitsgrundsatzes muss schließlich geprüft werden, ob rechtmäßige Zustände auch auf andere Weise geschaffen werden können. Dabei ist auch an Ausnahmen und Befreiungen zu denken, sofern die gesetzlichen Voraussetzungen hierfür erfüllt sind. Die Behörden sind aber nicht verpflichtet, von Amts wegen sämtliche in Betracht kommenden „Austauschmittel" zu prüfen.[205] Vielmehr wird der Aufklärungsgrundsatz nur verletzt, wenn vorgetragene Alternativen oder solche, die sich nach Lage der Dinge hätten aufdrängen müssen, nicht berücksichtigt worden sind. Zu prüfen ist insb. auch, ob bereits eine Nutzungsuntersagung ausreicht, um die Baurechtswidrigkeit zu beseitigen. Dies ist allerdings nicht der Fall, wenn sich die Unzulässigkeit schon aus der objektiven Erscheinungsform und Nutzungsmöglichkeit eines Gebäudes

733

---

202 Vgl. VGH Bad.-Württ., VBlBW 2007, 226 sowie für die Nutzungsaufnahmeuntersagung VBlBW 2011, 28.

203 Vgl. VGH Bad.-Württ., VBlBW 1985, 457, da die Gegenstände selbst keine bauliche Anlage sind.

204 Kritisch hierzu Dürr, VBlBW 2000, 457, der zu Recht die Frage aufwirft, warum dem Bauherrn durch eine nur vorübergehende materiell-rechtliche Zulässigkeit Vertrauensschutz vermittelt werden sollte. Auch BVerfG, NVwZ-RR 1996, 483 nimmt nur auf den „genehmigten Bestand" Bezug; BVerfG, NVwZ 2001, 424 dagegen spricht Bestandsschutz zu, „wenn der Bestand zu irgendeinem Zeitpunkt genehmigt worden oder jedenfalls genehmigungsfähig gewesen ist".

205 Vgl. VGH Bad.-Württ., VBlBW 2004, 263.

ergibt; denn darauf, ob etwa ein als Wochenendhaus geeignetes Gebäude tatsächlich nur zum Abstellen von Geräten genutzt wird, kommt es nicht an.

734 *Zur Vertiefung: Fall 2.*

735 Da ein **Anspruch auf Gleichbehandlung im Unrecht** nicht besteht, führt es grundsätzlich nicht zur Aufhebung einer Abbruchsanordnung, wenn die Baurechtsbehörde in anderen Fällen nicht entsprechend vorgegangen ist. Schon aus praktischen Gründen sind die Behörden nicht verpflichtet, gleichzeitig gegen alle rechtswidrigen Bauten vorzugehen. Es verstößt aber gegen Art. 3 Abs. 1 GG, wenn keine sachgerechten Gründe (wie etwa Lage oder Alter) für die unterschiedliche Behandlung ersichtlich sind und die Behörde daher ohne ein erkennbares System differenziert. Wenn sich innerhalb eines bestimmten räumlichen Bereichs mehrere rechtswidrige Anlagen befinden und nicht gegen alle eingeschritten wird, muss dem behördlichen Vorgehen daher ein der jeweiligen Sachlage angemessenes Konzept zugrunde liegen.[206]

736 In Ausnahmefällen kann auch ein Anspruch des Nachbarn darauf bestehen, dass die Behörde gegenüber einem Dritten eine Abbruchsanordnung erlässt. Verstößt eine bauliche Anlage gegen eine drittschützende Vorschrift, die unzumutbare Beeinträchtigungen verbietet, ist die Baurechtsbehörde auf Antrag des Dritten in der Regel nach § 65 S. 1 LBO zum Einschreiten verpflichtet, es sei denn, es stünden ihr sachliche Gründe für eine Untätigkeit zur Seite.[207]

II. Materielles Bauordnungsrecht

1. Das Abstandsflächenrecht (§§ 5 ff. LBO)

737 Die wesentlichsten Bestimmungen des materiellen Bauordnungsrechts sind die Regelungen des Abstandsflächenrechts. Abstandsflächen müssen gemäß § 5 Abs. 1 S. 1 LBO um das ganze Haus herum vorhanden sein, um ein Übergreifen von Bränden zu verhindern und eine ausreichende **Belichtung, Belüftung und Besonnung** – der Bewohner und der Nachbarn! – zu gewährleisten (vgl. § 6 Abs. 3 S. 1 Nr. 2 LBO). Ob die Abstandsflächen darüber hinaus auch dem **Wohnfrieden** dienen (sog. „Sozialabstand"), ist nicht abschließend geklärt.[208] Jedenfalls in Sondersituationen ist die Möglichkeit anerkannt,[209] so dass sich eine präzise Betrachtung der konkreten Verhältnisse empfiehlt. Faktisch wird dieser Zusammenhang kaum bestritten werden können.

738 *Zur Vertiefung: Fall 6.*

739 Die **Tiefe** der jeweils einzuhaltenden Abstandsflächen ist dabei grundsätzlich in Abhängigkeit von der jeweiligen Wandhöhe geregelt (vgl. § 5 Abs. 7 LBO). In der Abstandsfläche dürfen grundsätzlich nur Grenzgaragen[210] sowie verschiedene Kleinbauten errichtet werden (vgl. § 6 Abs. 1 LBO). Dies gilt jedoch nicht, wenn aus planungsrechtlichen Gründen eine geschlossene Bauweise vorgegeben oder jedenfalls zulässig ist (vgl. §§ 5 Abs. 1 S. 2, 6 Abs. 3 S. 2 LBO).[211] Darüber hinaus müssen nach § 6 Abs. 3

---

206 Vgl. VGH Bad.-Württ., NVwZ-RR 1997, 465; VGH Bad.-Württ., 16.4.2014 – 3 S 1962/13.
207 Vgl. VGH Bad.-Württ., BauR 2014, 1752.
208 Verneinend etwa VGH Bad.-Württ., VBlBW 1999, 26; bejahend dagegen VGH Bad.-Württ., VBlBW 1997, 266.
209 Vgl. etwa VGH Bad.-Württ., BRS 74 (2009), Nr. 89.
210 Die Privilegierung entfällt aber, wenn das Garagendach als Terrasse genutzt werden soll: insoweit ist gemäß § 5 Abs. 6 LBO jedenfalls ein Abstand von 2 m einzuhalten; vgl. dazu VGH Bad.-Württ., VBlBW 1999, 64.
211 Vgl. VGH Bad.-Württ., VBlBW 2006, 350.

S. 1 LBO Ausnahmen zugelassen werden, wenn die besonderen Einzelfallumstände einen geringeren Abstand zulassen.

Zur Vertiefung: Fall 7.   740

Besondere Schwierigkeiten hinsichtlich des Abstandsflächenrechts ergeben sich aus der   741
Verzahnung der Bestimmungen mit dem **Gebot der Rücksichtnahme.** Denn nach ständiger Rechtsprechung des Verwaltungsgerichtshofs konkretisieren die bauordnungsrechtlichen Abstandsflächentiefen grundsätzlich auch den im Rahmen des planungsrechtlichen Rücksichtnahmegebots erforderlichen Mindestschutz. Hinsichtlich der mit dem bauordnungsrechtlichen Abstandsflächenrecht geregelten Schutzbereiche Belichtung, Belüftung und Besonnung enthält das Abstandsflächenrecht daher grundsätzlich eine abschließende Interessenabwägung, die einer erneuten Kontrolle im Rahmen des Rücksichtnahmegebotes nicht mehr zugänglich ist.[212] Eine Konkretisierung – und damit Verdrängung – des Rücksichtnahmegebots findet jedoch nur insoweit statt, als die Belange mit dem Abstandsflächenrecht eine Regelung erfahren haben. Für andere Fragestellungen enthält das Abstandsflächenrecht eine abschließende Konkretisierung dagegen nicht, so dass insoweit auf das planungsrechtliche Rücksichtnahmegebot zurückgegriffen werden kann. Dies gilt etwa für die optisch erdrückende Wirkung eines Bauvorhabens,[213] für gesunde Wohn- und Arbeitsverhältnisse[214] oder die Gewährleistung eines störungsfreien Wohnens zur Wahrung des nachbarlichen Wohnfriedens.[215] Insoweit kann aber eine anderweitige gesetzliche Konkretisierung des für die Nachbarn Zumutbaren vorliegen (wie etwa in § 22 Abs. 1 BImSchG für Umwelteinwirkungen).[216]

2. Stellplatzanforderungen (§ 37 LBO)

Von praktischer Bedeutung sind überdies die Vorschriften zu Stellplätzen und Garagen,   742
die über § 37 Abs. 7 S. 2 LBO auch **drittschützenden** Charakter entfalten können. Wie sich bereits aus dem Wortlaut der Vorschrift ergibt, sind indes nur erhebliche Störungen zu berücksichtigen, überdies ist die Errichtung notwendiger Stellplätze durch die Nachbarn grundsätzlich hinzunehmen.

Angesichts der in § 6 Abs. 1 LBO enthaltenen Entscheidung des Gesetzgebers muss die   743
mit einer Grenzgarage verbundene Beeinträchtigung grundsätzlich hingenommen werden. Auch das Rücksichtnahmegebot kann daher erst eingreifen, wenn sich einzelfallbezogene Sonderumstände ergeben, insb. etwa im Hinblick auf den Standort der Garage.

Zur Vertiefung: Fall 7.   744

3. Das Verunstaltungsverbot (§ 11 LBO)

Materiellrechtliche Bedeutung kommt schließlich auch dem Verunstaltungsverbot zu.   745
Die gestalterischen Anforderungen aus § 11 LBO geben den Baurechtsbehörden aber

---

212   Vgl. etwa VGH Bad.-Württ., VBlBW 2008, 147; VGH Bad.-Württ., BauR 2015, 1984.
213   VGH Bad.-Württ., VBlBW 2008, 147 sowie NVwZ-RR 2012, 636 zum abgesenkten Schutzniveau im Gewerbegebiet. Vgl. zum kompetentiellen Problem auch BVerwG, NVwZ 1999, 879.
214   VGH Bad.-Württ., VBlBW 2005, 74: hinlängliche Erreichbarkeit des Hauseingangs, die bei einem „Zugangsschlauch" von 87 cm Breite nicht mehr gewahrt ist.
215   Vgl. VGH Bad.-Württ., VBlBW 2005, 312.
216   Vgl. VGH Bad.-Württ., VBlBW 2012, 354 für Lichtimmissionen.

nicht die Möglichkeit, dem Bauherrn eigene ästhetische Vorstellungen aufzuzwingen. Die Tatbestandsvoraussetzungen unterliegen **voller verwaltungsgerichtlicher Kontrolle.** Ein Eingreifen des Verunstaltungsverbots kommt nur in Betracht, wenn „der Anblick bei einem nicht unbeträchtlichen, in durchschnittlichem Maße für ästhetische Eindrücke aufgeschlossenen Teil der Betrachter nachhaltigen Protest auslöst",[217] die Grenze zur „Hässlichkeit" also klar überschritten ist und die Anlage „den Wunsch nach Abhilfe herausfordert".[218] Gleichwohl sind einheitliche Maßstäbe schwer zu bilden und die Entscheidungen daher von Einzelfallumständen geprägt. Juristisch von Bedeutung ist die tatbestandliche Anknüpfung an die Umgebung, so dass maßgeblich auf den Gebietscharakter abgestellt werden muss.

746 Von Bedeutung ist das Verunstaltungsverbot insb. auch für **Werbeanlagen** (vgl. § 11 Abs. 3 Nr. 1 LBO), die gemäß Nr. 9a) des zu § 50 erlassenen Anhangs einer Genehmigung bedürfen, sofern das Bagatellmaß von 1 qm Ansichtsfläche überschritten wird.[219] Dies gilt nach § 2 Abs. 9 S. 2 LBO auch dann, wenn es sich nur um Beschriftungen oder Bemalungen – und damit nicht um bauliche Anlagen – handelt.[220]

4. Örtliche Bauvorschriften (§ 74 LBO)

747 Der zulässige Inhalt möglicher Festsetzungen eines Bebauungsplans ist in § 9 BauGB abschließend bestimmt („numerus clausus" der Festsetzungen). Für darüber hinausgehende Regelungen kommt der Gemeinde aber die Möglichkeit des Erlasses örtlicher Bauvorschriften nach § 74 Abs. 1 Nr. 1 LBO zu. Die dort getroffenen Bestimmungen können gemäß § 74 Abs. 7 LBO („zusammen mit dem Bebauungsplan") sogar als Ergebnis eines **gemeinsamen Verfahrens** in dem Beschluss über den Bebauungsplan zusammengefasst werden. Selbst ein Hinweis darauf, dass in der Satzung auch örtliche Bauvorschriften enthalten sind, ist nach Rechtsprechung des Verwaltungsgerichtshofs in der Bekanntmachung des Planentwurfs nicht erforderlich, weil der Anstoßfunktion auch so Genüge getan sei. Allerdings muss sich jedenfalls aus dem Textteil ergeben, dass dem Gemeinderat bewusst war, dass er insoweit nicht einen Bebauungsplan, sondern eine örtliche Bauvorschrift beschlossen hat.[221]

748 Hinsichtlich der **Abwägung** kann nicht unmittelbar auf § 1 Abs. 7 BauGB zurückgegriffen werden, weil die Vorschrift nur für Bebauungspläne gilt. Auch aus § 74 Abs. 7 LBO ergibt sich nichts anderes, weil sich der Verweis nur auf verfahrensrechtliche Vorschriften bezieht. Die Abwägungspflicht folgt indes unabhängig hiervon aus dem Umstand, dass mit den örtlichen Bauvorschriften Inhalt und Schranken des Eigentums geregelt werden und hierfür die Interessen der Allgemeinheit und die privaten Interessen der Eigentümer in ein ausgewogenes Verhältnis gebracht werden müssen.[222]

749 *Zur Vertiefung: Fall 10.*

---

217 So BVerwG, NJW 1995, 2648 zu § 35 Abs. 3 Nr. 5 BauGB.

218 Vgl. VGH Bad.-Württ., VBlBW 2009, 466 für eine grelle Werbetafel, die den „Eindruck einer naturnahen grünen optischen Ruhezone massiv zerstört".

219 Für Werbeanlagen sind überdies auch außerhalb der baurechtlichen Vorschriften Besonderheiten zu beachten, wie etwa § 25 Abs. 1 NatSchG, § 33 Abs. 1 Nr. 3 StVO oder § 9 Abs. 6 FStrG.

220 Davon zu unterscheiden sind allerdings „Anschläge", die gemäß § 2 Abs. 9 S. 3 Nr. 2 LBO aus dem Baurechtsregime herausgenommen sind: Für Reaktionen gegen „wildes Plakatieren" erschien dem Gesetzgeber das baurechtliche Instrumentarium zu schwerfällig.

221 Vgl. VGH Bad.-Württ., VBlBW 2003, 123.

222 Vgl. VGH Bad.-Württ., VBlBW 2007, 220.

5. Sonstiges

Die LBO enthält darüber hinaus eine Reihe weiterer Vorgaben, etwa zur Erschließung (§ 4 Abs. 1 und § 33),[223] zum Abstand zu Waldflächen (§ 4 Abs. 3), zur Standsicherheit (§ 13), zum Brandschutz (§ 26) oder zu Mindestanforderungen an Aufenthaltsräume (§ 34 ff.), die aber regelmäßig keine besonderen Rechtsprobleme aufwerfen. Darüber hinaus ist ggf. an die bauordnungsrechtliche Generalklausel in § 3 Abs. 1 LBO zu denken.   750

Ähnlich wie § 31 Abs. 2 BauGB sieht § 56 LBO für das Bauordnungsrecht die Möglichkeit von **Ausnahmen und Befreiungen** vor, wobei allerdings für § 56 LBO kein Einvernehmen der Gemeinde erforderlich ist. Ein entsprechender Antrag wird regelmäßig als konkludent mit dem Bauantrag gestellt betrachtet werden können, so dass sich das Antragserfordernis in der Praxis nur für verfahrensfreie Vorhaben stellt (vgl. § 56 Abs. 6 LBO).   751

---

223 Vgl. zum Abwehrrecht des Nachbarn gegen die Baugenehmigung, wenn die Erschließung nur durch ein Notwegerecht gesichert warden kann: BVerwGE 50, 282; hierzu auch VGH Bad.-Württ., BWGZ 1995, 152.

C. RECHTSSCHUTZ

I. Rechtsschutz des Bauherrn

752 Die Erteilung einer Baugenehmigung stellt einen Verwaltungsakt dar, so dass in der Hauptsache **Verpflichtungsklage** zu erheben ist. Die Klagebefugnis ergibt sich aus § 58 Abs. 1 S. 1 LBO, weil die Norm – sofern von der Baurechtsbehörde zu prüfende öffentlich-rechtliche Vorschriften nicht entgegenstehen – einen Anspruch auf Erteilung der Baugenehmigung einräumt. Sofern die Gemeinde das Einvernehmen nach § 36 Abs. 1 BauGB versagt hat, ist sie – sofern nicht selbst Rechtsträger der Baurechtsbehörde – im Verwaltungsprozess notwendig beizuladen, um eine Rechtskrafterstreckung zu bewirken (vgl. § 121 Nr. 1 i.V.m. § 63 Nr. 3 VwGO). Angrenzer und Nachbarn müssen dagegen auch dann nicht notwendig beigeladen werden, wenn sie Einwendungen erhoben haben: Ihnen gegenüber greift angesichts der Umsetzungsbedürftigkeit nicht das Urteil, sondern erst die nachfolgend erteilte Baugenehmigung in vorhandene Rechtspositionen ein.

753 Die Anfechtungsklage gegen Eingriffsmaßnahmen wirft besondere prozessuale Probleme nicht auf. Die Anordnung der sofortigen Vollziehung nach § 80 Abs. 2 S. 1 Nr. 4 VwGO wird jedenfalls bei der Abbruchsverfügung regelmäßig nicht angezeigt sein, weil sie vollendete Tatsachen schafft.

II. Nachbarrechtsschutz

754 Besondere prozessuale Probleme wirft der Nachbarschutz auf, weil der Prüfungsgegenstand hier auf **nachbarschützende Normen** beschränkt ist. Ein bloßer Verstoß gegen objektiv-rechtliche Vorschriften kann dem Widerspruch daher nicht zum Erfolg verhelfen, insoweit ist bereits die Zuständigkeit der Widerspruchsbehörde nicht eröffnet. Objektiv-rechtliche Fehler, die mit dem Widerspruch aufgedeckt werden, können von der Fachaufsichtsbehörde – die regelmäßig mit der Widerspruchsbehörde identisch ist – zum Anlass für einen Selbsteintritt oder eine Weisung genommen werden. Vom Widerspruchsverfahren indes ist dies strikt zu trennen. Zentrale Frage in Nachbarprozessen ist daher, ob die einschlägige Norm „nachbarschützend" ist, was nach der Schutznormtheorie beantwortet werden muss.

755 Festsetzungen in einem Bebauungsplan sind grundsätzlich hinsichtlich der Art – nicht aber in Bezug auf das Maß – der baulichen Nutzung drittschützend und vermitteln einen sog. „Gebietswahrungsanspruch". Dieser bauplanungsrechtliche Nachbarschutz beruht auf dem Gedanken des wechselseitigen Austauschverhältnisses. Im Rahmen dieser „bau- und bodenrechtlichen Schicksalsgemeinschaft" soll jeder Nachbar, dessen Grundstück im Plangebiet liegt[224], das Eindringen einer gebietsfremden Nutzung und damit die schleichende Umwandlung des Baugebiets unabhängig von einer konkreten Beeinträchtigung verhindern können. Ein gebietsübergreifender Nachbarschutz dagegen wird im Grundsatz nur im Rahmen des Rücksichtnahmegebots und damit nur bei konkreten Beeinträchtigungen gewährt.[225] Ein von konkreten Beeinträchtigungen un-

---

224 Im Außenbereich gibt es dagegen keinen Gebietserhaltungsanspruch; vgl. VGH Bad.-Württ., 24.1.2012 – 3 S 20/11 sowie 23.6.2016 – 5 S 634/16.
225 Vgl. etwa BVerwG, NVwZ 2008, 427; VGH Bad.-Württ., VBlBW 2011, 395 sowie BauR 2011, 1800.

abhängiger gebietsübergreifender Schutz besteht nur ausnahmsweise und setzt einen entsprechend dokumentierten Planungswillen des Plangebers voraus.[226]

Drittschutz hinsichtlich des **Maßes** der baulichen Nutzung gilt nur, wenn sich aus dem Plan selbst (insb. der schriftlichen Begründung nach § 9 Abs. 8 BauGB) Anhaltspunkte dafür ergeben, dass die Festsetzungen gerade zum Schutz bestimmter Nachbarn erlassen worden sind – wie beispielsweise ein „Aussichtslage"-Schutz der zweiten Baureihe am Bodensee, der durch Höhenbegrenzungen in der ersten Baureihe sichergestellt wird. Umgekehrt kann sich aus dem Bebauungsplan auch ergeben, dass die festgesetzte Art der baulichen Nutzung nur eingeschränkten Drittschutz vermittelt – wie etwa hinsichtlich des „Einzelhandelsausschlusses" in kerngebietsfremden Gebieten, der nur dem Schutz von außerhalb des Plangebietes liegenden Interessen dient. Durch den Verweis in § 34 Abs. 2 BauGB auf die BauNVO gilt für „faktische Baugebiete" entsprechendes. 756

Vorgesehene **Baugrenzen** entfalten Drittschutz nur zugunsten der ihnen gegenüberliegenden Nachbargrundstücke.[227] 757

Bei Befreiungen nach § 31 Abs. 2 BauGB kommt es darauf an, ob von einer gerade den Antragsteller (**dritt-)schützenden Festsetzung** befreit wurde. Ansonsten besteht Nachbarschutz hier nur im Rahmen des Gebots der Rücksichtnahme, so dass über den Anspruch auf „Würdigung nachbarlicher Interessen" hinaus kein Anspruch auf eine ermessensfehlerfreie Entscheidung der Baugenehmigungsbehörde besteht.[228] 758

Das „**Einfügen**" in § 34 Abs. 1 BauGB dagegen dient nach ständiger Rechtsprechung **allein städtebaulichen Interessen** und vermittelt daher keinen Drittschutz.[229] Nachbarschutz kommt dem Einfügen in § 34 Abs. 1 BauGB daher nur im Rahmen des Gebots der Rücksichtnahme zu. Auch im Rahmen des § 35 BauGB kommt nur dem Gebot der Rücksichtnahme nachbarschützende Wirkung zu.[230] 759

Nachbarschutz im Bauordnungsrecht schließlich entfaltet insb. das Abstandsflächenrecht (§ 5 Abs. 7 LBO), die Stellplatzanforderung (§ 37 Abs. 7 S. 2 LBO), die „Würdigung nachbarlicher Interessen" bei der Erteilung von Befreiungen (§ 56 Abs. 5 S. 1 LBO) und die baurechtliche Generalklausel in § 3 Abs. 1 S. 1 LBO.[231] Verfahrensvorschriften werden von der Rechtsprechung nur selten als drittschützend anerkannt; bei Zuständigkeitsnormen ist dies jedenfalls dann nicht zu beanstanden, wenn ein Ermessensspielraum ohnehin nicht eingeräumt ist.[232] Anderes gilt aber dann, wenn das Verfahren auch der Absicherung nachbarlicher Rechte dient. So kann etwa bei unvollstän- 760

---

226 Vgl. hierzu VGH Bad.-Württ., BauR 2016, 252.

227 Vgl. VGH Bad.-Württ., VBlBW 2003, 470.

228 Vgl. BVerwG, NVwZ-RR 1999, 9; VGH Bad.-Württ., VBlBW 2008, 147. Besonders häufig sind in der Praxis Abweichungen von den festgesetzten Baugrenzen, so dass regelmäßig nur der gegenüberliegende Nachbar drittschützende Positionen geltend machen kann.

229 Vgl. BVerwG, BauR 1981, 354; VGH Bad.-Württ., VBlBW 2012, 354. Diese Rechtsprechung ist zwar zweifelhaft, weil auch im nichtbeplanten Innenbereich ein schützenswertes Interesse der Nachbarn auf Beibehaltung des Gebietscharakters bestehen dürfte; angesichts der klaren Aussagen des Bundesverwaltungsgerichts ist die Praxis aber festgelegt.

230 Vgl. BVerwG, NVwZ 2000, 552: Anknüpfungspunkt ist insoweit § 35 Abs. 3 Nr. 3 BauGB (schädliche Umwelteinwirkungen).

231 Ausschließlich im Interesse der Allgemeinheit steht dagegen das in § 33 Abs. 1 S. 1 LBO konkretisierte bauordnungsrechtliche Erfordernis einer gesicherten Erschließung; vgl. VGH Bad.-Württ., NVwZ-RR 2014, 732.

232 Vgl. VGH Bad.-Württ., VBlBW 2006, 314: Der dort behandelte Fall der Unzuständigkeit einer Gemeinde in eigener Sache nach § 48 Abs. 2 S. 1 LBO allerdings weist durchaus drittschützende Elemente auf.

digen Bauvorlagen die Einhaltung drittschützender Vorschriften (Berechnung der Abstandsflächen) nicht nachgeprüft werden.[233]

761 Der Begriff des „**Nachbarn**" geht dabei über den in § 55 Abs. 1 S. 1 LBO definierten Angrenzer hinaus und umfasst grundsätzlich jeden, der in dem von der Norm geschützten rechtlichen Interesse betroffen sein kann. Die räumliche Ausdehnung hängt daher sowohl vom Schutzzweck der Norm als auch vom Störungspotenzial der Anlage ab. Da § 15 Abs. 1 S. 2 BauNVO auch unzumutbare Störungen in der Umgebung des Baugebiets verbietet, besteht im Rahmen des Rücksichtnahmegebots auch ein „planübergreifender Nachbarschutz" für außerhalb des Geltungsbereichs des Bebauungsplans gelegene Grundstücke; der Gebietswahrungsanspruch dagegen besteht nur innerhalb des Plangebiets.[234]

762 Planungsrechtliche Belange, die als Inhalts- und Schrankenbestimmung i.S.d. Art. 14 Abs. 1 S. 2 GG eigentumsrechtliche Positionen konkretisieren, sind nach ständiger Rechtsprechung nur dem Schutz des Eigentums zu dienen bestimmt, der nachbarschützende Gehalt bauplanungsrechtlicher Normen ist daher grundsätzlich auf **dinglich Berechtigte** beschränkt.[235] Hierzu gehören indes auch das Mietrecht an einer Wohnung[236] und das Anwartschaftsrecht auf den Eigentumserwerb.[237]

763 Ein besonders scharfes Schwert zur Einschränkung von Nachbarklagen enthält die **Präklusionsregelung** des § 55 Abs. 2 LBO, die nach Auffassung des Verwaltungsgerichtshofs zwar verfassungsgemäß ist,[238] angesichts der weitreichenden Wirkungen aber sehr restriktiv gehandhabt wird.[239] Inhaltlich führt die Ausschlussbestimmung dazu, dass bereits innerhalb der Vier-Wochenfrist die behaupteten Beeinträchtigungen in materieller Hinsicht dargelegt werden müssen; später vorgetragene Gesichtspunkte können auch im Verwaltungsprozess nicht mehr berücksichtigt werden.

764 Die Rechtsprechung versagt dem Nachbarn auch eine Berufung auf drittschützende Vorschriften, die er seinerseits selbst nicht eingehalten hat. Paradebeispiel – aber nicht einziger Anwendungsfall – ist die Einhaltung des Grenzabstands. Es erscheint treuwidrig, auf der Einhaltung von Vorgaben zu beharren, gegen die man selbst verstoßen hat. Grenze dieses **Rügeausschlusses** ist aber, dass die Verletzung durch das angegriffene Vorhaben nicht schwerer wiegt, als der eigene Verstoß und in gefahrenrechtlicher Hinsicht keine völlig untragbaren Zustände entstehen.[240]

765 Richtige Verfahrensart des einstweiligen Rechtsschutzes für den Angriff auf den an einen Dritten gerichteten Verwaltungsakt (Baugenehmigung) ist ein Antrag nach § 80a Abs. 3 i.V.m. § 80 Abs. 5 VwGO, da in der Hauptsache Anfechtungsklage erhoben werden müsste und damit ausreichender Rechtsschutz durch Anordnung des **Suspensiveffekts** besteht (vgl. § 123 Abs. 5 VwGO). Der Antrag ist statthaft, weil dem Widerspruch gegen die dem Bauherrn erteilte Baugenehmigung gemäß § 80 Abs. 2 S. 1 Nr. 3 VwGO i.V.m. § 212a Abs. 1 BauGB keine aufschiebende Wirkung zukommt.

---

233 Vgl. hierzu VGH Bad.-Württ., 23.8.2012 – 3 S 1274/12.
234 Vgl. VGH Bad.-Württ., BauR 2011, 1800; VBlBW 1997, 62; BVerwG, NVwZ 2008, 427.
235 Vgl. VGH Bad.-Württ., VBlBW 2006, 394.
236 Vgl. BVerfGE 89, 1.
237 Vgl. BVerwG, NJW 1988, 1228.
238 Vgl. VGH Bad.-Württ., VBlBW 1998, 986.
239 Vgl. VGH Bad.-Württ., VBlBW 2008, 223; zur grundsätzlichen Unzulässigkeit der Bezugnahme auf in einem anderen Verfahren erhobene Einwendungen aber VGH Bad.-Württ., VBlBW 2010, 186.
240 Vgl. etwa VGH Bad.-Württ., 29.9.2010 – 3 S 1752/10.

Bauvorhaben des Bundes, des Landes oder anderer Gebietskörperschaften bedürfen gemäß § 70 Abs. 1 LBO keiner Baugenehmigung, sondern lediglich einer Zustimmung. Richtiger Rechtsbehelf etwa gegen die von einem Kinderspielplatz, einem Altglassammelcontainer oder einer Feuerwehrsirene ausgehenden Beeinträchtigungen ist daher die Unterlassungsklage;[241] materiell ist die Klage auf den öffentlich-rechtlichen Folgenbeseitigungsanspruch gestützt. 766

III. Normenkontrollen

Rechtsschutz besteht schließlich auch im Wege der verwaltungsgerichtlichen Normenkontrolle nach § 47 Abs. 1 VwGO. Dabei ist zu beachten, dass der zuständige Verwaltungsgerichtshof in Normenkontrollverfahren gemäß § 9 Abs. 3 S. 1 VwGO i.V.m. § 4 AGVwGO in der Besetzung mit fünf Berufsrichtern zu entscheiden hat.[242] 767

Dies gilt gemäß § 47 Abs. 1 Nr. 1 VwGO zunächst für den gemäß § 10 Abs. 1 BauGB als Satzung beschlossenen **Bebauungsplan**. 768

Auch **Flächennutzungspläne** können von den Zieladressaten mit der Normenkontrolle angegriffen werden.[243] Mangels Außenwirkung steht diese Möglichkeit Bürgern jedoch grundsätzlich nicht zu. Angesichts der durch § 35 Abs. 3 S. 3 BauGB bestehenden (mittelbaren) Außenwirkung hat das Bundesverwaltungsgericht die Normenkontrolle insoweit jedoch eröffnet.[244] Die gemeindliche Planungshoheit dagegen schließt auch das Recht ein, sich gegen Planungen anderer Stellen zur Wehr zu setzen, sofern hierdurch eigene Rechte verletzt werden können. Insoweit besteht sowohl die Möglichkeit, ein Einzelvorhaben anzugreifen,[245] als auch der Weg der vorbeugenden Feststellungs- oder Unterlassungsklage gegen den Erlass eines beabsichtigten Flächennutzungsplans.[246] 769

Das Erfordernis der Antragsbefugnis in § 47 Abs. 2 S. 1 VwGO setzt analog zur Klagebefugnis des § 42 Abs. 2 VwGO die Möglichkeit einer Rechtsverletzung voraus. Als mögliche Rechtsposition kommt dabei insb. die Berücksichtigung eines **privaten Belangs** in Betracht, der gemäß § 1 Abs. 7 BauGB in die Abwägung eingestellt und in der Abwägung „abgearbeitet" werden muss.[247] Bei der Ermittlung dieses notwendigen Abwägungsmaterials ist Vorsicht geboten, weil die Rechtsprechung hierbei außerordentlich großzügig verfährt und etwa auch das Interesse eines Nachbarn an der Beibehaltung des bestehenden Zustands ausreichen lässt, selbst wenn die ursprüngliche Festsetzung selbst nicht drittschützend war (z.B. Gebäudehöhe).[248] Ebenso wenig gilt eine räumliche Einschränkung auf den Geltungsbereich des Bebauungsplans; vielmehr können auch außerhalb des Plangebiets wohnende Personen antragsbefugt sein, soweit sie durch den Bebauungsplan in abwägungsrelevanten Belangen betroffen werden kön- 770

---

241 Vgl. etwa BVerwGE 79, 254; VGH Bad.-Württ., VBlBW 1998, 62.
242 Diese Besetzungsvorschrift findet allerdings nicht auf den Erlass einer einstweiligen Anordnung nach § 47 Abs. 6 VwGO Anwendung; vgl. VGH Bad.-Württ., Großer Senat, VBlBW 2009, 257. Ob dies mit dem Zweck der Norm, bei Eingriffen in den Gestaltungsraum der Legislative eine durch Erhöhung des Spruchkörpers garantierte Richtigkeitsgewähr zu sichern, übereinstimmt, erscheint indes fraglich.
243 Vgl. BVerwGE 119, 217.
244 Vgl. BVerwGE 128, 382.
245 Vgl. VGH Bad.-Württ., VBlBW 2007, 310.
246 Vgl. BVerwGE 40, 323.
247 Vgl. BVerwGE 107, 215.
248 Vgl. VGH Bad.-Württ., VBlBW 2012, 108.

nen.[249] Abwägungserhebliche Belange können sich schließlich auch für **nicht dinglich Berechtigte** ergeben, so dass für die Antragsbefugnis des § 47 Abs. 2 S. 1 VwGO die Eigentümerstellung nicht erforderlich ist.[250]

771 Nicht beachtlich sind aber **geringwertige** oder **nicht schutzwürdige** Belange (also insb. unter Verstoß gegen das Baurecht begründete Positionen) sowie solche Interessen, die für die Gemeinde bei ihrer Entscheidung **nicht erkennbar** waren. Auf die Frage, ob die geltend gemachte Verletzung des Abwägungsgebots nach den Planerhaltungsvorschriften beachtlich wäre, kommt es für die Antragsbefugnis dagegen nicht an.[251]

772 Unabhängig von der Möglichkeit einer eigenen Rechtsverletzung sind gemäß § 47 Abs. 2 S. 1 VwGO auch **Behörden** antragsbefugt, sofern sie den Bebauungsplan zu vollziehen haben.[252] Dies gilt indes nicht für eine Nachbargemeinde, weil diese den Bebauungsplan nicht anzuwenden hat.[253] Ihr steht die Antragsbefugnis aber dann zu, wenn die Möglichkeit der Verletzung in ihren Rechten besteht – was angesichts der in Art. 28 Abs. 2 GG verankerten Planungshoheit regelmäßig der Fall sein wird, sofern eine hinreichend konkrete Planung bereits besteht.[254] Darüber hinaus können sich Gemeinden nach § 2 Abs. 2 S. 2 BauGB auf die ihnen durch Ziele der Raumordnung zugewiesenen Funktionen berufen.

773 Ein Normenkontrollantrag kann nach § 47 Abs. 2 S. 1 VwGO nur innerhalb eines Jahres nach Bekanntmachung der Rechtsvorschrift gestellt werden. Nach Ablauf dieser **Frist** kann der Bebauungsplan nicht mehr für unwirksam erklärt werden; möglich bleibt aber eine Inzidentkontrolle, die dem Fristerfordernis nicht unterliegt.[255]

774 Die Zulässigkeit eines Normenkontrollantrags setzt nach der **Präklusionsregelung** in § 47 Abs. 2a VwGO weiter voraus, dass der Antragsteller auch bereits im Rahmen der öffentlichen Auslegung oder der beteiligten Öffentlichkeit (fristgerecht) Einwendungen erhoben hat, die ihn als Urheber erkennen lassen.[256] Einen Bezug zu einem eigenen abwägungserheblichen Belang müssen die Einwendungen dagegen nicht herstellen. Denn der Antragsteller kann sich im Normenkontrollverfahren auch auf Einwendungen berufen, die er zuvor nicht geltend gemacht hat. Dies gilt auch für Einwendungen, aus denen sich erstmals eine mögliche Verletzung in eigenen Rechten und damit die Antragsbefugnis ergibt.[257] Unzulässig ist der Normenkontrollantrag daher nur dann, wenn der Antragsteller im Verwaltungsverfahren gar keine (fristgerechten) Einwendungen geltend gemacht hat und er auf diese Rechtsfolge in der Bekanntmachung der Auslegung ordnungsgemäß hingewiesen worden ist.[258]

---

249 Vgl. etwa BVerwG, DVBl 2011, 1414; VGH Bad.Württ., VBlBW 2015, 335: jedenfalls diejenigen Belange von außerhalb des Plangebiets gelegenen Grundstücken dürfen nicht unberücksichtigt bleiben, die zwangsläufige Folge der Planung sind.
250 Vgl. etwa BVerwGE 131, 100 (101).
251 Vgl. etwa BVerwG, NVwZ 2010, 1246 m.w.N.
252 Vgl. VGH Bad.-Württ., VBlBW 2006, 232.
253 Vgl. VGH Bad.-Württ., NVwZ 1987, 1088.
254 Vgl. VGH Bad.-Württ., VBlBW 1999, 67.
255 Vgl. VGH Bad.-Württ., VBlBW 1999, 343. Noch nicht geklärt erscheint allerdings, wie sich der Ablauf der Frist aus § 215 Abs. 1 BauGB auf Inzidentkontrollen auswirkt. Da diese Frist keine prozessuale, sondern eine materielle Heilungsvorschrift darstellt, wird sie wohl auch auf Inzidentkontrollen erstreckt werden müssen.
256 Vgl. BVerwGE 153, 74.
257 Vgl. BVerwGE 153, 174.
258 Vgl. zu den Anforderungen an die ordnungsgemäße Belehrung BVerwGE 138, 84.

Eine **Beiladung** ist angesichts der Allgemeinverbindlichkeit des Entscheidungsaus- 775
spruchs nicht notwendig; § 47 Abs. 2 S. 4 VwGO ermöglicht aber eine einfache Beiladung, um den Betroffenen eine Verfahrensbeteiligung zu ermöglichen.

Nach in der Rechtsprechung teils vertretener Auffassung[259] fehlt es allerdings am 776
Rechtsschutzbedürfnis, wenn der Antragsteller auch bei Erfolg des Normenkontrollantrags nicht anders bauen könnte, als unter Geltung des angegriffenen Bebauungsplans.
Diese Rechtsprechung entspricht indes nicht den zum gleichheitswidrigen Begünsti-
gungsausschluss sonst geltenden Grundsätzen, weil im Falle der Unwirksamkeit nicht
ausgeschlossen werden kann, dass der Plangeber einen neuen und für den Antragsteller
günstigeren Bebauungsplan aufstellen wird.[260] Ein Rechtsschutzbedürfnis wird im
Hinblick auf den Gedanken der Treuwidrigkeit aber verneint werden können, wenn
der Antragsteller selbst zunächst den Bebauungsplan in Anspruch genommen hat, nunmehr aber die entsprechende Bebauung des Nachbargrundstücks verhindern will.[261]

Da Gegenstand der Normenkontrolle nur die Gültigkeit der angegriffenen Rechtsnorm 777
ist, kann in dieser Verfahrensart kein Anspruch auf **Normerlass** oder Normänderung
begehrt werden. Die Rechtsprechung lässt für diese Konstellation aber die Möglichkeit
einer Feststellungsklage zu. Damit wird einerseits dem Rechtsschutzinteresse der Kläger Genüge getan, umgekehrt aber durch die Vermeidung einer einklagbaren Leistung
auch dem im Gewaltenteilungsgrundsatz begründeten Respekt vor den rechtsetzenden
Organen Rechnung getragen.[262] Dementsprechend ist grundsätzlich auch das Begehren
auf Einbeziehung eines Grundstücks – mangels Rechtsgrundlage – unzulässig. Anderes
gilt nur dann, wenn die Aussparung willkürlich erscheint und die Einbeziehung damit
ausnahmsweise auf Art. 3 Abs. 1 GG gestützt werden kann.[263]

---

259 Vgl. VGH Bad.-Württ., VBlBW 1983, 140.
260 So auch BVerwG, NVwZ 2002, 1126.
261 Vgl. BVerwG, NVwZ 1992, 974: Verwirkung.
262 Vgl. BVerwGE 130, 52; 111, 276.
263 Vgl. VGH Bad.-Württ., VBlBW 1995, 204; BVerwG, NVwZ 2004, 1120.

D. VERTIEFUNGSFÄLLE

1. Fall: Baugenehmigung im Außenbereich

778 K ist Vollerwerbs-Landwirt und betreibt seinen landwirtschaftlichen Betrieb im Außenbereich der Gemeinde G. Er beantragte die Erteilung einer Baugenehmigung zum Neubau eines Milchvieh-Stalls mit Heubergeraum, eines Fahrsilos und eines Jauchebehälters. Der Stall soll mit dem Heubergeraum 50,91 m lang und 21,70 m breit, das Fahrsilo 4,65 m hoch sein. Der Jauchebehälter hat nach den Planunterlagen einen Durchmesser von 15,52 m und ein Fassungsvermögen von 800 cbm. Im Rahmen der Angrenzerbenachrichtigung sind verschiedene Einwendungen erhoben worden; insb. wird befürchtet, dass von dem Vorhaben unzumutbare Lärm- und Geruchsimmissionen ausgehen könnten.

779 Nachdem der Gemeinderat der Gemeinde G beschlossen hatte, das Einvernehmen zu versagen, lehnte das Landratsamt die beantragte Baugenehmigung unter Hinweis hierauf ab. Auch der Widerspruch blieb erfolglos. Das Regierungspräsidium äußerte im Widerspruchsbescheid zwar die Auffassung, die Voraussetzungen für die Erteilung der Baugenehmigung seien gegeben, weil das Bauvorhaben einem landwirtschaftlichen Betrieb diene, die Erschließung gesichert sei und wesentliche Emissionsbelastungen für die umliegenden Wohnhäuser angesichts des Abstandes von mindestens 600 m nicht zu erwarten seien. Gleichwohl wolle es sich nicht über die Nichterteilung des gemeindlichen Einvernehmens hinwegsetzen.

780 Mit der hiergegen erhobenen Klage verweist K insb. auf § 36 Abs. 2 S. 3 BauGB und meint, dass demnach bereits die Widerspruchsbehörde das fehlende Einvernehmen hätte ersetzen müssen. Jedenfalls aber seien die Voraussetzungen für die Erteilung der Baugenehmigung unstreitig erfüllt, so dass eine Sachprüfung durch das Gericht gar nicht mehr stattzufinden habe.

781 Das beklagte Land ist dem Antrag nicht entgegengetreten, die beigeladene Gemeinde hat keinen Antrag gestellt. Wie hat das Verwaltungsgericht zu verfahren und zu entscheiden?

Lösungshinweise

I. Zulässigkeit

782 Die Verpflichtungsklage gemäß § 113 Abs. 5 VwGO ist unproblematisch zulässig.

783 Wesentlich ist aber die **Beiladung** der Gemeinde – als verfahrensleitende Verfügung des Gerichts -, weil nur so die Rechtskrafterstreckung ihr gegenüber erreicht wird (§ 121 VwGO).[264]

II. Begründetheit

784 Die Klage ist auch begründet. Der Kläger hat einen Anspruch aus § 58 Abs. 1 S. 1 LBO auf Erteilung der begehrten Baugenehmigung, weil es sich um ein genehmigungsbe-

---

264 Vgl. zur Beiladung Kenntner, in: Quaas/Zuck, Prozesse in Verwaltungssachen, 2. Aufl. 2011, S. 358 ff.

dürftiges Vorhaben handelt, dem öffentlich-rechtliche Vorschriften, die von der Baurechtsbehörde zu prüfen sind, nicht entgegenstehen.

Offen bleiben kann dabei, ob bereits die Widerspruchsbehörde zur Ersetzung eines rechtswidrig versagten gemeindlichen **Einvernehmens** verpflichtet gewesen wäre oder insoweit ein Ermessensspielraum besteht.[265] Das versagte Einvernehmen muss jedenfalls durch das Verwaltungsgericht ersetzt werden. Dieses hat die Baugenehmigung ungeachtet des gemeindlichen Einvernehmens zu erteilen, wenn die Voraussetzungen für die Erteilung der Baugenehmigung vorliegen. Auch die Gemeinde ist nur aus planungsrechtlichen Gründen zur Versagung des Einvernehmens berechtigt.[266]

785

Der Anspruch setzt indes voraus, dass es sich um ein **genehmigungsbedürftiges Vorhaben** handelt. Ein Ausnahmetatbestand nach § 50 Abs. 1 LBO i.V.m. Nr. 1, 6 oder 11 des Anhangs liegt aber nicht vor. Die Anwendung des Kenntnisgabeverfahrens scheidet schon deshalb aus, weil sich das Vorhaben im Außenbereich befindet (vgl. § 51 Abs. 2 Nr. 1 LBO); im Übrigen ist das Kenntnisgabeverfahren gemäß § 51 Abs. 6 LBO nicht obligatorisch. Es verbleibt deshalb bei der Genehmigungsfähigkeit.

786

Entscheidend ist insoweit die Frage, ob dem Vorhaben öffentlich-rechtliche Vorschriften entgegenstehen, die **von der Baurechtsbehörde zu prüfen** sind (§ 58 Abs. 1 S. 1 LBO). Die letztgenannte Voraussetzung betrifft alle öffentlich-rechtlichen Normen, für die kein eigenständiges Genehmigungsverfahren besteht. Im Gegensatz zur früheren Rechtslage stellt die Baugenehmigung keinen „Schlusspunkt" der öffentlich-rechtlichen Prüfung dar;[267] vielmehr werden die unterschiedlichen Genehmigungen grundsätzlich unabhängig voneinander erteilt, so dass auch die Baugenehmigung nicht bedeutet, dass das geplante Vorhaben tatsächlich realisiert werden kann. Die erteilte Baugenehmigung zur Errichtung einer Spielhalle entfaltet beispielsweise weder Bindungswirkung hinsichtlich der Rechtsfragen, die in die Prüfungskompetenz der Gewerbebehörden fallen, noch begründet sie hinsichtlich gewerberechtlicher Erlaubnisvoraussetzungen oder Versagungsgründe Vertrauensschutz.[268] Demgemäß wird von der Baugenehmigung nur umfasst, was nicht einem eigenständigen Genehmigungsverfahren unterliegt.

787

Ob straßenrechtliche, immissionsschutzrechtliche, wasserrechtliche oder sonstige Vorschriften einem eigenständigen Genehmigungsverfahren unterliegen oder im Verfahren der Baugenehmigung zu prüfen sind (sog. **„Konzentrationswirkung"**),[269] ist durch eine Betrachtung des einschlägigen Fachrechts zu ermitteln. Häufig ist insoweit auch die interne Zustimmung der zuständigen Behörde erforderlich. Umgekehrt kann auch das Baugenehmigungsverfahren betroffen sein, wie etwa im Falle der wasserrechtlichen Gestattung, bei der nach § 98 Abs. 2 WG die Wasserbehörde für die Erteilung der Baugenehmigung zuständig ist.

788

Für die hier relevanten Fragen des Bauplanungsrechts ist die Baurechtsbehörde immer zuständig. Prüfungsmaßstab für Bauvorhaben im **Außenbereich** ist § 35 BauGB, der in Absatz 1 „privilegierte" Vorhaben generell für zulässig erklärt (weil derartige Betriebe im Innenbereich Spannungen verursachen), sofern öffentliche Belange (die in § 35 Abs. 3 BauGB weiter ausdifferenziert werden) nicht entgegenstehen. Nicht privilegierte

789

---

265 Vgl. hierzu – die Frage offen lassend – VGH Bad.-Württ., VBlBW 2012, 30.
266 Ein zu Unrecht versagtes Einvernehmen kann daher zu Amtshaftungsansprüchen führen!
267 Vgl. VGH Bad.-Württ., VBlBW 1996, 343.
268 Vgl. VGH Bad.-Württ., NVwZ-RR 2014, 643.
269 Vgl. etwa § 22 BImSchG, § 16 Abs. 6 StrG oder § 8 Abs. 1 DSchG.

Vorhaben sind gemäß § 35 Abs. 2 BauGB im Außenbereich dagegen grundsätzlich unzulässig.

790 Hier liegen die Voraussetzungen des § 35 Abs. 1 Nr. 1 (Legaldefinition der Landwirtschaft in § 201 BauGB nicht übersehen!) vor, auch die Erschließung ist gesichert. Zu prüfen ist daher nur, ob das Gebot der Rücksichtnahme in einer Einzelfallabwägung hier der Erteilung der Baugenehmigung entgegensteht. Dabei kann als Faustformel davon ausgegangen werden, dass sich die Rücksicht danach richtet, wie empfindlich die Beeinträchtigung ist (Entfernung, Windrichtung, Intensität ...) und wie schutzwürdig die Rechtspositionen sind (Wohngebäude selbst im Außenbereich? ...). Danach ist hier keine unzumutbare Beeinträchtigung zu erwarten.

791 Ein Verstoß gegen bauordnungsrechtliche Vorschriften ist nicht ersichtlich, so dass K Anspruch auf Erteilung der beantragten Baugenehmigung hat.

792 Hinsichtlich der Kosten kann erwogen werden, der Gemeinde – trotz fehlender Antragstellung – die Kosten aufzuerlegen (vgl. § 154 Abs. 3 Hs. 2 i.V.m. § 155 Abs. 4 VwGO); üblich ist dies indes nicht.

2. Fall: Lagerplatz im Außenbereich[270]

793 S ist Inhaber eines Zimmereibetriebs im Gewerbegebiet der Gemeinde R, die 4000 Einwohner zählt. In den achtziger Jahren expandierte der Betrieb und wuchs auf eine Größe von über 30 Mitarbeitern heran. Da ein geeignetes Betriebsgelände für den vergrößerten Betrieb im Ort nicht gefunden werden konnte, erwarb S ein außerhalb des bebauten Gebiets innerhalb landwirtschaftlich genutzter Flächen belegenes Grundstück an der B-Straße als Lagerplatz. Nach Aussage des S hatte der inzwischen verstorbene Bürgermeister vor dem Ankauf die entsprechende Benutzung erlaubt und versichert, gegen den Lagerplatz bestünden aus Sicht der Gemeinde keine Bedenken. Schriftliche Unterlagen hierzu hat S aber nicht mehr auffinden können.

794 Zwischenzeitlich ist die Wohnbebauung an den Lagerplatz herangerückt. Das Gelände nördlich der B-Straße, in dem auch der Lagerplatz liegt, ist im Bebauungsplan als reines Wohngebiet ausgewiesen. Auch das Gebiet südlich der B-Straße ist durch Wohnbebauung geprägt, ein Bebauungsplan existiert hier jedoch nicht. Westlich schließen sich noch immer landwirtschaftliche Nutzflächen an. Beschwerden gegen den Lagerplatz sind bislang nicht erhoben worden. Nach einer Ortsbegehung hielt der neue Kreisbaumeister den Lagerplatz gleichwohl für beanstandungsbedürftig und gab S daher Gelegenheit zur Stellungnahme. Dieser verwies danach auf die Zusagen der Gemeinde und die Tatsache, dass der Lagerplatz lange vor der Bebauung da gewesen sei. Die nachfolgende Bebauung habe daher stets vom Vorhandensein des Lagerplatzes ausgehen müssen.

795 Auch der neue Bürgermeister der Gemeinde R wandte sich an das Landratsamt und wies auf die Bedeutung des alteingesessenen und angesehenen Betriebs und insb. der Arbeitsplätze für die Gemeinde hin. Nach seinen Recherchen habe der Amtsvorgänger Herrn S gegenüber tatsächlich entsprechende Zusagen gemacht. Unterlagen hierüber seien aber auch bei der Gemeinde nicht vorhanden, weil die entsprechenden Absprachen offenbar mündlich erfolgt seien. Ausweislich der Planunterlagen sei bei Aufstellung des Bebauungsplans nicht über den Lagerplatz gesprochen worden; allerdings ent-

---

270 Angelehnt an Aufsichtsarbeit Nr. 8 der zweiten juristischen Staatsprüfung Herbst 1995, VBlBW 2000, 125.

halte die Akte einen Hinweis des Gewerbeaufsichtsamts auf den Lagerplatz. Warum dem nachfolgend keine Beachtung geschenkt worden sei, könne nicht mehr festgestellt werden. Eine Verlegung des Lagerplatzes erweise sich wegen des geringen Grundstücksangebots im Industriegebiet als kostspielig und schwierig; von einem anderen Unternehmer wisse er, dass erst nach einjähriger Suche ein geeignetes Gewerbegrundstück habe aufgefunden werden können.

Nachdem die Befassung des Landratsamts bekannt geworden ist, melden sich auch zwei Anwohner beim Baurechtsamt. Sie verweisen auf den teils heftigen und schon um 6:00 Uhr früh beginnenden Lastwagenverkehr sowie den Krach des eingesetzten Gabelstaplers und bitten um unverzügliche Abhilfe.   796

Wie wird das Landratsamt entscheiden?   797

Hätte ein Normenkontrollantrag des S gegen den Bebauungsplan Aussicht auf Erfolg?   798

Lösungshinweise

I. Tenor

1. Der in der B-Straße in R betriebene Lagerplatz ist innerhalb eines Jahres nach Bestandskraft dieser Verfügung abzubrechen; die dort gelagerten Baumaterialien sind zu beseitigen.

2. Sollten Sie der Verfügung Ziffer 1 nicht fristgerecht nachkommen, wird Ihnen die Festsetzung eines Zwangsgeldes in Höhe von 5.000 Euro angedroht.

3. Für diese Entscheidung wird eine Gebühr in Höhe von 100 Euro festgesetzt.

II. Abbruchsanordnung

Ermächtigungsgrundlage für die Abbruchsanordnung ist § 65 S. 1 LBO. Demnach ist das Landratsamt gemäß §§ 48 Abs. 1, 46 Abs. 1 Nr. 3 LBO, § 15 Abs. 1 Nr. 1 LVG zuständig.   799

1. Formelle Illegalität

Der Lagerplatz ist **genehmigungspflichtig** nach § 49 Abs. 1 i.V.m. § 2 Abs. 1 S. 3 Nr. 2 LBO (bzw. § 2 Abs. 1 S. 1 LBO falls Baustoffe – z.B. Kies oder Schotter – als Belag verwendet wurden). Genehmigungsfreiheit käme nach § 50 Abs. 1 LBO i.V.m. Nr. 11h) dem Anhang nur in Betracht, wenn der Lagerplatz eine Fläche von nicht mehr als 100 qm hätte, wovon nach den Sachverhaltsangaben nicht ausgegangen werden kann. Eine Baugenehmigung liegt nicht vor. Auch eine mündliche Erklärung des vormaligen Bürgermeisters könnte nicht als Baugenehmigung oder Zusicherung betrachtet werden: Insofern fehlt sowohl die Schriftform (§ 58 Abs. 1 S. 2 LBO) als auch die Zuständigkeit (Baugenehmigungsbehörde ist das Landratsamt).   800

2. Materielle Illegalität

Der Lagerplatz verstößt seit seiner Errichtung fortdauernd (sonst Art. 14 Abs. 1 GG) gegen materielle öffentlich-rechtliche Vorschriften. Der Lagerplatz war **bei Errichtung** als nicht-privilegiertes Vorhaben im Außenbereich nach § 35 Abs. 2 BauGB grundsätzlich unzulässig; da er inmitten landwirtschaftlich genutzter Flächen errichtet wurde,   801 standen wohl auch öffentliche Interessen i.S.d. § 35 Abs. 3 S. 1 Nr. 5 BauGB entgegen (Beeinträchtigung der natürlichen Eigenart und Verunstaltung des Landschaftsbildes).

802 **Seit Inkrafttreten des Bebauungsplans** widerspricht der Lagerplatz auch der festgesetzten Art der baulichen Nutzung: Im reinen Wohngebiet kann ein Lagerplatz für einen Handwerksbetrieb auch nicht ausnahmsweise nach § 3 Abs. 3 BauNVO zugelassen werden, da er nicht der Deckung des täglichen Bedarfs der Gebietsbewohner dient.

803 An die Festsetzungen des Bebauungsplans – der als Satzung Rechtsnormcharakter besitzt – ist das Landratsamt als untere Baurechtsbehörde gebunden. Ob der Verwaltung bei offensichtlicher Unwirksamkeit des Plans – die hier nicht vorliegt – die Befugnis zukommt, ihn bei Einzelfallentscheidungen unangewendet zu lassen, ist umstritten; richtiger Weise wird sie eher von der ihr in § 47 Abs. 2 S. 1 VwGO eingeräumten Antragsbefugnis zur Stellung eines Normenkontrollantrags Gebrauch machen müssen. Im Übrigen würde hier auch die Nichtigkeit des Bebauungsplans nicht zu einem günstigeren Ergebnis führen, weil dann die planungsrechtliche Zulässigkeit nach § 34 BauGB zu bemessen wäre. Da die nähere Umgebung aber den Charakter eines reinen Wohngebietes aufweist, verstößt der Lagerplatz insoweit gegen § 34 Abs. 2 BauGB i.V.m. § 3 BauNVO bzw. 34 Abs. 1 BauGB.

3. Herstellung rechtmäßiger Zustände auf andere Weise nicht möglich

804 Eine **nachträgliche Legalisierung** scheidet angesichts des fortdauernden Verstoßes gegen materielles Baurecht aus. Auflagen sind nicht geeignet die Illegalität des Lagerplatzes zu beheben; auch die bloße Nutzungsuntersagung (als milderes Mittel) kommt nicht in Betracht, da bereits der Lagerplatz als solcher baurechtswidrig ist.

4. Fehlerfreie Ermessensausübung

805 Die **Ermessensbetätigung** ist nicht zu beanstanden, weil angesichts des erheblichen Konfliktpotenzials (Nachbarbeschwerden) ein öffentliches Interesse an der Beseitigung besteht. Ein schutzwürdiger Vertrauenstatbestand steht nicht entgegen und ein Verwirkungstatbestand liegt nicht vor (selbst die passive Duldung aufgrund behördeninterner Prüfung vermittelt keinen Vertrauenstatbestand!). Mildere Mittel sind nicht ersichtlich und die Frist erscheint im Hinblick auf die Erforderlichkeit der Suche eines anderweitigen Lagerplatzes nicht unangemessen.

III. Beseitigungsverfügung

806 Die Beseitigungsverfügung findet ihre Rechtsgrundlage in § 65 S. 2 LBO, da es sich bei den gelagerten Materialien als solchen nicht um eine (bauliche) Anlage handelt.[271]

IV. Zwangsgeldandrohung

807 Auch die Zwangsgeldandrohung ist nicht zu beanstanden, sie beruht auf §§ 23, 20 LVwVG. Wichtig ist hier, dass die festgesetzte **Frist** nach Eintritt der Bestands- bzw. Rechtskraft liegt, da andernfalls die Anordnung der sofortigen Vollziehbarkeit erforderlich wäre (vgl. § 2 LVwVG)! Die Höhe des Zwangsgelds ist am Vorteil der Nichtbeachtung auszurichten; eine Begründung erfolgt regelmäßig nur bei hohen Beträgen.

---

271 Vgl. VGH Bad.-Württ., VBlBW 1985, 457.

Die Gebührenfestsetzung beruht auf §§ 1, 2 LGebG. Abschließend ist eine Rechtsmittelbelehrung beizufügen. 808

V. Erfolgsaussichten eines Normenkontrollantrags

Nach § 47 Abs. 2 S. 1 VwGO muss der Antragsteller Tatsachen vortragen, die es zumindest als möglich erscheinen lassen, dass er durch die Festsetzungen des Bebauungsplans in einem subjektiven Recht verletzt wird. In Betracht kommt hierfür das in § 1 Abs. 7 BauGB enthaltene Abwägungsgebot, das drittschützenden Charakter hinsichtlich derjenigen privaten Belange hat, die abwägungserheblich sind. Im vorliegenden Fall hat die Gemeinde R den bestehenden Lagerplatz bei der Aufstellung des Bebauungsplans gänzlich unberücksichtigt gelassen. Maßgeblich ist deshalb die Frage, ob dieser Lagerplatz abwägungserheblich gewesen wäre. Dies ist nur bei objektiv geringwertigen oder nicht schutzwürdigen Interessen zu verneinen. Da der Lagerplatz von Anfang an baurechtswidrig war und damit keinen Bestandsschutz genießt, kann er der Fallgruppe der **nicht schutzwürdigen Interessen** zugeordnet werden. Damit fehlt bereits die Antragsbefugnis. Darüber hinaus dürfte auch die Antragsfrist verstrichen sein. 809

3. Fall: Ärger mit der Nutzungsänderung

Nach bestandenem Staatsexamen hatte sich C als selbstständiger Rechtsanwalt zugelassen und für die Tätigkeit einen Raum seiner publikumsgünstig im Zentrum gelegenen Wohnung umgebaut. Das Gebiet, für das ein Bebauungsplan nicht vorliegt, war zwar ausschließlich mit Wohnhäusern bebaut; angesichts der geringen Größe seines Büros, den vorhandenen drei Stellplätzen und dem kaum ins Gewicht fallenden Kundenverkehr hielt C die Tätigkeit aber für unproblematisch. Gleichwohl erließ die Stadt unmittelbar nachdem er sein Praxisschild angebracht hatte eine Nutzungsuntersagung gegen die ihrer Meinung nach unzulässige Entfremdung des Wohncharakters. C lies die Angelegenheit auf sich beruhen, weil er sich mittlerweile ohnehin entschlossen hatte, doch in der renommierten Kanzlei seines Onkels mitzuarbeiten. 810

Zwei Jahre später überwarf sich C mit seinem Onkel und entschloss sich, erneut selbstständig tätig zu werden. Er beantragte daher das Verfahren über die Nutzungsuntersagung wiederaufzugreifen und ihm eine entsprechende Genehmigung zu erteilen. Dies lehnte die Stadt indes unter Verweis auf die bestandskräftige Nutzungsuntersagung ab. Anlass für eine erneute Sachentscheidung sei nicht ersichtlich, vielmehr erweise sich die gewünschte Aufnahme einer Tätigkeit als Freiberufler auch bei erneuter Überprüfung als planungsrechtlich unzulässig. 811

C ist verblüfft und hält das Vorgehen der Stadt für verfassungswidrig. Er meint, nur weil er damals kein Interesse mehr an der weiteren Nutzung gehabt habe, könne ihm die Ausübung seiner verfassungsrechtlich geschützten Eigentumspositionen doch nicht für alle Zeiten verwehrt werden. Derartige Rechtsfolgen könnten sich allenfalls aus Gerichtsurteilen ergeben. Er erhebt Widerspruch und trägt vor, da die Stadt eine erneute Sachprüfung vorgenommen habe, könne diese auch von der Widerspruchsbehörde überprüft werden. Tatsächlich stelle die angestrebte Nutzung angesichts ihres geringen Umfangs aber eine auch im Wohngebiet zulässige Form freiberuflicher Betätigung dar. Die Stadt erwidert dagegen, sie habe nur eine „wiederholende Verfügung" ohne erneute Sachentscheidung getroffen, so dass es bereits an einer Regelung fehle, die Gegenstand eines Widerspruchs sein könne. 812

813 Da C sich auf das Strafrecht spezialisiert hat, sucht er bei einem Studienfreund, der zwischenzeitlich Fachanwalt für Verwaltungsrecht geworden ist, um Rat nach, welches Vorgehen am sinnvollsten erscheint.

814 Außerdem trägt C auch noch ein Problem seiner Freundin F vor, die ebenfalls Ärger mit der Baubehörde hat. F wohnt im ehemaligen Haus ihrer Oma in einem anderen Stadtteil, dessen Bebauung einem allgemeinen Wohngebiet entspricht. Da das Haus über einen großen Garten mit alten Hundezwingern verfügt, hat F angefangen, eine Pensionstierhaltung für Hunde zu betreiben. Im Moment betreut sie sieben Hunde, während der Schulferien sind es aber teils auch deutlich mehr Tiere. Auch F ist von der Behörde auf die Gebietsunverträglichkeit der aufgenommenen Nutzung hingewiesen worden und bittet um Rat.

Lösungshinweise

I. Nutzung der Räume als Rechtsanwaltsbüro

1. Anfechtungswiderspruch gegen den neuen Bescheid?

815 Der von C eingelegte Widerspruch setzt zwar einen Verwaltungsakt voraus, dieser ist jedoch auch bei einer sog. „wiederholenden Verfügung" gegeben. Der regelnde Charakter der Entscheidung ist dann aber nur verfahrensrechtlicher Natur und bezieht sich auf die Frage, ob die Behörde eine erneute Sachentscheidung trifft oder sich auf die bestehende Bestandskraft beruft. Auch das Institut der Bestandskraft stellt keine absolute Sperre für eine erneute Befassung mit dem beschiedenen Begehren dar, vielmehr statuiert § 51 LVwVfG Verfahrenswege, nach denen trotz Vorliegens eines bestandskräftigen Verwaltungsakts in eine Prüfung einzutreten ist, ob der Bescheid aufgehoben und eine neue Sachentscheidung getroffen werden muss. Gegenstand des Antrags auf Wiederaufgreifen des Verfahrens ist damit aber nur die Frage, ob die Behörde eine erneute Sachentscheidung trifft. Die Entscheidung über den Wiederaufgreifensantrag ist allein verfahrensrechtlicher Natur und erschöpft sich in dem Regelungsgegenstand, ob sich die Behörde auf die Bestandskraft beruft und es so bei der bereits getroffenen Entscheidung verbleibt (sog. „wiederholende Verfügung") oder ob diese aufgehoben und anschließend eine neue Sachentscheidung getroffen wird (sog. „Zweitbescheid"). Insoweit steht C ein Anspruch auf ermessensfehlerfreie Entscheidung zu (vgl. § 51 Abs. 5 LVwVfG).[272]

816 Handelte es sich bei der von C angegriffenen Verfügung um eine derartig „wiederholende Verfügung", wäre die Anfechtung daher sinnlos. Mit der Aufhebung könnte er seine Rechtsstellung nicht verbessern. Sachdienlich wäre dann allein die auf eine Verpflichtung der Stadt zum Wiederaufgreifen des Verfahrens gerichtete Klage, bzw. – da es sich um eine Ermessensentscheidung handelt – das Begehren, über den Antrag erneut und in ermessensfehlerfreier Weise zu entscheiden. Nur wenn die Stadt mit der Verfügung bereits eine erneute Sachentscheidung („Zweitbescheid") getroffen hätte, könnte C diese auch materiell überprüfen lassen.

817 Die damit maßgebliche **Abgrenzungsfrage**, ob mit dem Ablehnungsbescheid eine erneute Sachentscheidung getroffen worden ist, kann aber nicht bereits aus der Tatsache beantwortet werden, dass die Behörde in eine erneute Sachprüfung eingetreten ist. Denn auch ein Bescheid, mit dem das Wiederaufgreifen des Verfahrens nach § 51

---

272 Vgl. hierzu VGH Bad.-Württ., VBlBW 2009, 226 m.w.N.

Abs. 5 i.V.m. §§ 48, 49 LVwVfG abgelehnt worden ist, bedarf der sachlichen Prüfung. Die fehlerfreie Betätigung des der Behörde eingeräumten Ermessens setzt voraus, dass sie alle für die Entscheidung erheblichen Umstände in ihre Erwägungen einbezogen hat, wozu insb. eine Überprüfung der Rechtmäßigkeit des Ablehnungsbescheids gehört. Der Umstand, dass die Behörde bei der Verbescheidung des Wiederaufgreifensantrags sachliche Erwägungen zur Rechtmäßigkeit des ursprünglichen Verwaltungsakts anstellt, belegt daher nicht, dass sie das Verfahren tatsächlich bereits wiederaufgegriffen und damit eine erneute verwaltungsgerichtliche Kontrolle in der Sache eröffnet hat. Vielmehr können derartige Ausführungen auch der Darlegung derjenigen Erwägungen dienen, die die Behörde dazu bewogen haben, von dem ihr eingeräumten Ermessen auf Wiederaufgreifen des Verfahrens keinen Gebrauch zu machen.

Maßgeblich für die Abgrenzungsfrage ist daher allein der – aus objektiver Empfängersicht zu beurteilende – **Regelungsgegenstand** der Verfügung. Entscheidet sich eine Behörde danach, eine erneute Sachentscheidung nicht zu treffen, wird diese verfahrensrechtliche Regelung auch durch materielle Ausführungen zur Rechtmäßigkeit des Ausgangsbescheids nicht beeinträchtigt. Dies gilt sogar dann, wenn zur Begründung des abgelehnten Wiederaufgreifens auf Gesichtspunkte zurückgegriffen wird, die in der Begründung des ursprünglichen Bescheids nicht zur Sprache gekommen sind.[273] Derartige Erwägungen dürften zur fehlerfreien Ermessensausübung sogar geboten sein, wenn diese Gesichtspunkte von tragender Bedeutung für die Begründung des gestellten Wiederaufgreifensantrags waren. Gegenstand der Klage ist hier deshalb allein die Frage, ob über den Antrag auf Wiederaufgreifen des Verfahrens in ermessensfehlerfreier Weise beschieden worden ist. | 818

Nach dem für einen objektiven Empfänger erkennbaren Behördenwillen ist hier aber keine erneute Sachentscheidung getroffen. Die angestellten Begründungserwägungen besagen nichts anderes, da sie nur offen legen, warum von dem nach § 51 Abs. 5 LVwVfG eröffneten Ermessen kein Gebrauch gemacht worden ist. | 819

2. Verpflichtungswiderspruch auf Neubescheidung des Antrags auf Wiederaufgreifen des Verfahrens

Sachdienlich ist daher allein der Versuch, eine positive **Wiederaufgreifensentscheidung** zu erhalten. Die dann getroffene Sachentscheidung ist der gerichtlichen Kontrolle zugänglich. Rechtsgrundlage hierfür ist § 51 Abs. 5 LVwVfG, der ein subjektives Recht auf fehlerfreie Ermessensbetätigung vermittelt. | 820

Voraussetzung hierfür ist zunächst, dass sich die beanstandete Nutzungsuntersagung als **rechtswidrig** erweist. Ermächtigungsgrundlage für die Nutzungsuntersagung ist § 65 S. 2 LBO, danach ist eine in Widerspruch zu öffentlichen Vorschriften (die von der Baurechtsbehörde zu prüfen sind) stehende Nutzung erforderlich. | 821

Angesichts der Tatsache, dass eine Nutzungsuntersagung regelmäßig keine irreversiblen Folgen auslöst, kann sie grundsätzlich auch bei **formeller Baurechtswidrigkeit** angeordnet werden. Falls damit aber gewerbliche Tätigkeiten oder andere Nutzungen von ähnlichem Gewicht beeinträchtigt werden, wird dem meist der Verhältnismäßigkeitsgrundsatz im Wege stehen. Dies gilt zwar nicht für vorläufige Untersagungen, mit denen eine nicht offenkundig zulässige Nutzung bis zur Klärung im Genehmigungsverfahren unterbunden und dem „Schwarznutzer" der ungesetzliche Vorteil entzogen wer- | 822

---

273 Vgl. BVerwGE 13, 99.

den soll. Um die materielle Genehmigungsfähigkeit prüfen zu können, kann die Baurechtsbehörde hier – wie bei der Baueinstellung nach § 64 Abs. 1 LBO – eine vorläufige Nutzungsuntersagung verfügen, die regelmäßig auch mit Sofortvollzug zu versehen ist.[274] Die dauerhafte Nutzungsuntersagung setzt in derartigen Konstellationen aber regelmäßig auch einen Verstoß gegen die **materiellen Vorgaben** des Baurechts voraus.[275]

823　Dieser ist nach den Sachverhaltsangaben aber zu verneinen. Planungsrechtlich dürfte hier vom Maßstab eines reinen Wohngebietes auszugehen sein, weil die Umgebung „ausschließlich" mit Wohnhäusern bebaut ist. Nach § 34 Abs. 2 BauGB i.V.m. § 3 Abs. 3 BauNVO ist eine Rechtsanwaltskanzlei damit auch nicht ausnahmsweise zulässig. Über diese gebietsbezogene Festsetzung hinaus sieht § 13 BauNVO aber eine Privilegierung der Berufsausübung **freiberuflich Tätiger** vor.[276] Dabei ist die Differenzierung zulässiger „Räume" in Wohngebieten von den sonst möglichen „Gebäuden" zu beachten. Für die Abgrenzung ist maßgeblich auf den Schutzzweck der Regelung abzustellen: Demnach muss der Gebietscharakter gewahrt werden. In einem reinen Wohngebiet etwa darf das Wohnhaus durch die zusätzliche berufliche Nutzung daher nicht dem Wohnen entfremdet werden. Dies wird regelmäßig nicht anzunehmen sein, solange nicht mehr als die Hälfte der Wohnungen und der Fläche in Anspruch genommen werden. Angesichts der Sachverhaltsangaben ist die von C erstrebte Nutzung daher vom Anwendungsbereich des § 13 BauNVO erfasst. Sonstige Verstöße sind nicht ersichtlich, insb. ist auch ein ausreichendes Parkplatzangebot i.S.v. § 37 Abs. 2 LBO vorhanden.

824　Die bloße Rechtswidrigkeit eines Bescheides führt aber noch nicht zu einer Ermessensverengung, vielmehr setzt der Anspruch auf Wiederaufgreifen des Verfahrens ein den von § 51 Abs. 1 LVwVfG geregelten Fällen vergleichbares Gewicht voraus.[277] Die Aufrechterhaltung muss demnach **„schlechthin unerträglich"** sein oder als Verstoß gegen Treu und Glauben erscheinen. Die hierfür erforderliche „offensichtliche" Fehlerhaftigkeit des Bescheids dürfte angesichts der bei Anwendung des § 13 BauNVO erforderlichen Einzelfallwürdigung nicht anzunehmen sein.

825　Verfahrensrechtlich ist überdies fraglich, ob A überhaupt ein **Rechtsschutzbedürfnis** hat. Das Wiederaufgreifensverfahren wäre nämlich überflüssig und ein Genehmigungsantrag der einfachere und schnellere Weg, wenn die bestandskräftige Nutzungsuntersagung einer jetzt beantragten Genehmigung nicht entgegenstehen würde.

3. Neues Genehmigungsverfahren

826　Die Nutzungsänderung ist genehmigungspflichtig und ein Bauantrag damit statthaft, weil die neue Nutzungsform Rechtsanwaltskanzlei anderen Anforderungen unterliegt als die bisherige Wohnnutzung (vgl. §§ 50 Abs. 2, 2 Abs. 12 LBO). Dies ergibt sich bereits formal aus dem neu anzuwenden Maßstab des § 13 BauNVO, wäre aber auch bei gleichbleibenden Rechtsgrundlagen der Fall, wenn sich deren Beurteilung materiell ver-

---

274　Vgl. VGH Bad.-Württ., VBlBW 2007, 226 sowie für die Nutzungsaufnahmeuntersagung VBlBW 2011, 28.
275　Vgl. VGH Bad.-Württ., NVwZ 1990, 480; VBlBW 2007, 226.
276　Vgl. hierzu BVerwGE 102, 351.
277　Vgl. BVerwGE 135, 137 m.w.N.; anderes gilt nur, wenn ein Wiederaufgreifen unionsrechtlich – insb. bei einem Verstoß gegen die Vorlagepflicht des Art. 267 Abs. 3 AEUV nach den vom EuGH entwickelten Kühne&Heitz-Grundsätzen – geboten ist.

ändert und sich die Genehmigungsfrage daher neu stellt, etwa im Hinblick auf die Stellplätze.

Der Genehmigung steht aber die **Bestandskraft** der Nutzungsuntersagung entgegen. Denn mit dieser ist zwischen den Beteiligten bindend entschieden, dass eine Nutzung des Wohnraums als Rechtsanwaltskanzlei unzulässig ist. Sinn der Bestandskraft ist es gerade, dass über die entschiedene Frage – bei unveränderter Sach- und Rechtslage – nicht erneut gestritten werden muss.   827

Angesichts der Ausstrahlungswirkung des Art. 14 Abs. 1 GG hat das Bundesverwaltungsgericht eine derartig weitreichende und in die Zukunft wirkende Bindung behördlicher Entscheidung im Baurecht indes für unverhältnismäßig gehalten und behält den Nutzungsausschluss des Eigentums der **gerichtlichen** Entscheidung vor.[278] Nur dann sei eine hierfür erforderliche umfassende Prüfung durch eine unabhängige Stelle gewährleistet. Im Baurecht kommt behördlichen Versagungsbescheiden eine materielle Bindungswirkung danach nicht zu.   828

4. Ergebnis

Im Ergebnis ist C deshalb zu raten, einen neuen Bauantrag zu stellen. Vorsichtshalber kann er überdies den eingelegten Widerspruch aufrechterhalten und klarstellen, dass es sich hierbei um einen Verpflichtungswiderspruch hinsichtlich seines Antrags auf Wiederaufgreifen des Verfahrens handelt.   829

II. Hundehaltung

Rechtsgrundlage für die Nutzungsuntersagung ist auch hier § 65 S. 2 LBO.   830

Mangels Baugenehmigung liegt zunächst eine **formelle Baurechtswidrigkeit** vor, weil die Nutzungsänderung angesichts des von der genehmigten Wohnnutzung abweichenden Störungspotenzials gemäß § 2 Abs. 12 LBO der Genehmigungspflicht unterliegt.   831

Materiell ist die Zulässigkeit des Vorhabens an § 34 Abs. 2 BauGB i.V.m. § 4 BauNVO zu messen, weil die Umgebungsbebauung nach den Sachverhaltsangaben einem allgemeinen Wohngebiet entspricht.   832

Nach der **Zweckbestimmung** des § 4 Abs. 1 BauNVO dienen allgemeine Wohngebiete vorwiegend dem Wohnen, Anlagen für soziale oder gesundheitliche Zwecke sind nach § 4 Abs. 2 Nr. 3 BauNVO indes zulässig. Angesichts der planungsrechtlichen – auf die Wohnnutzung bezogenen – Perspektive der Vorschrift ist der Begriff „sozial" hier aber eng zu verstehen und umfasst nur solche Zwecke, die der öffentlichen Fürsorge oder der Jugendwohlfahrt dienen.[279] Selbst ein ohne Gewinnerzielungsabsicht betriebenes Tierheim oder -asyl dürfte den Voraussetzungen daher nicht entsprechen. Gemeinschaftsunterkünfte für Asylbewerber[280] sowie Kindertagesstätten[281] sind dagegen als Anlagen für soziale Zwecke im Sinne der Baunutzungsverordnung zu qualifizieren.   833

---

278 Vgl. BVerwGE 48, 271. Diese Einschätzung lässt sich indes schwer mit den Besonderheiten des Art. 14 Abs. 1 S. 2 GG begründen. Denn warum im Fall einer durch Art. 12 Abs. 1 GG geschützten Berufserlaubnis – etwa bei Versagung der Anerkennung eines ausländischen Abschlusses – anderes geltend sollte, ist nicht ersichtlich. Faktisch wird mit der Entscheidung daher die Reichweite der behördlichen Bestandskraft im Falle von Grundrechtsbeeinträchtigungen reduziert.

279 Vgl. VGH Bad-Württ., VBlBW 1995, 208.

280 Vgl. BVerwG, NVwZ 1998, 173; VGH Bad.-Württ., VBlBW 2016, 113.

281 Vgl. VGH Bad.-Württ., BauR 2014, 533: Eine Kindertagesstätte ist in einem allgemeinen Wohngebiet als Anlage für soziale oder gegebenenfalls auch kirchliche Zwecke allgemein zulässig.

834 Angesichts des Störungspotenzials kann das Vorhaben auch nicht ausnahmsweise als nicht störender Gewebebetrieb i.S.d. § 4 Abs. 3 Nr. 3 BauNVO zugelassen werden, vielmehr wird die Eigenart des **Gebietscharakters** hierdurch gesprengt. Zwar gehört auch die Hundehaltung zu den typischen Belastungen, die mit der Wohnnutzung einhergehen. Dies gilt indes nicht für die hier angestrebte Art der Haltung (Außenzwinger) und die Anzahl der Hunde.[282] Insoweit wird die Störung des im allgemeinen Wohngebiet geschützten Ruhebedürfnisses nicht nur quantitativ gesteigert, sondern durch das gegenseitige An- und Mitbellen regelmäßig auch intensiviert. Eine andere Beurteilung kann auch angesichts des großen Gartens nicht angenommen werden, weil sich die Lärmbeeinträchtigung dennoch in relevanter Weise für die Nachbarn bemerkbar macht.

835 Schließlich kann die Hundepension auch nicht als Nebenanlage i.S.d. § 14 Abs. 1 S. 1 BauNVO qualifiziert und genehmigt werden. Zwar können Hunde möglicherweise noch als Kleintiere i.S.d. § 14 Abs. 1 S. 2 BauNVO angesehen werden,[283] auch insoweit darf die Anlage aber der Eigenart des Baugebiets nicht widersprechen. Dabei sind die konkreten Einzelfallumstände maßgeblich, Pferdehaltung widerspricht etwa grundsätzlich der Eigenart eines allgemeinen Wohngebietes.[284] Dementsprechend ist auch ein Bootslagerplatz im Wohngebiet als unzulässig bewertet worden.[285] Schließlich setzt § 14 BauNVO auch eine funktionale Unterordnung voraus, so dass der jeweilige Umfang der Hunde- oder sonstigen Tierhaltung im Einzelnen geprüft werden muss. Angesichts des Umfangs der Hundehaltung, die hier auf Dauer angelegt und auf Gewinnerzielung ausgerichtet ist, liegt im Übrigen auch keine funktionale Unterordnung, sondern eine Hauptnutzung vor, die der Inanspruchnahme des § 14 BauNVO entgegensteht.

4. Fall: Bebauungsgenehmigung[286]

836 B ist Eigentümer des 3.000 qm großen Grundstücks Flurstück Nr. 700 im Gewann „Hochberg" der kreisangehörigen Gemeinde Wachenstein, das er mit einem zweigeschossigen Wohnhaus mit einer Grundfläche von insgesamt 600 qm bebauen möchte. Das Siedlungsgebiet ist sehr locker, aber im Wesentlichen einheitlich bebaut. Die vorhandene Bebauung nutzt die Grundstücke mit einer Grundflächenzahl von durchschnittlich 0,2 und einer Geschoßflächenzahl von etwas mehr als 0,4 aus; die Dachformen sind unterschiedlich, zum Teil sind aber auch zweigeschossige Flachdachbauten vorhanden.

837 Der von seinem Architekten verfasste Antrag auf Erteilung einer Bebauungsgenehmigung wurde vom Landratsamt Heilbronn mit Bescheid vom 4. Juli jedoch abgelehnt, den Widerspruch wies das Regierungspräsidium Stuttgart durch Bescheid vom 25. Juli zurück. Zur Begründung wurde darauf verwiesen, dass der Gemeinderat von Wachenstein sein Einvernehmen einstimmig versagt habe. Die Gemeinde habe ausgeführt, das Grundstück liege im Geltungsbereich des im Jahr 2002 aufgestellten Bebauungsplans

---

282 Vgl. hierzu VGH Bad.-Württ., NVwZ-RR 1990, 64; BWGZ 1996, 445.
283 Vgl. VGH Bad.-Württ., NVwZ-RR 1990, 64.
284 Vgl. hierzu VGH Bad.-Württ., BauR 2013, 2001; zur Zulässigkeit der Taubenhaltung dagegen Nds. OVG, NdsVBl 2010, 50.
285 Vgl. VGH Bad.-Württ., VBlBW 2011, 395.
286 Angelehnt an Aufsichtsarbeit Nr. 7 der zweiten juristischen Staatsprüfung Frühjahr 1998, VBlBW 2003, 293.

„Hochberg", der für das Grundstück des B die Festsetzung „öffentliche Grünfläche (Gemeinbedarf)" enthalte. In der Planbegründung werde dargelegt, dass das Grundstück wegen seiner exponierten Lage für Einrichtungen bestimmt werde, die der Erholung der Bevölkerung, Kurgästen und zum Teil auch einem Kinderspielplatz dienen solle. Aus diesem Grund komme auch eine Befreiung nicht in Betracht, weil das Grundstück nach Lage und Größe das einzige sei, das sich für entsprechende Kur- und Erholungseinrichtungen eigne. Mit einer entsprechenden Bebauung werde das gesamte Plankonzept hinfällig. Darüber hinaus habe die Gemeinde auf den Schutz des Ortsbildes verwiesen, der eine Freihaltung des Grundstücks von größeren Bauvorhaben verlange.

Mit am 14. August beim Verwaltungsgericht eingegangenem Schriftsatz hat B Klage auf Erteilung der beantragten Bebauungsgenehmigung erhoben. Zur Begründung trägt er vor, jedenfalls die Widerspruchsbehörde hätte das fehlende Einvernehmen der Gemeinde ersetzen müssen. Die Versagung sei rechtswidrig, weil der Bebauungsplan „Hochberg" unwirksam sei; damit liege das Grundstück im Innenbereich und entspreche der Umgebungsbebauung. Ein Flächennutzungsplan habe weder bei Erlass des Bebauungsplans existiert noch gebe es ihn heute, vielmehr liege nur ein entsprechender Entwurf vor. Im Übrigen sei die für das Grundstück getroffene Festsetzung völlig unklar und lege nicht fest, welche Art von Gemeinbedarf und an welcher Stelle des Grundstücks zugelassen sei. Schließlich bewirke die Festsetzung faktisch eine Enteignung, weil dem B sein Baurecht genommen werde. Wenn die Gemeinde das Grundstück von Wohnbebauung freihalten wolle, um den Blick auf die Stadtsilhouette freizuhalten oder für Gemeinbedarfszwecke in Anspruch zu nehmen, müsse sie zu den hierzu vorgesehenen Instrumenten des Baugesetzbuchs greifen. Die Versagung des Einvernehmens trage einen entsprechenden Eingriff nicht. **838**

Das Landratsamt ist der Klage entgegen getreten und weist darauf hin, dass ein Fehlen des Flächennutzungsplans nicht schriftlich innerhalb der hierfür vorgesehenen Frist bei der Gemeinde geltend gemacht worden sei. Angesichts der Größe des Grundstücks komme ein Ausweichen auf § 34 BauGB nicht in Betracht; sollte der Bebauungsplan „Hochfeld" unwirksam sein, müsse die künftige Bebauung daher der Regelung durch einen neuen Bebauungsplan vorbehalten bleiben. **839**

Lösungshinweise

I. Zulässigkeit

1. Klageart

Die „**Bebauungsgenehmigung**" ist ein Bauvorbescheid, mit dem die planungsrechtliche Zulässigkeit eines Vorhabens geklärt werden soll. Der Bauvorbescheid ist ein vorweggenommener Teil der Baugenehmigung – „ein Ausschnitt aus dem feststellenden Teil der Baugenehmigung" – und damit ein Verwaltungsakt i.S.d. § 35 LVwVfG (vgl. insb. § 57 Abs. 1 S. 2 LBO, wonach der Bauvorbescheid drei Jahre Gültigkeit besitzt). Richtige Klageart ist deshalb die Verpflichtungsklage. **840**

2. Klagebefugnis

Trotz der Formulierung „kann erteilt werden" in § 57 Abs. 1 LBO besteht bei Vorliegen der Voraussetzungen ein Anspruch auf Erteilung eines Bauvorbescheids (vgl. **841**

Art. 14 Abs. 1 S. 1 GG) – damit besteht auch die Möglichkeit der Verletzung in eigenen Rechten.

II. Notwendige Beiladung der Gemeinde Wachenstein

842 Nach § 36 Abs. 1 S. 1 BauGB ist das Einvernehmen der Gemeinde erforderlich, „wenn über die Zulässigkeit von Vorhaben nach §§ 31, 33 bis 35" entschieden wird. Da auch mit der Bebauungsgenehmigung verbindlich über die planungsrechtliche Zulässigkeit entschieden wird, ist auch hier das Einvernehmen einzuholen. Damit muss die Gemeinde auch notwendig **beigeladen** werden, da ein stattgebendes Urteil sonst nicht in materielle Rechtskraft erwachsen könnte (zur Rechtskrafterstreckung vgl. §§ 121, 63 Nr. 3 VwGO).

III. Begründetheit (§ 113 Abs. 5 S. 1 VwGO)

843 Rechtsgrundlage für den geltend gemachten Anspruch ist § 57 Abs. 1 S. 1 LBO.

1. Wirksamkeit des Bebauungsplans

844 Maßstab für die **planungsrechtliche Zulässigkeit** wären §§ 30, 31 Abs. 2 BauGB, wenn es sich um einen gültigen Bebauungsplan handeln sollte.

a) Verstoß gegen § 8 Abs. 2 S. 1 BauGB

845 Ein **Flächennutzungsplan** ist nicht vorhanden. Anhaltspunkte für eine Entbehrlichkeit nach § 8 Abs. 2 S. 2 BauGB – bei geringer Bautätigkeit einer kleinen Landgemeinde oder unwesentlicher praktischer Bedeutung des Bebauungsplans – sind nicht ersichtlich, ebenso wenig dringende Gründe (v.a. Wohnbedarf) für eine vorzeitige Aufstellung nach § 8 Abs. 4 BauGB. Fraglich ist deshalb nur, ob der Verstoß auch beachtlich ist.

846 Die Planerhaltungsvorschrift aus § 214 Abs. 2 Nr. 2 BauGB kann nicht zur Anwendung kommen, weil hier schon begrifflich („aus dem Flächennutzungsplan ergebende") ein Flächennutzungsplan vorausgesetzt wird. Damit verbleibt nur § 214 Abs. 2 Nr. 1 BauGB. Hier ist fraglich, ob das Tatbestandsmerkmal „nicht richtig beurteilt" auch angenommen werden kann, wenn sich eine Gemeinde gar keine Gedanken über die Anforderungen an einen selbstständigen Bebauungsplan macht. Dies wird vom Bundesverwaltungsgericht bejaht, das der Auffassung ist, mit der Vorschrift solle nur ein bewusster Verstoß vermieden werden.[287]

b) Unwirksamkeit der inhaltlichen Festsetzung

847 Der zulässige **Inhalt** eines Bebauungsplans ist in § 9 Abs. 1 BauGB festgelegt. Die Festsetzung einer öffentlichen Grünfläche ist in § 9 Abs. 1 Nr. 15 BauGB vorgesehen, allerdings in konkretisierter Form als Parkanlage, Spielplatz oder einer der sonst genannten Formen. Eine Unterlassung der Konkretisierung führt jedoch nicht zur Unwirksamkeit der Festsetzung, sondern lediglich zur Unzulässigkeit der Errichtung eines Sportplatzes o.ä.; festgesetzt ist demnach lediglich eine öffentliche Grünfläche als solche.

848 Die Musterlösung hält die Festsetzung jedoch für zu unbestimmt und daher ungültig. Sie bezieht sich dabei auf eine Entscheidung des Verwaltungsgerichtshofs, in der dies

---

287 Vgl. BVerwG, NVwZ 1985, 745; a.A. etwa Dolde, NJW 1986, 815.

für ein 1,6 ha großes Gelände angenommen wurde.[288] Tragender Gedanke dieser Entscheidung war jedoch, dass die privaten Belange ganz unterschiedlich betroffen werden, wenn etwa ein Sportplatz in unmittelbarer Nähe entsteht und nicht in einer beträchtlichen Entfernung. Auf das hier in Frage stehende Grundstück kann dies m.E. nicht übertragen werden, da mit der intendierten Freihaltung von Wohnbebauung die Belastung klar bestimmt ist.

2. Hilfsweise Beurteilung nach § 34 Abs. 1 BauGB für den Fall der Unwirksamkeit

Wenn der Bebauungsplan „Hochberg" für unwirksam erachtet würde, müsste die Zulässigkeit des Bauvorhabens nach § 34 Abs. 1 BauGB beurteilt werden. Das Bauvorhaben des Klägers überschreitet den von der vorhandenen Bebauung vorgegebenen Rahmen nicht und **fügt sich daher ein**. Auch eine Beeinträchtigung des Ortsbildes i.S.d. § 34 Abs. 1 S. 2 BauGB kann nicht festgestellt werden. Dies ergibt sich zunächst daraus, dass Gegenstand des Bauvorbescheids nur ein „zweigeschossiges, in Terassenausbau auszuführendes Wohnvorhaben" ist. Im Rahmen des § 34 Abs. 1 S. 2 BauGB ist zudem nicht auf baugestalterische Elemente abzustellen, da diese Gegenstand des (landesrechtlich ausgestalteten) Bauordnungsrechts sind.

Eine völlige Freihaltung des Grundstücks von Wohnbebauung dagegen ist auf der Grundlage des § 34 Abs. 1 BauGB nicht zu erzielen. Insoweit sind bauplanerische Festsetzungen erforderlich, die dann ggf. auch Entschädigungsansprüche des Grundstückseigentümers aus § 40 BauGB nach sich ziehen. Die unverbindlichen Planungsvorstellungen der Gemeinde dagegen stehen einem ansonsten nach § 34 Abs. 1 BauGB zulässigen Vorhaben nicht entgegen. Um dieses Ziel zu erreichen, müsste die Gemeinde vielmehr die dafür vorgesehenen Instrumente verwenden: Naheliegend ist insb. der Aufstellungsbeschluss für einen neuen Bebauungsplan, verbunden mit einer Veränderungssperre.

Solange die Gemeinde von diesem Instrumentarium keinen Gebrauch macht, ist das Vorhaben nach § 34 Abs. 1 BauGB zulässig. Damit ist zugleich festgestellt, dass die Versagung des gemeindlichen **Einvernehmens** rechtswidrig war. Denn § 36 BauGB dient nur der Sicherung der bestehenden Bauleitplanung, das Einvernehmen darf deshalb nur dann versagt werden, wenn das Bauvorhaben gegen §§ 31, 33–35 BauGB verstößt. Eines besonderen Ausspruchs dazu bedarf es nicht, vielmehr ist dieser in der Verpflichtung der Baurechtsbehörde zur Erteilung des Bauvorbescheids enthalten und wirkt durch die Rechtskrafterstreckung auch der Gemeinde gegenüber.

IV. Tenor

1. Der Beklagte wird unter Aufhebung des Bescheids des Landratsamts Heilbronn vom 4. Juli und des Widerspruchsbescheids des Regierungspräsidiums Stuttgart vom 25. Juli verpflichtet, dem Kläger den beantragten Bauvorbescheid zur Errichtung eines zweigeschossigen Wohnhauses auf dem Grundstück Flurstück Nr. 700 in Wachenstein zu erteilen.

2. Der Beklagte trägt die Kosten des Verfahrens mit Ausnahme der außergerichtlichen Kosten der Beigeladenen, die diese selbst trägt.

---

288   Vgl. VGH Bad.-Württ., BWVPr. 1979, 86.

849

850

851

5. Fall: Stellplatzerrichtung[289]

852 P ist Eigentümer des Grundstücks Flurstück Nr. 4711 in Weinstadt, das entsprechend einer am 11.2.1989 erteilten Baugenehmigung mit einem dreigeschossigen Wohn- und Geschäftshaus bebaut ist. Zwischen der Ostseite des Gebäudes und dem angrenzenden Nachbargrundstück sind noch 8 Meter Platz, die P zur Errichtung von zwei Stellplätzen mit einer Länge von 5 Metern nutzen möchte, weil sich seine Mieter darüber beschwert haben, dass der in der Nähe befindliche gemeindliche Parkplatz ständig belegt sei.

853 Sein Bauantrag ist vom Landratsamt Rems-Murr-Kreis jedoch mit Bescheid vom 11. März abgelehnt worden. Zur Begründung wurde ausgeführt, die Stellplätze seien nicht genehmigungsfähig, weil an dieser Stelle eine Feuerwehrzufahrt freigehalten werden müsse, damit die Löschfahrzeuge im Brandfalle auch die Rückseite des Gebäudes anfahren könnten. Die am 3. März durchgeführte Besichtigung habe ergeben, dass durch hier abgestellte PKW etwaige Rettungsmaßnahmen behindert würden. Bei Anlage der Stellplätze sei außerdem damit zu rechnen, dass auch die Zufahrt zum Hof von parkenden Fahrzeugen verstellt werde. Hinzu komme, dass eine entsprechende Nutzungsuntersagung bereits mit bestandskräftigem Bescheid vom 15.3.1990 ausgesprochen worden sei. Der Widerspruch wurde vom Regierungspräsidium Stuttgart mit Bescheid vom 15. April unter Hinweis auf die Bestandskraft als unzulässig zurückgewiesen.

854 P hat hiergegen unverzüglich Klage erhoben und das Gutachten eines Brandschutzsachverständigen vorgelegt, nach dem auch bei Anlage der Stellplätze eine brandschutzrechtlich ausreichend breite Zufahrt bestehe. Die von den Nachbarn erhobenen Einwendungen seien unbeachtlich, weil die An- und Abfahrt von zwei PKW am Morgen und am Abend keine unzumutbaren Störungen verursache.

855 Das Landratsamt hat Klagabweisung beantragt und ausgeführt, der Kläger habe wesentliche Fakten unterschlagen. Die zwei Stellplätze seien ursprünglich in der Genehmigung gestattet gewesen. Aus Anlass eines – harmlosen – Dachstuhlbrands habe im Januar 1990 jedoch eine Besichtigung des Anwesens mit dem Kreisbrandmeister stattgefunden, die zu dem Ergebnis geführt habe, dass eine Stellplatznutzung Löschmaßnahmen im hinteren Grundstücksteil erschwere. Aus diesem Grund sei die Baugenehmigung hinsichtlich der zwei Stellplätze mit Bescheid vom 15.3.1990 zurückgenommen und die Nutzung des Streifens zum Abstellen von Fahrzeugen untersagt worden. Außerdem sei verfügt worden, dass die Zufahrt zum rückwärtigen Hofbereich in der Breite von mindestens 2,50 Meter freizuhalten sei.

856 Der Kläger hat hierauf vorgetragen, die Nutzungsuntersagung könne schon wegen Art. 14 Abs. 1 GG nicht zu einem dauerhaften Verlust des Baurechts führen. Im Übrigen habe er beim Landratsamt unter Hinweis auf das neu erstellte Gutachten ein Wiederaufgreifen des Verfahrens beantragt.

857 Die zum Rechtsstreit beigeladenen Nachbarn trugen vor, bereits vor Erteilung der Baugenehmigung vom 11.2.1989 Einwendungen erhoben zu haben, und legten hierzu ein vom Bürgermeister, vom Kreisbaumeister, dem P und ihnen selbst unterzeichnetes Protokoll vom 9.1.1989 vor, im dem festgehalten ist: „Die Nachbarn N haben gegen das Vorhaben auf dem Flst. Nr. 4711 Einwendungen erhoben. Sie sind mit den geplanten

---

289 Angelehnt an Aufsichtsarbeit Nr. 7 der zweiten juristischen Staatsprüfung Herbst 1996, VBlBW 2001, 379.

PKW-Stellplätzen an ihrer Grundstücksgrenze nicht einverstanden und befürchten Lärm- und Abgasimmissionen. Nach längerer Diskussion wurde besprochen, dass die Gemeinde sechs Stellplätze an anderer Stelle errichtet. Dies bedeutet, dass der Bauherr nicht auf die Stellplätze im Bereich zur Gründstücksgrenze der Nachbarn N angewiesen ist. Die Nachbarn nehmen daraufhin ihre Einsprüche zurück". Es verstoße gegen Treu und Glauben, wenn P die Parkplätze nun doch errichten dürfe.

Mit Bescheid vom 27. Juni lehnte das Landratsamt den Antrag auf Wiederaufgreifen des Verfahrens und Rücknahme der bestandskräftigen Nutzungsuntersagung ab, den hiergegen gerichteten Widerspruch wies das Regierungspräsidium durch Bescheid vom 2. Oktober zurück. Der Kläger erklärte daraufhin, dass er die Bescheide in das anhängige Verfahren einbeziehe und eine entsprechende Verpflichtung begehre.   858

Im Termin zur mündlichen Verhandlung gab der Kreisbrandmeister an, aus Gründen des Brandschutzes werde nur eine 2,50 Meter breite Zufahrt benötigt, auch die Stellplätze selbst müssten für Löschzwecke nicht in Anspruch genommen. Der Klägervertreter erklärte daraufhin den Rechtsstreit hinsichtlich des Wiederaufgreifensantrags in der Hauptsache für erledigt. Der Vertreter des beklagten Landes widersprach der Erledigungserklärung: Eine Erledigung sei nicht eingetreten, weil die Klage von Anfang an unbegründet gewesen sei. Im Übrigen habe der Beklagte ein berechtigtes Interesse daran, für künftige Verfahren zu wissen, ob in Fällen der vorliegenden Art eine Verpflichtung zum Wiederaufgreifen bestehe. Auch in der Sache halte er daran fest, dass bei Anlage der Stellplätze die Gefahr bestehe, dass auch in der Zufahrt PKW abgestellt würden. Außerdem sei die Frage bereits bestandskräftig entschieden.   859

Lösungshinweise

I. Tenor

1. Der Bescheid des Landratsamts Rems-Murr-Kreis vom 11. März und der Widerspruchsbescheid des Regierungspräsidiums Stuttgart vom 15. April werden aufgehoben. Das beklagte Land wird verpflichtet, dem Kläger die beantragte Baugenehmigung zur Errichtung von zwei Stellplätzen auf dem Grundstück Flurstück Nr. 4711 in Weinstadt zu erteilen.

2. Es wird festgestellt, dass der Rechtsstreit hinsichtlich des Antrags auf Wiederaufgreifen des Verfahrens in der Hauptsache erledigt ist.

3. Das beklagte Land trägt die Kosten des Verfahrens mit Ausnahme der außergerichtlichen Kosten der Beigeladenen, die diese selbst tragen.

II. Entscheidungsgründe

Die Klage ist mit beiden Anträgen zulässig und begründet. Der Kläger hat Anspruch auf Erteilung der beantragten Baugenehmigung (A). Auch seinem Feststellungsbegehren ist zu entsprechen, weil der Rechtsstreit in der Hauptsache erledigt ist und das beklagte Land kein berechtigtes Interesse an dem Ergehen eines Sachurteils hat (B).   860

1. Baugenehmigung

Anspruchsgrundlage für das Verpflichtungsbegehren ist § 58 Abs. 1 S. 1 LBO.   861

a) Entgegenstehende Bestandskraft der vorangegangenen Nutzungsuntersagung?

862 Zunächst ist der Regelungsgegenstand der Nutzungsuntersagung und der nunmehr beantragten Baugenehmigung nicht identisch: Eine Nutzungsuntersagung kann grundsätzlich auch wegen formeller Baurechtswidrigkeit ergehen. Allerdings wird bei einer Nutzungsuntersagung in aller Regel als Vorfrage der Genehmigungsfähigkeit auch über die materielle Baurechtswidrigkeit entschieden. Deshalb würde sich die Rechtskraft einer gerichtlichen Entscheidung zur Nutzungsuntersagung hinsichtlich dieses tragenden Grundes auch auf den Baugenehmigungsantrag erstrecken. Diese materielle Rechtskraft kommt nach Auffassung des Bundesverwaltungsgerichts **behördlichen** Entscheidungen aber nicht zu, da diese typischerweise durch Zweckmäßigkeitselemente geprägt sind und nur im gerichtlichen Verfahren mit den besonderen Förmlichkeiten und der gebotenen Vertiefung umfassend über die gesamte Rechtsfrage entschieden wird.[290]

863 Zudem hat das Landratsamt den Kläger mit dem Bescheid vom 11. März sachlich verbeschieden. Denn die beantragte Baugenehmigung ist nach erneuter materieller Prüfung aus Gründen des Brandschutzes abgelehnt worden. Der Verweis auf die Bestandskraft dagegen war nur beiläufig und nicht als tragender Entscheidungsgrund erfolgt. Damit liegt nicht eine sog. „wiederholende Verfügung" vor, deren Regelungsgehalt nur verfahrensrechtlicher Art ist – Vorliegen der Voraussetzungen des § 51 LVwVfG – und daher auch den Rechtsschutz nur insoweit eröffnet,[291] sondern ein sog. **„Zweitbescheid"** – der Rechtsschutz umfassend und damit auch materiell erneut ermöglicht. Soweit das Regierungspräsidium den Widerspruch als unzulässig zurückgewiesen hat, geht dies daher fehl, da nach der materiellen Sachentscheidung des Landratsamts nunmehr ein Sachbescheidungsinteresse des Klägers besteht.

b) Entgegenstehende Brandschutzvorschriften

864 Nach dem Ergebnis der Beweisaufnahme ist die Errichtung der Stellplätze aus **brandschutztechnischer Sicht** unbedenklich (keine Behinderung von Rettungsmaßnahmen). Hinsichtlich der Breite der verbleibenden Durchfahrt ergibt sich dies auch aus § 2 Abs. 2 LBOAVO.

865 Soweit der Beklagte auf rechtswidrig abgestellte Fahrzeuge hinweist, sind diese nicht Gegenstand der Baugenehmigung. Vielmehr läge in einem solchen Verhalten eine Störung der öffentlichen Sicherheit (§§ 1, 3 PolG i.V.m. § 12 Abs. 1 LOWiG), die auch ein Abschleppen ermöglichen würde. Überdies ist auch nicht ersichtlich, inwiefern die geschlossene Grundstückszufahrt zum Falschparken verleiten sollte.

c) Entgegenstehende Nachbarinteressen

866 Eine Verletzung des Gebots der Rücksichtnahme kann ausgeschlossen werden, da unzumutbare Beeinträchtigungen unstreitig nicht zu befürchten sind.

867 Auch das Protokoll vom 9. Januar steht der Baugenehmigung nicht entgegen. Zwar ist grundsätzlich anerkannt, dass – trotz § 58 Abs. 3 LBO – auch ein **privatrechtlicher Verzicht** des Bauherrn seinem Nachbarn gegenüber im Baugenehmigungsverfahren be-

---

290 Vgl. BVerwGE 48, 271 (276). Diese Rechtsprechung ist indes nicht unbestritten, sie dient offenkundig dazu, einen wiederholten Bauantrag zu erleichtern.
291 Vgl. hiezu etwa BVerwGE 44, 333 (335) sowie VGH Bad.-Württ., VBlBW 2009, 226.

rücksichtigt werden kann, da es treuwidrig erscheint, wenn der Bauherr trotz eines entsprechenden Verzichts auf der Durchsetzung eines Vorhabens besteht. Ein derartiger Anspruchsverzicht ist dem Protokoll jedoch nicht zu entnehmen. Vielmehr enthält es nichts, was auf eine Bindung des Klägers schließen lassen könnte. Im Übrigen hat sich offensichtlich auch die Gemeinde selbst nicht verpflichtet gesehen, da sie die Baugenehmigung für zwei Stellplätze erteilt hat.

2. Feststellungsbegehren

a) Einbeziehung des Streitgegenstands in die Klage

Die zusätzliche Einführung des Verfahrens auf Wiederaufgreifen der Nutzungsuntersagung ist eine **Klageänderung**, die zu einer Klagehäufung führt. Sie ist gemäß § 91 Abs. 2 VwGO durch rügelose Einlassung zulässig und angesichts des sachlichen Zusammenhangs mit der bereits anhängigen Klage auch sachdienlich. | 868

b) Umstellung auf Feststellungsantrag

Der Übergang vom Verpflichtungsbegehren auf den Feststellungsantrag ist ebenfalls eine Klageänderung, die jedoch nicht den Beschränkungen des § 91 VwGO unterliegt.[292] | 869

c) Tatsächliche Erledigung

Durch die Rücknahme des Antrags auf Wiederaufgreifen des Verfahrens hat sich die Verpflichtungsklage nachträglich **erledigt** (Antragsgebundenheit nach § 51 Abs. 1 LVwVfG). Bedenken gegen die Zulässigkeit der Rücknahme bestehen nicht, da die für die Klagerücknahme geltenden Einschränkungen des § 92 Abs. 1 S. 2 VwGO für das Verwaltungsverfahren keine Anwendung finden (ausreichender Schutz des Beklagten durch den Erledigungsstreit und die Kostenregelung des § 161 Abs. 2 VwGO). | 870

Eine Sachentscheidung hat auch nicht im berechtigten **Interesse des beklagten Landes** zu ergehen. Zwar wird grds. auch dem Beklagten im Falle des Feststellungsinteresses die Möglichkeit zugebilligt, eine Sachentscheidung herbeizuführen.[293] Die hier vorgetragene Wiederholungsgefahr vermittelt ein derartiges schutzwürdiges Feststellungsinteresse jedoch nicht, da sie sich nicht aus den Rechtsbeziehungen der Verfahrensbeteiligten ergibt.[294] Das allgemeine Interesse der Behörde für beliebige andere Verfahren Erkenntnisse zu erlangen, kann nicht dem Kläger gegenüber – mit dem im Klageverfahren verbundenen Kostenrisiko – geltend gemacht werden. | 871

d) Hilfsweise Begründetheit des Wiederaufgreifensantrags

In der Sache hätte der Wiederaufnahmeantrag keinen Erfolg gehabt. Denn ein Gutachten kann nur dann als neues Beweismittel i.S.d. § 51 Abs. 1 Nr. 2 LVwVfG bewertet werden, wenn ihm neue, bisher nicht bekannte Tatsachen zu Grunde liegen oder es auf neuen wissenschaftlichen Erkenntnissen beruht.[295] Allerdings könnte die Behörde angesichts der veränderten Bewertung von sich aus die Sache erneut aufgreifen, zumal | 872

---

292 So BVerwG, NVwZ 1989, 862; in der Literatur wird z.T. eine analoge Anwendung des § 264 Nr. 3 ZPO vorgeschlagen.
293 Vgl. BVerwGE 82, 41.
294 Vgl. BVerwGE 31, 318 (321).
295 Vgl. BVerwGE 82, 277.

keine besonderen Gründe für ein Festhalten an der getroffenen Entscheidung erkennbar sind.

6. Fall: Nachbarrechtsschutz

873   A ist Eigentümer des Grundstücks Nordtorstraße 4 in Marbach, das im Geltungsbereich des einfachen Bebauungsplans „Altstadt Marbach" aus dem Jahr 1993 liegt. Am 8. Februar wurde ihm eine Baugenehmigung zum Abbruch des dort bestehenden Gebäudes und Neubau eines Zwei-Familien-Wohnhauses an gleicher Stelle erteilt. Das vorhandene Gebäude ist direkt auf der Grundstücksgrenze zu B errichtet. Durch das genehmigte Bauvorhaben erhöht sich das geplante Gebäude im Vergleich zu dem derzeit bestehenden am First um 2,6 m und an der westlichen Traufseite um etwa 2,3 m.

874   Im Rahmen der Angrenzerbenachrichtigung hat B, der Eigentümer des in westlicher Richtung angrenzenden Grundstücks Nordtorstraße 2, fristgerecht Einwendungen erhoben und vorgetragen, durch die geplante Erhöhung des Gebäudes würden alle drei Fenster im Obergeschoss seines Erweiterungsbaus sowie das Toilettenfenster an der Ostseite des Altbaus zugebaut. Bei Verwirklichung des Vorhabens würde sein Grundstück daher förmlich „eingemauert".

875   Diesen Einwendungen trug A durch eine Planänderung teilweise Rechnung: Das Fenster der östlichen Grenzwand des B behält nunmehr durch einen Dacheinschnitt einen eingeschränkten Lichtzugang. Zur Fristwahrung hat B seinen Einspruch gleichwohl aufrechterhalten. Am 11. März hat er Widerspruch erhoben und vorgetragen, sein Belüftungs- und Belichtungsinteresse sei nur unzulänglich berücksichtigt worden. Gleichzeitig hat er um vorläufigen Rechtsschutz beim Verwaltungsgericht Stuttgart nachgesucht.

876   Die Stadt ist dem Antrag entgegengetreten. Sie räumt zwar ein, dass das Bauvorhaben nicht die gesetzlichen Abstandsflächen einhält, trägt aber vor, dass die gesamte nähere Umgebung in geschlossener Bauweise bebaut sei. Insbesondere das Grundstück des A sei bei Einhaltung der Abstandsflächen gar nicht sinnvoll bebaubar und füge sich dann auch nicht mehr in die nähere Umgebung ein, in der die Abstandsflächen nirgends eingehalten seien. Im Übrigen bestehe für die drei Fenster in der Nordwand des Erweiterungsbaus keine Baugenehmigung. Da diese Wand eine Brandschutzwand sei, komme auch eine nachträgliche Genehmigung nicht in Betracht; vielmehr prüfe das Baurechtsamt derzeit eine Beseitigungsverfügung. Schließlich überschreite das genehmigte Vorhaben auch hinsichtlich der Höhe nicht den vorhandenen Rahmen, insb. das Gebäude der Antragsteller sei deutlich höher.

877   Wie wird das Verwaltungsgericht entscheiden?

Lösungshinweise

I. Zulässigkeit

878   Richtige Verfahrensart des einstweiligen Rechtsschutzes für den Angriff auf den an einen Dritten gerichteten Verwaltungsakt ist ein Antrag nach § 80a Abs. 3 S. 2 i.V.m. § 80 Abs. 5 S. 1 Alt. 1 VwGO, da B in der Hauptsache Anfechtungsklage erheben müsste und damit ausreichenden Rechtsschutz durch **Anordnung des Suspensiveffekts** erreichen kann (vgl. § 123 Abs. 5 VwGO). Der Antrag ist auch statthaft, weil der Wi-

derspruch gegen die dem A erteilte Baugenehmigung gemäß § 80 Abs. 2 S. 1 Nr. 3 VwGO i.V.m. § 212a Abs. 1 BauGB keine aufschiebende Wirkung hat.

II. Begründetheit

Der Antrag ist aber unbegründet, weil die Baugenehmigung bei der im Rahmen des vorläufigen Rechtsschutzes allein möglichen summarischen Prüfung der Sachlage (also auf Basis der vorhandenen Aktenlage ohne eigenständige Beweiserhebung) keine **subjektiven Rechte** des Antragstellers verletzt, so dass der Widerspruch voraussichtlich erfolglos bleiben wird. Das Interesse des beigeladenen A, von der ihm erteilten Baugenehmigung Gebrauch zu machen, hat daher mehr Gewicht als das gegenläufige Suspensivinteresse des Antragstellers (vgl. § 80 Abs. 4 S. 3 VwGO analog). 879

Prüfungsmaßstab sind – entsprechend dem subjektiv-rechtlich ausgestalteten Rechtsschutzsystem der Verwaltungsgerichtsordnung (vgl. § 113 Abs. 1 S. 1 VwGO) – nur nachbarschützende Vorschriften des öffentlichen Rechts, die von der Baurechtsbehörde zu prüfen sind. Nur diese Schutznormen dienen dem Interessenausgleich von Bauherr und Nachbar; städtebauliche Interessen dagegen kann der Nachbar nicht geltend machen, da sie allein im öffentlichen Interesse stehen. Dementsprechend ist auch die Sachentscheidungsbefugnis der Widerspruchsbehörde auf nachbarschützende Normen beschränkt! 880

Nachbarschützende subjektive Rechte ergeben sich grundsätzlich nicht unmittelbar aus Art. 14 Abs. 1 S. 1 GG, weil der Gewährleistungsbereich dieser Norm durch inhaltsbestimmende Regelungen des einfachen Gesetzgebers festgelegt werden kann. Nur bei direkter Inanspruchnahme des Grundstücks – wie etwa einem Notwegerecht – kann deshalb unmittelbar auf Art. 14 Abs. 1 S. 1 GG zurückgegriffen werden. 881

Festsetzungen eines **Bebauungsplans** sind grundsätzlich hinsichtlich der Art der baulichen Nutzung nachbarschützend, nicht aber hinsichtlich des Maßes der baulichen Nutzung. Ausnahmen gelten nur dann, wenn sich aus der Planbegründung ergibt, dass die Festsetzung gerade dem Schutz nachbarlicher Interessen dient – wie beispielsweise ein „Aussichtslage"-Schutz der zweiten Baureihe am Bodensee, der durch Höhenbegrenzungen in der ersten Baureihe sichergestellt wird. Umgekehrt kann sich aus dem Bebauungsplan auch ergeben, dass die festgesetzte Art der baulichen Nutzung nur eingeschränkten Drittschutz vermittelt – wie etwa hinsichtlich des „Einzelhandelsausschlusses" in kerngebietsfremden Gebieten, der nur dem Schutz von außerhalb des Plangebiets liegenden Interessen dient. 882

§ 34 Abs. 2 BauGB vermittelt demgemäß nur hinsichtlich der Art der baulichen Nutzung Drittschutz, weil insoweit eine Gleichstellung mit dem beplanten Innenbereich erfolgt. 883

Das „**Einfügen**" in § 34 Abs. 1 BauGB steht grundsätzlich nur im öffentlichen, städtebaulichen Interesse. Drittschutz kommt hier deshalb nur im Rahmen des Rücksichtnahmegebots in Betracht. Soweit bestimmte nachbarliche Interessen aber bereits einen gesetzlichen Ausgleich gefunden haben, gewährt auch das Rücksichtnahmegebot keinen weiteren Schutz. Dies gilt insb. hinsichtlich des Interesses an Belichtung, Belüftung und Besonnung, denn insoweit enthält das Abstandsflächenrecht eine abschließende Abwägung des Gesetzgebers. 884

In der vorliegenden Fallgestaltung liegt aber ein Sonderfall der zulässigen **Grenzbebauung** vor, der – abgesehen von der Tatsache, dass sich im Falle der geschlossenen Bau- 885 weise nur die Grenzbebauung „einfügt"[296] – sogar durch einen Anspruch abgesichert ist (vgl. § 6 Abs. 3 S. 1 Nr. 1 LBO). Die Bauweise ist daher grundsätzlich hinzunehmen.

886 Anderes ergibt sich hier auch nicht aus dem **Rücksichtnahmegebot**, denn die drei Fenster in der Brandschutzwand sind unter Verstoß gegen die Rechtsordnung entstanden und daher nicht schutzwürdig. Hinsichtlich des Toilettenfensters kann keine unzumutbare Beeinträchtigung angenommen werden, weil dem Belichtungs- und Belüftungsinteresse ausreichend Rechnung getragen worden ist. Eine unzumutbare Beeinträchtigung, die im Namen des nachbarlichen Rücksichtnahmegebots die Verwirklichung eines an sich zulässigen Vorhabens verhindern würde, kann daher nicht angenommen werden.

Der Antrag hat daher keinen Erfolg.

III. Tenorierung

887 Die entsprechende **Tenorierung** ist nicht ganz eindeutig, weil angesichts der Verweisung in § 80a Abs. 3 S. 1 auf § 80a Abs. 1 Nr. 2 VwGO an die Aussetzung der Vollziehung gedacht werden könnte. Wegen § 80b Abs. 1 VwGO ist aber gemäß § 80a Abs. 3 S. 2 i.V.m. § 80 Abs. 5 VwGO die Anordnung der aufschiebenden Wirkung des Widerspruchs auszusprechen.

7. Fall: Der übergangene Nachbar[297]

888 B ist Eigentümer des noch unbebauten Grundstücks Mühlenstraße 4 in Neckarhausen, das im Geltungsbereich eines qualifizierten Bebauungsplans liegt. Das Grundstück des B ist danach Teil eines „reinen Wohngebiets" mit offener Bauweise und zwei Vollgeschossen. Die überbaubare Grundstücksfläche ergibt sich aus den festgesetzten Baugrenzen: Die westliche Baugrenze verläuft in einem Abstand von drei Metern zur sechs Meter breiten Mühlstraße.

889 Mit Bescheid vom 28. April erteilte das Landratsamt Esslingen dem B eine Baugenehmigung zur Errichtung eines dreigeschossigen Hauses mit einer Garage und vier Stellplätzen. Dabei waren hinsichtlich der Zahl der Vollgeschosse und wegen Überschreitung der Baugrenze zur Mühlenstraße hin Befreiungen erteilt worden. Die Außenwandhöhe des sechzehn Meter langen und elf Meter breiten Gebäudes beträgt sieben Meter. Zur westlich gelegenen Mühlenstraße hin ist ein Grenzabstand von zwei Metern vorgesehen, zur nördlichen Grundstücksgrenze sind es drei Meter. Angrenzend an das Haus bis unmittelbar zur nördlichen Grenze soll eine Garage errichtet werden. Die Länge der Grenzbebauung beträgt sechs Meter, die Höhe der Garage drei Meter. Die Pläne sehen vor, dass das Flachdach der Garage über die gesamte Fläche als Terrasse genutzt wird. Die vier Stellplätze sind im südlichen Bereich des Grundstücks vorgesehen. B möchte das Erdgeschoss des Hauses an eine Zahnarztpraxis vermieten, im 1. Obergeschoss will er hälftig sein Architekturbüro und eine Mietwohnung einrichten, das 2. Obergeschoss ist für seine eigene Wohnung gedacht.

---

296 Vgl. zur Konstellation, in der die geschlossene Bauweise nach § 22 Abs. 3 BauNVO durch einen Bebauungsplan festgesetzt ist: VGH Bad.-Württ., BauR 1998, 91.

297 Angelehnt an Aufsichtsarbeit Nr. 7 der zweiten juristischen Staatsprüfung Frühjahr 1999, VBlBW 2004, 438.

Nachdem im August mit den Erdarbeiten begonnen worden war, legte der nördlich angrenzende Grundstückseigentümer N Widerspruch ein und stellte einen Antrag auf Anordnung der aufschiebenden Wirkung zum Verwaltungsgericht, zu dem B beigeladen wurde. N führte aus, erst durch die Bauarbeiten von dem Bauvorhaben erfahren zu haben, das grob rechtswidrig sei. Ein dreigeschossiges Haus sprenge die gewachsene Struktur des Siedlungsgebiets, in dem ausschließlich Ein- und Zweifamilienhäuser anzutreffen seien. Gleiches gelte für die vorgesehene Nutzung für gewerbliche Zwecke. Im Übrigen erweise sich die massive Bebauung nicht nur als Fremdkörper, sondern begründe auch ein erhöhtes Verkehrsaufkommen, wie der Bedarf von vier Stellplätzen zeige. Das Bauvorhaben halte auch die gesetzlichen Abstandsflächentiefen nicht ein und setze den N durch die Nutzung des Garagendaches als Terrasse unerwünschten Einblicken aus. Schließlich beanstandete N auch die erteilten Befreiungen. Durch das 3. Vollgeschoss werde sein Gebäude von Süden her zusätzlich verschattet und in der Aussicht beeinträchtigt. Im Übrigen erweise sich auch die Befreiung von den Baugrenzen als rechtswidrig, das Haus hätte ohne Weiteres um einen Meter weiter nach Osten gerückt werden können.

890

Die Gemeinde Neckarhausen stellte daraufhin fest, dass N im Rahmen des Baugenehmigungsverfahrens nur durch einfaches Schreiben vom Bauantrag unterrichtet worden war und sich hierauf nicht gemeldet hatte. Angesichts des nunmehr eingelegten Widerspruchs beschloss der Gemeinderat, sein Einvernehmen zum Bauvorhaben des B zurückzunehmen.

891

B hat bereits einen Vorvertrag mit dem Zahnarzt geschlossen und möchte rasch Klarheit darüber bekommen, ob er sein Vorhaben verwirklichen kann. Er ist nötigenfalls bereit, die notwendigen Abstriche zu machen; eine Reduzierung der Fläche für das Architekturbüro ist für ihn aber nicht denkbar. Welches Vorgehen ist B zu raten?

892

Lösungshinweise

I. Zielstellung

Ein Verzicht auf die Baugenehmigung mit Übergang auf das **Kenntnisgabeverfahren** ist nicht sachdienlich. Zwar könnte sich B wohl auf § 51 Abs. 1 Nr. 2 LBO stützen, auch insoweit muss das Bauvorhaben aber den öffentlich-rechtlichen Vorschriften entsprechen (vgl. § 51 Abs. 4 LBO). Die erwünschte „Klarheit" und Rechtssicherheit wird auf diesem Wege nicht erreicht. Deshalb ist die Abweisung des Eilantrags zu beantragen (vgl. § 66 S. 2 VwGO). Das Gericht hat in seiner Entscheidung eine Abwägung vorzunehmen, bei der das Vollzugsinteresse des Bauherrn an der sofortigen Ausnutzung der Baugenehmigung (gesetzlicher Normalfall des § 212a BauGB) und das Suspensivinteresse des Nachbarn gegenübergestellt werden. Die aufschiebende Wirkung wird angeordnet, wenn nach summarischer Prüfung davon auszugehen ist, dass der Widerspruch erfolgreich sein wird (vgl. § 80 Abs. 4 S. 3 VwGO analog).

893

II. Zulässigkeit

Eine **Verfristung** liegt nicht vor, weil die Baugenehmigung dem N nicht mit ordnungsgemäßer Rechtsmittelbelehrung bekannt gegeben wurde (§ 58 Abs. 1 S. 7 LBO, §§ 70 Abs. 2, 58 Abs. 1 VwGO). N ist auch nicht präkludiert, da keine förmliche Zustellung des Bauantrags gemäß § 55 Abs. 2 S. 2 und 3 LBO erfolgte. Sein Antrag ist auch im Übrigen zulässig.

894

III. Begründetheit

1. Rücknahme des Einvernehmens

895 Da das gemeindliche Einvernehmen als verwaltungsinterner Mitwirkungsakt auf die Entscheidung der Baurechtsbehörde bezogen ist, kann es jedenfalls nur bis zum Zeitpunkt der baurechtlichen Entscheidung **zurückgenommen** werden;[298] nach Auffassung der Verwaltungsgerichte sind Rücknahme und Widerruf sogar ganz ausgeschlossen.[299]

2. Bauplanungsrecht

a) Art der baulichen Nutzung

896 Nach § 13 BauNVO sind **„Räume"** für freiberuflich Tätige auch im reinen Wohngebiet zulässig. Hinsichtlich der Abgrenzung zum „Gebäude" – das im reinen Wohngebiet nicht zulässig wäre – ist maßgeblich auf den Schutzweck der Regelung abzustellen: demnach muss der Gebietscharakter gewahrt werden. Im reinen Wohngebiet darf das Wohnhaus durch die zusätzliche berufliche Nutzung daher nicht dem Wohnen entfremdet werden. Dies wird regelmäßig nicht anzunehmen sein, solange nicht mehr als die Hälfte der Wohnungen und der Fläche in Anspruch genommen wird.

b) Befreiungen

897 Voraussetzung für ein erfolgreiches Rechtsmittel gegen die Befreiungen ist zunächst, dass von der Einhaltung einer gerade den N **(nachbar-)schützenden Norm** befreit wurde![300]

aa) Geschosszahl

898 Hinsichtlich der Zahl der Vollgeschosse gilt, dass Festsetzungen über das **Maß** der baulichen Nutzung grundsätzlich keine drittschützende Wirkung entfalten, anderweitige Anhaltspunkte sind hier nicht ersichtlich. Das Interesse an einer hinreichenden Besonnung wird durch die Einhaltung der bauordnungsrechtlich vorgegebenen Abstandsflächen gewährleistet.

899 Hilfsgutachtlich ist zu erwägen, ob die Voraussetzungen für eine Befreiung vorliegen würden. Ob auch § 31 Abs. 2 Nr. 2 BauGB in der seit 1998 geltenden Fassung das Vorliegen einer grundstücksbezogenen Atypik – für die hier nichts ersichtlich wäre – voraussetzt, ist noch nicht abschließend geklärt. Richtigerweise wird die den Baurechtsbehörden zugestandene Befreiungsmacht in verfassungskonformer Auslegung (Art. 28 Abs. 2 GG) eng verstanden und an das Vorliegen grundstücksbezogener Sonderfälle gebunden werden müssen. Darüber hinausgehende Korrekturen müssen einer (erneuten) Planentscheidung der Gemeinde vorbehalten bleiben. Dies gilt unstreitig jedenfalls dann, wenn durch die Befreiung die Grundzüge der Planung berührt werden.[301] Rechtskonstruktiv kann die erforderliche Einschränkung der Befreiungsmöglichkeiten auch am Tatbestandsmerkmal „Vereinbarkeit mit öffentlichen Belangen" geprüft werden.[302]

---

298 Vgl. BGH, DÖV 1981, 467.
299 Vgl. etwa BVerwGE 120, 138.
300 Vgl. BVerwG, NVwZ-RR 1999, 8 sowie BauR 2013, 2011.
301 Vgl. etwa BVerwG, NVwZ 1999, 1110.
302 Vgl. dazu VGH Bad.-Württ., VBlBW 2003, 438.

bb) Baugrenzen

Hinsichtlich der **Baugrenzen** zur Straße hin ist festzuhalten, dass Baugrenzen nachbarschützende Wirkung regelmäßig nur für den unmittelbar gegenüberliegenden Angrenzer entfalten, straßenseitigen Baugrenzen kommt daher grundsätzlich keine drittschützende Wirkung zu.[303]   900

Hilfsgutachtlich sind die Voraussetzungen einer Befreiung eher fraglich, weil sich das Bauvorhaben auch ohne die Befreiung problemlos verwirklichen ließe (ausreichend Raum im straßenabgewandten Bereich des Grundstücks) und eine atypische Situation daher nicht angenommen werden kann.   901

c) Wertminderung/Gebot der Rücksichtnahme

Eine Berufung auf Art. 14 GG kommt nur bei schweren und unerträglichen Einschränkungen der Nutzungsmöglichkeiten in Betracht, die hier nicht vorliegen. Unzumutbare Störungen i.S.d. § 15 BauNVO sind ebenfalls nicht ersichtlich: Die Art der geplanten Nutzung ist zulässig, das Maß entfaltet keinen Nachbarschutz und die Abstandsflächen sind eingehalten.   902

3. Bauordnungsrecht

a) Abstandsflächen

aa) Gebäudewand

Der erforderliche **Abstand** für die sieben Meter hohe Gebäudewand beträgt nach § 5 Abs. 7 S. 1 Nr. 1 LBO 2,80 m (7m x 0,4), die eingehaltenen drei Meter verletzen N also nicht in seinen Rechten.   903

bb) Garage

Für die **Garage** muss gemäß § 6 Abs. 1 S. 2 LBO kein Grenzabstand eingehalten werden. Dies gilt aber nur für die Nutzung als Garage, so dass die vorgesehene Nutzung des Garagendachs als Terrasse von der Privilegierung nicht erfasst wird.[304] Insoweit verstößt die Baugenehmigung gegen nachbarschützende Rechte des N. Um einen raschen Baubeginn zu ermöglichen, muss daher auf die Nutzung des Garagendachs als Terrasse verzichtet werden.   904

cc) Straßenabstand

Den erforderlichen Grenzabstand zur Straße hin hält das zwei Meter von der Grundstücksgrenze entfernte Haus zwar nicht ein. Da nach § 5 Abs. 2 S. 2 LBO aber die Hälfte der öffentlichen Verkehrsfläche Mühlenstraße (drei Meter) berücksichtigt werden kann, sind die Vorgaben doch erfüllt. Im Übrigen sind Baugrenzen grundsätzlich nur für den **gegenüberliegenden** Nachbarn drittschützend, so dass hier eine Verletzung von Nachbarrechten ohnehin ausscheidet.   905

---

303   Vgl. etwa VGH Bad.-Württ., NVwZ-RR 1995, 489.
304   Vgl. VGH Bad.-Württ., VBlBW 1999, 64.

b) Stellplätze

906 Für eine erhebliche Störung des N durch die **Stellplätze** i.S.d. § 37 Abs. 7 S. 2 LBO ist nichts dargetan. Die Anlage von vier Stellplätzen für ein Vorhaben der geplanten Größe und Nutzung entspricht den Vorgaben in § 12 Abs. 2 BauNVO. Insbesondere aber wird N durch den An- und Abfahrtsverkehr nicht unmittelbar berührt, da die Stellplätze an der von seinem Grundstück abgewandten Seite liegen.

IV. Ergebnis

907 Es ist daher ein Abweisungsantrag an das VG Stuttgart zu stellen, dem eine Mehrfertigung des dem Landratsamt gegenüber erklärten Verzichts, das Garagendach als Terrasse zu nutzen, beigefügt ist.

8. Fall: Zusagewidrige Baugenehmigung[305]

908 G ist Inhaber eines Gärtnereibetriebs am Ortsrand von Biberach. Er wendet sich gegen eine seinem Nachbarn B erteilte Baugenehmigung zur Errichtung eines dreistöckigen Wohnhauses mit neun Wohnungen. Zur Begründung verweist er auf eine schriftliche Bescheinigung, die er vor Abschluss des Kaufvertrags vor fünf Jahren vom Bürgermeister erhalten hatte. Darin heißt es: „Hiermit sichert Ihnen die Stadt Biberach als untere Baurechtsbehörde zu, dass für das Grundstück M-Straße 9 in Biberach eine mehr als zweistöckige Bebauung nicht genehmigt werden wird. Der Verkäufer des Grundstücks, Herr V, erhält eine Mehrfertigung dieses Schreibens."

909 G macht geltend, bei einer dreistöckigen Bauweise auf dem Nachbargrundstück würden seine Gewächshäuser schwächer besonnt und im Winter damit auch eine stärkere Beheizung erforderlich. Außerdem befürchtet er, der Einsatz seines Häckslers und anderer Maschinen sowie die Geräusche der Gewächshausheizung würden von künftigen Wohnungsnutzern auf dem Nachbargrundstück als störend empfunden. Hilfsweise erbittet er daher die Rücknahme der dem B erteilten Baugenehmigung.

910 Sein Widerspruch und die erbetene Rücknahme werden mit Widerspruchsbescheid der Großen Kreisstadt Biberach zurückgewiesen. Darin wird ausgeführt, dass die Stadt den Bauantrag zunächst wegen der Zusicherung habe ablehnen wollen. Mit rechtskräftigem Urteil habe das VG Sigmaringen den Versagungsbescheid aber aufgehoben und die Stadt zur Neubescheidung verpflichtet. Wörtlich heiße es im Urteil: „Das Grundstück bildet eine Baulücke, so dass § 34 BauGB anzuwenden ist. Das geplante Gebäude fügt sich mit seiner dreistöckigen Bebauung in die bauliche Umgebung ein, da auf der Südseite der M-Straße drei vergleichbare, ebenso hohe Häuser mit mehreren Wohnungen stehen. Es ist jedoch erforderlich, die im Hinblick auf die bisherige Ablehnung des Baugesuchs unterbliebene Angrenzer- und Behördenbeteiligung vorzunehmen, so dass insoweit die Rechtssache noch nicht spruchreif ist (§ 113 Abs. 5 VwGO)".

911 G erhebt daraufhin Klage, hilfsweise auch auf Verurteilung der Stadt zur Aufhebung der erteilten Baugenehmigung, der sich auch der Verkäufer V anschließt. V verweist ergänzend darauf, dass er das Grundstück nur wegen der Zusage habe verkaufen können. Außerdem sei vor Genehmigung eines so großen Vorhabens die vorherige Aufstellung eines Bebauungsplans erforderlich.

---

305 Angelehnt an Aufsichtsarbeit Nr. 8 der zweiten juristischen Staatsprüfung Frühjahr 1995.

Nach Beiladung des B beantragt dieser Klagabweisung und weist darauf hin, dass ihm die Zusage der Stadt bislang nicht bekannt gewesen sei. Er ist der Auffassung, dass er hierzu hätte angehört werden müssen, und behält sich Schadenersatzansprüche gegen die Stadt vor. Wie wird das Gericht entscheiden?

912

Lösungshinweise

I. Tenor

1. Die Klagen werden abgewiesen.
2. Die Kläger tragen die Kosten des Verfahrens einschließlich der außergerichtlichen Kosten des Beigeladenen je zur Hälfte.

II. Hauptanträge (Anfechtungsklage)

1. Zulässigkeit

a) Entgegenstehende Rechtskraft

Eine entgegenstehende **Rechtskraft** durch das vorangegangene Urteil liegt nicht vor, weil der Streitgegenstand sowohl in personeller (andere Parteien) als auch in sachlicher Hinsicht nicht identisch ist: die Nachbarinteressen waren gerade nicht Gegenstand des Urteils, in dem nur über die Voraussetzungen des § 34 Abs. 1 BauGB entschieden worden ist.

913

b) Klagebefugnis

Für die Begründung der **Klagebefugnis** ist nicht maßgeblich, ob die Baugenehmigung rechtswidrig ist, sondern allein, ob nachbarschützende Normen (die von der Baurechtsbehörde zu prüfen sind) verletzt wurden! Dies ist für G und V gesondert zu prüfen, weil eine notwendige Streitgenossenschaft nicht vorliegt.

914

aa) G

G steht die erforderliche Rechtsposition zu. Denn jedenfalls die **Zusicherung**, die gerade ihm gegenüber erteilt wurde und damit Drittschutzcharakter hat, begründet ein subjektives Recht.

915

§ 34 Abs. 1 BauGB dagegen kommt nur hinsichtlich des **Gebots der Rücksichtnahme** drittschützende Wirkung zu. Das geltend gemachte Besonnungsproblem kann hier grundsätzlich nicht berücksichtigt werden, weil die nachbarlichen Interessen an Belichtung, Belüftung und Besonnung in Baden-Württemberg abschließend durch das Abstandsflächenrecht reguliert werden.[306] Rücksichtnahmepflichten können sich daher allenfalls aus den befürchten Abwehransprüchen der zukünftigen Wohnbebauung (sog. „störungspräventive Nachbarklage") ergeben.

916

Art 14 Abs. 1 GG darf zur Begründung der Klagebefugnis dagegen grundsätzlich nicht herangezogen werden. Denn Inhalt und Schranken des Eigentums ergeben sich gemäß Art. 14 Abs. 1 S. 2 GG erst durch die nachfolgende einfachgesetzliche Konkretisierung. Anderes gilt nur bei unmittelbaren Substanzeingriffen in das Eigentum.

917

---

306 Vgl. VGH Bad.-Württ., VBlBW 2005, 74.

bb) V

918 Dem V gegenüber enthält die Zusicherung dagegen **keine Bindung**. Sie wurde ihm vielmehr lediglich in der Funktion als Grundstückverkäufer zugeleitet, um ihn über den Sachstand zu informieren. Anhaltspunkte dafür, dass sich die Stadt auch ihm gegenüber binden wollte, sind nicht ersichtlich.

919 Hinsichtlich des Rücksichtnahmegebots hat V selbst nichts geltend gemacht. Schließlich gibt es ein subjektives Recht auf Durchführung eines Planverfahrens nicht, da gemäß § 1 Abs. 3 S. 2 BauGB kein Anspruch auf Aufstellung eines Bauleitplans besteht.

c) Vorverfahren

aa) G

920 G hat ein **Vorverfahren** durchgeführt. Allerdings wäre nach § 73 Abs. 1 Nr. 1 VwGO i.V.m. § 46 Abs. 1 Nr. 2 LBO das Regierungspräsidium für den Erlass des Widerspruchsbescheids zuständig gewesen, da es sich hier nicht um Selbstverwaltungsangelegenheiten handelt (vgl. §§ 47 Abs. 4 S. 1 LBO, 15 Abs. 2 LVG: Pflichtaufgaben nach Weisung). Dieser Fehler ändert jedoch nichts daran, dass G seinerseits das Widerspruchsverfahren ordnungsgemäß durchgeführt und den Widerspruch bei der Ausgangsbehörde eingelegt hat.

921 Streitgegenstand der „Einheitsklage" ist gemäß § 79 Abs. 1 Nr. 1 VwGO aber nicht der Widerspruchsbescheid, sondern der ursprüngliche Verwaltungsakt „in der Gestalt" des Widerspruchsbescheids. Um den Zuständigkeitsmangel zu rügen, müsste G daher (ggf. hilfsweise) einen ausdrücklichen Antrag auf Aufhebung des Widerspruchsbescheids stellen (vgl. § 79 Abs. 2 VwGO). Sinnvoll ist dies indes nur, wenn eine Ermessenentscheidung in Rede steht; andernfalls tritt nur eine unnötige Verzögerung ein.

bb) V

922 Da V keinen Widerspruch erhoben hat, ist die Baugenehmigung ihm gegenüber bestandskräftig geworden. Zwar wird teilweise angenommen, dass die Einlegung eines Widerspruchs bei **mehreren Klägern** entbehrlich sei, wenn einer von ihnen das Widerspruchsverfahren durchgeführt hat. Dies kann jedoch grundsätzlich nur bei notwendigen Streitgenossenschaften und ggf. bei Ehegatten gelten. Im Baunachbarrecht kommt hinzu, dass der Bauherr durch Zeitablauf eine schutzwürdige Rechtsposition erworben hat. Auch eine sachliche Einlassung hat bezogen auf V nicht stattgefunden.

2. Begründetheit

923 Prüfumfang sind nur entgegenstehende **nachbarschützende** Rechte des G (vgl. § 113 Abs. 1 VwGO)!

a) Zusicherung

924 Die Zusicherung erfüllt zwar die Wirksamkeitsvoraussetzungen des § 38 Abs. 1 S. 1 LVwVfG: Zuständigkeit und Schriftform. Problematisch ist hier aber, ob die Zusicherung auch ein subjektives Abwehrrecht gegen die dem Bauherrn erteilte Baugenehmigung verleiht – denn dann läge eine „**Zusicherung zulasten Dritter**" vor.[307]

---

307 Vgl. BVerwGE 49, 244 (248ff.).

In Bezug auf den Bauherrn fehlt aber nicht nur die nach § 38 Abs. 1 S. 2 LVwVfG vor-   **925**
gesehene Anhörung, vielmehr wäre bei einem derartigen Verwaltungsakt mit Doppel-
wirkung die Hinzuziehung des Bauherrn erforderlich gewesen (vgl. § 13 Abs. 1 Nr. 2,
Abs. 2 S. 2 LVwVfG). Überdies wäre diese Zusicherung auch materiell rechtswidrig,
denn auch die Zusicherung findet ihre Grenze in den Rechten Dritter. Der Bauherr hat
hier aber einen Anspruch auf Erteilung der Baugenehmigung, weil die Voraussetzungen
des § 34 Abs. 1 BauGB erfüllt sind und das vorangegangene Urteil ihm gegenüber keine Bindungswirkung entfaltet. Allerdings führt dieser Mangel angesichts der in § 38
Abs. 2 LVwVfG angeordneten Heilbarkeit wohl nicht zur Nichtigkeit.[308] Die Frage
kann hier jedoch offen bleiben, weil die Zusicherung dem Bauherrn gegenüber – mangels Bekanntgabe (§ 43 Abs. 1 S. 1 LVwVfG) – nicht wirksam geworden ist. Weder die
Stadt noch G können daher aus der Zusicherung Rechte **dem Bauherrn gegenüber** herleiten.

b) Rücksichtnahmegebot

Nach dem **Gebot der Rücksichtnahme** ist eine Einzelfallabwägung erforderlich. Dabei   **926**
kann vom Bauherrn umso mehr Rücksichtnahme verlangt werden, je empfindlicher
und schutzwürdiger die Situation des Nachbarn ist.[309] Allerdings muss dem grundsätzlich zulässigen Vorhaben insofern ein Vorrang eingeräumt werden, als es nicht zurück-
zustehen braucht, um gleichwertige fremde Interessen zu schonen. Bei Berücksichtigung der Wertung des § 22 Abs. 1 Nr. 1 BImSchG ist es dem G daher ggf. zumutbar,
lärmgedämpfte Maschinen zu verwenden und – falls erforderlich – die Heizungsanlage
zu modernisieren.

III. Hilfsantrag (Verpflichtungsklage auf Aufhebung der Baugenehmigung)

1. Zulässigkeit

Die Klagebefugnis ergibt sich für G aus der Zusicherung, V dagegen ist nicht klagebe-   **927**
fugt. Hinsichtlich des Vorverfahrens ist problematisch, dass über den Antrag des G
erstmals im Rahmen des Widerspruchsbescheids entschieden wurde. Allerdings liegt
ein Widerspruchsbescheid vor, der insoweit auch eine selbstständige und **erstmalige
Beschwer** enthält (§ 68 Abs. 2, Abs. 1 Nr. 2 VwGO); zudem hält auch die Behörde
selbst ein weiteres Vorverfahren nicht für erforderlich. Für V fehlt es dagegen bereits
an einem Antrag bei der Ausgangsbehörde.

2. Begründetheit

Der Anspruch auf Rücknahme der erteilten Baugenehmigung könnte sich als **Folgenbe-**   **928**
seitigungsanspruch aus der Zusicherung ergeben.[310] Dies entspricht auch dem Partei-
enverhältnis der Zusicherung, die dem Begünstigten einen Anspruch gegen die Behörde
(auf Einhaltung der Zusicherung) vermittelt. Allerdings setzt eine Rücknahme voraus,
dass die erteilte Baugenehmigung rechtswidrig war – was dem begünstigten Bauherrn
gegenüber nicht der Fall ist. Auch ein Widerruf scheidet aus, weil die Baugenehmigung
– angesichts des fortbestehenden Anspruchs des Bauherrn – erneut erlassen werden
müsste (vgl. § 49 Abs. 1 letzter Hs. LVwVfG).

---

308   Vgl. Knack/Henneke, VwVfG-Kommentar, 10. Aufl. 2014, § 38 Rn. 37 und 49.
309   Vgl. dazu grundlegend BVerwGE 52, 122 (126).
310   Vgl. BVerwGE 49, 244 (251).

9. Fall: Die Straßenerweiterung

929 Die Antragsteller A und B wenden sich gegen den Bebauungsplan „Wannfeld" der Antragsgegnerin, einer Gemeinde in Baden-Württemberg.

930 Der Bebauungsplan sieht vor, die bisherige Ortsstraße „Wannfeldstraße" von 7,5 m auf 15 m zu verbreitern sowie auf Höhe des Grundstücks der B zu begradigen. Neben der Erschließungsfunktion für das Baugebiet „Wannfeld" soll die Wannfeldstraße dem Schwerlastverkehr dienen, der vom Steinbruch der Firma V bislang durch die Ortsmitte führt. Nach dem Aufstellungsbeschluss legte die Antragsgegnerin den Bebauungsplanentwurf für zwei Wochen zur Einsichtnahme während der Sprechzeiten des Baurechtsamts aus.

931 A erhob daraufhin Einwendungen. Er ist Weingroßhändler und lagert in einem seiner an der Wannfeldstraße gelegenen Gebäude in Natursteinkellern wertvolle Weine. Er befürchtet Beeinträchtigungen der Weinqualität durch die vom Schwerlastverkehr seiner Ansicht nach zu erwartenden Erschütterungen des Untergrunds. Er bringt als Alternativvorschlag vor, eine gesonderte Zufahrtsstraße zum Steinbruch in westlicher Richtung anzulegen.

932 Der Gemeinderat der Antragsgegnerin hat diese Einwendungen zurückgewiesen. Angesichts der Tatsache, dass der Weinkeller mehr als 8 m von der Straße entfernt liege, sei eine nennenswerte Erschütterung nicht zu erwarten. Eine Alternativplanung sei im Übrigen zu zeitaufwändig, da wegen der überfälligen Entlastung des Ortskerns vom Schwerlastverkehr die geplante Verbreiterung der Wannfeldstraße dringend notwendig sei. Mit den Auswirkungen der Planung auf das Grundstück der B, von deren Seite während des Verfahrens keine Einwendungen erhoben worden waren, hat sich der Gemeinderat nicht auseinandergesetzt. Das dortige Wohngebäude hatte bisher einen Abstand von 8 m zur Wannfeldstraße, nach der Begradigung sind es künftig nur noch 2 m. Die Antragstellerin B wurde erst nach Abschluss des Planverfahrens infolge Erbfalls Eigentümerin des Grundstücks.

933 A hat ein Sachverständigengutachten erstellen lassen, aus dem sich ergibt, dass die Erschütterungen durch den zu erwartenden Schwerlastverkehr noch mindestens in 15 m Entfernung spürbar sind. Nachdem er seine Bedenken erneut – aber erfolglos – bei der Gemeinde geltend gemacht hatte, stellt er gemeinsam mit B neun Monate nach Inkrafttreten des Bebauungsplans „Wannfeld" einen Normenkontrollantrag. Um eine Rechtskrafterstreckung auf die Firma V zu erreichen, beantragt er auch, diese zum Verfahren beizuladen.

Lösungshinweise

I. Zulässigkeit

934 Die sachliche Zuständigkeit des **Verwaltungsgerichtshofs** aus § 47 Abs. 1 VwGO ist gegeben: Streitig ist ein Rechtssatz, bei dessen Vollzug Rechtsstreitigkeiten entstehen, für die der Verwaltungsrechtsweg eröffnet wäre. Die subjektive Antragshäufung ist gemäß § 64 VwGO i.V.m. § 60 ZPO möglich. Auch die Antragsfrist aus § 47 Abs. 2 S. 1 VwGO ist gewahrt.

935 Zur Begründung der **Antragsbefugnis** nach § 47 Abs. 2 S. 1 VwGO muss der Antragsteller Tatsachen vortragen, die es zumindest als möglich erscheinen lassen, dass er durch die Festsetzungen des Bebauungsplans in einem subjektiven Recht verletzt wird.

Maßgebliche Rechtsposition im Bebauungsplanverfahren ist das in § 1 Abs. 7 BauGB enthaltene Abwägungsgebot, das drittschützenden Charakter hinsichtlich derjenigen privaten Belange entfaltet, die abwägungserheblich sind. Nicht zum Abwägungsmaterial zählen objektiv geringwertige oder nicht schützwürdige Interessen sowie Belange, die für den Planungsträger nicht erkennbar waren – also solche, die bei der Bürgerbeteiligung nicht vorgebracht wurden und sich dem Planungsträger auch nicht hätten „aufdrängen" müssen. Diese Voraussetzungen sind für A und B erfüllt. Der Schutz des Weinbestands des A hat konkreten Bezug zum Planziel, ist schutzwürdig (Art. 14 Abs. 1 GG) und mit hinreichender Wahrscheinlichkeit betroffen. Die Beeinträchtigung der B ist handgreiflich; die Betroffenheit des Grundstücks musste sich aufdrängen, so dass die fehlende Äußerung im Aufstellungsverfahren unschädlich ist.

II. Beiladung der Firma V?

Da der Ausspruch des Verwaltungsgerichtshofs in Normenkontrollverfahren ohnehin allgemeinverbindliche Wirkung hat, ist eine **Beiladung** aus diesem Grunde nicht erforderlich. Sie kann nur erwogen werden, um dem Betroffenen eigene Beteiligungsrechte einzuräumen; hierzu enthält § 47 Abs. 2 S. 3 VwGO eine Sonderregelung, die hier aber nicht einschlägig ist. **936**

III. Begründetheit

Die Normenkontrollanträge sind begründet, soweit der Bebauungsplan gegen höherrangiges Recht verstößt und diese Fehler nicht ausnahmsweise unbeachtlich sind. Zur Prüfung hat sich ein dreigliedriges Schema eingebürgert: **937**

1. Erforderlichkeit der Bauleitplanung (§ 1 Abs. 3 S. 1 BauGB)

Die **Erforderlichkeit** des Plans kann angenommen werden, wenn es vernünftigerweise geboten erscheint, die bauliche Entwicklung durch eine vorherige Planung zu ordnen. Da das Baugesetzbuch von dem Grundsatz ausgeht, dass die Bebauung nur aufgrund vorheriger Planung erfolgen soll, ist eine Planung regelmäßig nur dann nicht erforderlich, wenn sie auf keiner planerischen Konzeption beruht und daher überflüssig ist. Anhaltspunkte hierfür sind nicht gegeben. **938**

2. Verstoß gegen gesetzliche Schranken der Bauleitplanung

Hier liegt ein Verstoß gegen die **Auslegungsfrist** des § 3 Abs. 2 S. 1 BauGB vor, hierauf hat sich indes niemand berufen. Zwar sollen die Verwaltungsgerichte nach ständiger Rechtsprechung des Bundesverwaltungsgerichts – trotz § 86 Abs. 1 VwGO – grundsätzlich nicht „gleichsam ungefragt in eine Suche nach Fehlern" des Bebauungsplans eintreten.[311] Ausnahmen gelten aber jedenfalls dann, wenn sich die Sachaufklärung aufdrängt,[312] der Fehler also – wie hier – offenkundig ist. Angesichts der in § 215 BauGB gewählten Formulierung „unbeachtlich werden" ist auch klargestellt, dass eine Unbeachtlichkeit erst nach rügeloser Fristverstreichung eintritt. **939**

---

311 Vgl. BVerwG, DVBl 1980, 230.
312 Vgl. BVerwG, NVwZ 1997, 896.

3. Abwägungsfehler[313]

940 Bei der **Abwägung** sind alle sachlich relevanten Belange entsprechend ihrem objektiven Gewicht zu berücksichtigen. Für die Prüfung ist zwischen Fehlern im Abwägungsvorgang und Fehlern im Abwägungsergebnis zu differenzieren.

941 Hinsichtlich des A ist zwar die Möglichkeit des Weinverderbs eingestellt, die Gefährdungslage aber falsch eingeschätzt worden. Überdies ist der Gesichtspunkt einer möglichen Verzögerung durch alternative Planungen unzulässig. Die – beachtlichen – Belange der B sind gar nicht berücksichtigt worden. Damit wurden nicht alle Belange in die Abwägung eingestellt, die nach Lage der Dinge hätten berücksichtigt werden müssen.

942 **Beachtlich** sind diese Fehler nach § 214 Abs. 3 S. 2 BauGB aber nur, wenn die aufgezeigten Mängel „offensichtlich und auf das Abwägungsergebnis von Einfluss gewesen sind". Ein „offensichtlicher" Mangel liegt nach der Rechtsprechung vor, wenn konkrete Umstände **positiv** – also nicht, wenn die Planunterlagen keinen Hinweis enthalten – und klar auf einen solchen Mangel hindeuten,[314] wenn er also aus objektiv erfassbaren schriftlichen Unterlagen abgeleitet werden kann. Verhindert werden soll damit die Beweiserhebung über subjektive Vorstellungen der an der Abstimmung beteiligten Mitglieder.[315] Ein positiver Nachweis der Kausalität für das Abwägungsergebnis ist nicht erforderlich, ausreichend ist vielmehr, wenn nach den Umständen des Einzelfalls die konkrete Möglichkeit besteht, dass die Planungsentscheidung anders ausgefallen wäre.

943 Der Bebauungsplan verstößt damit hier gegen §§ 3 Abs. 2 S. 1 und 1 Abs. 7 BauGB, ohne dass dies unerheblich wäre.

IV. Rechtsfolge

944 Die in § 214 Abs. 4 BauGB vorgesehene Heilung durch ein „ergänzendes Verfahren" kommt vorliegend nicht in Betracht, weil die Mängel die **Grundzüge der Planung** berühren; es ist daher eine erneute Abwägungsentscheidung notwendig.

945 Auch die analog § 139 BGB denkbare **Teilunwirksamkeit** scheidet aus, weil eine abgrenzbare Restbestimmung, die auch ohne den unwirksamen Teil sinnvoll bleiben würde, nicht ersichtlich ist. Auf das zusätzliche Erfordernis des mutmaßlichen Normgeberwillens für den Planteil kommt es daher nicht mehr an.

V. Beschluss

1. Der Antrag auf Beiladung der Firma V wird abgelehnt.
2. Der Bebauungsplan „Wannfeld" der Antragsgegnerin vom … wird für unwirksam erklärt.
3. Die Antragsgegnerin trägt die Kosten des Verfahrens.

10. Fall: Flachdach forever?[316]

946 Nach dem Tod ihrer Mutter haben K und L ein Grundstück in gesuchter Lage von Bad Waldsee geerbt, das mit einem 1972 errichteten eingeschossigen Flachdachbungalow

---

313 Vgl. hierzu grundlegend BVerwGE 34, 301.
314 Vgl. BVerwG, NVwZ 1995, 692.
315 Vgl. grundlegend BVerwGE 64, 33.
316 Angelehnt an Aufsichtsarbeit Nr. 6 der zweiten juristischen Staatsprüfung Herbst 2004, VBlBW 2008, 117.

bebaut ist. Sie wollen das Grundstück an eine Immobilien-GmbH veräußern und haben hierzu einen notariell beurkundeten Vertrag geschlossen, durch den der Firma ein durch Eintragung einer Auflassungsvormerkung gesichertes, bis 30. September befristetes Optionsrecht eingeräumt wurde, den Kaufvertrag durch einseitige Erklärung zustande zu bringen.

Das Grundstück liegt innerhalb des Siedlungsbebiets „Berg II", für das bislang kein Bebauungsplan existiert. Das Gebiet wurde in den siebziger Jahren – wohl auf der Grundlage eines damaligen Planentwurfs – einheitlich mit Flachdachbungalows mit einer Höhe von weniger als 3,30 m bebaut. Nachdem in zwei angrenzenden Gebieten mit ursprünglich ganz ähnlicher Siedlungsstruktur Aufstockungen vorgenommen und Satteldächer errichtet worden waren, hat der Gemeinderat der Stadt Bad Waldsee am 14. Juli für das Gebiet „Berg II" die Aufstellung eines Bebauungsplans zur Sicherung der dort noch einheitlichen Bebauungsstruktur und des Stadtbildes sowie den Erlass einer Veränderungssperre beschlossen. Beide Beschlüsse sind am 17. Juli ortsüblich bekannt gemacht worden. Der neue Planentwurf sieht ein reines Wohngebiet für eingeschossige Gebäude mit einer maximalen Höhe von 3,30 m, Flachdachbebauung und eine Grundflächenzahl von 0,4 vor. Durch entsprechende Baugrenzen ist dabei den winkelförmigen Baufenstern eine ebenerdige Erweiterungsmöglichkeit von 50 bis 70 Quadratmetern eingeräumt worden. Die Begründung verweist darauf, dass das Plangebiet ein geschlossenes, durch Flachdachbebauung charakterisiertes Siedlungsbild aufweise. Durch eine Aufstockung werde dieses gestört, der erhöhte Schutz der Privatsphäre im Freibereich beeinträchtigt und durch die Erhöhung der Wohnungszahl auch weiterer Stellplatzbedarf ausgelöst. Bei fachgerechter Ausführung und Wartung sei im Übrigen auch ein Flachdach über Jahrzehnte haltbar. 947

Im Rahmen der Bürgerbeteiligung ist dagegen von zehn Grundstückseigentümern geltend gemacht worden, die Flachdächer seien nicht mehr zeitgemäß und reparaturanfällig, so dass in den nächsten Jahren ohnehin aufwändige Sanierungen anstünden. Die Zulassung anderer Dachgestaltungen und -aufbauten biete sich daher an, gerade auch, um Familien mit mehreren Kindern eine Erweiterung der bisher üblichen Wohnfläche mit maximal 120 Quadratmetern zu ermöglichen. Allerdings gab es auch Stimmen, die sich für den Erhalt der gewachsenen Siedlungsstruktur aussprachen. Auch die Immobilien-GmbH hat sich innerhalb der Auslegungsfrist an die Stadt gewandt und ihre Bedenken gegen die Festschreibung des „gänzlich überholten städtebaulich-architektonischen Konzepts" vorgebracht. Dabei hat sie insb. darauf verwiesen, dass eine Flachdachbebauung unabwendbar und periodisch zu aufwendigen Sanierungen führe und den Eigentümern im Hinblick auf Art. 14 Abs. 1 GG daher nicht zumutbar sei; insoweit habe die Stadt die Eigentümerinteressen in ihrem Gewicht verkannt. Überdies könne mit Satteldächern zusätzlicher Wohnraum gerade für Familien oder generationenübergreifende Familienverbünde geschaffen werden, was auch durch Art. 6 Abs. 1 GG geboten sei. Schließlich betreibe die Gemeinde in Wahrheit Denkmalschutz im Gewande einer bauplanungsrechtlichen Satzung, wozu das Baugesetzbuch nicht ermächtige. 948

Die Immobilien-GmbH hat großes Interesse an dem gut gelegenen Grundstück, hält den bestehenden Bungalow aber nicht für marktgängig. Sie will daher wissen, ob und ggf. welche Chancen die Firma hat, für einen Dachgeschossauf- oder -ausbau eine Baugenehmigung zu erhalten. Sie hat auch die Frage aufgeworfen, ob sie mit Erfolg gegen die Veränderungssperre und – im Falle eines Inkrafttretens – gegen den Bebauungsplan 949 vorgehen könne. Schließlich möchte sie wissen, wie es sich prozessual auswirken würde, wenn ein Normenkontrollantrag noch von den Erben gestellt würde, das Eigentum dann aber noch vor Abschluss des Verfahrens an die Immobilien-GmbH übergehe, und ob eine Beiladung anderer Grundstückseigentümer mit ähnlichen Interessen erreicht werden könnte.

Lösungshinweise

I. Genehmigungsfähigkeit der Dachgeschossänderungen nach Inkrafttreten des Bebauungsplans „Berg II"

1. Befreiung

950 Die im Bebauungsplan enthaltenen Festsetzungen stehen den geplanten baulichen Veränderungen entgegen. Das Bauvorhaben könnte daher nur im Wege der **Befreiung** nach § 31 Abs. 2 BauGB genehmigt werden.

951 Tatbestandliche Voraussetzung hierfür ist aber jedenfalls, dass nicht von Festsetzungen abgewichen werden soll, die das jeweilige Planungskonzept tragen. Denn die mit der Befreiung verbundene Einzelfallentscheidung der Verwaltung darf die vom Gemeinderat getroffene Planungsentscheidung, die als Satzung Rechtsnormcharakter hat und damit für die Exekutive verbindlich ist, nicht in Frage stellen. Änderungen, die die **Grundzüge der Planung** berühren, sind im Rahmen des § 31 Abs. 2 BauGB daher nicht möglich. Angesichts der Tatsache, dass mit dem Bebauungsplan gerade das geschlossene, durch höhenmäßig begrenzte Flachdachbebauung charakterisierte Siedlungsbild geschützt werden soll, kommt eine entsprechende Befreiung durch Einzelfallentscheidung der Baurechtsbehörde hier nicht in Betracht.

952 Ob darüber hinaus auch das Vorliegen einer „**Atypik**" erforderlich ist, ist angesichts der Tatsache, dass das Tatbestandsmerkmal „im Einzelfall" in der Neufassung der Vorschrift gestrichen worden ist, streitig.[317] Jedenfalls muss durch eine hinreichend restriktive Interpretation sichergestellt werden, dass die Planungshoheit der Gemeinde nicht durch die Befreiungsmöglichkeiten ausgehebelt wird. Anhaltspunkte dafür, dass das Grundstück bodenrechtliche Besonderheiten aufweist, sind hier nicht ersichtlich. Vielmehr ist im Bebauungsplanverfahren umgekehrt darauf hingewiesen worden, dass mit den Festsetzungen auch den nachbarlichen Interessen des Schutzes vor Einblicken Rechnung getragen werden soll. Schon aus Gründen des Nachbarschutzes kann eine Befreiung daher nicht erteilt werden.

953 Soweit sich die Festsetzungen aus den **örtlichen Bauvorschriften** ergeben (siehe dazu unten), ist Rechtsgrundlage für die Befreiung nicht das BauGB, sondern die LBO. Die hierfür in § 56 Abs. 5 LBO statuierten Voraussetzungen liegen jedoch ebenfalls nicht vor; insb. führt die Einhaltung der Vorschrift nicht zu einer offenbar nicht beabsichtigten Härte.

2. Normenkontrollverfahren

954 Nach Inkrafttreten des Bebauungsplans käme das Bauvorhaben daher nur noch in Betracht, wenn die Festsetzungen durch ein **Normenkontrollverfahren** erfolgreich angegriffen werden könnten.

---

317 Vgl. VGH Bad.-Württ., VBlBW 2003, 438.

a) Zulässigkeit

Die Zulässigkeit des Normenkontrollantrags setzt nicht voraus, dass der Antragsteller selbst **Eigentümer** des Grundstücks ist. Vielmehr kann die Baugenehmigung auch einem Nichteigentümer erteilt werden, so dass auch der Bebauungsplan, der der Erteilung einer Genehmigung entgegensteht, einen Nichteigentümer in seinem Recht auf Erteilung einer Baugenehmigung treffen kann.[318]   955

Sofern bereits die Grundstückserben einen Normenkontrollantrag gestellt haben, wäre die Immobilien-GmbH nach **Eigentumserwerb** gemäß § 173 VwGO i.V.m. § 266 ZPO berechtigt (und auf Antrag der Antragsgegnerin sogar verpflichtet), den Rechtsstreit zu übernehmen.[319]   956

Die **Beiladung** weiterer Grundstückseigentümer ist gemäß § 47 Abs. 2 S. 4 VwGO zwar möglich, kann von der Antragstellerin aber nicht erzwungen werden.

b) Begründetheit

In materieller Hinsicht ist zu berücksichtigen, dass im Bebauungsplan zwar die Höhe baulicher Anlagen (vgl. § 9 Abs. 1 Nr. BauGB i.V.m. 16 Abs. 2 Nr. 4 BauNVO) und ihre Stellung (§ 9 Abs. 1 Nr. 2 BauGB: damit auch die Firstrichtung!) festgesetzt werden kann, nicht aber die Festschreibung bestimmter Einzelheiten der Dachgestaltung – wie etwa Dachfarbe oder -form.[320] Insoweit kommt allein die Regelung durch **Gestaltungssatzung** der Gemeinde nach § 74 Abs. 1 Nr. 1 LBO in Betracht.[321] Allerdings können diese Festsetzungen als Ergebnis eines gemeinsamen Verfahrens in dem Beschluss über den Bebauungsplan zusammengefasst werden (vgl. § 74 Abs. 7 LBO: „zusammen mit dem Bebauungsplan"). Ein Hinweis darauf, dass in der Satzung auch örtliche Bauvorschriften enthalten sind, ist nach der Rechtsprechung in der Bekanntmachung nicht erforderlich, weil der Anstoßfunktion auch so Genüge getan ist. Allerdings muss sich jedenfalls aus dem Textteil ergeben, dass dem Gemeinderat bewusst war, dass er insoweit nicht einen Bebauungsplan, sondern eine Gestaltungssatzung beschlossen hat.   957

Abwägungsmängel sind nach bisherigem Verfahrensverlauf nicht ersichtlich. Hinsichtlich des Maßstabes kann insoweit nicht unmittelbar auf § 1 Abs. 7 BauGB zurückgegriffen werden, weil die Vorschrift nur für Bebauungspläne gilt. Auch aus § 74 Abs. 7 LBO ergibt sich nichts anderes, weil sich der Verweis nur auf verfahrensrechtliche Vorschriften bezieht. Die Abwägungspflicht folgt indes unabhängig hiervon aus dem Umstand, dass mit den örtlichen Bauvorschriften Inhalt und Schranken des Eigentums geregelt werden und hierfür die Interessen der Allgemeinheit und die privaten Interessen der Eigentümer in ein ausgewogenes Verhältnis gebracht werden müssen. Der Gemeinderat hat die privaten Belange aber erkannt und berücksichtigt, er hat ihnen nur nicht den Vorzug gegeben. Weder die Erwägungen zur Reparaturbedürftigkeit aller Dachkonstruktionen noch der – mit der ausgewiesenen Flächenreserve teilweise berücksichtigte – Wunsch auf Erweiterungsmöglichkeiten sind übergangen oder mit sachfremden Erwägungen beurteilt worden. Auch die Abgrenzung des Plangebiets erscheint nicht willkürlich, weil nur hier noch ein geschlossenes städtebauliches Bild besteht.   958

---

318 Vgl. VGH Bad.-Württ., VBlBW 1998, 310 für eine Veränderungssperre.
319 Vgl. hierzu VGH Bad.-Württ., VBlBW 2013, 24.
320 Vgl. BVerwG, NVwZ 2000, 1169.
321 Vgl. VGH Bad.-Württ., VBlBW 2003, 123.

959 (Achtung: eine Beanstandung des Ergebnisses Flachdach-Bebauung ist im Rahmen der Abwägungskontrolle nicht möglich; dafür bedürfte es einer zwingenden Planungsschranke, die nicht vorliegt. Die Abwägung unterschiedlicher Lösungsmöglichkeiten obliegt aber dem zur Ausübung der kommunalen Planungshoheit berufenen Gemeinderat, nicht dem Gericht. Die Kontrolle kann daher nicht am Ergebnis ansetzen!)

II. Genehmigungsfähigkeit vor Inkrafttreten des Bebauungsplans

1. Normenkontrollverfahren gegen Veränderungssperre

960 Im gegenwärtigen Zeitpunkt steht dem Bauvorhaben aber die **Veränderungssperre** entgegen. Auch die Ausnahmevoraussetzungen des § 14 Abs. 2 S. 1 BauGB sind nicht gegeben, weil das Vorhaben mit dem Sicherungszweck der Veränderungssperre nicht vereinbar ist;[322] im Übrigen könnte eine Reduzierung des den zuständigen Baurechtsbehörden eingeräumten Ermessens sicherlich nicht angenommen werden. Die Verwirklichung des Bauvorhabens setzt daher einen erfolgreichen Angriff gegen die Veränderungssperre voraus.

a) Zulässigkeit

961 Die Antragsbefugnis kommt auch der Immobilengesellschaft zu, weil sie – trotz fehlender Eigentümerstellung – als Bauherr die Erteilung einer Baugenehmigung beantragen kann, die durch die Veränderungssperre vereitelt wird.

b) Begründetheit

aa) Formelle Rechtmäßigkeit

962 Formell setzt der Erlass einer Veränderungssperre den Beschluss über die **Aufstellung** eines Bebauungsplanes voraus. Außenwirksamkeit erlangt ein derartiger Beschluss zwar erst mit Bekanntgabe. Hieraus folgt jedoch nicht, dass der Beschluss über die Veränderungssperre erst nach Bekanntgabe des Aufstellungsbeschlusses möglich wäre. Maßgeblich ist nach dem Wortlaut des § 14 Abs. 1 BauGB und insb. nach Sinn und Zweck der Vorschrift nur der Aufstellungsbeschluss. Dass der Gemeinderat den Beschluss über die Aufstellung des Bebauungsplans und den Erlass der Veränderungssperre in derselben Sitzung gefasst hat, ist daher ebenso unschädlich wie die Tatsache, dass beide Beschlüsse am gleichen Tag bekannt gemacht worden sind.[323]

bb) Materielle Rechtmäßigkeit

963 In materieller Hinsicht muss die Veränderungssperre zur Sicherung der Planung erforderlich sein; dies bedeutet umgekehrt, dass der künftige Planinhalt **hinreichend konkretisiert** erkennbar ist. Dies ist hinsichtlich der Unzulässigkeit von Dachauf- und -ausbauten der Fall.

964 Eine „antizipierte Normenkontrolle" des künftigen Bebauungsplans findet dagegen nicht statt, denn ein fertiger Bebauungsplan mit einer abschließenden Abwägungsentscheidung liegt noch nicht vor. Fehler, die im nachfolgenden Bebauungsplanverfahren **noch behebbar** sind, führen daher nicht zur Unwirksamkeit der Veränderungssperre,

---

322 Vgl. BVerwG, NVwZ 1989, 661.
323 Vgl. VGH Bad.-Württ., VBlBW 1998, 310.

so dass die Prüfung neben dem Vorhandensein einer positiven Konzeption (Ausschluss der Negativplanung)[324] auf nicht behebbare Mängel, fehlende Realisierbarkeit und die Frage, ob die Zielsetzung den Maßgaben des BauGB entspricht, zu beschränken ist.

Ein derartiger Fehler liegt hier nicht vor. Insbesondere kann nicht davon ausgegangen werden, dass mit den Instrumenten des Bauplanungsrechts **denkmalschutzrechtliche Zwecke** verfolgt werden sollen. Vielmehr ist gemäß § 1 Abs. 6 Nr. 5 BauGB zulässiger Inhalt eines Bebauungsplans auch der Schutz der historisch gewachsenen Verhältnisse. Der intendierte Schutz des Erscheinungsbilds des gewachsenen Ortsteils überschreitet den Rahmen zulässiger städtebaulicher Zielsetzungen daher nicht. Dem Instrumentarium des Denkmalschutzrechts wäre es nur vorbehalten, den geschichtlichen oder städtebaulichen Dokumentationswert des Ortsteils aus kulturhistorischen Gründen der Nachwelt zu erhalten.[325]

965

Auch die Tatsache, dass die Vorgabe der Dachgestaltung kein aus dem Bebauungsplan folgendes Planungsziel darstellen kann, sondern nur auf eine Gestaltungssatzung nach § 74 Abs. 1 Nr. 1 LBO gestützt werden kann, steht der Veränderungssperre nicht entgegen. Denn auf Grundlage des Bebauungsplans ist es möglich, die Höhe der baulichen Nutzung festzusetzen (vgl. § 9 Abs. 1 Nr. 1 BauGB i.V.m. § 16 Abs. 2 Nr. 4 BauNVO). Jedenfalls hinsichtlich der Maximalhöhe von 3,30 Metern wird deshalb ein Dachaufbau ordnungsgemäß ausgeschlossen, so dass dem Bauvorhaben der Antragstellerin zulässige planungsrechtliche Erwägungen entgegengesetzt werden.

966

Unschädlich ist schließlich auch, dass ein **konkretes Bauvorhaben** zum Anlass für den Erlass eines Aufstellungsbeschlusses genommen wird. Denn es ist der Gemeinde nicht verwehrt (vielmehr gerade der Sinn der Beteiligung des § 36 BauGB), auf konkrete Anfragen zu reagieren. Die nachfolgende Planung muss allerdings ein planerisches Konzept aufweisen und darf nicht nur ein vorgeschobenes Mittel darstellen, um den konkreten Bauwunsch zu durchkreuzen. So liegen die Dinge hier indes ersichtlich nicht.

967

2. Rechtslage bei Erfolg eines Normenkontrollantrags gegen die Veränderungssperre

Insbesondere aber könnte die Immobilengesellschaft ihr Bauvorhaben auch bei Erfolg eines Normenkontrollantrages gegen die Veränderungssperre nicht verwirklichen. Denn in diesem Fall wäre die Zulässigkeit nach § 34 Abs. 1 BauGB zu beurteilen. Innerhalb des Plangebietes ist nach Sachverhalt aber eine geschlossen-einheitliche Flachdachbebauung mit einer Gebäudehöhe von maximal 3,30 m anzutreffen, so dass die geplante Erhöhung des Hauses mit Errichtung eines Satteldachs den **vorgegebenen Rahmen** überschreiten und durch die Möglichkeit der Einsicht in Nachbargrundstücke sowie eine negative Vorbildwirkung ausgleichsbedürftige Spannungen begründen würde.

968

Insgesamt ist die angestrebte Bebauung daher nicht zu erreichen, so dass der Immobiliengesellschaft nicht geraten werden kann, von der Kaufoption Gebrauch zu machen.

969

---

324 Vgl. hierzu VGH Bad.-Württ., BauR 2013, 1635.
325 Vgl. VGH Bad.-Württ., BRS 65, 73.

STRASSENRECHT

A. ÜBERBLICK

I. Gegenstand und Abgrenzung

970   Das Straßenrecht gehört in systematischer Hinsicht – wie das Wasserrecht – zum öffentlichen Sachenrecht.[1] Es regelt die Bereitstellung einer öffentlichen Straße für die in der Widmung festgelegte Verkehrsfunktion. Öffentliche Straßen sind der juristische Idealtyp einer Sache im Gemeingebrauch.

971   Hauptregelungsgebiete des Straßenrechts sind daher **Bau** (Straßenplanung) und **Unterhaltung** (Aufteilung und Ausgestaltung der straßenrechtlichen Verpflichtungen) öffentlicher Straßen sowie deren **Statusrecht** (Begründung und Umfang des öffentlichen Charakters) mit der daraus folgenden Regelung der **Straßennutzung**. Sie sind im Landesstraßengesetz (StrG) und für die Bundesstraßen – abgesehen von den durch § 8 StrG mit Sonderregelungen versehenen Ortsdurchfahrten[2] – im Fernstraßengesetz normiert; hinsichtlich der planungsrechtlichen Fragen finden sich auch in Fachgesetzen weitere Vorgaben.[3]

972   Das Straßenverkehrsrecht dagegen knüpft an eine vorhandene öffentliche Straße an und reglementiert die Ausübung des dort zugelassenen Verkehrs.[4] Anschaulich wird deshalb vom „**Vorbehalt des Straßenrechts**" gesprochen, weil der öffentliche Verkehr nur im Rahmen – und damit vorbehaltlich – der Widmung eröffnet wird. Das Straßenverkehrsrecht darf daher den vom Straßenrecht vorgegebenen Nutzungsrahmen nicht verlassen.[5] Für eine nur Fußgängern gewidmete Zone etwa kann straßenverkehrsrechtlich kein ausnahmsweise zulässiger Fahrzeugverkehr angeordnet werden,[6] auch § 45 Abs. 1b S. 1 Nr. 3 StVO räumt nur die Befugnis zur „Kennzeichnung" straßenrechtlich geschaffener Fußgängerbereiche ein.[7] Ebenso ist die Straßenverkehrsbehörde daran gehindert, in einem Bereich, der im Bebauungsplan als Gehwegfläche festgesetzt worden ist, Fahrradverkehr zuzulassen und entsprechende Verkehrszeichen aufzustellen.[8]

973   Soweit die Modalitäten der Verkehrsausübung – im Rahmen des durch die straßenrechtliche Widmung Vorgegebenen – in Rede stehen, gilt jedoch das Straßenverkehrsrecht. Hierbei handelt es sich systematisch betrachtet um besonderes Ordnungsrecht zur Gewährleistung von Sicherheit und Leichtigkeit des Verkehrs. Abweichend von dem im Gefahrenabwehrrecht Üblichen liegt die Gesetzgebungskompetenz aber nach Art. 74 Abs. 1 Nr. 22 GG beim Bund und verdrängt damit in seinem Geltungsbereich

---

1   Vgl. hierzu etwa Peine, JZ 2006, 593 oder Mager/Sokol, Jura 2012, 913.
2   Sonderregelungen hierzu auch in § 5 FStrG.
3   Vgl. etwa § 1 Abs. 6 Nr. 9 und § 9 Abs. 1 Nr. 1 BauGB, § 41 BImSchG oder das Naturschutzrecht.
4   Die StVO gilt darüber hinaus aber auch für Straßen, die zwar keine öffentlichen Straßen im Sinne des Straßengesetzes sind, tatsächlich aber der Allgemeinheit für Verkehrszwecke offen stehen; vgl. VGH Bad.-Württ., VBlBW 2015, 296 Rn. 23.
5   Systematisch fragwürdig ist daher die Ausdehnung der Sonderrechte nach § 35 StVO durch BVerwGE 82, 266.
6   Vgl. BVerwGE 62, 376.
7   Vgl. VGH Bad.-Württ., VBlBW 2009, 463.
8   Vgl. VGH Bad.-Württ., DÖV 1993, 532.

abweichendes Landesrecht.[9] Für die Regelung des durch die Widmung grundsätzlich zugelassenen Verkehrs gilt daher ein „Vorrang des Straßenverkehrsrechts". § 13 Abs. 1 StrG macht dies in der Formulierung deutlich, dass der Gemeingebrauch nur im Rahmen der Straßenverkehrsvorschriften gestattet wird. Ein Verhalten, das nach der Straßenverkehrsordnung als zulässige Verkehrsteilnahme zu bewerten ist, fällt damit auch unter den Gemeingebrauch.

Veranstaltungen, für die Straßen mehr als verkehrsüblich in Anspruch genommen werden, bedürfen bereits straßenverkehrsrechtlich einer Erlaubnis (§ 29 Abs. 2 StVO). Ein eigenständiges straßenrechtliches Verfahren findet hier gemäß § 16 Abs. 6 StrG nicht mehr statt. Abgrenzungsschwierigkeiten[10] können sich auch ergeben, wenn die Straßenverkehrsbehörde aus Gründen der Sicherheit und Leichtigkeit des Verkehrs nach § 45 StVO Nutzungen ausschließt, die innerhalb der Widmung liegen – wie etwa bei einer Beschränkung des LKW- und Motorradverkehrs zum Schutz der Nachtruhe. Als situationsbedingte Maßnahmen, bei denen es im Schwerpunkt um die Gefahrenabwehr geht, sind derartige Straßenverkehrsanordnungen zulässig, sofern sie nicht auf eine dauernde Beschränkung der Widmung hinauslaufen.[11]

974

Klassisch – und damit klausurhäufig – sind insbesondere die Probleme des **Parkens**. Zum widmungsgemäßen Verkehr muss auch das Halten und Parken gehören, denn die Verkehrsfunktion der Straße ist nur erfüllbar, wenn am Zielort auch Abstellmöglichkeiten bestehen. Regelungen zum sog. „ruhenden Verkehr" gehören daher zum Straßenverkehrsrecht und finden sich auch dort (vgl. §§ 12–15 StVO). Die Zugehörigkeit zum Straßenverkehr bleibt grundsätzlich auch für ein parkendes Fahrzeug bestehen, solange es zugelassen und nicht dauernd betriebsunfähig ist. Wegen des insoweit bestehenden Vorrangs der bundesrechtlichen Bestimmungen ist es dem Landesgesetzgeber verwehrt, derartige Vorgänge straßenrechtlich als Sondernutzung zu behandeln und etwa einer entsprechenden Gebühr zu unterwerfen. Ein Vorgang, der im Rahmen der Straßenverkehrsvorschriften liegt, bewegt sich auch innerhalb des straßenrechtlichen Gemeingebrauchs. Verkehrsbezogenes Verhalten ist damit (umgekehrt formuliert) dem Zugriff des Straßenrechts entzogen. Anderes gilt aber dann, wenn ein Fahrzeug aus rechtlichen oder tatsächlichen Gründen am Verkehrsfluss nicht mehr teilnehmen kann. Für derartige, über den Gemeingebrauch (Verkehrsfunktion) hinausgehende Nutzungsformen kann daher vom Landesgesetzgeber auf straßenrechtlicher Grundlage die Erhebung einer Sondernutzungsgebühr vorgesehen werden.

975

Der Status als „öffentliche" Straße hängt nicht am **Eigentum**, er wird vielmehr durch den Hoheitsakt der Widmung begründet. Das Privateigentum wird hierdurch zwar nicht aufgehoben, aber durch die mit der Widmung begründete öffentliche Belastung überlagert. Die aus der Widmung folgenden Einschränkungen können dabei als öffentlich-rechtliche Dienstbarkeit eigener Art begriffen werden,[12] nach der dem privatrechtlichen Eigentümer nur eine sehr begrenzte Restherrschaft verbleibt; insb. muss er die durch die Widmung eröffneten Nutzungsformen dulden. Sofern der Träger der Straßenbaulast nicht selbst Eigentümer der Straße ist, muss dieser der Widmung des-

976

---

9 Vgl. BVerfGE 67, 299.
10 Vgl. zur Abgrenzung der Gebiete Manssen, DÖV 2001, 151; zum Zusammenspiel straßenrechtlicher und straßenverkehrsrechtlicher Erlaubnisse Sauthoff, VerwArch 2015, 322.
11 Vgl. hierzu VGH Bad.-Württ., VBlBW 2005, 391 sowie Steiner, Besonderes Verwaltungsrecht, 8. Aufl. 2006, S. 577 (645).
12 Die Widmung ist allerdings kein ins Grundbuch eintragungsfähiges Recht.

halb zugestimmt haben,[13] was auch die Nachfolger bindet und nicht wiederrufen werden kann.[14] Gleiches gilt für andere zur Nutzung dinglich Berechtigte.[15] Andernfalls kann die Widmung erst erfolgen, wenn der Straßenbaulastträger den Besitz in einem hierfür vorgesehenen gesetzlichen Verfahren erlangt hat (vgl. § 5 Abs. 1 StrG).[16] Sofern die Straße in einem förmlichen Verfahren geplant worden ist, kommt diesem „enteignungsrechtliche Vorwirkung" zu,[17] so dass es einer weiteren Feststellung der Zulässigkeit der Enteignung nicht mehr bedarf (vgl. § 40 S. 1 StrG).[18]

977   „Tatsächlich öffentliche Straßen", die zwar nicht gewidmet sind, aber dem allgemeinen Verkehr offen stehen (wie etwa Parkhäuser oder Tankstellen), kommen zwar in funktioneller Hinsicht einer öffentlichen Verkehrsfläche gleich – was die Anwendung der straßenverkehrsrechtlichen Bestimmungen rechtfertigt -, sie sind aber keine öffentlichen Straßen, so dass auch das Straßengesetz nicht anwendbar ist (vgl. § 1 S. 1 StrG).

978   *Zur Vertiefung: Fall 10.*

II. Statusrecht öffentlicher Straßen

979   Da die Eigenschaft einer Straße als öffentliche Sache vom Vorliegen eines staatlichen **Statusakts** abhängt, ist das Straßenrecht streng formalisiert. Begründung, Änderung und Beendigung des öffentlichen Sachstatus sind daher schon im Interesse der Rechtsklarheit in eigenen Rechtsinstituten ausgeformt.

1. Widmung

980   Die Eigenschaft einer öffentlichen Sache ergibt sich aus dem konstitutiven Statusakt der **Widmung**, mit dem die Straße ihre öffentliche Zweckbestimmung erhält. Diese ist in rechtlicher Hinsicht als Allgemeinverfügung i.S.d. § 35 S. 2 LVwVfG zu qualifizieren. Wesentlichste Rechtsfolge ist die Begründung des Gemeingebrauchs nach § 13 Abs. 1 S. 1 StrG, nach dem die Straße im Rahmen der Widmung jedermann und unmittelbar ohne besondere Zulassung zur Verfügung steht.[19] Die Widmung muss aber nicht unbeschränkt erfolgen, sondern kann gemäß § 5 Abs. 3 S. 2 StrG auf bestimmte Benutzungsarten, Benutzungszwecke oder Benutzungskreise beschränkt werden. Die Widmung löst darüber hinaus ein ganzes Bündel weiterer Rechtsfolgen aus, wie etwa die Begründung der Straßenbaulast, Duldungspflichten und Baubeschränkungen für

---

13 Vgl. zur Nichtigkeit einer ohne Zustimmung des Eigentümers erfolgten Widmung Nds. OVG, NVwZ-RR 2013, 129.

14 Vgl. Bay. VGH, NVwZ 1990, 280.

15 Keine Zustimmung muss aber bei bloßen Sicherungsrechten, wie Grundschuld oder Hypothek eingeholt werden. Diese berechtigen nicht zur Nutzung und bleiben rechtlich betrachtet auch ungeschmälert bestehen. Dem Umstand, dass sie gleichwohl wirtschaftlich entwertet werden, ist durch die Möglichkeit der „Ablösung" in § 12 Abs. 4 StrG Rechnung getragen.

16 Vgl. zur Möglichkeit der vorzeitigen Besitzeinweisung § 40a StrG; hierzu auch VGH Bad.-Württ., NVwZ-RR 2010, 588.

17 Vgl. §§ 37 Abs. 2 Satz 2, 40 Satz 1 StrG. Einwendungen gegen die Anlage der Straße sind damit ausgeschlossen, so dass sich das Enteignungsverfahren nur noch auf Entschädigungsfragen bezieht; vgl. VGH Bad.-Württ., VBlBW 2010, 37.

18 Vgl. etwa § 37 Abs. 2 Satz 2 StrG; zur Bindungswirkung gegenüber den Enteignungsbehörden auch VGH Bad.-Württ., VBlBW 2010, 37.

19 Auch der Grundstückseigentümer darf eine öffentliche Straße damit nicht sperren, eine ggf. erforderlich werdende Beseitigungsverfügung kann auf §§ 1, 3 PolG gestützt werden; vgl. VGH Bad.-Württ., VBlBW 2005, 478.

Anlieger sowie verschiedene weitere Verpflichtungen wie z.B. Straßenreinigung und Winterdienst.[20]

Gleichzeitig[21] mit der Widmung ist gemäß § 5 Abs. 3 S. 1 StrG die „**Einstufung**" vorzunehmen. Darunter ist die Zuordnung der Straße zu einer der in § 3 Abs. 1 StrG (bzw. für Bundesstraßen in § 1 FStrG) abschließend aufgeführten Straßengruppen[22] zu verstehen. Aus dieser Gruppenzugehörigkeit ergeben sich einerseits Folgen für die Behördenzuständigkeit (etwa für die Widmung in § 5 Abs. 2 StrG, die Erteilung einer Sondernutzungserlaubnis in § 16 Abs. 7 StrG oder die Trägerschaft der Straßenbaulast nach § 43 f. StrG), andererseits aber auch verfahrensmäßige (Notwendigkeit einer Planfeststellung nach § 37 Abs. 1 StrG) und materielle Sonderregelungen (Reichweite der Baubeschränkungen für Anlieger in § 22 StrG). Angesichts dieser Rechtsfolgen ist die formalisierte Einstufung zwingend (vgl. auch § 3 Abs. 4 StrG); ihr Fehlen führt zur Unwirksamkeit der Widmung und kann auch nicht durch die Eintragung in das Straßenverzeichnis des § 4 Abs. 2 StrG ersetzt werden, der keine konstitutive Wirkung zukommt.   981

Die **Zuständigkeit** für die Widmung hängt von der Straßengruppe ab. Für Bundesstraßen sind in Baden-Württemberg aufgrund § 22 Abs. 4 S. 2 FStrG i.V.m. § 3 Nr. 1 FStrGZuVO die Regierungspräsidien zuständig. Gleiches gilt gemäß § 5 Abs. 2 Nr. 1 i.V.m. § 50 Abs. 2 StrG für Landesstraßen. Für die Widmung von Kreisstraßen sind nach § 5 Abs. 2 Nr. 2 i.V.m. § 50 Abs. 3 Nr. 2a StrG die Landratsämter berufen, ausgenommen hiervon sind indes Ortsdurchfahrten in Gemeinden mit mehr als 30.000 Einwohnern: Hier ist den Gemeinden durch § 5 Abs. 2 Nr. 2 i.V.m. § 50 Abs. 3 Nr. 2b und § 43 Abs. 3 StrG die Zuständigkeit übertragen. Die Widmung von Gemeindestraßen schließlich erfolgt durch die Gemeinde, vgl. § 5 Abs. 2 Nr. 2 i.V.m. § 50 Abs. 3 Nr. 3 StrG.   982

Anhörung (§ 28 Abs. 2 Nr. 4 LVwVfG) und Begründung (§ 39 Abs. 2 Nr. 5 LVwVfG) sind nicht erforderlich.   983

Gemäß § 5 Abs. 4 S. 1 StrG bedarf die Widmung der **öffentlichen Bekanntmachung**, was insb. der Rechtssicherheit hinsichtlich der Einstufung und der damit verbundenen Rechtsfolgen dient. Eine konkludente Widmung durch faktische Indienststellung, wie dies bei öffentlichen Gemeindeeinrichtungen häufiger vorkommt, ist damit ausgeschlossen!   984

Die Bekanntmachung erfolgt für Bundes-[23] und Landesstraßen (vgl. § 5 Abs. 4 S. 2 StrG) im Staatsanzeiger. Hinsichtlich anderer Straßen enthält das Straßenrecht keine Vorgaben, so dass nach § 41 Abs. 4 S. 1 LVwVfG „ortsüblich" und damit gemäß § 1 Abs. 1 Nr. 1 DVO GemO (oder § 1 Abs. 1 S. 1 DVO LKrO) regelmäßig im eigenen Amtsblatt bekannt zu geben ist. Ob das Wirksamwerden der Widmung darüber hinaus auch die Verkehrsübergabe, also die faktische Indienststellung, voraussetzt, hat der Verwaltungsgerichtshof offen gelassen.[24]   985

---

20 Die Widmung hat darüber hinaus auch mittelbare Folgen, wie etwa die Pflicht, Erschließungsbeiträge zu leisten.

21 Deshalb und aus Gründen der Rechtsklarheit wird auch eine rückwirkende Widmung nicht zugelassen werden können; vgl. VGH Bad.-Württ., BWGZ 1997, 499.

22 Vgl. zum für die Annahme einer Kreisstraße erforderlichen vorwiegend überörtlichen Verkehr anschaulich VGH Bad.-Württ., NVwZ-RR 2016, 28: keine Einbeziehung des (als örtlich qualifizierten!) Anschlussverkehrs zu überörtlichen Verkehrswegen (Bundes- oder Landesstraßen).

23 Vgl. insoweit § 2 Abs. 6 Satz 4 FStrG i.V.m. § 7 FStrGZuVO.

24 Vgl. VGH Bad.-Württ., VBlBW 2002, 343 m.w.N. zum Streitstand.

986 Allerdings existieren entsprechende Bekanntmachungsvorschriften in Baden-Württemberg erst seit dem Inkrafttreten des Landesstraßengesetzes am 1. Juli 1964. Die zuvor geltenden Rechtsvorschriften kannten das „Formalisierungsprinzip" noch nicht. Um den Beweisschwierigkeiten für eine vor diesem Zeitraum begründete Widmung zu begegnen, wird deshalb auf das Rechtsinstitut der **„unvordenklichen Verjährung"** zurückgegriffen.[25] Danach wird eine Widmung vermutet, sofern die Straße seit Menschengedenken in einem gebrauchsfähigen Zustand tatsächlich vorhanden und im Bewusstsein der Rechtsausübung allgemein benutzt worden ist. Die Rechtsprechung verlangt hierfür, dass das Recht in den vierzig Jahren vor Inkrafttreten des Straßengesetzes nachweislich ständig ausgeübt worden ist und für die vorangegangenen vierzig Jahre eine gegenteilige Erinnerung nicht besteht.[26]

987 Eine eigenständige Widmung ist **entbehrlich**, wenn die Straße durch ein förmliches Verfahren – Planfeststellung, Plangenehmigung oder Bebauungsplan[27] – angelegt worden ist. Nach § 5 Abs. 6 S. 1 StrG „gilt" die Straße in diesen Fällen mit der Verkehrsüberlassung als gewidmet. Gleichwohl bedarf es hier aber einer ausdrücklichen Entscheidung über die Einstufung der Straße in eine Straßengruppe (vgl. § 5 Abs. 6 S. 2 StrG).

2. Einziehung

988 Actus contrarius zur Widmung ist die im Straßenrecht als **„Einziehung"** bezeichnete Entwidmung. Durch sie verliert die Straße ihre Eigenschaft als öffentliche Sache und wird wieder Privatstraße. Die Einziehung erfolgt nicht nur, wenn die Straße für den Verkehr entbehrlich geworden ist (z. B. durch eine neue Trasse), sondern auch, wenn überwiegende Gründe des Allgemeinwohls dies erforderlich machen (vgl. § 7 Abs. 1 StrG).

989 Möglich ist auch die als **„Teileinziehung"** bezeichnete Einschränkung der abstrakten Nutzungsmöglichkeiten, etwa die Einschränkung auf Radfahrer. Dabei wird die Nutzung nachträglich beschränkt (vgl. § 5 Abs. 5 S. 2 StrG) und die Straße teilweise, also soweit Kraftfahrzeuge betroffen sind, eingezogen. Durch die Teileinziehung wird aber der Öffentlichkeitsstatus der Straße nicht beseitigt, sondern lediglich die Zweckbestimmung – meist im Hinblick auf die Benutzungsart (Kraftfahrzeuge) – modifiziert.

990 Besondere Schwierigkeiten bereiten insoweit Maßnahmen der innerstädtischen Verkehrssteuerung. Einigkeit besteht zwischenzeitlich darin, dass **Fußgängerbereiche** nur durch straßenrechtliche Statusakte eingerichtet werden können. Denn der prinzipielle Ausschluss anderer Verkehrsarten (v.a. Kraftfahrzeugverkehr) schränkt den abstrakten Anwendungsbereich des Gemeingebrauchs ein und betrifft damit das Nutzungsstatut der Straße. Eine bereits dem öffentlichen Verkehr gewidmete Straße kann daher nur durch Teileinziehung zur Fußgängerzone umgewandelt werden.[28] Die Neuerrichtung eines Fußgängerbereichs setzt eine eingeschränkte Widmung voraus; möglich ist insoweit auch die Festsetzung durch Bebauungsplan nach § 9 Abs. 1 Nr. 11 BauGB[29] oder durch Planfeststellungsbeschluss. Straßenverkehrsrechtliche Regelungen dagegen enthalten – dem Prinzip des Vorbehalts des Straßenrechts entsprechend – keine Ermächti-

---

25 Vgl. zur Verfassungsmäßigkeit dieses Rechtsinstituts BVerfG, VBlBW 2009, 384.
26 Die Voraussetzungen müssen also bis zum Jahr 1884 nachgewiesen sein; vgl. etwa VGH Bad.-Württ., BWGZ 2008, 950 und VRS 118 (2010), 231.
27 Vgl. VGH Bad.-Württ., VBlBW 1996, 70.
28 Vgl. etwa VGH Bad.-Württ., NVwZ 1991, 387; VBlBW 1994, 314.
29 Vgl. VGH Bad.-Württ., DÖV 1980, 730.

gung, Fußgängerzonen anzuordnen. Sie sind vielmehr darauf gerichtet, straßenrechtlich existent gewordene Fußgängerzonen durch die notwendigen Verkehrszeichen auszuschildern und zu kennzeichnen.[30]

Ausnahmen – etwa für Anliefer- und Taxiverkehr – können rechtstechnisch auf zwei unterschiedlichen Wegen erreicht werden. Die Zulassung kann entweder im Wege der Sondernutzungserlaubnis (gegebenenfalls generell durch Erlass einer Sondernutzungssatzung nach § 16 Abs. 7 StrG) ermöglicht werden. Denkbar ist aber auch, bereits die Widmung entsprechend auszugestalten; die insoweit zugelassenen Verkehrsarten sind dann sogar vom Gemeingebrauch umfasst. Eine Umstufung ist für die Schaffung einer Fußgängerzone nur dann erforderlich, wenn eine höher klassifizierte Straße betroffen ist. Regelmäßig wird die betroffene Fläche jedoch bereits zuvor als Ortsstraße eingruppiert sein. | 991

Anders verhält sich die Rechtslage bei **verkehrsberuhigten Bereichen**, in denen nicht bestimmte Nutzungsarten grundsätzlich ausgeschlossen sind, sondern lediglich bestimmte Verkehrsregeln (wie etwa die Begrenzung des Fahrzeugverkehrs auf Schrittgeschwindigkeit) gelten. Weil der abstrakte Gemeingebrauch hier nicht berührt wird, handelt es sich um straßenverkehrsrechtliche Maßnahmen. Plastisch wird die Unterscheidung am Beispiel eines Fahrzeugs, das innerorts 90 km/h fährt. Denn diese Verhaltensweise stellt unzweifelhaft eine Überschreitung der straßenverkehrsrechtlichen Regelungen dar, sie bleibt aber vom abstrakten Gemeingebrauch erfasst und kann daher nicht als Sondernutzung qualifiziert werden. Das Wegerecht legt die Zweckbestimmung der Verkehrsfläche, also die Verkehrsaufgabe fest. Dies geschieht abstrakt und damit unabhängig davon, wie viele Personen und Fahrzeuge jeweils am Verkehr teilnehmen. Ob sich daraus Störungen oder Unzuträglichkeiten ergeben können, bleibt auf dieser Ebene außer Betracht. Die Bewältigung der Probleme, die daraus folgen können, dass der Gemeingebrauch gleichzeitig durch eine Vielzahl von Benutzern oder in gefährlicher Weise in Anspruch genommen wird, ist nicht Aufgabe des Straßen-, sondern des Verkehrsrechts. Dieses hat die gemeingebräuchliche Inanspruchnahme zu koordinieren und die Sicherheit und Leichtigkeit des Verkehrs zu gewährleisten. | 992

Die Einordnung von **Anwohnerparkzonen** ist noch nicht abschließend geklärt. Zwar bewirkt die Schaffung einer Anwohnerzone eine Beschränkung des ruhenden Verkehrs auf einen bestimmten Benutzerkreis; das Parken zugelassener und betriebsbereiter Kraftfahrzeuge ist vom Bundesgesetzgeber jedoch abschließend auf der Ermächtigungsgrundlage des Art. 74 Abs. 1 Nr. 22 GG in §§ 12 ff. StVO geregelt worden. Die Regelungen über den ruhenden Verkehr werden daher überwiegend als straßenverkehrsrechtlich betrachtet.[31] | 993

3. Umstufung

Statusrechtliche Veränderungen können sich schließlich auch noch durch die „Umstufung" ergeben, durch die eine Straße einer neuen Gruppe zugeordnet wird. Die rechtliche Wirkung entsprechender Maßnahmen äußert sich insb. im Übergang der Straßenbaulast. § 6 Abs. 1 StrG berührt daher auch die Interessen des – derzeitigen oder po- | 994

---

30 Vgl. VGH Bad.-Württ., VBlBW 2009, 463.
31 Vgl. auch BVerwGE 107, 38 zum Erfordernis der engen räumlichen Verbindung von regelmäßig 2–3 Straßen zwischen Wohnung und PKW-Abstellort für die Festlegung von Anwohnerparkzonen sowie BVerwG, NJW 2000, 2121 zum „Anlieger".

tenziellen – Straßenbaulastträgers und vermittelt eine entsprechende Klagebefugnis.[32] Allein ausschlaggebendes materielles Kriterium ist die Änderung der tatsächlichen Verkehrsbedeutung, so dass die Umstufung nicht als Instrument zur Herbeiführung einer in der Zukunft erwünschten Verkehrsfunktion benutzt werden darf. Ein Ermessen steht den Behörden dabei nicht zu, so dass die Feststellung der Verkehrsbedeutung voller gerichtlicher Kontrolle unterliegt.[33] Auch die Zustimmung des künftigen Trägers der Straßenbaulast ist nicht erforderlich.

995 Keine Umstufung liegt dagegen vor, wenn nur ein Wechsel innerhalb der in § 3 Abs. 2 StrG aufgeführten Einteilung einer Gemeindestraße in Rede steht. Die Umwandlung einer Ortsstraße in eine Fußgängerzone etwa ändert an der Einstufung als Gemeindestraße nichts. Die Änderung der Benutzungsart stellt daher nur eine Einschränkung der Widmung dar, die im Wege der Teileinziehung umgesetzt wird.

996 **Ortsdurchfahrten** bilden keine eigene Straßengruppe; für sie gelten aber besondere Regelungen, weil auch eine Bundesstraße innerhalb der geschlossenen Ortschaft örtlichen Verkehrsfunktionen (Grundstückserschließung) dient.

997 Eine Sonderkonstellation tritt auf, wenn eine **Bundesstraße** abgestuft werden soll. Da hinsichtlich der Bundesstraßen die Länder im Wege der Bundesauftragsverwaltung handeln (vgl. Art. 90 Abs. 2 GG), kommt dem Bund gemäß Art. 85 Abs. 3 S. 1 GG ein Weisungsrecht zu. Gleichwohl kann der Bund die zuständige Landesbehörde nicht anweisen, die bisherige Bundesstraße zur Landesstraße abzustufen. Vielmehr ist die Bundeskompetenz sachlich auf die Bundesstraße beschränkt und deckt damit nicht die Einstufung in eine Straßengruppe des Landesrechts. Sofern eine Bundesstraße in dieser Funktion entbehrlich geworden ist, kann der Bund daher einseitig nur die Einziehung der entbehrlich gewordenen Bundesstraße anordnen und sie dem Land überlassen (vgl. § 2 Abs. 4 FStrG). Die Einstufung in eine Straßengruppe des Landesrechts dagegen greift in den Verwaltungsraum des Landes über und ist daher rechtswidrig.[34] Eine Abstufung kann also nur im Konsens mit dem betroffenen Land erreicht werden.

998 Die **Umbenennung** einer Straße dagegen ist kein straßenrechtliches, sondern ein kommunalrechtliches Problem. Es handelt sich um eine weisungsfreie Angelegenheit der Selbstverwaltung, die von ihrer Bedeutung her den Rahmen der laufenden Verwaltung übersteigt; die Organzuständigkeit liegt daher beim Gemeinderat. Rechtsgrundlage ist § 5 Abs. 4 GemO, der Drittschutz für betroffene Anlieger entfaltet.[35] Materiell findet der Gestaltungsspielraum seine Grenze im Willkürverbot.[36]

999 *Zur Vertiefung: Fall 8.*

4. Rechtsschutz

1000 Aus der Einordnung der Widmung als Verwaltungsakt folgt, dass zulässige Rechtsmittel Widerspruch – sofern nicht das Regierungspräsidium als Erlassbehörde tätig gewor-

---

32 Vgl. VGH Bad.-Württ., NVwZ-RR 2016, 286.
33 Vgl. zum Verlust der „Durchgangsfunktion" einer bisher den Ort durchquerenden Bundesstraße nach Bau einer Umgehungsstraße BVerwG, NVwZ 1995, 700; ähnlich BVerwG, NVwZ 2013, 1220 für den Verlust einer weiträumigen Verkehrsfunktion nach Ingebrauchnahme einer neuen Autobahn.
34 Vgl. BVerfGE 102, 167.
35 Vgl. VGH Bad.-Württ., NJW 1981, 1749.
36 Vgl. etwa Bay. VGH, NVwZ-RR 1996, 344 zur Beseitigung von Straßennamen mit spezifischem Bezug zur NS-Zeit.

den ist, vgl. § 73 Abs. 1 S. 2 Nr. 1 VwGO i.V.m. § 15 Abs. 1 S. 1 AGVwGO – und **Anfechtungsklage** sind.

Spezifische Probleme ergeben sich in Bezug auf die **Klagebefugnis**. Denn ähnlich wie im Falle des § 10 Abs. 2 S. 2 GemO für öffentliche Einrichtungen setzt auch der in § 13 Abs. 1 S. 1 StrG für öffentliche Straßen statuierte Gemeingebrauch das tatsächliche Substrat für den Teilhabeanspruch voraus. Ein Anspruch auf **Schaffung oder Aufrechterhaltung** besteht dagegen nicht (§ 13 Abs. 2 StrG). Der Straßenbenutzer muss sich daher „mit dem abfinden, was und wie lange es geboten wird".[37] Dies gilt auch im Hinblick auf etwaige Widmungsbeschränkungen i.S.d. § 5 Abs. 3 S. 2 StrG. Soweit in der Literatur[38] – in Anlehnung an die großzügigere Praxis bei straßenverkehrsrechtlichen Maßnahmen[39] – verschiedentlich auf Art. 2 Abs. 1 GG verwiesen wird, hilft dies nicht weiter, weil auch § 13 Abs. 2 StrG zur verfassungsmäßigen Ordnung gehört. | 1001

Anderes gilt dagegen für **Straßenanlieger**. Zwar schließt auch insoweit § 15 StrG subjektive Rechtspositionen grundsätzlich aus. Dies gilt jedoch nicht, soweit die durch Art. 14 Abs. 1 S. 1 GG gewährleistete Zufahrts- und Zugangsmöglichkeit betroffen sein kann.[40] In diesem Umfang steht dem Straßenanlieger ein subjektives Recht auch gegen Teileinziehungen oder Planentscheidungen zu.[41] Auch im Hinblick auf konkrete Baubeschränkungen (§ 22 StrG) oder andere Sonderpflichten (vgl. §§ 25, 28 StrG) besteht die Möglichkeit einer Verletzung eigener Rechte. Insoweit kann auch eine Klagebefugnis gegen Aufstufungen bestehen. | 1002

Auf den Fortbestand von **Erwerbschancen**, die sich aus einer bestimmten Verkehrsführung und einem dadurch bedingten Lagevorteil ergeben, gibt es keinen Anspruch. Die Berufung auf Parkmöglichkeiten in angemessener Nähe zu seinem Grundstück oder eine längere Anfahrt zum Haus[42] vermittelt einem Anlieger daher keine Klagebefugnis. Auch der Betreiber einer Tankstelle oder eines Motels kann sich nicht gegen eine Abstufung,[43] ein Omnibusunternehmen nicht gegen eine Einziehung wenden.[44] | 1003

Nicht abschließend geklärt erscheint die Frage, ob sich ein Anlieger unter Bezugnahme auf befürchtete **Verkehrsimmissionen** gegen eine Straßenwidmung wenden kann. Denn grundsätzlich werden derartige Nutzungskonflikte nicht im Rahmen der straßenrechtlichen Widmung bewältigt, sondern bereits in der vorgängigen Fachplanung.[45] In dieser ist nicht nur die Herstellung eines Weges, sondern auch dessen spätere Nutzung zu berücksichtigen und den Beeinträchtigungen Privater gegenüberzustellen.[46] Der Verwaltungsgerichtshof verneint daher im Hinblick auf derartige Verkehrsbeeinträchti- | 1004

---

37 BVerfG, NVwZ 2009, 1426 (1429). Diese – bislang einigermaßen gesicherte – Einordnung ist durch BVerwG, NVwZ 2009, 1305 (Verpflichtung zur Aufrechterhaltung einer einmal begründeten öffentlichen Einrichtung nach § 10 GemO) etwas unsicher geworden. Auch in anderen Bereichen scheint sich eine Tendenz zur umfassenden Rechtskontrolle bei der Aufgabe eines einmal begründeten Gemeingebrauchs abzuzeichnen; vgl. etwa VGH Bad.-Württ., VBlWürtt 1998, 25 für das Wasserrecht.
38 Vgl. etwa Steiner, Besonderes Verwaltungsrecht, 8. Aufl. 2006, S. 577 (629) m.w.N.
39 Vgl. zu den auch hier geltenden Restriktionen aber etwa VGH Bad.-Württ., NVwZ-RR 2009, 508.
40 Vgl. etwa VGH Bad.-Württ., VBlBW 2004, 380 zur Möglichkeit eines Anspruchs auf Widmungserweiterung, wenn ein bereits bebautes Grundstück anders nicht erschlossen werden kann.
41 Vgl. VGH Bad.-Württ., VBlBW 2016, 37, 26.1.2016 – 5 S 1229/14 – und 22.3.2016 – 5 S 531/13. Noch weitergehend Bay. VGH, NVwZ-RR 2016, 206: Klagebefugnis bei objektiv willkürlichem, rechtsmissbräuchlichem oder „unredlichem" Handeln der Straßenbaubehörde.
42 Vgl. VGH Bad.-Württ., VBlBW 1999, 313.
43 Vgl. Schnebelt/Kromer, Straßenrecht Baden-Württemberg, 3. Aufl. 2013, Rn. 80.
44 Vgl. BVerfG, NVwZ 2009, 1426.
45 Vgl. BVerwGE 94, 100 (109).
46 Vgl. VGH Bad.-Württ., VBlBW 2010, 37.

gungen die Klagebefugnis für eine gegen die Widmung gerichtete Klage, weil die Verkehrsbeeinträchtigung keine der Widmung zuzurechnende Folge sei.[47] Diese Begründung basiert indes auf der Annahme, dass die Widmung als bloßer Vollzugsakt der Planung begriffen werden kann und ist daher angesichts der Tatsache, dass in der Widmung eine eigenständige straßenrechtliche Entscheidung liegt, nicht ganz frei von Zweifeln.[48] Jedenfalls in den Fällen, in denen eine verbindliche Planung fehlt, erscheint nicht einsichtig, warum den Betroffenen ein Vorgehen gegen die Widmung aus der Hand genommen werden sollte.

1005   Auch **Gemeinden** stehen Abwehrrechte zu, etwa wenn die Einziehung einer Straße nachhaltige Auswirkungen auf ihre konkreten Planungen entfaltet; insoweit ist auch das interkommunale Rücksichtnahmegebot zu beachten. Auch aus der Straßenbaulast kann sich die Klagebefugnis einer Gemeinde ergeben. So ist die Gemeinde als künftiger Baulastträger etwa berechtigt, die Umstufung anzugreifen.

5. Exkurs: straßenverkehrsrechtliche Straßenschilder

1006   **Verkehrszeichen**, die Ge- oder Verbote enthalten, werden von der Rechtsprechung als (Dauer-)Allgemeinverfügungen i.S.d. § 35 S. 2 LVwVfG qualifiziert,[49] die in entsprechender Anwendung des § 80 Abs. 2 S. 1 Nr. 2 VwGO sofort vollziehbar sind. Die öffentliche Bekanntgabe (vgl. § 41 Abs. 3 LVwVfG) erfolgt nach den Spezialvorschriften der Straßenverkehrsordnung durch Aufstellen des Verkehrsschildes (vgl. §§ 39 Abs. 1, 45 Abs. 4 StVO). Sind Verkehrszeichen so aufgestellt, dass sie ein durchschnittlicher Kraftfahrer bei Einhaltung der nach § 1 StVO erforderlichen Sorgfalt schon „mit einem raschen und beiläufigen Blick" erfassen kann,[50] äußern sie ihre Rechtswirkung gegenüber jedem von der Regelung betroffenen Verkehrsteilnehmer, gleichgültig, ob er das Verkehrszeichen tatsächlich wahrnimmt oder nicht.[51]

1007   Für die Frage, welche Anforderungen an die hinreichend sichtbare Aufstellung eines Verkehrszeichens zu stellen sind, ist die konkrete Verkehrssituation zu berücksichtigen. Für die **Sichtbarkeit** von Verkehrszeichen, die den ruhenden Verkehr regeln, gelten demnach weniger strenge Anforderungen. Nach Auffassung des Bundesverwaltungsgerichts kann hier deshalb ggf. auch eine „einfache Umschau" nach dem Abstellen des Fahrzeugs erforderlich sein, ob ein Halt- oder Parkverbot besteht.[52] Anlass für eine derartige Nachschau könne beispielsweise bestehen, wenn ein Parkverbotszeichen durch dort abgestellte besonders hohe Fahrzeuge verdeckt sein könnte oder wenn die Sichtverhältnisse wegen Dunkelheit oder witterungsbedingt beeinträchtigt sind. Diese Auffassung erscheint zweifelhaft, weil sie die Wirksamkeit einer Allgemeinverfügung nicht nach generell gültigen Grundsätzen beurteilt, sondern auf situative Wahrnehmbarkeiten verweist. Maßstab wird somit nicht die Frage, ob das Verkehrszeichen ordnungsgemäß aufgestellt ist und eine hinreichende Sichtbarkeit erlaubt, sondern welche Sorgfalt für die zutreffende Erfassung der Verkehrsschilder in der konkreten Situation

---

47 Vgl. VGH Bad.-Württ., VBlBW 1995, 106; ebenso Schnebelt/Kromer, Straßenrecht Baden-Württemberg, 3. Aufl. 2013, Rn. 80.

48 Vgl. hierzu etwa Lorenz/Will, Straßengesetz Baden-Württemberg, 2. Aufl. 2005, § 5 Rn. 25.

49 Vgl. bereits BVerwGE 27, 181 (182); dieser Streit ist abgehangen und sollte regelmäßig nicht mehr thematisiert werden.

50 Vgl. BGH, NJW 1970, 1126 f.; diesem sog. „Sichtbarkeitsgrundsatz" genügt jedenfalls eine Schilderkombination nicht mehr, die aus einem Verbotszeichen und vier Zusatzzeichen besteht; vgl. BVerwGE 130, 383.

51 Vgl. BVerwGE 102, 316 (318).

52 Vgl. BVerwG, NJW 2016, 2353.

abverlangt werden konnte. Die Wirksamkeit eines durch Aufstellen öffentlich bekanntgegebenen Verkehrszeichens wird damit von individuellen und situativen Gegebenheiten abhängig gemacht.

Diese „Subjektivierung" der Wirksamkeit von Verkehrsschildern wirkt sich auch beim **1008** Lauf der Rechtsmittelfristen aus. Denn obwohl das Bundesverwaltungsgericht von einer Wirksamkeit gegenüber jedermann nach ordnungsgemäßer Aufstellung ausgeht, hat es – um eine Unanfechtbarkeit für erst nach Ablauf der Jahresfrist (nach § 70 Abs. 2 i.V.m. § 58 Abs. 2 VwGO) Betroffene zu vermeiden – entschieden, dass die **Anfechtungsfrist** erst dann in Lauf gesetzt wird, wenn sich der jeweilige Verkehrsteilnehmer der Regelung erstmals gegenübersieht.[53] Auch diese Einordnung vermag nicht zu überzeugen.[54] Sie trägt dem Charakter der öffentlichen Bekanntgabe nicht hinreichend Rechnung und schafft einen Verwaltungsakt, der niemals bestandskräftig werden kann. Art. 19 Abs. 4 S. 1 GG jedenfalls gebietet dies nicht: Einerseits gilt die zeitliche Begrenzung des Rechtsschutzes auch für Normen, andererseits steht mit dem Anspruch auf fehlerfreie Ermessensbetätigung über eine Wiederaufnahme nach § 51 Abs. 5 i.V.m. § 49 LVwVfG auch ein hinreichendes Korrekturinstrumentarium zur Verfügung. Gleichwohl dürften „die Würfel gefallen" sein;[55] jedenfalls muss die Einordnung des Bundesverwaltungsgerichts bekannt sein und thematisiert werden.

Die **Klagebefugnis** gegen Verkehrszeichen ergibt sich aus der Einordnung als Allge- **1009** meinverfügung, weil hiermit grundsätzlich die Adressatentheorie gilt. Anders verhält sich dagegen die Lage in der Verpflichtungsklagekonstellation, denn insoweit ist auch straßenverkehrsrechtlich eine drittschützende Norm erforderlich. Abgesehen von dem in § 45 Abs. 1 S. 2 Nr. 3 StVO ausdrücklich angeordneten Schutz der Wohnbevölkerung vor Lärm und Abgasen werden aber auch die Beschränkungsmöglichkeiten des § 45 Abs. 1 StVO in der Rechtsprechung nicht als drittschützend bewertet, so dass etwa für die begehrte Einrichtung eines verkehrsberuhigten Bereichs bereits die Möglichkeit einer Verletzung eigener Rechte verneint wird.[56]

Materiell haben die Gerichte insb. auf § 45 Abs. 9 S. 2 StVO gestützte Regelungen **1010** (Radwegbenutzungspflicht, LKW-Überholverbot) beschäftigt. Der Tatbestand setzt eine aus den besonderen örtlichen Verhältnissen resultierende erhebliche Gefahrenlage voraus.[57]

Zur Vertiefung: Fall 9 und 10. **1011**

III. Benutzung öffentlicher Straßen

1. Gemeingebrauch

Durch den Hoheitsakt der Widmung erhalten Straßen eine öffentliche Zweckbestim- **1012** mung: Sie sollen dem Verkehr der Allgemeinheit dienen (vgl. § 2 Abs. 1 StrG). Diese Nutzung im Rahmen der Widmung heißt **Gemeingebrauch** (§ 13 Abs. 1 S. 1 StrG) und ist jedermann ohne besondere Zulassung eröffnet. Die Unentgeltlichkeit der Nutzung

---

53 Vgl. BVerwGE 138, 21 (24).
54 Vgl. zur Kritik etwa Ehlers, JZ 2011, 155.
55 Vgl. zur Übernahme dieser Rechtsprechung etwa VGH Bad.-Württ., VBlBW 2011, 275.
56 Vgl. hierzu VGH Bad.-Württ., VBlBW 2009, 463.
57 Vgl. etwa BVerwGE 138, 21 sowie BVerwGE 138, 159.

wird heute dagegen nicht mehr als begriffsnotwendiges Merkmal des Gemeingebrauchs angesehen.[58]

1013   Im Gegensatz zur bundesrechtlichen Regelung des § 7 Abs. 1 FStrG, wonach der Gebrauch der Bundesfernstraßen jedermann im Rahmen der Widmung und der verkehrsbehördlichen Vorschriften „zum Verkehr" gestattet ist, fehlt in § 13 Abs. 1 S. 1 StrG bei der Legaldefinition des Gemeingebrauchs zwar eine ausdrückliche Bezugnahme auf den **Verkehrszweck**. Diese ergibt sich jedoch aus dem in § 2 Abs. 1 StrG vorgegebenen Widmungszweck. Der Verkehrsbezug des Gemeingebrauchs wird überdies dadurch dokumentiert, dass § 13 Abs. 1 S. 1 StrG die Straßenbenutzung (nur) „im Rahmen der Straßenverkehrsvorschriften" und „innerhalb der verkehrsüblichen Grenzen" gewährleistet. Vom Gemeingebrauch umfasst ist damit grundsätzlich nur der Verkehr, also die Benutzung der Straße zum Zwecke der Ortsveränderung bzw. der Fortbewegung. Eine straßenverkehrsrechtlich zulässige Verkehrsteilnahme ist grundsätzlich auch Gemeingebrauch.

1014   Zum Verkehr gehört auch das **Parken und Halten**. Denn die Verkehrsfunktion der Straße ist nur erfüllbar, wenn am Zielort auch Abstellmöglichkeiten bestehen. Regelungen des ruhenden Verkehrs finden sich daher im Straßenverkehrsrecht (§§ 12–15 StVO). Die Zugehörigkeit zum Verkehr und damit die Einordnung unter den Gemeingebrauch wird dagegen unterbrochen, wenn das Fahrzeug nicht zugelassen oder dauernd betriebsunfähig ist. Das Fahrzeug kann dann aus rechtlichen oder tatsächlichen Gründen am Verkehrsfluss nicht mehr teilnehmen. Für derartige, über den Gemeingebrauch hinausgehende Nutzungsformen kann (auf Grundlage einer entsprechenden Satzung) eine Sondernutzungsgebühr erhoben werden.[59]

1015   Schwierigkeiten bereitet dagegen die Einordnung derjenigen Fallkonstellationen, bei denen die Möglichkeit einer jederzeitigen Inbetriebnahme des Fahrzeugs zwar besteht, aber nicht beabsichtigt ist – wie etwa beim langfristigen Abstellen zu Werbezwecken. Denn insoweit wird die öffentliche Verkehrsfläche nicht zu Verkehrszwecken, sondern als **Reklame- oder Ausstellungsfläche** (und damit außerhalb des Widmungszwecks) in Anspruch genommen. Die Rechtsprechung qualifiziert derartige Nutzungsformen jedenfalls dann als Sondernutzung, wenn der fehlende Verkehrszweck durch objektive Anhaltspunkte belegt werden kann und eine Verkehrsfunktion nicht mehr nahe liegt. Anhaltspunkte für diese Beurteilung sind etwa Dauer, Ort und Ausrichtung der Abstellung, sowie gestalterische Veränderungen, die eine Verkehrsnutzung verhindern oder erschweren (z.B. Zukleben der Frontscheibe).[60]

1016   Grenzwertig sind dabei Konstellationen, bei denen äußerlich eine Teilnahme am Straßenverkehr zwar besteht, tatsächlich aber andere Zwecke verfolgt werden – wie etwa ausschließlich zu Werbezwecken durchgeführte Fahrten mit einem entsprechend gestalteten Anhänger[61] oder Fahrten mit einem sog. „Partybike".[62] Die Rechtsprechung bewertet auch dies als Sondernutzung. Anders liegen die Dinge dagegen, wenn die Werbung nur gelegentlich einer tatsächlich stattfindenden Verkehrsteilnahme erfolgt (wie

---

58   Die Finanzierung der Verkehrswege aus öffentlichen Mitteln gehört allerdings zur verkehrspolitischen Tradition Deutschlands, ebenso wie die staatliche Regie bei Planung, Bau und Unterhalt.

59   Vgl. etwa OVG NRW, NVwZ-RR 2004, 885.

60   Vgl. etwa OVG NRW, DÖV 2006, 125 m.w.N.; instruktiver Fall einer Sonderanfertigung, die den Eindruck einer „fahrenden Litfaßsäule" hervorruft.

61   Vgl. OVG NRW, NJW 2005, 3162 m.w.N. auch für abgestellte Werbeanhänger.

62   Vgl. hierzu OVG NRW, NVwZ-RR 2012, 422: „rollende Theke"; kritisch hierzu im Hinblick auf die straßenverkehrsrechtliche Zulässigkeit Kümper/Milstein, GewArch 2012, 180.

etwa bei Aufschriften an einem Reisebus) und ein Verkehrszweck daher fortbesteht. Hier kann nicht von einer Sondernutzung ausgegangen werden.

Zur Vertiefung: Fall 1. 1017

2. Kommunikativer Verkehr

Schwierigkeiten bereitet auch die Einordnung des sog. **„kommunikativen Verkehrs"**, 1018
bei dem öffentliche Verkehrsflächen zum Meinungsaustausch oder zur künstlerischen Darbietung genutzt werden, die Fortbewegungsabsicht jedoch in den Hintergrund tritt. Insbesondere in Fußgängerzonen und anderen verkehrsberuhigten Bereichen sind zwischenzeitlich auch „verkehrsarme" Verhaltensweisen üblich geworden, wie etwa das Betrachten von Schaufenstern oder sehenswerten Gebäuden sowie die Begegnung und Kommunikation mit anderen Passanten. Ein solch „kommunikativer Verkehr" ist in der Aufenthaltsfunktion eines Fußgängerbereichs durchaus angelegt und wird vom Widmungszweck dieser Verkehrsflächen auch gefördert. Es stellt sich daher die Frage, ob derartige Nutzungsformen schon vom Widmungszweck umfasst sind und daher als Gemeingebrauch qualifiziert werden können. Verneinendenfalls ist die Ausstrahlung der betroffenen Grundrechte zu berücksichtigen, die gegebenenfalls eine Ermessensreduzierung und damit einen Anspruch auf Erteilung der Sondernutzungserlaubnis bewirken kann.

Die verwaltungsgerichtliche Rechtsprechung hat sich zunächst zurückhaltend gezeigt 1019
und darauf verwiesen, dass auch Fußgängerzonen nicht als „Kommunikationsmedium", sondern primär als Verkehrseinrichtung geschaffen werden.[63] Kommunikative Aktivitäten seien deshalb allenfalls als **Nebenzweck** der Straßenbenutzung zu betrachten, nicht aber als vom Verkehrsinteresse isoliertem Hauptzweck der Widmung. Auch ein erweitertes Verständnis könne deshalb nicht dazu führen, dass der Gemeingebrauch vom Verkehrsinteresse als dessen Hauptzweck abgelöst werde. Als formelle Schranke sage die Erlaubnispflicht auch nichts über die Zulässigkeit der beabsichtigten Straßennutzung aus und stehe einer Grundrechtsbetätigung nicht entgegen. Der geringe Eingriff eines Erlaubniszwangs erweise sich grundsätzlich als verhältnismäßig, weil er eine vorgängige Prüfung und damit einen Ausgleich der konkret zu erwartenden Interessenkollisionen sowie eine Abwehr von Gefahren für die Sicherung und Leichtigkeit des Verkehrs ermögliche.[64] Dieser Vorbehalt der Sondernutzungserlaubnis auch bei grundrechtlicher Betätigung ist vom Bundesverfassungsgericht bestätigt worden.[65]

Das Bundesverfassungsgericht hat allerdings auch die Auffassung vertreten, ein Er- 1020
laubnisvorbehalt für einen Flugblattverteiler könne im Anwendungsbereich der **Meinungsfreiheit** nicht gerechtfertigt werden, weil die Genehmigungspflicht außer Verhältnis zum erstrebten Erfolg stehe.[66] Soweit sich kommunikative Betätigungen ohne technische Hilfseinrichtungen vollziehen, muss dies in grundrechtskonform erweiternder Auslegung daher wohl als Gemeingebrauch verstanden werden.[67] Dementsprechend ist auch die sog. „Gehsteigberatung", bei der Passanten – insbesondere schwangere Frau-

---

63 Vgl. etwa VGH Bad.-Württ., VBlBW 1997, 64.
64 Vgl. BVerwG, NJW 1997, 406 sowie VGH Bad.-Württ., VBlBW 2008, 298 zur Religionsfreiheit. Ähnlich auch BVerfG, NVwZ 2007, 1306 für den Straßenverkauf von Sonntagszeitungen.
65 Vgl. BVerfGK 11, 21.
66 BVerfG, NVwZ 1992, 53.
67 Vgl. Bay. VGH, NVwZ-RR 1997, 258.

en – gezielt im Hinblick auf einen Schwangerschaftskonflikt angesprochen werden, zwischenzeitlich als Gemeingebrauch anerkannt worden.[68]

1021 Anders liegen die Dinge möglicherweise aber, wenn die Werbe- oder Missionstätigkeit durch „unauffällig" agierende Personen geschieht. Im Unterschied zu dem von weitem erkennbaren **Flugblattverteiler** kann ein uninteressierter Passant hier die überraschende Ansprache gar nicht verhindern, so dass der Störergrad nicht als nur minimal angesehen werden kann.[69] Jedenfalls in dem Moment, in dem Stände, Tische, Stühle oder ähnliches in den Verkehrsraum eingebracht werden, hält die verwaltungsgerichtliche Rechtsprechung an der Sondererlaubnispflicht fest.[70]

1022 Auch für **gewerbliche Betätigungen** wird die Einordnung als Gemeingebrauch verneint, weil die mit der Erlaubnispflicht verbundene Einschränkung der Berufsfreiheit mit Art. 12 Abs. 1 GG vereinbart werden kann.[71] Probleme ergeben sich hier insb. aus der Frage, ob die Abgrenzung zwischen Sondernutzung und Gemeingebrauch auf die (erwerbswirtschaftliche) Motivation des Verkehrsteilnehmers abstellen darf,[72] oder ob insoweit alleine das äußere Erscheinungsbild maßgeblich ist.[73]

1023 Ob und inwieweit die durch Art. 5 Abs. 3 GG geschützte **Kunstfreiheit** auch das Recht umfasst, Straßenkunst auf öffentlichen Verkehrsflächen auszuüben, erscheint nicht abschließend geklärt; die Freiheit der Kunst umfasst aber jedenfalls nicht das Recht, sich zu jeder Zeit und an jedem Ort in beliebiger Art zu betätigen. Das Bundesverwaltungsgericht hält insoweit an der Erlaubnispflicht fest, weil nur so die Möglichkeit bestehe, einen gerechten Ausgleich der widerstreitenden Interessen herbeiführen zu können.[74] Durch § 16 Abs. 7 StrG besteht aber die Möglichkeit, bestimmte Betätigungsformen durch kommunale Satzung erlaubnisfrei zu stellen.

1024 Im Anwendungsbereich des Art. 8 Abs. 1 GG ist das Erfordernis einer Sondernutzungserlaubnis dagegen bereits vom Wortlaut der grundgesetzlichen Vorschrift ausgeschlossen. Dies gilt auch für kulturelle Darbietungen, wenn sie in eine **Versammlung** eingebunden sind und so dem Zweck dienen, in einer öffentlichen Angelegenheit Stellung zu beziehen.[75] Problematisch ist hier nur, inwieweit auch das Aufstellen von Imbissständen von der Erlaubnisfreiheit umfasst wird.[76] Auch eine Gebührenerhebung kommt im Anwendungsbereich von Art. 8 Abs. 1 GG grundsätzlich nicht in Betracht, weil sie von einer Ausübung des Grundrechts abhalten kann. Anderes gilt aber für Auflagen (§ 15 Abs. 1 VersG), die an eine zurechenbare und konkrete Gefahr für die öffentliche Sicherheit oder Ordnung anknüpfen.[77] Nach Auffassung des Bundesverwaltungsgerichts steht die Versammlungsfreiheit auch einem Kostenersatzanspruch für die nachfolgende Straßenreinigung nicht entgegen. Zum einen stelle die Kostenpflicht das Recht zur Durchführung einer Versammlung als solches nicht in Frage und beeinträchtige die

---

68 Vgl. VGH Bad.-Württ., 11.10.2012 – 1 S 36/12 – Rn. 42: Verbot aber auf Grundlage der polizeilichen Generalklausel zum Schutz des Persönlichkeitsrechts schwangerer Frauen.

69 Vgl. dazu VGH Bad.-Württ., VBlBW 2002, 297 für eine Werbeaktion von Scientology, bei der bis zu 26 Aktive parallel eingesetzt waren.

70 Vgl. VGH Bad.-Württ., VBlBW 1997, 107 oder Bay. VGH, NVwZ-RR 2003, 244.

71 Vgl. zum Fall des Zeitungsverkaufs etwa BVerfG, NVwZ 2007, 1306.

72 So VGH Bad.-Württ., VBlBW 1997, 64.

73 So OVG SH, NVwZ-RR 2004, 884.

74 Vgl. BVerwGE 84, 71 sowie BVerwG, NJW 1987, 1836.

75 Vgl. VGH Bad.-Württ., DVBl 1995, 361.

76 Ablehnend VGH Bad.-Württ., VBlBW 1994, 199; ebenso Nagel, in: Leuze-Mohr, Öffentliches Recht für Rechtsreferendare, 2006, S. 199 (218).

77 Vgl. hierzu BVerfG, NVwZ 2008, 414.

Versammlungsfreiheit daher nicht.[78] Zum anderen beziehe sich die Ausschlusswirkung des Versammlungsgesetzes nur auf versammlungsspezifische Gefahren und verdränge daher die Vorschriften über die Reinigungs- und Kostenerstattungspflicht nicht.[79]

Zur Vertiefung: Fall 2. 1025

3. Anliegergebrauch

Eine besondere Erscheinungsform stellt der „gesteigerte Gemeingebrauch" des **Straßenanliegers** dar. Denn insoweit erfüllt die öffentliche Straße auch eine Erschließungsfunktion – die Zugänglichkeit nach außen -, die vom Straßenanlieger mit der Entrichtung der Erschließungsbeiträge finanziell abgegolten werden muss.[80] Darüber hinaus treten hier neben spezifischen Verpflichtungen (Reinigungs-, Räum- und Streupflicht nach § 41 Abs. 2 StrG) auch typische „gesteigerte" Nutzungsformen des Straßengrundes auf, wie etwa das Abstellen von Mülltonnen auf dem Gehweg oder die kurzfristige Lagerung von Baumaterial. 1026

Während die Rechtsprechung diese Beziehung früher unmittelbar in Art. 14 Abs. 1 S. 1 GG verankert sah, ist das Bundesverwaltungsgericht zwischenzeitlich von dieser Konzeption abgerückt.[81] Analog zur baurechtlichen Erfassung geht die Rechtsprechung nunmehr davon aus, dass die Eigentumspositionen nicht unmittelbar aus Art. 14 Abs. 1 S. 1 GG folgen, sondern vom einfachen Gesetzgeber als Inhalts- und Schrankenbestimmung des Art. 14 Abs. 1 S. 2 GG auszugestalten sind. Rechtsfolge dieser Kehrtwende ist daher, dass zur Begründung der **Klagebefugnis** nicht auf Art. 14 Abs. 1 S. 1 GG zurückgegriffen werden kann, ein subjektives Abwehrrecht vielmehr im einfachen Recht verankert werden muss. Eine ausdrückliche Regelung entsprechenden Inhalts enthält das Landesstraßenrecht nicht; vielmehr bestimmt § 15 Abs. 1 StrG, dass auch dem Straßenanlieger kein Anspruch darauf zusteht, dass die Straße nicht geändert oder nicht eingezogen wird. Die Ersatz- und Entschädigungsregelungen in § 15 Abs. 2 bis 4 StrG setzen jedoch ein subjektives Recht des Straßenanliegers auf eine Verbindung seines Grundstücks mit dem öffentlichen Wegenetz voraus. Daraus lässt sich entnehmen, dass das Landesstraßenrecht diesen verfassungsrechtlich gewährleisteten Mindestinhalt des Straßenanliegers als subjektives Recht gewährt.[82] Ob und inwieweit hiervon auch die Zufahrt mit einem Fahrzeug erfasst wird, hängt davon ab, inwieweit der Anlieger zur ordnungsgemäßen und genehmigten Nutzung seines Grundstücks hierauf angewiesen ist. Je nach den Umständen des Einzelfalls kann auch die unmittelbare Zufahrt vor den Haupteingang (bei einem Alten- und Pflegeheim)[83] oder mit Lastkraftwagen (zur Belieferung eines Gewerbebetriebs)[84] sowie die Zufahrt zu einem notwendigen Stellplatz[85] zum Anliegergebrauch gehören. Ein Anspruch auf „optimale" Zufahrt oder Beibehaltung eines günstigeren Zustandes dagegen besteht nicht. 1027

---

78 Vgl. BVerwGE 80, 164 (168); anders gilt bei „wirtschaftlich erdrosselnden" oder „prohibitiv wirkenden" Gebühren, vgl. BVerwG, VBlBW 2009, 56.
79 Vgl. BVerwGE 80, 158 (159). In VGH Bad-Württ., VBlBW 2008, 298 wird – bezogen auf die Religionsfreiheit – darauf verwiesen, dass die grundrechtliche Einwirkung nicht von der Einhaltung allgemeiner Normen befreit und daher in den straßenrechtlichen Ordnungsrahmen eingebunden bleibt. Hieraus ergebe sich konsequenterweise auch die Zulässigkeit einer Sondernutzungsgebühr.
80 Vgl. hierzu Schnebelt, VBlBW 2001, 213.
81 Vgl. BVerwG, NVwZ 1999, 1341.
82 Vgl. VGH Bad.-Württ., 26.1.2016 – 5 S 1229/14 – und 22.3.2016 – 5 S 531/13.
83 Vgl. VGH Bad.-Württ., VBlBW 2016, 37.
84 Vgl. VGH Bad.-Württ., 26.1.2016 – 5 S 1229/14.
85 Vgl. VGH Bad.-Württ., 22.3.2016 – 5 S 531/13.

1028 Dem Anlieger kann auch eine gesteigerte Nutzung des Gemeingebrauchs zugebilligt werden, jedoch nur in räumlich und zeitlich **beschränktem Umfang**. Die Gesetzesbegründung verweist insoweit auf Beispielsfälle wie das kurzfristige Ablagern von Gegenständen auf dem Gehweg, das Aufstellen von Fahrradständern oder das Anbringen von Fahnenstangen. Für die Einrichtung einer Baustelle ist dagegen eine Sondernutzungsgebühr zu entrichten.[86]

1029 Ein Anspruch auf **Widmungserweiterung** kommt nur ganz ausnahmsweise in Betracht, wenn anders ein aufgrund einer bestandskräftigen Baugenehmigung bebautes Grundstück nicht erschlossen werden kann.[87]

1030 Wenn durch Straßenarbeiten der unmittelbare Zugang zum öffentlichen Wegenetz aufgehoben wird, kann auch ein **Entschädigungsanspruch** nach § 15 Abs. 2 bis 4 StrG in Betracht kommen. Die Rechtsprechung ist hier jedoch sehr streng und lässt das (auch langfristige) Entstehen ungünstigerer örtlicher Verhältnisse bis zur „Opfergrenze" der Existenzgefährdung nicht ausreichen.[88] Umorganisationen der Betriebsabläufe oder Zufahrtserschwernisse (insbesondere wenn sie sich auch aus einer situationsbedingten Vorbelastung des Grundstücks ergeben) hat der Straßenanlieger daher grundsätzlich hinzunehmen.

4. Sondernutzung

1031 Zentrale Klausurbedeutung kommt der **Sondernutzung** zu. Diese betrifft Nutzungsformen, die den Gemeingebrauch überschreiten – wobei die Rechtsprechung eine Bagatellgrenze nicht anerkennt![89] – und ihn dauerhaft beeinträchtigen. Das zweite Erfordernis ergibt sich nicht unmittelbar aus § 16 Abs. 1 S. 1 StrG, es folgt aber aus § 21 Abs. 1 StrG. Denn Nutzungsformen, die den Gemeingebrauch nicht beeinträchtigen, betreffen die öffentlich-rechtliche Zweckbindung der Straße nicht. Insoweit verbleibt es bei der Verfügungsbefugnis des zivilrechtlichen Eigentümers, der die Gestattung nach privatrechtlichen Regeln zulassen kann. Praktische Anwendungsfälle betreffen insb. Nutzungen des Luftraums über der Straße (wobei Vordächer, Balkone u.ä. bis zu einer Höhe von 3 m den Verkehrsraum und damit den Gemeingebrauch anderer noch beeinträchtigen), von Straßengräben und Böschungen sowie in der Tiefe des Straßenkörpers (wie etwa Tiefgaragen oder Leitungen).[90]

1032 Über die Erteilung der Sondernutzungserlaubnis entscheidet gemäß § 16 Abs. 2 S. 1 die Straßenbaubehörde, wobei die Zuständigkeitsbestimmung in § 50 Abs. 3 StrG an die Straßeneinteilung des § 3 Abs. 1 StrG anknüpft. Eine Besonderheit ergibt sich insoweit für Ortsdurchfahrten, für welche die Gemeinde nach Zustimmung der für die freien Strecke zuständigen Straßenbaubehörde zu entscheiden hat (vgl. § 17 StrG).

1033 Für die Sondernutzung können gemäß § 19 Abs. 1 S. 1 StrG **Benutzungsgebühren** auf Grundlage kommunaler Satzungen bzw. der SonGebVO erhoben werden. Dies gilt

---

86 Vgl. VGH Bad.-Württ., VBlBW 2002, 343.

87 Vgl. VGH Bad.-Württ., VBlBW 2004, 380.

88 Vgl. VGH Bad.-Württ., VBlBW 2005, 276, 22.3.2016 – 5 S 531/13: kein Anspruch auf „optimale" Zufahrt. Berücksichtigt die Behörde aber weniger belastende Alternativen nicht, kann das Planungsermessen fehlerhaft ausgeübt und damit auch die Planungsentscheidung fehlerhaft sein; vgl. VGH Bad.-Württ., VBlBW 2016, 37, 22.3.2016 – 5 S 531/13 (dort auch zur Möglichkeit eines Folgenbeseitigungsanspruchs).

89 Vgl. BVerwG, NVwZ 1996, 1210 sowie VGH Bad.-Württ., NVwZ 1998, 652 für eine 14 Zentimeter in den öffentlichen Straßenraum hineinragende Werbevitrine.

90 Vgl. zu den Bestandteilen der Straße auch § 2 Abs. 2 StrG; zur Zulässigkeit der Erhebung von Sondernutzungsgebühren für derartige Gestattungen etwa Bay. VGH, NVwZ-RR 2007, 223.

auch, wenn die Sondernutzung zum Zwecke der Grundrechtsverwirklichung geschieht (Informationsstände).[91] Darüber hinaus fällt eine Verwaltungsgebühr für die Erteilung der Sondernutzungserlaubnis an. Nach Auffassung des Bayerischen Verwaltungsgerichtshofs kann die Erlaubniserteilung durch Richtlinien auch an die Einhaltung bestimmter Bearbeitungsfristen geknüpft werden.[92]

Nach § 16 Abs. 6 StrG entfällt das eigenständige straßenrechtliche Sondernutzungserlaubnisverfahren, wenn eine straßenverkehrsrechtliche Erlaubnis für eine übermäßige Straßenbenutzung (§ 29 Abs. 2 StVO),[93] eine straßenverkehrsrechtliche Ausnahmegenehmigung (§ 46 Abs. 1 StVO) oder eine Baugenehmigung erforderlich ist. Dies gilt auch dann, wenn die Baugenehmigung ihrerseits wegen der **Konzentrationswirkung** einer anderen Gestattung entfällt.[94] Da die materiellen Anforderungen gleichwohl bestehen bleiben, führt die durch § 16 Abs. 6 StrG bewirkte Verfahrenskonzentration zu einer internen Beteiligung der zuständigen Straßenbaubehörde oder Gemeinde.[95] In straßenverkehrsrechtlicher Hinsicht ist insb. die Ausnahmegenehmigung nach § 46 Abs. 1 StVO zu beachten.[96] Nach Auffassung des Verwaltungsgerichtshofs bedarf das Aufstellen von Tischen, Stühlen und Sonnenschirmen im Fußgängerbereich jedoch regelmäßig keiner straßenverkehrsrechtlichen Ausnahmegenehmigung.[97] Schwierigkeiten bereitet auch die Einordnung der Erlaubnispflicht nach § 29 Abs. 2 und 3 StVO (etwa beim sog. Partybike). Liegt eine bereits straßenverkehrsrechtlich übermäßige Straßenbenutzung vor, sind die straßenrechtlichen Fragen der Sondernutzung im Rahmen der straßenverkehrsrechtlichen Erlaubnis zu prüfen. Ein eigenständiges Sondernutzungserlaubnisverfahren findet dann nicht statt.

Zur Vertiefung: Fall 3.

1034

1035

Das in § 16 Abs. 2 StrG eröffnete **Ermessen** hat die zuständige Behörde gemäß § 40 LVwVfG dem Zweck der Ermächtigung entsprechend auszuüben. Demgemäß dürfen die Ermessenserwägungen grundsätzlich nur **spezifisch straßenrechtliche Gesichtspunkte** umfassen, denn nur diese sind maßgeblich für die Entscheidung, ob mit der beabsichtigten Sondernutzung unzumutbare Beeinträchtigungen des widmungsgemäßen Gemeingebrauchs verbunden sind.[98] Welche sonstigen öffentlichen Belange berücksichtigt werden dürfen, ist in den letzten Jahren verstärkt Gegenstand gerichtlicher Entscheidungen geworden. Erforderlich ist jedenfalls ein hinreichend sachlicher Bezug zur Straße.

1036

Städtebauliche oder baugestalterische Erwägungen können deshalb nur herangezogen werden, soweit diese Belange im konkreten Straßenbild der Straße, in der die Sondernutzung ausgeübt werden soll, einen fassbaren Niederschlag gefunden haben. Ein Gestaltungskonzept, mit dem einheitliche Ladenöffnungszeiten durchgesetzt werden sol-

1037

---

91 Vgl. BVerwG, VBlBW 2009, 56; hierzu auch BVerfG, NJW 1977, 671 und BVerfGK 11, 21.
92 Vgl. Bay. VGH, GewArch 2003, 350 für eine Zweimonatsfrist; m.E. sehr zweifelhaft.
93 Vgl. hierzu OVG NRW, NVwZ-RR 2016, 83: anwendbar nur bei unmittelbarer Inanspruchnahme der Straße.
94 Vgl. zur immissionsschutzrechtlichen Genehmigung nach § 4 BImSchG etwa VGH Bad.-Württ., NVwZ 1989, 687.
95 Keine Anwendung findet dagegen das in § 16 Abs. 1 Satz 2 StrG statuierte Erfordernis einer Befristung oder Erteilung unter Widerrufsvorbehalt, denn eine Sondernutzungserlaubnis wird gerade nicht erteilt; vgl. VGH Bad.-Württ., VBlBW 2008, 383.
96 Vgl. etwa VG Düsseldorf, NVwZ 2002, 1191 für das Aufstellen eines Altkleidercontainers.
97 Vgl. VGH Bad.-Württ., VBlBW 1997, 107; anderes gilt dagegen, wenn in der „heißen Wahlkampfphase" eine Vielzahl von Informationsständen zu einem Gefährdungspotenzial i.S.d. § 32 Abs. 1 StVO führt und so ein koordinierender Regelungsbedarf besteht; vgl. VGH Bad.-Württ., VBlBW 2005, 391.
98 Vgl. VGH Bad.-Württ., NVwZ-RR 2001, 159.

len, entspricht dem selbst dann nicht, wenn es darauf zielt, den straßenrechtlichen Gemeingebrauch im Fußgängerbereich zu fördern.[99] Einen Rückgriff auf Erwägungen, die keinen hinreichenden **Bezug zur Umgebung** aufweisen, lässt die Rechtsprechung nicht zu.[100] Eine Differenzierung danach, ob mit Plakaten für Veranstaltungen innerhalb der Gemeinde geworben wird, kann demnach nicht erfolgen; für auswärtige Veranstaltungen werbende Plakate wirken auf das Straßenbild nicht anders ein als Plakate für Veranstaltungen in der Stadt.[101] Auch allgemeine gesundheits- oder umweltpolitische Überzeugungen können daher nicht im Wege des Straßenrechts durchgesetzt werden;[102] die vorgeschriebene Verwendung von Mehrweggeschirr kann demnach zulässig sein, um einer andernfalls drohenden Straßenverschmutzung entgegenzuwirken, nicht aber aus allgemeinen ökologischen Erwägungen.[103] Soweit die Einzelfallentscheidung durch den Erlass ermessensbindender Richtlinien gesteuert werden soll, ist zu berücksichtigen, dass derartige Grundsatzentscheidungen kein Geschäft der laufenden Verwaltung sind, sondern der Organkompetenz des Gemeinderats nach § 24 Abs. 1 S. 2 GemO unterfallen.[104]

1038   Auch die Ausübung des **Auswahlermessens**, wenn etwa mehrere Gaststätteninhaber für dieselbe Straßenfläche eine Sondernutzungserlaubnis zur Außenbewirtschaftung begehren, muss anhand straßenbezogener Belange erfolgen. Die Entscheidung nach subjektiven („bekannt und bewährt") oder geschäftsbezogenen (Auslastung der Außenbewirtschaftungsflächen) Merkmalen ist demnach unzulässig.[105] Sachgerecht ist dagegen insbesondere eine an der konkreten örtlichen Situation ausgerichtete Entscheidung – also etwa die Berücksichtigung eines ungehinderten, nicht von Treppenstufen unterbrochenen Zugangs für Bedienungspersonal und Gäste oder eine an die Fläche der Gebäude anknüpfende Aufteilung („von Außenkante zu Außenkante"). Grundsätzlich nicht zu beanstanden ist auch das Prioritätsprinzip.[106]

1039   Die gerichtliche **Kontrolle** der Behördenentscheidung beschränkt sich gemäß § 114 S. 1 VwGO auf die Prüfung, ob der rechtliche Rahmen eingehalten worden ist; wobei jedoch nur diejenigen Gesichtspunkte berücksichtigt werden können, auf welche die Ermessensentscheidung – in der Gestalt des Widerspruchsbescheids (§ 79 Abs. 1 Nr. 1 VwGO) – gestützt wurde. Allerdings können auch die im Rahmen eines Klageverfahrens vorgebrachten Ergänzungen noch berücksichtigt werden, da sie nach § 16 Abs. 2 S. 1 StrG i.V.m. § 45 Abs. 2 LVwVfG materiellrechtlich zulässig und gemäß § 114 S. 2 VwGO auch prozessual beachtlich sind.

1040   *Zur Vertiefung: Fall 4 und 5.*

1041   Die Erteilung der Sondernutzungserlaubnis kann (gegebenenfalls auch nachträglich) mit **Auflagen** versehen werden. Auch insoweit ist jedoch der sachliche Zusammenhang

---

99 Vgl. VGH Bad.-Württ., VBlBW 2010, 113.
100 Vgl. etwa VGH Bad.-Württ., NVwZ-RR 2001, 159 für den Rückgriff auf gewerberechtliche Kriterien; Bay. VGH, NVwZ 1985, 207 für eine „unschöne Häufung von Werbeanlagen" oder Bay. VGH, NVwZ-RR 2010, 830 für Verbraucherschutzgründe.
101 Vgl. VGH Bad.-Württ., VBlBW 2006, 194.
102 Vgl. zu Werbeverboten für Tabakerzeugnisse oder alkoholische Getränke etwa VGH Bad.-Württ., NVwZ 1993, 903; VBlBW 1994, 17.
103 Vgl. VGH Bad.-Württ., VBlBW 1997, 107.
104 Vgl. VGH Bad.-Württ., NVwZ-RR 1997, 677. Eine Entscheidung des Gemeinderats ist dagegen entbehrlich, wenn die Ablehnung der beantragten Sondernutzungserlaubnis auf einer im konkreten Einzelfall befürchteten Beeinträchtigung der Sicherheit des Verkehrs beruht; vgl. VGH Bad.-Württ., VBlBW 2006, 239.
105 Vgl. VGH Bad.-Württ., NVwZ-RR 2014, 539.
106 Vgl. OVG NRW, NVwZ-RR 2015, 830 für die Aufstellung von Altkleidersammelcontainern.

mit den straßenspezifischen Zielen des Widmungszwecks zu berücksichtigen. Das zur Ermessensausübung Gesagte gilt daher hier in gleicher Weise. Beschränkungen des Gemeingebrauchs wie etwa durch Straßenbauarbeiten nach § 14 Abs. 1 StrG erfassen auch erlaubte Sondernutzungen, ohne dass es eines zeitlich beschränkten Widerrufs bedürfte.[107] Die Nutzungsberechtigung aufgrund der Sondernutzungserlaubnis ist insoweit streng akzessorisch.

Zur Vertiefung: Fall 6.   1042

Die einem **Dritten** erteilte Sondernutzungserlaubnis kann von einem schlichten   1043
Straßennutzer nicht angegriffen werden, weil ihm insoweit ein subjektives Abwehrrecht fehlt. Anderes gilt für Straßenanlieger und andere Sondernutzungsberechtigte, weil das in § 16 Abs. 1 StrG eingeräumte Ermessen insoweit Drittschutz vermittelt. Der Erlaubnisinhaber ist im Klageverfahren gemäß § 65 Abs. 2 VwGO notwendig beizuladen.

§ 16 Abs. 7 S. 1 StrG gibt der Gemeinde die Möglichkeit, bestimmte Sondernutzungs-   1044
formen von der Erlaubnispflicht **freizustellen**. So kann etwa die Darbietung von Straßenmusik nach im Einzelnen festgesetzten räumlichen, zeitlichen und inhaltlichen Beschränkungen (etwa Verzicht auf Verstärkeranlagen) von der Erlaubnispflicht befreit werden[108] oder die Benutzung innerstädtischer Fußgängerbereiche durch Anliefer- und Taxiverkehr.[109] Darüber hinaus kann nach Auffassung des Verwaltungsgerichtshofs auch die Polizeibehörde mit einem Merkblatt die Grenze markieren, bis zu welcher die Sondernutzung trotz fehlender Erlaubnis geduldet wird.[110]

Zur Vertiefung: Fall 7.   1045

Umgekehrt bietet jedoch auch § 16 Abs. 7 StrG keine Möglichkeit, gemeingebräuchli-   1046
che Nutzungsformen zu verbieten. **Sondernutzungssatzungen**, in denen etwa der Konsum von Alkohol im öffentlichen Straßenraum außerhalb genehmigter Ausschankflächen verboten wird, sind daher unzulässig.[111]

In § 16 Abs. 8 enthält das Landesstraßengesetz schließlich eine eigenständige **Eingriffs-**   1047
ermächtigung gegen Sondernutzungen ohne erforderliche Erlaubnis, so dass tatbestandlich bereits die formelle Illegalität genügt.[112] Über den Wortlaut hinaus umfasst die Regelung auch die Möglichkeit einer Untersagung, wenn die unerlaubte Sondernutzung bereits stattgefunden hat und eine Wiederholung zu besorgen ist.[113] Soweit durch die unzulässige Sondernutzung rechtlich geschützte Interessen Dritter beeinträchtigt werden – wie etwa der Anliegergebrauch oder das Recht auf Teilnahme am Gemeingebrauch -, besteht ein Anspruch auf ermessensfehlerfreie Entscheidung über das Einschreiten gegen Dritte.[114] Nach § 16 Abs. 8 S. 2 StrG kann die Straßenbaubehörde demnach etwa ein nicht mehr zugelassenes Fahrzeug abschleppen lassen und die hierfür anfallenden Kosten verlangen. Allerdings lässt § 16 Abs. 8 S. 2 StrG nach Auffassung des Verwaltungsgerichtshofs den Erlass eines Leistungsbescheids (sog. „VA-Befugnis", mit der sich die Behörde selbst einen der Bestandskraft fähigen Vollstre-

---

107 Vgl. VGH Bad.-Württ., VBlBW 2003, 121.
108 Vgl. BVerwGE 84, 71.
109 Vgl. VGH Bad.-Württ., DÖV 1980, 730.
110 Vgl. VGH Bad.-Württ., VBlBW 1987, 137.
111 Vgl. VGH Bad.-Württ., VBlBW 1999, 101.
112 Vgl. VGH Bad.-Württ., VBlBW 2006, 239 sowie NVwZ-RR 2014, 507.
113 Vgl. VGH Bad.-Württ., NVwZ-RR 2014, 507.
114 Vgl. VGH Bad.-Württ., DVBl 2009, 669.

ckungstitel verschaffen kann) nicht zu. Auch für die anschließenden Verwahrungskosten enthält das geltende Recht keinen Erstattungstitel.[115]

IV. Planung und Bau

1048 Die Widmung einer öffentlichen Straße setzt ihr Vorhandensein voraus. Zeitlich vorgeschalten sind daher Planung und Bau.

1049 Vor der als Verwaltungsakt mit rechtlicher Außenwirkung sichtbar werdenden Straßenplanung im engeren Sinne – die regelmäßig im Wege der Planfeststellung erfolgt – liegen weitere verwaltungsinterne Stufen der **vorbereitenden Planung,** für die im Landesstraßengesetz Baden-Württemberg keine Regelungen bestehen. Am Anfang steht die verkehrspolitische Entscheidung über den Bedarf für den Neu- oder Ausbau einer Straße, die im Anwendungsbereich des Fernstraßengesetzes unmittelbar durch Gesetz erfolgt. Gegebenenfalls nach Durchführung eines Raumordnungsverfahrens wird anschließend die „grobe" Linienführung festgelegt (vgl. § 16 FStrG), die mangels Bestimmtheit noch nicht die Voraussetzungen eines Verwaltungsakts besitzt. Die „parzellenscharfe" Trassierung, aus der sich Art und Ausmaß der Betroffenheit Dritter ergibt, erfolgt erst durch die Planfeststellung. Gleichwohl bindet die Linienbestimmung die Planfeststellungsbehörde, so dass Abwägungsmängel im Stadium der Linienführung auf das nachfolgende Planfeststellungsverfahren durchschlagen.[116]

1050 Kernstück der eigentlichen Straßenplanung ist das **Planfeststellungsverfahren,** das für den Bau (und die Änderung) von Bundesfernstraßen sowie von Landesstraßen vorgeschrieben ist. Das formalisierte Verwaltungsverfahren der Planfeststellung dient einer umfassenden und abschließenden Entscheidung über die Zulassung eines Straßenbauvorhabens, bei dem die vielfältigen öffentlichen und privaten Belange ermittelt, berücksichtigt und gegeneinander abgewogen werden. Der Planfeststellungsbeschluss stellt damit eine Gesamtentscheidung dar, die alle behördlichen Genehmigungen in einem Verfahren „konzentriert". Mit der Unanfechtbarkeit des Planfeststellungsbeschlusses ist die Anlage legalisiert, so dass Unterlassungsansprüche ausgeschlossen sind (vgl. § 75 Abs. 2 S. 1 VwVfG).[117] Auch nachträglich auftretende Beeinträchtigungen können nur noch Schutzauflagen oder Entschädigungsansprüche auslösen. Dem Planfeststellungsbeschluss kommt überdies eine **„enteignungsrechtliche Vorwirkung"** zu, weil er die rechtlichen Voraussetzungen für ein Enteignungsverfahren und eine vorzeitige Besitzeinweisung (vgl. § 40a Abs. 1 StrG) schafft.

1051 Planfeststellungsbehörde ist in Baden-Württemberg das Regierungspräsidium.[118] Verfahrensrechtlich ist die „materielle" – sich auch auf das gerichtliche Verfahren erstreckende – **Präklusion** zu berücksichtigen, die eine Berufung auf Einwendungen ausschließt, die nicht innerhalb der Einwendungsfrist vorgetragen worden sind.[119]

---

115 Vgl. hierzu ausführlich – auch zu § 3 Abs. 1 DVO PolG – VGH Bad.-Württ., NJW 2007, 1375.
116 Vgl. BVerwGE 104, 236 (252).
117 Soweit die Regelungswirkung reicht, gilt dies auch für privatrechtliche Unterlassungsansprüche (vgl. etwa VGH Bad.-Württ., 25.4.2012 – 5 S 927/10), also auch, wenn sich etwa als Folge der verkehrsbedingten Erschütterungen Gebäuderisse ergeben; vgl. hierzu Steiner, Besonderes Verwaltungsrecht, 8. Aufl. 2006, S. 577 (613). Anders liegen die Dinge dagegen, wenn auf die Durchführung eines Planfeststellungsverfahrens rechtswidrigerweise verzichtet worden ist; vgl. hierzu BVerwG, NJW 1985, 1481.
118 Vgl. § 37 Abs. 8 Satz 1 StrG bzw. §§ 17 Abs. 5 Satz 1, 22 Abs. 4 FStrG i.V.m. § 3 Nr. 3 FStrG-ZuVO.
119 Vgl. § 17 Abs. 4 Satz 1 FStrG, § 37 Abs. 9 StrG, § 73 Abs. 4 Satz 3 LVwVfG; hierzu VGH Bad.-Württ., 8.10.2012 – 5 S 203/11. Dies gilt auch für die Gemeinde; vgl. VGH Bad.-Württ., VBlBW 1998, 350. Jeden-

Materiell ist zunächst die **Planrechtfertigung** zu prüfen. Da hinsichtlich der Frage, ob das Straßenvorhaben „vernünftiger Weise" geboten ist, aber eine Einschätzungsprärogative der Planungsbehörde anerkannt werden muss, ergeben sich auf dieser Stufe kaum klausurrelevante Probleme. Dies gilt um so mehr, als bei der Rechtfertigung nicht bereits die Trassenwahl oder die Dimensionierung der Anlage zu prüfen sind, die zur Abwägung gehören.[120] Praktisch relevant ist daher regelmäßig nur, dass die Straßenplanung gemäß § 17 Abs. 1 FStrG/§ 37 Abs. 1 StrG Objekt- und nicht Angebotsplanung ist. Die Realisierung der Planung muss deshalb objektiv möglich und deren Verwirklichung auch beabsichtigt sein, so dass ein Vorhaben, dessen Finanzierung ausgeschlossen ist, mangels Rechtfertigung als rechtswidrig qualifiziert werden muss.[121]

1052

Gesetzliche **Planungsleitsätze**, deren Vorgaben zwingend zu beachten sind und daher auch im Wege der Abwägung nicht überwunden werden können, bestehen im Bereich des nationalen Straßenrechts nur durch die Bestimmung des § 1 Abs. 3 S. 1 FStrG, nach der Bundesautobahnen ohne höhengleiche Kreuzungen gebaut werden müssen.

1053

Rechtliche Hindernisse für eine Planung können sich aber auch aus naturschutzrechtlichen Gründen ergeben, insb. dem Gebietsschutz der „Flora-Fauna-Habitat"- und der „Vogelschutz"-Richtlinien. Da diese **europarechtlichen Vorgaben** teilweise zwingend und damit „abwägungsfest" ausgestaltet sind, kommt ihnen im gerichtlichen Verfahren ein Stellenwert zu, der weit über allen sonstigen Belangen liegt und inhaltlich kaum überzeugt.[122] Dies ist aber Folge der nicht abschließend bewältigten Verzahnung der europarechtlichen Vorgaben mit dem deutschen Planungsrecht.

1054

Alle anderen vom Vorhaben berührten öffentlichen und privaten Belange sind im Rahmen der Entscheidung **abzuwägen**. Der Planfeststellungsbehörde[123] kommt dabei eine weitreichende planerische Gestaltungsfreiheit zu. Dabei darf auch die Wirtschaftlichkeit und Sparsamkeit der öffentlichen Verwaltung als Gesichtspunkt berücksichtigt werden, was insb. bei der Trassenführung von Bedeutung ist. Eine häufige Fehlerquelle besteht insoweit in der zutreffenden Ermittlung der jeweiligen Kosten. Verwaltungsgerichtlicher Kontrolle unterliegt nur, ob eine Abwägung überhaupt stattgefunden hat, ob in die Abwägung alle, aber umgekehrt nur relevante Gesichtspunkte eingestellt worden sind und ob der jeweiligen Gewichtigkeit der Belange hinreichend Rechnung getragen worden ist.[124] Eine Hilfestellung stellen dabei die sogenannten **Optimierungsgebote** dar, die eine besondere Berücksichtigung öffentlicher Belange fordern.[125] Hin-

1055

---

falls für dingliche Einwendungen bindet die Präklusion auch den Rechtsnachfolger; vgl. hierzu VGH Bad.-Württ., VBlBW 2000, 111.

120 Vgl. Steiner, Besonderes Verwaltungsrecht, 8. Aufl. 2006, S. 577 (610). Allerdings ist die vorgesehene Kapazität (etwa vierstreifiger Ausbau) verbindlich, wenn er bereits in der Bedarfsfeststellung enthalten ist. Ob insoweit auch Alternativplanungen, die diesen Vorgaben nicht entsprechen, in die Abwägung einbezogen werden müssen, ist nicht abschließend geklärt; vgl. hierzu VGH Bad.-Württ, 17.7.2007 – 5 S 130/06.

121 Vgl. BVerwG; NVwZ 2000, 555; VGH Bad.-Württ, VBlBW 2003, 235.

122 Hinsichtlich der Planung von Stuttgart 21 etwa wird maßgebliche Frage sein, ob möglicherweise auch vom Juchtenkäfer besiedelte Brutbäume betroffen sind; vgl. hierzu VGH Bad.-Württ., VBlBW 2012, 310.

123 Bzw. in der Praxis dem Vorhabensträger, der die Pläne vorlegt und den Erlass eines Planfeststellungsbeschlusses beantragt.

124 Die ständige Formulierung des Bundesverwaltungsgerichts lautet: „Das Abwägungsgebot ist verletzt, wenn eine Abwägung überhaupt nicht stattgefunden hat, in die Abwägung nicht alle Belange eingestellt worden sind, die nach Lage der Dinge in sie eingestellt werden mussten oder die Bedeutung der betroffenen Belange verkannt oder der Ausgleich zwischen ihnen in einer Weise vorgenommen worden ist, der zur objektiven Gewichtigkeit einzelner Belange außer Verhältnis steht"; vgl. etwa BVerwG, NVwZ 2012, 557.

125 Vgl. etwa §§ 41 Abs. 1, 50 BImSchG oder § 1a WHG.

sichtlich der Trassenwahl etwa geht der Verwaltungsgerichtshof erst dann von einem Abwägungsmangel aus, wenn sich eine andere als die gewählte Linienführung „eindeutig als die bessere hätte aufdrängen müssen".[126]

1056 Zu berücksichtigen ist schließlich auch der **Grundsatz der Problembewältigung**, so dass keine Konflikte ausgespart werden dürfen, deren Bewältigung in nachfolgenden Verfahren ausgeschlossen ist. Wenn also etwa absehbar ist, dass die Einhaltung der Grenzwerte der 22. BImSchV mit den Mitteln der Luftreinhalteplanung nicht mehr erreicht werden kann, darf die Straßenplanung so nicht zugelassen werden.[127] Umgekehrt muss sich die Planfeststellungsbehörde aber auch „nicht um jede Kleinigkeit kümmern". Fragen der Bauausführung etwa dürfen deshalb in der Regel aus der Planfeststellung ausgeklammert werden, sofern nach dem Stand der Technik zur Problembewältigung geeignete Lösungen zur Verfügung stehen.[128] Abgearbeitet werden müssen aber alle Fragen, an denen die Vereinbarkeit des Vorhabens mit den rechtlichen Vorgaben hängt. Sind diese Voraussetzungen erfüllt, kann nachteiligen Auswirkungen gegebenenfalls auch noch nachträglich durch Schutzauflagen nach § 74 Abs. 2 S. 2 VwVfG (etwa zur Lärmvorsorge) Rechnung getragen werden.

1057 **Abwägungsmängel** sind nach ~~§ 17 Abs. 6c S. 1 FStrG~~/§ 75 Abs. 1a S. 1 LVwVfG nur dann erheblich, wenn sie offensichtlich und auf das Abwägungsergebnis von Einfluss gewesen sind. Dies wird nur dann angenommen werden können, wenn der Abwägungsfehler objektiv belegbar ist und im Falle einer fehlerfreien Abwägung die konkrete Möglichkeit einer anderen Entscheidung besteht. Eine Aufhebung des Planfeststellungsbeschlusses kommt überdies nur in Betracht, wenn der Fehler das Grundgerüst der Planung in Frage stellt. Andere Fehler werden durch ein **ergänzendes Verfahren** behoben.[129]

1058 **Rechtsschutz** findet nur im Wege der Klage[130] statt, die keine aufschiebende Wirkung entfaltet, weil das Widerspruchsverfahren durch § 68 Abs. 1 S. 2 VwGO i.V.m. §§ 70, 74 Abs. 1 S. 2 LVwVfG ausgeschlossen ist. Die Klagebefugnis setzt (anders als das Einwendungsrecht!) gemäß § 42 Abs. 2 VwGO die Möglichkeit der Verletzung eines eigenen Rechts voraus, demgemäß ist auch die gerichtliche Kontrolle beschränkt. Die fehlende Planrechtfertigung etwa ist demgemäß nicht zu prüfen![131]

1059 Soweit eine **enteignungsrechtliche Vorwirkung** im Raum steht, billigt das Bundesverwaltungsgericht dem Grundstückeigentümer aber das Recht auf eine umfassende objektiv-rechtliche Planüberprüfung zu.[132] Deshalb ist die Rechtsprechung aber beim Erwerb von sog. „Sperrgrundstücken", die nur zur Planungsverhinderung erworben werden, restriktiv und geht in Extremfällen von einem die Klagebefugnis ausschließenden Rechtsmissbrauch aus.[133] Voraussetzung ist aber auch hier, dass der geltend gemachte

---

126 VGH Bad.-Württ, 17.7.2007 – 5 S 130/06.
127 Vgl. BVerwG, NVwZ 2005, 803.
128 Vgl. VGH Bad.-Württ., VBlBW 2012, 310 m.w.N.
129 Vgl. BVerwGE 100, 370 (372 f.); 102, 358.
130 Für Bundesfernstraßen ist gemäß § 48 Abs. 1 Satz 1 Nr. 8 VwGO das Oberverwaltungsgericht – in Baden-Württemberg also der Verwaltungsgerichtshof (vgl. § 184 VwGO i.V.m § 1 Abs. 1 Satz 1 AGVwGO) – zum zuständigen Gericht bestimmt.
131 Vgl. etwa BVerwG, 24.11.2011 – 9 A 24/10.
132 Sog. „unmittelbare Planbetroffenheit"; vgl. etwa BVerwG, NVwZ 2012, 557; VGH Bad.-Württ., VBlBW 2010, 37.
133 Vgl. etwa BVerwGE 112, 135; BVerwG, NVwZ 2012, 567 sowie VGH Bad.-Württ., 17.7.2007 – 5 S 130/06: „nicht schutzwürdige Scheinposition", um die formalen Voraussetzungen für eine Prozessführung zu schaffen.

Fehler für die Eigentumsbetroffenheit kausal sein kann, dass also die konkrete Möglichkeit besteht, dass das Eigentum ohne die gerügten Mängel nicht in Anspruch genommen wäre. Auch der Eigentumsbetroffene kann sich daher nicht auf die Positionen anderer Eigentümer oder der Gemeinde berufen.[134]

Abwägungserhebliche Belange können sich neben Art. 14 Abs. 1 GG (der insoweit wegen der enteignungsrechtlichen Vorwirkung auch Mietern oder Pächtern zu Gute kommt, wenn sich die Planung auf ihre vertragliche Berechtigung auswirken kann)[135] insb. auch aus Art. 2 Abs. 2 GG ergeben. Verfahrensvorschriften vermitteln als solche dagegen regelmäßig kein subjektives Recht. Die Einhaltung verfahrensrechtlicher Vorschriften ist kein Selbstzweck, sondern dient dem Schutz bestimmter Belange. Daher muss zur Begründung einer Rechtsverletzung geltend gemacht werden, dass sich der gerügte Verfahrensfehler auf eine eigene materiellrechtliche Position ausgewirkt haben kann.[136] Eine Ausnahme gilt (wegen § 4 Abs. 3 UmwRG i.V.m. § 61 Nr. 1 VwGO) aber für eine zu Unrecht unterbliebene Umweltverträglichkeitsprüfung.[137]

1060

Eine Sonderstellung kommt anerkannten **Naturschutzverbänden** zu. Diese können die ihnen durch § 63 Abs. 2 Nr. 6 BNatSchG eingeräumten Mitwirkungsrechte, die eine subjektive Rechtsstellung i.S.d. § 42 Abs. 2 VwGO begründen, verteidigen. Insoweit kann während des laufenden Verwaltungsverfahrens eine „Partizipationserzwingung" erstritten werden. Es besteht aber auch die Möglichkeit, nach Abschluss des Verfahrens die ohne die erforderliche Beteiligung getroffene Verwaltungsentscheidung aufheben oder für nicht vollziehbar erklären zu lassen.[138] Darüber hinaus steht den anerkannten Naturschutzvereinigungen auch die Möglichkeit einer sog. „altruistischen Verbandsklage" aus § 64 Abs. 1 BNatSchG zur Seite.

1061

Gemeinden steht die Berufung auf die kommunale Planungshoheit offen, sofern konkrete Planungsabsichten bereits hinreichend verfestigt sind. Auf den Grundrechtsschutz aus Art. 14 Abs. 1 GG können sie sich nach Auffassung des Bundesverfassungsgerichts dagegen nicht berufen.[139] Auch bei einer Enteignungsbetroffenheit kann die Gemeinde daher nicht die aus Grundrechten abgeleitete umfassende Prüfung erreichen. Schließlich kann eine Gemeinde auch nicht als Sachwalter für die Allgemeinheit oder einzelne Gemeindeeinwohner auftreten.

1062

Die Durchführung eines Planfeststellungsverfahrens kann nach § 17 Abs. 3 S. 1 FStrG/§ 37 Abs. 3 StrG auch durch einen **Bebauungsplan** ersetzt werden. § 9 Abs. 1 Nr. 11 BauGB gibt hierfür die Möglichkeit der Festsetzung von Verkehrsflächen vor. Allerdings kommt dem Bebauungsplan keine Konzentrations- und Präklusionswirkung und auch keine enteignungsrechtliche Vorwirkung zu, so dass sich hier regelmäßig erhebliche Nachfolgeprobleme ergeben. Darüber hinaus eröffnet die insoweit statthafte Normenkontrolle stets eine materielle Vollprüfung.

1063

Als vereinfachtes Verfahren bietet sich daher eher die **Plangenehmigung** (§ 17 Abs. 1a FStrG/§ 37 Abs. 2 StrG) an, sofern eine Umweltverträglichkeitsprüfung entbehrlich ist

1064

---

134 Vgl. etwa BVerwG, 24.11.2011 – 9 A 24/10. Davon zu unterscheiden ist aber eine fehlerhafte Berechnung der einem Dritten zu zahlenden Enteignungsentschädigung, denn diese betrifft das Vorhaben selbst.
135 Vgl. BVerwGE 105, 178.
136 Vgl. etwa BVerwG, NVwZ 2012, 557 mit dem Hinweis, dass auch das Eigenverwaltungsrecht der Europäischen Union keine durchgängige Beachtlichkeit von Verfahrensfehlern statuiert.
137 Vgl. hierzu BVerwG, 24.11.2011 – 9 A 24/10.
138 Vgl. VGH Bad.-Württ., VBlBW 2012, 310.
139 Vgl. etwa BVerfGE 61, 82 (100 ff.).

und Rechte anderer nicht wesentlich beeinträchtigt werden. Angesichts des einge-schränkten Prüfungsumfangs dieses Verfahrens ist die Plangenehmigung aber im Falle der Enteignungsbetroffenheit ungeeignet und kann insoweit allenfalls bei geringfügigen Beeinträchtigungen zur Anwendung kommen.[140] Auf die Durchführung eines Planfest-stellungsverfahrens besteht jedoch kein Anspruch, so dass das Unterlassen einer förm-lichen Straßenplanung für sich genommen keine Verletzung subjektiver Rechte (auch der Straßenanlieger) begründet. Auch bei einer nicht-förmlichen Straßenplanung sind die betroffenen öffentlichen und privaten Interessen aber zu berücksichtigen und abzu-wägen (§ 37 Abs. 5 StrG).[141]

V. Straßenbaulast und sonstige straßenrechtliche Verpflichtungen

1065 Die „Straßenbaulast" ist ein terminus technicus des Straßenrechts und umschreibt alle Verpflichtungen, die mit dem Bau und der Unterhaltung einer öffentlichen Straße zu-sammenhängen (vgl. § 9 Abs. 1 StrG). Die damit zusammenhängenden Aufgaben ob-liegen den zuständigen Behörden gemäß § 59 StrG als Amtspflichten in Ausübung ho-heitlicher Tätigkeit, so dass auch für hierauf gerichtete Vereinbarungen der Verwal-tungsrechtsweg eröffnet ist.[142]

1066 Sie obliegt dem – in Abhängigkeit zur Straßengruppe zu bestimmenden (vgl. § 43 StrG) – Träger der Straßenbaulast, der die Aufgabe durch die Straßenbaubehörden nach § 50 StrG wahrnimmt. Soweit damit die Gemeinden berufen sind, liegt zwar eine Pflichtaufgabe vor, die aber als weisungsfreie Selbstverwaltungsangelegenheit i.S.d. Art. 28 Abs. 2 S. 1 GG einzuordnen ist.[143] Die Straßenaufsicht überwacht nach § 48 Abs. 1 StrG die Erfüllung der den Straßenbaulastträgern obliegenden Aufgaben.

1067 Die Straßenbaulast stellt nach h.M. aber eine rein objektiv-rechtliche Verpflichtung dar,[144] so dass subjektive Ansprüche sowie die Möglichkeit einer Amtshaftung aus-scheiden.

1068 Die – von der Zivilrechtsprechung auf Grundlage der §§ 823 ff. BGB entwickelten[145] – **Straßenverkehrssicherungspflichten** dagegen sollen eine gefahrlose Benutzung der Stra-ße ermöglichen und dienen damit auch dem Interesse des Straßenbenutzers. Auch sie zielen indes nicht auf eine Erfüllungspflicht, sondern gewähren im Falle der schuldhaf-ten Verletzung allenfalls einen Anspruch auf Schadensersatz. Zu ihnen gehören neben der Obliegenheit zur Ausbesserung von Schlaglöchern u.ä. auch die sog. „verkehrs-mäßige Reinigung", also die Beseitigung verkehrsgefährdender Verschmutzungen (z.B. Glassplitter nach einem Unfall). Allerdings kann der Straßenverkehrssicherungspflicht im Einzelfall auch durch eine ausreichende Warnung genügt werden.

1069 Nicht zur Straßenbaulast gehören die allgemeine („polizeimäßige") Reinigung, der Winterdienst (**Räum- und Streupflicht**) und die Beleuchtung der Straßen, die gemäß § 41 Abs. 1 StrG innerhalb geschlossener Ortschaften den Gemeinden obliegt. § 41

---

140 Vgl. VGH Bad.-Württ., VBlBW 2010, 37 und – offenbar weniger streng – VBlBW 2004, 341; zur Rügemög-lichkeit der fehlerhaften Unterlassung eines Planfeststellungsverfahrens auch VGH Bad.-Württ., NVwZ 1999, 550.

141 Vgl. VGH Bad.-Württ., VBlBW 2016, 37 und 22.3.2016 – 5 S 531/13.

142 Vgl. VGH Bad.-Württ., VBlBW 2013, 425: Vertragliche Regelung über eine Skulptur auf einer Verkehrsinsel.

143 Vgl. Schnebel/Kromer, Straßenrecht Baden-Württemberg, 3. Aufl. 2013, Rn. 312.

144 Vgl. etwa VGH Bad.-Württ., VBlBW 1997, 27. Hierän ändert auch § 59 StrG nichts: Hieraus folgt zwar eine Amtspflicht, nicht aber, dass diese gegenüber Dritten besteht.

145 Vgl. etwa BGH, NJW 1979, 2043.

Abs. 2 StrG lässt eine Übertragung dieser Pflichten hinsichtlich der Gehwege auf die Straßenanlieger zu. Derartige Satzungen dürfen dem Sinn der Vorschrift, eine schnellere Räumung ermöglichen zu können, aber nicht zuwider laufen und haben Art. 3 Abs. 1 GG Rechnung zu tragen.[146] Nach § 41 Abs. 2 S. 3 StrG kann dabei auch der Anlieger der gegenüberliegenden Straßenseite in die Pflicht genommen werden, wenn nur auf einer Straßenseite ein Gehweg vorhanden ist. Dabei kann auch eine alternierende Verpflichtung (etwa durch wöchentlichen oder jährlichen Turnus) vorgesehen werden. Die Gemeinde ist zu einer entsprechenden Heranziehung der Straßenanlieger der gegenüberliegenden Seite aber grundsätzlich nicht verpflichtet.[147]

---

146 Vgl. hierzu etwa VGH Bad.-Württ., VBlBW 2007, 424.
147 Vgl. VGH Bad.-Württ., 10.11.2015 – 5 S 2590/13, zur Inanspruchnahme von Hinterliegergrundstücken nach § 41 Abs. 6 StrG auch VGH Bad.-Württ., NVwZ-RR 2016, 311: keine unbillige Härte bei 280 km entfernter Hauptwohnung.

B. VERTIEFUNGSFÄLLE

1. Fall: Schwieriger Autoverkauf

1070 A möchte sein Auto verkaufen. Er hat deshalb seit zwei Wochen an beiden hinteren Seitenfenstern Verkaufsangebote angebracht, die Angaben über das Baujahr, die technischen Eigenschaften und den Verkaufspreis des Fahrzeugs enthalten. Bislang blieben seine Bemühungen jedoch erfolglos. Deshalb interessiert er sich für den am Samstag auf dem Parkplatz des Schlachthofs stattfindenden Gebrauchtwagenmarkt. Allerdings hätte er für die Teilnahme 50 Euro Standgebühr zu entrichten; außerdem möchte er am Wochenende zu seiner Freundin nach Freiburg. Er entschließt sich daher, sein Auto am Freitag auf der Zufahrtsstraße zum Schlachthofparkplatz – die ausreichend breit ist und in der das Halten oder Parken nicht durch Verkehrszeichen geregelt wurde – gut sichtbar abzustellen. Um sein Verkaufsangebot deutlich werden zu lassen, lehnt er ein großes Pappschild mit den entsprechenden Angaben und seiner Handy-Nummer hinter der Heckscheibe an. Nach seiner Rückkehr am Montag will er sein Auto wieder abholen, findet es jedoch nicht mehr vor. Es ist abgeschleppt worden und A erhält einen Kostenbescheid der Stadt, durch den er zur Zahlung der Abschleppgebühren herangezogen wird. Zur Begründung wird in dem Bescheid ausgeführt, A habe die Straße als Werbefläche missbraucht, was nicht hinnehmbar sei. A legt sofort Widerspruch ein, weil er der Auffassung ist, völlig korrekt geparkt zu haben. Ist der Widerspruch begründet?

Abwandlung

1071 A veräußert sein Auto am 15. März an K. Der Kaufvertrag wird mündlich geschlossen und bar bezahlt. A unterlässt es, Name und Anschrift des K der zuständigen Zulassungsbehörde gemäß § 14 Abs. 4 der Fahrzeug-Zulassungsverordnung (FZV) anzuzeigen, zumal ihm die Adresse des K ohnehin nicht bekannt ist. Am 14. April wird der Wagen ohne Nummernschilder und in nicht verkehrssicherem Zustand in einer Straße in Stuttgart aufgefunden. Die Stadt Stuttgart fordert A daraufhin auf, das Kraftfahrzeug zu entfernen und verschrotten zu lassen, da eine Sondernutzung ohne die erforderliche Erlaubnis vorliege. Nachdem A sich weigerte, nahm die Stadt die geforderten Maßnahmen selbst vor und forderte die dafür entstandenen Kosten mit erneutem Bescheid von A. Zur Begründung wurde ausgeführt: A sei jedenfalls durch seinen Verstoß gegen § 14 Abs. 4 FZV für den rechtswidrigen Zustand verantwortlich, denn wäre er seiner Meldepflicht nachgekommen, hätte der unmittelbare Handlungsstörer ermittelt werden können. Gerade diese Kontrollmöglichkeit sei von § 14 Abs. 4 FZV auch bezweckt. A hält diesen Bescheid für rechtswidrig, da er gegenwärtig keinerlei Recht habe, über das Fahrzeug zu verfügen. Sein Widerspruch wird jedoch vom Regierungspräsidium Stuttgart zurückgewiesen.

Lösungshinweise

1. Rechtsgrundlage

1072 Als Rechtsgrundlage für den **Kostenbescheid** kommt nur § 16 Abs. 8 S. 2 StrG in Betracht. Voraussetzung ist danach, dass das Abstellen des Fahrzeugs nicht mehr als ein vom Gemeingebrauch umfasstes Parken, sondern als Sondernutzung betrachtet werden muss. Denn Kostenerstattung kann nur für eine rechtmäßige Verwaltungsmaßnahme verlangt werden.

2. Abgrenzung Gemeingebrauch – Sondernutzung

Der **Gemeingebrauch** an öffentlichen Straßen ist nach § 13 Abs. 1 StrG im Rahmen der Widmung und der Straßenverkehrsvorschriften eröffnet. Als Teil des öffentlichen Sachenrechts regelt das Straßenrecht die Bereitstellung der öffentlichen Straßen für die in der Widmung festgelegte Verkehrsfunktion. Nach dem Grundsatz vom „Vorbehalt des Straßenrechts" wird die Benutzung deshalb nur im Rahmen der Widmung eröffnet. Das Straßenverkehrsrecht dagegen regelt die Modalitäten der Straßenbenutzung (im Rahmen der Widmung) und stellt damit materiell Ordnungsrecht zur Sicherung von Leichtigkeit und Sicherheit des Verkehrs dar.

1073

Gewidmet sind öffentliche Straßen gemäß § 2 Abs. 1 StrG für den „öffentlichen Verkehr"; erfasst sind daher von vornherein nur zugelassene und betriebsbereite Kraftfahrzeuge. Geregelt ist neben dem fließenden aber auch der ruhende Verkehr, so dass ein Vorgang, der den Vorgaben des Straßenverkehrsrechts entspricht, grundsätzlich auch als straßenrechtlich zulässiger Gemeingebrauch bewertet werden muss. Maßgeblich bleibt jedoch auch hier die erforderliche **Verkehrsfunktion**. Von einer derartigen kann nur ausgegangen werden, wenn für das abgestellte Fahrzeug die Möglichkeit einer jederzeitigen Inbetriebnahme besteht. Das Abstellen der Fahrzeuge einer Autovermietung gehört daher zum Gemeingebrauch, da die Autos hier gerade mit dem Zweck der späteren Wiederinbetriebnahme – durch Kunden – abgestellt wurden.[148] Auch das Abstellen von Omnibussen eines Reisenunternehmens muss als zulässiges Parken bewertet werden.[149]

1074

Schwieriger sind Fallgestaltungen zu bewerten, bei denen die Möglichkeit einer jederzeitigen Inbetriebnahme zwar besteht, ein anderer – verkehrsfremder – Zweck jedoch objektiv feststellbar ist. Da insoweit eine Verkehrsfunktion nicht mehr vorliegt und der Anwendungsbereich der Widmung damit nicht eröffnet ist, spricht viel dafür, diese Fälle als Sondernutzung zu qualifizieren. Denn wenn etwa objektiv festgestellt werden kann, dass Zweck des Abstellens eines Fahrzeuges ausschließlich die Nutzung des öffentlichen Straßenraums als langfristige Ausstellungsfläche darstellt, so sind die Voraussetzungen des Gemeingebrauchs nicht mehr erfüllt. Das Fahrzeug wird seiner Funktion als Transportmittel entkleidet und als **Reklamefläche** verwendet. Maßgeblich für diese Einordnung ist nicht die innere Motivation des Nutzers, sondern ob das Fahrzeug für einen objektiven und unvoreingenommenen Beobachter als Werbeanlage wirkt. Anhaltspunkte für diese Beurteilung sind etwa Dauer, Ort und Ausrichtung der Abstellung, sowie gestalterische Veränderungen, die eine Verkehrsnutzung verhindern (z.B. Zukleben der Frontscheibe).[150]

1075

Grenzwertig sind dabei Konstellationen, bei denen äußerlich eine Teilnahme am Straßenverkehr zwar besteht, tatsächlich aber andere Zwecke verfolgt werden – wie etwa ausschließlich zu Werbezwecken durchgeführte Fahrten mit einem entsprechend gestalteten Anhänger. Die Rechtsprechung bewertet auch dies als Sondernutzung.[151] Anders liegen die Dinge dagegen, wenn die Werbung nur **gelegentlich** einer tatsächlich stattfin-

1076

---

148 Vgl. BVerwG, NJW 1982, 2232.
149 Vgl. BVerwG, DVBl 1979, 155 sowie BVerfGE 67, 299.
150 Vgl. etwa OVG NRW, DÖV 2001, 693 oder OVG Hamburg, NJW 2004, 1970.
151 Vgl. OVG NRW, NJW 2005, 3162 m.w.N. auch für abgestellte Werbeanhänger.

denden Verkehrsteilnahme erfolgt (wie etwa bei Aufschriften an einem Reisebus) und ein Verkehrszweck daher fortbesteht. Hier kann nicht von einer Sondernutzung ausgegangen werden.

3. Subsumtion

1077 Bei Zugrundelegung dieser Maßstäbe wird hier nicht von einer unzulässigen Sondernutzung ausgegangen werden können. Objektive Anhaltspunkte für einen ausschließlich verkehrsfremden Zweck sind dem Sachverhalt nicht zu entnehmen. Dazu müsste jedenfalls festgestellt werden können, dass das Fahrzeug über einen längeren Zeitraum nicht bewegt wird und daher nach objektiver Betrachtungsweise eine Verkehrsfunktion nicht mehr nahe liegt. Dafür ist nichts ersichtlich. Wenn aber die Werbung nur gelegentlich der Verkehrsteilnahme geschieht, wird der Verkehrszweck nicht durch einen anderen Zweck verdrängt. Etwas anderes ergibt sich auch nicht aus den angebrachten **Werbehinweisen**. Denn das große Pappschild war nur angelehnt und daher bereits nach seiner Bauart kein Indiz dafür, dass eine Inbetriebnahme des Fahrzeugs zu Transportzwecken nicht mehr beabsichtigt ist. Für die Hinweiszettel an den hinteren Seitenfenstern gilt dies mangels Beeinträchtigung der Verkehrsfunktion entsprechend. Eine Sondernutzung liegt damit nicht vor.

Abwandlung

1. Zulässigkeit einer Anfechtungsklage

1078 Als Rechtsbehelf kommt die **Anfechtungsklage** in Betracht, da die angegriffenen Maßnahmen als Verwaltungsakte zu qualifizieren sind. Dies gilt auch für die Durchführung der Maßnahmen durch die Stadt Stuttgart, denn insoweit handelte es sich nicht um eine unmittelbare Ausführung, sondern um eine Ersatzvornahme der zuvor durch Grundverfügung dem A auferlegten Handlungspflichten. Auch die Grundverfügung vom 14. April hat sich nicht erledigt: Zwar sind die dem A aufgegebenen Handlungspflichten zwischenzeitlich im Wege der Ersatzvornahme vollzogen worden, die Verfügung bildet jedoch nach wie vor die Grundlage für die Kostenforderung und entfaltet damit noch Rechtswirkungen.[152]

2. Begründetheit

a) Sondernutzung

1079 Rechtsgrundlage für die **Grundverfügung** ist § 16 Abs. 8 S. 1 StrG. Demnach ist die Stadt Stuttgart als Straßenbaubehörde befugt, Maßnahmen zur Beendigung einer ohne Erlaubnis wahrgenommenen Sondernutzung zu treffen. Da das angetroffene Fahrzeug keine Zulassung mehr besaß und in nicht betriebsbereitem Zustand aufgefunden wurde, liegt eine Sondernutzung i.S.d. § 16 Abs. 1 StrG vor. Der Gemeingebrauch an öffentlichen Straßen erstreckt sich nur auf zugelassene und auch tatsächlich betriebsbereite Fahrzeuge.

b) Adressat

1080 Fraglich ist jedoch, ob A als „**Pflichtiger**" i.S.v. § 16 Abs. 8 StrG herangezogen werden könnte. Zur Ausfüllung dieses Tatbestandsmerkmals sind die allgemeinen Grundsätze

---

152 Vgl. BVerwG, NVwZ 2009, 122; VGH Bad.-Württ., VBlBW 2008, 305 und VBlBW 1996, 302.

der polizeirechtlichen Verantwortlichkeit heranzuziehen. Als Zustandstörer kommt A nicht in Betracht, denn er war nicht mehr Eigentümer des Wagens und hatte auch nicht die tatsächliche Gewalt über diese Sache. Eine Inanspruchnahme käme deswegen nur als Verhaltensstörer in Betracht. Als Verhaltensstörer wird grundsätzlich derjenige betrachtet, der die eingetretene Störung unmittelbar verursacht, also selbst im konkreten Fall die polizeiliche Gefahrengrenze überschreitet. Diese Frage ist somit nach Landesrecht zu beurteilen, da sie sich nicht aus § 14 Abs. 4 FZV ergibt.[153] Wann dies der Fall ist, kann nicht generell sondern nur an Hand einer wertenden Betrachtung der Umstände jedes Einzelfalles bestimmt werden, wobei danach zu fragen ist, wer die eigentliche und wesentliche Ursache für den polizeiwidrigen Erfolg gesetzt hat.

Erste und unverzichtbare Voraussetzung jeder polizeirechtlichen Zurechnung ist und bleibt aber, dass das in Rede stehende Verhalten **kausal** i.S. der allgemeinen Bedingungstheorie für den Eintritt der Gefahr ist. Kausal ist dabei nur eine Ursache, die nicht hinweg gedacht werden kann, ohne dass der Erfolg entfiele. Demnach kann dem A hier die Störung nicht zugerechnet werden. Denn die polizeirechtlich relevante Gefahr liegt in dem Parkverstoß und nicht in der Behinderung der Durchsetzbarkeit eines Kostenerstattungsverlangens. Auch wenn A seiner Mitteilungspflicht nach § 14 Abs. 4 FZV in vollem Umfang nachgekommen wäre, hätte es zu der hier eingetretenen Gefahrenlage durch verkehrsordnungswidriges Parken kommen können. Das pflichtwidrige Unterlassen des A kann deshalb hinweg gedacht werden, ohne dass die hier relevante Störung der öffentlichen Sicherheit entfiele. Demnach ist sein Verhalten nicht ursächlich für die Störung, so dass es auf die wertenden Gesichtspunkte der polizeirechtlichen Verantwortlichkeit nicht mehr ankommt. | 1081

Die Kausalität des Verhaltens für die Störung der öffentlichen Ordnung kann aber nicht durch eine rein normative Begründung der Verhaltensverantwortlichkeit ersetzt werden.[154] Zwar mag der Gesetzgeber möglicherweise in beschränktem Umfange normative Zurechnungen ohne den Nachweis einer zumindest äquivalenten Kausalität regeln können, dies hat er aber für den vorliegenden Zusammenhang des Verstoßes gegen § 14 Abs. 4 FZV und der Haftung für die Kosten des rechtswidrigen Abstellens eines nicht zugelassenen Kraftfahrzeuges im öffentlichen Verkehrsraum nicht getan. Diese Kausalitätslücke kann daher nicht durch die normative Wertung eines Gerichts geschlossen werden. | 1082

c) Unmöglichkeit

Hilfsweise sei noch angemerkt, dass der Verfügung vom 14. April nicht der Gesichtspunkt der rechtlichen oder tatsächlichen **Unmöglichkeit** entgegensteht. Denn obwohl der Kläger nicht mehr Eigentümer des Kraftfahrzeuges war, stand es seinem Zugriff offen. Da das Eigentum offensichtlich von dem letzten Rechtsinhaber aufgegeben war (§ 959 BGB), konnte A der ihm durch die Verfügung auferlegten Verpflichtung nachkommen, ohne dadurch fremde Eigentumsrechte zu verletzen. | 1083

---

153 Vgl. BVerwG, NZV 2000, 309 für die Vorgängervorschrift in 27 Abs. 3 StVZO.
154 Vgl. zu der entsprechenden Diskussion hinsichtlich der Vorgängervorschrift in § 27 Abs. 3 StVZO: Sächs. OVG, NJW 1997, 2253; Hess. VGH, NJW 1999, 3650 sowie OVG Hamburg, NJW 2000, 2600; die abweichende Auffassung des VGH Bad.-Württ., VBlBW 1996, 302 überspannt die „normativen" Elemente der Zurechnung.

2. Fall: Missionierender Buchverkauf[155]

1084 Nachdem S und andere Scientology-Mitglieder wiederholt von Bediensteten der Stadt Freiburg dabei angetroffen wurden, wie sie in der Fußgängerzone Dianetik-Bücher verkauften, erließ die Stadt am 12. Februar eine Verfügung, mit der es S untersagt wurde, „auf den öffentlichen Verkehrsflächen im Stadtgebiet von Freiburg, die dem Fußgängerverkehr dienen, Bücher oder andere Schriften zu verkaufen oder zu einem Persönlichkeitstest in den eigenen Räumlichkeiten einzuladen und zu diesen Zwecken Passanten anzusprechen". Die sofortige Vollziehung dieser Verfügung wurde angeordnet und für jeden Fall der Zuwiderhandlung ein Zwangsgeld in Höhe von 1.500 EUR angedroht.

1085 Zur Begründung wurde u.a. ausgeführt, dass der Verkauf eine Sondernutzung darstelle und die dafür erforderliche Erlaubnis nicht vorliege. Sie könne auch nicht erteilt werden, weil der öffentliche Verkehrsraum von gewerblicher Betätigung möglichst freigehalten werden müsse. Es entspreche daher ständiger Praxis der Stadt, entsprechende Erlaubnisse nur für den unmittelbar vor dem eigenen Geschäft liegenden Verkehrsraum zu erteilen. Der ambulante Buchverkauf dagegen werde grundsätzlich nicht erlaubt. Nur so sei es möglich, Passanten vor entsprechenden Werbe- und Verkaufsaktivitäten zu schützen. Den von S erhobenen Widerspruch wies die Stadt Freiburg mit Bescheid vom 21. April zurück.

1086 In der daraufhin erhobenen Klage trug S vor, gemäß § 73 Abs. 1 Nr. 1 VwGO habe das Regierungspräsidium über den Widerspruch entscheiden müssen. Überdies liege eine gewerbliche Tätigkeit nicht vor: Zum einen sei die Motivation beim Buchverkauf ausschließlich auf die Werbung neuer Mitglieder gerichtet; zum anderen würden durch den Buchverkauf keine Überschüsse erzielt, sondern nur die Kosten der Mitgliederwerbung reduziert. Im Vordergrund stehe das beim Buchverkauf geführte Informationsgespräch über die Lehre von Scientology. Die Verkaufstätigkeit unterfalle daher dem Schutzbereich der Artikel 4 und 5 GG. Hinsichtlich der Erstreckung auf Verkehrsflächen des Fernstraßengesetzes sei die Verfügung auch unverhältnismäßig, da hier entsprechende Aktivitäten nie stattgefunden hätten und auch nicht beabsichtigt seien; auch eine Einladung zu Persönlichkeitstests sei nie erfolgt.

1087 Wie wird das Gericht entscheiden, wenn die Sachverhaltsaufklärung hinsichtlich der Persönlichkeitstests kein sicheres Ergebnis erbracht hat?

Lösungshinweise

I. Zulässigkeit

1088 Hinsichtlich der Zulässigkeit der Anfechtungsklage ist allein die gerügte **Unzuständigkeit der Widerspruchsbehörde** problematisch. Selbst wenn das Regierungspräsidium zuständig gewesen sein sollte, hätte die S aber das ihrerseits Erforderliche zur Durchführung des Widerspruchsverfahrens getan, so dass die Klage gleichwohl zulässig bliebe. Im Übrigen ist die Stadt selbst gemäß § 73 Abs. 1 Nr. 3 VwGO für den Erlass des Widerspruchsbescheids zuständig, da sie als für die Erteilung einer Sondernutzungserlaubnis zuständige Straßenbaubehörde (§ 16 Abs. 8 S. 1, Abs. 2 S. 1, § 50 Abs. 3 Nr. 3 StrG) nach § 48 Abs. 2 S. 1 StrG allein der Rechtsaufsicht untersteht.

---

155 Angelehnt an VGH Bad.-Württ., VBlBW 2002, 297 und NVwZ-RR 2002, 740.

II. Begründetheit

1. Rechtsgrundlage

Als Rechtsgrundlage kommt § 16 Abs. 8 S. 1 StrG in Betracht. Die Vorschrift umfasst vom Wortlaut her aber nur die **Beendigung** einer unerlaubten Nutzung. Darunter ist jedoch nicht nur die Möglichkeit, eine aktuell noch andauernde Sondernutzung zu beenden, zu verstehen. Vielmehr ermöglicht die Vorschrift in den Fällen, in denen die unerlaubte Nutzung der Straße planvoll regelmäßig wiederkehrend vonstatten gehen soll, auch eine „Beendigung" durch eine entsprechende Untersagungsverfügung. Denn andernfalls käme die Straßenbaubehörde wegen der typischerweise kurzfristigen Erledigung der Sondernutzungen regelmäßig zu spät. Allerdings muss dann auch eine unerlaubte Benutzung der Straße als Anknüpfungspunkt vorgelegen haben. Insoweit findet die Untersagungsverfügung, soweit sie dem Fernstraßengesetz unterfallende Verkehrsflächen im Stadtgebiet der Beklagten betrifft – also die unselbstständigen Gehwege der Bundesstraßen bzw. deren Ortsdurchfahrten -, schon deshalb keine Stütze, weil insoweit eine unerlaubte Straßenbenutzung durch die Klägerin nicht stattgefunden hat. Gleiches gilt auch für das Verbot der Einladung zu Persönlichkeitstests, denn auch insoweit kann ein vorheriges Verhalten als Anknüpfungspunkt nicht als erwiesen vorausgesetzt werden.

1089

2. Sondernutzung

Für die verkehrsberuhigten Bereiche im Anwendungsbereich des StrG kann die Untersagung des Bücherverkaufs grundsätzlich auf § 16 Abs. 8 S. 1 StrG gestützt werden, wenn die Verkaufsaktivitäten als **Sondernutzung** zu qualifizieren sind.

1090

a) Kommunikativer Verkehr

Im Gegensatz zur bundesrechtlichen Regelung des § 7 Abs. 1 FStrG, wonach der Gebrauch der Bundesfernstraßen jedermann im Rahmen der Widmung und der verkehrsbehördlichen Vorschriften „zum Verkehr" gestattet ist, fehlt in § 13 Abs. 1 S. 1 StrG bei der Legaldefinition des Gemeingebrauchs eine ausdrückliche Bezugnahme auf den **Verkehrszweck.** Diese ergibt sich jedoch aus dem in § 2 Abs. 1 StrG vorgegebenen Widmungszweck. Der Verkehrsbezug des Gemeingebrauchs wird überdies dadurch dokumentiert, dass § 13 Abs. 1 S. 1 StrG die Straßenbenutzung (nur) „im Rahmen der Straßenverkehrsvorschriften" und „innerhalb der verkehrsüblichen Grenzen" gewährleistet. Vom Gemeingebrauch umfasst ist damit grundsätzlich nur der Verkehr, also die Benutzung der Straße zum Zwecke der Ortsveränderung bzw. der Fortbewegung.

1091

Allerdings entspricht es dem modernen Funktionsbild von Fußgängerzonen und verkehrsberuhigten Bereichen, dass hier auch andere Verhaltensweisen üblich sind, wie etwa das Betrachten von Schaufenstern oder sehenswerten Gebäuden sowie die Begegnung und Kommunikation mit anderen Passanten. Ein solch **„kommunikativer Verkehr"** ist in der Aufenthaltsfunktion eines Fußgängerbereichs angelegt und wird vom Widmungszweck dieser Verkehrsflächen gefördert. Diese Aktivitäten können aber dennoch allenfalls als **Nebenzweck** der Straßenbenutzung betrachtet werden, nicht als vom Verkehrsinteresse isoliertem Hauptzweck der Widmung. Denn auch Fußgängerbereiche werden primär als Verkehrseinrichtungen für den ungehinderten oder zumindest privilegierten Fußgängerverkehr und nicht als eine Art „Kommunikationsmedium" geschaffen.

1092

1093 Demnach können die umstrittenen Verkaufsaktivitäten nicht mehr als vom Gemeingebrauch umfasst betrachtet werden. Dies ergibt sich schon daraus, dass es sich bei den Verkaufshandlungen um **gewerbliche Tätigkeiten** der S handelt. Dabei kommt es für die straßenrechtliche Beurteilung nicht darauf an, ob mit dem Erlös nur die Kosten für die Mitgliederwerbung reduziert werden sollen. Denn jedenfalls liegt mit der Nutzung der Straße als „Verkaufsraum" ein wirtschaftlicher Vorgang vor, für den der öffentliche Verkehrsraum nicht gewidmet ist. Was die reine Missionstätigkeit betrifft, halten sich die Mitglieder zu dem alleinigen Zweck in den Fußgängerbereichen auf, um dort Werbung für Scientology durchzuführen.[156] Damit ist die für eine Zuordnung zum Gemeingebrauch erforderliche Einordnung ausgeschlossen, dass der Aufenthalt auf der Straße nur als Nebenzweck kommunikativen Begegnungsformen diene.

b) Verfassungsrechtliche Vorgaben

1094 Auch die verfassungsrechtlichen Vorgaben erfordern nicht, die in Rede stehenden Verkaufsaktivitäten als zulassungsfreien Gemeingebrauch i.S.d. § 13 Abs. 1 S. 1 StrG zu qualifizieren. Dies gilt zunächst mit Blick auf das primär in Anspruch genommene Grundrecht aus Art. 4 Abs. 1 GG. Denn selbst wenn die S als Religions- oder Weltanschauungsgemeinschaft i.S.v. Art. 4 Abs. 1 GG anzuerkennen und die untersagte Verkaufsaktivität als Ausübung des vorbehaltlos gewährleisteten Grundrechts der **Glaubensfreiheit** zu werten wäre, änderte dies nichts an ihrer Einordnung als Sondernutzung, die der Erlaubnispflicht unterliegt. Das behördliche Kontrollverfahren der Sondernutzungserlaubnis ist grundsätzlich mit Art. 4 Abs. 1 und 2 GG vereinbar. Denn es dient dazu, die verschiedenen grundrechtlich geschützten Belange, die bei der Nutzung des „knappen Guts öffentliche Straße" miteinander in Konflikt geraten können, in Einklang zu bringen. Der Zwang, zu diesem Zweck eine Erlaubnis zu beantragen, stellt nur eine geringe und damit keine unverhältnismäßige Belastung für die S dar.[157]

1095 Auch aus Art. 5 Abs. 1 S. 1 GG ergibt sich nichts anderes. Dabei kann dahinstehen, ob sich die S für die Verkaufsaktivitäten, weil diese aus ihrer Sicht Bestandteil von Missionierungs- bzw. Informationsgesprächen über die Scientology-Lehre sind, auf das Grundrecht der **Meinungsäußerungsfreiheit** berufen kann oder ob die Werbung – gleich ob Produktwerbung für das Dianetik-Buch oder Mitgliederwerbung – dem Schutzbereich dieser Grundrechtsnorm nicht unterfällt. Denn die bei Annahme einer Sondernutzung durch § 16 Abs. 1 S. 1 StrG statuierte Erlaubnispflicht stellt keine unzulässige Zensur i.S.d. Art. 5 Abs. 1 S. 3 GG dar, sondern ist im Hinblick auf die Ausgleichs- und Verteilungsfunktion der Sondernutzungserlaubnis für die verschiedenen grundrechtlich geschützten Belange der Straßenbenutzer ein allgemeines (Schranken-)Gesetz i.S.v. Art. 5 Abs. 2 GG.

1096 Allerdings hat das Bundesverfassungsgericht in einem Kammerbeschluss[158] entschieden, dass die sachliche Reichweite des Grundrechts der Meinungsäußerungsfreiheit nicht jeder Relativierung durch einfaches Gesetz überlassen werden kann, das grundrechtsbeschränkende Gesetz vielmehr seinerseits im Lichte des beschränkten Grundrechts ausgelegt werden muss. In Fallkonstellationen, in denen die konkrete Straßenbenutzung „nur wenig" stört – wie etwa bei einzelnen Flugblattverteilern -, ist das Erfordernis einer vorherigen Genehmigung daher als unverhältnismäßig bewertet worden.

---

156 Vgl. hierzu auch OVG SH, NVwZ-RR 2004, 884.
157 Ebenso BVerwG, NVwZ 1997, 407.
158 BVerfG, NVwZ 1992, 53.

Im vorliegenden Fall ist der „**Störgrad**" – die drohende Beeinträchtigung der Leichtigkeit des Fußgängerverkehrs – aber nicht als nur minimal anzusehen. Denn die Möglichkeit für uninteressierte Passanten, einem Missionierer der S aus dem Wege zu gehen, wie dies das Bundesverfassungsgericht bei einzelnen Flugblattverteilern angenommen hat, besteht im vorliegenden Fall gerade nicht. Während ein Flugblattverteiler schon in ausreichender Entfernung als solcher erkennbar ist, so dass ein rechtzeitiges Ausweichen ohne Weiteres möglich ist, trifft dies auf die Missionierer der S nicht zu, die sich nach eigenem Bekunden „unauffällig" im Straßenraum bewegen und hieraus Passanten gezielt ansprechen. Eine solche überraschende Ansprache kann ein Passant nicht verhindern. Auch Art. 5 Abs. 1 GG gebietet daher keine verfassungskonforme Ausweitung des Anwendungsbereichs des straßenrechtlichen Gemeingebrauches im vorliegenden Fall.

III. Zwangsgeld

Die Androhung eines **Zwangsgelds** für jeden Fall der Zuwiderhandlung schließlich findet in § 20 LVwVG keine ausreichende Ermächtigungsgrundlage. Denn im Gegensatz zu anderen Bundesländern und zu verschiedenen bundesrechtlichen Vorschriften (wie z.B. § 890 Abs. 1 S. 1 ZPO oder § 332 Abs. 3 S. 2 AO) sieht das LVwVG Baden-Württemberg keine ausdrückliche Regelung vor, wonach ein Zwangsmittel für jeden Fall der Zuwiderhandlung angedroht werden darf. Nach Auffassung des Bundesverwaltungsgerichts[159] verstößt die Festsetzung daher gegen den Verfassungsgrundsatz des Vorbehalts des Gesetzes. Die Androhung kann auch nicht in dem Sinne teilweise aufrechterhalten werden, dass sie bei Zuwiderhandlung jedenfalls eine Zwangsgeldfestsetzung ermöglicht.

1097

IV. Tenor

1. Die Verfügung der Beklagten vom 12. Februar in der Gestalt des Widerspruchsbescheids vom 21. April wird insoweit aufgehoben, als sie sich auf andere Tätigkeiten als das Anbieten von Büchern zum Kauf bezieht und auf andere öffentliche Verkehrsflächen als Fußgängerbereiche und verkehrsberuhigte Bereiche im Stadtgebiet der Beklagten erstreckt und ein Zwangsgeld androht. Im Übrigen wird die Klage abgewiesen.

2. Die Kosten des Verfahrens werden gegeneinander aufgehoben.

3. Fall: Die störende Uhrensäule[160]

Die bundesweit in der Straßenwerbung tätige A-GmbH beantragte am 20. Februar bei der Stadt Stuttgart die Erteilung einer Baugenehmigung. Sie plant die Errichtung einer 5,50 m hohen Werbeanlage, bestehend aus einer 5 m hohen viereckigen Säule, die vier Werbeflächen aufweist, sowie einer darauf befindlichen Uhr. Diese Anlage soll auf dem Gehweg der Kreuzung Tal-/Mercedesstraße in Bad Cannstatt errichtet werden, etwa 3,50 m seitlich von der dortigen Ampel entfernt. Mit Bescheid vom 26. August lehnte die Stadt Stuttgart den Bauantrag ab. Zur Begründung hieß es, das Vorhaben verstoße gegen § 16 Abs. 2 LBO und § 33 Abs. 2 StVO. Aus Sicht der aus der Talstraße kommenden Autofahrer befinde sich die Anlage hinter der an der Kreuzung stehenden Ampelanlage und lenke daher von dieser ab.

1098

---

159 BVerwG, NVwZ 1998, 393.
160 Angelehnt an VGH Bad.-Württ., VBlBW 2002, 122.

1099   Den hiergegen erhobenen Widerspruch hat das RP Stuttgart mit Bescheid vom 15. November zurückgewiesen und ausgeführt, dass die Baugenehmigung schon deswegen nicht erteilt werden müsse, weil für das Vorhaben eine straßenrechtliche Sondernutzungserlaubnis erforderlich sei. Diese liege bislang nicht vor und könne auch nicht erteilt werden, da der Oberbürgermeister der Stadt Stuttgart aufgrund einer Amtsleiterbesprechung am 1. März Richtlinien über Werbeanlagen im öffentlichen Verkehrsraum in der Stadt Stuttgart erlassen habe. Aus diesen ergebe sich, dass Werbeanlagen an Kreuzungen nur in Ausnahmefällen – die hier nicht vorliegen – zugelassen werden sollen.

1100   Am 1. Dezember hat die A Klage auf Erteilung der Baugenehmigung erhoben und vorgetragen, angesichts der Situation am Pragsattel und der dort angebrachten Videoeinwand könne hier von einem Verstoß des Vorhabens gegen § 16 Abs. 2 LBO nicht die Rede sein. Die Anlage trete nicht besonders auffällig in Erscheinung und sei nicht geeignet, Verkehrsteilnehmer in nennenswerter Weise von der Ampel abzulenken. Unter Gleichheitsgesichtspunkten sei im Übrigen darauf hinzuweisen, dass die Stadt weiterhin die Anbringung von Werbeplakaten an Verteilerkästen genehmige. Die Stadt Esslingen erlaube auch weiterhin uneingeschränkt Uhrensäulen in Kreuzungsnähe.

1101   Die Stadt Stuttgart beantragt, die Klage abzuweisen. Zwar seien bis zum Erlass der Richtlinien derartige Anlagen stets genehmigt worden, die Verwaltungspraxis habe sich insoweit aber geändert. Das Anliegen, eine Häufung von Werbeanlagen im öffentlichen Straßenraum zu verhindern, müsse als legitimes Ziel anerkannt werden.

1102   Wie ist über die Klage zu entscheiden?

Lösungshinweise

1103   Die – unproblematisch zulässige – **Verpflichtungsklage** hat Erfolg, wenn ihr keine öffentlich-rechtlichen Vorschriften entgegenstehen, die im Baugenehmigungsverfahren zu prüfen sind. Nicht heranzuziehen sind daher nur diejenigen Vorschriften, für die ein eigenständiges Genehmigungsverfahren durchzuführen ist.

1. § 16 Abs. 2 LBO und § 33 Abs. 2 StVO

1104   Der von der Beklagten vorgetragene Verstoß gegen § 16 Abs. 2 LBO und § 33 Abs. 2 StVO liegt nicht vor. Unstreitig wird der Blick auf die Ampel durch das Vorhaben weder versperrt noch behindert, weil die Uhrensäule hinter der Ampel aufgestellt werden soll. Die geplante Einrichtung tritt auch nicht besonders auffällig in Erscheinung, so dass nicht davon ausgegangen werden kann, dass sie die Verkehrsteilnehmer in nennenswerter Weise von der Ampel ablenken wird. Schließlich weist die Kreuzung auch keine Besonderheiten auf, die eine erhöhte Aufmerksamkeit der Autofahrer erforderlich machen könnten.

2. § 16 Abs. 1 StrG

1105   Weil die Anlage aber auf einer **öffentlichen Verkehrsfläche** errichtet werden soll, kommt ein Verstoß gegen § 16 Abs. 1 StrG in Betracht.

a) Anwendbarkeit

Insoweit ist zunächst zu klären, ob diese Anforderungen im Rahmen der beantragten Baugenehmigung zu prüfen sind. Denn die Ausübung einer Sondernutzung bedarf grundsätzlich einer eigenständigen Erlaubnis. Nach § 16 Abs. 6 StrG wird die gemäß § 16 Abs. 1 StrG erforderliche Sondernutzungserlaubnis hier jedoch durch die Baugenehmigung ersetzt, so dass eine **Konzentrationswirkung** für das Verfahren eintritt. Die materiellen Anforderungen an die Erteilung einer straßenrechtlichen Sondernutzungserlaubnis sind daher im Rahmen des Baugenehmigungsverfahrens zu prüfen.

1106

b) Ermessen

Von dem insoweit eröffneten **Ermessen** hat die Stadt bislang jedoch keinen fehlerfreien Gebrauch gemacht.

1107

Für den Ausgangsbescheid gilt dies schon deshalb, weil der zur Begründung herangezogene Verstoß gegen § 16 Abs. 2 LBO und § 33 Abs. 2 StVO nicht vorliegt (vgl. oben unter 1.). Soweit nachfolgend im Laufe des Widerspruchsverfahrens und der Klage Ermessenserwägungen ergänzt worden sind, ist dies zwar materiellrechtlich nach § 16 StrG zulässig und durch § 45 Abs. 2 LVwVfG, § 114 S. 2 VwGO auch verfahrens- und prozessrechtlich abgedeckt. Die nachgeschobenen Erwägungen vermögen die Ablehnung jedoch nicht zu tragen.

1108

Zwar ist die Stadt grundsätzlich befugt, die Leitlinien ihrer bisherigen Handhabung zu ändern. Ein derartiger Beschluss stellt aber – angesichts der wirtschaftlichen Auswirkungen und der Beeinflussung des Stadtbildes – **kein Geschäft der laufenden Verwaltung** dar und ist deshalb dem Gemeinderat vorbehalten. Auch ein Fall des § 44 Abs. 3 GemO liegt nicht vor, da es sich bei der Erteilung einer Sondernutzung um eine weisungsfreie Selbstverwaltungsangelegenheit handelt. Die Richtlinien der Amtsleiterbesprechung sind daher nicht geeignet, die Ablehnung des Bauantrags zu rechtfertigen.

1109

Dem Kläger steht aber gleichwohl kein Anspruch auf Erteilung der begehrten Baugenehmigung zu, weil das der Stadt zukommende Ermessen nicht auf Null reduziert ist.

1110

Ein Anspruch aus Art. 3 Abs. 1 GG i.V.m. ständiger **Verwaltungspraxis** scheidet aus, weil die Handhabung in Folge der (rechtswidrigen) Richtlinien tatsächlich geändert worden und der Anknüpfungspunkt für eine Selbstbindung der Verwaltung so entfallen ist. Die Stadt ist auch nicht gehindert, ihre künftige Verwaltungspraxis – durch Gemeinderatsbeschluss – an dem Ziel auszurichten, eine unerwünschte Häufung von Werbeanlagen im öffentlichen Verkehrsraum zu unterbinden. Insoweit wird der Spielraum auch nicht dadurch verengt, dass in jüngerer Zeit die Plakatierung von Verteilerkästen genehmigt wurde. Denn im Unterschied zu der geplanten Aufstellung der Uhrensäule betreffen diese Fälle bereits vorhandene Verteilerkästen, so dass ihre Nutzung keine zusätzliche „Möblierung" des Straßenraums bedeutet. Die unterschiedliche Behandlung lässt sich daher auf sachliche Unterschiede zurückführen. Soweit schließlich auf die Verfahrensweise in anderen Städten verwiesen wird, handelt es sich um unterschiedliche Zuständigkeitsträger, so dass bereits der Anknüpfungspunkt für einen Verstoß gegen Art. 3 Abs. 1 GG entfällt.

1111

3. Tenor

1. Die Beklagte wird unter Aufhebung ihres Bescheids vom 26. November sowie der Widerspruchsbescheids des RP Stuttgart vom 15. Februar verpflichtet, über den am 20. Mai gestellten Bauantrag der Klägerin unter Beachtung der Rechtsauffassung des Gerichts erneut zu entscheiden. Im Übrigen wird die Klage abgewiesen.
2. Die Beklagte trägt drei Viertel, die Klägerin ein Viertel der Kosten des Verfahrens.

4. Fall: Heidelberger Postkartenständer[161]

1112   B ist Eigentümerin eines Taschenbuchladens in der Hauptstraße der Heidelberger Altstadt. Diese befindet sich im Fußgängerbereich der Altstadt, zwischen dem Universitätsplatz und dem Marktplatz. B beabsichtigt, auf dem Gehweg vor dem Gebäude zwei Ständer für Ansichtskarten aufzustellen; sie beantragte deshalb die Erteilung einer Sondernutzungserlaubnis. Diese wurde von der Stadt Heidelberg abgelehnt, da die begehrte Nutzung im Widerspruch zu den vom Gemeinderat erlassenen „Richtlinien für gewerbliche Sondernutzungen im Fußgängerbereich Hauptstraße" stehe. Danach können entsprechende Sondernutzungserlaubnisse nur für frische Lebensmittel des täglichen Bedarfs und natürliche Blumen erteilt werden, Warenständer für Postkarten und Zeitungen dagegen sind nur auf Plätzen erlaubnisfähig. Den sogleich erhobenen Widerspruch wies die Stadt mit der Begründung zurück, dass sich die begehrte Sondernutzung nachteilig auf die Leichtigkeit des Verkehrs auswirke.

1113   In ihrer Klagebegründung trägt B insb. vor, dass die praktizierte Differenzierung zwischen Straßen und Plätzen sowie zwischen dem Ausstellen von Obst, Gemüse und natürlichen Blumen einerseits und Warenverkaufsständern andererseits willkürlich sei. Die Richtlinie könne schon deswegen nicht herangezogen werden, weil sie entgegen § 4 Abs. 1 S. 1 GemO nicht als Satzung erlassen worden sei. Im Übrigen habe die Stadt übersehen, dass es sich bei ihrem Begehren um einen Fall des Anliegergebrauchs handle. In ihrer Klageerwiderung ergänzt die Stadt, dass die Sondernutzung dem Anliegen widerspreche, einen weiteren „touristischen Anstrich" der Altstadt soweit wie möglich zu vermeiden. Anliegen der vom Gemeinderat beschlossenen Richtlinien sei insb. der Schutz des Ortsbildes, das als Gesamtanlage denkmalgeschützt sei. Durch das Angebot von Gebrauchswaren aus Verkaufsständen auf der Hauptstraße könne der Eindruck einer basarähnlichen Straße entstehen, was das kulturhistorische Heidelberger Stadtbild negativ beeinträchtigen würde.

1114   Ist die Klage begründet?

Lösungshinweise

1115   Rechtsgrundlage für die begehrte **Sondernutzungserlaubnis** ist § 16 Abs. 2 S. 1 StrG. Danach entscheidet die Straßenbaubehörde – hier also gemäß § 50 Abs. 3 Nr. 3 StrG die Stadt – nach pflichtgemäßem Ermessen.

1. Tatbestandsvoraussetzungen

1116   Die tatbestandlichen Voraussetzungen für eine solche Ermessensentscheidung sind erfüllt, da die von der Klägerin beabsichtigte Nutzung der Hauptstraße über den Ge-

---

161   Angelehnt an VGH Bad.-Württ., VBlBW 2000, 282.

meingebrauch hinausgeht und diesen **dauerhaft beeinträchtigt**; eine Bagatellgrenze kennt das geltende Recht insoweit nicht.[162]

Die Annahme einer Sondernutzung gilt auch in Anbetracht der Tatsache, dass die Hauptstraße nur dem „öffentlichen Fußgängerverkehr" gewidmet ist. Denn der (landes-)straßenrechtliche Verkehrsbegriff umfasst kommunikative Aktivitäten nur als Nebenzweck, nicht aber als vom Verkehrsinteresse isolierten Hauptzweck. Auch Fußgängerbereiche werden primär als Verkehrseinrichtung für den ungehinderten Fußgängerverkehr geschaffen. Wirtschaftliche oder gewerbliche Betätigungen, bei denen ein Verkehrsinteresse nicht vorhanden oder allenfalls nebensächlich ist und die nicht auf individuelle Begegnung angelegt sind, sondern sich an die Allgemeinheit richten, fallen daher nicht unter den Gemeingebrauch.

Die Klägerin kann sich mit ihrem Anliegen auch nicht auf das Recht eines gesteigerten Gemeingebrauchs („**Anliegergebrauch**") berufen. Denn die darunter fallenden Nutzungen, auf die sie als Anliegerin spezifisch angewiesen ist und die somit zu dem durch Art. 14 Abs. 1 GG geschützten Kerngehalt gehören, betreffen lediglich die Zugänglichkeit des Grundstücks an sich, die den „Kontakt nach außen" ermöglichen.[163] Dieser, gegenüber dem schlichten Gemeingebrauch von Nicht-Anliegern gesteigerte Schutz reicht indessen nur soweit, wie die angemessene Nutzung des Grundstücks eine Benutzung der Straße unabdingbar erfordert. Um ein solches „Angewiesensein" geht es hier jedoch nicht.

1117

2. Ermessen

Das demnach eröffnete **Ermessen** ist entsprechend dem Zweck des § 16 Abs. 2 S. 1 StrG unter Einhaltung der gesetzlichen Grenzen des Ermessens (insb. des Gleichbehandlungsgebots aus Art. 3 Abs. 1 GG) auszuüben. Die gerichtliche Kontrolle der dabei getroffenen Behördenentscheidung beschränkt sich gemäß § 114 S. 1 VwGO auf die Prüfung, ob dieser rechtliche Rahmen eingehalten worden ist. Dabei sind nur diejenigen Gesichtspunkte zu berücksichtigen, auf welche die Ermessensentscheidung – in der Gestalt des Widerspruchsbescheids (§ 79 Abs. 1 Nr. 1 VwGO) und ergänzt durch im gerichtlichen Verfahren nachgeschobene Erwägungen i.S.v. § 114 S. 2 VwGO – tatsächlich gestützt wurde. Die hier im Rahmen des Klageverfahrens vorgebrachten Ergänzungen können deshalb berücksichtigt werden, da sie nach § 16 Abs. 2 S. 1 StrG, 45 Abs. 2 LVwVfG materiellrechtlich zulässig und gemäß § 114 S. 2 VwGO prozessual beachtlich sind.

1118

a) Straßenrechtliche Perspektive

Dem Zweck des § 16 Abs. 2 S. 1 StrG entsprechend dürfen grundsätzlich nur **spezifisch straßenrechtliche Gesichtspunkte** berücksichtigt werden.[164] Nur diese sind maßgeblich für die Entscheidung, ob mit der beabsichtigten Sondernutzung unzumutbare Beeinträchtigungen des widmungsgemäßen Gemeingebrauchs verbunden sind. Städtebauliche oder baugestalterische Belange entsprechen dem Zweck des § 16 Abs. 2 S. 1 StrG deshalb nur, wenn sie (noch) einen sachlichen **Bezug zur Straße** haben. Belange die –

1119

---

162 Vgl. VGH Bad.-Württ., NVwZ 1998, 652 für eine 14 Zentimeter in den öffentlichen Straßenraum hineinragende Werbevitrine.

163 Vgl. VGH Bad.-Württ., VBlBW 2004, 380 zur Möglichkeit eines Anspruchs auf Widmungserweiterung, wenn ein bereits bebautes Grundstück anders nicht erschlossen werden kann.

164 Vgl. VGH Bad.-Württ., NVwZ-RR 2001, 159.

wie der Schutz des Ortsbildes als Ganzes – keine unmittelbare sachliche Beziehung zu dem jeweiligen Straßengrund haben, dürfen deshalb im Rahmen der Ermessenentscheidung über die Erteilung einer Sondernutzungserlaubnis nicht berücksichtigt werden. Etwas anderes gilt nur, soweit diese Belange im konkreten Straßenbild der Straße, in der die Sondernutzung ausgeübt werden soll, einen fassbaren Niederschlag gefunden haben. Denn dann geht es um den Schutz eines bestimmten Straßen- oder Platzbildes, womit ein ausreichender sachlicher Bezug zur Straße vorliegt.

1120 Davon ist hier auszugehen. Denn die allgemeinen Bezugnahmen auf den Schutz des Ortsbildes der Heidelberger Altstadt insgesamt dienen offenkundig nur dem Zweck, die sich aus einer nachteiligen Veränderung des Straßenbildes in der Hauptstraße ergebenden großräumigen Auswirkungen zu verdeutlichen. Die Erwägungen sind daher von dem zulässigen Kriterium „Wahrung des konkreten Straßenbildes in der Hauptstraße" gedeckt.

b) Städtebauliche Erwägungen

1121 Voraussetzung für die Berücksichtigung städtebaulicher oder baugestalterischer Belange ist jedoch auch, dass ein entsprechendes, **konkretes Gestaltungskonzept** der Gemeinde überhaupt vorliegt.

1122 Da einer derartigen Konzeption grundsätzliche Bedeutung zukommt, muss sie vom Gemeinderat beschlossen werden; ein Geschäft der laufenden Verwaltung i.S.v. § 44 Abs. 2 S. 1 GemO liegt nicht mehr vor. Die Rechtsform einer **Satzung** dagegen hat der Landesgesetzgeber nicht vorgeschrieben. Denn die Aufstellung des Gestaltungskonzeptes ist eine weisungsfreie freiwillige Angelegenheit der Gemeinde (§ 2 Abs. 1 GemO), deren Regelung keinem allgemeinen kommunalverfassungsrechtlichen „Satzungsvorbehalt" unterliegt. Mit den vorhandenen „Richtlinien" liegt daher ein ausreichend konkretes Gestaltungskonzept der Gemeinde vor, denn aus ihm lässt sich ohne Weiteres ablesen, dass die Bewahrung des historischen Altstadtbildes bei gleichzeitig größtmöglicher Vermeidung eines „touristischen Anstrichs" bezweckt ist. An die Konkretisierung der Gestaltungsvorstellung dürfen dabei keine zu hohen Anforderungen gestellt werden; ausreichend ist vielmehr, wenn das Konzept die für die Einzelfallentscheidungen wesentlichen Grundsätze enthält. Diese Voraussetzungen liegen aber vor, da sich aus den Richtlinien unzweifelhaft ergibt, dass die beabsichtigten gewerblichen Betätigungen unerwünscht sind.

1123 Bei der Festlegung der erwünschten Ausstrahlungswirkung, des spezifischen „Flairs", besitzt die Gemeinde eine straßenrechtliche **Gestaltungsfreiheit**, die ihre Grenze nur im Willkürverbot findet. Die Gemeinde kann das Erscheinungsbild eines Fußgängerbereichs „positiv" gestalten, in dem sie festlegt, welche gewerblichen Sondernutzungen prägend sein sollen. Sie kann aber auch umgekehrt Vorgaben dazu machen, von welchen gewerblichen Sondernutzungen abzusehen ist, um den „touristischen Anstrich" eines bestimmten Fußgängerbereichs zu vermeiden. Zur Akzentuierung eines „kurstädtischen Gepräges" hat der Verwaltungsgerichtshof daher die Differenzierung nach erlaubten Straßencafés einerseits und unerwünschten Imbissbuden andererseits gebilligt.[165]

1124 Ein Verstoß gegen Art. 3 Abs. 1 GG lässt sich dem vorliegenden Konzept nicht entnehmen. Es erscheint nicht **willkürlich**, frische Lebensmittel und Blumen zu privilegieren,

---

165 Vgl. VGH Bad.-Württ., NVwZ-RR 1997, 677.

da dieses Angebot ein erwünschtes „Flair" unterstützen kann und weitaus weniger touristisch wirkt, als gewerbliche Verkaufsstände. Auch die Differenzierung zwischen Straßen und Plätzen erscheint in straßenrechtlicher Hinsicht sachgerecht. Denn Plätze erweisen sich – bei der zwangsläufig generalisierenden und typisierenden Betrachtungsweise – als weiter und großzügiger angelegt, so dass gewerbliche Nutzungen hier in weniger prägender Weise auf das Straßenbild einwirken.

c) Sicherheit und Leichtigkeit des Verkehrs

Die Berufung auf die Sicherheit und Leichtigkeit des Fußgängerverkehrs dagegen vermag die angefochtene Entscheidung nicht zu tragen. Denn in straßenrechtlicher Hinsicht erscheint die Differenzierung von frischen Lebensmitteln und Blumen einerseits und anderen Waren andererseits nicht sachgerecht und verstößt deshalb gegen Art. 3 Abs. 1 GG. In straßenrechtlicher Hinsicht bestehen zwischen diesen Sachverhalten keine ausreichenden Differenzierungspunkte, die eine Ungleichbehandlung rechtfertigen könnten.   1125

Die Klage ist daher unbegründet.   1126

5. Fall: Standvergabe auf dem „Kartoffelmarkt"[166]

In der Freiburger Fußgängerzone befindet sich der sog. „Kartoffelmarkt", auf dem insgesamt 11 Verkaufsstände ihre Waren anbieten. Die Standplätze werden von der Stadt Freiburg jeweils durch straßenrechtliche Sondernutzungserlaubnis auf der Grundlage einer vom Gemeinderat erlassenen Richtlinie vergeben. Danach werden von den Standplätzen jeweils 3 an die Gruppe der „Stammbeschicker" (die seit mehr als 14 Jahren auf dem Kartoffelmarkt vertreten sind), 6 an sog. „bekannte und bewährte Händler" (die sich seit mindestens 8 Jahren bewerben und bereits auf dem Kartoffelmarkt Handel getrieben haben) und 2 an sonstige Bewerber vergeben. Innerhalb der Gruppen werden die Plätze jeweils wochenweise durch Losentscheid verteilt.   1127

Zur Begründung der Richtlinien heißt es in der Beschlussvorlage für den Gemeinderat, der Kartoffelmarkt sei weder als Markt i.S.d. Gewerbeordnung festgesetzt noch werde er als öffentliche Einrichtung betrieben. Gleichwohl sei es dringend erforderlich, einen stabilen und konfliktfreien Betrieb des Kartoffelmarktes zu gewährleisten, um einerseits eine vollständige Vergabe der Standplätze zu erreichen und andererseits die Konkurrenzsituation unter den Bewerbern zu regulieren. Im Rahmen der Ermessensausübung sei daher eine Verteilung nach marktähnlichen Kriterien vorzunehmen.   1128

Bewerber B meint dagegen, die vorgenommene Differenzierung nach Händlergruppen sei unzulässig, da kein Markt vorliege. Im Übrigen führe dieses Vorgehen dazu, dass Händler aus der Gruppe der sonstigen Bewerber nur sehr geringe Zugangschancen zum Kartoffelmarkt hätten. Hat er Recht?

Lösungshinweise

Über die Erteilung der **Sondernutzungserlaubnis** entscheidet gemäß § 16 Abs. 2 S. 1 StrG die Straßenbaubehörde – also nach § 50 Abs. 3 Nr. 3 StrG die Gemeinde – nach pflichtgemäßem Ermessen. Dieses Ermessen ist nach § 40 LVwVfG dem Zweck der   1129

---

166 Angelehnt an VGH Bad.-Württ., NVwZ-RR 2001, 159.

Vorschrift entsprechend und unter Einhaltung der gesetzlichen Grenzen (insb. des Gebots der Gleichbehandlung aus Art. 3 Abs. 1 GG) auszuüben.

1. Straßenrechtliche Perspektive

1130 Dem Zweck des § 16 Abs. 2 S. 1 StrG entsprechend erfasst das Ermessensprogramm dieser Vorschrift **spezifisch straßenrechtliche Erwägungen** und ist damit an den mit der beabsichtigten Sondernutzung verbundenen Beeinträchtigungen des widmungsgemäßen Gemeingebrauchs orientiert. Andere Gesichtspunkte dürfen deshalb nur dann berücksichtigt werden, wenn sie (noch) einen sachlichen Bezug zur Straße haben; dies gilt etwa für städtebauliche oder baugestalterische Aspekte, die auf einem konkreten gemeindlichen Gestaltungskonzept beruhen.

2. Richtlinienvorgabe

1131 Die Ermessenserwägungen der Stadt werden im vorliegenden Fall durch die vom Gemeinderat beschlossenen Richtlinien gesteuert. Dagegen ist grundsätzlich nichts einzuwenden, vielmehr dürfte die Festlegung der Vergabekriterien angesichts der erheblichen Grundrechtsrelevanz für die Bewerber (jedenfalls bei bedeutsameren Veranstaltungen) von grundsätzlicher Bedeutung sein und daher in die Organzuständigkeit des Gemeinderats fallen.

1132 Inhaltlich erfolgt die Bindung des Verteilungsermessens jedoch nicht dem beschriebenen (**spezifisch**) **straßenrechtlichen Ermessensprogramm**; die Auswahl erfolgt mit der Ausrichtung an der „Bewährung" vielmehr nach marktähnlichen Kriterien (vgl. § 70 GewO). Gemessen an dem Zweck des § 16 Abs. 2 S. 1 StrG sind diese Gesichtspunkte aber sachfremd. Die Entscheidung verstößt damit gegen Art. 3 Abs. 1 GG, weil die vorliegende Differenzierung nach subjektiven Merkmalen nicht aus der Eigenart des betroffenen Sachbereichs Straßenrecht abgeleitet werden kann.

1133 Im Ergebnis will die Stadt daher eine marktähnliche Veranstaltung installieren, ohne allerdings einen **Markt** i.S.v. § 69 Abs. 1 GewO festzusetzen – womit sie auch der aus § 69 Abs. 2 GewO folgenden Verpflichtung zur Durchführung der Veranstaltung entgeht. Wenn sich die Stadt aber zum Einsatz des straßenrechtlichen Instrumentariums entschließt, ist ihr der Rückgriff auf gewerberechtliche Kriterien versperrt. Die Entscheidung erweist sich folglich als ermessensfehlerhaft.

3. Rechtsschutz

1134 Ergänzung: Um den nach Art. 19 Abs. 4 i.V.m. Art. 12 Abs. 1 GG gebotenen effektiven Grundrechtsschutz gewährleisten zu können, haben die Verwaltungsgerichte auch im einstweiligen Rechtsschutz eine materielle Prüfung der Vergabeentscheidung vorzunehmen und dürfen nicht auf die Erschöpfung der Platzkapazität abstellen![167]

6. Fall: Straßentrommler[168]

1135 Architekt A hat sein Büro in der Fußgängerzone. Seit einiger Zeit werden er und seine Kollegen von einem Straßenkünstler „beglückt", der nahezu täglich und oft stundenlang unmittelbar vor dem Haus die Trommel schlägt. A möchte wissen, ob hiergegen

---

167 Vgl. BVerfG, NJW 2002, 3691.
168 Angelehnt an Aufsichtsarbeit Nr. 8 der zweiten juristischen Staatsprüfung Herbst 2003, VBlBW 2007, 438.

etwas unternommen werden könne. Die Lautstärke sei streckenweise derart hoch, dass einige Mitarbeiter selbst bei geschlossenem Fenster kaum noch konzentriert arbeiten könnten. Herr K klage in letzter Zeit auch wieder über gesundheitliche Probleme. Bei einer Ansprache habe sich jedoch ergeben, dass der Trommler einen Bescheid der Stadtverwaltung besitze, demzufolge er in der gesamten Straße musizieren dürfe.

A bittet um Auskunft, ob das Büro wenigstens erreichen könnte, dass der Trommler längere Pausen einlegen und seinen Standort nach regelmäßigen Zeitabschnitten verlegen müsse. Nur so könne gewährleistet werden, dass nicht immer dieselben Straßenanlieger gestört würden. Hinsichtlich der Lärmintensität möchte er wissen, nach welchen Maßstäben die Zumutbarkeitsschwelle festgesetzt wird und ob es sinnvoll wäre, hierzu ein Privatgutachten anfertigen zu lassen. Unabhängig von einem möglicherweise an die Stadt zu richtenden Rechtsbehelf möchte A auch die Erfolgsaussichten eines gerichtlichen Eilantrages geprüft sehen, weil jeder Lärmtag wertvolle Arbeitszeit koste. **1136**

Lösungshinweise

I. Antrag an die Stadt

Da die beanstandeten Verhaltensweisen durch die erteilte Sondernutzungserlaubnis gedeckt sind, liegt eine polizeirechtlich relevante Störung nicht vor. Als sachdienlicher Rechtsbehelf kommt deshalb ein Antrag in Betracht, die erteilte Sondernutzungserlaubnis mit den begehrten **Auflagen** (Spielpausen, regelmäßige Standortveränderung) zu versehen (vgl. § 36 Abs. 2 Nr. 4 LVwVfG). Weil damit die unbeschränkt erteilte **Erlaubnis teilweise widerrufen** werden muss, bedarf es auch insoweit einer Rechtsgrundlage. Als Ermächtigungsnorm hierfür kommt § 49 Abs. 2 Nr. 3 Alt. 1 LVwVfG in Betracht, weil sich nachträglich ergeben hat, dass der Trommler von der erteilten Erlaubnis in einer Weise Gebrauch macht, die zu unzumutbaren Belastungen für ein bestimmtes Gebäude und dessen Bewohner führt. **1137**

1. Zulässigkeit

Die erforderliche **Antragsbefugnis** (vgl. § 22 LVwVfG und § 42 Abs. 2 VwGO analog) ergibt sich für Straßenanlieger aus dem Recht auf fehlerfreie Ausübung des in § 16 Abs. 1 StrG eingeräumten Ermessens. Die Vorschrift vermittelt jedenfalls insoweit Drittschutz, als die grundrechtlich geschützten Belange der Anlieger in die Entscheidung eingestellt werden müssen.[169] **1138**

Der Antrag ist bei der Behörde zu stellen, die auch die Grundverfügung erlassen hat; hier also bei der Stadt (vgl. §§ 16 Abs. 2, 50 Abs. 3 Nr. 3 StrG). **1139**

Diese hat den Sachverhalt nach §§ 24, 26 LVwVfG grundsätzlich von Amts wegen zu ermitteln. Die **Aufklärungspflicht** erstreckt sich jedoch nur auf Umstände, die von den Beteiligten entweder vorgetragen sind oder sich nach Lage der Dinge aufdrängen. Die nachteiligen Auswirkungen der Lärmbeeinträchtigung (Gesundheitsschäden, finanzielle Einbußen) müssen deshalb dargelegt werden. Auch ein vorgelegtes **Privatgutachten** kann von der Behörde herangezogen werden, so lange keine Zweifel an der sachlichen Richtigkeit bestehen. Die Vorlage derartiger Entscheidungshilfen wird in der Praxis vielfach zu einer Verkürzung der Verfahrensdauer führen. **1140**

---

169 Vgl. Schnebelt/Kromer, Straßenrecht Baden-Württemberg, 3. Aufl. 2013, Rn. 266; BVerwGE 84, 71 (75 f.).

2. Begründetheit

1141 Materiell ist ausschlaggebend, ob die Beeinträchtigungen als **ortsüblich** i.S.d. § 906 BGB zu bewerten sind oder unzumutbare Ausmaße erreichen. Orientierungspunkte hierfür ergeben sich aus den Vorgaben des Immissionsschutzrechts und insb. der **TA Lärm**.[170] Jedenfalls bei gesundheitlichen Beeinträchtigungen oder sonstigen Nachteilen i.S.d. § 25 Abs. 2 BImSchG wird eine Ermessensreduzierung anzunehmen sein.

II. Gerichtlicher Rechtsschutz

1142 Gerichtlicher Eilrechtsschutz kommt nur in Gestalt der **Regelungsanordnung** nach § 123 Abs. 1 S. 2 VwGO in Betracht, weil durch Kassation das Rechtsschutzziel nicht erreicht werden kann. Dazu müssen Anordnungsanspruch und Anordnungsgrund glaubhaft gemacht werden. Da das Rechtsschutzbedürfnis für den Eilantrag fehlt, wenn nicht zuvor ein Antrag bei der Verwaltungsbehörde gestellt worden ist, kommt zunächst aber nur der unter I. behandelte Antrag in Betracht.

1. Anordnungsgrund

1143 Ein **Anordnungsgrund** setzt voraus, dass dem Antragsteller ein Abwarten bis zum Abschluss des Hauptsacheverfahrens nicht zugemutet werden kann. Maßgeblich ist deshalb das Ausmaß der (irreparablen) Beeinträchtigung schutzwürdiger Interessen. Vorgetragen sind hier finanzielle Einbußen, die daraus resultieren, dass angesichts der Lärmbeeinträchtigung ein konzentriertes Arbeiten nicht mehr möglich ist; zum zweiten sind gesundheitliche Beeinträchtigungen eines Mitarbeiters angesprochen. Zur Glaubhaftmachung sind gemäß § 123 Abs. 3 VwGO i.V.m. §§ 920 Abs. 2, 294 ZPO präsente Beweismittel erforderlich; hier etwa anwaltliche Versicherungen oder Sachverständigengutachten. Sollte sich aus den Privatgutachten hinreichende Substanz ergeben, wäre angesichts des durch Art. 19 Abs. 4 GG gebotenen effektiven Rechtsschutzes auch der Durchbruch des Verbots der Hauptsachevorwegnahme gerechtfertigt.

2. Anordnungsanspruch

1144 Der begehrte **Anordnungsanspruch** setzt eine Ermessensreduktion voraus. Denn ohne eine entsprechende Einengung des behördlichen Spielraums ist die Verwaltung nicht verpflichtet, ihr Ermessen zugunsten des Antragstellers auszuüben und die dem Trommler erteilte Sondernutzungserlaubnis durch eine Auflage zu beschränken. Der Antrag wird daher nur dann Aussicht auf Erfolg haben, wenn sich aus dem Vortrag und insb. aus den Gutachten eine Gefährdung i.S.d. § 25 Abs. 2 BImSchG ergibt.

7. Fall: Musizieren in der Fußgängerzone[171]

1145 S ist Musikstudentin in F und bessert ihren Lebensunterhalt durch musikalische Darbietungen in der Fußgängerzone auf. Nach einem Querflötenspiel vor etwa 100 Zuhörern wurde sie von Beamten des Polizeivollzugsdiensts angesprochen und gebeten, künftig die städtischen Vorgaben zu beachten. Dazu wurde ihr ein vom Bürgermeister unterzeichnetes „Merkblatt für Straßenmusikanten" ausgehändigt, aus dem sich er-

---

170 Vgl. VGH Bad.-Württ., NVwZ 2003, 365.
171 Angelehnt an Aufsichtsarbeit Nr. 8 der zweiten juristischen Staatsprüfung Frühjahr 1988, VBlBW 1992, 193.

gibt, dass das Musizieren nur zu den aufgeführten Zeiten und nur in genau festgelegten Bereichen der Fußgängerzone gestattet ist. Überdies wird die Verwendung elektro-
nischer Verstärker untersagt und die Verpflichtung angeordnet, den Standort jeweils
nach 60 Minuten zu wechseln.

Da S auch weiterhin am Abend und an ihrer im Merkblatt nicht aufgeführten Lieb-
lingsstelle musizieren möchte, erhob sie unverzüglich Widerspruch. Dieser wurde jedoch als unzulässig zurückgewiesen, weil es sich bei dem Merkblatt nicht um einen
Verwaltungsakt handle.   **1146**

Auf Anraten eines befreundeten Jurastudenten erhob S gleichwohl Anfechtungsklage
zum Verwaltungsgericht.   **1147**

Lösungshinweise

I. Zulässigkeit

Die **Anfechtungsklage** ist statthaft, weil es sich bei dem Merkblatt um einen Verwaltungsakt in der Form der **Allgemeinverfügung** (§ 35 S. 2 Alt. 3 LVwVfG) handelt. Inhaltlich geht es um die Benutzung einer Sache durch die Allgemeinheit, so dass ein ausreichend konkreter dinglicher Bezug gegeben ist. Eine außenwirksame Regelung liegt
vor, weil die Musikanten rechtlich in den Stand gesetzt werden, im Rahmen der genannten Beschränkungen auch dann zu musizieren, wenn sie nicht im Besitz einer entsprechenden Sondernutzungserlaubnis sind.[172] Das Merkblatt lässt den Leser auch
nicht im Unklaren darüber, dass die Beachtung der aufgestellten Regeln verlangt wird.   **1148**

II. Begründetheit

Die Klage ist aber unbegründet.   **1149**

1. Straßenrechtliche Grundlage

Zwar kann die Verfügung nicht auf die in § 16 Abs. 7 S. 1 StrG enthaltene Befugnis
zum Erlass einer **Sondernutzungserlaubnissatzung** gestützt werden. Denn hierfür fehlt
es sowohl an der Rechtsform als auch an der Organzuständigkeit.   **1150**

2. Polizeirechtliche Grundlage

Unabhängig hiervon ist die Gemeinde nach Auffassung des Verwaltungsgerichtshofs
aber als Ortspolizeibehörde befugt, eine generelle **Duldung** bestimmter, an sich erlaub-
nispflichtiger Sondernutzungsformen auszusprechen. Denn der tatbestandlich vorliegende Verstoß gegen die polizeiliche Generalklausel der §§ 1, 3 PolG ermächtigt die
Polizei zwar zum Einschreiten, er verpflichtet sie aber nicht dazu. Es erscheint daher
nicht als Fehlgebrauch des Ermessens, wenn die Polizeibehörde Nutzungsformen tole-
riert, die sich an bestimmte – am Störungspotenzial ausgerichtete – Grenzen und Vorgaben halten.[173] Im Hinblick auf die konkreten Regelungen sind auch keine Verstöße
gegen den Verhältnismäßigkeitsgrundsatz ersichtlich.   **1151**

Problematisch ist daher allein die Frage der **Zuständigkeitsumgehung**. Denn polizeirechtlich besteht eine Kompetenz des Bürgermeisters, während straßenrechtlich die Ge-   **1152**

---

172   Vgl. VGH Bad.-Württ., VBlBW 1987, 137.
173   So VGH Bad.-Württ., VBlBW 1987, 137 sowie die Klausur-Bearbeitungshinweise in VBlBW 1992, 234.

meinde zur Entscheidung berufen wäre – und damit für Grundsatzentscheidungen wie diese der Gemeinderat. Angesichts der Tatsache, dass für die polizeirechtlichen Fragestellungen aber andere Gesichtspunkte maßgeblich sind, dürfte eine Aushebelung der Zuständigkeitsordnung nicht anzunehmen sein, solange die Gemeinde (in Gestalt des Gemeinderats) von ihren Regelungsmöglichkeiten keinen Gebrauch gemacht hat.

8. Fall: Beate-Uhse-Straße[174]

1153   Rechtsanwalt R betreibt eine Kanzlei in der Bahnhofstraße der Stadt T. Mit Schreiben vom 14. Mai bestätigt ihm der Oberbürgermeister auf seine Anfrage, dass er mit Verfügung vom 30. April angeordnet habe, die Bahnhofstraße mit Wirkung vom 31. Juli in „Beate-Uhse-Straße" umzubenennen. Die Anordnung werde in Kürze im Amtsblatt veröffentlicht, die neuen Straßenschilder werde man in der letzten Juliwoche anbringen. Angesichts der Tatsache, dass die Bahn AG den örtlichen Bahnhof geschlossen habe, sei es nicht mehr angebracht (wenn nicht sogar irreführend), an dem bisherigen Straßennamen festzuhalten. Vielmehr biete sich nunmehr die Gelegenheit, einem auch in der Stadt ansässigen erfolgreichen Unternehmen anlässlich seines 50-jährigen Betriebsjubiläums eine Anerkennung zu erweisen. Die Firmenbegründerin habe für Frauen, die als Unternehmensgründerinnen noch immer unterrepräsentiert seien, ein Beispiel gesetzt. Überdies trage sie durch ihre Steuern in nicht unerheblichem Maße zur Finanzierung der Stadt bei und habe verschiedene karitative Einrichtungen in T mit finanziellen Zuwendungen bedacht. Die Tatsache, dass das Unternehmen Erotikartikel anbiete, könne in heutiger Zeit nicht mehr beanstandet werden, auch wenn dies im Gemeinderat teilweise wohl anders gesehen werde.

1154   In einem kleinen Vermerk bittet R die in der Sozietät für das öffentliche Recht zuständige Kollegin M um eine Prüfung der Angelegenheit. Die Umbenennung der Straße treffe die Anwälte in unzumutbarer Weise. Dies gelte nicht nur hinsichtlich der finanziellen Auswirkungen, die sich aus der erforderlichen Benachrichtigung der Mandanten und sonstiger Folgen der Anschriftenänderung ergebe. Vielmehr lasse sich der Spott in Kollegen- und Mandantenkreisen schon jetzt vorhersehen. Im Übrigen erscheine es willkürlich, dass wegen irgendeines Betriebsjubiläums Straßennamen geändert würden. Offenkundig seien die privaten Belange nicht ausreichend berücksichtigt und der Gemeinderat überhaupt nicht mit der Sache befasst worden. R bittet auch um Auskunft, welches Vorgehen gegen die Straßenumbenennung in Betracht komme und zu welchem Zeitpunkt derartige Schritte veranlasst werden müssten.

Lösungshinweise

I. Zulässigkeit eines Widerspruchs

1. Statthaftigkeit

1155   Da die **Umbenennung** die öffentlich-rechtliche Eigenschaft der Straße betrifft, handelt es sich um einen Verwaltungsakt. Statthafter Rechtsbehelf ist daher der Widerspruch. Angesichts des in § 80 Abs. 1 VwGO angeordneten Suspensiveffektes ist zusätzlicher Eilrechtsschutz nur in den Fällen des § 80 Abs. 2 VwGO erforderlich. Während Verkehrszeichen von der Rechtsprechung unter § 80 Abs. 2 S. 1 Nr. 2 VwGO subsumiert

---

174   Angelehnt an Aufsichtsarbeit Nr. 8 der zweiten juristischen Staatsprüfung Herbst 2003, VBlBW 2007, 438.

werden, kann dies für Namensschilder nicht angenommen werden, da ihnen der Anordnungscharakter fehlt.

Nach § 43 Abs. 1 S. 1 LVwVfG ist die **Bekanntgabe** des Verwaltungsakts eine Wirksamkeitsvoraussetzung, die Sozietät kann ihren Wiederspruch daher erst nach Veröffentlichung der „Anordnung" im Amtsblatt (vgl. § 41 Abs. 3 LVwVfG, § 1 DVO-GemO) erheben. Ein Abwarten bis zum Anbringen der Schilder wird abweichend von § 42 StVO für Namensschilder nicht erforderlich sein, da es sich insoweit um bloße „Richtzeichen ohne Anordnungscharakter" handelt. Das Schreiben des Oberbürgermeisters kann wohl noch nicht als individuelle Bekanntgabe gewertet werden, weil es nur Informationen über bevorstehende Schritte enthält; jedenfalls ist es nicht an die Sozietät gerichtet.

1156

Ein qualifiziertes Rechtsschutzbedürfnis für einen vorbeugenden Unterlassungsantrag ist nicht ersichtlich, weil die vorgetragenen Nachteile reversibel und nicht unzumutbar sind. Entschiedene Fallgruppen sind insoweit beamtenrechtliche Konkurrentenklagen oder die Aufnahme in das Wählerverzeichnis; allesamt also Konstellationen von ganz anderem Gewicht.

1157

2. Beteiligtenfähigkeit

Ob der Rechtsanwaltssozietät als Gesellschaft bürgerlichen Rechts analog zur BGH-Rechtsprechung für den Zivilprozess[175] eine **Beteiligungsfähigkeit** nach § 11 Nr. 1 LVwVfG zugesprochen werden muss, kann im Ergebnis offen bleiben. Diese folgt jedenfalls aus § 11 Nr. 2 LVwVfG.

1158

3. Widerspruchsbefugnis

Die Widerspruchsbefugnis ergibt sich aus § 5 Abs. 4 GemO, weil diese Bestimmung auch dem Schutz der Anwohner vor unangemessenen Benachteiligungen dient.[176] Den Anwohnern kommt so jedenfalls ein subjektives Recht auf ermessensfehlerfreie Entscheidung über die Namensänderung zu, bei der die für die Beibehaltung sprechenden Gründe zu berücksichtigen sind.

1159

II. Begründetheit

1. Formelle Rechtmäßigkeit

Die Anordnung erweist sich bereits als formell rechtswidrig, weil sie nicht von der zuständigen Stelle erlassen wurde. Bei der Umbenennung einer Straße handelt es sich um eine weisungsfreie Angelegenheit der Selbstverwaltung, die nicht als **Geschäft der laufenden Verwaltung** qualifiziert werden kann. Sie fällt in den Aufgabenbereich des Gemeinderats, weil derartige Fragestellungen durchaus von grundsätzlicher kommunalpolitischer Bedeutung sein können. Von einer Nichtigkeit wird dagegen mangels „Offensichtlichkeit" nicht ausgegangen werden können.

1160

---

175 Vgl. NJW 2001, 1056.
176 Vgl. VGH Bad.-Württ., NJW 1981, 1749.

2. Materielle Rechtmäßigkeit

1161 Materiell steht der Gemeinde ein weiter **Gestaltungsspielraum** zu, der seine Grenze erst dort findet, wo die **Ordnungsfunktion** des Straßennamens nicht mehr gewährleistet ist (Verbot gleichlautender Benennungen). Darüber hinaus unterliegt jedes staatliche Handeln dem **Willkürverbot**. Ein Straßenname, der geeignet ist, die Anwohner der Lächerlichkeit oder dem Spott auszusetzen, darf daher nicht festgesetzt werden. Der gewählte Name erweist sich jedoch nicht als „anstößig", weil sich durch die Auswahl nicht der Eindruck aufdrängt, dass die Anwohner mit den Produkten der in Rede stehenden Firma in Verbindung gebracht werden sollen. Vielmehr ist allgemein bekannt, dass entsprechende Benennungen regelmäßig zu Ehren der betreffenden Person erfolgen. Angesichts des Ortsbezugs von Frau Uhse erscheint die Entscheidung daher auch nicht willkürlich.

1162 Der Sozietät bleibt daher nur, die besonderen Belastungen vorzutragen, die für sie mit der Namensänderung verbunden sind. Insbesondere die damit verbundenen Aufwendungen müssen von der Stadt im Rahmen ihrer Ermessensentscheidung berücksichtigt werden.

9. Fall: Rangieren vor der Garagenzufahrt?[177]

1163 Herr und Frau A sind Miteigentümer des mit einem Wohnhaus bebauten Grundstücks in der B-Straße 11 in G. Auf der gegenüberliegenden Straßenseite ist in östlicher Richtung eine Grenzmarkierung für Parkverbot (Zeichen 299 StVO) aufgebracht, die bis kurz vor die Garageneinfahrt der Familie A reicht. Unmittelbar gegenüber der Zufahrt parken dagegen Fahrzeuge. Herr und Frau A beantragten bei der Stadt deshalb, die Grenzmarkierung über den gesamten ihrem Grundstück gegenüberliegenden Bereich um mindestens 3 m zu verlängern, da es sich bei der B-Straße um eine schmale Straße handle. Wenn am Ende der Grenzmarkierung ein Fahrzeug parke, werde der benutzbare Straßenraum auf weniger als 3,50 m verringert, so dass ein Aus- und Einfahren auf ihr Grundstück nur mit mehrfachem Rangieren möglich sei.

1164 Die Gemeinde lehnte den Antrag jedoch ab, auch der nachfolgende Widerspruch wurde vom Regierungspräsidium zurückgewiesen. Zur Begründung wurde ausgeführt, Herrn und Frau A stehe bereits kein subjektives Recht zur Seite, weil verkehrsrechtliche Anordnungen allein im öffentlichen Interesse getroffen würden. Insoweit habe die Stadt dem öffentlichen Interesse an einer optimalen Parkraumbewirtschaftung Rechnung getragen. Im Übrigen liege eine Engstelle nicht vor, weil die Straße eine Breite von 5,87 m aufweise. Auch im Falle eines parkenden Mittelklassewagens verbleibe damit eine ausreichende Durchfahrtsbreite. Schließlich könne ein gegebenenfalls erforderliches Rangieren jedenfalls nicht als ernsthafte Beeinträchtigung der Sicherheit oder Ordnung des Verkehrs angesehen werden.

1165 Mit der nachfolgend erhobenen Klage begehren Herr und Frau A die Verlängerung der Grenzmarkierung für Parkverbot auf der ihrem Grundstück gegenüberliegenden Straßenseite um mindestens 3 m. Sie tragen ergänzend vor, dass eine Einfahrt in die Garage aus östlicher Richtung bei zulässiger Beparkung des Umfelds der Garage jedenfalls mit einem größeren Pkw nur noch unter erheblichen Schwierigkeiten möglich sei. Eine Zu-

---

177 Angelehnt an VGH Bad.-Württ., VRS 104 (2003), 71.

fahrt von Westen her bedeute angesichts der örtlichen Situation jedoch einen Umweg von über 500 m.

Wie wird das Verwaltungsgericht entscheiden?

1166

Lösungshinweise

I. Zulässigkeit

1. Verwaltungsrechtsweg

Der **Verwaltungsrechtsweg** ist eröffnet, weil die streitentscheidende Norm des § 45 Abs. 1 S. 1 StVO die Straßenverkehrsbehörde als Träger hoheitlicher Gewalt einseitig berechtigt, Anordnungen zur Verkehrsbeschränkung zu treffen, und damit staatliches Sonderrecht begründet.

1167

2. Klagebefugnis

Die **Verpflichtungsklage** ist auch zulässig; insb. kommt den Klägern die gemäß § 42 Abs. 2 VwGO erforderliche **Klagebefugnis** zu. Zwar ist die in § 45 Abs. 1 S. 1 StVO enthaltende Ermächtigung grundsätzlich auf den Schutz der Allgemeinheit gerichtet. Sie hat aber drittschützende Wirkung, wenn öffentlich-rechtlich geschützte Individualinteressen – insb. Gesundheit und Eigentum – als Schützgüter der Sicherheit und Ordnung des Verkehrs durch Einwirkungen des Straßenverkehrs, die das nach allgemeiner Anschauung zumutbare Maß übersteigen, verletzt werden. In diesem Fall gewährt § 45 Abs. 1 S. 1 StVO dem Einzelnen ausnahmsweise ein auf eine fehlerfreie Ermessensentscheidung begrenztes subjektiv-öffentliches Recht auf ein verkehrsregelndes Einschreiten der Straßenverkehrsbehörde.[178]

1168

Eine Beeinträchtigung der Ordnung (Leichtigkeit) des Verkehrs i.S.d. § 45 Abs. 1 S. 1 StVO ist möglich, wenn – wie die Kläger geltend machen – ihre Grundstückszufahrt in erheblichem Maße behindert wird. Denn die freie **Grundstücksein- und -ausfahrt** gehört zu dem durch die Straßenverkehrsordnung geregelten und in Bezug auf Sicherheit und Ordnung (Leichtigkeit) geschützten öffentlichen Straßenverkehr. Nach § 12 Abs. 3 Nr. 3 StVO ist das Parken unzulässig vor Grundstücksein- und -ausfahrten, auf schmalen Fahrbahnen auch ihnen gegenüber. Mit dieser Regelung erkennt das Straßenverkehrsrecht ausdrücklich das individuelle Interesse des Straßenanliegers an einer unbehinderten Nutzung seiner Grundstücksein- und -ausfahrt als verkehrsrechtlich schutzwürdig an. Es wird verletzt, wenn der Anlieger durch parkende Fahrzeuge auf der gegenüberliegenden Straßenseite an der Nutzung seiner Grundstücksein- und -ausfahrt in erheblichem Maße behindert wird.

1169

3. Rechtsschutzbedürfnis

Der Klage fehlt auch nicht deshalb das Rechtsschutzinteresse, weil, wenn eine Behinderung durch parkende Fahrzeuge gegeben ist, bereits nach § 12 Abs. 3 Nr. 3 StVO ein gesetzliches Parkverbot bestehen dürfte. Hierdurch entfällt das Interesse an einer dieses gesetzliche Parkverbot sichtbar machenden Ausschilderung jedenfalls dann nicht, wenn es sich für andere Verkehrsteilnehmer nicht ohne Weiteres ergibt.

1170

---

178 Vgl. BVerwGE 109, 229.

II. Begründetheit

1171 Die Klage ist aber nicht begründet, weil die Kläger keinen Anspruch auf die begehrte Verpflichtung der Beklagten oder eine erneute Entscheidung über ihren Antrag haben. Die Nutzung der streitigen Grundstücksein- und -ausfahrt wird nicht unzumutbar erschwert.

1172 Schmal i.S.d. § 12 Abs. 3 Nr. StVO ist eine Fahrbahn jedenfalls dann, wenn einem durchschnittlich geschickten Kraftfahrer das Ein- und Ausfahren nur aufgrund eines mehrmaligen Rangierens gelingt. Ob darunter bereits ein mehr als zweimaliges Vor- und Zurücksetzen des Fahrzeugs fällt[179] oder ob angesichts der in Ballungsgebieten regelmäßig herrschenden Parkplatznot auch gewisse Rangiermanöver noch zu den von einem Straßenanlieger hinzunehmenden Unannehmlichkeiten gehören, kann dahinstehen. Denn die Zufahrt zum Grundstück der Kläger ist jedenfalls aus westlicher Richtung ohne entsprechend unzumutbare Beeinträchtigungen möglich. In diesem Straßenbereich besteht auf der gegenüberliegenden Straßenseite ein durchgängiges Parkverbot, so dass zur An- und Ausfahrt die gesamte Breite der B-Straße von etwa 5,85 m zur Verfügung steht.

10. Fall: Steintrog auf Privatgrund?[180]

1173 M ist Eigentümer eines Wohnhauses in der A-Straße der im Rems-Murr-Kreis gelegenen Gemeinde G. Neben dem Haus geht die 4,2 m breite Schießgasse ab, die vor allem von den Bewohnern der dort befindlichen vier Wohnhäuser genutzt wird. Die Schießgasse dient aber auch als Verbindungsstraße zur Neubausiedlung Bärenbach, deren primäre Erschließung durch eine Landesstraße erfolgt. Im April stellte Herr M neben seinem Wohngebäude am Rand der Schießgasse, an der sich keine Gehwege befinden, einen Steintrog mit Blumen (1,5 m lang, 80 cm breit, 50 cm hoch) und eine Holzkiste (2 m lang, 1 m breit, 1 m hoch) ab. Die Fahrbahn verengt sich hierdurch um 1,3 m.

1174 Die Lagerung der Gegenstände ist von den Beamten des örtlichen Polizeipostens wiederholt beanstandet und die Einleitung eines Ordnungswidrigkeitverfahrens angedroht worden. Angesichts der gewöhnlichen PKW-Breite von rund 2 m werde der Begegnungsverkehr behindert. Darüber hinaus könne die Schießgasse nicht mehr auf gerader Spur durchfahren werden, vielmehr werde eine entsprechende Verschwenkung erforderlich. Herr M hat daraufhin die Gegenstände mit einem rot-weißen Absperrband umwickelt, um sie bei Nacht erkennbar zu machen. Eine Entfernung lehnte er indes ab. Bei der in Anspruch genommenen Fläche handle es sich um seinen Privatbesitz, mit dem machen könne, was er wolle.

1175 Nachdem sich der Polizeiposten an die Gemeinde gewandt hatte, stellte diese fest, dass ein Teil der Fahrbahn tatsächlich im Privateigentum steht, gleichwohl aber schon seit mindestens Mitte des 19. Jahrhunderts vom öffentlichen Verkehr genutzt und von der Gemeinde unterhalten wird, ohne dass es jemals zu Beanstandungen kam. Nach Anhörung des M erlässt die Gemeinde – Amt für öffentliche Ordnung – am 31. Mai daher einen Bescheid mit dem Tenor:

1. Sie werden gemäß §§ 1, 3 und 6 PolG i.V.m. § 32 StVO aufgefordert, die im Bereich der Fahrbahn der Schießgasse 12 gelagerten Gegenstände (Steintrog und Holzkiste) inner-

---

179 So OVG Rh.-Pf., NJW 1999, 3573.
180 Angelehnt an Aufsichtsarbeit Nr. 8 der zweiten juristischen Staatsprüfung Herbst 2006, VBlBW 2010, 369.

halb von 10 Tagen nach Zustellung diese Bescheids zu entfernen und künftig das Abstellen von Gegenständen auf dieser öffentlichen Verkehrsfläche zu unterlassen.

2. Falls Sie dieser Aufforderungen innerhalb der genannten Frist nicht nachkommen, wird Ihnen angedroht, dass der Bauhof der Gemeinde mit der Entfernung der Gegenstände beauftragt wird. Für die hierdurch entstehenden Auslagen müssen Sie dann aufkommen.

3. Für diese Entscheidung wird eine Gebühr von 100 EUR festgesetzt.

Zur Begründung der auf §§ 1, 3, 6 und 49 PolG sowie §§ 20, 25 LVwVG gestützten Verfügung wird ausgeführt, Herr M sei Störer, weil er unzulässig Gegenstände im öffentlichen Straßenraum abgestellt habe. Nach § 32 StVO sei das Belegen einer öffentlichen Straße durch Gegenstände aber verboten, wenn hierdurch der Verkehr erschwert werde. Diese Voraussetzungen seien erfüllt, weil die Schießgasse nicht mehr in gerader Spur durchfahren werden könne und so Behinderungen und Gefährdungen verursacht würden. **1176**

Mit dem am 6. Juni eingelegten Widerspruch bekräftigt M, dass es sich bei der in Anspruch genommenen Fläche um seinen abgrenzbaren Privatgrund handle. Er habe nie die Zustimmung für eine Benutzung als öffentliche Verkehrsfläche gegeben und werde dies jedenfalls künftig auch nicht mehr dulden. Die StVO sei auf seinem Eigentum nicht anwendbar, außerdem enthalte sie auch gar keine Rechtsgrundlage für die angeordneten Maßnahmen. Offenbar gehe das Gesetz davon aus, dass Verstöße gegen die StVO alleine durch ein Bußgeld zu ahnden seien. Im Übrigen sei schleierhaft, warum sich nun die Gemeinde in seinen Verkehrsstreit mit der Polizei einmische. Die Schießgasse könne auch weiterhin – selbst von Müllabfuhr und Feuerwehr – befahren werden; durch gelegentlich parkende Anlieger werde die Fahrbahn überdies erheblich weiter eingeengt. Die Gebühr werde er nicht bezahlen, bevor die Angelegenheit endgültig geklärt sei. **1177**

Mit Schriftsatz vom 8. Juni legt die Gemeinde den Widerspruch, dem sie nicht abhelfen möchte, dem Landratsamt zur Entscheidung vor. Zur Zuständigkeit verweist sie darauf, dass mangels Ermächtigungsgrundlage in der StVO auf das PolG zurückzugreifen gewesen sei. Angesichts des Vorrangs des Straßenverkehrsrechts habe man auch auf ein straßenrechtliches Vorgehen verzichtet. **1178**

Der Landrat bittet um gutachterliche Prüfung und äußert Zweifel, ob es Aufgabe der Gemeinde, die nicht örtliche Straßenverkehrsbehörde ist, sein könne, für die Durchsetzung der StVO zu sorgen. Er fragt auch an, ob die Anordnung ggf. auf andere Ermächtigungsgrundlagen gestützt werden könnte und inwieweit diese vom Landratsamt im Widerspruchsverfahren herangezogen werden könnten, um das von der Gemeinde verfolgte Ziel baldmöglichst zu erreichen. Der Landrat möchte überdies wissen, ob – falls der Widerspruch begründet sein sollte – auch eine Möglichkeit bestünde, vom Erlass eines förmlichen Widerspruchsbescheids abzusehen. Hinsichtlich der Gebührenfestsetzung interessiert ihn nur, ob diese schon im laufenden Verfahren bezahlt werden muss. **1179**

Lösungshinweise

I. Entfernungs-Anordnung

1. Zulässigkeit des Widerspruchs

1180   Der **Verwaltungsrechtsweg** ist eröffnet, weil die von der Gemeinde in Anspruch genommene Ermächtigungsgrundlage des §§ 1, 3 PolG einseitig zum Erlass hoheitlicher Anordnungen – wie hier der Entfernungs- und Unterlassungsanordnung – berechtigt.

Die angefochtene Verfügung der Gemeinde enthält auch einen **Verwaltungsakt**, so dass mangels Vorliegens eines Ausnahmegrundes i.S.d. § 68 Abs. 1 S. 2 VwGO der Widerspruch statthaft ist.

Nachdem die Gemeinde dem Widerspruch nicht abgeholfen hat, liegt die Zuständigkeit beim Landratsamt als der nächsthöheren Polizeibehörde (vgl. § 73 Abs. 1 Nr. 1 VwGO i.V.m. § 64 Nr. 3b) PolG).

2. Begründetheit

a) Formelle Rechtmäßigkeit

1181   Die in Anspruch genommene **Zuständigkeit** der Gemeinde als Ortspolizeibehörde setzt voraus, dass für den Vollzug der Straßenverkehrsordnung keine Spezialzuständigkeit normiert ist. Dies erscheint angesichts des Rückgriffs auf § 32 Abs. 1 StVO fraglich, weil im Anwendungsbereich der Straßenverkehrsordnung grundsätzlich die Straßenverkehrsbehörde zuständig ist (vgl. § 44 Abs. 1 S. 1 StVO).

1182   Allerdings enthält § 32 Abs. 1 StVO keine Eingriffsermächtigung und auch die Straßenverkehrsordnung sieht – anders als etwa § 47 Abs. 1 LBO für das Baurecht – keine generelle Handlungsermächtigung vor. Die Regelungslücke ist daher durch einen Rückgriff auf die subsidiär anwendbare polizeirechtliche Generalklausel zu schließen. Dies ist möglich, weil diese Normen nicht nur die Polizeibehörden ermächtigen, sondern „die Polizei" – was materiell zu verstehen ist und damit alle Gefahrenabwehrbehörden betrifft.

1183   Nicht beantwortet ist damit aber die Frage, ob der Rückgriff auf die polizeirechtliche Generalklausel auch eine Zuständigkeitsbegründung der allgemeinen Polizeibehörden mit sich bringt. Hiervon wird man grundsätzlich nicht ausgehen können, wenn das Spezialgesetz von einem durchgängigen Vollzug der Sonderbehörden ausgeht und insoweit auch spezielle Ermächtigungsgrundlagen vorsieht.[181] Das bloße Fehlen einer allgemeinen Eingriffsregelung erscheint hier nicht ausreichend, die grundsätzlich angeordnete Zuständigkeit der Spezialbehörde mit ihrer spezifischen Sachkenntnis zu überspielen.

1184   Bei Anwendung dieser Grundsätze ist hier wohl von einer Unzuständigkeit der Ortspolizeibehörde auszugehen, weil die Straßenverkehrsordnung – abgesehen von dem hier nicht einschlägigen Fall des § 44 Abs. 2 StVO – durchgehend eine Zuständigkeit der Straßenverkehrsbehörden vorsieht. Die Zuständigkeit für den Erlass der angegriffenen Verfügung liegt daher nicht bei der Gemeinde, sondern beim Landratsamt Rems-Murr-Kreis (vgl. § 44 Abs. 1 StVO, § 1 StVO-ZuG, § 13 Abs. 1 Nr. 1 LVG).

---

181   Vgl. hierzu VGH Bad.-Württ., 5.10.1995 – 12 S 3292/94.

Dieser Fehler ist nicht gemäß § 46 LVwVfG unbeachtlich, weil in dieser Vorschrift nur die örtliche Zuständigkeit genannt ist – auch diese Tatsache ist im Übrigen ein Indiz dafür, dass der Vorrang der sachlich zuständigen Spezialbehörde nicht durch die subsidiäre Anwendung des Polizeigesetzes ausgehebelt werden darf.

b) Materielle Rechtmäßigkeit

§ 32 Abs. 1 StVO ist Bestandteil der Rechtsordnung und damit legitimes Schutzgut der §§ 1, 3 PolG, so dass ein Verstoß gegen diese Norm zugleich eine Störung der öffentlichen Sicherheit begründen würde.   **1185**

aa) Anwendbarkeit der StVO

Voraussetzung hierfür wäre zunächst die Anwendbarkeit der StVO auf die fragliche Fläche. Da eine tatsächlich öffentliche Straße durch Zustimmung des Berechtigten (wie etwa bei einer Tankstelle oder einem Parkhaus) angesichts des ausdrücklichen Widerspruchs des Eigentümers nicht in Betracht kommt, ist entscheidend, ob der Straßenabschnitt für den öffentlichen Verkehr **gewidmet** worden ist. Dies setzt zwar seit dem Inkrafttreten des Landesstraßengesetzes am 1. Juli 1964 einen förmlichen und publizierten Akt voraus (vgl. § 5 StrG: im Straßenrecht gibt es daher eine konkludente Widmung nicht!). Möglich ist aber eine vorherige Widmung, die kraft **„unvordenklicher Verjährung"** vermutet wird, sofern die Straße seit Menschengedenken in einem gebrauchsfähigen Zustand tatsächlich vorhanden und im Bewusstsein der Rechtsausübung allgemein benutzt worden ist. Hierfür muss das Recht mindestens 40 Jahre vor Inkrafttreten des Straßengesetzes nachweislich ausgeübt worden sein und für die vorausgegangenen 40 Jahre eine gegenteilige Erinnerung nicht bestehen.[182] Diese Voraussetzungen liegen angesichts der dokumentierten Unterhaltung der Straße durch die Gemeinde seit Mitte des 19. Jahrhunderts hier vor.[183]   **1186**

Damit ist zugleich gesagt, dass der **„Widerruf" der Zustimmung** des Eigentümers zur Widmung unbeachtlich ist. Denn die Zustimmung ist nur eine Erlassvoraussetzung (vgl. § 5 Abs. 1 StrG: „zugestimmt haben") und muss daher im Zeitpunkt der Widmung vorliegen. Ein nachträglicher Widerruf ist – wie allgemein bei dinglichen Erklärungen – nicht möglich.   **1187**

bb) Verkehrserschwernis

Fraglich ist aber, ob der Verkehr durch die auf die Fahrbahn verbrachten Gegenstände „erschwert" wird, wofür eine nur geringfügige Behinderung nicht genügt. Angesichts der Tatsache, dass eine Fahrbahnbreite von 2,90 m verbleibt, wird nicht von einer Engstelle i.S.d. § 12 StVO ausgegangen werden können (die sich an der zulässigen Höchstbreite von Fahrzeugen orientiert). Es ist auch nicht erkennbar, dass Straßen stets gerade – also ohne Verschwenkung – befahrbar sein müssten.[184]   **1188**

Entgegen der Musterlösung dürfte ein Verstoß gegen § 32 Abs. 1 StVO daher zu verneinen sein. Auf die parkenden Fahrzeuge anderer kann dabei allerdings nicht verwiesen werden, weil nur verkehrsfremde Gegenstände dem Regelungsbereich der Norm unterfallen; parkende Fahrzeuge also nicht.

---

182 Vgl. VGH Bad.-Württ., VBlBW 1984, 275.
183 Vgl. VGH Bad.-Württ., VBlBW 1987, 101.
184 Vgl. etwa VGH Bad.-Württ., VRS 104 (2003), 71 zur Zumutbarkeit des mehrmaligen Rangierens.

cc) Straßenrecht

1189 Richtiger Weise kann das Verhalten des M daher nur als nicht genehmigte Sondernutzung beanstandet werden. Hierfür liegt mit § 16 Abs. 8 StrG auch eine Ermächtigungsgrundlage vor, deren Voraussetzungen offenkundig erfüllt sind. Diese Norm ermächtigt auch die Gemeinde (vgl. §§ 16 Abs. 8 S. 1 und Abs. 2 S. 1, 50 Abs. 3 Nr. 3 StrG).

3. Vorgehen?

1190 In ihrer gegenwärtigen Gestalt ist die auf §§ 1, 3 PolG i.V.m. § 32 Abs. 1 StVO gestützte Verfügung rechtswidrig. Fraglich ist deshalb, ob die Widerspruchsbehörde die Möglichkeit besitzt, die Rechtsgrundlage **auszutauschen** und die Verfügung auf § 16 Abs. 8 StrG zu stützen. Derartiges ist grundsätzlich auch bei Ermessensnormen zulässig, sofern sich hierdurch der Ermessensrahmen (und damit das Wesen des Verwaltungsakts) nicht wesentlich verändert.

Problematisch ist vorliegend allerdings, dass sich die Gemeinde ihres eigenständigen Ermessens – das nicht der Aufsicht durch die Widerspruchsbehörde unterliegt (vgl. § 48 Abs. 2 S. 1 StrG) – nicht bewusst war. Überdies soll nach den Sachverhaltsangaben der Erlass eines Widerspruchsbescheids vermieden werden.

Es kommt daher ein sog. „Bedenkenerlass" in Betracht, mit dem der Gemeinde die vom Landratsamt vertretene Rechtsansicht mitgeteilt wird. Dadurch könnte der Gemeinde die Gelegenheit gegeben werden, dem Widerspruch abzuhelfen oder die Verfügung zurückzunehmen. Sie könnte allerdings auch an der Verfügung festhalten und sie nunmehr auf eine straßenrechtliche Grundlage stellen. An die insoweit angestellten Ermessenserwägungen im Rahmen der Nichtabhilfeentscheidung wäre die Widerspruchsbehörde dann gebunden (vgl. § 17 Abs. 1 S. 2 AGVwGO, der hier auch Anwendung findet: vgl. § 73 Abs. 1 Nr. 3 VwGO i.V.m. § 17 Abs. 1 S. 1 AGVwGO – die Rechtsaufsicht des Landratsamts ergibt sich aus § 49 Abs. 1 StrG i.V.m. § 119 Abs. 1 S. 1 GemO).

II. Androhung

1191 Die Androhung der Ersatzvornahme setzt zunächst einen rechtmäßigen Grundverwaltungsakt voraus; ihr Schicksal hängt daher grundsätzlich von den oben angestellten Erwägungen ab.

Hier fehlt aber jedenfalls die Anordnung der sofortigen **Vollziehbarkeit** (vgl. § 2 Nr. 2 LVwVG), so dass es an einem vollziehbaren Grund-Verwaltungsakt fehlt. Darüber hinaus ist streitig, ob eine Angabe zur Höhe der voraussichtlichen Kosten erforderlich ist (vgl. § 20 Abs. 5 LVwVG).

III. Zahlungspflicht hinsichtlich der Gebühr?

1192 Die aufgeworfene Frage, ob die im Bescheid der Gemeinde festgesetzte Gebühr trotz des laufenden Verfahrens bezahlt werden muss, bemisst sich nach § 80 Abs. 2 S. 1 Nr. 1 VwGO. Der Widerspruch gegen die dort genannten Kosten hat keine aufschiebende Wirkung.

Während die Kosten einer unmittelbaren Ausführung oder Ersatzvornahme nach der Rechtsprechung des Verwaltungsgerichtshofs nicht in den Anwendungsbereich des § 80 Abs. 2 S. 1 Nr. 1 VwGO fallen, kann dies für **Verwaltungsgebühren** grundsätzlich

wohl angenommen werden.[185] Streitig ist aber, ob dies nur für eine isolierte Kostenentscheidung gilt[186] oder auch für die hier vorliegende, mit der Sachentscheidung verbundene Kostenentscheidung.[187] Vertretbar sind beide Lösungen.

---

[185] Vgl. VGH Bad.-Württ., VBlBW 2004, 35.
[186] So etwa VGH Bad.-Württ., NVwZ 1987, 1087; Schoch/Schmidt-Aßmann/Pietzner, VwGO, § 80 Rn. 119.
[187] Vgl. VGH Bad.-Württ., VBlBW 2004, 352.

VERWALTUNGSPROZESSRECHT

A. ÜBERBLICK

I. Einleitung

1193 Verwaltungsprozessrechtliche Probleme tauchen in fast jeder Klausur auf, so dass eine sorgfältige Vorbereitung unabdingbar ist.[1] Besondere Aufmerksamkeit sollte dabei den Komplexen gelten, die Abweichungen zu den allgemeinen Prozessgrundsätzen, insb. also zu dem von der Zivilprozessordnung her Bekannten, enthalten.

1. Strukturprinzipien

1194 Strukturell ist der Verwaltungsprozess – in Abgrenzung zum Zivilprozess – vom Amtsermittlungsgrundsatz geprägt, es gilt aber – im Unterschied zum Strafprozess – die Dispositionsmaxime.

1195 Der **Amtsermittlungsgrundsatz** findet seine normative Grundlage in § 86 Abs. 1 S. 1 VwGO: Danach erforscht das Verwaltungsgericht den Sachverhalt von Amts wegen. Während der Zivilprozess allein den Interessen der Parteien dient und diesen – als prozessuale Folge des Prinzips der Privatautonomie – auch überlässt, welchen Sachverhalt sie dem Gericht zur Entscheidung vorlegen wollen („Beibringungs- oder Verhandlungsgrundsatz"), bezweckt der Verwaltungsprozess auch die Kontrolle der Gesetzmäßigkeit der Verwaltung. Darlegung und Aufklärung des Sachverhalts bleiben daher nicht den Beteiligten überlassen, vielmehr hat das angerufene Gericht den entscheidungserheblichen Sachverhalt – wie in allen Verfahren, in denen es (auch) um die Durchsetzung öffentlicher Belange geht – von Amts wegen zu erforschen. Diese Garantie für die Richtigkeit der tatsächlichen Entscheidungsgrundlage dient zugleich der Gewährleistung effektiven Rechtsschutzes, denn dem klagenden Bürger wird die umfassende Aufklärung der tatsächlichen Umstände im Verwaltungsprozess häufig nicht möglich sein. Sofern die Exekutive ihrer im Verwaltungsverfahren gemäß § 24 Abs. 1 S. 1 LVwVfG bestehenden Sachverhaltsermittlungspflicht nicht (oder nicht ausreichend) nachgekommen ist, muss dies im gerichtlichen Verfahren nachgeholt werden. Im Verwaltungsprozess trägt daher das Gericht die Verantwortung für die Ermittlung des Sachverhalts und die Erstellung der tatsächlichen Entscheidungsgrundlage.[2]

1196 Folgerichtig schlägt sich auch die materielle Beweislast nicht in einer prozessualen Darlegungslast nieder: Eine **„Beweisführungspflicht"** gibt es im Verwaltungsprozess grundsätzlich ebenso wenig wie eine Klagabweisung wegen Unschlüssigkeit des Klagevorbringens.[3] Selbst ein Zugeständnis oder übereinstimmender Sachvortrag der Betei-

---

1 Insoweit muss auf die einschlägige Fachliteratur verwiesen werden, aus Baden-Württemberg etwa Bosch/Schmidt/Vondung, Praktische Einführung in das verwaltungsgerichtliche Verfahren, 9. Aufl. 2012; zu Aufbau und Gestaltung verwaltungsgerichtlicher Entscheidungen auch Horn, VBlBW 1997, 74. Angesichts der überragenden Klausurbedeutung sollen nachfolgend aber einige Grundprobleme und ihre Verzahnung zu den materiell-rechtlichen Fragestellungen skizziert werden. Wiederholungen zu den Ausführungen im materiellen Teil sind dabei zur Verfestigung gewollt.
2 Vgl. hierzu auch Lorenz, Verwaltungsprozessrecht, 2000, § 30 Rn. 11.
3 Vgl. BVerwGE 104, 55; 126, 365.

ligten entfalten daher keine Bindungswirkung und verbieten es dem Gericht nicht, bei entsprechendem Anlass eine Ermittlung über die Richtigkeit dieser Tatsachen vorzunehmen. Das Verwaltungsgericht ist dabei auch befugt, Beweiserhebungen – einschließlich der Vernehmung von Zeugen – von sich aus zu veranlassen. Stellt das Gericht im Rahmen seiner Untersuchungen relevante Umstände fest, so hat es diese zu berücksichtigen. Eine Klage kann demnach aus Gründen Erfolg haben, auf die sich der Kläger gar nicht berufen hat. Umgekehrt kann die Klagabweisung auf Umstände gestützt sein, die von der Behörde nicht erkannt worden sind.[4] In beiden Konstellationen ist allerdings rechtliches Gehör zu gewähren und auf die mögliche Bedeutung der eigenständig ermittelten Umstände hinzuweisen.

Auch im Verwaltungsprozess gilt indes die **Dispositionsmaxime** (oder der Verfügungsgrundsatz). Auch hier wird das Gericht nur auf Antrag eines Beteiligten und nur im Rahmen des Streitgegenstands tätig. Anders als im Strafverfahren, das von der Offizialmaxime geprägt wird, dient der Verwaltungsprozess primär dem Rechtsschutz des Bürgers. Ihm bleibt daher auch überlassen, ob und in welchem Umfang er subjektiv-öffentliche Rechte geltend macht. Die Beteiligten können im Rahmen ihrer Dispositionsfreiheit über den Klagegegenstand verfügen (vgl. § 82 Abs. 1 S. 1 VwGO). Das Gericht ist zwar gemäß § 88 VwGO nicht an die gestellten Anträge gebunden, es darf aber nicht über das Klagebegehren hinausgehen („ne ultra petita"). Dementsprechend kommt den Beteiligten auch die Möglichkeit zu, das Verfahren durch Klagerücknahme, übereinstimmende Erledigungserklärung oder durch einen Vergleich wieder zu beenden. Die Verfahrensherrschaft bleibt daher – anders als unter der Regie des Offizialprinzips – bei den Beteiligten.

1197

2. Einführungsfall zum praktischen Ablauf

Am 15. Oktober trifft beim Verwaltungsgericht Stuttgart ein Telefax ein. Absender ist Herr K aus der Gemeinde G im Landkreis Ludwigsburg. In dem Telefax führt K aus, das Landratsamt habe seinem Nachbarn mit Bescheid vom 6. Oktober eine Baugenehmigung zum Abbruch des vorhandenen und Neubau eines neuen Zweifamilienhauses erteilt. Hiergegen habe er schon im Verwaltungsverfahren Einwendungen erhoben, auch ein Widerspruch sei unverzüglich eingelegt worden. Denn bei Verwirklichung des Bauvorhabens sei durch die damit verbundene Erhöhung des nachbarlichen Gebäudes ein „Einmauern" seines Grundstücks zu befürchten. Das alte Gebäude des Nachbarn stehe unmittelbar auf der Grundstücksgrenze, so dass bei der geplanten Erhöhung um ein 3. Stockwerk alle Fenster seines Wohnhauses im Obergeschoss der Nordseite zugebaut würden. Am heutigen Morgen seien die Fahrzeuge eines Bauunternehmens vorgefahren; auf Nachfrage sei ihm von den Arbeitern mitgeteilt worden, dass das Nachbargebäude eingerissen werde. Abschließend bittet Herr K das Gericht um sofortige Hilfe.

1198

a) Was geschieht mit diesem Schreiben?

b) Wem ist es im Gericht zuzuleiten?

c) Nach welchen rechtlichen Prinzipien erfolgt die Verteilung der Verfahren?

d) An wen sind Klageschrift bzw. Antragsschrift zuzustellen?

e) Wer ist Beklagter (Antragsgegner) im verwaltungsgerichtlichen Verfahren und wer vertritt ihn?

---

4 Hier ist allerdings an eine Kostenentscheidung nach § 155 Abs. 4 VwGO zu denken, weil die Behörde mit einer falschen Begründung den Kläger in den Prozess „getrieben" haben kann.

f) Ändert sich etwas, wenn der Ausgangsbescheid nicht vom Landratsamt Ludwigsburg, sondern von der Gemeinde G erlassen worden wäre?

g) Welche weiteren Maßnahmen sind vom Gericht zur Fortführung des Verfahrens zu treffen?

h) Müssen der Nachbar und das Landratsamt allein wegen der Antragstellung von der Durchführung der Baumaßnahmen vorläufig absehen?

i) Im weiteren Verlauf des Verfahrens teilen der Nachbar und das Landratsamt Ludwigsburg mit, dass von Baumaßnahmen bis zur Rechtskraft der gerichtlichen Entscheidung in der Hauptsache abgesehen werde. Wie ist seitens des Gerichts nun zu verfahren?

j) Welche Rechtsfolgen hat eine Klageerhebung?

k) Gibt es für das Gericht eine Möglichkeit, in der Hauptsache ohne mündliche Verhandlung zu entscheiden?

l) In welcher Besetzung verhandelt und entscheidet das Gericht über die Hauptsache?

m) Welche Möglichkeiten haben die Beteiligten, gegen ein Urteil vorzugehen?

1199 **Lösungshinweise:**

a) Auf der Posteingangsstelle wird das Verfahren mit einem Aktenzeichen versehen, das die laufende Nummer und das Eingangsjahr sowie ggf. einen die Verfahrensart oder das Sachgebiet kennzeichnenden Buchstaben enthält, v.a. aber die zuständige Kammer. Das Verfahren A 3 K 754/12 etwa wäre der 754. Eingang an diesem Verwaltungsgericht im Jahr 2012, das in die Zuständigkeit der 3. Kammer fällt und ein Asylverfahren betrifft (A).

b) Anschließend wird der Neueingang dem Vorsitzenden der zuständigen Kammer vorgelegt, der das Rubrum zur Erfassung der Stammdaten festlegt und die Sache dem zuständigen Berichterstatter zuteilt. Dieser erlässt dann die Eingangsverfügung, in der zugleich Hinweise gegeben werden können.

c) Die Verteilung an die zuständige Kammer erfolgt nach Maßgabe des vom Präsidium beschlossenen Geschäftsverteilungsplans, der den zuständigen Richter (den Anforderungen des Art. 101 Abs. 1 S. 2 GG entsprechend) in einer abstrakt-generellen, im Voraus bestimmten Regelung festlegt.[5] Mögliche Regelungsprinzipien sind dabei etwa Region (Landkreis Ludwigsburg), Sachgebiet (Baurecht), Zeitpunkt des Eingangs (v.a. für in Paketen zugewiesene Massenphänomene wie Asylklagen aus bestimmten Ländern) oder Buchstabe des Klägers (insb. bei Sachmaterien, die angesichts der Vielzahl eine Verteilung auf mehrere Kammern notwendig macht: z.B. das Ausländerrecht der Stadt Stuttgart). Die kammerinterne Geschäftsverteilung erfolgt durch Kammerbeschluss gemäß § 22g Abs. 1 GVG.

d) Die Zustellung erfolgt an den Beklagten und die Beizuladenden.

e) Die Bestimmung des richtigen Beklagten erfolgt nach dem Rechtsträgerprinzip (vgl. § 78 VwGO). Die entsprechende Körperschaft, vertreten durch den gesetzlich angeordneten Vertreter, wird ins Rubrum aufgenommen. Hier also das Land Baden-Württemberg – Landratsamt Ludwigsburg -, vertreten durch den Landrat.

---

5 Die nicht selten anzutreffende Praxis, einzelne bereits anhängige Verfahren umzuverteilen, ist daher nicht unproblematisch; vgl. hierzu BVerfGE 95, 322; 97, 1.

f) Falls der Ausgangsbescheid von der Gemeinde G erlassen worden wäre, ist diese selbst Antragsgegner, vertreten durch den Bürgermeister. Dies gilt auch im übertragenen Wirkungskreis der Gemeinde.

g) Das Gericht fordert die Behördenakten sowie falls erforderlich weitere Unterlagen an und erlässt ggf. Zwischenverfügungen.

h) Widerspruch und Klage entfalten gemäß § 80 Abs. 2 S. 1 Nr. 3 VwGO i.V.m. 212a Abs. 1 BauGB keine aufschiebende Wirkung, so dass die Antragstellung selbst nicht genügt. Erst wenn das Gericht einen Beschluss nach § 80a Abs. 3 S. 2 i.V.m. § 80 Abs. 5 S. 1 Alt. 1 VwGO erlässt, tritt Suspensiveffekt ein. In der Praxis wird die Behörde um Mitteilung gebeten, dass bis zur Entscheidung über den Eilantrag von Vollzugsmaßnahmen abgesehen wird. Erforderlichenfalls ergeht ein sog. „Hängebeschluss", mit dem die aufschiebende Wirkung bis zum Erlass der Entscheidung über den Eilantrag angeordnet wird.[6]

i) Falls eine Zusicherung ergeht, bis zum Abschluss des Hauptsacheverfahrens zuzuwarten, ist das Rechtsschutzbedürfnis für den Eilantrag entfallen. Der Antragsteller sollte deshalb – nach entsprechendem Hinweis des Gerichts – eine Erledigungserklärung abgeben.

j) Durch die Klageerhebung wird der Eintritt der formellen Bestandskraft verhindert und der Gerichtsstand festgelegt („perpetuatio fori" nach § 17 Abs. 1 GVG).

k) Ein Versäumnisurteil kennt das Verwaltungsprozessrecht nicht; wegen des Amtsermittlungsgrundsatzes kann die Klage vielmehr selbst dann erfolgreich sein, wenn der Kläger zum Verhandlungstermin nicht erscheint. Ohne mündliche Verhandlung kann das Verwaltungsgericht im Falle des Verzichts der Beteiligten hierauf entscheiden (vgl. § 101 Abs. 2 VwGO) oder wenn es einen Gerichtsbescheid erlässt. Hier besteht allerdings die Möglichkeit, nachträglich mündliche Verhandlung zu beantragen (vgl. § 84 Abs. 2 Nr. 2 VwGO), so dass auch beim Gerichtsbescheid im Endergebnis das Konsensprinzip gilt.

l) Das Verwaltungsgericht ist grundsätzlich mit drei Berufsrichtern und zwei ehrenamtlichen Richtern besetzt (auch bei einem Urteil nach Verzicht auf mündliche Verhandlung!). Die ehrenamtlichen Richter wirken aber bei Beschlüssen außerhalb der mündlichen Verhandlung, bei Gerichtsbescheiden sowie im Falle der Einzelrichterübertragung nicht mit (vgl. § 5 Abs. 3 VwGO). Wenn das Verwaltungsgericht daher ausnahmsweise im Eilverfahren eine mündliche Verhandlung abhält, haben hieran die ehrenamtlichen Richter mitzuwirken. Zu berücksichtigen ist auch die Möglichkeit der Entscheidung durch Berichterstatter im Einverständnis der Beteiligten (§ 87a Abs. 2 und 3 VwGO), die einer Einzelrichterentscheidung entspricht.

m) Das Rechtsmittel hängt davon ab, ob das Verwaltungsgericht die Berufung zugelassen hat. Wenn dies der Fall ist, kann unmittelbar Berufung eingelegt werden. Andernfalls muss zunächst die Zulassung der Berufung beantragt werden. Nach Maßgabe des § 134 VwGO besteht auch die Möglichkeit der Sprungrevision zum Bundesverwaltungsgericht.

---

6 Vgl. VGH Bad.-Württ., VBlBW 2009, 226.

II. Verwaltungsrechtsweg

1200 Die Prüfung des Verwaltungsrechtswegs ist meist unproblematisch und führt in öffentlich-rechtlichen Klausuren auch regelmäßig zu einem positiven Ergebnis. Gerade deshalb sollten **unnötige Ausführungen** hier vermieden werden. Tatsächlich finden sich bei der Rechtswegprüfung aber vielfach lange und nicht hilfreiche Wiederholungen des Gesetzestextes oder abstrakte Theoriendarstellungen. Dies ist deshalb besonders gefährlich, weil dieser Abschnitt am Anfang der Klausur steht und den Korrektor damit auf das zu erwartende Niveau einstimmt. Hier gilt es deshalb unter Beweis zu stellen, dass Unproblematisches kurz und präzise abgearbeitet werden kann.

1201 Die Prüfung des Verwaltungsrechtswegs sollte deshalb bei Normalfällen mit einem Satz erledigt werden. Dieser muss aber präzise sein und die juristische Subsumtionsleistung beinhalten. Ausgehend von der ganz herrschenden **Sonderrechtstheorie** ist dabei nachzuweisen, dass ein hoheitliches Sonderrecht im Streit steht. Denn nur hierfür ist die Verwaltungsgerichtsbarkeit als „Spezialist" berufen. Wenn ein Hoheitsträger dagegen „normal" am Rechtsverkehr teilnimmt, also ebenso handelt wie ein Privatrechtsträger, ist das Sonderwissen der Verwaltungsgerichte nicht erforderlich.

1202 Dies kann am Klassiker eines Kostenbescheides für eine Abschleppmaßnahme nach § 8 Abs. 2 PolG illustriert werden. Alle Klausuren werden hier zum Verwaltungsrechtsweg kommen, nicht alle werden dies aber kurz und präzise begründen. Unzureichend ist insb. der Hinweis auf den hoheitlichen Charakter der Abschleppmaßnahme. Denn hierum geht es nicht: Im Streit steht vielmehr nur der Kostenbescheid. Bereits in der **Handlungsform des Verwaltungsakts** liegt aber ein spezifisch hoheitliches Instrumentarium, das Privatpersonen nicht zusteht und einen eigenständigen Belastungswert enthält. Durch den Bescheid ist die Verwaltung in der Lage, sich selbst einen Vollstreckungstitel zu verschaffen, der im Wege des Verwaltungszwangs realisiert werden kann. Der Betroffene muss sich wehren, um Bestandskraft und Tatbestandswirkung zu vermeiden. Deshalb bedarf es zur Eröffnung der Handlungsform Verwaltungsakt grundsätzlich auch einer gesetzlichen Ermächtigung. Fehlt diese, wie etwa bei auf öffentlich-rechtlichem Vertrag beruhenden Verpflichtungen, sind die Behörden auch nicht berechtigt, etwaige Forderungen durch Leistungsbescheid festzusetzen. Vielmehr muss auch die Verwaltung ihre Forderung dann durch Rechnung und Leistungsklage geltend machen. Dies ändert zwar am Verwaltungsrechtsweg nichts, wenn es sich um einen öffentlich-rechtlichen Vertrag handelt, führt aber ggf. zur Begründetheit der Klage, weil die formelle Rechtmäßigkeit des Bescheids an einem Mangel leidet. Im Ausgangsfall folgt die sog. „VA-Befugnis" aus § 8 Abs. 2 S. 2 PolG, weil das Verwaltungszwangverfahren einen Grund-Verwaltungsakt voraussetzt (§ 1 Abs. 1 LVwVG) und die Norm damit die Möglichkeit eines Leistungsbescheids impliziert.

1203 „Der" zu schreibende Satz lautet deshalb: „Der Verwaltungsrechtsweg ist gemäß § 40 Abs. 1 S. 1 VwGO eröffnet, weil die streitentscheidende Norm des § 8 Abs. 2 PolG die Polizeibehörde als Träger hoheitlicher Gewalt einseitig berechtigt, ihre Kostenforderung durch Leistungsbescheid geltend zu machen." Diese Befugnis steht Privatrechtsträgern nicht zu, so dass das Rechtsverhältnis durch öffentlich-rechtliches Sonderrecht geprägt wird. Dieser Satz sollte dringend geübt und bei der Fallbearbeitung praktiziert werden. Er spart Zeit und beweist Präzision. Erforderlich ist jeweils die Benennung des Sonderrechtscharakters, also die konkrete Angabe dessen, **wozu** die Behörde durch die streitentscheidende Norm im vorliegenden Fall **ermächtigt wird**. Nicht ausreichend ist dagegen der Verweis auf das Polizeigesetz insgesamt, selbst hier gibt es Streitigkeiten, die nicht vor die Verwaltungsgerichte kommen (vgl. etwa § 55 PolG).

Anders liegen die Dinge dagegen, wenn sich der Verwaltungsrechtsweg tatsächlich als Problem erweist – wie in den nachfolgenden Fallbeispielen. Dann bedarf es einer sorgsamen Prüfung. Die Tatsache, dass in veröffentlichten Entscheidungen meist keine Ausführungen zum Verwaltungsrechtsweg zu finden sind, darf in Klausuren nicht zur Nachlässigkeit verleiten. Dies liegt vielfach nur daran, dass die Rechtsmittelgerichte nach § 17a Abs. 5 GVG den Rechtsweg nicht mehr prüfen.   1204

1. Verweisung

a) Unzuständigkeit

A erhebt beim Verwaltungsgericht Stuttgart Klage gegen das Land Baden-Württemberg. Seine Fahrerlaubnis sei ihm im vergangenen Jahr entzogen worden. Er habe dies hingenommen, verlange aber jetzt Schadensersatz u.a. für die Kosten zur Wiedererlangung der Fahrerlaubnis, da deren Entziehung rechtswidrig gewesen sei. Kann das Verwaltungsgericht über die Klage entscheiden?   1205

Für Amtshaftungsklagen ist durch die ausdrückliche Sonderbestimmung in Art. 34 S. 3 GG, § 71 Abs. 2 GVG das Landgericht zuständig. Die **Unzuständigkeit des Gerichts** führt jedoch nicht zur Unzulässigkeit der Klage, deshalb gehört der Verwaltungsrechtsweg auch nicht zur Zulässigkeitsprüfung im eigentlichen Sinne. Vielmehr ist der Rechtsstreit von Amts wegen an das zuständige Gericht zu verweisen. Ein Antrag ist demgemäß nicht erforderlich, die Beteiligten sind aber vor der Entscheidung anzuhören. Die Verweisung ergeht in der Form des Beschlusses nach § 17a Abs. 4 S. 1 GVG; der Tenor lautet: 1206

1.   Der Verwaltungsrechtsweg ist unzulässig.

2.   Der Rechtsstreit wird an das Landgericht Stuttgart verwiesen.

3.   Die Kostenentscheidung bleibt der Schlussentscheidung vorbehalten.

Unbedingt erforderlich ist eigentlich nur die Verweisung in Ziffer 2. Da der Beschluss nach § 17a Abs. 2 S. 3 GVG aber Bindungswirkung entfaltet, ist es sinnvoll und auch üblich, vorab klarzustellen, worüber das Gericht entschieden hat. Sollte sich nachfolgend ergeben, dass das Landgericht Stuttgart gar nicht zuständig ist, etwa weil sich Besonderheiten für die örtliche Zuständigkeit ergeben, ist damit klargestellt, dass nur die Zuweisung des Rechtsweges bindend ist. Einer Verweisung durch das Landgericht Stuttgart wegen örtlicher Unzuständigkeit steht der Beschluss daher nicht entgegen. Der Kostenausspruch in Ziffer 3 ist ebenfalls deklaratorisch und folgt unmittelbar aus § 17b Abs. 2 S. 1 GVG. In der Schlussentscheidung werden die Kosten jedoch gemäß § 155 Abs. 5 VwGO zugesprochen; formuliert werden kann etwa: „Die Beklagte trägt die Kosten des Verfahrens mit Ausnahme der durch die Anrufung des unzuständigen Verwaltungsgerichts entstandenen Mehrkosten; diese werden dem Kläger auferlegt".   1207

b) Rechtsmittel

Im vorangegangenen Fall hat das Verwaltungsgericht den Rechtsstreit an die ordentliche Gerichtsbarkeit verwiesen. A möchte dies nicht hinnehmen und fragt sich, ob er etwas gegen die Verweisung tun kann.   1208

1209 Der Verweisungsbeschluss kann nach § 17a Abs. 4 S. 3 GVG i.V.m. § 146 Abs. 1 VwGO mit der **Beschwerde** angegriffen werden.

c) Aufrechnung mit rechtswegfremder Forderung

1210 E hat Anfechtungsklage gegen einen von der Stadt S erlassenen Kostenbescheid erhoben, mit dem er zur Zahlung von Abschleppgebühren in Höhe von 400 EUR verpflichtet worden ist. Er macht u.a. geltend, aus einem zwischen ihm und der Stadt S geschlossenen Kaufvertrag stehe ihm noch eine Forderung zu, mit welcher er in Höhe der 400 EUR aufrechne. Darf das Verwaltungsgericht dies berücksichtigen?

1211 Eine **Aufrechnung mit rechtswegfremden Forderungen** kann erfolgen, wenn diese rechtskräftig festgestellt oder unstreitig sind.[7] In anderen Konstellationen würde jedoch ein unzuständiges Gericht entscheiden. Jedenfalls in den Fällen, in denen die Sonderzuständigkeit unmittelbar aus dem Grundgesetz folgt (vgl. Art. 14 Abs. 3 S. 4 GG oder Art. 34 S. 3 GG) scheidet dies aus. Die übrigen Fallkonstellationen sind angesichts der Neufassung von § 17 Abs. 2 S. 1 GVG streitig. Richtigerweise handelt es sich bei der rechtswegfremden Forderung aber nicht um einen „rechtlichen Gesichtspunkt" i.S.d. § 17 Abs. 2 GVG, sondern um ein selbstständiges Gegenrecht, das vom Streitgegenstand des Rechtsstreits nicht mehr umfasst wird. Ebenso wie im Fall der Widerklage ist das Verwaltungsgericht hier nicht zur Entscheidung befugt. Das Verwaltungsgericht hat daher nach § 173 VwGO i.V.m. § 302 ZPO durch **Vorbehaltsurteil** zu entscheiden und das Nachverfahren hinsichtlich der Aufrechnung gemäß § 94 VwGO auszusetzen.[8] Das Bundesarbeitsgericht hält anstelle der Aussetzung auch eine direkte Verweisung für möglich.[9]

2. Justiz-Verwaltungsakte

a) Auskunft

1212 Doktorand D möchte Einsicht in Zivilprozessakten nehmen, die in einem bestimmten Zeitraum beim Landgericht Stuttgart angefallen sind und das Thema seiner Dissertation betreffen. Nachdem der Landgerichtspräsident dies abgelehnt hat, möchte D Klage erheben. Welches Gericht ist zuständig?

1213 Angesichts der Sachnähe zum spezifischen Aufgabengebiet handelt es sich um einen sog. **„Justiz-Verwaltungsakt"** nach § 23 EGGVG.[10] Danach sind „spezifisch justizmäßige Maßnahmen" von Justizbehörden den ordentlichen Gerichten zugewiesen. Materiell finden sich die Kriterien in § 299 Abs. 2 ZPO und § 475 StPO.

1214 Anders verhält es sich dagegen mit **Pressemitteilungen**, weil diese nur dem allgemeinen Informationsanspruch nach § 4 Landespressegesetz genügen und ein spezifischer Konnex zum fachlichen Aufgabenbereich damit fehlt.[11]

---

7 Vgl. BVerwG, DVBl 1993, 885.
8 Vgl. BVerwG, NJW 1999, 160.
9 Vgl. BAG, NJW 2008, 1020.
10 Vgl. VGH Bad.-Württ., VBlBW 2012, 152.
11 Vgl. BVerwG, NJW 1989, 412.

b) Sperrerklärung

A ist Angeklagter in einem Strafprozess und wird maßgeblich durch die Angaben eines Kronzeugen belastet. A hält den Kronzeugen für unglaubwürdig und möchte die Aussagen mit dessen gegenüber den Verfassungsschutzbehörden gemachten Angaben vergleichen. Nach Aufforderung durch den Strafsenat wurde jedoch nur eine teilweise geschwärzte Abschrift des Vernehmungsprotokolls vorgelegt, im Übrigen erließ das Innenministerium eine Sperrerklärung nach § 96 S. 1 StPO. Die Passagen seien geheimhaltungsbedürftig, weil aus ihnen Erkenntnisse über die Arbeitsweise der Verfassungsschutzbehörden abgeleitet werden könnten. Was kann A tun?

1215

Die Rechtmäßigkeitskontrolle einer **Sperrerklärung** nach § 96 StPO unterliegt der Verwaltungsgerichtsbarkeit; A kann sie im Wege der Anfechtungsklage angreifen und damit die Aktenvorlage erzwingen. Allerdings hat sich das Innenministerium hier auf Geheimhaltungsinteressen berufen. Das Verwaltungsgericht kann daher nicht selbst entscheiden, sondern hat die Frage der Geheimhaltungsbedürftigkeit in dem nach § 99 Abs. 2 VwGO vorgeschriebenen Zwischenverfahren dem Oberverwaltungsgericht (in Baden-Württemberg: Verwaltungsgerichtshof, vgl. § 181 VwGO i.V.m. § 1 Abs. 1 S. 1 AGVwGO) zur Entscheidung vorzulegen.[12]

1216

3. Zivilrechtliche Überlagerungen

a) Privatrechtlicher Betrieb öffentlicher Einrichtungen

Der Kulturverein in S veranstaltet seit Jahren ein maßgeblich durch Beiträge ausländischer Einwohner gestaltetes Kulturfest in der Stadthalle und dem davor gelegenen Platz. Die Vergabe wird neuerdings aber durch eine „Tourismus-GmbH" verwaltet, deren alleinige Gesellschafterin die Stadt ist. Der vom Verein gestellte Antrag wird von dieser unter Hinweis auf andere, „für die Bürger interessantere Anfragen" abgelehnt. Der Verein meint, die Stadt sei verpflichtet, ihn mit seinem bereits zur Tradition gewordenen Angebot zu berücksichtigen, und will vor dem Verwaltungsgericht klagen.

1217

Die sog. „Zweistufen-Theorie" ist ein Klassiker. Es bedarf daher keiner ausführlichen Begründung, das Stichwort sollte aber auftauchen. Der Sonderrechtscharakter ergibt sich aus § 10 Abs. 2 S. 2 GemO, der die Gemeinde als Träger hoheitlicher Gewalt einseitig verpflichtet, Einwohnern die Benutzung öffentlicher Einrichtungen zu gestatten. Dies gilt auch dann, wenn von der Wahlmöglichkeit Gebrauch gemacht und das Benutzungsverhältnis selbst – das „wie" der Benutzung – privatrechtlich ausgestaltet wurde. Die Entscheidung über das „ob" des Zugangs bleibt stets öffentlich-rechtlich („keine Flucht ins Privatrecht").

1218

Die öffentlich-rechtliche Bindung der Gemeinde bleibt aber sogar dann erhalten, wenn die Einrichtung auch organisatorisch als Privatrechtsperson betrieben wird, wie hier durch die Tourismus-GmbH.[13] Zwar ist das Verhältnis des Bürgers zur GmbH stets zivilrechtlich, denn Privatpersonen stehen hoheitliche Sonderbefugnisse nur im Fall der Beleihung zu. Eine Klage unmittelbar gegen die GmbH wäre daher nur vor den Zivilgerichten möglich. Hiervon unberührt bleibt aber die fortbestehende Möglichkeit, sich an die Gemeinde zu wenden. Allerdings richtet sich dieser **„Verschaffungsanspruch"** dann nicht auf die Zulassung selbst – die von der Gemeinde gar nicht ausgesprochen

1219

---

12 Vgl. BVerwG, DVBl 2006, 851.
13 Vgl. etwa BVerwG, NVwZ 2009, 1305.

werden könnte -, sondern auf die Ausübung der der Gemeinde zustehenden Einwirkungsmöglichkeiten auf die Betriebsgesellschaft. Da es sich hierbei nicht um den Erlass eines Verwaltungsakts, sondern um die Ausübung gesellschaftsrechtlicher Befugnisse handelt, ist statthafte Klageart die Leistungsklage.[14]

1220   Im Eilfall ist damit die einstweilige Anordnung nach § 123 VwGO einschlägig. Hier muss im Übrigen nicht entschieden werden, ob in der Hauptsache direkt auf Leistung oder eine vorgelagerte Entscheidung über deren Gewährung (Verpflichtung) zu klagen wäre. In beiden Fällen bleibt es bei der einstweiligen Anordnung als statthafte Antragsart, weil der Antrag nach § 80 Abs. 5 VwGO mit der allein möglichen Folge eines Suspensiveffekts nur Schutz gegen belastende Verwaltungsakte bietet und daher nur in der Anfechtungsklagenkonstellation in Betracht kommt.

b) Hausverbot

1221   Während der Verhandlungen über die Vergabe eines Bauauftrags hat sich Bewerber B mit den Mitarbeitern der Straßenbauverwaltung wiederholt lautstarke Wortgefechte geliefert. Der Behördenleiter händigte ihm daraufhin ein als „Bescheid" überschriebenes und mit einer Rechtsmittelbelehrung versehenes Schriftstück aus, mit dem ihm das Betreten des Dienstgebäudes untersagt wird. B möchte sich hiergegen wehren.

1222   Die Zuordnung von **Hausverboten** ist noch immer streitig. Während insb. in der Literatur auf die Zweckbestimmung – den Schutz der widmungsgemäßen Aufgabenwahrnehmung der Einrichtung – abgestellt und so der Verwaltungsrechtsweg bejaht wird, nimmt die wohl überwiegende Auffassung in der Zivilrechtsprechung eine Annexzuständigkeit an und differenziert nach der Rechtsnatur des Verhältnisses, das mit dem Hausverbot unterbrochen worden ist.[15] Danach wäre hier der Zivilrechtsweg gegeben.

1223   Im vorliegenden Fall ist der Streit indes unerheblich, weil die Behörde unzweifelhaft einen Verwaltungsakt erlassen hat. Da diese Handlungsform Trägern hoheitlicher Gewalt vorbehalten ist, kann B in jedem Falle vor dem Verwaltungsgericht Klage erheben. In Fallen des sog. „**formellen Verwaltungsakts**" ist der Verwaltungsrechtsweg immer eröffnet; ob die Behörde tatsächlich zum Einsatz dieser Handlungsform befugt war, ist eine Frage der Begründetheit (formelle Rechtmäßigkeit).

c) Verwaltungsprivatrecht

1224   C hat sich um einen von der Straßenbauverwaltung ausgeschriebenen Auftrag zur Sanierung einer Autobahnbrücke beworben, war aber nicht zum Zuge gekommen, weil die eingereichten Angebotsunterlagen nach Auffassung der Behörde nicht den Anforderungen der sog. VOB (Verdingungsordnung für Bauleistungen) entsprochen hatten. C hat beim örtlichen Verwaltungsgericht Klage erhoben, das den Rechtsstreit aber an die ordentliche Gerichtsbarkeit verweisen will. C meint, dass es gerade um die fehlerhafte Anwendung der öffentlich-rechtlichen Vorschriften der VOB geht und möchte den Rechtsstreit daher vor den Verwaltungsgerichten führen. Zu Recht?

1225   Inhaltlich begehrt C den Abschluss eines Werkvertrages nach § 631 BGB, der kein staatliches Sonderrecht darstellt. Allerdings hat die Straßenbauverwaltung bei der Auftragsvergabe und der Auswahl des Vertragspartners die Vergaberichtlinien der VOB zu

---

14   Vgl. etwa VGH Bad.-Württ., BWGZ 2003, 804.
15   Vgl. zum fehlenden Zusammenhang zwischen der Sachmaterie und der Ausübung des Hausrechts auch OVG NRW, NJW 2011, 2379.

berücksichtigen, so dass das Rechtsverhältnis öffentlich-rechtlich überlagert wird (sog. „**Verwaltungsprivatrecht**"). Dieser Umstand ändert nach h.M. aber an der Rechtsweg-zuweisung zu den ordentlichen Gerichten nichts.[16]

Zu einem anderen Ergebnis gelangt man dagegen, wenn man streitentscheidend auf die spezifischen Bedingungen abstellt, denen Ausschreibung und Vergabe öffentlich-recht-licher Aufträge unterliegen, denn diese binden einseitig Träger hoheitlicher Gewalt und sind damit staatliches Sonderrecht.[17] Hierfür spricht, dass sich die konkret streitent-scheidende Frage, ob die Straßenbauverwaltung die VOB zutreffend angewendet hat oder den Auftrag an U hätte vergeben müssen, nur aus den öffentlich-rechtlichen Ver-gaberichtlinien ergeben kann; aus § 631 BGB dagegen kann der geltend gemachte An-spruch nicht folgen. M.E. muss hier deshalb – mit der Mindermeinung – der Verwal-tungsrechtsweg angenommen werden. 1226

Nur so kann auch das systemwidrige Ergebnis vermieden werden, dass die Einhaltung der VOB durch Hoheitsträger von den Zivilgerichten kontrolliert wird, die entspre-chende Überprüfung bei Privaten aber durch die Verwaltungsgerichte erfolgt. Denn bei der Subventionsvergabe an Private wird regelmäßig auch die Einhaltung der VOB auf-erlegt, so dass entsprechende Subventionsstreitigkeiten – die unstreitig der Verwal-tungsgerichtsbarkeit unterfallen – vielfach die Einhaltung der VOB zum Gegenstand haben.[18] 1227

d) Grundrechtseinschlag

Nachdem die N-Partei wiederholt mit ausländerfeindlichen Gewalttaten in Verbindung gebracht worden ist, kündigt die Dresdner Bank den mit der Partei abgeschlossenen Kontoführungsvertrag. Die N-Partei verweist auf die Unschuldsvermutung und auf den Umstand, dass die Partei nicht verboten sei. Sie erhebt Klage vor dem Verwal-tungsgericht. 1228

Der Rechtsstreit unterfällt dem Zivilrechtsweg.[19] Ob die Gerichte dabei die einschlägi-gen Vorschriften im Lichte des Grundgesetzes auszulegen haben und damit möglicher-weise ein Kontrahierungszwang besteht, ist für die Rechtswegfrage ohne Belang. Allein die Berücksichtigung von **Grundrechten** macht den Rechtsstreit nicht zu einem öffent-lich-rechtlichen. 1229

e) Sparkasse

Die N-Partei wendet sich daraufhin an die Sparkasse und trägt vor, da Privatbanken zum Abschluss eines Kontoführungsvertrages nicht bereit seien, verbleibe nur die Spar-kasse. Aus § 5 Abs. 1 S. 1 ParteiG stehe ihr ein Anspruch auf Eröffnung eines Girokon-tos zu. Nach Weigerung wendet sie sich erneut ans Verwaltungsgericht. 1230

Die Sparkasse ist als **Anstalt öffentlichen Rechts** an die Vorgaben des § 5 Abs. 1 S. 1 ParteiG gebunden. Ob aus dieser Norm ein Anspruch auf Kontoeröffnung abgeleitet 1231

---

16 Vgl. etwa BVerwGE 129, 9; VGH Bad.-Württ., VBlBW 2007, 147.
17 Vgl. OVG Rh.-Pf., DVBl 2005, 988.
18 Vgl. zu einem Zuwendungsteilwiderruf wegen Nichteinhaltung der VOB etwa VGH Bad.-Württ., VBlBW 2012, 221.
19 Vgl. VG Hannover, NJW 2001, 3354.

werden kann, erscheint zwar fraglich. Der Rechtsstreit hierüber ist aber öffentlich-rechtlicher Natur, so dass die Verwaltungsgerichte zur Entscheidung berufen sind.[20]

f) Widerruf

1232 C stand in Verhandlungen zum Abschluss eines öffentlich-rechtlichen Vertrages mit der Gemeinde G. Nach dem Scheitern der Vertragsverhandlungen erklärt der Bürgermeister in einer öffentlichen Gemeinderatssitzung, man habe die Verhandlungen abgebrochen, weil es sich bei C um einen unsoliden Spekulanten handle. C verlangt Widerruf. Welches Gericht ist zuständig? Wer ist Beklagter?

1233 Soweit ein Zusammenhang mit der Erfüllung öffentlicher Aufgaben vorliegt, ist der Verwaltungsrechtsweg eröffnet; die Klage hat sich insoweit gegen die Körperschaft (Gemeinde) zu richten. Anders liegt der Fall jedoch, wenn nur die persönliche Meinung des Bürgermeisters zum Ausdruck gebracht wird und er seine **Äußerungen** unabhängig davon macht, dass er zufällig auch Bürgermeister ist;[21] insoweit ist eine Zivilklage gegen die natürliche Person zu erheben. Hier hat der Bürgermeister seine Äußerungen gerade als Bürgermeister in amtlicher Funktion und nicht als Privatperson abgegeben.

g) Unterlassen ehrverletzender Äußerungen

1234 Im nichtamtlichen Teil des Amtsblatts der Stadt S ist ein Artikel erschienen, in dem sich die C-Fraktion des Gemeinderats kritisch über die A – einen eingetragenen Verein, der sich selbst als Religionsgemeinschaft versteht – äußert. A begehrt vor dem Verwaltungsgericht einstweiligen Rechtsschutz und wendet sich sowohl gegen die Fraktion als auch gegen die Stadt S.

1235 Ansprüche auf Unterlassen ehrverletzender Äußerungen sind öffentlich-rechtlicher Natur, wenn sie von einem Träger hoheitlicher Gewalt bei Erfüllung öffentlicher Aufgaben abgegeben werden. Der ordentliche Rechtsweg liegt dagegen vor, wenn die beanstandeten Äußerungen nicht in amtlicher Eigenschaft, sondern nur gelegentlich einer nach öffentlichem Recht zu beurteilenden Tätigkeit gemacht werden und Ausdruck einer persönlichen Meinung sind. Hinsichtlich der Fraktion ist der Rechtsstreit damit in jedem Fall privatrechtlicher Natur. Denn **Fraktionen** sind im Außenverhältnis zum Bürger keine hoheitlichen Sonderrechte verliehen; ihre Rechtsbeziehung zu Privaten ist daher immer privatrechtlicher Natur.[22]

1236 Auch hinsichtlich der Stadt liegt hier indes keine öffentlich-rechtliche Streitigkeit vor. Zwar sind Veröffentlichungen im gemeindlichen **Amtsblatt** dem öffentlich-rechtlichen Bereich zuzuordnen, wenn die Gemeinde damit ihrer Informationspflicht nach § 20 Abs. 1 GemO nachkommt. Publikationen im nicht-amtlichen (redaktionellen) Teil gehören hierzu jedoch nicht. Dementsprechend gab der Beitrag auch erkennbar nur die Auffassung der C-Fraktion wieder. Regelmäßig wird auf den entsprechenden Seiten auch ein ausdrücklicher Vermerk angebracht, wonach für den Inhalt nur die jeweilige Fraktion selbst verantwortlich ist. Der Rechtsstreit ist daher zu verweisen.[23]

---

20 Vgl. OVG NRW, NVwZ-RR 2004, 795; OVG Berlin, NJW 2004, 3585.
21 Vgl. hierzu etwa Bay. VGH, BayVBl 2010, 442.
22 Vgl. VGH Bad.-Württ., VBlBW 2002, 251.
23 Vgl. VGH Bad.-Württ., VBlBW 2002, 251.

h) Kirchliches Handeln

J möchte sich gegen Behauptungen des Sektenbeauftragten der Evangelischen Landes-   **1237**
kirche wenden, die in einer Broschüre mit dem Titel „Destruktive Kulte in B., Band 5:
Die Zeugen Jehovas" enthalten sind. Darüber hinaus stört ihn das Glockenläuten der
benachbarten Kirche. Er erwägt die Erhebung einer Unterlassungsklage vor dem Landgericht.

Kirchen sind juristische Personen des öffentlichen Rechts. Die Rechtsbeziehungen sind   **1238**
deshalb jedenfalls insoweit dem öffentlichen Recht zugewiesen, als es um kultische
Handlungen geht. Demgemäß ist das „liturgische Glockenläuten" als kultisch bewertet
worden, während das reine „Zeitschlagen" dem Zivilrechtsweg untersteht.[24] Teilweise
wird der kirchliche Bereich jedoch insgesamt als öffentlich-rechtlich bewertet, so dass
jede widmungsgemäße Nutzung zu öffentlich-rechtlichen Streitigkeiten führen würde.[25] Äußerungen über andere Religionen sind umstritten; soweit sie jedoch Ausdruck
der eigenen Glaubenslehre sind, betreffen sie den Kernbereich kirchlichen Wirkens, so
dass der Verwaltungsrechtsweg eröffnet ist.[26]

i) Privatschulen

A möchte seinen Sohn auf dem renommierten Gymnasium H – einer staatlich aner-   **1239**
kannten Privatschule – anmelden. Die Schule verweigert die Aufnahme jedoch, weil
man vorrangig Kinder von promovierten Eltern aufnehme, außerdem habe der Sohn
die Gymnasialempfehlung erst aufgrund der Nachholprüfung erhalten. A begehrt vor
dem Verwaltungsgericht die Gewährung von Eilrechtsschutz.

Das Rechtsverhältnis zwischen dem Träger einer **Privatschule**[27] und dem Schüler ist in   **1240**
seiner Grundstruktur zivilrechtlich ausgestaltet, so dass der Verwaltungsrechtsweg
nicht eröffnet ist. Etwas anderes gilt aber, soweit eine als Ersatzschule anerkannte Privatschule mit staatlichen Hoheitsrechten **„beliehen"** ist und öffentliche Gewalt ausübt.
Derartiges liegt bei staatlich anerkannten Ersatzschulen unstreitig im Bereich des Prü-
fungs- und Zeugniswesens vor, weil die Schule mit der Anerkennung das Recht erhalten hat, Prüfungen abzuhalten und Zeugnisse zu erteilen. Im Übrigen bleibt es nach
h.M. aber bei der privatrechtlichen Natur des Schulverhältnisses. Die anerkannte Ersatzschule unterliegt zwar der Bindung durch die Grundrechte und untersteht den einschlägigen Landesgesetzen (vgl. Art. 7 Abs. 4 S. 2 GG),[28] „so dass sie verpflichtet ist,
auch bei der Aufnahme, der Versetzung oder beim Schulwechsel die allgemeinen, für
öffentliche Schulen geltenden Bestimmungen anzuwenden".[29] Diese öffentlich-rechtliche Überlagerung führt aber nicht zur Eröffnung des Verwaltungsrechtswegs. Streitigkeiten über den Abschluss des Schulvertrags, die Erfüllung und die Kündigung des Ver-
trags sind daher grundsätzlich der ordentlichen Gerichtsbarkeit übertragen.[30]

---

24 Vgl. VGH Bad.-Württ.,VBlBW 2012, 389 m.w.N.
25 Vgl. Bay. VGH, NVwZ-RR 2004, 722 für Lärmbeeinträchtigungen durch die kirchliche Jugendarbeit.
26 Vgl. hierzu BGHZ 148, 307; zur eingeschränkten Prüfbefugnis staatlicher Gerichte auch BGHZ 154, 306 so-
    wie BVerfG, Kammerbeschluss, 27.1.2004 – 2 BvR 1978/00.
27 Entsprechendes gilt für private Hochschulen: vgl. etwa Hess. VGH, NJW 2016, 1338.
28 Vgl. zu den öffentlich-rechtlichen Bindungen eines Privatrechtsträgers im Falle des sog. Verwaltungsprivat-
    rechts etwa BGHZ 155, 166.
29 Vg. etwa Niehues/Rux, Schul- und Prüfungsrecht Bd. 1, 4. Aufl. 2006, Rn. 1018 m.w.N.; VGH Bad.-Württ.,
    NVwZ-RR 2011, 558.
30 Vgl. etwa Hess. VGH, DÖV 2007, 262 für die Kündigung oder OVG SA, NVwZ-RR 2013, 312 für Ordungsmaß-
    nahmen.

1241 Fraglich ist aber, ob dies auch dann gilt, wenn der konkrete Streit alleine auf der Anwendung öffentlich-rechtlicher Vorschriften beruht. Der hier geltend gemachte Anspruch auf Aufnahme kann sich nicht aus den privatrechtlichen Vorschriften ergeben, so dass es streitentscheidend auf die auch für anerkannte Privatschulen geltenden Vorgaben des einschlägigen Fachrechts ankommt. Nach diesen muss das Schulaufnahmeverfahren bei beschränkter Kapazität nach sachgerechten Kriterien erfolgen, die klar und nachvollziehbar festliegen; eine Differenzierung nach dem Bildungsgrad der Eltern oder der Art des Qualifikationserwerbs wäre unzulässig.[31] M.E. spricht daher viel für die Annahme des Verwaltungsrechtswegs.[32]

III. Klageart

1242 Die Klage- oder Antragsart ist einer der wenigen Prüfpunkte, die ihren sachlogisch zwingenden Ort in der Prüfungsfolge haben. Denn aus der zutreffenden Einordnung folgen die – jeweils unterschiedlichen – **Sachurteilsvoraussetzungen**. Auch hier genügt vielfach ein – wiederum die Subsumtionsleistung enthaltender – Satz, etwa wenn die Verwaltungsaktsqualität keine Zweifelsfragen aufwirft. In Problemfällen ist dagegen eine vertiefte Erörterung erforderlich, wenn sich hieraus unterschiedliche Rechtsfolgen ergeben.

1. Anfechtungsklage

a) Formeller VA

1243 Nachdem die Stadt einen Rohrbruch in der Garageneinfahrt des A repariert hat, erhält dieser ein mit „Bescheid" überschriebenes und mit einer Rechtsmittelbelehrung versehenes Schreiben, durch das ein Zahlungsbetrag von 500 EUR festgesetzt wird. A meint, die Rechnung sei völlig überhöht, und ärgert sich insb., dass die Stadt keine Rechnung gestellt, sondern einen Betrag in hoheitlicher Manier festgesetzt habe. Auf die erhobene Anfechtungsklage erwidert die Stadt, wenn die Auffassung des A zutreffe, sei auch die Anfechtungsklage unzulässig.

1244 Es handelt sich um einen sog. **„formellen Verwaltungsakt"**. Hier ist die Anfechtungsklage stets zulässig, weil die Behörde mit dem Instrumentarium des Verwaltungsakts gehandelt hat und allein hierin auch eine Beschwer liegt. Ob die hierzu erforderliche „VA-Befugnis" tatsächlich vorliegt, ist eine Frage der Begründetheit: die formelle Rechtmäßigkeit setzt auch die Ermächtigung zur Handlung in der Form des Verwaltungsakts voraus. Dies gilt auch, wenn sich der Bescheidcharakter erst aus dem Widerspruchsbescheid ergibt.[33]

b) Zwangsmittelandrohung

1245 Eine gegen U ergangene Abbruchsanordnung ist bestandskräftig geworden. Die Baurechtsbehörde erlässt daraufhin einen Bescheid, in dem U gemäß §§ 19, 20 LVwVG die Festsetzung eines Zwangsgelds angedroht wird. U möchte hiergegen gerichtlich vorgehen, ist sich aber nicht sicher, ob eine Anfechtungsklage statthaft ist, da er gehört hat, dass „vorbereitende Maßnahmen" keine Verwaltungsakte darstellen.

---

31 Vgl. etwa Sächs. OVG, NVwZ-RR 2010, 478.
32 Zweifelnd für den Fall, dass sich der Anspruch aus öffentlich-rechtlichen Vorschriften ergibt, auch Hess. VGH, DÖV 2007, 262.
33 Vgl. BVerwGE 78, 3: Zurückweisung des Widerspruchs als unbegründet.

Die **Zwangsvollstreckung** erfolgt grundsätzlich dreistufig nach dem Schema Andro-   1246
hung, Festsetzung, Durchführung. Die Androhung ist damit zwar eine Vorstufe der
späteren Vollstreckung, sie ist aber keine „behördliche Verfahrenshandlung" i.S.d.
§ 44a S. 1 VwGO. Vielmehr enthält auch die Androhung mit der Auswahl des
Zwangsmittels bereits selbst eine Regelung und ist damit ein Verwaltungsakt mit Außenwirkung. Relevant ist dies insb. im vorläufigen Rechtsschutz, weil statthaftes
Rechtsmittel damit ein Antrag nach § 80 Abs. 5 S. 1 Alt. 1 VwGO ist. Dieser ist auch
erforderlich, denn der Widerspruch hat gemäß § 80 Abs. 2 S. 1 Nr. 3 VwGO i.V.m.
§ 12 S. 1 LVwVG keine aufschiebende Wirkung.

c) Nebenbestimmungen

Auf seinen Antrag hin ist T eine Aufenthaltserlaubnis erteilt worden. Diese enthält in-   1247
des eine Nebenbestimmung, nach der ihm Erwerbstätigkeiten untersagt sind. T möchte
eine Aufenthaltserlaubnis ohne entsprechende Einschränkung erhalten und fragt sich,
wie er dies erreichen kann.

Nach neuerer Rechtsprechung ist gegen belastende **Nebenbestimmungen** stets die An-   1248
fechtungsklage eröffnet.[34] Dies entspricht auch dem Begehren des Klägers, denn er will
nicht die gewährte Begünstigung in Zweifel ziehen, sondern allein die ihn belastende
Nebenbestimmung. Die – materiellrechtlich zu entscheidende – Frage, ob der „Restver-
waltungsakt" ohne die beanstandete Nebenbestimmung rechtswidrig ist und die Einschränkung daher aus Rechtsgründen geboten ist, um eine Gesamtversagung zu vermeiden, ist in der Begründetheit zu beantworten.

Voraussetzung für die Zulässigkeit der isolierten Anfechtungsklage ist aber die logische   1249
Teilbarkeit von Nebenbestimmung und Verwaltungsakt. Andernfalls handelt es sich
tatsächlich gar nicht um eine selbstständig neben die Gewährung tretende Zusatzbestimmung, sondern um einen inhaltsbestimmenden Teil des Verwaltungsakts selbst.
Schulbeispiel ist die „modifizierende Auflage", bei der etwa anstelle des beantragten
Satteldachs ein Walmdach genehmigt worden ist. Der Sache nach handelt es sich bei
diesen Konstellationen um die Ablehnung des beantragten und gleichzeitige Genehmigung eines modifizierten Vorhabens, das so bislang gar nicht beantragt war. Eine isolierte Kassation hinterlässt hier einen sinnlosen Rest, nämlich ein Haus ohne genehmigtes Dach. Die Regelungen sind daher nicht teilbar. Muss die Trennbarkeit verneint
werden, kann nur Verpflichtungsklage auf Erlass eines Verwaltungsakts ohne die beanstandete Nebenbestimmung erhoben werden. Im vorliegenden Fall ist die selbstständige Anfechtbarkeit aber zu bejahen (vgl. § 84 Abs. 1 Nr. 3 AufenthG).

d) Kommunalaufsicht

Der Großen Kreisstadt K ist vom zuständigen Regierungspräsidium im Wege der Kom-   1250
munalaufsicht aufgegeben worden, ihre Satzung über die Nutzung des örtlichen
Schwimmbads in verschiedenen Punkten abzuändern. In einem weiteren Fall hat das
Regierungspräsidium angeordnet, dass die K eine von ihr erlassene Ablehnung eines
Bauantrags aufzuheben und die Baugenehmigung zu erteilen habe. K möchte wissen,
ob und wie sie sich gerichtlich gegen die Maßnahmen zur Wehr setzen kann.

---

34 Vgl. BVerwGE 112, 221; hierzu etwa Brüning, NVwZ 2002, 1081 oder Schmidt, VBlBW 2004, 81.

1251 Im Gegensatz zu Maßnahmen der **Fachaufsicht**, denen die Außenwirkung fehlt, steht den Gemeinden gegen rechtsaufsichtliche Maßnahmen die Anfechtungsklage zu (vgl. § 125 GemO).[35] Hier kann die Möglichkeit der Verletzung in eigenen Rechten – nämlich Art. 28 Abs. 2 GG – geltend gemacht werden. Gleiches kann auch für Maßnahmen der Fachaufsicht gelten, wenn die Gemeinde vorträgt, die Aufsichtsmaßnahme habe den fachaufsichtlichen Bereich überschritten und damit in ihr Selbstverwaltungsrecht eingegriffen.

1252 Im Fallbeispiel handelt es sich bei dem Schwimmbad um eine öffentliche Einrichtung und damit um eine Angelegenheit der **Selbstverwaltung**, so dass die Anfechtungsklage statthaft ist. Ein Vorverfahren findet hier gemäß § 68 Abs. 1 S. 2 VwGO i.V.m. § 15 Abs. 1 S. 1 AGVwGO nicht statt, weil der Bescheid vom Regierungspräsidium erlassen wurde. Bei den Angelegenheiten der Baurechtsbehörde dagegen handelt es sich um eine übertragene Aufgabe, für die ein unbeschränktes Weisungsrecht besteht (vgl. § 47 Abs. 5 LBO). Da eine Verletzung des eigenen Rechts auf Selbstverwaltung weder geltend gemacht noch ersichtlich ist, scheidet die Anfechtungsklage aus.

e) Maßgeblicher Zeitpunkt

1253 F ist Inhaber eines Friseurgeschäfts. Der Betrieb des Gewerbes wurde ihm von der zuständigen Behörde gemäß § 35 Abs. 1 S. 1 GewO untersagt, da er mit der Zahlung von Steuern in Höhe von 300.000 EUR im Rückstand war. Der von F eingelegte Widerspruch ist zurückgewiesen worden, nachdem es ihm nicht gelungen war, den genannten Rückstand zu begleichen. In der mündlichen Verhandlung über die von F erhobene Anfechtungsklage trägt er unter Vorlage einer entsprechenden Bescheinigung des Finanzamtes vor, dass er mittlerweile die rückständigen Steuern bezahlt habe. Müssen die angefochtenen Verfügungen aufgehoben werden?

1254 Der Rechtsstreit hängt von der Frage ab, ob die **nachträglich eingetretenen Änderungen** in dem anhängigen Gerichtsverfahren berücksichtigt werden können. Entscheidend hierfür ist der Streitgegenstand. Steht eine in die Zukunft gerichtete Regelung im Raum, sind nachträgliche Entwicklungen grundsätzlich zu beachten. Wie im Zivilprozess auch, ist bei Verpflichtungsklagen daher regelmäßig auf die Sach- und Rechtslage im **Zeitpunkt** der letzten mündlichen Verhandlung einer Tatsacheninstanz abzustellen. Abweichungen ergeben sich nur, wenn Anknüpfungspunkt ein in der Vergangenheit liegendes Geschehen ist. So wird auch im Zivilprozess die Frage, ob ein Vertrag wegen Verstoßes gegen ein gesetzliches Verbot (§ 134 BGB) oder die guten Sitten (§ 138 BGB) unwirksam ist, nach den Verhältnissen im Zeitpunkt des Vertragsschlusses beurteilt. Dementsprechend spielt etwa bei einer auf Neubewertung einer Prüfungsleistung gerichteten Klage die nachfolgende Entwicklung keine Rolle. Anknüpfungspunkt ist vielmehr die in der Vergangenheit erbrachte Prüfungsleistung.

1255 Schwierigkeiten bereiten dagegen Anfechtungsklagen. Hier steht die Rechtmäßigkeit einer Verwaltungsentscheidung im Raum, so dass im Ausgangspunkt auf den Zeitpunkt der letzten Behördenentscheidung (Widerspruchsbescheid) abzustellen ist. Abweichungen ergeben sich auch hier aus dem **Regelungsgegenstand** des angefochtenen Verwaltungsakts. Während bei Verwaltungsakten mit Dauerwirkung oder noch nicht

---

35 Da der Bund von der ihm durch Art. 74 Abs. 1 Nr. 1 GG eingeräumten Befugnis zur Regelung des verwaltungsgerichtlichen Verfahrens abschließend Gebrauch gemacht hat, ist die Feststellung des § 125 GemO aber nur deklaratorischer Natur.

vollzogenen Verfügungen (Klassiker ist die Abbruchsanordnung, deren Grundlage durch einen nachfolgend ergangenen Bebauungsplan entfallen ist) Einigkeit über die **Zukunftsgerichtetheit** besteht, ist dies in anderen Konstellationen schwieriger. Eine einheitliche Lösung ist weder in der Rechtsprechung noch im Schrifttum in Sicht. Richtiger Weise muss indes auch hier auf den Streitgegenstand abgestellt werden.[36] Regelt der angegriffene Verwaltungsakt einen in der Vergangenheit liegenden Sachverhalt, ist auch die Sach- und Rechtslage hierauf bezogen. Erstreckt sich der Regelungsgehalt dagegen in die Zukunft, muss auch der Bezugsrahmen nachgeführt werden. Dementsprechend ist mittlerweile geklärt, dass auch bei einer Anfechtungsklage gegen die Ausweisung eines Ausländers auf den Zeitpunkt der gerichtlichen Entscheidung abzustellen ist.[37]

Problematisch kann aber die zutreffende Bestimmung des Regelungsgehalts der angegriffenen Verfügung sein. Dies gilt in besonderer Weise, wenn das materielle Recht eigenständige Verfahren für die Berücksichtigung künftiger Entwicklungen vorsieht. Für die Gewerbeuntersagung etwa ist in § 35 Abs. 6 S. 1 GewO die Möglichkeit eines Antrags auf Neuerteilung vorgesehen. Nach Auffassung des Bundesverwaltungsgerichts muss die nachträgliche Entwicklung im Anfechtungsprozess gegen die Untersagungsverfügung daher nicht berücksichtigt werden.[38] Dies ist dogmatisch konsequent, wenn man dem Regelungsgefüge eine **Zäsurwirkung** entnimmt. (Bewältigbare) Schwierigkeiten ergeben sich dann allerdings im Hinblick auf die Ausgestaltung des effektiven Rechtsschutzsystems, mit dem das Entstehen zeitlicher Lücken vermieden werden muss. | 1256

Parallele Probleme ergeben sich vielfach im Berufsrecht, etwa wenn es um die Erlaubnis geht, eine bestimmte Berufsbezeichnung führen zu dürfen. Auch hier wird im Falle des Widerrufs einer bereits erteilten Berufserlaubnis mit dem Erlass des rechtsgestaltenden Verwaltungsakts eine Zäsur angenommen, die nachträglich eintretende Umstände abtrennt und einem eigenständigen Wiedererteilungsverfahren zuweist und vorbehält.[39] Anders liegen die Dinge dagegen im Falle der Ersterteilung.[40] Mangels gesondertem Verfahren sind hier auch nachträglich eingetretene Umstände – wie etwa die Wiedererlangung einer zunächst nicht bestehenden persönlichen Eignung oder Zuverlässigkeit – zu berücksichtigen.[41] | 1257

f) Nachholung von Ermessenserwägungen

Gegen N ist eine baurechtliche Nutzungsuntersagung ergangen. Nachdem N hiergegen Klage erhoben hat, weist der Berichterstatter darauf hin, dass die angefochtene Verfügung Ermessenserwägungen nicht enthält. Die Baubehörde legt daraufhin in einem Schriftsatz ausführlich dar, weshalb alle von N vorgetragenen Gesichtspunkte der Nutzungsuntersagung nicht entgegenstehen. Kann dies vom Gericht berücksichtigt werden? | 1258

---

36 Vgl. hierzu auch Baumeister, Jura 2005, 655.
37 Vgl. BVerwGE 130, 20; VGH Bad.-Württ., NVwZ 2009, 1380.
38 Vgl. BVerwGE 65, 1 sowie 152, 39 zu § 12 S. 1 GewO.
39 Vgl. etwa BVerwG, NJW 2010, 2901 oder BVerwGE 124, 110.
40 Vgl. hierzu VGH Bad.-Württ., GewArch 2011, 360.
41 Vgl. BVerwG, NVwZ-RR 2011, 23. Nur so kann in dieser Konstellation die durch Art. 12 Abs. 1 GG geschützte Berufsfreiheit effektiv gewährleistet werden; vgl. hierzu auch BVerfG, NVwZ 1995, 1096.

1259   Die in § 114 S. 2 VwGO getroffene Bestimmung regelt als Prozessrechtsvorschrift grundsätzlich nur, dass ein nach materiellem Recht zulässiges **Nachholen von Ermessenserwägungen** auch im gerichtlichen Verfahren selbst erfolgen kann und nicht an prozessualen Hindernissen scheitert.[42] Vorgängig ist daher zu prüfen, ob nachträglich eingetretene Umstände überhaupt berücksichtigt werden können. Dies ist bei einer Nutzungsuntersagung grundsätzlich nicht der Fall. Hier besteht vielmehr die Möglichkeit eines erneuten Antrags; ggf. unter den Voraussetzungen des § 51 LVwVfG. Vorliegend geht es indes nicht um neu eingetretene Umstände, sondern das Nachschieben von Erwägungen, die schon im Zeitpunkt der letzten Behördenentscheidungen vorhanden waren. Insoweit steht eine Verfahrensfrage im Raum, die von § 45 Abs. 2 LVwVfG geregelt und bejaht wird.

1260   § 114 S. 2 VwGO lässt aber schon vom Wortlaut her nur die „**Ergänzung**" zu. Die erstmalige Ausübung im Falle des Ermessensnichtgebrauchs wird von der Norm daher grundsätzlich nicht gedeckt.[43] Keine Ergänzung liegt auch dann vor, wenn die nachgeschobenen Gründe zu einer Änderung des „Wesensgehalts" des Verwaltungsakts führen.

2. Verpflichtungsklage

a) Verwaltungsakt

1261   Als H nach seinem Einkaufsbummel zu seinem Fahrzeug zurückkommt, muss er feststellen, dass die Beifahrertür beschädigt ist. Während er sich den Schaden genauer ansieht, kommt eine Bewohnerin des angrenzenden Hauses und teilt ihm mit, sie habe beobachtet, wie der Fahrer mit dem Autokennzeichen XY beim Ausparken an dem Auto hängen geblieben sei. Sein Ersuchen um Mitteilung der Halterdaten wird von der Straßenverkehrsbehörde indes abgelehnt, weil die Voraussetzungen einer Registerauskunft nicht vorlägen. H fragt sich, wie er sein Anliegen erzwingen kann, um den Schädiger auf Ersatz in Anspruch nehmen zu können.[44]

1262   Die Abgrenzung von Leistungs- und Verpflichtungsklage – und damit auch die Frage, ob ein Vorverfahren erforderlich ist – bereitet in den Fällen Probleme, in denen zwar ein Realakt begehrt wird, möglicherweise aber vorab eine **Entscheidung** hierüber getroffen werden muss. Grundsätzlich ist hier auf das begehrte Ziel abzustellen und damit eine Leistungsklage statthaft. Anderes gilt nur, wenn bereits das Gesetz den vorgelagerten Erlass eines Bescheids vorsieht oder die Behörde noch eine Ermessensentscheidung darüber zu treffen hat, ob sie dem Begehren nachkommt. Beides ist hier nicht der Fall.

b) Ermessensentscheidung

1263   R hat für ihr Bistro die Erteilung einer Sondernutzungserlaubnis beantragt, um zwei kleine Tischchen auf dem Gehweg aufstellen zu dürfen. Der Antrag ist von der Gemeinde abgelehnt worden, weil die vom Bürgermeister erlassenen Richtlinien nur eine Zulassung nichtgewerblicher Tische oder Stände vorsehen. Im Rahmen des Gerichtsverfahrens weist der Rechtsanwalt der R zutreffender Weise darauf hin, dass eine der-

---

42 Vgl. etwa BVerwGE 106, 351.

43 Vgl. zu Ausnahmekonstellationen, in denen sich die Notwendigkeit einer Ermessensbetätigung erst nach Abschluss des Verwaltungsverfahrens ergab, aber BVerwG, InfAuslR 2012, 171.

44 Fall nach Keller/Menges, Die VwGO in Fällen, 2010, S. 31.

artige Grundsatzkonzeption kein Geschäft der laufenden Verwaltung darstellt und daher vom Gemeinderat beschlossen werden muss. Wird das Gericht nun die begehrte Verpflichtung aussprechen?

Nach § 16 Abs. 2 S. 1 StrG ist über die Erteilung einer Sondernutzungserlaubnis nach **Ermessen** zu entscheiden. Die gerichtliche Kontrolle beschränkt sich gemäß § 114 S. 1 VwGO auf die Prüfung, ob dieser rechtliche Rahmen eingehalten worden ist. Demnach ist die Versagung hier nicht haltbar, weil sie auf nicht ordnungsgemäß zustande gekommenen Richtlinien beruht. Hieraus folgt indes nicht der geltend gemachte Verpflichtungsanspruch. Vielmehr kann sich bei ordnungsgemäßer Ermessensbetätigung erneut eine Ablehnung ergeben, etwa wenn die Aufstellung der Tische an dieser Stelle den Fußgängerverkehr unangemessen beeinträchtigt. Da eine „Ermessensreduktion auf Null" auf Basis der vorhandenen Tatsachenfeststellungen nicht angenommen werden kann, ist die Sache nicht „spruchreif". Das Verwaltungsgericht erlässt daher ein **Bescheidungsurteil** nach § 113 Abs. 5 S. 2 VwGO, mit dem die Gemeinde verpflichtet wird, über den Antrag der R erneut und unter Beachtung der Rechtsauffassung des Gerichts zu entscheiden.

1264

c) Gestuftes Verwaltungshandeln

B hat beim zuständigen Landratsamt die Erteilung einer Baugenehmigung zur Errichtung eines Wohnhauses auf einem geerbten Wiesengrundstück am Rande der Gemeinde N beantragt. Der Antrag wird vom Landratsamt abgelehnt. Zur Begründung heißt es, das Vorhaben liege zwar wohl noch im Innenbereich. Da der Gemeinderat von N aber einstimmig beschlossen habe, das gemeindliche Einvernehmen zu verweigern, wolle man den städtebaulichen Vorstellungen der Gemeinde nicht zuwider handeln. B möchte deshalb die Gemeinde gerichtlich verpflichten lassen, ihr Einvernehmen zu erteilen.

1265

Die Erteilung – oder wie hier Versagung – des gemeindlichen **Einvernehmens** nach § 36 BauGB wird (nur) gegenüber der Baurechtsbehörde erklärt. Dem Bauherrn gegenüber tritt allein die Baurechtsbehörde in Erscheinung, so dass es sich beim gemeindlichen Einvernehmen um einen **internen Mitwirkungsakt** handelt, der keine Außenwirkung entfaltet.[45] Statthafte Klageart ist daher die gegen den Rechtsträger der Baurechtsbehörde – hier das Land, weil das Landratsamt als Baurechtsbehörde im übertragenen Aufgabenbereich tätig wird (vgl. zur Weisungsgebundenheit § 47 Abs. 5 S. 1 LBO) – gerichtete Verpflichtungsklage auf Erteilung der beantragten Baugenehmigung. Im Verwaltungsprozess kann das fehlende gemeindliche Einvernehmen durch das Gericht ersetzt werden – deshalb ist die Gemeinde notwendig beizuladen! –, weil es sich hierbei nur um eine Rechtsprüfung handelt und Ermessensspielräume nicht bestehen (vgl. § 36 Abs. 2 S. 1 BauGB)! Städtebauliche Vorstellungen, die keinen Niederschlag in den bestehenden Bauleitplänen gefunden haben, sind deshalb unbeachtlich. Durch die im Rahmen der Einvernehmenserteilung erfolgende Information erhält die Gemeinde aber die Möglichkeit, ihre Vorstellungen mit dem Erlass eines Aufstellungsbeschlusses normativ umzusetzen und durch eine Veränderungssperre auch zu schützen. Sofern sich

1266

---

45 Entsprechendes gilt für andere Fälle der verwaltungsinternen Mitwirkung. Auch die gemäß § 31 Abs. 1 Nr. 1 AufenthV erforderliche Zustimmung der für den beantragten Aufenthalt zuständigen Ausländerbehörde etwa ist lediglich ein verwaltungsinterner Akt, so dass – mangels Außenwirkung – nicht die entsprechende Stadt verklagt werden kann; zutreffend ist vielmehr die vor dem VG Berlin (als dem für den Rechtsträger der Botschaften zuständigen Gericht) zu erhebende Verpflichtungsklage auf Erteilung eines Visums.

die Versagung des Einvernehmens als willkürlich erweist (was Amtshaftungsansprüche begründet!), kann auch an die Auferlegung der Gerichtskosten nach § 155 Abs. 4 VwGO gedacht werden. Dies ist selbst dann möglich, wenn die Gemeinde im Gerichtsverfahren keinen Antrag gestellt hat (vgl. § 154 Abs. 3 Hs. 2 VwGO).

1267 Der Baurechtsbehörde gegenüber entfaltet die Versagung (nicht aber die positive Erteilung!) grundsätzlich Bindungswirkung – was aus dem Begriff des „Einvernehmens" folgt -, so dass ein Bauantrag auch bei gegenteiliger Auffassung der Baurechtsbehörde abgelehnt werden muss. Zwischenzeitlich ist von der in § 36 Abs. 2 S. 2 BauGB eingeräumten Ersetzungsbefugnis aber mit Erlass des § 54 Abs. 4 S. 1 LBO auch in Baden-Württemberg Gebrauch gemacht worden. Im vorliegenden Fall hat die Genehmigungsbehörde das fehlende Einvernehmen aber nicht ersetzt.

d) Kommunalverfassungsstreit

1268 G ist Mitglied des Gemeinderats der Gemeinde O, der in seiner Sitzung vom 1. Juli einen Bebauungsplan beschlossen hat. G – der gegen den Erlass der Satzung gestimmt hatte – ist der Auffassung, der Bebauungsplan verstoße gegen verschiedene Vorschriften des BauGB und der BauNVO. Er meint, als Gemeinderatsmitglied müsse er es nicht dulden, dass der Gemeinderat rechtswidrige Beschlüsse fasse. Er will daher gerichtlich gegen den Beschluss vorgehen oder – hilfsweise – die Kommunalaufsichtsbehörde zu einem Einschreiten verpflichten lassen.

1269 Da sich G in seiner Funktion als Gemeinderatsmitglied gegen den Gemeinderatsbeschluss wenden möchte, liegt ein kommunaler Binnenorganstreit vor: Verschiedene Organe der Gemeinde streiten über Umfang und Grenzen der ihr in der Kommunalverfassung eingeräumten Rechte und Pflichten. Diese, früher als **„Kommunalverfassungsstreit"** bezeichnete Konstellation ist nach heute unbestrittener Meinung den normalen Klagearten zuzuordnen, wobei mangels Außenwirkung allerdings die verwaltungsaktsabhängigen Klagen ausscheiden. Richtige Klageart ist daher regelmäßig die Feststellungsklage. Zwar lässt der Subsidiaritätsgrundsatz aus § 43 Abs. 2 S. 1 VwGO grundsätzlich nur die Klageart zu, die am weitesten führt – ggf. also wegen der Titelwirkung die Leistungsklage. Soweit damit aber nicht zusätzliche Sachurteilsvoraussetzungen umgangen werden (insb. ein Vorverfahren), verfährt die Rechtsprechung eher großzügig. Dies gilt insb., wenn die begehrte Feststellung weiter reicht, als der Anwendungsbereich der Gestaltungsklage. Insbesondere bei kommunalen Binnenstreitverfahren wird der Subsidiaritätsgrundsatz in der Praxis nicht angewandt – weil erwartet werden könne, dass sich der Beklagte auch ohne Vollstreckungsmaßnahme einem Feststellungsurteil beugen werde.[46] Hintergrund dürfte die Schwierigkeit sein, dass ohnehin nur ein Rechtsträger am Prozess beteiligt ist und damit ein „Titel gegen sich selbst" ausgestellt werden müsste.

1270 Analog § 42 Abs. 2 VwGO ist aber auch hier eine die Klagebefugnis vermittelnde Rechtsposition erforderlich, weil die Rechtsschutzkonzeption der VwGO keine Popularklage kennt. Als Gemeinderatsmitglied kann G deshalb nur die Beachtung der ihm eingeräumten **organschaftlichen Rechte** (z.B. Rede- oder Antragsbefugnisse) geltend machen. Seine Mitwirkungsrechte vermitteln ihm jedoch keinen Anspruch auf rechtmäßiges Handeln des Gemeinderats; die Klage ist deshalb unzulässig.

---

46 Vgl. etwa VGH Bad.-Württ., VBlBW 1992, 97 sowie BVerwGE 100, 83 für den Fall, dass sich die eigentliche Leistung erledigt hat.

Richtige Klageart für das hilfsweise begehrte Einschreiten der Aufsichtsbehörde ist die Verpflichtungsklage: G begehrt von der Kommunalaufsicht den Erlass eines Verwaltungsakts (eine Beanstandungsverfügung) gegen einen Dritten (die Gemeinde O). Allerdings werden Aufsichtsbehörden ausschließlich im öffentlichen Interesse tätig, so dass insoweit kein Drittschutz besteht. G kommt daher keine Klagebefugnis für die begehrte Verpflichtung zu. `1271`

G kann allenfalls als „normaler" Bürger, sofern ihm – etwa als Grundstückseigentümer – die hierfür erforderliche Antragsbefugnis zusteht, einen Normenkontrollantrag stellen. `1272`

e) Wiederholende Verfügung

S hat in der ehemaligen Sowjetunion ein Jura-Diplom erworben und möchte dieses als der ersten juristischen Prüfung gleichwertig anerkannt bekommen. Ein entsprechender Antrag ist aber bereits vor Jahren durch einen bestandskräftigen Bescheid abgelehnt worden. Ihr Anwalt meint, aus einer aktuellen EuGH-Entscheidung folge anderes, und stellt einen erneuten Anerkennungsantrag, der von der Behörde unter Hinweis auf die Bestandskraft des Ablehnungsbescheids abgelehnt wird. Da in der Begründung aber auch Erwägungen zu der neuen EuGH-Entscheidung angestellt wurden, meint der Anwalt, die Behörde sei in eine Sachprüfung eingetreten und habe damit auch die Klagemöglichkeit neu eröffnet. Was darf das Verwaltungsgericht auf die erhobene Verpflichtungsklage hin prüfen?[47] `1273`

Maßgeblich bei derartig erneuten Anträgen eines bereits zuvor durch Bescheid beschiedenen Leistungsbegehrens ist die Reichweite des Regelungsgegenstands der Verfügung. Denn nur wenn die Bestandskraft des Erstbescheids ausgeräumt ist, kommt eine inhaltliche Überprüfung in Betracht. Ausgangspunkt ist dabei die Erkenntnis, dass auch das Institut der Bestandskraft keine absolute Sperre für eine erneute Befassung mit dem beschiedenen Begehren darstellt; vielmehr statuiert § 51 LVwVfG Verfahrenswege, nach denen trotz Vorliegens eines bestandskräftigen Verwaltungsakts in eine Prüfung einzutreten ist, ob der Ablehnungsbescheid aufgehoben und eine neue Sachentscheidung getroffen werden muss. Gegenstand des Antrags auf **Wiederaufgreifen des Verfahrens** ist damit aber nur die Frage, ob die Behörde eine erneute Sachentscheidung zu treffen hat, oder ob es bei der Bestandskraft des unanfechtbar gewordenen Ablehnungsbescheids verbleibt. Die Entscheidung über den Wiederaufgreifensantrag ist damit allein verfahrensrechtlicher Natur und erschöpft sich in dem Regelungsgegenstand, ob sich die Behörde auf die Bestandskraft beruft und es so bei der bereits getroffenen Entscheidung verbleibt (sog. „**wiederholende Verfügung**") oder ob diese aufgehoben und anschließend eine neue Sachentscheidung getroffen wird („**Zweitbescheid**").[48] Insoweit steht der Klägerin ein Anspruch auf ermessensfehlerfreie Entscheidung zu (vgl. § 51 Abs. 5 LVwVfG). `1274`

Die damit maßgebliche Abgrenzungsfrage, ob mit dem Ablehnungsbescheid eine erneute Sachentscheidung getroffen worden ist, kann aber nicht bereits aus der Tatsache beantwortet werden, dass die Behörde in eine erneute Sachprüfung eingetreten ist. Denn auch ein Bescheid, mit dem das Wiederaufgreifen des Verfahrens nach § 51 Abs. 5 i.V.m. §§ 48, 49 LVwVfG abgelehnt worden ist, bedarf der sachlichen Prüfung. `1275`

---

47 Vgl. hierzu VGH Bad.-Württ., VBlBW 2009, 226 m.w.N.
48 Dabei handelt es sich in beiden Fällen um einen Verwaltungsakt, vgl. BVerwG, NVwZ 2002, 482.

Die fehlerfreie Betätigung des der Behörde eingeräumten Ermessen setzt voraus, dass sie alle für die Entscheidung erheblichen Umstände in ihre Erwägungen einbezogen hat, wozu insb. eine Überprüfung der Rechtmäßigkeit des Ablehnungsbescheids gehört. Der Umstand, dass die Behörde bei der Verbescheidung des Wiederaufgreifensantrags sachliche Erwägungen zur Rechtmäßigkeit des ursprünglichen Verwaltungsakts anstellt, belegt daher nicht, dass sie das Verfahren tatsächlich bereits wiederaufgegriffen und damit eine erneute verwaltungsgerichtliche Kontrolle in der Sache eröffnet hat. Vielmehr können derartige Ausführungen auch der Darlegung derjenigen Erwägungen dienen, die die Behörde dazu bewogen haben, von dem ihr eingeräumten Ermessen auf Wiederaufgreifen des Verfahrens keinen Gebrauch zu machen.

1276   Maßgeblich für die Abgrenzungsfrage ist daher allein der – aus objektiver Empfängersicht zu beurteilende – **Regelungsgegenstand** der Verfügung. Entscheidet sich eine Behörde danach, eine erneute Sachentscheidung nicht zu treffen, wird diese verfahrensrechtliche Regelung auch durch materielle Ausführungen zur Rechtmäßigkeit des Ausgangsbescheids nicht beeinträchtigt. Dies gilt sogar dann, wenn zur Begründung des abgelehnten Wiederaufgreifens auf Gesichtspunkte zurückgegriffen wird, die in der Begründung des ursprünglichen Bescheids nicht zur Sprache gekommen sind.[49] Derartige Erwägungen dürften zur fehlerfreien Ermessensausübung sogar geboten sein, wenn diese Gesichtspunkte von tragender Bedeutung für die Begründung des gestellten Wiederaufgreifensantrags waren. Gegenstand der Klage ist hier deshalb allein die Frage, ob über den Antrag auf Wiederaufgreifen des Verfahrens in ermessensfehlerfreier Weise entschieden worden ist.

3. Feststellungsklage

a) Feststellungsstreit

1277   B ist als Kind russischer Eltern geboren und besitzt die russische Staatsangehörigkeit. Nach der Scheidung ihrer Eltern heiratete die Mutter einen deutschen Staatsangehörigen. B reiste daraufhin im Alter von 16 Jahren nach Deutschland, um bei ihrer Mutter zu leben. Deren Ehegatte beantragte unverzüglich die Annahme der B als Kind. Nach einem halben Jahr kehrt B jedoch nach Russland zurück, um dort eine Ausbildung zu absolvieren. Nach Rückfrage des Familiengerichts erklärte der Ehegatte daraufhin, der Adoptionsantrag solle zunächst ruhen. Nach vier Jahren kehrt B nach Deutschland zurück. Nach einer Straftat nahm die Ausländerbehörde ihren Aufenthaltstitel zurück. Kurze Zeit später wird die Annahme als Kind des deutschen Ehegatten rechtskräftig festgestellt. Nachdem der B mitgeteilt wurde, dass sie hierdurch nicht die deutsche Staatsangehörigkeit erworben habe, weil die Adoption erst nach Eintritt der Volljährigkeit erfolgt sei, erhebt sie Feststellungsklage.

1278   Nach § 43 Abs. 1 VwGO kann durch Klage die Feststellung des Bestehens oder Nichtbestehens eines Rechtsverhältnisses begehrt werden. Unter einem **feststellungsfähigen Rechtsverhältnis** sind die rechtlichen Beziehungen zu verstehen, die sich aus einem konkreten Sachverhalt aufgrund einer öffentlich-rechtlichen Norm für das Verhältnis von (natürlichen oder juristischen) Personen untereinander oder einer Person zu einer Sache ergeben, kraft deren eine der beteiligten Personen etwas Bestimmtes tun muss, kann oder darf oder nicht zu tun braucht.[50] Hinreichend **konkret** ist das Rechtsver-

---

49   Vgl. BVerwGE 13, 99.
50   Vgl. BVerwGE 141, 223.

hältnis, wenn es sich auf einen bestimmten, bereits überschaubaren Sachverhalt bezieht und nicht lediglich die Klärung einer abstrakten Rechtsfrage erreicht werden soll.[51] Der Streit über die Eintragungspflicht eines Betriebs in die Handwerkerrolle,[52] die Einordnung einer Veranstaltung als verbotenes Glücksspiel[53] oder das Bestehen einer Erlaubnispflicht **für bestimmte Straßennutzungen sind** der Feststellungsklage daher zugänglich.

Im Hinblick auf die **Subsidiarität** nach § 43 Abs. 2 VwGO verfährt die Rechtsprechung dabei großzügig, wenn die Feststellungsklage dem Rechtsschutzziel des Klägers besser Rechnung trägt, als eine Gestaltungsklage,[54] oder entsprechende Verfahrensarten keinen gleich wirksamen Rechtsschutz wie eine Feststellungsklage bieten.[55]

1279

Im vorliegenden Fall ist die Feststellungsklage gleichwohl unzulässig, weil das einschlägige Fachrecht (§ 30 Abs. 1 StAG) bei Streit über Bestehen oder Nichtbestehen der deutschen Staatsangehörigkeit die verbindliche Klärung durch einen feststellenden Verwaltungsakt der zuständigen Behörden vorsieht.[56] Deshalb muss die Klage in eine auf die entsprechende behördliche Feststellung gerichtete Verpflichtungsklage umgedeutet werden (vgl. § 88 VwGO).

1280

b) Negative Feststellungsklage

N lebt in Pforzheim und studiert in Karlsruhe. Er lässt sein Fahrrad in Karlsruhe, um morgens vom Bahnhof zur Universität und abends wieder zum Bahnhof zu fahren. Um den Bahnhofsvorplatz von der Vielzahl geparkter Räder zu befreien, hat die Stadt nunmehr aber ein neues Konzept entwickelt. Sie unterhält ein (gebührenpflichtiges) Fahrradparkhaus und hat auf den entlang den Fahrbahnen verlaufenden Gehwegen Halteverbotsschilder mit dem Zusatz „auch Fahrräder" angebracht. In Hinweiszetteln und in der Lokalpresse ist darüber hinaus darauf hingewiesen worden, dass gleichwohl abgestellte Fahrräder in das Parkhaus verbracht und nur gegen eine Zahlung von 20 € wieder herausgegeben würden. N ist empört und hat sich hiergegen mit verschiedenen Eingaben an die Stadt gewandt. Er ist der Auffassung, dass das Halteverbot nicht das Abstellen von Fahrrädern auf Verkehrsflächen erfassen könne, die der Fußgängernutzung vorbehalten sind. Nachdem die Stadt an ihrer Auffassung festhält und auch eine Entfernung der auf den entsprechenden Gehwegen abgestellten Fahrräder ankündigt, erhebt N Feststellungsklage.

1281

§ 43 Abs. 1 VwGO lässt auch die Erhebung einer „**negativen**" Feststellungsklage zu, mit der ausgesprochen werden kann, dass **kein** Rechtsverhältnis besteht, das N verpflichtet, das Abstellen seines Fahrrades auf dem Bahnhofsvorplatz zu unterlassen.[57]

1282

c) Realakt

C ist wegen sexuellen Missbrauchs von Kindern zu einer Freiheitsstrafe verurteilt worden. Nach seiner Haftentlassung wurden wiederholt Ermittlungsverfahren gegen ihn

1283

---

51 Vgl. BVerwGE 14, 235; 71, 318 sowie BVerwG, NVwZ 2007, 1311.
52 Vgl. BVerwGE 149, 265.
53 Vgl. BVerwGE 148, 146.
54 Vgl. BVerwG, NVwZ-RR 2016, 344.
55 Vgl. BVerwGE 148, 146.
56 Vgl. BVerwGE 151, 245.
57 Vgl. BVerwGE 77, 214 und NJW 2004, 1815; hierzu auch BVerfG, NVwZ-RR 2016, 1: Verpflichtung zur Erhebung auch einer negativen Feststellungsklage vor Einlegung der Verfassungsbeschwerde!

eingeleitet, jeweils aber wieder eingestellt. Zwischenzeitlich ist C Leiter der Jugendabteilung eines Wassersportvereins und veranstaltet in dieser Eigenschaft immer wieder Bootsausfahrten mit männlichen Kindern und Jugendlichen, mit denen er auch gemeinsam auf einem Boot übernachtet. Im Vorfeld einer geplanten zweiwöchigen Bootsfahrt mit einem zwölfjährigen Jungen, die mit Einverständnis dessen Eltern geschehen soll, ordnet die Polizei für die Dauer der Bootsfahrt den verdeckten Einsatz technischer Mittel zur selbstständigen Bild- und Tonaufzeichnung an. Während die Polizei nach Auswertung der Aufzeichnungen ihren Verdacht bestätigt sieht, stellt die Staatsanwaltschaft das Ermittlungsverfahren nach § 170 Abs. 2 StPO ein. Nach Bekanntwerden der verdeckten Ermittlungen beantragt C die Feststellung, dass der verdeckte Einsatz technischer Mittel rechtswidrig gewesen ist.

1284   Die Feststellungsklage ist zulässig, weil C seine Recht nicht durch eine Gestaltungsklage verfolgen könnte (§ 43 Abs. 2 VwGO).[58] Die Datenerhebung erfolgte in der Form des **Realakts** und die hierauf bezogenen Anordnungen ergingen verdeckt, also ohne Kenntnis des Klägers. Im Übrigen ist die Feststellungsklage auch in Fällen gewichtiger, in tatsächlicher Hinsicht aber bereits erledigter Grundrechtseingriffe zulässig, wenn sie nach dem typischen Verfahrensablauf auf eine Zeitspanne beschränkt sind, in welcher der Betroffene eine gerichtliche Entscheidung nicht erlangen kann.[59]

d) Feststellungsinteresse

1285   P betrieb eine Pferdezucht. Nachdem sie zu einer Haftstrafe verurteilt worden war und eine Betreuung der Pferde nicht sichergestellt werden konnte, veräußerte die Polizei die Pferde im Wege der unmittelbaren Ausführung. Nach Haftentlassung will P ihre Pferde zurück. Sie begehrt die Rückgängigmachung der Versteigerung und die Feststellung, dass die Veräußerung rechtswidrig war. Das Verwaltungsgericht hat die Feststellungsklage abgetrennt und – mangels Feststellungsinteresse – als unzulässig abgewiesen.

1286   Grundsätzlich setzt die Zulässigkeit einer Feststellungsklage ein „**Feststellungsinteresse**" voraus. Nur bei einem rechtlich schützenswerten Interesse (das nicht nur rechtlicher, sondern auch wirtschaftlicher oder ideeller Natur sein kann) lässt die Rechtsprechung die Inanspruchnahme der Gerichte für ein bloßes Feststellungsbegehren zu. Hierfür sind in der Konstellation des „Fortsetzungsfeststellungsinteresses" (also nach Eintritt eines erledigenden Ereignisses) die – nicht abschließenden! – Fallgruppen Wiederholungsgefahr[60], Rehabilitationsinteresse und Vorbereitung einer Amtshaftungsklage entwickelt worden.[61] Die letztgenannte Konstellation gilt indes nicht, wenn die Erledigung bereits vor Klageerhebung eingetreten ist (also die Fälle der analogen Anwendung von § 113 Abs. 1 S. 4 VwGO). Hier ist, wegen der **gesetzlichen Zuständigkeitsverteilung** vielmehr direkt eine entsprechende Klage bei den zuständigen Landgerichten

---

58   Vgl. VGH Bad.-Württ., VBlBW 2015, 167.

59   Vgl. BVerfGE 110, 77; BVerwGE 146, 303; VGH Bad.-Württ., VBlBW 2010, 468.

60   Die Annahme einer Wiederholungsgefahr setzt allerdings eine hinreichend konkrete Wahrscheinlichkeit der Wiederholungssituation gerade zwischen den Beteiligten voraus; keine Wiederholungsgefahr liegt überdies vor, wenn die erledigte Maßnahme auf den besonderen Umständen des Einzelfalls beruhte: VGH Bad.-Württ., VBlBW 2015, 303.

61   Eine weitere, eigenständige Züge aufweisende Fallgruppe ist der Rechtsschutz gegen (polizeiliche) Maßnahmen, die sich typischerweise unmittelbar erledigen; vgl. etwa VGH Bad.-Württ., VBlBW 2005, 431 oder VBlBW 2010, 468.

zu erheben. Einen Anspruch auf den für die Vorfragen „sachnäheren" Verwaltungsrichter erkennt die Rechtsprechung nicht an.[62]

Unabhängig hiervon gibt es indes auch die **Zwischenfeststellungsklage** nach § 173 S. 1 VwGO i.V.m. § 256 Abs. 2 ZPO für Vorfragen eines ohnehin anhängigen Gerichtsverfahrens. Sie ist der Ersatz dafür, dass vorgreifliche Fragen grundsätzlich nicht in Rechtskraft erwachsen. Hier wird das Feststellungsinteresse durch die **Vorgreiflichkeit** ersetzt. Voraussetzung der Zwischenfeststellungsklage ist daher allein, dass ein Rechtsverhältnis zwischen den Beteiligten streitig ist, vom dem die Hauptsacheentscheidung des anhängigen Rechtsstreits abhängt.[63] Da dies im vorliegenden Fall so ist, kann die Klage – unabhängig von der Frage, ob P auch ein berechtigtes Feststellungsinteresse hat – nicht als unzulässig erachtet werden.

1287

e) Vorbeugende Feststellungsklage

Der 15 Jahre alte S ist muslimischen Glaubens und besucht eine Schule in Berlin-Wedding. Eines Tages verrichtete er in der Pause zwischen zwei Unterrichtsstunden auf einem Flur des Schulgebäudes ein etwa zehnminütiges Gebet nach islamischem Ritus. Am darauffolgenden Tag wies ihn die Schulleiterin darauf hin, dass die Verrichtung des Gebets auf dem Schulgelände nicht geduldet werde. S hat daraufhin Klage erhoben und die Feststellung beantragt, dass er berechtigt sei, außerhalb der Unterrichtszeit einmal täglich in der Schule zu beten.

1288

Die Klage ist als **vorbeugende Feststellungsklage** zulässig. Allerdings ist der verwaltungsgerichtliche Rechtsschutz grundsätzlich nicht vorbeugend konzipiert. Um den Grundsatz der Gewaltenteilung und das der Verwaltung zugewiesene Handlungsfeld nicht übermäßig und „anlasslos" zu beeinträchtigen, setzt die den Gerichten übertragene Kontrollfunktion gegen regulierende Maßnahmen der Behörden erst nachgelagert ein. Die Inanspruchnahme gerichtlichen Rechtsschutzes gegen behördliche Regulierungen setzt daher regelmäßig den Erlass eines Verwaltungsakts voraus, der nachfolgend Gegenstand gerichtlicher Überprüfung ist. Vorbeugender Rechtsschutz gegen erwartete oder befürchtete Anordnungen der Verwaltung ist grundsätzlich unzulässig.

1289

Etwas anderes gilt aber dann, wenn dem Bürger ein weiteres Zuwarten **nicht zugemutet** werden kann und daher ein schutzwürdiges Interesse an einer alsbaldigen gerichtlichen Klärung besteht.[64] Eine derartige Ausnahmekonstellation liegt insbesondere bei **drohenden Sanktionierungen** in Gestalt von Straf- oder Bußgeldverfahren, im Disziplinarwege oder wie hier in Gestalt von schulischen Erziehungs- und Ordnungsmaßnahmen vor. Es ist dem Bürger nicht zuzumuten, die Klärung verwaltungsrechtlicher Zweifelsfragen „von der Anklagebank herab" führen zu müssen. Es ist weder sinnvoll noch zumutbar, dem Bürger in einem derartigen Schwebezustand die Möglichkeit der verbindlichen Klärung streitiger Fragen des öffentlichen Rechts zu verwehren. Dies gilt umso mehr, als Kern und Anlass der Auseinandersetzung im öffentlichen Recht wurzeln und ein Verweis auf die Rechtsschutzmöglichkeiten der ordentlichen Gerichtsbarkeit gegen etwaige Ermittlungsmaßnahmen daher auch nicht sachdienlich erscheint.[65]

1290

---

62 Vgl. BVerwGE 81, 226; 109, 203 – in der letztgenannten Entscheidung hat das BVerwG zudem entscheiden, dass für den Fall, dass sich ein Verwaltungsakt vor Eintritt der Bestandskraft erledigt, die Fortsetzungsfeststellungsklage nicht an die Fristen des § 74 Abs. 1 bzw. § 58 Abs. 2 VwGO gebunden ist.
63 Vgl. etwa BVerwGE 141, 311.
64 Vgl. BVerwGE 132, 64 sowie 23.6.2016 – 2 C 18.15.
65 Vgl. BVerfG, NVwZ 2003, 856; VGH Bad.-Württ., VBlBW 2010, 325.

1291 S hat die Klage auch wirksam erhoben, obwohl er noch nicht volljährig und damit nicht voll geschäftsfähig war. Die nach Vollendung des 14. Lebensjahres eintretende Religionsmündigkeit (§ 5 S. 1 RelKErzG) hat auch eine partielle Prozessfähigkeit zur Folge. In der Sache hatte die Klage keinen Erfolg, weil der Religionsfreiheit hier das Gebot den Schulfrieden zu wahren als Schranke entgegenstand.[66]

f) Vollstreckungsverfahren

1292 Die Alterssicherung der Rechtsanwälte wird durch einkommensabhängige Beiträge zum Rechtsanwaltsversorgungswerk finanziert. Da das Versorgungswerk das jeweilige Einkommen nicht kennt, sieht die einschlägige Satzung entsprechende Mitwirkungspflichten der Rechtsanwälte vor. Werden diese nicht erfüllt, kommt es zur Festsetzung auf einen (hohen) Regelsatz. Rechtsanwalt R hat wiederholte Aufforderungen ignoriert, so dass sein Beitrag mit einem Bescheid auf den Regelsatz festgesetzt wurde, der – ausweislich der bei den Verwaltungsakten befindlichen Postzustellungsurkunde – am 1.7.2012 durch Niederlegung in den zur Wohnung gehörenden Briefkasten zugestellt worden ist. Als das Versorgungswerk ein halbes Jahr später Vollstreckungsmaßnahmen einleitet, erhebt R Vollstreckungsabwehrklage „entsprechend ZPO" und trägt vor, den Bescheid habe er nie erhalten. Die Festsetzung sei auch viel zu hoch, was er durch beigefügte Einkommensnachweise belegt.

1293 Ob bei Klagen gegen die **Vollstreckung** von Verwaltungsakten auf die Rechtsmittel der Zivilprozessordnung zurückgegriffen werden kann[67] oder bereits die Klagemöglichkeiten der Verwaltungsgerichtsordnung – etwa durch eine auf die vorbeugende Feststellung der Unzulässigkeit einer Zwangsvollstreckung gerichtete Klage – ausreichend Rechtsschutz bieten,[68] ist nicht abschließend geklärt. Hier hat R aber ohnehin keine nach Eintritt der Bestandskraft eingetretenen **Vollstreckungshindernisse** geltend gemacht, seine Einwendungen richten sich vielmehr gegen den der Zwangsvollstreckung zugrunde liegenden Beitragsbescheid. Die damit begehrte Überprüfung der Rechtmäßigkeit des Grundverwaltungsakts findet nach Eintritt der Bestandskraft indes nicht mehr statt. Voraussetzung der Zwangsvollstreckung ist gemäß § 2 Nr. 1 LVwVG nur die Unanfechtbarkeit des zugrunde liegenden Verwaltungsakts. Die Rechtmäßigkeit dagegen wird nach Eintritt der Bestandskraft im Vollstreckungsverfahren nicht mehr geprüft (sog. „**Titelfunktion**"). Angriffe gegen die Richtigkeit des Beitragsbescheids sind im Vollstreckungsverfahren nicht mehr möglich. Derartige Einwendungen können vielmehr nur im Rahmen eines Antrags auf Wiederaufgreifen des Verfahrens geltend gemacht werden.[69]

1294 Der geltend gemachte Zahlungsanspruch ergibt sich aber aus dem Beitragsbescheid, der dem R ausweislich der **Postzustellungsurkunde** durch Niederlegung in den zur Wohnung gehörenden Briefkasten zugestellt und damit nach Ablauf der Widerspruchsfrist bestandskräftig geworden ist. Das bloße Bestreiten des Zugangs steht dem nicht entgegen, weil hierdurch die mit der Zustellungsurkunde gemäß §§ 182 Abs. 1 S. 2,

---

66 Vgl. BVerwGE 141, 223.
67 Vgl. etwa BVerwGE 117, 44 mit einer analogen Anwendung des § 767 ZPO, allerdings ohne Auseinandersetzung mit der Möglichkeit VwGO-konformer Klagearten.
68 So etwa BVerwGE 27, 141 oder VGH Bad.-Württ., VBlBW 1992, 251.
69 Vgl. VGH Bad.-Württ., 25.6.2009 – 9 S 863/09 – sowie zum Eilrechtsschutz VGH Bad.-Württ., VBlBW 2009, 397.

418 Abs. 1 ZPO verbundene Beweiskraftvermutung nicht erschüttert wird.[70] Einen nach § 418 Abs. 2 ZPO grundsätzlich möglichen Gegenbeweis hat der Kläger nicht geführt.

4. Leistungsklage

a) Zahlungsbegehren

A ist Polizeibeamter und meint, er sei bei der letzten Beförderungsrunde zu Unrecht übergangen worden. Er hatte die Auswahl seiner Konkurrenten zwar hingenommen, möchte jetzt aber Schadensersatz und erhebt Klage auf Zahlung der Gehaltsdifferenz zwischen seinem und dem Beförderungsamt in Höhe von monatlich 355 EUR.

1295

Rechtsgrundlage für das Begehren ist der beamtenrechtliche Schadensersatzanspruch, der in der Rechtsprechung in Anlehnung an die Grundsätze der positiven Vertragsverletzung seit langem anerkannt ist.[71] Danach kann der Beamte von seinem Dienstherrn Ersatz des ihm durch eine Nichtbeförderung entstandenen Schadens verlangen. Da insoweit nicht der Erlass eines Verwaltungsakts sondern eine Leistung begehrt wird, ist statthafte Klageart die allgemeine **Leistungsklage** (für die im Beamtenrecht gleichwohl ein Vorverfahren erforderlich ist: § 126 Abs. 2 S. 1 BBG, § 54 Abs. 2 S. 1 BeamtStG). Die Klage scheitert hier aber schon daran, dass A kein Rechtsmittel gegen die Ernennung seiner Konkurrenten eingelegt hat (vgl. § 839 Abs. 3 BGB).

1296

b) Unterlassungsklage

Seit 2006 wird die Reeperbahn in Hamburg durch 12 Videokameras offen polizeilich überwacht. Eine der Kameras befindet sich vor dem von K bewohnten Haus. Nach erfolglosen Eingaben möchte er sich gerichtlich gegen die Videoüberwachung auch seines Hauses wehren.

1297

Die allgemeine Leistungsklage kann nicht nur auf die Vornahme einer begehrten Handlung (die auch in einer Auskunft bestehen kann)[72], sondern auch auf ein **Unterlassen** gerichtet sein. Voraussetzung hierfür ist aber eine Wiederholungsgefahr. Dass weitere Eingriffe drohen, kann indes regelmäßig angenommen werden, wenn bereits eine Beeinträchtigung stattgefunden hat.[73]

1298

c) Allgemeine Gestaltungsklage

B ist Bundesbeamtin und hat eine herausragende dienstliche Beurteilung erhalten. Ihr neuer Abteilungsleiter befürchtet, dadurch auch bei neuen Beurteilungen eingeschränkt zu werden, und hebt die Beurteilung daher auf. B erhebt hiergegen Klage und beantragt, die Beklagte zur Aufhebung der Aufhebung ihrer dienstlichen Beurteilung zu verpflichten.

1299

Die VwGO kennt die **Gestaltungsklage** nicht nur in Form der Anfechtungsklage gegen Verwaltungsakte sondern auch als allgemeine Gestaltungsklage (vgl. § 43 Abs. 2 S. 1

1300

---

70 Vgl. etwa BGH, NJW 2006, 150. Ob an dieser Vermutung nach Privatisierung der Post noch uneingeschränkt festgehalten werden kann, ist m.E. noch nicht geklärt. Jedenfalls ist die aus dem Einsatz von Beamten abgeleitete Richtigkeitsgewähr (vgl. Art. 33 Abs. 4 GG) entfallen und in der Praxis auch empirisch wohl nicht mehr zutreffend.

71 Vgl. BVerwGE 151, 333.

72 Vgl. BVerwGE 146, 56.

73 Vgl. BVerwGE 141, 329.

VwGO). Das Verwaltungsgericht kann die dienstliche Beurteilung – die nach der Rechtsprechung des Bundesverwaltungsgerichts kein Verwaltungsakt ist – daher auch selbst aufheben und muss nicht die Behörde hierzu verpflichten.[74]

5. Normenkontrolle

a) Antragsbefugnis

1301 A, B, C und U erwägen, sich gegen den von der Gemeinde beschlossenen Bebauungs-plan zu wenden. A befürchtet eine Verbauung seiner herrlichen Aussicht. B wendet sich gegen die zunehmende Immissionsbelastung, obwohl er einräumt, dass die ein-schlägigen Grenzwerte nicht überschritten werden. C ist über die Änderung der Ver-kehrsverhältnisse empört, weil sich hierdurch die Zufahrt zu der von ihm gemieteten Wohnung deutlich verlängert. U schließlich hat eine Marktstudie anfertigen lassen, nach der sich seine Einnahmen durch die Verschlechterung der Parksituation für die Kunden seines Einzelhandelsgeschäfts um über 30 % verringern werden. Der beauf-tragte Rechtsanwalt hält eine Klage aber für aussichtslos, weil es sich bei allen Ein-wänden nicht um rechtlich geschützte Interessen handle.

1302 Erforderlich für die **Antragsbefugnis** ist gemäß § 47 Abs. 2 S. 1 VwGO die Möglichkeit einer Verletzung subjektiver Rechte. Hierzu gehört nach Rechtsprechung des Bundes-verwaltungsgerichts auch das Recht auf angemessene Berücksichtigung der privaten Belange in der Abwägung nach § 1 Abs. 7 BauGB. Geltend gemacht werden kann des-halb auch eine Immissionsbeeinträchtigung unterhalb der Grenzwerte, die Verschlech-terung der Verkehrssituation oder die Beeinträchtigung der bestehenden Aussicht. § 1 Abs. 7 BauGB vermittelt die Antragsbefugnis, soweit **abwägungsrelevante private Be-lange** (in nicht ganz unerheblichem Ausmaß) betroffen sind. Eine dingliche Berechti-gung ist insoweit nicht erforderlich.[75] Dies gilt nach der Rechtsprechung indes nicht für Einwände, die keine baurechtliche Relevanz besitzen. Nicht ausreichend ist deshalb das Interesse an der Erhaltung einer wirtschaftlich günstigen Wettbewerbssituation, denn das Baurecht ist in wirtschaftlicher Hinsicht neutral.

b) Einbeziehung in Bebauungsplan

1303 D hält den Bebauungsplan für gelungen; er bemängelt allein, dass sein unmittelbar an der Grenze gelegenes Grundstück nicht einbezogen worden ist. Auch er erwägt deshalb die Erhebung einer Normenkontrolle.

1304 Das Interesse, in den Geltungsbereich **einbezogen** zu werden, ist grundsätzlich nicht abwägungserheblich und vermittelt damit auch nicht die Antragsbefugnis. Anderes gilt nur dann, wenn die Entscheidung willkürlich erscheint.[76]

c) Antragsbefugnis von Behörden

1305 Auch die Nachbargemeinde N erwägt, gegen den Plan vorzugehen. Sie vertritt die An-sicht, dass nach § 47 Abs. 2 S. 1 VwGO jede Behörde einen solchen Antrag stellen könne, so dass sie hinsichtlich der Möglichkeit einer Verletzung eigener Rechte im Normenkontrollverfahren nichts vortragen müsse.

---

74 Vgl. BVerwG, 17.3.2016 – 2 A 4.15.
75 Vgl. etwa VGH Bad.-Württ., VBlBW 2013, 183 für das aus dem Gesellschaftsvertrag einer BGB-Gesellschaft folgende Interesse an einer bestimmten Grundstücksbewirtschaftung.
76 Vgl. BVerwG, NVwZ 2004, 1120.

Die privilegierte Antragsbefugnis der Behörden gilt nur, soweit sie die angegriffene Norm **vollziehen** müssen, was hier nicht der Fall ist. Ein Normenkontrollantrag setzt daher die Möglichkeit einer Rechtsverletzung voraus. Diese kann gegeben sein, wenn der Plan mit dem interkommunalen Abstimmungsgebot aus § 2 Abs. 2 BauGB nicht im Einklang steht.

1306

d) Teilnichtigkeit

Auf den Normenkontrollantrag hin weist der Senatsvorsitzende in einem Schreiben darauf hin, dass aus Sicht des Gerichts eine Festsetzung rechtswidrig sei, die ausschließlich ein einzelnes Grundstück am Rande des Plangebiets betreffe; im Übrigen sei der Plan aber wohl rechtmäßig. Der Vertreter der Gemeinde O erwidert daraufhin, diese Festsetzung sei von den sonstigen Festsetzungen unabhängig und habe auch während des Planaufstellungsverfahrens keine besondere Rolle in den Beratungen gespielt. Eine Nichtigerklärung des Bebauungsplans mit seinen jahrelangen Vorarbeiten nur wegen dieses Bagatellproblems dürfe auf keinen Fall erfolgen. Der Senatsvorsitzende ist unsicher, ob der Bebauungsplan dennoch für unwirksam erklärt und ob hierüber unbedingt in mündlicher Verhandlung entschieden werden muss.

1307

Gemäß § 47 Abs. 5 S. 1 VwGO kann der Verwaltungsgerichtshof auch ohne mündliche Verhandlung entscheiden. Dem steht hier allerdings **Art. 6 Abs. 1 S. 1 EMRK** entgegen, weil der Anwendungsbereich „zivilrechtlicher Ansprüche" vom Europäischen Gerichtshof für Menschenrechte sehr weit gefasst wird. Da auch die Festsetzungen eines Bebauungsplans das Eigentum ausgestalten, ist der Anwendungsbereich danach eröffnet und eine mündliche Verhandlung folglich geboten. Die **Teilbarkeit** des Bebauungsplans ist analog § 139 BGB zu bestimmen. Erforderlich ist daher nicht nur die objektive Teilbarkeit, sondern auch der hypothetische Wille des Normgebers, die Norm auch ohne den nichtigen Teil zu erlassen. Beides liegt hier aber vor.

1308

Wird der Bebauungsplan – etwa nach Behebung eines Ausfertigungsmangels im ergänzenden Verfahren – ein weiteres Mal bekannt gemacht, löst diese Bekanntmachung auch die Antragsfrist des § 47 Abs. 2 S. 1 VwGO erneut aus.[77]

e) Bußgeldtatbestände

Die im Regierungsbezirk Stuttgart gelegene Gemeinde M hat eine Polizeiverordnung erlassen, in der das Betteln auf öffentlichen Straßen und Plätzen verboten und mit einem Bußgeldtatbestand bewehrt wird. O hat sich hieran nicht gehalten und ist daher mit einem Bußgeld belegt worden. Der von ihm bevollmächtigte Rechtsanwalt hat Klage zum Verwaltungsgericht Stuttgart erhoben und beantragt, den Bußgeldbescheid und die Polizeiverordnung aufzuheben.

1309

Gegen die **Polizeiverordnung** ist gemäß § 47 Abs. 1 Nr. 2 VwGO i.V.m. § 4 AGVwGO ein Normenkontrollantrag statthaft. Die Regelungen unterliegen auch der Verwaltungsgerichtsbarkeit, da sie zu Einzelverfügungen ermächtigen, für die der Verwaltungsrechtsweg eröffnet wäre. Das angerufene Verwaltungsgericht Stuttgart hat den Antrag daher (nach Anhörung der Beteiligten) an das gemäß § 47 Abs. 1 VwGO zuständige Oberverwaltungsgericht zu verweisen (vgl. § 83 S. 1 VwGO), das in Baden-

1310

---

77   Vgl. BVerwGE 152, 379.

Württemberg die Bezeichnung Verwaltungsgerichtshof führt (§ 184 VwGO i.V.m. § 1 Abs. 1 S. 1 AGVwGO).

1311 Bezüglich des **Bußgeldtatbestandes** ist der Antrag dagegen unstatthaft, weil der Verwaltungsrechtsweg nicht eröffnet ist. Diese Vorschriften sind ordnungswidrigkeitenrechtlicher Natur, so dass Vollzugsverfügungen nicht zu öffentlich-rechtlichen Streitigkeiten führen können. Die Kontrolle obliegt gemäß § 68 Abs. 1 S. 1 OWiG vielmehr ausschließlich den ordentlichen Gerichten.[78] Eine Verweisung an ein ordentliches Gericht kommt dennoch nicht in Betracht, da kein statthafter Rechtsweg gegeben ist: Die ordentliche Gerichtsbarkeit kennt keine Normenkontrolle.

1312 Bei der Prüfung, ob sich aus der Anwendung der angegriffenen Rechtsvorschrift Rechtsstreitigkeiten ergeben können, für der der Verwaltungsrechtsweg gegeben ist, reicht die Möglichkeit einer **inzidenten** Befassung der Verwaltungsgerichte aus.[79] Denn dann besteht keine ausschließliche Zuständigkeit einer anderen Gerichtsbarkeit.

f) Geschäftsordnungen

1313 T ist Mitglied des Gemeinderats der Gemeinde G. Dieser hat in seiner neuen Geschäftsordnung eine Regelung getroffen, nach der das Rederecht der einzelnen Mitglieder einer vorherigen Genehmigung der Fraktionsvorsitzenden sowie bei fraktionslosen Mitgliedern des Bürgermeisters bedarf. T möchte die Bestimmung angreifen.

1314 Die Rechtsnatur einer **Geschäftsordnung** ist umstritten, weil sie grundsätzlich keine unmittelbare Außenwirkung entfaltet. Einigkeit besteht aber darin, dass sie im Hinblick auf ihre Regelungswirkung der Normenkontrolle nach § 47 Abs. 1 Nr. 2 VwGO unterliegt.[80] Darüber hinaus kann sie auch Gegenstand einer Inzidentprüfung sein, wenn eine auf die Geschäftsordnung gestützte Maßnahme in Rede steht.

g) Regional- und Flächennutzungspläne

1315 U beabsichtigt, drei große Windkraftanlagen zu errichten. Das hierfür vorgesehene Grundstück ist im Regionalplan aber als Ausschlussgebiet für Windkraft ausgewiesen. U möchte den Plan daher angreifen; sein Anwalt meint aber, mangels Außenwirksamkeit ihm gegenüber könne er dies nicht. Alternativ plant U auf einem Grundstück in einer anderen Gemeinde. Dort besteht aber das Problem, dass der Flächennutzungsplan eine „Konzentrationszone" für Windkraftanlagen an anderer Stelle vorsieht. Könnte U hiergegen vorgehen?[81]

1316 Ob der **Regionalplan** insgesamt Rechtsnormqualität besitzt, ist nicht entscheidend. Vielmehr muss für jede Regelung gesondert geprüft werden, ob sie materiell als Rechtsvorschrift zu bewerten ist. Für **Ziele der Raumordnung** ist dies der Fall, da sie gemäß § 4 Abs. 1 ROG von öffentlichen Stellen zu beachten sind und nachfolgende Planungsträger damit binden (§ 35 Abs. 3 S. 2 BauGB). Derartige Festsetzungen beschränken die Nutzungsbefugnisse eines betroffenen Grundstücks bereits unmittelbar und wirken damit als Inhalts- und Schrankenbestimmung des Eigentums. Die in einem

---

78 Vgl. VGH Bad.-Württ., VBlBW 1983, 302.
79 Vgl. BVerwGE 146, 217 für eine Kommunalsatzung über die Festlegung der höchstzulässigen Miete für öffentlich geförderten Wohnraum.
80 Vgl. BVerwG, NVwZ 1988, 1119; VGH Bad.-Württ., VBlBW 2003, 119.
81 Vgl. zu baurechtlichen Fragen bei der Errichtung von Windkraftanlagen auch die Aufsichtsarbeit Nr. 8 der zweiten juristischen Staatsprüfung Frühjahr 2008, VBlBW 2011, 444 und 483.

Regionalplan enthaltenen Ziele der Raumordnung sind daher tauglicher Gegenstand eines Normenkontrollantrags.[82] Im Gegensatz hierzu kann die Festlegung eines Vorbehaltsgebiets (etwa für Landwirtschaft oder Landwirtschaftsentwicklung) durch öffentliche oder private Belange von höherem Gewicht überwunden werden, so dass hieraus noch keine unmittelbare Rechtsverletzung betroffener Grundstückseigentümer folgen kann.[83]

Flächennutzungsplänen kommt grundsätzlich keine Außenwirkung zu. Anderes gilt aber für die in § 35 Abs. 3 S. 3 BauGB geregelten Konzentrationsflächen (etwa für Windenergieanlagen), weil mit deren Ausweisung ein Standortverbot für andere Standorte verbunden ist. Die Planung beinhaltet damit bereits eine grundstücksbezogene Inhalts- und Schrankenbestimmung des Eigentums, so dass eine die Normenkontrolle eröffnende rechtliche Außenwirkung besteht.[84] Durch den unmittelbaren Zusammenhang von Positiv- und Negativflächen ist dabei ein (schlüssiges und unteilbares) gesamträumliches Planungskonzept erforderlich. Jede Veränderung – etwa aufgrund aufsichtsbehördlicher oder gerichtlicher Beanstandung – macht daher eine erneute Abwägungsentscheidung erforderlich.[85]

1317

h) Normerlassklage

Die Gemeinde G hat neben der städtischen Schule einen neuen Abenteuerspielplatz errichtet. In der vom Gemeinderat als Satzung beschlossenen Benutzungsordnung ist u.a. geregelt, dass die Anlage nur von Kindern und Jugendlichen bis 16 Jahren und bis 20:00 Uhr benutzt werden darf. Die Nachbarn N halten den Lärm für unzumutbar und wollen die Gemeinde verpflichten lassen, den Spielplatz nur für Kinder bis zu 12 Jahren und an Wochenenden nur bis 16:00 Uhr zu eröffnen. Die Gemeinde meint dagegen, eine entsprechende Normerlassklage gebe es nicht.

1318

Die **Benutzungsordnung** stellt eine im Rang unter dem Landesgesetz stehende Rechtsvorschrift i.S.d. § 47 Abs. 1 Nr. 2 VwGO i.V.m. § 4 AGVwGO dar. Das Normenkontrollverfahren hilft den Nachbarn aber nicht weiter, da sie hierdurch ihr Begehren nicht erreichen können. Mit der Aufhebung der Beschränkungen verschlechtert sich ihr Zustand vielmehr. Ein Rechtsschutzbedürfnis besteht deshalb nur dann, wenn durch die Ungültigkeit der angegriffenen Norm eine dem Antragsteller günstigere Vorgängerregelung wiederauflebt.[86] Gelegentlich bejaht die Rechtsprechung das Rechtsschutzbedürfnis auch mit dem Argument, bei Ungültigkeit der angegriffenen Norm sei mit dem Erlass einer neuen Regelung zu rechnen, die für den Antragsteller jedenfalls möglicherweise günstiger sei.[87]

1319

Ansonsten ist in dieser Konstellation die Feststellungsklage eröffnet, die auf ein mit höherrangigem Recht unvereinbares Unterlassen des Normgebers bezogen ist.[88] Damit wird einerseits dem Rechtsschutzinteresse der Kläger Genüge getan, umgekehrt aber durch die Vermeidung einer einklagbaren Leistung („**Normerlassklage**") auch dem im Gewaltenteilungsgrundsatz begründeten Respekt vor den rechtsetzenden Organen

1320

---

82 Vgl. BVerwGE 152, 49 und 119, 217 sowie VGH Bad.-Württ., VBlBW 2005, 473; zur Angreifbarkeit einer Verwaltungsvorschrift mit unmittelbarer Außenwirkung auch BVerwGE 122, 264.
83 Vgl. BVerwGE 152, 49.
84 Vgl. BVerwGE 128, 382; hierzu auch Schenke, NVwZ 2007, 134.
85 Vgl. BVerwGE 152, 372.
86 Vgl. VGH Bad.-Württ., VBlBW 2014, 292.
87 Vgl. VGH Bad.-Württ., VBlBW 2013, 27.
88 Vgl. BVerwGE 152, 55.

Rechnung getragen.[89] Eine Umgehung der in § 47 VwGO getroffenen Bestimmungen liegt hierin nicht, weil die Konstellation dort gerade nicht geregelt ist. Abschließender Charakter kann dem Regelungsgefüge aber schon im Hinblick auf die Notwendigkeit der Gewährung effektiver Rechtsschutzmöglichkeiten nicht zuerkannt werden.[90] Insbesondere im Hinblick auf Rechtsverordnungen des Bundes, die vom Anwendungsbereich des § 47 VwGO nicht erfasst sind, kommt der Feststellungsklage daher die Funktion einer „heimlichen Normenkontrolle" zu.[91] Voraussetzung ist aber ein Feststellungsinteresse, das hier vorliegt.

i) Verordnungsänderung durch Gesetz

1321   M wendet sich im Wege der Normenkontrolle nach § 47 VwGO gegen eine Änderung der bestehenden Rechtsverordnung zum Schutz von Rindern gegen die Blauzungenkrankheit. Die von ihm beanstandeten Paragrafen sind aber im Rahmen eines vom Landtag beschlossenen Artikelgesetzes zur Verbesserung des Tierschutzes eingefügt worden. Das Gesetz sieht in den Schlussvorschriften insoweit zwar die „Rückkehr zum einheitlichen Verordnungsrang" vor (sog. „Entsteinerungsklausel"), gleichwohl ist die Änderung selbst durch Gesetz erfolgt.[92] Der zuständige Berichterstatter ist daher unsicher, ob der Respekt vor dem Gesetzgeber eine verwaltungsgerichtliche Normenkontrolle nicht ausschließt und die Frage gemäß Art. 100 Abs. 1 GG dem Bundesverfassungsgericht vorgelegt werden muss.

1322   Schon aus Gründen der Systemgerechtigkeit und Normenklarheit ist auch der durch formelles Gesetz geänderte Teil der Rechtsverordnung dem Anwendungsbereich des § 47 VwGO unterworfen. Ansonsten entstünde eine zweigliedrige Rechtsverordnung mit jeweils unterschiedlichem Rechtsschutz. Auch die Änderung nimmt daher am Rang der geänderten Norm teil. Wenn der Gesetzgeber **materielles Verordnungsrecht** schafft, ist er dem hierfür geltenden Recht unterworfen.[93]

IV. Widerspruchsverfahren

1323   Verwaltungsprozessual spielt das Widerspruchsverfahren v.a. als **Sachurteilsvoraussetzung** von Anfechtungs- und Verpflichtungsklage eine Rolle (vgl. § 68 Abs. 1 S. 1 VwGO). Prüfstation ist insoweit die Zulässigkeit der Klage. Diese kann regelmäßig nicht verneint werden, wenn der Kläger das seinerseits Erforderliche getan hat. Entscheidet etwa die **unzuständige Widerspruchsbehörde**, so ist das Vorverfahren zwar nicht ordnungsgemäß durchgeführt; dies hindert die Klageerhebung indes nicht. Vielmehr hat der Kläger – wie von § 70 Abs. 1 S. 1 VwGO gefordert – seinen Widerspruch bei der Ausgangsbehörde erhoben. Auf die Festlegung der Widerspruchsbehörde dagegen hat er keinen Einfluss. Insoweit steht dem Kläger aber die Möglichkeit zu, isoliert den Widerspruch anzugreifen (vgl. § 79 Abs. 2 S. 1 VwGO), was sinnvoll sein kann, wenn Ermessenserwägungen im Raum stehen. Er kann indes auch sofort die (normale) Einheitsklage nach § 79 Abs. 1 Nr. 1 VwGO erheben. Das hierfür erforderliche Vorver-

89   Vgl. BVerwGE 130, 52; 111, 276.
90   Vgl. hierzu auch BVerfGE 115, 81.
91   Vgl. hierzu Kenntner, in: Quaas/Zuck, Prozesse in Verwaltungssachen, 2. Aufl. 2011, S. 373.
92   Ausnahmsweise darf auch im parlamentarischen Verfahren Verordnungsrecht geschaffen werden: vgl. BVerfGE 114, 196.
93   Vgl. BVerfGE 114, 196; 114, 303; BVerwGE 117, 313.

fahren ist durchgeführt, auch wenn die unzuständige Behörde den Widerspruchsbescheid erlassen hat.

Zu beachten sind überdies Spezialregelungen, die ein Widerspruchsverfahren ausschließen (wie etwa § 70 LVwVfG für Planfeststellungsbeschlüsse) oder anordnen (wie § 54 Abs. 2 BeamtStG für alle beamtenrechtlichen Streitigkeiten, also auch Leistungs- oder Feststellungsklagen). In Baden-Württemberg ist insoweit die Besonderheit zu beachten, dass ein Widerspruchsverfahren gemäß § 68 Abs. 1 S. 2 VwGO i.V.m. § 15 S. 1 AGVwGO auch dann nicht stattfindet, wenn das **Regierungspräsidium** als Erlassbehörde tätig geworden ist! Trotz der missverständlichen Formulierung in § 15 S. 1 AGVwGO, nach der es eines Vorverfahrens „nicht bedarf", ist dieses hier unstatthaft, so dass unmittelbar Klage erhoben werden muss. 1324

1. Entbehrlichkeit

a) Erstmalige Beschwer

Die dem B erteilte Baugenehmigung ist von der Widerspruchsbehörde auf den Nachbarwiderspruch des N hin aufgehoben worden. B will dies nicht hinnehmen und fragt sich, ob nun auch er zunächst Widerspruch erheben muss oder direkt Klageerhebung geboten ist. 1325

Es handelt sich um einen Fall der **erstmaligen Beschwer** nach § 68 Abs. 1 Nr. 2 VwGO, damit ist unmittelbar Klage zu erheben. 1326

b) Falsche Rechtsmittelbelehrung

D hat Klage gegen eine Abbruchsverfügung der Stadt Esslingen erhoben, ohne ein Widerspruchsverfahren durchzuführen. Allerdings war dem Bescheid eine unrichtige Rechtsbehelfsbelehrung beigefügt, in welcher es hieß, dass D gegen diesen Bescheid Klage zum Verwaltungsgericht Stuttgart erheben könne. Im Rahmen der Erstellung der Klageerwiderung fragt sich der Sachbearbeiter, ob das Widerspruchsverfahren hierdurch entbehrlich geworden ist. Vorsichtshalber will er zur offenkundigen Rechtmäßigkeit der angefochtenen Verfügung Stellung nehmen. 1327

Die verfahrensrechtlichen Folgen einer falschen **Rechtsmittelbelehrung** sind in § 58 Abs. 2 S. 1 VwGO dahin gehend abschließend geregelt, dass die Einlegung des Rechtsbehelfs innerhalb eines Jahres zulässig ist; die Entbehrlichkeit des Vorverfahrens ist dagegen nicht vorgesehen. Dies hätte auch zur Folge, dass es die Ausgangsbehörde durch die Ausgestaltung der Rechtsmittelbelehrung in der Hand hätte, die Widerspruchsbehörde auszuschalten und damit die gesetzlich vorgesehene Instanz des Regierungspräsidiums zu umgehen. 1328

Nach der Rechtsprechung des Bundesverwaltungsgerichts hat jedoch die sachliche **Einlassung** – auch hilfsweise und unter ausdrücklicher Rüge! – in der Klageerwiderung die Zulässigkeit der Klage zur Folge, da die Durchführung des Widerspruchsverfahrens dann als „bloße Förmelei" erscheine.[94] Für entbehrlich wird das Vorverfahren auch 1329

---

94 Vgl. etwa BVerwGE 64, 325, insoweit offen gelassen in BVerwGE 138, 1; diese Auffassung wird allerdings in der Literatur einhellig und auch von Teilen der Rechtsprechung kritisiert, vgl. etwa VGH Bad.-Württ., 4.3.2009 – 9 S 371/08 – m.w.N.

dann gehalten, wenn dessen Zweck bereits Rechnung getragen ist oder ohnehin nicht mehr erreicht werden kann.[95]

c) Verfristung

1330 G hat gegen die seinem Nachbarn H erteilte Baugenehmigung Widerspruch erhoben. Allerdings hat er die Widerspruchsfrist um zwei Tage versäumt, Gründe für eine Wiedereinsetzung liegen nicht vor. Angesichts der beachtlichen Argumente möchte die Widerspruchsbehörde die Baugenehmigung im Rahmen des Widerspruchsverfahrens dennoch aufheben.

1331 Da G die Widerspruchsfrist nicht eingehalten hat, fehlt es an der ordnungsgemäßen Durchführung des Vorverfahrens (§ 70 Abs. 1 S. 1 VwGO). Grundsätzlich steht es nach Auffassung des Bundesverwaltungsgerichts aber im Ermessen der Widerspruchsbehörde als „Herrin des Verfahrens", trotz **Verfristung** auch in der Sache zu entscheiden. Damit würde auch materiell der Klageweg eröffnet. Diese Befugnis kommt der Widerspruchsbehörde aber dann nicht zu, wenn durch den Fristablauf eine **bestandskräftige Rechtsposition** entstanden ist. Denn in diesen Fällen ist eine besondere Ermächtigungsgrundlage für den Entzug der gesicherten Rechtsposition des Dritten erforderlich.[96]

d) Rechtsnachfolge

1332 J ist Inhaber einen Gewerbebetriebs. Er hat sich gegen eine straßenverkehrsrechtliche Anordnung gewandt, mit der eine auch von seinen LKWs befahrene Zufahrtsstraße auf ein Höchstgewicht von 3,5 Tonnen beschränkt worden ist. Unmittelbar nach Erlass des ablehnenden Widerspruchsbescheids verkauft er den Betrieb an K. K erhebt sofort Klage, die vom Verwaltungsgericht mangels Durchführung eines Widerspruchsverfahrens als unzulässig abgewiesen wird. Zu Recht?

1333 Der **Erwerber** eines die Klagebefugnis gegen einen Verwaltungsakt vermittelnden Gegenstands braucht kein eigenes Widerspruchsverfahren durchzuführen, soweit die auf den Erwerbsgegenstand bezogene Beschwer bereits Gegenstand eines Widerspruchs seines Rechtsvorgängers war. Insoweit rückt er in die Verfahrensposition seines Rechtsvorgängers ein.[97] Nach Rechtshängigkeit hat der Veräußerer dagegen gemäß § 173 VwGO i.V.m. § 265 Abs. 2 ZPO die Möglichkeit, das Verfahren fortzusetzen. Nach Auffassung des Bundesverwaltungsgerichts fehlt allerdings die Klagebefugnis, wenn das Eigentum nur erworben worden ist, um die formalen Voraussetzungen für eine Prozessführung zu schaffen. In diesem Falle sei die Eigentümerstellung missbräuchlich begründet worden.[98]

e) Untätigkeitsklage

1334 A hat eine Abbruchsverfügung erhalten, gegen die er sofort Widerspruch eingelegt hat. Nachdem zehn Monate lang nichts geschehen ist, erhebt er Untätigkeitsklage. Die Wi-

---

95 Vgl. BVerwGE 138, 1; das gilt jedenfalls dann, wenn die Widerspruchsbehörde den Bescheid aufgrund einer sie bindenden Weisung einer Aufsichtsbehörde erlassen hat.
96 Vgl. BVerwGE 60, 297.
97 Vgl. BVerwG, NVwZ 2006, 1072.
98 Vgl. BVerwGE 112, 135.

derspruchsbehörde überlegt nun, ob überhaupt noch ein Widerspruchsbescheid ergehen kann und ob dies jetzt noch Sinn macht.

Ein Widerspruchsbescheid kann noch ergehen; die Klage wird dann als Anfechtungsklage fortgesetzt, in der auch die Erwägungen der Widerspruchsbehörde zu **berücksichtigen** sind. Angesichts der Kostenregelung des § 161 Abs. 3 VwGO ist dies auch dringend ratsam.

1335

2. Erledigung

Dem in der Stadt Esslingen wohnhaften F ist durch Bescheid des Landratsamts Esslingen gemäß § 16a Abs. 1 Tierschutzgesetz aufgegeben worden, seinen Hund artgerecht zu halten, wogegen er unverzüglich Widerspruch eingelegt hat. Zwei Wochen später hat er mitgeteilt, der Hund sei nunmehr verstorben. Er halte seinen Widerspruch aber aufrecht, weil die unzuständige Behörde gehandelt habe: Gemäß § 1 Nr. 3 Tierschutzzuständigkeitsverordnung sei die untere Verwaltungsbehörde – in seinem Fall also die Stadt Esslingen – zuständige Behörde nach dem Tierschutzgesetz. Wie hat das Regierungspräsidium, dem der Widerspruch vorgelegt worden ist, zu entscheiden?

1336

Nach Auffassung des Bundesverwaltungsgerichts ist ein **Fortsetzungsfeststellungswiderspruch** unzulässig, so dass das Widerspruchsverfahren formlos einzustellen ist.[99] Für diese Auffassung spricht, dass die verwaltungsinterne Kontrollaufgabe des Widerspruchsverfahrens nach Erledigung nicht mehr wahrgenommen werden kann. Darüber hinaus ist die nun allein mögliche Feststellung der Rechtswidrigkeit nicht Aufgabe der Verwaltung und bringt dem Betroffenen auch nicht die Präjudizwirkung einer gerichtlichen Entscheidung. Die Kostenentscheidung bemisst sich nach § 80 Abs. 1 S. 5 LVwVfG. Die bemängelte Zuständigkeit des Landratsamts ergibt sich im Übrigen aus § 19 Nr. 3b) LVG.

1337

3. Gegenstand

a) Drittschützende Normen

A hat eine Baugenehmigung zur Errichtung eines Wohngebäudes erhalten. In dem aufgrund des Widerspruchs des Nachbarn N durchgeführten Widerspruchsverfahren kommt das Regierungspräsidium zu dem Ergebnis, dass die Baugenehmigung zwar keine Rechte des N verletzt, gleichwohl aber rechtswidrig ist. Der zuständige Sachbearbeiter will daher die Baugenehmigung im Widerspruchsbescheid aufheben.

1338

§ 73 VwGO räumt nur die Befugnis ein, einem begründeten Widerspruch stattzugeben. Begründet ist ein Nachbar-Widerspruch jedoch nur bei Verstoß gegen **nachbarschützende Normen**; insoweit ist der Gegenstand des Widerspruchsverfahrens (und damit die Prüfungsbefugnis) begrenzt. Eine Aufhebung würde hier deshalb die Zuständigkeit des Regierungspräsidiums als Widerspruchsbehörde überschreiten. Das Regierungspräsidium kann jedoch – außerhalb des Widerspruchsverfahrens aber aus Anlass des dort vorgebrachten Sachverhalts – als Fachaufsichtsbehörde von Amts wegen überprüfen, ob eine Rücknahme in Betracht kommt. Ob sie diese selbst verfügen oder nur die untere Behörde anweisen darf, ist eine Frage des **Selbsteintrittsrechts**.

1339

---

99 Vgl. BVerwGE 81, 226.

b) Zweckmäßigkeitskontrolle

1340 Der in der Stadt Esslingen wohnhafte V möchte, dass sein Sohn Klavierunterricht nimmt. Er will seinen Sohn jedoch nicht in Esslingen, sondern in der Musikschule der benachbarten kreisangehörigen Gemeinde G anmelden, da der Unterricht seiner Auffassung nach dort besser ist. Sein entsprechender Antrag wird von der G jedoch mit der Begründung abgelehnt, dass nach der Benutzungssatzung zwar auch Auswärtige die Musikschule benutzen könnten, im Fach Klavier jedoch nur wenig Unterrichtspersonal zur Verfügung stehe. Auswärtige Schüler würden daher in eine Warteliste eingetragen, danach könne der Sohn des V frühestens in zwei Jahren berücksichtigt werden. P möchte hiergegen Widerspruch einlegen, weil er meint, dass die Zulassung Auswärtiger nicht nach Wartezeit, sondern entsprechend ihrer Begabung zu erfolgen habe. Wer entscheidet über diesen Widerspruch?

1341 Gemäß § 17 Abs. 1 S. 2 AGVwGO ist die **Zweckmäßigkeit** – im Rahmen des Abhilfeverfahrens – durch die Gemeinde selbst zu prüfen, die Rechtmäßigkeit jedoch durch das Landratsamt. Hintergrund dieser Regelung ist die Tatsache, dass kleine Gemeinden vielfach nicht über Juristen verfügen.

4. Folgen

a) Abhilfe

1342 G hat gegen eine von der Stadt Esslingen erlassene Abbruchverfügung Widerspruch eingelegt. Der zuständige Sachbearbeiter hält den Widerspruch für begründet. Er will dem Widerspruch aber nicht stattgeben, sondern den Bescheid nach § 48 Abs. 1 S. 1 LVwVfG zurücknehmen, um der Stadt Esslingen den Kostenerstattungsanspruch zu ersparen.

1343 Grundsätzlich kommt der Widerspruchsbehörde ein nach pflichtgemäßem Ermessen wahrzunehmendes **Wahlrecht** hinsichtlich der Verfahrensweise zu. Das Anliegen, sich der Kostenlast zu entziehen, ist jedoch kein sachgerechter Grund.[100]

b) Anweisung der Ausgangsbehörde

1344 L hat Widerspruch gegen die Versagung einer Baugenehmigung eingelegt. Die Widerspruchsbehörde kommt zu der Auffassung, dass der Widerspruch zulässig und begründet ist. Sie weiß aber, dass die Gemeinde derzeit am Erlass einer Veränderungssperre arbeitet, nach der das Vorhaben unzulässig wäre. Kann Sie – ohne sich dem Risiko einer Amtshaftung wegen verzögerter Bearbeitung auszusetzen – der Gemeinde helfen?

1345 Nach Auffassung des Bundesverwaltungsgerichts steht es der Widerspruchsbehörde gemäß § 73 Abs. 1 S. 1 VwGO frei, ob sie die Baugenehmigung selbst erteilt, oder ob sie die Ausgangsbehörde zur Genehmigungserteilung **verpflichtet**. Diese Handlungsalternativen führen jedoch nicht zum selben Ergebnis. Denn die Baugenehmigung setzt im Verpflichtungsfall noch den Vollzug durch die Genehmigungsbehörde voraus. Bis zu diesem Zeitpunkt ist der Bauherr aber noch nicht (durch Art. 14 Abs. 1 S. 1 GG) geschützt, so dass die planungsrechtlichen Voraussetzungen noch (ohne Entschädigungsanspruch des Bauherrn) geändert werden können.[101]

---

100 Vgl. BVerwGE 101, 64.
101 Vgl. BVerwGE 130, 113.

V. Prozessuale Sonderkonstellationen

1. Wiedereinsetzung

a) Verschulden

Dem A ist am 7. September 2012 ein Widerspruchsbescheid zugestellt worden, gegen den er seinen Rechtsanwalt beauftragt hat, Anfechtungsklage zu erheben. Nachdem die Klage am Montag, den 8. Oktober 2012, bei Gericht eingegangen war, wies der Berichterstatter darauf hin, dass die Monatsfrist versäumt worden sei. A ist empört und meint, die Dummheit seines Anwalts könne ihm nicht entgegengehalten werden.

1346

Da das **Fristende** auf einen **Sonntag** fiel, endete die Monatsfrist des § 74 Abs. 1 S. 1 VwGO gemäß § 57 Abs. 2 VwGO i.V.m. § 222 Abs. 2 ZPO mit Ablauf des nächsten Werktags.[102] Die Klage ist daher fristgerecht eingereicht worden.

1347

Im Falle der Fristversäumung wäre A aber keine Wiedereinsetzung in die Klagefrist zu gewähren gewesen. Bei der Prüfung des fehlenden Verschuldens nach § 60 Abs. 1 VwGO ist vielmehr zu berücksichtigen, dass im Verwaltungsprozess den Beteiligten das **Verschulden ihres Bevollmächtigten** voll zugerechnet wird (vgl. § 173 VwGO i.V.m. § 85 Abs. 2 ZPO). Das gilt selbst im Asylprozess.[103]

1348

b) Anhängiges Prozesskostenhilfegesuch

B ist mittellos und möchte das Kostenrisiko einer Klage nicht tragen. Er hat daher unmittelbar nach Erlass des Widerspruchsbescheids einen Prozesskostenhilfeantrag gestellt. Am Tag vor Ablauf der Klagefrist ist eine Entscheidung aber noch nicht ergangen. B fragt sich daher, was er tun soll und ob er eine unter der Bedingung einer Prozesskostenhilfegewährung stehende Klage erheben kann.

1349

Die Klageerhebung ist bedingungsfeindlich,[104] so dass die von B angedachte Lösung nicht möglich ist. Sofern B ein **Prozesskostenhilfegesuch** eingereicht hat, kann ihm aber anschließend Wiedereinsetzung in die Klagefrist gewährt werden. Dies gilt indes nur, wenn innerhalb der Rechtsmittelfrist ein vollständiger Prozesskostenhilfeantrag mit allen dazugehörenden Unterlagen (Vordruck über die persönlichen und wirtschaftlichen Verhältnisse!) eingereicht worden ist.[105]

1350

c) Instanzenzug

C hat gegen das seine Klage abweisende Urteil sofort die vom Verwaltungsgericht zugelassene Berufung einlegen lassen. Sein Anwalt hat auch die Berufungsbegründungsfrist eingehalten und den Schriftsatz 10 Tage vor Fristablauf eingereicht. Allerdings hat er die Begründungsschrift entgegen § 124a Abs. 3 S. 2 VwGO (und der zutreffenden Rechtsmittelbelehrung) an das Verwaltungsgericht adressiert. Dort ist der Schriftsatz zunächst liegen geblieben und erst nach Ablauf der Berufungsbegründungsfrist an den

1351

---

102 Diese, der generellen Regelung in § 193 BGB entsprechende Anordnung zur Berechnung des Fristendes gilt „als Ausdruck allgemeiner Rechtsgrundsätze" (BVerwGE 100, 206 (209)) nicht nur für gesetzliche Fristen, sondern auch für richterlich bestimmte Äußerungsfristen (vgl. BVerfGE 18, 380 (383 f.)).

103 Vgl. BVerfGE 60, 253. Das BVerfG hat auch unter Geltung des (verschärften) AsylVfG 1992 die Zurechnung des Anwaltsverschuldens im Asylverfahren für (noch) verfassungsgemäß erachtet: BVerfG, NVwZ 2000, 907.

104 Ausnahme sind nur „innerprozessuale Bedingungen", insb. der Hilfsantrag.

105 Vgl. BVerwG, NVwZ 2004, 888.

Verwaltungsgerichtshof weitergeleitet worden. Der Anwalt will zwar Wiedereinsetzung beantragen, weiß aber nicht, wie er das fehlende Verschulden begründen soll.

1352 Da die Berufungsbegründung erst nach Ablauf der in § 124a Abs. 3 S. 1 VwGO vorgeschriebenen Frist beim zuständigen Verwaltungsgerichtshof eingegangen ist, setzt die Zulässigkeit eine Wiedereinsetzung in die Begründungsfrist voraus. Ein fehlendes Verschulden dafür, dass der Schriftsatz an das Verwaltungsgericht gerichtet wurde, ist indes nicht ersichtlich.

1353 Nach Auffassung des Bundesverfassungsgerichts darf ein Rechtssuchender aber darauf vertrauen, dass ein mit der Sache befasst gewesenes Instanzgericht einen bei ihm eingereichten, aber für das **Rechtsmittelgericht** bestimmten Schriftsatz im ordentlichen Geschäftsgang dorthin **weiterleiten** wird. Geht der Schriftsatz so rechtzeitig bei dem ursprünglich zuständigen Gericht ein, dass die fristgerechte Weiterleitung an das Rechtsmittelgericht im ordentlichen Geschäftsgang ohne Weiteres erwartet werden kann, darf die Partei deshalb nicht nur darauf vertrauen, dass der Schriftsatz überhaupt weitergeleitet wird, sondern auch darauf, dass er noch fristgerecht beim Rechtsmittelgericht eingeht. Geschieht dies tatsächlich nicht, so ist der Partei Wiedereinsetzung in den vorigen Stand unabhängig davon zu gewähren, auf welchen Gründen die fehlerhafte Einreichung beruht. Mit dem Übergang des Schriftsatzes in die Verantwortungssphäre des zur Weiterleitung verpflichteten Gerichts wirkt sich ein etwaiges Verschulden der Partei oder ihres Prozessbevollmächtigten nicht mehr aus.[106] Die entschiedenen Fälle betrafen zwar durchgängig zivilrechtliche Streitigkeiten, die sich von der vorliegenden Konstellation durch das Fehlen einer Rechtsmittelbelehrung unterscheiden. Angesichts der allgemein gehaltenen Begründung und der Bezugnahme auf die „nachwirkende Fürsorgepflicht" des Instanzgerichts ist jedoch davon auszugehen, dass die verfassungsgerichtliche Bewertung auch für den Verwaltungsprozess Anwendung findet.

d) Amtswegige Wiedereinsetzung

1354 D ist am 6. März ein Widerspruchsbescheid des Regierungspräsidiums Stuttgart zugestellt worden. Er erhebt dagegen eine Anfechtungsklage, die am 9. April beim VG Stuttgart eingeht. Ausweislich des Poststempels auf dem bei den Gerichtsakten befindlichen Briefumschlag hat D die Klageschrift am 2. April zur Post gegeben. In der mündlichen Verhandlung am 3. Juli beantragt die Stadt Stuttgart die Abweisung der Klage als unzulässig: D habe die Klagefrist versäumt. Auch ein – von D bislang nicht einmal gestellter – Antrag auf Wiedereinsetzung in den vorigen Stand könne keinen Erfolg haben, da D die hierfür bestehende zweiwöchige Frist des § 60 Abs. 2 S. 1 VwGO ebenfalls versäumt habe. Diese habe zu laufen begonnen, als D am 18. April die Mitteilung des Gerichts über das Datum des Eingangs seiner Klageschrift erhalten habe. Ist die Rechtsauffassung der Stadt Stuttgart zutreffend? In welcher Form hat das Verwaltungsgericht die Entscheidung über die Wiedereinsetzung zu treffen?

1355 Nach § 60 Abs. 2 S. 4 VwGO kann Wiedereinsetzung auch **von Amts wegen** gewährt werden, wenn – wie hier – die versäumte Rechtshandlung innerhalb der Antragsfrist nachgeholt worden ist. Die Entscheidung darüber hat im Urteil – also jedenfalls in den Gründen – zu erfolgen, eine Aufnahme in den Tenor ist nicht zwingend erforderlich.

---

106 Vgl. BVerfGE 93, 99 sowie nachfolgend Kammerbeschluss, NVwZ 2001, 1343; hierzu auch BGH, NJW 2000, 2511 sowie 12.5.2016 – IX ZB 75/15.

2. Aussetzung

Die von K erhobene Anfechtungsklage ist von einer Rechtsfrage abhängig, die bereits Gegenstand eines anderen beim Bundesverwaltungsgericht anhängigen Verfahrens ist. Das Verwaltungsgericht möchte das Verfahren daher aussetzen, K ist jedoch nicht einverstanden. Ändert sich etwas, wenn das bereits anhängige Verfahren eine Normenkontrolle ist oder wenn es sich um eine EuGH-Vorlage handelt? **1356**

Die Aussetzung in analoger Anwendung des § 94 VwGO ist anerkannt, sofern im Vorlageverfahren die **Ungültigkeit** der in Rede stehenden Norm geltend gemacht worden ist.[107] Anders verhält es sich dagegen, wenn in dem Bezugsrechtsstreit nur dieselben Rechtsfragen aufgeworfen sind. Auch hier wird jedenfalls bei bereits anhängigen EuGH-Vorlagen in der Praxis eine Aussetzung ohne eigene Vorlage für möglich gehalten.[108] In dogmatischer Hinsicht bestehen hieran indes Bedenken, weil die Zwischenentscheidung stets auf die Besonderheiten des vorgelegten Einzelfalles zugeschnitten ist. Richtiger Weise ist in Konstellationen, in denen es nur um dieselbe Rechtsfrage geht, für die Aussetzung daher kein Raum. In Betracht kommt die Anordnung des Ruhens des Verfahrens, die jedoch eine Zustimmung aller Beteiligten erfordert.[109] **1357**

3. Rücknahme

Die A-KG erhebt Klage gegen einen abfallrechtlichen Bescheid und teilt in der Klageschrift, der die angefochtene Verfügung beiliegt, mit, dass eine Begründung innerhalb von acht Wochen nachgereicht werde. Zwölf Wochen später sind zwar die Behördenakten eingegangen, aus denen sich ergibt, dass die A-KG im Verwaltungs- und im Widerspruchsverfahren ausführlich zur Sach- und Rechtslage Stellung genommen und auf entstehende Aufwendungen von 300.000 EUR hingewiesen hat, nicht aber eine Stellungnahme der Klägerin. Der Berichterstatter fordert sie daraufhin in einer den Anforderungen des § 92 Abs. 2 S. 3 VwGO entsprechenden Weise auf, die Klage zu begründen. Nach Ablauf von zwei Monaten seit Zustellung dieser Aufforderung stellt der Berichterstatter durch Beschluss fest, dass die Klage als zurückgenommen gilt, und stellt das Verfahren ein. Die A-KG, die zeitlich überschneidend mit diesem Beschluss eine umfangreiche Klagebegründung vorgelegt hat, möchte wissen, ob sie diesen Beschluss anfechten kann und ob die Verfahrensweise des Gerichts rechtmäßig war. **1358**

Ein sogenannter „Rücknahmestreit" kann durch Antrag auf Fortsetzung des Verfahrens eröffnet werden. Er begründet ein normales Urteilsverfahren, mit dem entweder festgestellt wird, dass das Verfahren durch Klagerücknahme beendet ist, oder ein Sachurteil ergeht, wenn eine wirksame Rücknahme tatsächlich nicht vorlag. Hier war das Vorgehen des Gerichts nicht ordnungsgemäß und eine Rücknahme daher nicht erfolgt, da keine Pflicht zur Klagebegründung besteht. Auch der Verfahrensablauf ließ nicht auf den Wegfall des Rechtsschutzinteresses schließen.[110] **1359**

---

107 Vgl. etwa BVerwGE 123, 322 für Unionsrecht; BVerfGE 3, 58 für eine verfassungsgerichtliche Normenkontrolle oder VGH Bad.-Württ., VBlBW 1993, 10 für ein anhängiges Normenkontrollverfahren nach § 47 VwGO.

108 Vgl. etwa BVerwGE 112, 166.

109 Vgl. BGHZ 162, 373; hierzu auch Bergmann/Kenntner, Deutsches Verwaltungsrecht unter europäischem Einfluss, 2002, S. 88.

110 Vgl. BVerwG, NVwZ 2001, 918.

4. Erledigung der Hauptsache

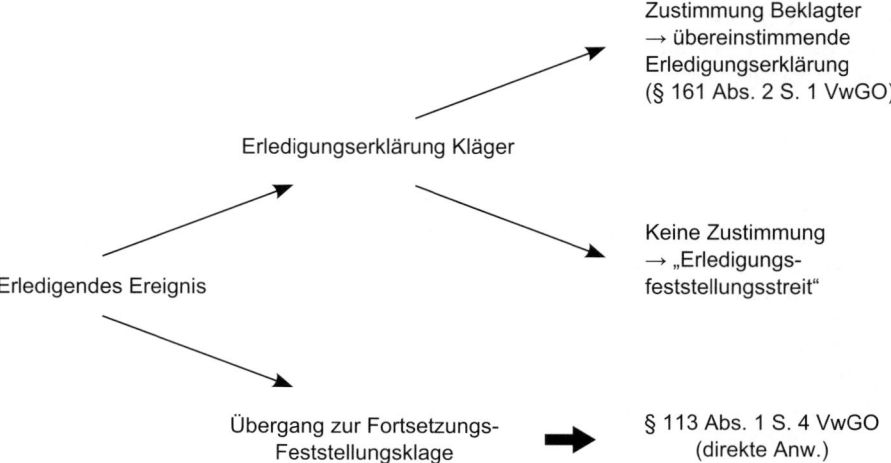

Erledigungserklärung Kläger

Zustimmung Beklagter
→ übereinstimmende
Erledigungserklärung
(§ 161 Abs. 2 S. 1 VwGO)

Keine Zustimmung
→ „Erledigungs-
feststellungsstreit"

Erledigendes Ereignis

Übergang zur Fortsetzungs-
Feststellungsklage

§ 113 Abs. 1 S. 4 VwGO
(direkte Anw.)

a) Vollziehung

1360   A wird durch eine abfallrechtliche Verfügung der Stadt Stuttgart unter Anordnung der sofortigen Vollziehung aufgegeben, bestimmte Gegenstände, die auf seinem Grundstück lagern, der Stadt Stuttgart als Abfälle zur Beseitigung zu überlassen. A erhebt hiergegen nach erfolglosem Widerspruch Anfechtungsklage. Während des Klageverfahrens werden die Gegenstände von der Stadt Stuttgart im Wege der Ersatzvornahme abgeholt und in die Müllverbrennungsanlage verbracht. Die Stadt Stuttgart ist der Auffassung, damit habe sich die angefochtene Verfügung erledigt und die Klage sei unzulässig geworden. Trifft dies zu?

1361   Ein Verwaltungsakt bleibt gemäß § 43 Abs. 2 LVwVfG **wirksam**, solange er sich nicht erledigt hat. Neben den ausdrücklich geregelten Fällen erledigt sich ein Verwaltungsakt „auf andere Weise", wenn er keine Rechtswirkungen mehr entfalten kann und daher gegenstandslos geworden ist. Dies ist etwa der Fall, wenn er durch einen Änderungsbescheid ersetzt worden ist.[111]

1362   Eine **Vollziehung**, die rückgängig gemacht werden kann, bewirkt daher niemals die Erledigung. Der Verwaltungsakt stellt hier den fortdauernden Rechtsgrund des Vollzugs und des damit bewirkten Rechtszustands dar. Allein der Vollzug führt aber auch dann nicht zur Erledigung des Verwaltungsakts, wenn hierdurch irreversible Tatsachen geschaffen worden sind.[112] Der Grundverwaltungsakt entfaltet auch hier **Titelfunktion** (etwa gegen einen Folgenbeseitigungsanspruch) und bildet die Grundlage für den Kostenbescheid. Einwände gegen die Rechtmäßigkeit der Grundverfügung müssen daher auch verfolgt werden.

b) Übereinstimmende Erledigungserklärung

1363   Rechtsanwalt R hat beim Versorgungswerk der Rechtsanwälte die Gewährung eines Ruhegeldes wegen Berufsunfähigkeit beantragt. Das Versorgungswerk hat dies abge-

---

111   Vgl. BVerwGE 129, 66.
112   Vgl. BVerwG, NVwZ 2009, 122; VGH Bad.-Württ., VBlBW 2008, 305.

lehnt, da die von R vorgelegten ärztlichen Gutachten eine Berufsunfähigkeit nicht belegten. Erst während des Klageverfahrens übersendet R ein weiteres Gutachten, das zwar schon zur Zeit seiner Antragstellung erstellt, von ihm aber nicht vorgelegt worden war. Das Versorgungswerk gewährt daraufhin das beantragte Ruhegeld. Beide Seiten erklären den Rechtsstreit jeweils unter Verwahrung gegen die Kostenlast für erledigt. Wem sind die Verfahrenskosten aufzuerlegen?

Das Verfahren wird in analoger Anwendung des § 92 Abs. 3 VwGO eingestellt, was aber nur deklaratorische Wirkung hat. Der **Kostenbeschluss** beruht auf § 161 Abs. 2 VwGO: Danach wird die Kostenverteilung unter Berücksichtigung des bisherigen Sach- und Streitstandes nach billigem Ermessen getroffen. Danach kann demjenigen die Kostenlast auferlegt werden, der das erledigende Ereignis herbeigeführt hat. Hier spricht viel dafür, dem „Veranlasser" R die Kosten aufzuerlegen, weil der Rechtsstreit bei sofortiger Vorlage des Gutachtens hätte vermieden werden können.

c) Erledigung vor Klageerhebung

Pressefotograf P fertigt am Tatort eines Mordfalls mehrere Fotografien an, worauf der Film von Polizeibeamten beschlagnahmt wird. Bevor über seinen hiergegen erhobenen Widerspruch entschieden ist, wird die Beschlagnahme aufgehoben und der Film zurückgegeben. Die Polizeibehörde führt aus, gerichtlicher Rechtsschutz gegen die Beschlagnahme sei nur noch im Wege der Fortsetzungsfeststellungsklage möglich; eine Rechtsbehelfsbelehrung ist nicht beigefügt. 15 Monate später erhebt P Klage auf Feststellung der Rechtswidrigkeit der Beschlagnahme. Von Beklagtenseite wird vorgetragen, dass P die im vorliegenden Verfahren aufgrund einer entsprechenden Anwendung der §§ 74, 58 Abs. 2 VwGO einzuhaltende Klagefrist von einem Jahr versäumt habe; auch für eine Strafbarkeit der Polizeibeamten sei nichts ersichtlich.

Die Konstellation, in der **Erledigung schon vor Klageerhebung** eingetreten ist, wird vom Bundesverwaltungsgericht zwar als „Fortsetzungsfeststellungsklage" analog § 113 Abs. 1 S. 4 VwGO bezeichnet, aber nicht den Sachurteilsvoraussetzungen der Anfechtungsklage unterworfen, sondern wie eine Feststellungsklage behandelt. Fristen sind daher nicht einzuhalten.[113]

Kein Feststellungsinteresse ergibt sich dagegen aus der Möglichkeit oder Absicht einer **Amtshaftungsklage.** Denn für die Geltendmachung eines derartigen Schadensersatzes sind die Zivilgerichte zuständig, die in den Amtshaftungsprozessen auch die öffentlich-rechtlichen Vorfragen zu klären haben. Insoweit besteht kein Anspruch auf den „sachnäheren" Richter. Abweichend hiervon wird eine Fortsetzungsfeststellungsklage vor den Verwaltungsgerichten gemäß § 113 Abs. 1 S. 4 VwGO zugelassen, wenn die Erledigung erst nach Rechtshängigkeit eingetreten ist. Denn in diesen Fallkonstellationen soll eine Partei nicht ohne Not um die Früchte des bisherigen Prozesses gebracht werden.[114]

Entsprechendes gilt für die **„Vorwirkung"** auf einen möglichen Strafprozess gegen den Beamten: Auch insoweit muss sich P an die zuständigen Stellen wenden. Ein Feststellungsinteresse ergibt sich schließlich auch nicht aus dem Fortwirken der Verwaltungsgebührenentscheidung.[115]

1364

1365

1366

1367

1368

---

113 Vgl. etwa BVerwGE 109, 203.
114 Vgl. auch BVerwGE 140, 83 (85): „Fortsetzungsbonus".
115 Vgl. VGH Bad.-Württ., VBlBW 2016, 31; hierzu auch die Wertung aus § 158 Abs. 2 VwGO.

d) Feststellungsinteresse des Beklagten

1369 T hat sofort Klage erhoben und den beschlagnahmten Film daraufhin zurück erhalten. Der von T infolge dessen ausgesprochenen Erledigung widerspricht die Beklagte jedoch und verweist darauf, dass aufgrund der bisherigen Erfahrungen mit T auch künftig mit ähnlichen Vorkommnissen zu rechnen sei. So sei es erst letzte Woche in einem ähnlichen Fall zu einer weiteren, von T bereits angefochtenen Beschlagnahme gekommen. T fragt sich, welchen Antrag er stellen soll, insb. falls das Gericht die angefochtene Beschlagnahme für rechtswidrig halten sollte.

1370 Es ist in der Rechtsprechung anerkannt, dass auch der **Beklagte** ein besonderes Feststellungsinteresse daran haben kann, den in der Hauptsache erledigten Rechtsstreit fortzuführen.[116] In der Sache beinhaltet dies eine **Feststellungs-Widerklage**, denn der Beklagte geht selbst zum Angriff über und will eine Entscheidung erreichen, die der Kläger gar nicht (mehr) beantragt. Dieser dogmatisch saubere Weg wird in der Rechtsprechung indes (bislang) nicht thematisiert.[117] Ein Ausschluss der Widerklage nach § 89 Abs. 2 VwGO ist für den Fall eines Feststellungsantrags jedenfalls nicht zwingend, weil der Anwendungsbereich der Vorschrift nach h.M.[118] auf die Fälle beschränkt ist, in denen die Verwaltung ihr Begehren auch durch Verwaltungsakt durchsetzen kann. Die Rechtsprechung bemüht dagegen die Annahme, dass die Erledigungserklärung des Klägers unbeachtlich sein soll, wenn der Beklagte ein schutzwürdiges Feststellungsinteresse vorgetragen hat. Klassiker ist insoweit eine konkrete Wiederholungsgefahr, die sich indes gerade im Verhältnis zu R ergeben muss, da ansonsten eine abstrakte Rechtsfrage auf seinem Rücken (und Kostenrisiko) ausgetragen würde. Erweist sich der ursprüngliche Klageantrag als erfolglos, wird die Klage abgewiesen.

1371 Fraglich ist aber, wie zu tenorieren ist, wenn die ursprünglich erhobene Klage zulässig und begründet war; denn eine Feststellung hierzu ist gar nicht beantragt. Das Bundesverwaltungsgericht geht in dieser Konstellation wieder auf die Erledigungserklärung des Klägers zurück und stellt die Erledigung durch Urteil fest.[119] T ist deshalb zu raten, hilfsweise die Feststellung zu beantragen, dass die Beschlagnahme rechtswidrig gewesen ist. Dann kann ein entsprechender Ausspruch erfolgen.

VI. Eilrechtsschutz

1372 Der vorläufige Rechtsschutz spielt nicht nur in der Praxis, sondern insb. im Klausurengeschehen eine zentrale Rolle. Die Konstellation der „summarischen Prüfung" – die nur das Absehen von einer Beweisaufnahme und damit eine Entscheidung nach Aktenlage bedeutet, grundsätzlich aber keine Reduzierung der rechtlichen Prüfdichte! – entspricht perfekt den Bedingungen einer Klausur. „Schaltnorm" ist dabei § 123 Abs. 5 VwGO, der das Verfahren nach § 80 Abs. 5 VwGO für vorrangig erklärt. Da der Suspensiveffekt aber nur Schutz gegen belastende Verwaltungsakte vermitteln kann, ist in allen Leistungssituationen Eilrechtsschutz nur durch die einstweilige Anordnung möglich. Auf die Frage, ob die begehrte Leistung Verwaltungsaktcharakter besitzt (und in der Hauptsache damit die Verpflichtungsklage zutreffend wäre), kommt es daher nicht an!

---

116 Vgl. BVerwGE 87, 62; 114, 149; BVerwG, NVwZ-RR 2008, 39 und NVwZ 2004, 353..
117 Vgl. etwa VGH Bad.-Württ., VBlBW 2012, 226.
118 Vgl. etwa Rennert, in: Eyermann, VwGO, 14. Aufl. 2014, § 89 Rn. 15 m.w.N.
119 Vgl. BVerwGE 82, 41.

Prozessual ist das Verfahren nach § 123 VwGO für den Rechtsschutzsuchenden sehr viel ungünstiger. Zum einen ist – anders als im Falle des § 80 Abs. 5 VwGO! – eine besondere **Eilbedürftigkeit** (der „Anordnungsgrund") erforderlich. Zum anderen müssen Anordnungsgrund und Anordnungsanspruch nicht nur dargelegt, sondern gemäß § 123 Abs. 3 VwGO i.V.m. § 920 Abs. 2 ZPO auch **glaubhaft gemacht** (also durch präsente Beweismittel nachgewiesen) werden. Der auch für das Verfahren nach § 80 Abs. 5 VwGO grundsätzlich geltende Amtsermittlungsgrundsatz aus § 86 Abs. 1 S. 1 VwGO ist insoweit empfindlich eingeschränkt![120] In der Praxis scheitern viele Anordnungsbegehren bereits an der mangelnden Darlegung. Auch bei den Anforderungen an den Anordnungsgrund sind die Gerichte strenger, als dies von Studenten und Referendaren erwartet wird. Insbesondere kann auch auf andere zumutbare Alternativmöglichkeiten zur Abhilfe verwiesen werden, die eine Vorfestlegung der Gerichte entbehrlich machen. | **1373**

1. Suspensiveffekt

a) § 80 Abs. 2 S. 1 Nr. 1 VwGO

A ist durch einen Bescheid der Ortspolizeibehörde zur Zahlung von Aufwendungsersatz für die Verwahrung einer polizeilich sichergestellten Sache (vgl. § 3 Abs. 1 S. 3 DVO PolG) verpflichtet worden. A erhebt hiergegen Widerspruch, ist jedoch unsicher, ob er zusätzlich gerichtlichen Eilrechtsschutz beantragen muss. | **1374**

Widersprüche entfalten gemäß § 80 Abs. 1 S. 1 VwGO grundsätzlich aufschiebende Wirkung, ihnen kommt damit ein „**Suspensiveffekt**" zu. Anderes gilt nur in den durch § 80 Abs. 2 VwGO geregelten Fällen. Hier kommt allein § 80 Abs. 2 S. 1 Nr. 1 VwGO (Anforderung von öffentlichen Abgaben und Kosten) in Betracht, der nach Auffassung des Verwaltungsgerichtshofs aber nicht den vorliegenden Fall des Aufwendungsersatzes erfasst, sondern lediglich diejenigen Kosten, die im Rahmen der **Haushaltsplanung** berücksichtigt werden.[121] Normzweck ist die Sicherung der geordneten Haushaltsführung und die Stetigkeit des hierfür erforderlichen Mittelflusses. Abgaben, die einzelfall- und anlassbezogen erhoben werden, fallen nach dieser restriktiven Interpretation nicht unter den Tatbestand des § 80 Abs. 2 S. 1 Nr. 1 VwGO. Dies gilt auch für den besonders klausurrelevanten Fall der unmittelbaren Ausführung nach § 8 Abs. 2 S. 1 PolG. In Baden-Württemberg ist daher zusätzlicher Eilrechtsschutz nicht erforderlich. | **1375**

b) Faktischer Vollzug

In Fall 1 ist die Behörde der Auffassung, der Bescheid sei kraft Gesetzes sofort vollziehbar und kündigt daher an, noch während des Widerspruchsverfahrens Vollstreckungsmaßnahmen einleiten zu wollen. A möchte hiergegen einstweiligen Rechtsschutz beantragen und fragt sich, wie der Antrag sachdienlich zu formulieren ist. | **1376**

In Fällen, in denen ein „**faktischer Vollzug**" trotz fehlender Vollziehbarkeit droht, kann entweder auf eine einstweilige Anordnung nach § 123 VwGO verwiesen oder – was in Baden-Württemberg üblich ist – analog § 80 Abs. 5 S. 1 ausnahmsweise die | **1377**

---

120 Allerdings ist dem Verwaltungsgericht auch im Verfahren des vorläufigen Rechtsschutzes eine eigenständige Sachaufklärung nicht verwehrt, wenn diese im Rahmen des für die Entscheidung zur Verfügung stehenden Zeitraums geleistet werden kann; vgl. VGH Bad.-Württ., VBlBW 2012, 147.

121 Vgl. etwa VGH Bad.-Württ., VBlBW 2007, 228; a.A. aber Bay. VGH, NVwZ-RR 2006, 305.

Feststellung der aufschiebenden Wirkung zugelassen werden.[122] Die „Anordnung" der aufschiebenden Wirkung dagegen ist nicht erforderlich, weil sie bereits kraft Gesetzes besteht.

1378 Nach Auffassung des Bayerischen Verwaltungsgerichtshofs gilt dies sogar dann, wenn nicht die Zwangsvollstreckung angedroht wurde, sondern die Verfolgung im Wege eines Bußgeldes.[123] Diese Ansicht dürfte unzutreffend sein, weil es hier eine vergleichbare Schutzbedürftigkeit nicht gibt. Dem Betroffenen steht die Möglichkeit des Einspruchs gegen den Bußgeldbescheid zur Seite; warum ihm vorbeugender Rechtsschutz gewährt werden müsste, ist nicht ersichtlich. Rückabwicklungsschwierigkeiten oder irreparable Nachteile sind nicht zu befürchten.

c) Verkehrszeichen

1379 B ist für zwei Wochen zu seiner kranken Mutter gefahren, um sie zu pflegen. Als er zurückkommt, findet er sein Auto nicht mehr; dafür aber einen Kostenbescheid, mit dem er zur Zahlung von Abschleppkosten in Höhe von 150 EUR verpflichtet wird. Zwei Tage nach seiner Abreise sind in der Straße, in der B wohnt, Halteverbotsschilder für die nächste Woche aufgestellt worden, um die geplanten Straßenreparaturmaßnahmen durchführen zu können. B fragt sich, wie eine Regelung, die ihm nicht einmal bekannt war, vollziehbar geworden sein kann.

1380 **Verkehrszeichen**, die Ge- oder Verbote enthalten, werden von der Rechtsprechung als (Dauer-)Allgemeinverfügungen i.S.d. § 35 S. 2 LVwVfG qualifiziert,[124] die in entsprechender Anwendung des § 80 Abs. 2 S. 1 Nr. 2 VwGO sofort vollziehbar sind. Das Halteverbot enthält damit die einer Weisung durch Polizeivollzugsbedienstete gleichkommende Aufforderung, das Fahrzeug zu entfernen. Das Wegfahren des PKW ist auch eine vertretbare Handlung, die im Wege der Ersatzvornahme nach § 25 LVwVG vollstreckt werden kann.

1381 Die öffentliche Bekanntgabe (vgl. § 41 Abs. 3 LVwVfG) erfolgt nach den Spezialvorschriften der Straßenverkehrsordnung durch Aufstellen des Verkehrsschildes (vgl. §§ 39 Abs. 1, 45 Abs. 4 StVO). Sind Verkehrszeichen so aufgestellt, dass sie ein durchschnittlicher Kraftfahrer bei Einhaltung der nach § 1 StVO erforderlichen Sorgfalt schon „mit einem raschen und beiläufigen Blick" erfassen kann,[125] äußern sie ihre Rechtswirkung gegenüber jedem von der Regelung betroffenen Verkehrsteilnehmer, gleichgültig, ob er das Verkehrszeichen tatsächlich wahrnimmt oder nicht.[126]

1382 Streit besteht insoweit allein hinsichtlich der Anfechtungsfrist, insb. im Falle von erst später zugezogenen Anliegern. Um eine Unanfechtbarkeit für erst nach Ablauf der Jahresfrist (nach § 70 Abs. 2 i.V.m. § 58 Abs. 2 VwGO) Betroffene zu vermeiden, hat das Bundesverwaltungsgericht entschieden, dass die Anfechtungsfrist erst dann in Lauf gesetzt wird, wenn sich der jeweilige Verkehrsteilnehmer der Regelung erstmals gegenübersieht.[127] Diese Auffassung überzeugt nicht.[128] Sie trägt dem Charakter der öffent-

---

122 Vgl. etwa VGH Bad.-Württ., VBlBW 2010, 243.
123 Vgl. Bay. VGH, NJW 2006, 2282.
124 Vgl. bereits BVerwGE 27, 181.
125 Vgl. BGH, NJW 1970, 1126 f.; diesem sog. „Sichtbarkeitsgrundsatz" genügt jedenfalls eine Schilderkombination nicht mehr, die aus einem Verbotszeichen und vier Zusatzzeichen besteht; vgl. BVerwGE 130, 383.
126 Vgl. BVerwGE 102, 316.
127 Vgl. BVerwGE 138, 21.
128 Vgl. zur Kritik etwa Ehlers, JZ 2011, 155.

lichen Bekanntgabe nicht hinreichend Rechnung und schafft einen Verwaltungsakt, der niemals bestandskräftig werden kann. Art. 19 Abs. 4 S. 1 GG jedenfalls gebietet derartiges nicht: Einerseits gilt die zeitliche Begrenzung des Rechtsschutzes auch für Normen, andererseits steht mit dem Anspruch auf fehlerfreie Ermessensbetätigung über eine Wiederaufnahme nach § 51 Abs. 5 i.V.m. § 49 LVwVfG auch ein hinreichendes Korrekturinstrumentarium zur Verfügung.

d) Vollstreckungsverfahren

Gegen B ist eine mittlerweile bestandskräftige Abbruchsanordnung der Baurechtsbehörde ergangen. Nachdem B ihr nicht nachgekommen ist, soll ihm ein Zwangsgeld angedroht werden. Der zuständige Sachbearbeiter der Baurechtsbehörde möchte wissen, ob er den Sofortvollzug anordnen muss. 1383

Nein, dieser ergibt sich bereits aus § 80 Abs. 2 S. 1 Nr. 3 VwGO i.V.m. § 12 S. 1 LVwVG. Anders verhält es sich dagegen, wenn B die Abbruchsanordnung angegriffen hätte: diese ist als **Grundverfügung** zwar die Voraussetzung einer Zwangsvollstreckung (vgl. § 2 LVwVG), sie stellt aber keine Maßnahme „in" der Vollstreckung dar. Sofern die Grundverfügung daher noch nicht bestandskräftig ist und kein von Gesetzes wegen bestehender Ausschluss der aufschiebenden Wirkung besteht, setzt die Vollziehbarkeit eine Anordnung nach § 80 Abs. 2 S. 1 Nr. 4 VwGO voraus. 1384

e) Offensichtlich unzulässiger Widerspruch

Dem P ist das Betreiben seines Pizzaservices unter Anordnung der sofortigen Vollziehbarkeit untersagt worden. Sechs Wochen später legt er Widerspruch ein und beantragt zeitgleich beim Verwaltungsgericht die Wiederherstellung der aufschiebenden Wirkung. Das Gericht hält die vorgebrachten Gründe für beachtlich und meint, angesichts der Tatsache, dass die Widerspruchsbehörde als Herrin des Verfahrens auch über den verfristeten Widerspruch befinden könne, müsse die aufschiebende Wirkung vorläufig angeordnet werden. 1385

Einem **offensichtlich unzulässigen Widerspruch** kommt keine aufschiebende Wirkung zu, weil für den Eintritt des Suspensiveffekts hier kein hinreichender Grund besteht. Angesichts der durch die Fristversäumnis eingetretenen Bestandskraft ist die Rechtswahrung im Übergangszeitraum hier nicht mehr erforderlich. Dementsprechend ist es auch dem Verwaltungsgericht verwehrt, die aufschiebende Wirkung wiederherzustellen. Etwas anderes ergibt sich auch nicht aus der Sachentscheidungsbefugnis der Widerspruchsbehörde als „Herrin des Verfahrens", solange diese nicht hiervon Gebrauch gemacht und in der Sache entschieden hat.[129] 1386

f) Anordnung des Sofortvollzugs

Auf dem in Stuttgart liegenden Grundstück des C befindet sich ein baufälliges Gebäude, welches den allgemeinen Sicherheitsanforderungen nicht mehr genügt; die Stadt ordnet deshalb den Abbruch an. C erhebt hiergegen Widerspruch. Im Laufe des Widerspruchsverfahrens stellt sich heraus, dass akute Einsturzgefahr besteht. Der Sachbearbeiter beim Regierungspräsidium Stuttgart möchte wissen, ob die Widerspruchsbehör- 1387

---

129 Vgl. VGH Bad.-Württ., VBlBW 2004, 383.

de den Sofortvollzug anordnen kann und ob C hierzu gemäß § 28 Abs. 1 LVwVfG angehört werden muss.

1388 Im Rahmen des Widerspruchsverfahrens liegt die Sachherrschaft bei der Widerspruchsbehörde. Dass hiervon auch die **Anordnung des Sofortvollzugs** erfasst wird, ist mittlerweile in § 80 Abs. 2 S. 1 Nr. 4 VwGO ausdrücklich klargestellt. Da die Anordnung des Sofortvollzugs nach h.M. keinen Verwaltungsakt darstellt,[130] sind die Regelungen des LVwVfG nicht unmittelbar anwendbar. Auch eine analoge Anwendung des § 28 Abs. 1 LVwVfG wird von der Rechtsprechung verneint und die Möglichkeit rechtlichen Gehörs vor Gericht als ausreichend betrachtet.

2. Antrag nach § 80 Abs. 5 VwGO

a) Antragsgegner

1389 Im vorangegangenen Fall hat das Regierungspräsidium einen ablehnenden Widerspruchsbescheid erlassen und den Sofortvollzug der Abbruchsanordnung angeordnet. Letzterer ist nicht gesondert begründet worden, das Regierungspräsidium war vielmehr der Auffassung, die Notwendigkeit des Sofortvollzuges ergebe sich bereits aus der Natur der Sache. C erhebt Klage und will auch einen Antrag gemäß § 80 Abs. 5 VwGO stellen, ist sich aber nicht sicher, gegen wen dieser Antrag zu richten ist. Ferner bittet er um einen Vorschlag zur sachdienlichen Formulierung des Antrags.

1390 Die **Zuständigkeit der Widerspruchsbehörde** endet mit Erlass des Widerspruchsbescheids, so dass der Antrag gegen die Stadt zu richten ist. Dies ist auch deshalb praxisgerecht, weil die Ausgangsbehörde Vollstreckungsbehörde (und überdies auch Klagegegner des Hauptsacheverfahrens) ist.

1391 In der Sache liegt bereits ein **Formmangel** vor, weil die Anordnung des Sofortvollzugs gemäß § 80 Abs. 3 VwGO begründet werden muss. Da in diesem Fall eine Sachprüfung durch das Gericht gar nicht erfolgt, sollte die Wiederherstellung der aufschiebenden Wirkung vermieden werden. Diese entfaltet gemäß § 80b VwGO Rechtswirkung bis zum Eintritt der Bestandskraft und kann nur durch eine gerichtliche Abänderung nach § 80 Abs. 7 VwGO beseitigt werden. Um der Behörde die Möglichkeit zu geben, selbst den Formfehler zu beheben und einen mit Gründen versehenen Bescheid zu erlassen (der ggf. nachfolgend inhaltlich in einem Verfahren nach § 80 Abs. 5 VwGO kontrolliert werden kann), hat sich in der Praxis deshalb die Tenorierung etabliert: „Die Anordnung der sofortigen Vollziehung wird **aufgehoben**". Dadurch ist die Behörde nicht an der erneuten Anordnung der sofortigen Vollziehung gehindert.[131] Nicht möglich ist dagegen eine heilende Nachholung der Begründung, weil damit die Warn- und Appellfunktion beeinträchtigt würde.[132]

b) Besonderes Vollziehungsinteresse

1392 S betreibt eine Praxis als „Persönlichkeitsinformatiker", bei der er in therapeutischen Sitzungen (zu 100 EUR/Stunde) versucht, das Unterbewusste seiner Patienten auf negative Strömungen zu scannen und diese durch Schwingungen zu beeinflussen. Hierdurch

---

130 Das maßgeblich vorgetragene Argument, dass eine autonome Bestandskraft des Sofortvollzugs unmöglich sei, ist aber zweifelhaft. Dieses Kriterium erscheint nicht als zwingende Voraussetzung des Verwaltungsaktscharakters; vgl. hierzu auch VGH Bad.-Württ., DÖV 2001, 167.
131 Vgl. etwa VGH Bad.-Württ., VBlBW 1996, 297.
132 Vgl. VGH Bad.-Württ., VBlBW 2012, 151.

werde das Energiefeld verändert und die DNS-Spirale der betroffenen Zellen aufgedreht. Die zuständige Behörde ist der Auffassung, S übe Heilkunde i.S.v. § 1 Abs. 2 des Heilpraktikergesetzes aus, ohne die hierfür erforderliche Erlaubnis zu besitzen. Sie untersagt die Ausübung unter Anordnung des Sofortvollzugs und führt zur Begründung aus, die von S praktizierte Verfahrensweise sei offensichtlich wirkungslos. S begehrt hiergegen gerichtlichen Eilrechtsschutz und trägt vor, wenn seine Therapie wirkungslos sei, könne sie auch keinen Schaden anrichten und dürfe deshalb auch nicht verboten werden.

Die Untersagung der Ausübung heilkundlicher Tätigkeiten ohne die hierfür erforderliche Erlaubnis ist vom Gesetzgeber nicht als typischerweise dringlich eingestuft und mit einem generellen Ausschluss des Suspensiveffekts etwaiger Rechtsmittel nach § 80 Abs. 2 S. 1 Nr. 3 VwGO versehen worden. Für die im Einzelfall mögliche Anordnung der sofortigen Vollziehbarkeit ist daher eine eigenständige Entschließung erforderlich, die gemäß § 80 Abs. 2 S. 1 Nr. 4 VwGO ein besonderes öffentliches Interesse gerade an der sofortigen Vollziehung erfordert. Inhaltlich ist dieses **Vollziehungsinteresse** nicht nur ein gesteigertes Erlassinteresse, sondern von qualitativ anderer Art. Denn in deutlicher Unterscheidung zu dem öffentlichen Interesse, das den Erlass des Verwaltungsakts rechtfertigt, muss sich das besondere Vollziehungsinteresse gemäß § 80 Abs. 3 S. 1 VwGO gerade auf den sofortigen, also dringenden Vollzug des Verwaltungsakts beziehen. Bezugspunkt ist insofern die Dimension „Zeit" und es werden besondere Gründe für die alsbaldige, vor der Entscheidung über das Rechtsmittel erfolgende Verwirklichung des Verwaltungsakts gefordert. Nur diese Eilbedürftigkeit ist in der Lage, die Durchbrechung des vom Gesetzgeber als Regelfall vorgesehenen Suspensiveffekts zu rechtfertigen.[133] Die offensichtliche Rechtmäßigkeit der Grundverfügung allein kann die Anordnung der sofortigen Vollziehung dagegen nicht tragen.[134]

1393

Der Regelungsgehalt der auf § 80 Abs. 2 S. 1 Nr. 4 VwGO gestützten Anordnung der sofortigen Vollziehbarkeit ist daher auf den Zwischenzeitraum während des Laufs des Widerspruchs- und Gerichtsverfahrens bezogen. Dem Antragsteller wird schon vor rechtskräftiger Entscheidung der Hauptsache die Möglichkeit genommen, seine Tätigkeit als „Persönlichkeitsinformatiker" weiter auszuüben. Angesichts der erheblichen und grundrechtsrelevanten Belastung setzt eine derartige **Präventivmaßnahme** überwiegende öffentliche Belange voraus, die es rechtfertigen, den Rechtsschutz des Betroffenen zurückzustellen, um unaufschiebbare Maßnahmen in die Wege zu leiten. Die Anordnung der sofortigen Vollziehung bedarf gemäß § 80 Abs. 3 S. 1 VwGO daher der besonderen Begründung, aus der hervorgehen muss, dass die weitere Berufstätigkeit schon vor Rechtskraft des Hauptsacheverfahrens konkrete Gefahren für wichtige Gemeinschaftsgüter befürchten lässt.

1394

Diesen Anforderungen wird der angefochtene Bescheid nicht gerecht. Entgegen der von S vorgebrachten Auffassung kann sich die Unzulässigkeit einer Behandlung zwar auch aus mittelbaren Gefahren ergeben, wenn die erforderliche Inanspruchnahme ärztlichen Rats erschwert oder verzögert wird. Eine hinreichende Tatsachenbasis für die angenommene zeitliche Dringlichkeit hat die Behörde indes nicht dargetan.

1395

---

133 Vgl. etwa VGH Bad.-Württ., RdL 2011, 15.
134 Vgl. hierzu BVerfG, NJW 2010, 2268.

c) Interessenabwägung

1396 H ist in diesem Jahr bereits zweimal vom Bezirksschornsteinfegermeister „heimgesucht" worden. Da nach dessen Angaben noch immer Brandgefahr besteht, ist H unter Anordnung des Sofortvollzuges verpflichtet worden, dem Bezirksschornsteinfegermeister ein weiteres Mal Zutritt zu seinem Haus zu gewähren und diesem die (gebührenpflichtige) Überprüfung und Reinigung seiner Heizungsanlagen zu ermöglichen. H erhebt hiergegen Widerspruch und stellt einen Antrag gemäß § 80 Abs. 5 S. 1 Alt. 2 VwGO. Wie wird das Gericht entscheiden, wenn nach Aktenlage nicht beurteilt werden kann, ob die dritte Kehrung den rechtlichen Vorgaben entspricht?

1397 Im Rahmen des Antrages nach § 80 Abs. 5 S. 1 VwGO nimmt das Verwaltungsgericht eine eigene Ermessensabwägung vor. Diese orientiert sich an den vom Gesetzgeber in § 80 Abs. 4 S. 3 VwGO benannten Kriterien. Da die Rechtmäßigkeit hier offen ist und bei der summarischen – also ohne Beweiserhebung durchgeführten – Rechtskontrolle auch nicht sicher beantwortet werden kann, muss eine **Interessenabwägung** vorgenommen werden. Ein irreparabler Nachteil für H ist hier nicht ersichtlich (auch die Gebühren können zurückerstattet werden), so dass der Antrag im Interesse einer effektiven Gefahrenabwehr abgelehnt werden muss.

d) Bindung an Behördenbegründung

1398 Ausländer A ist von der zuständigen Ausländerbehörde unter Anordnung der sofortigen Vollziehung ausgewiesen worden, nachdem er erhebliche Straftaten begangen hat. Im nachfolgenden gerichtlichen Eilverfahren kommt das Gericht zu der Auffassung, dass die tatbestandlichen Voraussetzungen einer „Ermessensausweisung" erfüllt sind. Allerdings hält es die von der Behörde herangezogene Begründung für unzutreffend. Das Gericht ist aber der Auffassung, das öffentliche Interesse an einer sofortigen Vollziehung sei aus anderen Gründen gegeben. Wie ist über den Antrag auf Wiederherstellung der aufschiebenden Wirkung zu entscheiden?

1399 Einigkeit besteht, dass der Formvorschrift des § 80 Abs. 3 S. 1 VwGO hier entsprochen ist. Gleichwohl ist die Behandlung dieser Fallgruppe umstritten. Nach h.M. ist das Gericht im Rahmen des Eilrechtsschutzes nicht an die **Begründung der Behörde** gebunden und daher auch befugt, seine Entscheidung auf andere Erwägungen zu stützen.[135] Demnach wäre der Antrag hier abzulehnen. Der Rückgriff auf Gründe, die von der Behörde – möglicherweise bewusst – nicht herangezogen worden sind, erscheint im Hinblick auf den Gewaltenteilungsgrundsatz aber nicht unproblematisch. Er wäre im Hauptsacheverfahren nicht zulässig, soweit es um Ermessenserwägungen geht.

e) Dauer der aufschiebenden Wirkung

1400 Gegen O ist unter Anordnung des Sofortvollzugs eine abfallrechtliche Verfügung ergangen. O erhebt Widerspruch und stellt einen Antrag gemäß § 80 Abs. 5 S. 1 Alt. 2 VwGO. Das Gericht kommt zu dem Schluss, dass die Ausführungen zur Störerauswahl in der Verfügung unzureichend sind, geht aber davon aus, dass die Widerspruchsbehörde diese noch ergänzen wird. Wie ist über den Antrag des O zu entscheiden?

---

135 Vgl. etwa VGH Bad.-Württ., BauR 2012, 473 unter Hinweis auf die uneingeschränkte Kontrolle der Dringlichkeitsvoraussetzungen.

Das Gericht hat die Möglichkeit, die **zeitliche Dauer** des Ausspruches zu begrenzen (vgl. § 80 Abs. 5 S. 5 VwGO). Der Tenor wird daher lauten: „Die aufschiebende Wirkung des Widerspruchs wird bis zum Erlass des Widerspruchsbescheids wiederhergestellt".

1401

f) Fortsetzungsfeststellungsantrag

Im vorangegangenen Fall erklärt die Abfallbehörde nach Zustellung der Antragsschrift, dass sie bis zur Rechtskraft der Entscheidung in der Hauptsache von Vollstreckungsmaßnahmen absehen werde. O fragt sich, ob das Verfahren des einstweiligen Rechtsschutzes als Fortsetzungsfeststellungsverfahren fortgesetzt werden kann.

1402

Ein **Fortsetzungsfeststellungsantrag** ist im Eilrechtsschutz nicht möglich, da Streitgegenstand hier nicht die Rechtmäßigkeit, sondern lediglich die Regelung des Zwischenzeitraums ist.[136] O muss das Verfahren daher für erledigt erklären, andernfalls wird sein Antrag abgelehnt werden.

1403

g) Fiktionswirkung

Der am 15. Juni gestellte Antrag des litauischen Staatsangehörigen L, seine bis zum 30. Juni geltende Aufenthaltserlaubnis zu verlängern, ist von der zuständigen Ausländerbehörde abgelehnt und dem L außerdem die Abschiebung nach Litauen angedroht worden. L erhebt Widerspruch und möchte wissen, ob und welche Maßnahmen er ergreifen muss, um bis zur endgültigen Entscheidung im Bundesgebiet bleiben zu können.

1404

Obwohl es sich in der Hauptsache um eine Verpflichtungsklage handelt, kann L einen Antrag nach § 80 Abs. 5 S. 1 Alt. 1 VwGO stellen, da der angefochtene Verwaltungsakt eine den Antragsteller selbstständig belastende und vollziehungsfähige Regelung enthält. Der Verlängerungsantrag hat eine gesetzlich angeordnete Fortgeltungsfiktion nach § 81 Abs. 4 S. 1 AufenthG ausgelöst, die durch die insoweit im Sinne von § 80 Abs. 2 S. 1 Nr. 3 VwGO sofort vollziehbare (vgl. § 84 Abs. 1 S. 1 Nr. 1 AufenthG) Ablehnungsentscheidung der Behörde erlischt. Durch den Antrag nach § 80 Abs. 5 VwGO lebt die **Fiktionswirkung** des § 81 Abs. 4 S. 1 AufenthG wieder auf.[137] Dies ist allerdings eine ausländerrechtliche Besonderheit.

1405

h) Verwaltungsakte mit Drittwirkung

Gegen die dem Bauherrn B von der Stadt S erteilte Baugenehmigung erhebt Nachbar N Widerspruch und stellt einen Antrag gemäß §§ 80a Abs. 3 S. 2, 80 Abs. 5 S. 1 Alt. 1 VwGO. Wie ist B an dem gerichtlichen Verfahren zu beteiligen? Die Stadt S hält den Antrag für unzulässig, da N keinen Antrag gemäß § 80a Abs. 3 S. 2 i.V.m. § 80 Abs. 6 S. 1 VwGO bei ihr gestellt hat. Trifft dies zu? N hat zur Begründung seines Antrags u.a. vorgetragen, die Baugenehmigung verstoße gegen die Festsetzungen über das Maß der baulichen Nutzung (vgl. §§ 16 ff. BauNVO) in dem einschlägigen Bebauungsplan; die in der Baugenehmigung insoweit erteilte Befreiung (§ 31 Abs. 2 BauGB) sei rechtswidrig. In welchem Umfang muss das Gericht diesen Rügen nachgehen?

1406

---

136 Vgl. VGH Bad.-Württ., VBlBW 1996, 418. Gegen die Zulässigkeit eines Erledigungsfeststellungsstreits im vorläufigen Rechtsschutz bestehen dagegen keine Bedenken: VGH Bad.-Württ., VBlBW 2011, 474.
137 Vgl. VGH Bad.-Württ., VBlBW 2008, 306 sowie VBlBW 2014, 309.

1407 Die Beteiligung erfolgt durch Beiladung. Der Verweis auf § 80 Abs. 6 VwGO ist nach allgemeiner Meinung ein Redaktionsversehen.[138] Festsetzungen über die Art der baulichen Nutzung sind grundsätzlich **drittschützend**, Festsetzungen über das Maß der baulichen Nutzung nicht. Anderes gilt nur, wenn sich im Einzelfall konkrete Anhaltspunkte dafür ergeben. Im Rahmen des § 31 Abs. 2 BauGB besteht Drittschutz nur, wenn von einer nachbarschützenden Norm befreit wird.

3. Einstweilige Anordnung

a) Verbot der Hauptsachevorwegnahme

1408 K ist Studentin für Lehramt an Grund- und Hauptschulen. Sie möchte das gewählte Hauptfach von Physik auf Geographie wechseln, der Antrag ist jedoch abgelehnt worden. Um nicht bis zum Abschluss des Rechtsstreits untätig sein zu müssen, begehrt sie einstweiligen Rechtsschutz vor dem Verwaltungsgericht und beantragt, die Antragsgegnerin zu verpflichten, ihr vorläufig den Fachwechsel zu genehmigen. Die Antragsgegnerin meint, diesem Begehren stehe schon das Verbot der Hauptsachevorwegnahme entgegen.

1409 Das Instrumentarium der einstweiligen Anordnung hat das Ziel und die Aufgabe, den Zeitraum bis zu einer rechtskräftigen Entscheidung zu regeln und effektiven Rechtsschutz auch für diese „labile Schwebephase" sicherzustellen, in der die Rechtmäßigkeit der begehrten Maßnahme noch nicht geklärt ist. Insbesondere gilt es dabei, den Eintritt irreparabler Schäden und die Herstellung vollendeter Tatsachen vor der gerichtlichen Hauptsacheentscheidung zu verhindern. **Hauptsachevorwegnahmen**, die später nicht oder nur teilweise rückgängig gemacht werden können, sind dem vorläufigen Charakter des einstweiligen Rechtsschutzes daher grundsätzlich fremd. Überschießende Anordnungen, die zur vorläufigen Sicherung der Antragstellerin nicht notwendig sind und im Falle einer rechtskräftigen Klagabweisung nicht mehr rückgängig gemacht werden könnten, sind daher zu vermeiden. Derartige Folgen sind indes auch im Falle der vorläufigen Anerkennung des Fachwechsels nicht zu besorgen.[139]

b) Innerdienstliche Weisung

1410 Wegen verschiedener Verhaltensauffälligkeiten, die den Verdacht einer psychischen Erkrankung nahe legen, hat Kriminalhauptkommissar K von seinem Vorgesetzten die Anordnung erhalten, zur Klärung seiner Dienstfähigkeit eine psychiatrische Untersuchung bei Prof. B vornehmen zu lassen. K hält sich für kerngesund und das Ganze für eine Mobbingkampagne; er legt deshalb Widerspruch ein. Die Behörde teilt ihm daraufhin mit, der Widerspruch entfalte keine aufschiebende Wirkung, weil der Untersuchungsanordnung keine Außenwirkung zukomme. Verweigere er seine Mitwirkung, werde dies entsprechend § 444 ZPO als Beweisvereitelung gewürdigt und er in den Ruhestand versetzt. Muss sich K der Untersuchung unterziehen oder kann er hiergegen vorgehen?

1411 Nach Rechtsprechung des Bundesverwaltungsgerichts sind beamtenrechtliche Maßnahmen, die auf eine **organisationsinterne Wirkung** abzielen, auch dann nicht als Verwaltungsakt zu qualifizieren, wenn sie sich auf die subjektive Rechtsstellung des Beam-

---

138 Vgl. VGH Bad.-Württ., VBlBW 1995, 190.
139 Vgl. VGH Bad.-Württ., VBlBW 2009, 24.

ten auswirken.[140] Die intendierte Außenwirkung fehlt deshalb auch dann, wenn eine ärztliche Untersuchung zur Klärung der Dienstfähigkeit angeordnet wird.[141] Unbeschadet der Tatsache, dass in Beamtenrechtsstreitigkeiten durch § 54 Abs. 2 S. 1 BeamtStG immer ein Vorverfahren angeordnet ist, kommt dem Widerspruch damit – mangels Verwaltungsakts – kein Suspensiveffekt nach § 80 Abs. 1 S. 1 VwGO zu. Der von K eingelegte Widerspruch ändert daher nichts an seiner Verpflichtung. Allerdings kann die Anordnung auch nicht zwangsvollstreckt werden; § 1 LVwVG setzt hierfür einen Verwaltungsakt voraus. Die Weigerung kann aber als Indiz bei der Würdigung berücksichtigt werden, so dass K ein erhebliches Risiko eingehen würde; außerdem sind auch disziplinarische Konsequenzen denkbar.

Als Rechtsbehelf kommt deshalb ein Antrag nach § 123 Abs. 1 VwGO in Betracht, der auch gegen innerdienstliche Weisungen offen steht. Die Beurteilung der Verwaltungsaktsfrage hat daher nicht die Konsequenz, dass kein Rechtsschutz offen stünde. Diese Folge würde sich indes – unabhängig von der VA-Qualität – ergeben, wenn man die Untersuchung als behördliche Verfahrenshandlung i.S.d. § 44a S. 1 VwGO erachten würde. **Vorbereitende Aufklärungsmaßnahmen**, etwa durch ärztliche Begutachtungen, sind grundsätzlich einer eigenständigen (Vorab-)Angreifbarkeit entzogen, um Verfahrensverzögerungen zu vermeiden. Insoweit steht daher auch keine Eilrechtsschutzform offen, vielmehr verbleibt es bei der nachgelagerten Inzidentkontrolle. Ein Ausnahmefall des § 44a S. 2 VwGO liegt wohl nicht vor, weil die Schaffung vollendeter Tatsachen mangels Zwangsvollstreckungsmöglichkeit gerade nicht zu besorgen ist. Einstweiliger Rechtsschutz wäre deshalb nur dann gegeben, wenn man im Lichte der Vorgaben aus Art. 19 Abs. 4 S. 1 GG zu dem Schluss käme, dass die Möglichkeit nachträglichen Rechtsschutzes wegen der damit verbundenen Risiken für K hier unzumutbar ist. Diese Frage ist – wie vieles im Anwendungsbereich des § 44a VwGO – noch nicht abschließend geklärt. | 1412

4. Normenkontrollverfahren

Die Gemeinde G hat einen Bebauungsplan erlassen. Da es beim Satzungsbeschluss zu verschiedenen Verfahrensfehlern gekommen war, hatte der Verwaltungsgerichtshof[142] den Bebauungsplan auf Antrag des betroffenen B durch einen Beschluss nach § 47 Abs. 6 VwGO außer Vollzug gesetzt. Nachdem die Mängel in einem ergänzenden Verfahren behoben und der Bebauungsplan erneut als Satzung beschlossen war, beantragt die Gemeinde die Abänderung des gerichtlichen Beschlusses. B hält dies für unzulässig, da § 47 Abs. 6 VwGO ein Abänderungsverfahren nicht vorsehe. | 1413

Der Abänderungsantrag ist in **analoger Anwendung des § 80 Abs. 7 S. 2 VwGO** zulässig.[143] Die Konstellation kommt im Rahmen des Normenkontrollverfahrens insbesondere dann vor, wenn nach dem Außervollzugsetzungsbeschluss ein ergänzendes Verfahren nach § 214 Abs. 4 BauGB zur Heilung der festgestellten Mängel durchgeführt worden ist. | 1414

---

140 Vgl. BVerwGE 125, 85 zur Anordnung, die Haare in Hemdkragenlänge zu tragen.
141 Vgl. BVerwG, NVwZ 2012, 1483; kritisch hierzu Kenntner, ZBR 2015, 181 (183).
142 Die Normenkontrolle obliegt gemäß § 47 Abs. 1 VwGO schon in der ersten Instanz dem Verwaltungsgerichtshof.
143 Vgl. VGH Bad.-Württ., VBlBW 2015, 249.

VII. Gericht und Beteiligte

1. Gerichtszuständigkeit

1415 Tatsächlich werden Gerichte Zuständigkeitsfragen meist als erstes prüfen. Klausurtechnisch ist es dagegen eleganter, die Frage am Ende der Zulässigkeit abzuhandeln. Denn die Bestimmung der örtlichen Zuständigkeit aus § 52 VwGO hängt von der **Klageart** ab. Da § 52 Nr. 1 und 4 Spezialfälle enthalten, sind sie vorab zu prüfen. Dann folgen die in § 52 Nr. 2 und 3 geregelten Fälle, abschließend die Auffangzuständigkeit aus § 52 Nr. 5. Die Ermittlung des tatsächlichen Gerichts erfolgt gemäß § 1 Abs. 1 AGVwGO anhand der Zuteilung der Regierungsbezirke, die im LVG geregelt sind.

a) Gerichtsstände

1416 Rechtsanwalt R, dessen Kanzlei sich in Freiburg befindet und der dort auch wohnt, hat einen Beitragsbescheid des baden-württembergischen Versorgungswerkes für Rechtsanwälte (Sitz: Stuttgart) erhalten, den er für unrichtig hält. Nach erfolglos durchgeführtem Widerspruchsverfahren erhebt er Klage beim VG Stuttgart. Nachdem dieses die Beteiligten darauf hingewiesen hat, dass Zweifel an der Gerichtszuständigkeit bestünden, erklären sowohl der R als auch das Versorgungswerk, dass eine Entscheidung durch das VG Stuttgart bevorzugt werde. Auch der zuständige Berichterstatter würde über die Klage gerne entscheiden. Geht das?

1417 Örtlich zuständig ist gemäß § 52 Nr. 3 S. 2 VwGO, § 1 Abs. 2 AGVwGO, § 12 LVG das VG Freiburg. Die in der VwGO normierten Gerichtsstände sind **zwingend** und – anders als im Zivilprozess[144] – weder durch eine Vereinbarung der Beteiligten noch durch rügelose Einlassung abdingbar. Der Rechtsstreit ist daher durch Verweisungsbeschluss nach § 83 S. 1 VwGO i.V.m. § 17a Abs. 2 S. 1 GVG zu verweisen.

b) Instanzenzug

1418 Dem Arzt A ist wegen verschiedener Verfehlungen seine Approbation unter Anordnung der sofortigen Vollziehbarkeit entzogen worden. Nachdem die hiergegen erhobene Klage vom Verwaltungsgericht abgewiesen wurde, hat A Antrag auf Zulassung der Berufung gestellt. Er möchte nunmehr wissen, bei welchem Gericht er einen Antrag nach § 80 Abs. 5 VwGO stellen kann.

1419 Zuständig ist das **Gericht der Hauptsache**: hier also wegen fehlender Abhilfemöglichkeit des erstinstanzlichen Verwaltungsgerichts schon mit dem Antrag auf Zulassung der Berufung der Verwaltungsgerichtshof.[145] Falls der Eilantrag bereits vorher beim Verwaltungsgericht anhängig gewesen sein sollte, ist er zu verweisen.

c) Verweisung

1420 C ist bekennender Biertrinker und von der Polizei im Geltungsbereich einer Alkoholverhinderungs-Polizeiverordnung der Stadt Freiburg angetroffen worden. Mit einer zum VG Freiburg erhobenen Klage wendet er sich gegen den ausgesprochenen Platzverweis, die Polizeiverordnung und das gegen ihn verhängte Bußgeld.

---

144 Nach § 38 ZPO können die Beteiligten unter bestimmten Voraussetzungen eine Gerichtsstandsvereinbarung treffen („Prorogation").
145 Vgl. VGH Bad.-Württ., 9.5.2000 – A 6 S 842/00.

Zuständig ist das angerufene Verwaltungsgericht allein für den Platzverweis. Die übrigen Verfahren sind daher **abzutrennen und zu verweisen**. Hinsichtlich des Bußgeldes ist der Verwaltungsrechtsweg nicht eröffnet (vgl. § 68 Abs. 1 S. 1 OWiG); der Rechtsstreit ist an das Amtsgericht zu verweisen. Die Normenkontrolle unterfällt gemäß § 47 Abs. 1 VwGO der sachlichen Zuständigkeit des Oberverwaltungsgerichts, das in Baden-Württemberg die Bezeichnung Verwaltungsgerichtshof führt (vgl. § 184 VwGO i.V.m. § 1 Abs. 1 S. 1 AGVwGO). Gemäß § 83 S. 1 VwGO ist auch insoweit zu verweisen. Dies gilt allerdings nicht für die in der Verordnung enthaltenen Ordnungswidrigkeitentatbestände. Diese führen zu Streitigkeiten, deren Vollzug nicht dem Verwaltungsrechtsweg unterliegen, so dass die Norm nicht „im Rahmen der Gerichtsbarkeit" des Verwaltungsgerichtshofs liegt. Dass die ordentliche Gerichtsbarkeit die Möglichkeit einer Normenkontrolle nicht kennt, ändert hieran nichts. Art. 19 Abs. 4 S. 1 GG verlangt nicht zwingend eine prinzipale Normenkontrolle, solange die gerügte Norm inzident einer gerichtlichen Nachprüfung zugeführt werden kann. Mangels zulässiger Verfahrensart kommt auch keine Verweisung in Betracht; der Antrag ist insoweit vielmehr unzulässig.

1421

2. Beteiligte

Am Verfahren beteiligte Parteien werden in der VwGO „Beteiligte" genannt (vgl. § 63 VwGO). Der Beklagte wird dabei nach dem Rechtsträgerprinzip festgelegt: maßgeblich ist danach stets die Körperschaft. Eine Ausnahme vom Rechtsträgerprinzip gilt für den organschaftlichen Binnenstreit, weil sonst ein Insichprozess vorliegen würde. In Anlehnung an den verfassungsprozessualen Organstreit ist Klagegegner hier das jeweilige Organ.[146]

1422

Der Beklagte wird dabei **formell** durch die Klageschrift bestimmt. Ob es sich bei dem so in Anspruch genommenen tatsächlich um den materiell richtigen Klagegegner handelt, der die beanstandete Maßnahme zu verantworten hat oder die begehrte Handlung vornehmen kann, ist dabei ohne Belang. Auch der zu Unrecht Verklagte erhält durch die erhobene Klage die prozessuale Stellung eines Beteiligten mit den sich hieraus ergebenden Rechten und Pflichten. Ob er tatsächlich die Passivlegitimation für den geltend gemachten Anspruch besitzt, ist dagegen eine Frage der Begründetheit. § 78 VwGO regelt insoweit nur, wer als Zuordnungssubjekt der erhobenen Klage anzusehen ist und spricht dem jeweiligen **Rechtsträger** die passive Prozessführungsbefugnis zu.[147] Dabei genügt nach § 78 Abs. 1 Nr. 1 Hs. 2 VwGO die Angabe der Behörde, so dass der Kläger von der rechtlich zutreffenden Einordnung entlastet wird.

1423

Probleme wirft stets das Handeln eines **Landratsamts** auf. Denn nach § 1 Abs. 3 LKrO ist hier maßgeblich auf den Tätigkeitsbereich abzustellen. Handelt das Landratsamt im übertragenen Aufgabenbereich als untere Verwaltungsbehörde – was an den Weisungsbefugnissen deutlich wird – so ist die Klage gegen das Land zu richten. Steht dagegen eine Selbstverwaltungsangelegenheit des Landkreises im Streit (was bei Klausuren regelmäßig nicht der Fall ist), muss der Landkreis verklagt werden. Gemeinden dagegen handeln auch im übertragenen Aufgabenbereich stets im eigenen Namen (vgl. § 2

1424

---

146 Vgl. hierzu auch BVerwGE 136, 263.
147 Für eine Regelung der Passivlegitimation im Gewande der Prozessrechtsvorschrift würde dem Bundesgesetzgeber auch die Kompetenz fehlen; vgl. zum „formellen Parteibegriff" des deutschen Prozessrechts auch Rosenberg/Schwab/Gottwald, Zivilprozessrecht, 15. Aufl. 1993, S. 200.

Abs. 1 GemO), so dass hier die Unterscheidung nicht erforderlich und Klagegegner immer die Gemeinde ist!

1425 Da Gemeinden und Land unterschiedliche Rechtsträger sind, muss ggf. auch an die Beiladung der Gemeinde gedacht werden, wenn eigene Rechte berührt sind – Hauptanwendungsfall ist das gemeindliches Einvernehmen nach § 36 BauGB. Für andere Fachträger gilt dies dagegen nicht, weil sie demselben **Rechtsträger** (Land) zugehören und sich das Urteil damit auch auf sie erstreckt.

1426 Grundsätzlich gilt, dass soweit ein materielles Recht bestehen kann, auch eine prozessuale Verteidigungsmöglichkeit eingeräumt werden muss. Trotz Auflösung einer Gemeinde ist diese daher **beteiligtenfähig**, soweit sie Rechte geltend macht, die mit ihrem Untergang in einem unmittelbaren Zusammenhang stehen (etwa hinsichtlich der in der Eingliederungsvereinbarung zugesicherten Beibehaltung des örtlichen Bauhofs).[148] Dementsprechend ist auch eine BGB-Gesellschaft nach § 61 Nr. 2 VwGO beteiligungsfähig, soweit es um aus dem Gesellschaftsvertrag folgende Interessen geht.[149]

a) Kommunalrechtliches Vertretungsverbot

1427 Rechtsanwalt R, der Gemeinderat in der Gemeinde G ist, vertritt seinen Mandanten in einem Verwaltungsprozess, in welchem dieser von der Gemeinde die Erteilung einer Baugenehmigung begehrt. Der Bürgermeister der Gemeinde ist der Auffassung, R könne in diesem Verfahren nicht als Prozessbevollmächtigter auftreten.

1428 Die Tätigkeit unterfällt dem **kommunalrechtlichen Vertretungsverbot** aus § 17 Abs. 3 S. 1 GemO. Die sich daraus ergebenden Sanktionen sind jedoch abschließend in § 17 Abs. 4 GemO festgelegt. Prozessuale Folgen – wie insb. eine Zurückweisung entsprechend § 79 Abs. 3 ZPO – ergeben sich deswegen nicht; insoweit käme dem Land auch keine Gesetzgebungskompetenz zu.

b) Beiladung

1429 N erhebt Klage gegen eine Baugenehmigung, die seinem Nachbarn B erteilt worden ist. Ist B am Prozess beteiligt?

1430 Es handelt sich um einen Fall der **notwendigen Beiladung** nach § 65 Abs. 2 VwGO, mit der die Rechtskrafterstreckung erreicht werden muss (§§ 121 Nr. 1, 63 Nr. 3 VwGO). Beteiligter ist B aber erst, wenn ihn das Gericht tatsächlich – durch Beschluss (vgl. § 65 Abs. 4 S. 1 VwGO) – beigeladen hat (vgl. 63 Nr. 3 VwGO).

c) Kostenerstattung

1431 Der Beigeladene möchte wissen, ob für ihn ein Risiko besteht, Kosten des Verfahrens tragen zu müssen.

1432 Grundsätzlich ergibt sich ein Kostenrisiko gemäß § 154 Abs. 3 VwGO nur im Falle der **Antragstellung**. Unberührt bleibt jedoch die Möglichkeit einer Verschuldensauferlegung nach § 155 Abs. 4 VwGO, diese wird insb. im Falle des willkürlich verweigerten Einvernehmens einer Gemeinde in Betracht kommen.

---

148 Vgl. VGH Bad.-Württ., 23. 3.2016 – 1 S 1218/15.
149 Vgl. VGH Bad.-Württ., VBlBW 2013, 183.

d) Zustimmung des Beigeladenen

Der Rechtsstreit wird vom Kläger für erledigt erklärt, auch das beklagte Land schließt **1433** sich dem an. Der Beigeladene ist aber der Auffassung, das Verfahren könne ohne seine Zustimmung nicht ohne Weiteres eingestellt werden. Ihm sei daran gelegen, die Rechtslage gerichtlich klären zu lassen.

Eine Zustimmung des Beigeladenen zu Rücknahme und Erledigung ist nicht erforder- **1434** lich, da lediglich die **ursprüngliche Rechtsposition** wiederhergestellt wird. Anderes gilt für die Anordnung des Ruhens des Verfahrens (§ 173 S. 1 VwGO i.V.m. § 251 S. 1 ZPO), wenn hier durch die Fortdauer des Suspensiveffektes eine Beschwer des Beigela- denen eintritt. Beim Prozessvergleich ist der Inhalt des Vergleiches ausschlaggebend.[150]

e) Mandatsniederlegung

K hat vor dem Verwaltungsgericht eine Klage erhoben und sich dabei von einem **1435** Rechtsanwalt vertreten lassen. Die Vollmacht ist dem Gericht vorgelegt worden. Wäh- rend des Laufs des Gerichtsverfahrens kündigt K das Mandatsverhältnis, weil er mit dem Anwalt nicht zufrieden ist. Drei Monate später erfährt er zufällig, dass ein Urteil längst ergangen und seinem ehemaligen Anwalt vor 6 Wochen auch zugestellt worden ist. Nachdem er diesen zur Rede stellen wollte, teilte dieser mit, nach Mandatsniederle- gung habe ihn die Sache nichts mehr angegangen. Es sei Sache des K gewesen, die Mandatsniederlegung dem Gericht mitzuteilen. Hätte ein Rechtsmittel des K Aussicht auf Erfolg?

Die Rechtsmittelfrist ist in jedem Fall versäumt, weil der Bescheid schon vor mehr als **1436** einem Monat ordnungsgemäß zugestellt worden ist. Nach § 67 Abs. 6 S. 5 VwGO sind Zustellungen an den **Bevollmächtigten** zu richten. Die Mandatsniederlegung wird da- her erst wirksam, wenn sie dem Gericht gegenüber angezeigt worden ist.[151] Eine Wie- dereinsetzung kommt nicht in Betracht, weil sich der Kläger gemäß § 173 S. 1 VwGO i.V.m. § 85 Abs. 2 ZPO das Verschulden seines Bevollmächtigten grundsätzlich zurech- nen lassen muss.

---

150   Vgl. hierzu Kenntner, in: Quaas/Zuck, Prozesse in Verwaltungssachen, 2. Aufl. 2011, S. 360 f.
151   Vgl. VGH Bad.-Württ., VBlBW 2004, 384.

B. TENORIERUNG[152]

I. Verweisung

1. Unzulässiger Rechtsweg

1437 Der Kläger erhebt eine Schadenersatzklage aus Amtshaftung beim Verwaltungsgericht Stuttgart.

1. Der Verwaltungsrechtsweg wird für unzulässig erklärt.
2. Der Rechtsstreit wird an das Landgericht Stuttgart verwiesen.
3. Die Kostenentscheidung bleibt der Schlussentscheidung vorbehalten.

1438 Für Amtshaftungsklagen ist durch die ausdrückliche Sonderbestimmung in Art. 34 S. 3 GG, § 71 Abs. 2 GVG das Landgericht zuständig. Die **Unzuständigkeit** des Gerichts führt jedoch nicht zur Unzulässigkeit der Klage, deshalb gehört der Verwaltungsrechtsweg auch nicht zur Zulässigkeitsprüfung im eigentlichen Sinne. Vielmehr ist der Rechtsstreit von Amts wegen an das zuständige Gericht zu verweisen. Ein Antrag ist demgemäß nicht erforderlich, die Beteiligten sind aber vor der Entscheidung anzuhören. Die Verweisung ergeht in der Form des Beschlusses nach § 17a Abs. 4 S. 1 GVG.

1439 Unbedingt erforderlich ist eigentlich nur die **aufdrängende Zuweisung** in Ziffer 2. Da der Beschluss nach § 17a Abs. 2 S. 3 GVG aber Bindungswirkung entfaltet, ist es sinnvoll und auch üblich, vorab in Ziffer 1 klarzustellen, worüber das Gericht entschieden hat. Sollte sich nachfolgend ergeben, dass zwar der ordentliche Rechtsweg gegeben, das Landgericht Stuttgart aber nicht zuständig ist, etwa weil sich Besonderheiten für die örtliche Zuständigkeit ergeben, ist damit klargestellt, dass nur die Zuweisung des Rechtsweges bindend ist. Einer weiteren Verweisung durch das Landgericht Stuttgart wegen örtlicher Unzuständigkeit steht der Beschluss daher nicht entgegen.

1440 Der **Kostenausspruch** in Ziffer 3 ist ebenfalls deklaratorisch und folgt unmittelbar aus § 17b Abs. 2 S. 1 GVG. In der Schlussentscheidung werden die Kosten jedoch gemäß § 155 Abs. 5 VwGO zugesprochen; formuliert werden kann etwa: „Die Beklagte trägt die Kosten des Verfahrens mit Ausnahme der durch die Anrufung des unzuständigen Verwaltungsgerichts entstandenen Mehrkosten; diese werden dem Kläger auferlegt".

2. Örtliche Unzuständigkeit

1441 A hat beim Verwaltungsgericht Stuttgart Klage erhoben, obwohl das Verwaltungsgericht Freiburg zuständig gewesen wäre. Kann die Klage als unzulässig abgewiesen werden?

1442 Nein, der Rechtsstreit ist vielmehr **von Amts wegen** durch Verweisungsbeschluss nach § 83 S. 1 VwGO i.V.m. § 17a Abs. 4 GVG an das zuständige Gericht zu verweisen. Im Tenor ist darauf zu achten, den aufdrängenden Ausspruch auf den entschiedenen Aspekt der örtlichen Zuständigkeit zu beschränken. Sollte sich das VG Freiburg in anderer Hinsicht als unzuständig erweisen (etwa wenn es sich um eine Normenkontrolle handelt), wäre es dadurch an einer Weiterverweisung nicht gehindert.

---

152 Vgl. zur Tenorierung auch Jacob, VBlBW 1996, 35 und 72; Kment, JuS 2005, 420, 517 und 608; Dehoust, SächsVBl 2012, 122; Keller/Menges, Die VwGO in Fällen, 2010.

1. Das Verwaltungsgericht Stuttgart erklärt sich für örtlich unzuständig.
2. Das Verfahren wird an das Verwaltungsgericht Freiburg verwiesen.
3. Die Kostenentscheidung bleibt der Schlussentscheidung vorbehalten.

II. Anfechtungsklage

1. Erfolglose Klage

Der Kläger hat, nachdem sein Auto abgeschleppt worden war, einen Kostenbescheid der Stadt Stuttgart vom 1.1.2012 erhalten. Nach Zurückweisung seines Widerspruchs durch Bescheid des Regierungspräsidiums vom 1.7.2012 hat er eine Klage zum Verwaltungsgericht erhoben, die unbegründet ist.   1443

1. Die Klage wird abgewiesen.
2. Der Kläger trägt die Kosten des Verfahrens.
3. Das Urteil ist wegen der Kosten vorläufig vollstreckbar. Der Kläger darf die Vollstreckung durch Sicherheitsleistung in Höhe von 110 % des zu vollstreckenden Betrags abwenden, wenn nicht der Beklagte vor der Vollstreckung Sicherheit in gleicher Höhe leistet.

Bei Erfolglosigkeit werden Klagen „abgewiesen" – ohne dass im Tenor offengelegt wird, ob dies aus prozessualen oder materiellen Gründen erfolgt. Rechtsmittel werden „zurückgewiesen" (oder bei Unzulässigkeit verworfen) und Anträge „abgelehnt"; letzteres ist in der VwGO nicht explizit vorgegeben, so dass sich gelegentlich auch die Formulierung „zurückgewiesen" findet.   1444

Anders als im Zivilprozess werden nicht nur die Kosten des „Rechtsstreits", sondern des „**Verfahrens**" tenoriert. Jedenfalls im Falle von Anfechtungs- und Verpflichtungsklage ist dies nicht nur Stilfrage, weil damit auch die Kosten des Vorverfahrens umfasst sind (vgl. § 162 Abs. 1 VwGO). Die Kostenentscheidung erfolgt von Amts wegen, eines Antrages bedarf es daher nicht.   1445

Anfechtungs- und Verpflichtungsklagen können gemäß § 167 Abs. 2 VwGO nur hinsichtlich der Kosten für **vorläufig vollstreckbar** erklärt werden.[153] Der Tenor folgt den Vorgaben der ZPO, so dass hierauf im Examen regelmäßig kein besonderes Augenmerk liegt. In Baden-Württemberg wird aus § 167 Abs. 2 VwGO vielfach auch ein Ermessen abgeleitet, das zum Absehen eines Ausspruchs zur vorläufigen Vollstreckbarkeit ermächtigt. Tatsächlich besteht im Verwaltungsprozess in der Regel kein Bedürfnis für eine vorläufige Vollstreckung, so dass in der Praxis auch bei Leistungs- und Feststellungsklagen vielfach – gleichsam gewohnheitsrechtlich – auf eine Tenorierung verzichtet wird. Von einer Tenorierung der vorläufigen Vollstreckbarkeit wird im Folgenden daher abgesehen.   1446

Eine Entscheidung über die **Zulässigkeit der Berufung** erfolgt gemäß § 124a Abs. 1 S. 3 VwGO nur im positiven Fall, also wenn die Berufung zugelassen wird („Die Berufung wird zugelassen"). Ein entsprechender Ausspruch wird im Examen regelmäßig nicht erwartet werden.   1447

---

153   Vgl. hierzu VGH Bad.-Württ., VBlBW 2012, 277.

2. Erfolgreiche Klage

1448   Die unter 1. geschilderte Klage ist begründet.

1. Die Verfügung der Beklagten vom 1.1.2012 in der Gestalt des Widerspruchsbescheids des Regierungspräsidiums S vom 1.7.2012 wird aufgehoben.

2. Die Beklagte trägt die Kosten des Verfahrens.

1449   Gegenstand der Anfechtungsklage ist gemäß § 79 Abs. 1 Nr. 1 VwGO grundsätzlich der Verwaltungsakt **„in der Gestalt"** des Widerspruchsbescheids. Diese Formulierung muss verwendet werden, wenn die Widerspruchsbehörde die Ausgangsverfügung abgeändert hat. Wenn dagegen nur der Widerspruch zurückgewiesen wurde, wird in der Praxis meist die Formulierung „und der Widerspruchsbescheid" verwendet.

1450   Die Beklagte, die den Ausgangsbescheid erlassen hat, muss die Kosten tragen. Wegen des Grundsatzes der **Einheitsklage** gilt dies selbst dann, wenn sich der Fehler erst durch die Änderungen des Widerspruchsbescheids ergeben hat und insoweit ein anderer Rechtsträger verantwortlich wäre.

3. Teilerfolg

1451   Wie ist zu entscheiden, wenn im Kostenbescheid eine Forderung von 800 EUR festgesetzt wurde, der Anspruch aber nur in Höhe von 600 EUR begründet ist.

1. Der Bescheid der Beklagten vom 1.1.2012 und der Widerspruchsbescheid des Regierungspräsidiums S vom 1.7.2012 werden aufgehoben, soweit darin ein Erstattungsbetrag von mehr als 600 EUR festgesetzt worden ist. Im Übrigen wird die Klage abgewiesen.

2. Der Kläger trägt die Kosten des Verfahrens zu drei Viertel, die Beklagte zu einem Viertel.

1452   Bei der Formulierung des Tenors muss darauf geachtet werden, dass der Ausspruch einen vollstreckungsfähigen Inhalt behält. Da die Klage nur teilweise erfolgreich ist, muss sie **„im Übrigen"** abgewiesen werden, weil nur so der gesamte Streitgegenstand erfasst ist. Hinsichtlich der Kostenfolge ist gemäß § 155 Abs. 1 VwGO zu quoteln.

4. Nachbarklage

1453   A ist durch Verfügung der Stadt S vom 1.1.2012 eine Baugenehmigung erteilt worden. Der hiergegen gerichtete Widerspruch des Nachbarn B wird vom Regierungspräsidium S durch Widerspruchsbescheid vom 1.7.2012 zurückgewiesen. Im nachfolgenden Gerichtsverfahren ist A beigeladen worden, hat sich einen Anwalt genommen und Klagabweisung beantragt. Das Gericht hält die Nachbarklage für begründet.

1. Die dem Beigeladenen erteilte Baugenehmigung vom 1.1.2012 und der Widerspruchsbescheid des Regierungspräsidiums S vom 1.7.2012 werden aufgehoben.

2. Die Beklagte und der Beigeladene tragen die Kosten des Verfahrens je zur Hälfte.

1454   Im Tenor werden die Beteiligten in ihren **Prozessrollen** benannt – also hier der „Beigeladene". Da der Beigeladene hier einen Antrag gestellt hat, können ihm gemäß § 154 Abs. 3 VwGO auch Kosten auferlegt werden. Nach § 159 S. 1 VwGO i.V.m. § 100 Abs. 1 ZPO sind die Kosten dabei nach „Kopfteilen" aufzuerlegen. Da der Beigeladene in der Sache unterlegen ist, hat er auch seine außergerichtlichen Kosten zu tragen. Teilweise findet sich hierzu in der Praxis die Formulierung: "mit Ausnahme der außergerichtlichen Kosten des Beigeladenen, die dieser auf sich behält". Dies muss jedoch nicht ausgesprochen werden, weil es unmittelbare Folge aus § 162 Abs. 3 VwGO ist, wenn das Gericht nichts anderes tenoriert.

5. Kostenerstattung für den Beigeladenen

Die Klage ist unbegründet.

1. Die Klage wird abgewiesen.
2. Der Kläger trägt die Kosten des Verfahrens, einschließlich der außergerichtlichen Kosten des Beigeladenen.

Gemäß § 162 Abs. 3 VwGO sind die **außergerichtlichen Kosten des Beigeladenen** (Anwaltskosten!) nur erstattungsfähig, wenn dies ausdrücklich ausgesprochen wird. Angesichts der Anordnung in § 154 Abs. 3 VwGO erfolgt dies grundsätzlich nur, wenn der Beigeladene selbst einen Antrag gestellt hat und damit auch ein Kostenrisiko eingegangen ist. Dies gilt nach zwischenzeitlich einheitlicher Rechtsprechung der Bausenate des Verwaltungsgerichtshofs auch im Falle des notwendig Beigeladenen.

6. Anwaltskosten im Widerspruchsverfahren

D ist promovierter Chemiker. Nachdem sich einige seiner Publikationen als wissenschaftlich unseriös erwiesen hatten, beschloss die Universität U am 1.1.2012, den ihm verliehenen Doktorgrad wegen Unwürdigkeit gemäß § 35 Abs. 7 LHG zu entziehen. Im Widerspruchsverfahren machte der bevollmächtigte Rechtsanwalt des D umfangreiche Ausführungen zur Unwirksamkeit der „Hochschulsatzung zur Gewährleistung wissenschaftlicher Mindeststandards", auf die der Entzug im Wesentlichen gestützt war.[154] Mit Widerspruchsbescheid vom 1.7.2012 wies die Universität die Eingabe aber zurück. Das Verwaltungsgericht teilt die Einschätzung des Anwalts und hält die Klage daher für begründet. D möchte auch die Kosten erstattet haben, die er für seinen Anwalt im Rahmen des Widerspruchsverfahrens aufgewendet hat. Er geht zwar davon aus, dass er diese Kosten ohnehin erstattet bekommt, stellt sicherheitshalber aber einen entsprechenden Antrag.

1. Die Verfügung der Beklagten vom 1.1.2012 und ihr Widerspruchsbescheid vom 1.7.2012 werden aufgehoben.
2. Die Beklagte trägt die Kosten des Verfahrens.
3. Die Zuziehung eines Bevollmächtigten für das Vorverfahren war notwendig.

Die Notwendigkeit einer Tenorierung ergibt sich aus § 162 Abs. 2 S. 2 VwGO. Dem Antrag wird entsprochen, wenn die **Zuziehung schon im Vorverfahren** vom Standpunkt einer verständigen, nicht rechtskundigen Partei im Zeitpunkt der Bevollmächtigung für erforderlich gehalten werden durfte und es dem Beteiligten nach seiner Vorbildung, Erfahrung und seinen sonstigen persönlichen Umständen nicht zumutbar war, das Verfahren selbst zu führen.

1455

1456

1457

1458

---

154 Vgl. zur nachträglichen Entziehung des Doktorgrads wegen Unwürdigkeit VGH Bad.-Württ., VBlBW 2012, 180.

7. Fehler im Widerspruchsverfahren (Einheitsklage)

1459 A wendet sich gegen einen rechtmäßigen Bescheid der Stadt S vom 1.1.2012. Der ordnungsgemäß bei der Erlassbehörde eingelegte Widerspruch wird von der unzuständigen Widerspruchsbehörde – unter Verweis auf die zutreffenden Gründe der Ausgangsverfügung – mit Bescheid vom 1.7.2012 zurückgewiesen. Wie entscheidet das Verwaltungsgericht über die erhobene Anfechtungsklage?

1. Die Klage wird abgewiesen.

2. Der Kläger trägt die Kosten des Verfahrens.

1460 Streitgegenstand bei der „normalen" **Einheitsklage** ist gemäß § 79 Abs. 1 Nr. 1 VwGO nicht der Widerspruchsbescheid, sondern der „ursprüngliche Verwaltungsakt" in der Gestalt, die er durch den Widerspruchsbescheid gefunden hat. Fehler im Widerspruchsverfahren sind deshalb von Bedeutung, wenn sie Auswirkungen auf den „ursprünglichen Verwaltungsakt" haben und damit den Kläger beeinträchtigen (vgl. § 113 Abs. 1 S. 1 VwGO). Dies ist der Fall, wenn aus einem ursprünglich rechtmäßigen Verwaltungsakt durch das Eingreifen der Widerspruchsbehörde ein rechtswidriger wird. Derartiges kann nicht nur durch eine Änderung der Rechtsfolgen bewirkt werden, sondern auch durch Fehler in der Begründung, etwa wenn zunächst zutreffende Ermessenserwägungen durch sachfremde Gesichtspunkte ersetzt werden. In einem solchen Fall hat die Stadt – als Klagegegner – die Fehler der Widerspruchsbehörde (und damit des Rechtsträgers Land) zu tragen.

1461 Formelle Fehler des Widerspruchsverfahrens betreffen dagegen nur die Rechtmäßigkeit des Widerspruchs und schlagen auf den „ursprünglichen Verwaltungsakt" nicht durch. Insoweit muss – ggf. hilfsweise – eine **isolierte Anfechtung des Widerspruchsbescheids** nach § 79 Abs. 2 VwGO erfolgen. Weil ein Interesse hieran – wegen des damit verbundenen Zeitverlustes – nicht ohne Weiteres angenommen werden kann, verlangt die Rechtsprechung einen ausdrücklichen Antrag. Klagegegner ist dann die Körperschaft, der die Widerspruchsbehörde angehört (vgl. § 79 Abs. 2 S. 3 i.V.m. § 78 Abs. 2 VwGO), regelmäßig also das Land.

8. Wiedereinsetzung

1462 Der Kläger hat Anfechtungsklage erhoben und dabei die Klagefrist versäumt. Wie entscheidet das Gericht, wenn es den nachfolgenden Antrag auf Wiedereinsetzung für unbegründet, die Klage aber für begründet hält?

1. Der Antrag auf Wiedereinsetzung in die Klagefrist wird abgelehnt.

2. Die Klage wird abgewiesen.

3. Der Kläger trägt die Kosten des Verfahrens.

1463 Eine ausdrückliche Tenorierung der Entscheidung über die **Wiedereinsetzung** ist nicht erforderlich und im Falle der Ablehnung wohl auch eher unüblich – im Falle der Stattgabe wird dagegen in der Praxis meist auch ein Tenorausspruch angeordnet („Dem Kläger wird Wiedereinsetzung in die Klagefrist gewährt"). Aus Klarheitsgründen erscheint die explizite Verbescheidung im Examen ratsam. Jedenfalls in den Gründen muss in jedem Fall auf den Wiedereinsetzungsantrag eingegangen werden.

9. Erfolgreiche Wiedereinsetzung

Wie wird tenoriert, wenn der Wiedereinsetzungsantrag zwar begründet, die Klage aber unbegründet ist?

1464

1. Dem Kläger wird Wiedereinsetzung in die Klagefrist gewährt.
2. Die Klage wird abgewiesen.
3. Der Kläger trägt die Kosten des Verfahrens.

10. Annexantrag

Die Stadt S hat gegen A einen Gebührenbescheid in Höhe von 800 EUR erlassen. Angesichts des Hinweises auf § 80 Abs. 2 S. 1 Nr. 1 VwGO zahlt A zunächst, erhebt nach Zurückweisung des Widerspruchs durch Bescheid des Regierungspräsidiums A vom 1.7.2012 aber Klage und begehrt darin auch die Rückerstattung der bereits geleisteten Zahlung. Wie ist zu entscheiden, wenn das Verwaltungsgericht der Auffassung ist, eine Gebühr hätte nur in Höhe von 600 EUR festgesetzt werden können?

1465

1. Der Bescheid der Beklagten vom 1.1.2012 in der Gestalt des Widerspruchsbescheids des Regierungspräsidium S vom 1.7.2012 wird aufgehoben, soweit darin ein Erstattungsbetrag von mehr als 600 EUR festgesetzt worden ist. Die Beklagte wird verurteilt, den diesen Betrag übersteigenden, bereits entrichteten Betrag in Höhe von 200 EUR an den Kläger zurückzuzahlen. Im Übrigen wird die Klage abgewiesen.
2. Der Kläger trägt die Kosten des Verfahrens zu drei Viertel, die Beklagte zu einem Viertel.

Nach § 113 Abs. 2 VwGO hat das Verwaltungsgericht die Möglichkeit, selbst einen anderen Betrag festzusetzen. Durch § 113 Abs. 1 S. 2 VwGO kann auch ausgesprochen werden, dass und wie ein bereits **vollzogener Verwaltungsakt rückgängig gemacht** werden kann. Diese Möglichkeit ist deshalb von praktischer Bedeutung, weil ansonsten ein Erstattungsanspruch erst nach Rechtskraft des Aufhebungsurteils geltend gemacht werden könnte. § 113 Abs. 1 S. 2 VwGO macht damit die Folgenbeseitigung schon im Hauptsacheprozess möglich.

1466

11. Vorbehaltsurteil

E hat Anfechtungsklage gegen einen von der Stadt S erlassenen Kostenbescheid erhoben, mit dem er zur Zahlung von Abschleppgebühren in Höhe von 400 EUR verpflichtet worden ist. Er macht u.a. geltend, ihm stehe noch ein Anspruch auf Amtshaftung zu, mit welchem er in Höhe der 400 EUR aufrechne. Was tut das Verwaltungsgericht, wenn es die Einwände gegen den Kostenbescheid für unbegründet hält?

1467

1. Die Klage wird unter dem Vorbehalt der Entscheidung über die vom Kläger erklärte Aufrechnung wegen von ihm behaupteter Amtshaftung aus... abgewiesen. Das Verfahren wird bis zum Abschluss eines vor den ordentlichen Gerichten zu führenden Rechtsstreits über den vom Kläger behaupteten Anspruch aus Amtshaftung ausgesetzt.
2. Der Kläger trägt die Kosten des Verfahrens.

Eine **Aufrechnung mit rechtswegfremden Forderungen** kann vom Verwaltungsgericht berücksichtigt werden, wenn diese rechtskräftig festgestellt oder unstreitig sind. In anderen Konstellationen würde jedoch ein unzuständiges Gericht entscheiden. Jedenfalls in den Fällen, in denen die Sonderzuständigkeit unmittelbar aus dem Grundgesetz folgt

1468

(vgl. Art. 14 Abs. 3 S. 4 GG oder Art. 34 S. 3 GG) scheidet dies aus. Das Verwaltungsgericht hat daher nach § 173 VwGO i.V.m. § 302 ZPO durch **Vorbehaltsurteil** zu entscheiden und das Nachverfahren hinsichtlich der Aufrechnung gemäß § 94 VwGO auszusetzen.[155] Das Bundesarbeitsgericht hält anstelle der Aussetzung auch eine direkte Verweisung für möglich.[156]

12. Klagerücknahme

1469 A hat die erste juristische Prüfung endgültig nicht bestanden und ist nachfolgend von seiner Hochschule zwangsexmatrikuliert worden. Er hat hiergegen zunächst Klage erhoben, diese aber nach einer erläuternden Verfügung des zuständigen Berichterstatters zur Rechtslage zurückgenommen.

1. Das Verfahren wird eingestellt.
2. Der Kläger trägt die Kosten des Verfahrens.
3. Der Streitwert des Verfahrens wird auf 5.000 EUR festgesetzt.

1470 Die Klagerücknahme ist in § 92 VwGO geregelt, sie führt zur **Einstellung** des Verfahrens (vgl. § 92 Abs. 3 S. 1 VwGO). Die Kostenfolge beruht auf § 155 Abs. 2 VwGO.

1471 Da die Entscheidung in Beschlussform ergeht (vgl. § 92 Abs. 3 S. 1 VwGO), kann sie mit der **Streitwertfestsetzung** verbunden werden, die im Verwaltungsprozess bei Fehlen bezifferbarer Anhaltspunkte auf § 51 Abs. 2 GKG beruht (sog. „Auffangwert"). Dies gilt für alle nachfolgenden Beschluss-Beispiele; auf eine Ausweisung der Streitwertfestsetzung wird daher künftig verzichtet.

13. Rücknahmestreit

1472 B ist ebenfalls exmatrikuliert worden und hat zur Fristwahrung Klage erhoben. Nachdem er trotz Aufforderung des Gerichts keine Klagebegründung vorgelegt hatte, wurde er hierzu mit einer „Betreibensaufforderung" i.S.d. § 92 Abs. 2 VwGO aufgefordert. Da auch hierauf nichts geschah, stellte der Berichterstatter das Verfahren zwei Monate später durch Beschluss ein. Zeitlich überschneidend hatte B jedoch eine umfangreiche Klagebegründung eingereicht, die vom Gericht wegen der ungewöhnlichen Dauer des gerichtsinternen Aktenlaufs nicht mehr berücksichtigt worden ist. B möchte die Fortführung seiner Klage erreichen und stellt einen entsprechenden Antrag.

1. Es wird festgestellt, dass das Verfahren durch Klagerücknahme beendet ist.
2. Der Kläger trägt die Kosten des Verfahrens.

1473 Nach § 92 Abs. 3 S. 2 VwGO ist der Einstellungsbeschluss unanfechtbar. Die Rechtsprechung lässt aber gleichwohl einen sog. **„Rücknahmestreit"** zu, der durch einen Antrag auf Fortführung des Verfahrens eröffnet wird.[157] Er begründet ein normales Urteilsverfahren, mit dem entweder festgestellt wird, dass das Verfahren durch Klagerücknahme beendet ist, oder ein Sachurteil ergeht, wenn eine wirksame Rücknahme tatsächlich nicht vorlag.

---

155 Vgl. BVerwG, NJW 1999, 160.
156 Vgl. BAG, NJW 2008, 1020.
157 Vgl. etwa OVG Berlin-Brandenburg, 26.10.2010 – 10 B 2/10.

III. Verpflichtungsklage

1. Erfolgreiche Verpflichtungsklage

A hat Antrag auf Erteilung einer Baugenehmigung zur Errichtung eines Doppelhauses **1474** gestellt, den die Stadt mit Bescheid vom 1.1.2012 abgelehnt hat. Der Widerspruch ist vom Regierungspräsidiums A durch Bescheid vom 1.7.2012 zurückgewiesen worden. Die hiergegen gerichtete Klage hat Erfolg, weil A Anspruch auf die begehrte Baugenehmigung hat. A beantragt, ihm auch die Kosten des Anwalts im Vorverfahren zu erstatten, weil angesichts der schwierigen rechtlichen Lage ein Rechtsbeistand schon im Widerspruchsverfahren erforderlich gewesen sei.

1. Die Verfügung der Beklagten vom 1.1.2012 und der Widerspruchsbescheid des Regierungspräsidiums A vom 1.7.2012 werden aufgehoben. Die Beklagte wird verpflichtet, dem Kläger die beantragte Baugenehmigung zur Errichtung eines Doppelhauses auf dem Grundstück Flst. Nr. X zu erteilen.
2. Die Beklagte trägt die Kosten des Verfahrens.
3. Die Zuziehung eines Bevollmächtigten für das Vorverfahren wird für notwendig erklärt.

Bei der Verpflichtungsklage müssen zunächst die **Versagungsbescheide aufgehoben** **1475** werden. Dabei muss die im Gesetz vorgesehene Formulierung „in der Gestalt" des Widerspruchsbescheids verwendet werden, wenn die Widerspruchsbehörde die Ausgangsverfügung abgeändert hat. Wenn dagegen nur der Widerspruch zurückgewiesen wurde, wird in der Praxis meist die Formulierung „und der Widerspruchsbescheid" verwendet. Anschließend folgt die „**Verpflichtung**" (vgl. § 113 Abs. 5 S. 1 VwGO) der Beklagten; wegen des Gewaltenteilungsgrundsatzes werden entsprechende Maßnahmen nicht unmittelbar durch das Gericht erlassen.

Die Gebühren und Auslagen des Rechtsanwalts im Prozess sind gemäß § 162 Abs. 2 **1476** S. 1 VwGO vom Kostenausspruch umfasst. Anwaltskosten im Vorverfahren werden dagegen nur erstattet, wenn das Gericht die Zuziehung eines Bevollmächtigten ausdrücklich für notwendig erklärt (vgl. § 162 Abs. 2 S. 2 VwGO). Jedenfalls bei komplexen oder schwierigen Angelegenheiten darf eine verständige Partei bereits im Vorverfahren rechtskundigen Beistand in Anspruch nehmen, so dass ein entsprechender Ausspruch zu erfolgen hat.

2. Bescheidungsurteil

A hat die Erteilung einer Sondernutzungserlaubnis zum Aufstellen von Plastiktischen **1477** und -stühlen auf dem Platz vor seiner Gaststätte beantragt. Die Stadt lehnte den Antrag mit Bescheid vom 1.1.2012, das Regierungspräsidium A den Widerspruch am 1.7.2012 ab. Das angerufene Verwaltungsgericht kommt zu dem Ergebnis, dass die Behörde die Ablehnung nicht auf die angestellten Erwägungen hätte stützen dürfen, weil die Bezugnahme auf den Umweltschutz sachfremd sei.

1. Die Verfügung der Beklagten vom 1.1.2012 und der Widerspruchsbescheid des Regierungspräsidiums A vom 1.7.2012 werden aufgehoben. Die Beklagte wird verpflichtet, über den Antrag auf Erteilung einer Sondernutzungserlaubnis unter Beachtung der Rechtsauffassung des Gerichts erneut zu entscheiden. Im Übrigen wird die Klage abgewiesen.
2. Die Beklagte trägt die Kosten des Verfahrens zu drei Viertel, der Kläger zu einem Viertel.

1478   Falls ein Sachurteil mangels **Spruchreife** nicht in Betracht kommt – insb. wenn es sich um eine Ermessensentscheidung handelt und eine sog. „Ermessensreduktion auf Null" nicht angenommen werden kann – muss ein „**Bescheidungsurteil**" erlassen werden. Der Tenor ergibt sich aus § 113 Abs. 5 S. 2 VwGO. Wichtig ist die Abweisung im Übrigen, wenn ein weitergehender Antrag gestellt worden ist.

1479   Hinsichtlich der Kostenentscheidung ist grundsätzlich zu quoteln. Allerdings wird bei Bescheidungsurteilen gelegentlich auch auf § 155 Abs. 1 S. 3 VwGO zurückgegriffen und der Beklagten die volle Kostenlast aufgebürdet, wenn die nochmalige Bescheidung eher eine Formsache darstellt und ein Erfolg des Klägers in der Sache zu erwarten ist.

3. Untätigkeitsklage

1480   Nachdem sein Bauantrag sechs Monate unbearbeitet geblieben ist, hat A Klage zum Verwaltungsgericht erhoben. Das Gericht hält den Anspruch für unbegründet, möchte die Nichtbearbeitung des Antrags durch die Behörde aber nicht unsanktioniert lassen. Wie wird es entscheiden?

1481   Was kann A tun, wenn während des gerichtlichen Verfahrens ein Ablehnungsbescheid ergeht?

1. Die Klage wird abgewiesen.
2. Die Beklagte trägt die Kosten des Verfahrens.

1482   Nach § 75 VwGO kann bei **Untätigkeit** der Behörde abweichend von § 68 VwGO schon vor Abschluss des Vorverfahrens Klage erhoben werden. Kostenrechtlich wird diese Möglichkeit durch § 161 Abs. 3 VwGO flankiert. Unstreitig hat der Kläger danach keine Kosten zu tragen, wenn er nach Erlass der zunächst unterbliebenen Entscheidung das gerichtliche Verfahren für erledigt erklärt (1. Reaktionsmöglichkeit); insoweit kann § 161 Abs. 3 VwGO als Spezialregelung zu § 161 Abs. 2 VwGO verstanden werden. Der Anwendungsbereich der Vorschrift ist aber nicht mehr eröffnet, wenn der Kläger nach Erlass der behördlichen Entscheidung sein Begehren weiterverfolgt (2. Reaktionsmöglichkeit) und das Gericht eine Sachentscheidung trifft. Denn insoweit handelt es sich bei der dann fortgeführten Klage nicht mehr um eine Untätigkeitsklage. Die Kostenentscheidung bemisst sich hier deshalb nach den allgemeinen Regeln der §§ 154 ff. VwGO.

1483   Streitig ist dagegen die – hier im Ausgangsfall vorliegende – Konstellation, in der ein Sachurteil ergeht, ohne dass die Behörde den unterbliebenen Verwaltungsakt im gerichtlichen Verfahren nachgeholt hat. Nach richtiger Auffassung hat die Beklagte hier die Kosten wegen § 161 Abs. 3 VwGO immer zu tragen.[158] Schon aus Kostengründen empfiehlt es sich für die Behörde im Falle der Untätigkeitsklage daher immer, trotz Rechtshängigkeit das Verwaltungsverfahren mit einem Bescheid zum Abschluss zu bringen.

4. Kontrollfall

1484   Rechtsreferendar R ist dem VG Stuttgart zur Ausbildung zugewiesen. In dem ersten ihm übertragenen Fall, einer Verpflichtungsklage gegen das Land Baden-Württemberg auf Erteilung einer Baugenehmigung, schlägt er vor, der Klage stattzugeben und wie folgt zu tenorieren: Die Beklagte wird verpflichtet, dem Kläger eine Baugenehmigung

---

158   Vgl. BVerwG, NVwZ 1991, 1180.

zu erteilen. Die Beklagte trägt die Kosten des Rechtsstreits. Ist dieser Vorschlag zutreffend?

Es fehlt die Aufhebung der Versagungsbescheide und dem Tenor lässt sich nicht entnehmen, was für eine Baugenehmigung erteilt werden muss. Darüber hinaus wäre durch den Kostentenor das Widerspruchsverfahren nicht erfasst. Ein Ausspruch zur vorläufigen Vollstreckbarkeit ist nach § 167 Abs. 2 VwGO dagegen nicht nötig. **1485**

IV. Erledigung/Fortsetzungsfeststellungsklage

1. Übereinstimmende Erledigungserklärung

A hat Verpflichtungsklage auf Zuweisung eines Medizin-Studienplatzes an der Universität F erhoben. Während des gerichtlichen Verfahrens erhält er einen Nachrückplatz an der Universität T und erklärt den Rechtsstreit – unter Verwahrung gegen die Kostenlast – für erledigt. Die Beklagte schließt sich der Erledigungserklärung an, verweist aber darauf, dass die Versagung rechtmäßig ergangen sei und sich die Beklagte auch nicht in die Rolle des Unterlegenen begeben habe. Wie ist zu entscheiden, wenn die Rechtmäßigkeit der Versagungsentscheidung im gegenwärtigen Stand völlig offen erscheint? **1486**

1. Das Verfahren wird eingestellt.

2. Die Kosten des Verfahrens werden gegeneinander aufgehoben.

Als Ausfluss der **Dispositionsmaxime** kommt den Beteiligten auch das Recht zu, den Rechtsstreit übereinstimmend für erledigt zu erklären. Unabhängig von der (nicht mehr zu prüfenden) Frage, ob eine Erledigung tatsächlich eingetreten ist, wird die Einstellung des Verfahrens in entsprechender Anwendung des § 92 Abs. 3 S. 1 VwGO ausgesprochen; im Rechtsmittelverfahren werden überdies die gegenstandslos gewordenen Entscheidungen der Vorinstanzen für unwirksam erklärt (vgl. § 173 VwGO i.V.m. § 269 Abs. 3 ZPO). **1487**

Zu entscheiden bleibt nur noch die Kostenfrage, die gemäß § 161 Abs. 2 VwGO nach billigem Ermessen unter Berücksichtigung des bisherigen Sach- und Streitstandes zu beurteilen ist. Lässt sich der voraussichtliche Ausgang – etwa weil eine erforderliche Beweiserhebung nicht durchgeführt worden ist – nicht vorhersagen, wird regelmäßig **Kostenaufhebung** festgesetzt. Diese unterscheidet sich von der hälftigen Teilung dadurch, dass jeder seine außergerichtlichen Kosten selbst trägt. Sie ist bei Gerichten wegen der leichteren Kostenabwicklung beliebt, führt aber dann, wenn nur eine Seite anwaltlich vertreten war, zu asymmetrischen Ergebnissen. Zuständig für den Beschluss ist gemäß § 87a VwGO der Berichterstatter anstelle der Kammer; schon deshalb sollte die Entscheidung offener oder streitiger Rechtsfragen im Erledigungsbeschluss unterbleiben. **1488**

2. Teilerledigung

A hat sich im verwaltungsgerichtlichen Verfahren gegen eine Nutzungsuntersagung, eine Abbruchsverfügung, eine Beseitigungsanordnung und die Ablehnung eines Bauantrags gewandt. In der mündlichen Verhandlung erklären er und die Behörde den Rechtsstreit hinsichtlich der Nutzungsuntersagung übereinstimmend für erledigt, weil die Behörde ihren Fehler eingeräumt und dem A die Rücknahme zugesagt hatte. Die verbliebenen Anträge hält das Gericht für unbegründet. **1489**

1. Soweit die Beteiligten den Rechtsstreit für erledigt erklärt haben, wird das Verfahren eingestellt.

2. Im Übrigen wird die Klage abgewiesen.

3. Hinsichtlich des erledigten Teils des Verfahrens trägt die Beklagte die Kosten des Verfahrens, im Übrigen trägt der Kläger die Kosten.

1490 Wenn es trotz **Teilerledigung** noch zu einem Sachurteil kommt, liegen zwei unterschiedliche Verfahrensteile vor. Um eine Abtrennung nach § 93 VwGO – mit anschließendem Beschluss nach § 161 Abs. 2 VwGO – zu vermeiden, wird in der Praxis auch die Erledigung – die der Sache nach durch Beschluss zu entscheiden wäre – im Urteil verbeschieden. Hinsichtlich der Kostenentscheidung ist allerdings zu **spalten**: Soweit der Rechtsstreit übereinstimmend für erledigt erklärt worden ist, bemisst sich die Kostenentscheidung nach § 161 Abs. 2 VwGO, für den entschiedenen Sachurteilsausspruch bestimmt er sich nach § 154 Abs. 1 VwGO.

3. Einseitige Erledigungserklärung

1491 A hat Anfechtungsklage gegen eine Beschlagnahmeverfügung erhoben, nach Herausgabe der Sache aber den Rechtsstreit für erledigt erklärt. Die Behörde hat der Erledigungserklärung widersprochen, weil sie meint, die Verfügung sei noch Grundlage für eine nachfolgende Kostenregelung und habe ihre Rechtswirkungen daher nicht verloren. Wie entscheidet das Gericht, wenn es die Verfügung für erledigt hält?

1. Es wird festgestellt, dass der Rechtsstreit in der Hauptsache erledigt ist.

2. Die Beklagte trägt die Kosten des Verfahrens.

1492 Die einseitige (streitige) Erledigungserklärung des Klägers (dem Beklagten kommt die Möglichkeit natürlich nicht zu!) stellt eine stets zulässige **Klageänderung** dar. Streitgegenstand ist damit nur noch die Frage, ob sich der Rechtsstreit in der Hauptsache erledigt hat oder nicht. Die Begründetheit des ursprünglichen Antrages wird daher (anders als nach Rechtsprechung des Bundesgerichtshofs zum Zivilprozess!) nicht mehr geprüft. Auch die Erledigungserklärung kann eine **unzulässige Klage** aber nicht „retten".[159] Vielmehr ist die Zulässigkeit auch hier als vorgängige Sachentscheidungsvoraussetzung zu prüfen. Ist die – ursprüngliche und damit auch die als nachgelagerter Annex auf Erledigung gerichtete – Klage unzulässig, ist sie abzuweisen.

4. Begründete Fortsetzungsfeststellungsklage

1493 A ist durch Bescheid der Stadt S vom 1.1.2012 befristet bis zum 1.10.2012 aus seiner Wohnung verwiesen worden, weil die Behörde nach den damals vorliegenden Informationen davon ausging, er habe seine Frau verprügelt. Der Widerspruch wurde durch Bescheid des Regierungspräsidiums A vom 1.7.2012 zurückgewiesen. Am 3.10.2012 hat A die am 20.7.2012 erhobene Klage auf einen Fortsetzungsfeststellungsantrag umgestellt. Wie ist zu tenorieren, wenn sich herausstellt, dass die Vorwürfe gegen A nicht zutreffen?

1. Es wird festgestellt, dass die Verfügung der Beklagten vom 1.1.2012 und der Widerspruchsbescheid des Regierungspräsidiums A vom 1.7.2012 rechtswidrig waren.

2. Die Beklagte trägt die Kosten des Verfahrens.

---

159 Vgl. etwa BVerwGE 82, 41; 87, 62.

Angesichts der Nähe zur Anfechtungsklage ist auch die Tenorierung der Fortsetzungsfeststellungsklage dicht an § 113 Abs. 1 VwGO zu halten.   1494

5. Verpflichtungsklagen-Konstellation

Wie ist zu entscheiden, wenn sich die Verpflichtungsklage auf Erteilung einer Bauge-   1495
nehmigung im Laufe des Verfahrens durch eine nachträgliche Rechtsänderung erledigt
hat und dem Kläger ein Feststellungsinteresse zukommt?

1. Es wird festgestellt, dass die Beklagte verpflichtet war, dem Kläger die beantragte Ge-
    nehmigung zur ... zu erteilen.

2. Die Beklagte trägt die Kosten des Verfahrens.

Teilweise wird der Feststellungsausspruch hier auch auf bestimmte Aspekte beschränkt
– wie etwa die Nichteinbeziehung in ein Auswahlverfahren wegen Nichterreichens
einer Altersgrenze –, wenn sich das Klagebegehren (und die Prüfung der Gerichte) hierauf beschränkt.[160]

6. Fortsetzungsfeststellungsinteresse des Beklagten

Das Liegerad des A ist wegen beharrlicher Weigerung der Benutzung von Fahrradwe-   1496
gen beschlagnahmt worden. Nach Ablauf der zeitlichen Dauer der Verfügung erklärt A
die erhobene Anfechtungsklage für erledigt. Die Behörde widerspricht unter Hinweis
auf die bestehende Wiederholungsgefahr. Wie entscheidet das Gericht, wenn es die
Wiederholungsgefahr als gegeben und die Verfügung als rechtmäßig ansieht?

1. Die Klage wird abgewiesen.

2. Der Kläger trägt die Kosten des Verfahrens.

Es ist in der Rechtsprechung anerkannt, dass auch der **Beklagte** ein besonderes Fest-   1497
stellungsinteresse daran haben kann, den in der Hauptsache erledigten Rechtsstreit
fortzuführen.[161] Der Sache nach ähnelt diese Konstellation der **Feststellungs-Widerklage**, denn der Beklagte geht selbst zum Angriff über und will eine Entscheidung erreichen, die der Kläger gar nicht (mehr) beantragt. Dieser dogmatisch sauberere Weg ist
wegen des gesetzlichen Ausschlusses in § 89 Abs. 2 VwGO aber nicht möglich. Die
Rechtsprechung hilft daher über die Annahme, dass die Erledigungserklärung des Klägers unbeachtlich sein soll, wenn der Beklagte ein schutzwürdiges **Feststellungsinteresse** vorgetragen hat. Klassiker ist insoweit eine konkrete Wiederholungsgefahr, die sich
indes gerade im Verhältnis zu A ergeben muss, da ansonsten eine abstrakte Rechtsfrage auf seinem Rücken (und Kostenrisiko) ausgetragen würde. Erweist sich der ursprüngliche Klageantrag als erfolglos, wird die Klage abgewiesen.

Fraglich ist aber, wie zu tenorieren ist, wenn die ursprünglich erhobene Klage zulässig 1498
und begründet war. Denn eine Feststellung ist gar nicht beantragt. Das Bundesverwaltungsgericht geht in dieser Konstellation wieder auf die Erledigungserklärung des Klägers zurück und stellt die Erledigung durch Urteil fest.[162] Dem Kläger ist deshalb zu
raten, hilfsweise die Feststellung zu beantragen, dass die Beschlagnahme rechtswidrig
gewesen ist. Dann kann ein entsprechender Ausspruch erfolgen.

---

160 Vgl. BVerwG, 26.9.2012 – 2 C 74/10.
161 Vgl. BVerwGE 87, 62; BVerwG, NVwZ-RR 2008, 39.
162 Vgl. BVerwGE 82, 41.

V. Leistungsklage

1. Erfolgreiche Klage

1499 Der Kläger begehrt mit einer Leistungsklage die Rückzahlung von zu Unrecht geleisteten 6.000 EUR.

1. Die Beklagte wird verurteilt, 6.000 EUR an den Kläger zu zahlen.
2. Die Beklagte trägt die Kosten des Verfahrens.

1500 Bei der Leistungsklage wird nicht „verpflichtet", sondern **verurteilt**. Obwohl hier regelmäßig (anders aber in beamtenrechtlichen Fällen!) ein Vorverfahren nicht stattgefunden hat und ein rechtlicher Unterschied zum „Rechtsstreit" daher nicht besteht, werden in der Praxis dennoch „Verfahrens"-Kosten tenoriert.

2. Leistungsfestsetzung durch Verwaltungsakt

1501 A möchte eine Großveranstaltung in der Stadthalle der Stadt G abhalten, die von einer GmbH betrieben wird. Er hat die G auf Ausübung ihres Einflusses in der – weitgehend von der Stadt gehaltenen – GmbH gebeten, um ihm seinen Benutzungsanspruch aus § 10 Abs. 2 GemO zu ermöglichen. Der Antrag ist von der Gemeinde durch Verfügung vom 1.1.2012 abgelehnt worden. Entsprechend der beigefügten Rechtsmittelbelehrung hat A Widerspruch erhoben, der vom Regierungspräsidium mit Bescheid vom 1.7.2012 als unbegründet zurückgewiesen worden ist. Wie wird das Verwaltungsgericht über die Klage befinden, wenn es zu der Auffassung gelangt, die G hätte über den Antrag mangels VA-Befugnis nicht durch Verwaltungsakt entscheiden dürfen; ein Anspruch auf Einwirkung sei aber nicht gegeben?

1. Die Verfügung der Beklagten vom 1.1.2012 und der Widerspruchsbescheid des Regierungspräsidiums A vom 1.7.2012 werden aufgehoben. Im Übrigen wird die Klage abgewiesen.
2. Der Kläger und die Beklagte tragen die Kosten des Verfahrens je zur Hälfte.

1502 Die angegriffenen Bescheide sind rechtswidrig, weil es an der Befugnis zur Entscheidung durch Verwaltungsakt fehlt. Damit sind die angegriffenen Verfügungen formell rechtswidrig, weil die gewählte **Handlungsform** nicht zulässig war. Hierdurch wird der Kläger auch beschwert (Bestandskraft, Vollstreckungstitel...). Die Klageabweisung im Übrigen betrifft den begehrten Verschaffungsanspruch. Dieser ist als Leistungsklage zwar zulässig, hier aber unbegründet.

VI. Einstweiliger Rechtsschutz

1. Erfolgloser Antrag

1503 A ist Inhaber eine Automatenvideothek. Die Behörde hat ihm die Öffnung an Sonn- und Feiertagen untersagt und mit Bescheid vom 1.1.2012 die sofortige Vollziehung angeordnet. Über den sogleich erhobenen Widerspruch ist noch nicht entschieden. Der beim Verwaltungsgericht beantragte Eilrechtsschutz wird nicht gewährt.

1. Der Antrag wird abgelehnt.
2. Der Antragsteller trägt die Kosten des Verfahrens.
3. Der Streitwert wird auf 5.000 EUR festgesetzt.

Bei erfolglosen Anträgen wird überwiegend in Anlehnung an die ZPO die Formulierung „**abgelehnt**" verwendet; gelegentlich findet sich aber auch die „Zurückweisung".   1504

Da Verfahren nach § 80 Abs. 5 VwGO im **Beschlusswege** ergehen, kann die Streitwertfestsetzung – die immer als Beschluss ergehen muss – mit dem Sachausspruch verbunden werden. Dies ist in der Praxis auch üblich. Materiell wird im Verwaltungsprozess der „Auffangwert" von 5.000 EUR aus § 52 Abs. 2 GKG festgesetzt, wenn keine anderweitigen Anhaltspunkte für eine Bezifferung vorliegen. Die Einzelheiten ergeben sich aus dem „Streitwertkatalog",[163] der zwar nur Empfehlungen enthält, von der Praxis aber zur Rechtsvereinheitlichung weitgehend berücksichtigt wird.   1505

2. Erfolgreicher Antrag

Der unter a) geschilderte Antrag hat Erfolg.   1506

1. Die aufschiebende Wirkung des Widerspruchs des Antragstellers gegen die Verfügung der Antragsgegnerin vom 1.1.2012 wird wiederhergestellt.
2. Die Antragsgegnerin trägt die Kosten des Verfahrens.
3. Der Streitwert wird auf 5.000 EUR festgesetzt.

§ 80 Abs. 5 S. 1 VwGO unterscheidet zwischen der „**Anordnung**" der aufschiebenden Wirkung für die Fälle, in denen der Suspensiveffekt wegen eines gesetzlichen Ausschlusses nie bestand, und der „**Wiederherstellung**" im Falle der behördlichen Anordnung nach § 80 Abs. 2 S. 1 Nr. 4 VwGO, in dem nach dem gesetzlichen Leitbild zunächst – für eine logische Sekunde bis zur Anordnung der sofortigen Vollziehbarkeit – aufschiebende Wirkung eingetreten ist. Der Unterschied ist rein terminologisch, angesichts der klaren gesetzgeberischen Anordnung aber auch in der Tenorierung zu respektieren.   1507

Dementsprechend kann auch eine Kombination von Anordnung und Wiederherstellung erforderlich werden. Wenn etwa ein Ausländer unter Anordnung des Sofortvollzugs ausgewiesen und ihm gleichzeitig die Abschiebung angedroht wird, ist im Falle des erfolgreichen Eilantrages zu tenorieren: „Die aufschiebende Wirkung des Widerspruchs des Antragstellers gegen die Ausweisungsverfügung der Antragsgegnerin wird wiederhergestellt und angeordnet, soweit sich der Antragsteller gegen die Abschiebungsandrohung wendet."   1508

3. Befristung

Gegen A ist eine Ausweisungsverfügung unter Anordnung des Sofortvollzugs ergangen. Er hat Widerspruch eingelegt und zugleich das Verwaltungsgericht im Verfahren des einstweiligen Rechtsschutzes angerufen. Das Gericht kommt bei der Prüfung des Eilantrags zu dem Ergebnis, dass die Ermessenserwägungen der Behörde unzureichend sind, die Ausweisung bei zutreffender Begründung aber offenkundig rechtmäßig wäre.   1509

1. Die aufschiebende Wirkung des Widerspruchs des Antragstellers gegen die Verfügung der Antragsgegnerin vom 1.1.2012 wird bis zum Erlass des Widerspruchsbescheids wiederhergestellt; im Übrigen wird der Antrag abgelehnt.
2. Die Kosten des Verfahrens werden gegeneinander aufgehoben.

---

163 Abgedruckt etwa in NVwZ 2004, 1327.

1510   Dem Gericht kommt die Möglichkeit zu, die zeitliche Dauer seines Ausspruchs zu **befristen**. Dies kommt v.a. in Betracht, wenn der angegriffene Bescheid an (Ermessens-)Fehlern leidet, aber davon auszugehen ist, dass diese im Rahmen des Widerspruchsverfahrens geheilt werden. Der Sache nach erweist sich dieser Ausspruch oft als Pyrrhussieg, weil angesichts der Hinweise im Beschluss die Entscheidung der Widerspruchsbehörde vorgezeichnet wird. Meist wird daher auch in der Kostenentscheidung entsprechend hart **gequotelt** oder – wie hier vorgeschlagen – eine Kostenaufhebung tenoriert. Diese trifft den Antragsteller überproportional, weil er seine Anwaltskosten damit selbst zu tragen hat.

4. Fehlende Begründung

1511   Die Behörde hat unter Ziffer 5 ihres Bescheids die sofortige Vollziehung angeordnet, in der Begründung des ansonsten ausführlichen Bescheids finden sich hierzu jedoch keine Erwägungen.

    1.   Die Anordnung der sofortigen Vollziehung der Verfügung der Antragsgegnerin vom 1.1.2012 wird aufgehoben.

    2.   Die Antragsgegnerin trägt die Kosten des Verfahrens.

1512   Bei Verstößen gegen die **Begründungspflicht** des § 80 Abs. 3 VwGO stellt sich das Problem, dass im Falle der Wiederherstellung der aufschiebenden Wirkung die Behörde angesichts der in § 80b Abs. 1 VwGO festgeschriebenen Dauer des Suspensiveffekts an einer erneuten Anordnung des Sofortvollzugs gehindert wäre. Da der Ausspruch aber nur aufgrund eines Formfehlers erfolgt und damit nichts über die materielle Zulässigkeit gesagt ist, erscheint die Rechtsfolgenwirkung zu weitgehend. In der Praxis hat sich daher die bloße „**Aufhebung**" etabliert, die der Behörde die Möglichkeit gibt, erneut eine – diesmal mit ordnungsgemäßer Begründung versehene – Anordnung des Sofortvollzugs vorzunehmen. Nicht ganz einheitlich wird die Frage beantwortet, ob ein Eilantrag danach – mit entsprechender Kostenfolge – im Übrigen abgelehnt werden muss. Richtigerweise handelt es sich insoweit wohl eher um die sachdienliche Auslegung nach § 88 VwGO.

5. Fehlerhafte Begründung

1513   Die Behörde hat den Sofortvollzug zwar begründet, das Verwaltungsgericht hält die Argumente aber für unzutreffend. Das Gericht ist aber der Auffassung, das öffentliche Interesse an einer sofortigen Vollziehung sei aus anderen Gründen gegeben. Wie ist über den Antrag auf Wiederherstellung der aufschiebenden Wirkung zu entscheiden?

    1.   Der Antrag wird abgelehnt.

    2.   Der Antragsteller trägt die Kosten des Verfahrens.

1514   Einigkeit besteht, dass der Formvorschrift des § 80 Abs. 3 VwGO hier entsprochen ist. Gleichwohl ist die Behandlung dieser Fallgruppe umstritten. Nach h.M. ist das Gericht im Rahmen des Eilrechtsschutzes nicht an die **Begründung der Behörde** gebunden und daher auch befugt, seine Entscheidung auf andere Erwägungen zu stützen. Demnach wäre der Antrag hier abzulehnen. Der Rückgriff auf Gründe, die von der Behörde – möglicherweise bewusst – nicht herangezogen worden sind, erscheint im Hinblick auf den Gewaltenteilungsgrundsatz aber nicht unproblematisch. Er wäre im Hauptsacheverfahren nicht zulässig, soweit es um Ermessenserwägungen geht. Eine andere Begründung kann daher nur auf den eigenständigen Ermessenscharakter der Eilentscheidung gestützt werden.

6. Abänderungsverfahren

Das Verwaltungsgericht hat durch Beschluss vom 1.1.2012 die aufschiebende Wirkung des von A eingelegten Widerspruchs wiederhergestellt. Zwischenzeitlich hat sich durch neue Erkenntnisse jedoch ergeben, dass die Angaben des A unzutreffend waren.   **1515**

1. Der Beschluss der Kammer vom 1.1.2012 wird geändert: Der Antrag wird abgelehnt.
2. Der Antragsteller trägt die Kosten des Verfahrens.

Das – auch von Amts wegen mögliche! – **Abänderungsverfahren** nach § 80 Abs. 7 VwGO ermöglicht eine Korrektur der ursprünglichen Entscheidung, was wegen der in § 80b VwGO angeordneten Zeitdauer des Suspensiveffekts bei veränderten Umständen durchaus erforderlich werden kann.   **1516**

7. Feststellungstenor

Mit Verfügung vom 1.1.2012 hat die Stadt O dem A untersagt, seine Automatenvideothek an Sonn- und Feiertagen zu öffnen. Ein Sofortvollzug ist nicht angeordnet worden. Gleichwohl ist A unter Erlass von Bußgeldbescheiden zur Einhaltung des Sonn und Feiertagsgesetzes aufgefordert worden. A befürchtet deshalb, die Behörde wolle nun gleichwohl vollendete Fakten schaffen und begehrt Eilrechtsschutz beim Verwaltungsgericht.   **1517**

1. Es wird festgestellt, dass der Widerspruch des Antragstellers gegen die Verfügung der Antragsgegnerin vom 1.1.2012 aufschiebende Wirkung hat.
2. Die Antragsgegnerin trägt die Kosten des Verfahrens.

In Fällen der „**faktischen Vollziehung**", bei denen die Behörde irrtümlich von der Vollziehbarkeit ausgeht, besteht die Schwierigkeit, dass das Gericht nicht eine – tatsächlich ja bereits bestehende – aufschiebende Wirkung anordnen kann. Um dem Rechtsschutzinteresse Genüge zu tun, ist aber die aufschiebende Wirkung in entsprechender Anwendung des § 80 Abs. 5 VwGO festzustellen. Möglich – in Baden-Württemberg aber unüblich – ist auch ein Verfahren nach § 123 VwGO. Sicherheitshalber sollte der Antragsteller hilfsweise einen Anordnungsantrag stellen, um auch für den Fall, dass das Gericht nicht von einem bereits bestehenden Suspensiveffekt ausgeht, Rechtsschutz zu erhalten.   **1518**

In der genannten Fallkonstellation läge indes keine Besorgnis der faktischen Vollziehung vor.[164] Der Erlass eines **Bußgeldbescheids** setzt die sofortige Vollziehung der Untersagungsverfügung nicht voraus, weil sich das Verbot bereits aus dem Gesetz ergibt. Ausreichende Anhaltspunkte für ein bevorstehendes Tätigwerden der Behörde sind daher nicht ersichtlich, so dass der Eilantrag abzulehnen wäre. Auch eine vergleichbare Schutzbedürftigkeit ist nicht gegeben, denn dem Betroffenen steht die Möglichkeit des Einspruchs gegen den Bußgeldbescheid zur Seite. Warum ihm deshalb vorbeugender Rechtsschutz gewährt werden müsste, ist nicht ersichtlich. Rückabwicklungsschwierigkeiten oder irreparable Nachteile sind nicht zu befürchten.   **1519**

---

164 A.A. aber Bay. VGH, NJW 2006, 2282!

8. Drittwiderspruchsfälle

1520 Gegen die dem A erteilte Gaststättenerlaubnis ist von seinem Nachbarn B Widerspruch eingelegt worden. A hält den Widerspruch für offensichtlich aussichtslos und begehrt einstweiligen Rechtsschutz beim Verwaltungsgericht, um schon vor Abschluss des Widerspruchsverfahrens seine Tätigkeit aufnehmen zu können. Das Gericht hält den Widerspruch des B ebenfalls für unbegründet. Wie wird es entscheiden, wenn B im Verfahren keinen Antrag gestellt hat?

1. Die sofortige Vollziehung der dem Antragsteller mit Verfügung der Antragsgegnerin vom 1.1.2012 erteilten Gaststättenerlaubnis wird angeordnet.

2. Die Antragsgegnerin trägt die Kosten des Verfahrens, mit Ausnahme der außergerichtlichen Kosten des Beigeladenen, die dieser selbst trägt.

1521 Nach § 80a Abs. 3 VwGO kann das Gericht selbst Maßnahmen treffen, also auch selbst die **sofortige Vollziehung anordnen**. Eines vorangegangenen Antrags bei der Behörde nach § 80 Abs. 6 VwGO bedarf es dabei nicht; die entsprechende Verweisung ist nach allgemeiner Auffassung ein Redaktionsversehen. Sofern der Beigeladene keinen Antrag gestellt hat, wird er an der Kostentragung nicht beteiligt; seine eigenen (außergerichtlichen) Kosten hat er aber zu tragen.

9. Einstweilige Anordnung

1522 A hat Antrag auf Erteilung eines Reisegewerbescheins gestellt, der von der Behörde abgelehnt worden ist. Er stellt einen Antrag auf Gewährung vorläufigen Rechtsschutzes beim Verwaltungsgericht, der Erfolg hat.

1. Die Antragsgegnerin wird im Wege der einstweiligen Anordnung verpflichtet, dem Antragsteller vorläufig bis zum rechtskräftigen Abschluss des Hauptsacheverfahrens einen Reisegewerbeschein zu erteilen.

2. Die Antragsgegnerin trägt die Kosten des Verfahrens.

1523 Bei der Tenorierung von einstweiligen Anordnungen sollte der **vorläufige Charakter** der Entscheidung zum Ausdruck gebracht und eine zeitliche Befristung ausgesprochen werden.

VII. Normenkontrolle

1524 A klagt gegen den Bebauungsplan X der Gemeinde G.

1. Erfolgreicher Antrag

1. Der Bebauungsplan... der Antragsgegnerin wird für unwirksam erklärt.

2. Die Antragsgegnerin trägt die Kosten des Verfahrens.

3. Die Revision wird nicht zugelassen.

1525 Die Tenorierung ergibt sich aus § 47 Abs. 5 S. 2 VwGO; die früher gebräuchliche Formulierung der „Nichtig-"Erklärung ist danach nicht mehr möglich. Anders als im Falle der Berufung (vgl. § 124a Abs. 1 S. 3 VwGO) wird auch die Nichtzulassung der Revision nach § 132 VwGO in den Tenor aufgenommen.

2. Erfolgloser Antrag

1. Der Antrag wird abgelehnt.
2. Der Antragsteller trägt die Kosten des Verfahrens.

Die Tenorierung ist nicht einheitlich: Teilweise wird der Normenkontrollantrag auch „abgewiesen", weil es sich um ein echtes Urteil aufgrund mündlicher Verhandlung handelt.

1526

Stichwortverzeichnis

Die Angaben verweisen auf die Randnummern des Buches.